O LIVRO TIBETANO DOS MORTOS

O LIVRO TIBETANO DOS MORTOS

[Título usado nas traduções ocidentais]

A GRANDE LIBERTAÇÃO PELA AUSCULTAÇÃO NOS ESTADOS INTERMEDIÁRIOS

[Título original tibetano]

Composto por
Padmasambhava

Revelado por
Terton Karma Lingpa

Traduzido por
Gyurme Dorje

Organizado por
Graham Coleman e Thupten Jinpa

Comentário introdutório de
Sua Santidade, o Dalai-Lama

Tradução para o português de Luiz Gonzaga de Carvalho Neto

Coordenação e revisão da tradução de Marcelo Brandão Cipolla

wmf martinsfontes

1ª edição *2010*
2ª edição *2024*

Tradução
LUIZ GONZAGA DE CARVALHO NETO

Revisão da tradução
Marcelo Brandão Cipolla
Acompanhamento editorial
Márcia Leme
Revisões
Letícia Braun
Ana Paula Luccisano
Edição de arte
Adriana Maria Porto Translatti
Produção gráfica
Geraldo Alves
Paginação
Studio 3 Desenvolvimento Editorial

Dados Internacionais de Catalogação na Publicação (CIP)
(Câmara Brasileira do Livro, SP, Brasil)

O Livro Tibetano dos mortos, ou, A grande libertação pela auscultação nos estados intermediários / composto por Padmasambhava ; revelado por Terton Karma Lingpa ; traduzido por Gyurme Dorje ; tradução para o português de Luiz Gonzaga de Carvalho Neto ; organizado por Graham Coleman e Thupten Jinpa ; comentário introdutório de Sua Santidade, o Dalai-Lama ; coordenação e revisão da tradução de Marcelo Brandão Cipolla. – 2. ed. – São Paulo : Editora WMF Martins Fontes, 2024.

Título original: The Tibetan book of the dead.
ISBN 978-85-469-0604-8

1. Estado intermediário (Religião) – Budismo 2. Morte – Aspectos religiosos – Budismo 3. Ritos e cerimônias fúnebres budistas – China – Tibete I. Padmasambhava. II. Lingpa, Terton Karma. III. Coleman, Graham. IV. Jinpa, Thupten. V. Dalai-Lama. VI. Título: A grande libertação pela auscultação nos estados intermediários.

24-205754 CDD-294.34237

Índice para catálogo sistemático:
1. Morte : Aspectos religiosos : Budismo 294.34237

Cibele Maria Dias – Bibliotecária – CRB-8/9427

Editora WMF Martins Fontes Ltda.
Rua Prof. Laerte Ramos de Carvalho, 133 01325.030 São Paulo SP Brasil
Tel. (11) 3293.8150 e-mail: info@wmfmartinsfontes.com.br
http://www.wmfmartinsfontes.com.br

O LIVRO TIBETANO DOS MORTOS

A tradução de *O livro tibetano dos mortos* foi feita com o apoio de Sua Santidade o Dalai-Lama e com o auxílio dos comentários feitos por venerandos mestres tibetanos contemporâneos, entre os quais Sua Santidade Dilgo Khyentse Rinpoche (o falecido Superior da Escola Nyingma de budismo tibetano), Zenkar Rinpoche e Garje Khamtrul Rinpoche.

Gyurme Dorje (Ph.D.) é um eminente estudioso da tradição Nyingma de budismo tibetano. Entre suas sete principais obras publicadas se incluem trabalhos sobre lexicografia, medicina, artes divinatórias tibetanas e guias de peregrinação ao Tibete e ao Butão, bem como a tradução para o inglês do *The Nyingma School of Tibetan Buddhism* (A escola Nyingma de budismo tibetano), de Sua Santidade Dudjom Rinpoche. Tem no prelo *The Guhyagarbha Tantra: Dispelling the Darkness of the Ten Directions* (O *Guhyagarbha tantra*: dissipando as trevas das dez direções).

Graham Coleman é presidente da Orient Foundation (Reino Unido), uma das principais organizações dedicadas à preservação da cultura tibetana. Além de ser roteirista e diretor do aclamado filme documentário *Tibet: a Buddhist Trilogy* (O Tibete: uma trilogia budista) e organizador do *Handbook of Tibetan Culture* (Manual de cultura tibetana), Coleman tem se dedicado desde a década de 1970 a organizar para publicação textos de prosa e poesia tibetana em cooperação com vários tradutores de peso.

Thupten Jinpa (Ph.D.) é o tradutor-mor de Sua Santidade, o Dalai-Lama, e presidente do Instituto de Clássicos Tibetanos. Traduziu para o inglês doze livros do Dalai-Lama, entre os quais o *best-seller Ethics for the New Millennium* (*Uma ética para o novo milênio*), do *New York Times*, e *The Universe in a Single Atom* (*O universo em um átomo*), que trata dos pensamentos do Dalai-Lama acerca do encontro do budismo tibetano com a ciência moderna.

Padmasambhava (Guru Rinpoche)

Que todos os seres sencientes,
filhos da natureza búdica,
realizem a natureza suprema da mente:
sabedoria e compaixão
em beatífica união.

SUMÁRIO

Lista de ilustrações X

Agradecimentos XI

Agradecimentos pelas ilustrações XIV

Comentário introdutório de
Sua Santidade, o 14º Dalai-Lama XV

Introdução do organizador XXVII

Uma breve história literária de
O livro tibetano dos mortos,
por Gyurme Dorje XXXIII

O LIVRO TIBETANO DOS MORTOS 1

Apêndice Um:
As Divindades Pacíficas e Furiosas
e *O livro tibetano dos mortos* 331

Apêndice Dois:
O simbolismo da maṇḍala das
divindades pacíficas e furiosas 337

Lista de abreviações 355

Bibliografia 357

Glossário de termos fundamentais 365

Índice temático por capítulos 477

LISTA DE ILUSTRAÇÕES

Padmasambhava (Guru Rinpoche) VI

Karma Lingpa XL

O Mantra Circular das Divindades Pacíficas e Furiosas 301

Estampas coloridas (no final do volume) 485

1. A assembleia das Quarenta e Duas Divindades Pacíficas
2. Samantabhadra com Samantabhadrī e as Divindades Pacíficas da Família Buddha
3. As Divindades Pacíficas da Família Vajra
4. As Divindades Pacíficas da Família Ratna
5. As Divindades Pacíficas da Família Padma
6. As Divindades Pacíficas da Família Karma
7. Os Seis Sábios
8. Os Oito Guardiões dos Portais
9. A assembleia das Cinquenta e Oito Divindades Furiosas
10. Mahottara Heruka e Krodheśvarī
11. As Divindades Furiosas da Família Buddha
12. As Divindades Furiosas da Família Vajra
13. As Divindades Furiosas da Família Ratna
14. As Divindades Furiosas da Família Padma
15. As Divindades Furiosas da Família Karma
16. As oito Mātaraḥ e as oito Piśācī

AGRADECIMENTOS

Nosso projeto começou em 1988, quando Sua Santidade, o Dalai-Lama, gentilmente se ofereceu para pedir a Sua Santidade Dilgo Khyentse Rinpoche, superior da escola Nyingma, agora falecido, que me fizesse um comentário oral sobre as passagens fundamentais do *Livro tibetano dos mortos*. O Dalai-Lama sabia que até então haviam sido feitas várias traduções de "A grande libertação pela auscultação", correspondente ao Capítulo 11 do livro que o leitor tem em mãos, mas que não havia nenhuma tradução completa do *Livro tibetano dos mortos*. Sua Santidade Dilgo Khyentse acolheu generosamente o pedido do Dalai-Lama e, no decorrer de quatro semanas me deu as iniciações e fez comentários orais claros e elucidativos sobre os elementos centrais do texto, comentários esses que foram eloquentemente traduzidos dia a dia por Sogyal Rinpoche.

Durante o tempo em que estive em Katmandu recebendo os comentários orais de Sua Santidade Dilgo Khyentse Rinpoche, tive a felicidade de conhecer o dr. Gyurme Dorje, que havia traduzido o comentário de Longchen Rabjampa ao *Guhyagarbha Tantra*, o principal texto no qual se baseia *O livro tibetano dos mortos*. Em nosso primeiro encontro, Gyurme concordou em fazer nova tradução do *Livro tibetano dos mortos*, que seria completa e acompanhada de comentários. Nos anos que se seguiram, elaborou essa tradução com especial carinho e dedicação. Enquanto elaborava seu trabalho, Gyurme estava empregado também como pesquisador na Escola de Estudos Orientais e Africanos de Londres, onde traduzia para o inglês o *Grande dicionário tibetano-chinês* (*Bod-rgya tshig-mdzod chen-mo*). Nesse mesmo período, Gyurme trabalhou em íntima colaboração com um mestre Nyingma de elevada reputação, Zenkar Rinpoche, que é hoje um dos principais detentores da linhagem iniciatória do *Livro tibetano dos mortos*. Zenkar Rinpoche teve a gentileza de aconselhar Gyurme durante todo o processo de tradução do texto e ainda nos fez um extenso comentário oral ao Capítulo 4, "A introdução à consciência pura: libertação natural pela percepção nua".

Em diversos estágios do projeto, o Dalai-Lama respondeu às minhas dúvidas sobre passagens difíceis, além de ditar o lúcido e sucinto "Comentário introdutório". A pedido do Dalai-Lama, Khamtrul Rinpoche – seu conselheiro para estudos Nyingma – também fez um belo comentário oral a certas passagens cruciais do Capítulo 8 e ditou a introdução ao Capítulo 11.

Durante todo o processo de organização do texto, tive a felicidade e a sorte de trabalhar com Geshe Thupten Jinpa, tradutor-mor do Dalai-Lama, com quem me encontrei pela primeira vez em 1977 e que tem sido meu amigo íntimo desde 1989, quando veio à Inglaterra para estudar filosofia em Cambridge. Jinpa traduziu o "Comentário introdutório" do Dalai-Lama e duas vezes revisou comigo cada linha e palavra de cada um dos quatorze capítulos da tradução editada; no decorrer dessa revisão, fez incontáveis, importantes e inspiradas sugestões. Todos os que conhecem o trabalho de Jinpa estão cônscios de seus excepcionais talentos e habilidades como tradutor e escritor, qualidades essas que tiveram papel inestimável neste projeto. Por fim, as introduções a cada um dos capítulos, com exceção da introdução ao Capítulo 11, foram escritas por Dasho Sangay Dorji, acadêmico butanês cuja família por parte de pai detém a linhagem do *Livro tibetano dos mortos* há várias gerações, e que durante toda a infância esteve ao lado do pai toda vez que este era chamado a uma casa para realizar as práticas contidas neste livro.

Não é necessário dizer que foi para nós um maravilhoso privilégio trabalhar com todos os que ajudaram a tornar possível este projeto. Nossa compreensão e nossas habilidades como escritores são insignificantes diante daquelas dos que compuseram o ciclo original de ensinamentos ou dos detentores de linhagem que fizeram os comentários explicativos que nos orientaram. Por isso e para que o pleno fulgor do texto original pudesse varar as nuvens de nossas limitações, durante toda a tarefa tentamos compensar nossa falta de habilidade com trabalho duro e atenção aos detalhes.

Meu trabalho neste projeto não seria possível sem a amizade de longa data com David Lascelles, presidente da Orient Foundation. É muito difícil expressar a gratidão devida por tudo o que ele tornou possível, começando por nossa colaboração na realização dos filmes *Tibet: a Buddhist Trilogy,* na década de 1970, até tudo o mais que realizamos depois disso. Duas amigas em especial, Elinore Detiger e Elsie Walker, possibilitaram que este projeto deslanchasse; sua bondade e confiança, juntamente com as de Michael Baldwin, nunca serão esquecidas. Por suas importantes contribuições nos estágios iniciais deste trabalho, anoto meus sinceros agradecimentos a Johnnie e Buff Chace, Lucinda Ziesing, Faith Bieler, Lavinia Currier, Cynthia Jurs, Catherine Cochran, Margot Wilkie, Basil Panzer, Bokara Patterson e Lindsay Masters.

A pedido de Gyurme Dorje, Gene Smith, do Centro de Fontes de Budismo Tibetano de Nova York, generosamente pôs ao nosso dispor uma versão digital do manuscrito de três volumes da biblioteca do falecido *Kyabje* Dudjom Rinpoche, o principal texto em que baseamos nossa tradução. Sua Santidade Dilgo Khyentse Rinpoche já nos havia providenciado exemplares do texto reimpresso em Délhi sob sua supervisão. Todas as outras versões do texto que consultamos, entre as quais a edição de Varanasi e outras versões de origem butanesa e chinesa, fazem parte da coleção particular de Gyurme Dorje. Algumas fontes foram gentilmente cedidas por Zenkar Rinpoche, Tulku Jigme Khyentse, o dr. Burkhard Quessel da Biblioteca Britânica e o dr. Fernand Meyer do Centre National de la Recherche Scientifique (CNRS), em Paris. Gyurme Dorje também agradece pela gentileza e pelos conselhos profundos de todos os seus mestres na tradição Nyingma, entre os quais os citados Rinpoches Kangyur, Dudjom e Dilgo Khyentse, Tulku Pema Wangyal e Zenkar Rinpoche. Gyurme agradece ainda a sua esposa Xiaohong pelo apoio e encorajamento durante os anos finais deste projeto.

Sou muito grato a Gillon Aitken, meu agente, por apresentar esse projeto à Penguin, nossa editora; e a Simon Winder, nosso editor na Penguin, pela paciência e pelo incansável entusiasmo durante a longa gênese deste livro. Nossos agradecimentos chegam também ao dr. Martin Boord, pela revisão das provas do texto e especialmente pela revisão dos termos sânscritos e tibetanos; e a Robert Chilton, por compilar o índice temático.

GRAHAM COLEMAN
Bath, Inglaterra

AGRADECIMENTOS PELAS ILUSTRAÇÕES

As ilustrações em cores que acompanham nosso texto são publicadas pela primeira vez aqui. Os dois pergaminhos representando as Cem Divindades Pacíficas e Furiosas no estilo Repkong, encomendados por Gyurme Dorje em 2002, são provenientes do ateliê do falecido mestre-pintor Shawu Tsering, de Sengeshong Yagotsang, em Amdo.

O desenho do Guru Padmasambhava (p. VI) é obra de Robert Beer. O desenho representando Karma Lingpa (p. XL) é reproduzido por cortesia da Wisdom Publications de Boston, que o encomendou para uso em *The Nyingma School of Tibetan Buddhism: its Fundamentals and History*, de Dudjom Rinpoche (1991). O diagrama circular de mantras (*btags-grol*) (p. 301) é reproduzido de *The Tibetan Book of the Dead*, de Fremantle e Trungpa (Shambhala Classics, 2000), p. 32.

COMENTÁRIO INTRODUTÓRIO DE SUA SANTIDADE, O 14º DALAI-LAMA*

A questão de saber se existe ou não uma continuidade da consciência depois da morte tem sido um importante aspecto da reflexão e do debate filosófico desde os tempos da Índia antiga. Todavia, quando refletimos sobre essas questões do ponto de vista budista, devemos ter em mente que a compreensão da natureza da continuidade da consciência e a compreensão da natureza do "eu" ou do "si mesmo" estão intimamente inter-relacionadas. Portanto, voltemos nossa atenção primeiro para aquilo que, segundo podemos afirmar, constitui uma pessoa.

Segundo a literatura budista clássica, podemos encarar uma pessoa como aquele ente que possui cinco agregados interligados, conhecidos tecnicamente como os cinco agregados psicofísicos[1]. Os cinco agregados são: o agregado da consciência, o agregado da forma (que inclui o corpo físico e os sentidos corporais), o agregado das sensações, o agregado da discriminação e o agregado das tendências motivacionais. Isto é, existe o nosso corpo, o mundo físico e nossos cinco sentidos; e existem também os diversos processos de atividade mental, nossas tendências motivacionais, nossa atividade de discriminação e classificação dos objetos, nossas sensações e o sujeito ou consciência subjacente a todos esses processos.

Entre as escolas de pensamento da Antiguidade que aceitavam a noção de continuidade da consciência, muitas eram escolas filosóficas não budistas e consideravam que o ente, o "eu" ou "si mesmo" que migrava de uma existência a outra era um ser indiviso e permanente. Essas escolas também afirmavam que o "si mesmo" era autônomo em relação aos componentes psicofísicos que constituem a pessoa. Em outras palavras, elas acreditavam ou afirmavam que existe uma essência ou "alma" da pessoa, a qual subsiste independentemente de seu corpo e sua mente.

A filosofia budista, ao contrário, não aceita a existência dessa entidade autônoma e independente. A visão budista compreende o eu ou a pessoa como um relacionamento interdependente e dinâmico dos atributos físicos e mentais, isto é, dos componentes psicofísicos que constituem o ser. Em outras palavras, um exame atento do nosso sentido de eu revela um fluxo composto de eventos físicos e mentais reunidos em padrões claramente identificáveis e dotados de certa conti-

* Embora tenhamos, nesta edição brasileira, procurado seguir os princípios de tradução estabelecidos pelos que elaboraram o texto em inglês a partir do original tibetano, houve casos em que sentimos que a escolha de certos termos ou formas de grafia em português pedia uma justificativa especial. Sempre que isso ocorreu, indicamos nossas razões em N. do T. (nota do tradutor) ou N. do R. da T. (nota do revisor da tradução). Tais notas serão encontradas não só no corpo do texto como também no Glossário, cuja consulta recomendamos enfaticamente ao leitor da edição brasileira. Em pouquíssimos casos elaboramos também notas explicativas sobre termos ou conceitos que não constam no Glossário.

1. Para uma descrição dos cinco agregados psicofísicos e dos outros termos budistas usados no comentário, ver o Glossário. (N. do Org.)

nuidade temporal; tais eventos incluem nossos traços físicos, instintos, emoções, atitudes etc. Além disso, segundo a filosofia Prāsaṅgika-Madhyamaka, que é a principal escola filosófica do budismo tibetano atual, esse sentido de eu é simplesmente um construto mental, um mero rótulo dado a esse conglomerado de eventos físicos e mentais interdependentes, em razão de sua continuidade no tempo.

Ora, quando encaramos essa interdependência de componentes físicos e mentais do ponto de vista do Supremo Yoga Tantra[2], podemos formar dois conceitos do que é uma pessoa. O primeiro se refere à pessoa ou eu temporário, quer dizer, nós tal como existimos no momento presente, e essa pessoa é rotulada em razão do corpo físico grosseiro e da mente condicionada; ao mesmo tempo existe a pessoa ou eu sutil, cuja designação depende do corpo e da mente sutis. O corpo e a mente sutis são entendidos como uma única entidade com dois aspectos ou facetas. O aspecto que tem a qualidade de consciência pura, que é capaz refletir e tem a potência de cognição, é a mente sutil. A mesma entidade tem uma energia, uma força que direciona a mente para seu objeto – essa energia é o corpo sutil ou vento sutil. No Supremo Yoga Tantra, a unidade indivisível desses dois aspectos é considerada a natureza suprema da pessoa e identificada com a natureza búdica, a natureza essencial ou verdadeira da mente.

Antes de olharmos mais detalhadamente para a natureza da mente e do corpo sutis, voltemos nossa atenção para como se originam a mente e o corpo grosseiros. A noção de originação dependente está no próprio coração da filosofia budista. O princípio de originação dependente afirma que nenhuma coisa existe de si, por si e independentemente de outros fatores. O vir a ser das coisas e eventos necessariamente depende da conjunção de múltiplas causas e condições. O processo pelo qual o mundo exterior e os seres sencientes que nele habitam giram em ciclos de existência impulsionados pelas tendências cármicas e pela interação destas com a ilusão, a atração, a aversão e as condições predisponentes, é descrito como uma série de doze elos interdependentes. Cada ciclo desse processo começa com um engano acerca da natureza da verdadeira realidade. Essa ignorância fundamental opera como condição para o surgimento das tendências criadas por nossas ações passadas – sejam elas mentais, físicas ou verbais, ações que condicionam nossa consciência dualista. Por sua vez, nossa consciência dualista condiciona as qualidades e modos de interação de nossos agregados psicofísicos, os quais condicionam nossos campos sensoriais, que geram o contato, que gera as sensações e, sucessivamente, o apego, o desejo e a maturação para um renascimento. Nesse ponto, ocorre uma interação com os componentes genéticos dos pais e a subsequente interação com o ambiente; e, por fim, sobrevêm o nascimento, o envelhecimento e a morte. Esse ciclo serve para representar tanto os processos subjacentes à vida, à morte e ao renascimento quanto os processos que têm de ser transformados no caminho rumo à libertação do sofrimento da existência cíclica.

2. A perspectiva do *Livro tibetano dos mortos* é a perspectiva do Supremo Yoga Tantra. (N. do Org.)

À noção de que há uma conexão entre a vida presente e os eventos de nossas existências anterior e futura segue a compreensão budista das leis naturais de causa e efeito. Por exemplo, embora possamos falar do clima de ontem como distinto do clima de hoje, o clima de hoje está inextricavelmente ligado aos padrões climáticos de ontem. Mesmo no nível do corpo, no caso de nossa saúde por exemplo, sabemos que os eventos do passado afetam o presente e que os eventos presentes afetam o futuro. Na visão budista, há no domínio da consciência uma continuidade causal análoga entre os eventos passados, presentes e futuros.

Também se pode considerar aqui a compreensão budista acerca da continuidade da experiência pessoal, na qual se incluem nossas memórias. Segundo a visão budista, a continuidade da experiência pessoal tem como princípio fundamental a capacidade de retenção, que pode ser desenvolvida pela prática de meditação feita durante a vida presente. Contudo, para falar de modo bem geral, acredita-se que, se uma pessoa morre depois de um prolongado período de doença que tenha conduzido à degeneração profunda das capacidades físicas e mentais, será maior a probabilidade de que muitas das características pessoais, entre as quais as memórias, sejam perdidas. Por outro lado, no caso de uma pessoa que morre subitamente, quando o relacionamento entre mente e corpo no nível grosseiro é ainda bastante firme, se acredita que haja uma chance maior de que as características adquiridas e as memórias sejam transferidas adiante. Apesar disso, se considera que em ambos os casos as características transferidas de uma vida anterior sejam sentidas mais intensamente no estágio inicial do renascimento. Isso porque se considera que, de modo geral, as características pessoais da vida anterior são rapidamente sobrepujadas pelo desenvolvimento das características herdadas dos pais na vida presente. Todavia, como já mencionei, nessa questão muito depende da capacidade individual de rememoração, e essa mesma capacidade depende de um treinamento profundo para a recordação adquirido durante a vida presente.

Voltemos nossa atenção agora para os possíveis estados de existência em que se pode renascer. Segundo o pensamento budista, o renascimento pode se dar em qualquer um de três domínios: o domínio da não forma, o domínio da forma e o domínio do desejo. Os domínios da forma e da não forma são frutos de estados sutis de consciência, que se alcançam pela realização de determinadas concentrações meditativas. Nosso domínio, o domínio do desejo, é o mais grosseiro dos três. Seis classes de seres habitam o domínio do desejo: os deuses (seres celestiais mundanos cujo estado mental predominante é a exaltação ou soberba), os titãs (que são predominantemente agressivos e invejosos), os seres humanos (que são influenciados por todos os cinco estados mentais dissonantes), os animais (que estão sob o jugo da ilusão), os espíritos famintos (que são dominados pelo apego e pelos desejos insaciáveis) e os seres infernais (que estão sepultados em ódio, ira e medo). Na literatura do Supremo Yoga Tantra, os três domínios de existência condicionada são descritos como diferentes expressões ou estados de energia, e, como eu disse, nossa ignorância fundamental é a raiz da existência condicionada, sendo a energia cármica a sua força motriz. Segundo a visão budista, portanto, é a natureza de nossas tendências habituais, dirigidas pelas leis naturais de causa e efeito, que gera nossa existência futura.

Ademais, quando observamos os padrões de surgimento e cessação subjacentes à natureza dinâmica do ambiente físico, os ciclos de dias e noites e a sucessão das estações, por exemplo, e observamos como a matéria surge de partículas subatômicas insubstanciais, e voltamos nossa atenção para o surgimento e a dissolução de nossas experiências mentais de momento a momento, nas diferentes fases de sono profundo, sonho e vigília, podemos perceber que a noção de continuidade da consciência está em perfeito acordo com a natureza de nosso ambiente e com a natureza de nossa experiência mental. Certamente, muitas vezes se argumentou que uma das vantagens de aceitar a noção de continuidade da consciência é que essa aceitação nos dá uma capacidade mais profunda de compreender e explicar a natureza de nossa existência e do universo. Além disso, as noções de continuidade da consciência e das relações de causalidade estimulam uma percepção clara das consequências de nossos próprios atos e de seu impacto sobre nós mesmos, sobre os outros e sobre o meio ambiente.

Em resumo, ao considerar a noção de continuidade da consciência, devemos ter em mente que existem muitos níveis de maior ou menor sutileza nos estados de consciência. Por exemplo, com certeza sabemos que determinadas qualidades da percepção sensorial dependem da constituição física do indivíduo e que, quando o corpo morre, cessam também os estados de consciência associados a essas percepções sensoriais. Mas, mesmo sabendo que o corpo humano é uma das condições para a consciência humana, resta a questão: qual é a essência ou fator subjacente que garante para a nossa experiência de consciência a sua natural qualidade de luminosidade e cognoscência?

Então, por fim, quando refletimos sobre as inter-relações entre a mente, o corpo e o ambiente no nível sutil, concluímos que as coisas materiais são compostas de células, átomos e partículas e que a consciência é composta de momentos. Isso quer dizer que a mente e a matéria têm naturezas nitidamente diversas e, em consequência, têm causas substanciais diversas. As coisas materiais vêm à existência com base em outras entidades materiais, como partículas, átomos e células, e a mente vem à existência com base em um momento prévio de mente, a qual é luminosa e tem a capacidade de estar consciente. Cada momento de consciência depende, portanto, de um momento de consciência prévio, que é sua causa. É esse o raciocínio com base no qual a lógica budista afirma que, no nível da mente e do vento sutis, existe um contínuo de mente e matéria sem origem.

É por meio da reflexão sobre os temas mencionados – lei de causa e efeito, originação dependente, a dinâmica de nosso ambiente físico e, com base na análise da natureza da mente, o modo de surgimento e cessação dos pensamentos, as mudanças nas modalidades de nossa consciência quando passa pelos estados de sono profundo, sonho e vigília etc. – que podemos ter certeza de que a noção de continuidade da consciência é pertinente para a compreensão de nossa condição atual.

Uma vez confirmada a noção dessa continuidade, por meio da reflexão e da experiência, torna-se lógico preparar-se para a morte e para as existências futuras.

Quanto à própria preparação, sua natureza vai depender da profundidade das aspirações espirituais do indivíduo. Por exemplo, se o indivíduo está buscando somente um renascimento favorável como ser humano, não há necessidade de se entregar a um complexo caminho de meditação ligado aos processos de morte e renascimento. Acredita-se que simplesmente viver uma vida virtuosa é suficiente. Do mesmo modo, no caso dos que buscam a libertação pessoal em relação à existência condicionada e também daqueles cuja prática se limita ao nível dos sutras do caminho Mahāyāna, basta que a preparação garanta a obtenção de sucessivas formas de existência propícias à continuação de sua jornada rumo à iluminação. Para esses três tipos de indivíduos, não há na literatura budista clássica nenhuma técnica para o aproveitamento do momento da morte como um elemento essencial do caminho espiritual. Entretanto, uma vez que a compreensão dos processos de morte, estado intermediário e renascimento é crucial para a nossa compreensão da natureza da existência, encontramos extensas discussões desses três processos mesmo em textos relacionados às aspirações dos três tipos de pessoas mencionados.

É, contudo, exclusivamente no tantra, e especialmente no Supremo Yoga Tantra, que são ensinados os métodos para utilizar os processos de morte, estado intermediário e renascimento com a finalidade específica de servir de base para a obtenção da libertação em relação à existência cíclica. Esses métodos envolvem o desenvolvimento de uma técnica de relacionamento com certos estágios de experiência que o próprio indivíduo induz em si, com a finalidade de aperfeiçoar a sua realização espiritual e a fruição de suas capacidades como ser humano.

De modo geral, as práticas do Supremo Yoga Tantra representam um caminho espiritual que permite ao indivíduo realizar o pleno estado búdico em uma só vida e antes do momento da morte. Mas, para aqueles que forem incapazes de realizar isso, será crucial fazer bom uso das oportunidades de transformação oferecidas pelos processos naturais de morte, estado intermediário e renascimento. Por isso, no Supremo Yoga Tantra, o importante não é somente a preparação para um renascimento futuro mais elevado, mas também, e num sentido ainda mais fundamental, a preparação pessoal do indivíduo para usar sua própria morte e os estados a ela subsequentes como meios para alcançar a libertação.

Como eu já disse, na literatura do Supremo Yoga Tantra os três domínios da existência condicionada em que um ser humano pode renascer são descritos como diferentes expressões ou modalidades de energia (*rlung*); afirma-se ainda que nossa ignorância fundamental é a raiz da existência condicionada e que a energia cármica é sua força motriz. Além disso, segundo a perspectiva tântrica, também a morte, o estado intermediário e o renascimento não são senão diferentes modalidades de energia cármica. A morte é o momento em que os níveis grosseiros de energia estão completamente dissolvidos e somente as energias sutis subsistem. O estágio em que essas energias sutis se desdobram numa forma mais manifesta é o estado intermediário, e o estágio em que elas se manifestam em nova forma substancial é chamado renascimento. Assim, os três estágios são diferentes manifestações de energia (*rlung*). Com base nessa compreensão de que a morte é o estado em que se dissolveram todos os níveis grosseiros de energia e de consciência e no qual somente as energias sutis e a consciência sutil permanecem, é possível para um yogin avançado induzir pela meditação um estado que seja quase idêntico à experiência da morte real. Isso pode ser alcançado porque é possível ocasionar a dissolução dos níveis grosseiros de energia e consciência pela força da meditação. Quando realiza essa tarefa, o meditante adquire enorme potencial para avançar de modo definitivo em sua prática espiritual. Pois nesse estágio, quando se alcança verdadeiramente a experiência do esplendor interno fundamental por meio desse método, o yogin adquire a capacidade de realizar o corpo ilusório da divindade de meditação – garantindo assim a realização do perfeito estado búdico ainda nesta vida.

Essa realização do estado búdico perfeito traz consigo a realização das três dimensões ou corpos de um buda* (*trikāya*). Esses corpos beatíficos ou fruitivos** estão ligados ao nosso estado natural supremo e às qualidades emanacionais de plena iluminação. Curiosamente, identificamos exatamente o mesmo padrão de dimensões em nossa existência comum. A morte é o momento em que os campos físico e mental se dissolvem em esplendor interno e em que a consciência e a energia existem em seu nível mais sutil e não dual, como no sono profundo. Em seu estado de fruição, essa modalidade é o Corpo Búdico de Realidade (*dharmakāya*). Em seguida, a partir do próprio íntimo desse estado essencial ou natural, a pessoa entra no estado intermediário, no qual, embora ainda existam experiências de percepção, as formas fenomênicas são relativamente sutis e não substanciais, como num sonho. Em seu estado de fruição, essa modalidade é o Corpo Búdico de Riqueza Perfeita (*sambhogakāya*). Desse estado, a pessoa assume uma existência física mais grosseira que culmina no renascimento, como em nossa experiência comum do estado de vigília. Em seu estado de fruição, essa modalidade é o Corpo Búdico de Emanação (*nirmāṇakāya*). Assim, percebemos que há um paralelo direto entre os três estados naturais de nossa existência e as três dimensões do ser plenamente iluminado.

Ora, uma vez que a realização dessas três dimensões pode ser efetuada pela transformação dos três estados comuns da nossa vida, encontramos um grande número de práticas que compreendem técnicas de meditação que enfocam os atributos comuns aos três corpos búdicos e aos três estados cotidianos de existência. Por meio dessas práticas, desenvolve-se uma continuidade entre a raiz ou base (o

* É esta a única palavra em que nos desviamos do princípio, adotado sistematicamente em toda a tradução, de grafar os termos sânscritos e tibetanos segundo sua transliteração erudita. O termo só foi grafado *buddha* em nomes próprios, inclusive nos nomes das divindades e da Família Buddha. (N. do R. da T.)

** No contexto do budismo tântrico, esta palavra deve ser entendida em sua relação com o "fruto" ou "resultado" do processo espiritual. (N. do R. da T.)

estado comum), o caminho e, por fim, a beatitude ou fruição (os corpos búdicos). Para evidenciar o potencial de libertação que existe na engenhosa transformação dos estados comuns de existência, o grande mestre budista indiano Nāgārjuna usa o termo "*kāya*" para descrever também os três estados comuns. Assim, a dimensão (*kāya*) do momento da morte é identificada com o *dharmakāya* fundamental, a dimensão (*kāya*) do estado intermediário com o *sambhogakāya* fundamental e a dimensão (*kāya*) do processo de renascimento com o *nirmāṇakāya* fundamental[3]. Com isso, se diz que, por meio da capacidade meditativa do yogin perfeito, se efetiva uma verdadeira assimilação no momento da morte, na entrada no estado intermediário e no começo do processo de renascimento.

No que diz respeito ao treinamento nessas práticas, uma imagem dessa assimilação pode ser efetivada durante o estado de vigília por meio das práticas do estágio de geração, e durante o sono, por meio das práticas de yoga onírica.

No tantra, a prática de gerar a divindade de meditação pela imaginação – isto é, a prática do estágio de geração do tantra – é um caminho único pelo qual as três dimensões de fruição ou corpos búdicos são trazidas para a prática individual do caminho. É pela compreensão da profundidade desse método que o valor da abordagem tântrica pode ser plenamente apreciado. O processo de gerar a si mesmo como divindade de meditação é o meio pelo qual se leva à fruição a união indissolúvel entre a realização da vacuidade e a realização da consciência pura. A perfeição dessa prática contrabalança diretamente as percepções comuns e as apreensões subjacentes à nossa experiência dualista cotidiana. É essa perfeição que culmina na realização da natureza suprema da mente, o Corpo Búdico de Realidade, o estado que transcende o pensamento comum, em que não há nenhum resquício de engano acerca da natureza da realidade, nem de apego ou aversão – há somente a pura consciência radiante.

A prática de gerar a si mesmo como divindade de meditação é encontrada em todas as quatro categorias de tantra. Mas as formas mais sofisticadas desses métodos são ensinadas na categoria do Supremo Yoga Tantra. Os tantras descrevem uma série graduada de métodos para gerar a si mesmo como divindade de meditação, métodos cuja realização depende das capacidades espirituais do praticante. As Escolas da Nova Tradução sistematizam-nos segundo quatro níveis de capacidade; na escola Nyingma (ou Escola da Antiga Tradução), o nível de prática mais elevado é subdividido em três métodos: o Mahāyoga, o Anuyoga e o Atiyoga.

Nos estágios iniciais da prática tântrica, para treinar a realização dos três corpos búdicos que expus anteriormente, o yogin se dedica primeiro às práticas do es-

---

3. Essas correlações estão vivamente expressas no Capítulo 11 do nosso texto, "A grande libertação pela auscultação". Nesse capítulo são dadas instruções específicas para reconhecer as oportunidades espirituais que ocorrem no momento da morte, no estado intermediário de realidade e no processo de renascimento. Essas instruções falam de um reconhecimento que assimila o momento da morte ao Corpo Búdico de Realidade, o estado intermediário de realidade ao Corpo Búdico de Riqueza Perfeita e o estado intermediário de renascimento ao Corpo Búdico de Emanação. (N. do Org.)

tágio de geração da meditação. O estágio de geração é como um ensaio do processo real, feito na imaginação. Depois disso, no estágio de perfeição da meditação, as experiências de entrar no Corpo Búdico de Realidade e atualizar seus estados emanacionais – o Corpo Búdico de Riqueza Perfeita e o Corpo Búdico de Emanação – são reais e não imaginárias, e chegam a implicar certas modificações fisiológicas no corpo do yogin. O elemento nodal em todas essas práticas é a dissolução das energias e consciências grosseiras do praticante. Nesse particular, a prática do Supremo Yoga Tantra sublinha a importância de cortar ou interromper a energia grosseira que serve de veículo para as elaborações conceptuais. Desse modo, por hipótese, se o indivíduo conseguir interromper o fluxo de energia cármica, as tendências derivadas da ignorância fundamental se tornarão impotentes, mesmo que permaneçam no sujeito.

Como mencionei anteriormente, a observação atenta nos revela um padrão básico de surgimento e dissolução comum aos fenômenos animados e inanimados. Nos fenômenos inanimados, os processos de originação procedem do mais sutil para o mais grosseiro. Isto é, os fenômenos nascem do espaço vazio, evoluem para o movimento ou energia, para a luz ou o calor, destes para a umidade ou liquidez e desta finalmente para a solidez. A dissolução é o reverso dessa sequência. Esse processo de originação e dissolução também ocorre com o corpo. Segundo a descrição dada pelo tantra, o processo de dissolução dos elementos físicos que constituem o corpo humano começa com a dissolução do elemento terra, passa pela dissolução sucessiva dos elementos água, fogo e ar e chega, por fim, ao ponto em que somente o elemento espaço predomina e todos os níveis grosseiros de energia e consciência foram dissolvidos. Então, numa segunda sequência de dissoluções, esse estágio dá origem à experiência denominada "brancura", seguida da "crescente vermelhidão" e do "negror da quase consumação"; por fim, culmina na plena experiência do esplendor interno chamada "consumação"[4].

Por serem os estágios de dissolução processos naturais, imaginá-los é de máxima importância nas práticas de visualização da divindade de meditação do estágio de geração.

Tanto nas Escolas da Nova Tradução quanto na Escola da Antiga Tradução, a realização do esplendor interno, o ponto no qual todas as nossas energias e consciências grosseiras foram dissolvidas, é o objetivo primário. É a essência das práticas da Grande Perfeição (Dzogchen) da tradição Nyingma[5], das práticas da União de Vacuidade e Luminosidade Baseada na Identidade de Saṃsāra e Nirvāṇa da tradição Sakya, das práticas do Grande Selo (*Mahāmudrā*) da tradição Kagyu e das práticas da Indissolúvel União de Gozo e Vacuidade da tradição Gelug.

Quando, porém, falamos de esplendor interno, é importante ter em mente que existem diferentes níveis em que ele pode ser experimentado e que, além disso, há

4. Em nosso texto, esses processos são descritos no Capítulo 8. (N. do Org.)

5. Os ensinamentos apresentados em nosso texto são baseados na perspectiva da Grande Perfeição (Dzogchen). (N. do Org.)

uma importante diferença entre a perspectiva do Dzogchen sobre o esplendor interno e a das Escolas da Nova Tradução. Assim como a experiência da vacuidade, a experiência do esplendor interno pode ser de vários tipos diferentes. A experiência do esplendor interno descrita nas Escolas da Nova Tradução somente se efetiva depois da dissolução de todos os níveis grosseiros de elaboração conceptual. Contudo, a perspectiva do Dzogchen afirma que, assim como a semente de gergelim está permeada de óleo, todos os estados de percepção ou consciência estão permeados pelo esplendor interno. Por isso existem no Dzogchen refinadas instruções que permitem o reconhecimento do esplendor interno mesmo quando os níveis grosseiros de atividade sensorial ainda estão ativos. É nesse ponto que chegamos à importante distinção feita nos ensinamentos Dzogchen entre os termos tibetanos "*sems*" e "*rig-pa*". Nossa "mente comum" (*sems*) é a consciência grosseira e dualista (*rnam-shes*), enquanto a "consciência pura" (*rig-pa*) é livre das percepções dualistas de sujeito e objeto. Seguindo as práticas dos ensinamentos do Dzogchen da escola Nyingma, o discípulo é diretamente introduzido por um mestre espiritual autêntico à verdadeira natureza da sua própria mente como consciência pura. Esse é o foco do aspecto "Vencendo a Resistência" (*khregs-chod*) do caminho Dzogchen, que é complementado pelas práticas da Realização Transcendente (*thod-rgal*), que por sua vez enfocam a estimulação e o reconhecimento dos esplendores da cognição pura[6]. Independentemente das diferenças de perspectiva e de práticas, entretanto, uma experiência autêntica do esplendor interno é a realização da natureza fundamental e pura da nossa consciência, que é a união indissolúvel de vacuidade e luminosidade.

Ora, quando a mente sutil está completamente pura, o aspecto corpóreo ou energético do composto formado pela mente e pelo corpo sutis se manifesta na forma das luminosidades de cinco cores (branca, azul, vermelha, amarela e verde) e na forma dos corpos búdicos. Todas as diferentes maṇḍalas, seja a de cem divindades, a de mil divindades ou a de qualquer número de divindades, todas as maṇḍalas, enfim, são expressões das cinco famílias iluminadas, que são relacionadas à pureza dos cinco agregados psicofísicos, dos cinco elementos e das cinco cognições puras. Essas relações formam o núcleo das práticas apresentadas no Supremo Yoga Tantra, junto com a experiência de cultivo da natureza dessas divindades por meio da prática diária.

Em resumo, ao reproduzir em nossa prática o processo de dissolução natural de nossas formas grosseiras de consciência e o subsequente surgimento natural das luminosidades e corpos das divindades, primeiro refinamos a atualização do esplendor interno, etapa essa que opera como causa substantiva do surgimento respectivo do Corpo Búdico de Riqueza Perfeita e do Corpo Búdico de Emanação.

6. "Vencendo a Resistência" e a introdução direta à consciência pura são os temas do Capítulo 4 da presente obra. A introdução ao estado intermediário de realidade, no Capítulo 11 do nosso texto, é um exemplo das instruções esotéricas da "Realização Transcendente", realização que para a escola Nyingma, representa o ápice da prática de meditação. (N. do Org.)

Assim, os três corpos de um buda se perfeccionam, e essa é a fruição consumada do caminho do tantra.

Bem, com relação às formas da divindade de meditação que são geradas na prática do tantra, existem dois tipos principais: as Divindades Pacíficas e as Divindades Furiosas. Em termos gerais, esses dois tipos se relacionam respectivamente com a transformação dos estados cognitivos e emocionais associados ao apego e à aversão. As divindades pacíficas são estáticas e são expressões da pureza natural da atração, quer dizer, da mente que repousa em seu estado natural puro e original. As divindades furiosas são o aspecto dinâmico das divindades pacíficas e são expressões da transformação natural da aversão. Isto é, elas representam a mente na transformação ativa da ilusão em cognição pura[7].

Como podemos perceber agora, o caminho do Supremo Yoga Tantra incorpora os estados mentais dissonantes, como o apego e a aversão. No caminho seguido pelos piedosos discípulos (*śrāvaka*), os estados cognitivos dissonantes são categoricamente entendidos como algo a que se deve renunciar. No caminho Mahāyāna, porém, existem duas abordagens que contrastam com a dos piedosos discípulos. De acordo com os sūtras do Mahāyāna, se determinada situação sugere um resultado positivo em matéria de benefício para o próximo, o uso voluntário do desejo ou do apego é admissível. Os tantras, contudo, não postulam somente que o desejo ou o apego são admissíveis quando benéficos, mas, mais ainda, autorizam o praticante a usar deliberadamente essas energias como instrumentos de purificação ou eliminação dos próprios estados dissonantes.

Dado que as práticas dos tantras incluem a aplicação disciplinada de processos fisiológicos sutis e a transformação das energias associadas à atração e à aversão, antes que um buscador possa se entregar às práticas do tantra ele deve encontrar um mestre espiritual que possua as qualificações expostas nas escrituras de autoridade confirmada, e deve receber iniciações e instruções apropriadas desse mesmo mestre. Além disso, o praticante deve completar as práticas preliminares e firmar-se plenamente sobre os alicerces constituídos pelos caminhos dos sūtras, que incluem, entre outras coisas, o desenvolvimento da intenção altruísta de alcançar a iluminação (*bodhicitta*), o desenvolvimento da serenidade inabalável – a estabilização da atenção em objetos internos de meditação – e o desenvolvimento da intuição penetrante – um estado de meditação analítica que discerne a natureza, as relações, as características e a função do objeto de meditação. O desenvolvimento de serenidade inabalável e da intuição penetrante é o meio pelo qual o praticante pode cultivar sua compreensão da vacuidade, que é uma percepção clara de que todos os fenômenos são totalmente privados de existência intrínseca e identidade própria. Para aquele que almeja encetar o caminho do tantra, é um pré-requisito indispensável alcançar um entendimento profundo da insubstancialidade e de suas relações interdependentes com a realidade fenomênica. Os tantras pressupõem esse

7. O simbolismo de cada uma das divindades de meditação associadas ao nosso texto é descrito nos Capítulos 5, 6, 11 e 14 e no Apêndice Dois. (N. do Org.)

entendimento, e é por isso que nos sūtras encontramos a ampla elucidação dos métodos para desenvolver uma compreensão completa da vacuidade.

Quanto à natureza dessa compreensão da vacuidade pressuposta pelos tantras, a maioria dos mestres das escolas Nyingma, Kagyu, Sakya e Gelug concordam que ela se resume na concepção do Caminho do Meio (*madhyamapratipad*) proposta nos sūtras e explicada por Nāgārjuna em suas obras. Na perspectiva do Dzogchen, contudo, há também um método particular de explicação da vacuidade, o qual enfatiza a inseparabilidade de vacuidade e esplendor interno; mas, ainda assim e principalmente, essa designação se refere à vacuidade tal como é apresentada no Caminho do Meio de Nāgārjuna.

Esse conceito da vacuidade como natureza suprema da realidade é uma das áreas em que há convergência entre a compreensão budista sobre a natureza suprema da existência e a perspectiva científica contemporânea. Essa convergência está ligada à impossibilidade de encontrar as entidades finais quando se as busca pela análise. Na ciência moderna, os métodos analíticos são aplicados principalmente para investigar a natureza das entidades materiais. Assim, a natureza suprema da matéria é buscada por um processo redutivo, e o mundo macroscópico é reduzido ao mundo microscópico das partículas. No entanto, quando a natureza dessas mesmas partículas é examinada mais a fundo, percebemos que sua própria existência como objeto é questionável. Essa interface entre a insubstancialidade e os fenômenos é um dos focos fundamentais da análise filosófica budista e da análise experimental que se opera por meio da meditação sobre a natureza da mente. Como já está se tornando conhecido na comunidade científica contemporânea, uma compreensão sutil da natureza do surgimento e dissolução dos pensamentos individuais e dos ciclos de existência está no próprio âmago da literatura e da prática budistas.

Resumindo, ainda que os estágios de preparação para se dedicar às práticas do Supremo Yoga Tantra sejam extensos, diz-se que, uma vez que o modo de proceder no Supremo Yoga Tantra corresponde muito de perto à natureza da existência, os seres humanos deste mundo detêm os fundamentos fisiológicos sutis e grosseiros perfeitos para serem bem-sucedidos nessas práticas.

Em nossa vida, é normal nos prepararmos e treinarmos de antemão para confrontar as situações difíceis ou excepcionais que sabemos que o futuro nos guarda, de modo que possamos enfrentá-las melhor quando se apresentarem. Como mostramos, o ensaio para os processos da morte, do estado intermediário e do nascimento em outra existência forma o núcleo do caminho do Supremo Yoga Tantra. Essas práticas também fazem parte da minha prática cotidiana, e por causa disso eu de algum modo sinto certo entusiasmo quando penso na experiência da morte. Ao mesmo tempo, contudo, às vezes me pergunto se serei capaz de fazer pleno uso das minhas práticas preparatórias quando chegar o verdadeiro momento da morte!

Um sentimento de incerteza, e mesmo de medo, é natural para o ser humano quando pensa na natureza da morte e nas relações entre o viver e o morrer. Talvez por isso não seja surpresa que o *Bar-do Thos-grol Chen-mo*, *O livro tibetano dos mortos*, um texto-tesouro que aborda esse importante tema, tenha se tornado uma das obras mais conhecidas da literatura tibetana no Ocidente. A primeira tradução completa desse ciclo de ensinamentos foi uma realização extraordinária, empreendida com muito carinho durante muitos anos.

Faço votos para que as profundas intuições contidas nesta obra venham a ser uma fonte de inspiração e apoio para as muitas pessoas interessadas em todo o mundo, assim como têm sido em minha própria cultura.

INTRODUÇÃO DO ORGANIZADOR

O livro tibetano dos mortos contém uma das descrições mais detalhadas e convincentes dos estados póstumos em toda a literatura mundial. Por isso não é surpresa que quando o Capítulo 11 de nosso texto, "A grande libertação pela auscultação", foi publicado pela primeira vez em inglês, em 1927, ele tenha causado considerável comoção e seja até hoje uma das obras literárias tibetanas mais conhecidas fora do Tibete. Em nosso trabalho, apresentamos pela primeira vez uma tradução completa de todos os doze capítulos da compilação de textos conhecida como *O livro tibetano dos mortos*, tradução que inclui nove capítulos que não haviam sido traduzidos na publicação original de W. Y. Evans-Wentz.

Tivemos intenção dupla ao realizar esse trabalho. Por um lado, queríamos apresentar a obra original completa, e, por outro, fazer a tradução com o apoio e a estreita colaboração dos mestres e detentores de linhagem contemporâneos ligados a essa tradição.

O texto integral de *O livro tibetano dos mortos* foi originalmente ensinado por Padmasambhava, o mestre de Oḍḍiyāna, como um guia completo tanto para os vivos quanto para os mortos. Foi Padmasambhava que, junto com Śāntarakṣita e o rei Trisong Detsen, estabeleceu formalmente o budismo no Tibete durante o século VIII, e é por isso reverenciado pela maioria dos tibetanos como um "segundo Buda". A história de como esse ensinamento foi originalmente transmitido por Padmasambhava para o rei Trisong Detsen é apresentada na "Breve história literária" de Gyurme Dorje, logo adiante.

O compêndio de textos conhecido como *O livro tibetano dos mortos*, vazado num estilo primoroso, contém orientações e práticas ligadas à transformação de nossas experiências cotidianas, ao modo de abordar a morte e os estados posteriores a ela e a como ajudar os moribundos. Esses ensinamentos compreendem métodos para investigar e cultivar a experiência da natureza suprema da mente em nossa prática diária (Capítulos 2-7), orientação sobre como reconhecer os sinais de proximidade da morte e uma descrição detalhada dos processos físicos e mentais do morrer (Capítulo 8), rituais para evitar a morte prematura (Capítulo 9), o já famoso guia "A grande libertação pela auscultação", que é recitado para os moribundos e os mortos (Capítulo 11), orações de aspiração recitadas na hora da morte (Capítulo 12), um drama alegórico para ser representado com máscaras que apresenta de modo ligeiro a jornada pelo estado intermediário (Capítulo 13) e, por fim, uma tradução dos mantras sagrados que são ligados ao corpo depois da morte e dos quais se diz que produzem a "Libertação pelo uso junto ao corpo" (Capítulo 14).

Além disso, por conselho de Sua Santidade, o falecido Dilgo Khyentse Rinpoche, incluímos também nesta edição dois textos adicionais que normalmente não acompanham a obra principal: o Capítulo 1, que expõe de modo poético as meditações e práticas preliminares ligadas a esse ciclo de ensinamentos e, na verdade, à prática dos tantras em geral, e o Capítulo 10, que contém instruções sobre os métodos de transferência da consciência para um estado iluminado na hora da morte, instruções às quais se faz referência no Capítulo 11 e que são parte essencial das práticas ligadas ao morrer.

Nossa segunda intenção era apresentar toda a obra de modo que, tão fielmente quanto nos fosse possível, refletisse as intuições e intenções dos mestres da linhagem e transmitisse, de modo elegante e tocante, a beleza poética da obra original. Para fazer isso, como foi indicado nos "Agradecimentos", a tradução foi baseada nos comentários explicativos orais de detentores de linhagem contemporâneos e continuamente acompanhada do aconselhamento de mestres atuais.

Em vista de tudo o que foi indicado, resta muito pouco a dizer para oferecer mais introduções ao sentido dos textos. É nossa esperança que, com o auxílio do "Comentário introdutório" de Sua Santidade, o Dalai-Lama, as breves introduções dos capítulos, as notas e o Glossário, o sentido original fulgure de modo tão penetrante quanto foi nossa intenção.

Como me pediram que o fizesse, vou dizer umas poucas palavras sobre o contexto psicológico do material que o leitor tem em mãos. A muitos parecerá um tanto vago dizer que as intuições apresentadas nesta obra vêm de pessoas que realizaram a natureza suprema da mente e por isso possuem um conhecimento direto dos processos da mente em sono profundo, sonho e vigília e dos processos de morrer e do além. Mas, como foi exposto pelo Dalai-Lama no "Comentário introdutório", os processos de imaginar e em seguida realizar os estágios de dissolução da consciência que ocorrerão naturalmente na hora da morte, assim como as práticas que visam manter a consciência nos estados de sono profundo e de sonho, estão no próprio âmago das práticas de meditação superiores do budismo tibetano.

Como explica Gyurme Dorje na "Breve história literária", este ciclo de ensinamentos é baseado no *Guhyagarbha Tantra*. Esse texto foi recebido em uma revelação pelo buda primordial Samantabhadra e transmitido por intermédio das divindades de meditação Vajrasattva e Guhyapati Vajrapāṇi. Em outras palavras, a fonte do ensinamento é Samantabhadra, que é a reverberação da consciência pura, ou seja, da pureza natural da consciência mental; e o ensinamento foi transmitido por meio de uma encarnação da intuição, da compaixão e das habilidades de comunicação (meios hábeis) de todos os budas, isto é, de todos os seres que repousam na imutável realização da natureza suprema da mente.

Como todos os grandes sistemas tântricos budistas, o *Guhyagarbha Tantra* descreve uma maṇḍala, que é uma representação visual dos componentes da mente iluminada. Nossa apresentação da maṇḍala das Divindades Pacíficas e Furiosas (Apêndice Dois) resume os principais aspectos do simbolismo da maṇḍala associada a nosso texto. Como sempre, esse simbolismo se baseia na compreensão clássica da natureza dos componentes psicofísicos do ser humano tal como são descritos nos textos do Abhidharma, comuns a todas as formas de budismo. Essa análise dos componentes do nosso ser pode ser feita com a mente conceptual comum.

A experiência concreta das luminosidades subjacentes à maṇḍala, contudo, somente é possível como resultado da realização de estados de meditação muito sutis, que são frutos do caminho do Supremo Yoga Tantra. Como narra o Dalai-Lama em seu comentário, essas luminosidades só se tornam manifestas para o meditante quando ele alcança a realização da natureza suprema da mente. Isso ocorre durante o processo das meditações, que reproduzem o processo de morrer e o ressurgimento da consciência a partir de um esplendor interno não conceptual, a verdadeira natureza da mente. O processo de dissolução das formas grosseiras de consciência no esplendor interno e o surgimento da consciência a partir do esplendor interno também ocorrem naturalmente no momento da morte. Em outras palavras, segundo a tradição budista, é possível no estado de vigília o acesso efetivo a processos que refletem o morrer e o ressurgir da consciência depois da morte.

Quando Sua Santidade Dilgo Khyentse Rinpoche fez seu comentário ao texto, explicou-nos que a "Introdução ao estado intermediário de realidade", ou seja, o trecho central de "A grande libertação pela auscultação", é uma expressão das práticas esotéricas chamadas Thodgal, do Dzogchen, os ensinamentos da "Grande Perfeição". Para a escola Nyingma, o Thodgal é o cume da prática de meditação e tem como resultado a experiência direta, durante a meditação, das luminosidades e da maṇḍala das divindades de meditação descritas no Capítulo 11. Esse surgimento das luminosidades de cinco cores como resultado da realização da verdadeira natureza da mente é um fenômeno descrito por todos os grandes praticantes de meditação das quatro principais escolas de budismo tibetano e da tradição do Bon pré-budista. O ponto a que pretendo chegar aqui é que as experiências descritas em nosso texto estão ligadas às modalidades da nossa percepção a cada momento da nossa existência, nos estados de vigília, sonho e sono profundo e também durante a transição da vida para a morte e depois desta.

Nesse sentido, "A grande libertação pela auscultação" pode ser lida como uma maravilhosa narrativa metafórica que evidencia os processos de nossos estados cognitivos, quer em vigília, quer na morte.

Em seu comentário à edição de 1927 de *O livro tibetano dos mortos*, de Evans-Wentz, Carl Jung mencionou como lhe foi interessante olhar "A grande libertação pela auscultação" de trás para diante. Isso de fato é interessante do ponto de vista psicanalítico, pois pode-se então compreender que o texto mostra que nossos estados de confusão e ilusão se originam da atração e da aversão condicionadas diante de determinados aspectos de nossa existência; que a atração e aversão condicionadas se originam da teia formada por nossas tendências habituais, nossas construções mentais e uma série implacável de preferências mentais voluntárias e involuntárias; que essa teia, por sua vez, nasce do conforto ilusório proporcionado pelo sentido do ego; e que este, por fim, provém na verdade de um evento cognitivo puro e original. Isso é algo que podemos explorar durante o próprio estado de vigília, analisando como nossos pensamentos se originam da mente, interagem com nossas construções mentais e determinam nossas emoções e as ações subsequentes.

O Capítulo 4 do nosso texto, "A introdução à consciência pura", aborda diretamente esse processo de exploração. Nele o meditante encontra orientação sobre como reconhecer a verdadeira natureza da mente, uma consciência pura e semelhante a um espelho, livre de elaborações dualistas, a mente subjacente, da qual se originam todos os nossos pensamentos e percepções e na qual todos eles se reabsorvem. O Capítulo 11 faz então uma descrição simbólica de como as irradiações puras da consciência, que constituem a verdadeira natureza de nossos componentes psicofísicos e das propriedades elementais, se manifestam na forma de luminosidades e das divindades de meditação. Nesse ponto crítico, ou nós reconhecemos as luminosidades e divindades de meditação como encarnações de nossa verdadeira natureza, e assim permanecemos num estado de percepção pura, ou, não reconhecendo essas manifestações como expressões naturais da natureza suprema de todos os fenômenos, somos inexoravelmente atraídos para os impulsos nebulosos e obtusos da experiência dualista. Quando este último processo acontece, é ativada a matriz de nossas tendências habituais e construções mentais e isso gera nosso senso de identidade individual e independente. A essa altura, o ego, incapaz de aceitar a clareza e a abertura do estado de percepção pura, se estabelece; e a mente passa a operar somente para tentar satisfazer, a cada momento, seus impulsos e desejos condicionados.

Nesse estado egoico, nossos pensamentos, palavras e atos passam a ser modulados por um processo de julgamento interior. Como descreve o texto, a morte sustenta diante de nossos olhos um espelho que tudo vê, "o espelho das ações passadas", no qual se contemplam claramente as consequências de todas as nossas ações passadas, positivas e negativas. Depois disso essas ações passadas são pesadas à luz de suas consequências, e o resultado dessa pesagem determinará o tipo de existência ou de estado mental no qual seremos levados a entrar. O aspecto pelo qual esse processo constitui uma "revisão da vida", descrita metaforicamente pela comparação do peso das pedrinhas brancas, que representam as ações positivas, com o peso das pedrinhas pretas, que representam as ações negativas, é maravilhosamente ilustrado pela frase do poeta Heathcote Williams: "a morte revela as fotografias da vida". Essa frase evoca de modo sucinto a noção do nosso esquecimento cotidiano das consequências de nossas ações, que nos serão reveladas na morte para que possamos percebê-las de modo claro e imediato.

Depois do processo expansivo de "revisão da vida", a mente é conduzida a um novo equilíbrio, evitando o caos da dissociação. Esse processo duplo de julgamento interior, a "revisão da vida" seguida da conformação da mente a uma nova modalidade, é representado simbolicamente em nosso texto pelas ações de Yama, encarnação das leis inexoráveis de causa e efeito. No estado de vigília, é claro que a avaliação e a modulação do impulso dos pensamentos, palavras e atos do passado permanecem sobretudo ocultas, mas mesmo assim nós as experimentamos em nossa "consciência" (no sentido de juiz interno) no momento em que pensamos, falamos e agimos. Na morte, assim como em vida, o processo de julgamento interior não é feito por um ser fora de nós, mas resulta da dinâmica inata da nossa própria mente, que opera a maturação natural de seus próprios construtos mentais e configura num novo equilíbrio o fruto desse processo. Nesse estágio, sobretudo no momento que precede imediatamente o ingresso em um novo estado emocional, é absolutamente crucial reconhecermos a verdade fundamental de que estamos experimentando os resultados dos estados mentais que nós mesmos geramos e usarmos essa compreensão para reconhecer a verdadeira natureza de nossa experiência. Na vida cotidiana, sabemos que quando começamos a sentir raiva, por exemplo, isso imediatamente cria uma perturbação interna; essa perturbação, por sua vez, causa uma distorção no modo pelo qual percebemos tanto os outros quanto o meio em que estamos; esse fato, então, afeta a maneira como os outros reagem a nós, o que por fim reforça nossa raiva inicial, levando-nos a nos sentir confirmados no novo estado. Esse é o ciclo da fruição dos resultados dos estados mentais que nós mesmos geramos, ciclo que, segundo nosso texto, pode acontecer quer na transição de um momento a outro, quer na de uma vida a outra.

Por fim, quando não ocorre o reconhecimento da verdadeira realidade em algum grau, o texto descreve a consequente culminação de todo esse processo: movidos por uma inelutável busca de segurança e pela necessidade de resolver nossos impulsos e expectativas, numa esfera mental em que nossas expectativas e a verdadeira realidade são incompatíveis – e baseados, ainda, na constante oscilação de nossa atração e aversão –, entramos num estado emocional no qual pode predominar qualquer um destes sentimentos: vanglória, inveja, orgulho, confusão, perplexidade, desejo, ânsia, ira, ódio ou medo. Esses estados são representados em nosso texto pelos domínios da existência para os quais podemos passar no renascimento.

Dadas as explicações anteriores, mesmo que não aceitemos o pensamento budista de que as modalidades de nossa consciência nos estados de sono profundo, sonho e vigília são análogas aos estados de consciência na morte, ainda assim podemos aplicar à vida cotidiana os conselhos dados em "A grande libertação pela auscultação". A renúncia à atração e à aversão compulsivas que experimentamos diante de certos aspectos de nosso domínio de percepção, o vislumbre da dinâmica causal de nossa condição atual e a consequente compreensão de que tudo o que vemos é produto de nossas próprias construções mentais – e que, portanto, levamos em nós mesmos o potencial para enxergar nossa experiência com mais clareza – constituem um método poderoso para nos libertarmos das qualidades dissonantes, e mesmo terríveis, do panorama de percepção por nós mesmos criado.

Os Capítulos 1 a 7 nos dão o quadro para a realização dessa libertação em nossa vida cotidiana. O Capítulo 1 evoca de modo poético a perspectiva que pode nos levar a compreender que vale a pena entender a fundo nossa verdadeira natureza e nossa condição humana atual. Os Capítulos 2 a 6 nos oferecem métodos para acostumar a mente a reconhecer intuitivamente a verdadeira natureza de nosso ser e existência, e o Capítulo 7 fornece um enquadramento dentro do qual podemos modular e refinar nossas motivações, perspectivas e ações.

É uma verdade inegável que a nossa sociedade não aceita com facilidade que a morte é parte natural da vida, o que resulta em perpétua sensação de insegurança e medo. Com isso, muitos ficam confusos no momento da morte de um ente querido, sem saber o que podem fazer para ajudar o falecido ou como encarar sua própria tristeza. Ensinar modos de superar nosso medo da morte e a adotar uma abordagem criativa nos momentos de aflição maior, isto é, concentrar as energias em ajudar os mortos, são dois dos extraordinários benefícios das intuições e práticas tão belamente expressas em *O livro tibetano dos mortos*.

Quando penso nessas coisas, frequentemente me recordo do Dalai-Lama dizendo: "Quando contemplamos a vida e a morte de uma perspectiva mais ampla, percebemos que morrer é como um simples trocar de roupas. Quando este corpo envelhece e se torna inútil, nós morremos e recebemos um novo corpo, jovem, saudável e cheio de energia. Isso não deve ser tão mau!"

GRAHAM COLEMAN
Thimpu, Butão

UMA BREVE HISTÓRIA LITERÁRIA DE *O LIVRO TIBETANO DOS MORTOS*
Por Gyurme Dorje

Desde a publicação da pioneira tradução em inglês pelo Lama Kazi Dawa Samdup e W. Y. Evans-Wentz de três capítulos do ciclo de textos conhecido no original tibetano como *A grande libertação pela auscultação nos estados intermediários* (*Bar-do thos-grol chen-mo*), os capítulos que eles traduziram, que tratam da natureza dos estados depois da morte e das preces de aspiração que os acompanham, atraíram um forte interesse fora do Tibete com o título de *O livro tibetano dos mortos*. Os tibetanos instruídos dos dias de hoje frequentemente expressam sua surpresa ao notar que, de todas as obras traduzidas da literatura tibetana, tenha se tornado uma das mais conhecidas justamente essa coleção específica de práticas de meditação ligadas aos métodos para compreender a natureza da mente e transformar nossas experiências pelo ciclo da vida e da morte. Esse renome afigura-se especialmente inesperado quando se consideram as origens esotéricas do texto e sua transmissão, que foi bastante restrita no Tibete até meados do século XV. Talvez seja por causa desse amplo interesse popular que se tenha mantido em todas as traduções posteriores e estudos correlatos o título cunhado pelo organizador da primeira tradução, Evans-Wentz. Respeitando essa tradição, também nós mantivemos o título de *O livro tibetano dos mortos* para se referir à primeira tradução completa para o inglês de *A grande libertação pela auscultação nos estados intermediários*, edição que inclui as traduções de todos os doze capítulos da compilação original.

PRIMEIRAS ORIGENS

A grande libertação pela auscultação nos estados intermediários é um exemplo notabilíssimo de literatura Nyingma. Os Nyingmapa são os seguidores da mais antiga das escolas de budismo tibetano, e sua linhagem remonta à primeira onda de transmissão dos ensinamentos budistas no Tibete, durante o período das dinastias reais da história tibetana, no século VIII, quando grandes mestres indianos, como Padmasambhava, Vimalamitra e Buddhaguhya, começaram a expor as três classes de tantra interior: o Mahāyoga, o Anuyoga e o Atiyoga. Esses textos tântricos se distinguem pelas técnicas de meditação correspondentes a cada classe: respectivamente, o estágio de geração, o estágio de perfeição e a Grande Perfeição (Dzogchen).

Todas as tradições atuais de budismo tibetano compartilham a herança das compilações canônicas de escrituras e tratados do budismo indiano contidas no *Kangyur* e no *Tengyur*. O *Kangyur* compreende os ensinamentos dos Budas (o vinaya, os sūtras e os tantras) traduzidos do sânscrito e de outras línguas para o tibetano, a maioria dos quais do final do século X em diante, e foi compilado pela primeira vez por Buton Rinchendrub (1290-1364). O *Tengyur* compreende os comentários indianos clássicos que também foram traduzidos do sânscrito para o tibetano. Uma edição reunida do *Kangyur* e *Tengyur* publicada recentemente tem 180 volumes.

Cada escola tem também seus escritos próprios e característicos. A literatura específica da escola Nyingma compreende traduções do sânscrito e de outras línguas, que estão preservadas nos 26 volumes dos *Tantras reunidos dos Nyingmapa* (*rNying-ma'i rgyud-'bum*) e numa antologia de tratados de comentários escritos por sucessivas gerações de detentores de linhagem indianos e tibetanos. Esta última antologia, fielmente transmitida por meio de uma "longa linhagem dos preceitos orais" (*ring-brgyud bka'-ma*), isto é, por uma linhagem contínua de transmissão de uma geração de mestres consumados para a seguinte, cresce continuamente e atualmente compreende 120 volumes, numa edição publicada há pouco tempo.

Os *Tantras reunidos dos Nyingmapa* têm três seções, que correspondem às compilações de Atiyoga, Anuyoga e Mahāyoga. Entre elas, o texto mais influente é o *Guhyagarbha Tantra*, uma revelação do buda primordial Samantabhadra, transmitida através de Vajrasattva e Guhyapati Vajrapāṇi. O compêndio de textos que agora conhecemos como *O livro tibetano dos mortos* baseia seu simbolismo e sua iconografia no *Guhyagarbha Tantra*. Fundamentado na perspectiva clássica do Abhidharma sobre os elementos, os agregados psicofísicos etc., esse texto tântrico é, ao que se sabe, a mais antiga obra literária a retratar a pureza natural de nossos estados psicológicos mundanos, na forma da maṇḍala das 42 divindades pacíficas, e a transformação natural dos mesmos estados, na forma da maṇḍala das 58 divindades furiosas. Embora seja correta e geralmente classificado como um texto do Mahāyoga, o *Guhyagarbha Tantra* também foi interpretado segundo a perspectiva do Dzogchen, sendo a mais famosa interpretação desse tipo a de Longchen Rabjampa (1308-63). Tanto as técnicas de meditação do Mahāyoga quanto as do Dzogchen se evidenciam claramente nos capítulos da presente obra: o estágio de geração da meditação é posto em relevo nos Capítulos 5-7, e a Grande Perfeição, nos Capítulos 4 e 11, sendo estes dois capítulos baseados nos ensinamentos dos dois aspectos fundamentais da Grande Perfeição: o Capítulo 4 nos ensinamentos de Vencendo a Resistência (*khregs-chod*) e o Capítulo 11 nos ensinamentos da Realização Transcendente (*thod-rgal*). Portanto, do ponto de vista da prática e de seu fundamento teórico, assim como da iconografia e do simbolismo, *O livro tibetano dos mortos* lança suas raízes no *Guhyagarbha Tantra*; mas, além disso, incorpora vividamente os ensinamentos clássicos do Dzogchen.

O *Guhyagarbha Tantra* foi inicialmente compilado pelo rei Indrabhūti e por Kukkurāja, de Sahor, no noroeste da Índia (por volta do século VI). O monarca, também conhecido como Rei Dza, recebeu o *corpus* completo dos tantras do Mahāyoga numa visão proveniente de Vajrasattva, e Kukkurāja, um grande mestre consumado, dividiu essa literatura em dezoito livros (*tantras*) – dos quais o mais abrangente é o *Guhyagarbha*. Durante o século VIII, o *Guhyagarbha Tantra* foi traduzido do sânscrito para o tibetano três vezes: primeiro, por Buddhaguhya e Vairocana; depois, por Padmasambhava e Nyak Jñānakumāra; e, de modo definitivo, por Vimalamitra com Nyak Jñānakumāra e Ma Rinchen Chok. Uma tradução para o tibetano bem posterior foi feita no século XV por Tharlo Nyima Gyeltsen e Go Lotsāwa. A antologia de tratados ligados ao *Guhyagarbha Tantra* inclui um grande número de comentários sobre o texto, tanto indianos quanto tibetanos, compostos por mestres ilustres como Līlāvajra, Buddhaguhya, Rongzom Paṇḍita, Longchen Rabjampa e Lochen Dharmaśrī.

A iconografia e o simbolismo das cem divindades pacíficas e furiosas apresentados no *Guhyagarbha Tantra* deram origem a todo um gênero de literatura no Tibete, conhecido como os Ciclos das Divindades Pacíficas e Furiosas (*zhi-khro*), dos quais a nossa compilação de textos, *A grande libertação pela auscultação nos estados intermediários*, é a mais influente.

A LINHAGEM ÍNTIMA DOS TESOUROS

Segundo os relatos tradicionais, quando Padmasambhava introduziu esses ensinamentos no Tibete no século VIII, ele previu que a transmissão oral da "longa linhagem" estaria no decorrer do tempo sujeita à corrupção e à aplicação errônea e que a eficácia dos ensinamentos seria diminuída. Para contrabalançar essa tendência, com a cooperação de sua consorte Yeshe Tsogyal e de outros entre seus principais discípulos, Padmasambhava ocultou um grande número de "ensinamentos-tesouro" (*gter-chos*), na forma de livros e artefatos sagrados, em locais de poder (*gnas*) dispersos por todo o planalto tibetano, predizendo que eles seriam redescobertos no decorrer das gerações futuras por meio de seus "descobridores de tesouros" (*gter-ston*) e promulgados para o benefício das gerações seguintes. Foram escritas profecias descrevendo como seriam as pessoas dotadas do poder de desenterrar essas revelações no futuro – figuras do calibre de Nyangrel Nyima Ozer, Guru Chowang e o descobridor de nosso texto, Karma Lingpa. A expressão "ensinamento-tesouro" geralmente tem o seu sentido ampliado para incluir não somente os ocultos "tesouros na terra" (*sa-gter*), mas também as revelações descobertas de modo espiritual, provindas diretamente da intenção iluminada da mente búdica (*dgongs-gter*), e as experiências visionárias puras (*dag-snang*).

Essa noção de ocultação de textos na forma de tesouros tem precedentes tanto no budismo indiano quanto no chinês. Afirma-se, por exemplo, que Nāgārjuna recebeu os *Prajñāpāramitā Sūtras* na forma de um tesouro proveniente das profundezas do oceano; e, segundo os doxógrafos da escola Nyingma, uma coleção de *Mahāyoga Tantras* foi revelada para os oito mestres de Padmasambhava no cemitério de Śītavana, perto de Vajrāsana. De modo semelhante, a tradição de divinação elemental do budismo chinês, que inclui aspectos do *Feng Shui* e do *Yi Jing*, também relata como o bodhisattva Mañjughoṣa ocultou certos textos divinatórios em Wang Hai Feng, o pico mais oriental da montanha sagrada Wutai Shan. As fontes tibetanas relatam então como Mañjughoṣa depois revelou a *Lâmpada preciosa do esclarecimento* (*Rin-chen gsal-ba'i sgron-me*) ao mestre chinês Dahura Nagpo.

Desde as descobertas do primeiro "descobridor de tesouros" tibetano, Sangye Lama, no século XI, uma vasta literatura foi produzida no Tibete por meio da "linhagem íntima dos tesouros" (*nye-brgyud gter-ma*) e então posta ao alcance de todo o público. Os *Tesouros reunidos* dos diversos descobridores de tesouros são muito volumosos para que se os comente aqui, mas diversas obras aí contidas estão presentes na grande antologia do século XIX conhecida como *Armazém dos tesouros preciosos* (*Rin-chen gter-mdzod*), que recentemente ganhou nova edição em 76 volumes. Assim como a antologia da "longa linhagem" contém muitos comentários ao *Guhyagarbha Tantra*, também um número significativo de "ensinamentos-tesouro" se inspira igualmente em sua representação das cem Divindades Pacíficas e Furiosas. Entre eles, o mais elaborado é o ciclo descoberto no século XIV por Karma Lingpa – *As Divindades Pacíficas e Furiosas: um profundo ensinamento sagrado [chamado] libertação natural por meio [do reconhecimento] da intenção iluminada* (*Zab-chos zhi-khro dgongs-pa rang-grol*). O compêndio de textos conhecido fora do Tibete como *O livro tibetano dos mortos* é um resumo desse tesouro de textos descoberto por Karma Lingpa.

A OCULTAÇÃO DO TEXTO POR PADMASAMBHAVA

No que restou do ciclo de textos que compreende as revelações de Karma Lingpa se incluem algumas biografias curtas e relatos históricos acerca da ocultação original do texto e de seu posterior descobrimento, que foram compostos por detentores posteriores da linhagem. A passagem seguinte, da *Iniciação de distância intermediária* (pp. 61-4), descreve as raízes dessa tradição:

> Na época em que Padmasambhava girava as rodas incalculáveis dos ensinamentos referentes ao veículo sumamente secreto [do Vajrayāna], ele revelou, de acordo com as capacidades do rei abençoado [Trisong Detsen] e de seus súditos, muitas práticas ligadas aos estágios de geração e de perfeição das Divindades Pacíficas e Furiosas; e essas práticas, em sua maioria, foram [depois] ocultadas como profundos tesouros para o benefício dos seres no futuro.
>
> Quando Padmasambhava estava perto de completar sua tarefa espiritual direta e seus ensinamentos no Tibete, o soberano e seu filho [o príncipe Mutri Tsenpo], juntamente com o tradutor Chokrolui Gyeltsen e outros, ofereceram-lhe uma maṇḍala de ouro e turquesa e lhe fizeram a fervorosa súplica: "Ainda que tua compaixão esteja sempre presente e que tenhas no passado erguido bem alto os riquíssimos faróis do ensinamento dos veículos interiores e exteriores, ainda assim, para nosso benefício, do rei, dos ministros, dos amigos, dos súditos e dos seres futuros da era degenerada, te pedimos que nos ofereças um ensinamento que contenha a quintessência de todos os ensinamentos dos veículos externos e internos; um ensinamento pelo qual o estado búdico possa ser alcançado em uma única vida; um ensinamento que conceda a libertação por sua simples auscultação, um ensinamento profundo e conciso que contenha o sentido essencial de todos os ensinamentos."

Então, [em resposta a essa súplica] disse o Grande Mestre: "Ó Rei Soberano, príncipe e ministros, segundo o vosso desejo, disponho de um ensinamento que contém o ponto essencial de todos os seis milhões e quatrocentos mil tantras da Grande Perfeição, todos nascidos da intenção iluminada do Glorioso Samantabhadra. Pela simples auscultação desse ensinamento, as portas que conduzem ao nascimento nas existências inferiores estarão fechadas. Pela simples compreensão desse ensinamento, vos elevareis ao nível da suprema beatitude. Os que fizerem entrar esse ensinamento em seus corações alcançarão o nível sem retorno dos detentores de conhecimento cuja realização é espontânea. Esse ensinamento pode trazer grandes benefícios para quantos estiverem ligados a ele.

"Embora eu possua esse ensinamento, é fato que os de mente fraca, os que são naturalmente inclinados para o Pequeno Veículo, os desprovidos da boa fortuna e aqueles que nutrem dúvidas e crenças errôneas poderiam menosprezá-lo e assim cair nas existências inferiores; por isso não deveis proclamar [este ensinamento] a ninguém mais, nem mesmo [por um murmúrio] ao vento. Ele deve ser ocultado como um tesouro [enterrado], para o benefício dos seres futuros da era degenerada."

Foi então que Padmasambhava deu a esse ensinamento que contém a essência de todos os ensinamentos o nome de *As Divindades Pacíficas e Furiosas: um profundo ensinamento sagrado [chamado] libertação natural por meio [do reconhecimento] da intenção iluminada* e o entregou ao tradutor, [Chokro]lui Gyeltsen, como seu legado [de boa fortuna]. Então, dirigindo sua intenção iluminada para os seres futuros da era degenerada, que seriam miseráveis em méritos, ocultou o ensinamento na forma de um tesouro no monte Gampodar, em Dakpo, num local que se assemelha a um deus dançando.

A PROFECIA REFERENTE A KARMA LINGPA

As profecias de Padmasambhava referentes ao descobridor de tesouros Karma Lingpa e seus sucessores imediatos também estão registradas em outras partes do ciclo de textos. Os versos apresentados adiante foram tirados do relato intitulado *A profecia de Padmasambhava sobre o descobridor de tesouros e a série de mestres autênticos da linhagem* (pp. 22 ss.), de Gendun Gyeltsen, século XV. Seu tema específico é apresentar os argumentos que explicam a ocultação original dos textos e as predições referentes a seu posterior descobrimento e sua transmissão secreta. É bastante claro que mesmo nesse período formativo inicial o ciclo de textos já tinha dois títulos, *A grande libertação pela auscultação nos estados intermediários* para a versão mais curta e *A libertação natural por meio do reconhecimento da intenção iluminada* para a versão mais longa.

Isto declara Orgyan Rinpoche numa profecia:
"No futuro, no período final, na era degenerada,

Quando os monges [se comportarem] como porcos e engravidarem as mulheres,
Quando as ações virtuosas derem origem a rancores e causarem despeito,
Quando o mais nobre dos monges celebrar noivado,
Quando o espírito faccioso e as guerras forem comuns em toda parte,
Então, sem dúvida, os que estiverem privados do ensinamento
Cairão nas existências inferiores.
Assim, para o benefício dos seres sencientes dessa era degenerada,
Passei por escrito [este ciclo de ensinamentos]
E os ocultei no Monte Gampodar.
E na mesma era degenerada nascerá um filho de suprema boa fortuna.
Seu pai terá o nome de Mestre Consumado Nyinda
E seu filho será o valente 'Karma Lingpa'.
Em sua coxa direita haverá uma marca,
Semelhante ao olho da cognição pura,
E ele nascerá no ano do dragão ou da serpente,
Numa família de linhagem heroica, fruto de boas ações passadas.
Possa essa pessoa afortunada encontrar estes [ensinamentos]!
"Mas ele [Karma Lingpa] não deve ensinar publicamente os ciclos do *As Divindades Pacíficas e Furiosas: a libertação natural por meio [do reconhecimento] da intenção iluminada*
A ninguém, nem mesmo por um leve sussurro ao vento,
E assim, secreto, deve permanecer esse ensinamento até a época do terceiro detentor da linhagem.
Pois, se esses [ensinamentos] se tornarem públicos, surgirão obstáculos!
Contudo, ele deve transmitir o ciclo de
O Grande Compassivo: as Divindades Pacíficas e Furiosas do Lótus
A todos os seus bem-aventurados discípulos.

"Se as instruções orais da linhagem procedente do terceiro detentor de linhagem
Forem mantidas secretas por sete anos, não haverá obstáculos.
Quando se passarem os sete anos,
Aquele [detentor da terceira geração] poderá transmitir devidamente a outros
As iniciações e a aplicação prática do ciclo [resumido],
A grande libertação [pela auscultação] nos estados intermediários.
E depois, quando se tiverem passados mais nove anos, o ciclo completo de
A libertação natural por meio [do reconhecimento] da intenção iluminada
Poderá ser transmitido gradativamente, mas não todo de uma vez!

"Esses tesouros serão encontrados na região de Dakpo, no Kongpo Sul,
E para o benefício dos seres vivos estarão reunidos
Na região de Draglong, no Kongpo Norte.
A atividade de Karma Lingpa pelo benefício dos seres vivos florescerá no norte!"

A VIDA DE KARMA LINGPA

Ainda que não se conheçam as datas exatas da vida de Karma Lingpa, seu nascimento e morte certamente se deram no século XIV. As passagens que se seguem, descrevendo sua vida e a de seus sucessores imediatos, foram tiradas de um texto do século XV, de Gyarawa Namka Chokyi Gyeltsen, intitulado *A guirlanda de joias: uma história resumida da linhagem* (pp. 40 ss.). De especial interesse é o descobrimento de dois ciclos distintos de ensinamentos-tesouro, o bem conhecido *As Divindades Pacíficas e Furiosas: Libertação natural da intenção iluminada* e *O Grande Compassivo: as Divindades Pacíficas e Furiosas do Lótus*. Este último não chegou a nós na sua forma original, mas parece ter sido a fonte do drama de máscaras contido no Capítulo 13 da presente obra.

> [Reverenciado como emanação do grande tradutor Chokrolui Gyeltsen], Karma Lingpa nasceu em Khyerdrup, acima de Dakpo, no sul do Tibete. Era o filho mais velho do mestre consumado Nyinda Sangye, um detentor da tradição dos mantras e ele mesmo um descobridor de tesouros.
>
> Quando Karma Lingpa tinha 15 anos, a declaração profética e uma coincidência auspiciosa se encontraram. No Monte Gampodar, que se assemelha a um deus dançando, ele encontrou *As Divindades Pacíficas e Furiosas: Libertação natural da intenção iluminada*, junto com *O Grande Compassivo: as Divindades Pacíficas e Furiosas do Lótus* e outros tesouros.
>
> Infelizmente, as pessoas murmuravam contra ele porque ele não formou um relacionamento auspicioso com a consorte que lhe fora profetizada em associação com a descoberta desses ensinamentos-tesouro. Karma Lingpa teve um filho, mas se diz que, por ter mostrado um rolo amarelo [que continha os tesouros] a um discípulo antes da época em que estava destinado a transmitir *As Divindades Pacíficas e Furiosas: Libertação natural da intenção iluminada*, ele encontrou obstáculos que punham sua vida em risco.
>
> Karma Lingpa era dotado de inúmeras qualidades e viveu como a própria encarnação da livre atividade iluminada. Assim, tendo presciência de sua morte prematura, disse: "Num futuro próximo, muitas marcas na forma de flores de lótus aparecerão em meu corpo." E fez muitas outras declarações clarividentes. No ano seguinte, quando estava a ponto de morrer, deu as iniciações e transmissões de *As Divindades Pacíficas e Furiosas: Libertação natural da intenção iluminada* a seu filho e a mais ninguém, dizendo: "Deves confiar este ensinamento a uma pessoa de vida santa, que guarda os pactos e tem o nome de Nyinda. Suas ações pelo benefício dos seres vivos terão imenso alcance." Depois de fazer essas profecias, Karma Lingpa faleceu.

Assim, o primeiro detentor da linhagem foi o filho de Karma Lingpa, Nyinda Choje, que é o autor do Capítulo 1 da presente obra. O segundo detentor da linha-

Karma Lingpa

gem, o Lama Nyinda Ozer do Mosteiro de Tsikar, em Longpo, nasceu em 1409 (ano do boi de terra feminino) e dele se diz que pôs por escrito o texto contido no Capítulo 1 deste livro. Foi o terceiro detentor da linhagem, Gyarawa Namka Chokyi Gyatso, que teve a distinção de ser a primeira pessoa a ensinar publicamente os tesouros de Karma Lingpa. As diversas transmissões de *As Divindades Pacíficas e Furiosas* e de *A grande libertação pela auscultação nos estados intermediários* que vieram a se difundir por todo o planalto tibetano encontram suas raízes na atividade de ensino de Gyarawa, especialmente sua atividade nos mosteiros de Menmo e Thangdrok, em Kongpo.

Como a ampla difusão da linhagem pelo Tibete e pela região do Himalaia a partir de Gyarawa foi recentemente documentada e representada em gráficos e tabelas por Bryan J. Cuevas em sua obra *The Hidden History of the Tibetan Book of the Dead* (A história oculta de *O livro tibetano dos mortos*), não repetiremos essa descrição aqui. Contudo, destacamos uma figura importante do ponto de vista da história literária do texto: Rigdzin Nyima Drakpa (1647-1710). Rigdzin, nos anos finais de sua vida, em Takmogang e Chakru, começou a reunir e transcrever os diversos textos associados ao ciclo de Karma Lingpa. Fica muito claro, nas orações da linhagem que chegaram até nós, que foi ele o responsável direto pela configuração atual da antologia menor chamada *A grande libertação pela auscultação nos estados intermediários*.

A linhagem de Rigdzin Nyima Drakpa teve particular influência sobre os povos nômades da região de Sok Dzong, onde os *mantrins* do Kabgye Lhakhang ainda hoje mantêm a linhagem de seus ensinamentos, e na região de Dzachuka, onde seu mestre Dzogchen Pema Rikdzin fundou o Mosteiro Dzogchen em 1685. Rigdzin também formou uma associação espiritual com Terdak Lingpa e, por conta disso, as transmissões de Tsele, Lhalung e Mindroling convergem todas em seu filho Orgyan Tendzin. Subsequentemente, os ensinamentos da tradição de Karma Lingpa foram passados de Mindroling para Dzogchen pela seguinte linha de transmissão: Pema Gyurme Gyatso, Gyelse Ratna Vija, Dzogchen II Gyurme Thekchok Tendzin, Pema Kundrol Namgyel e Dzogchen III Ngedon Tendzin Zangpo. Este último foi o responsável pela preparação da primeira edição xilográfica de *A grande libertação pela auscultação nos estados intermediários*, feita no Mosteiro Dzogchen em meados do século XVIII.

AS EDIÇÕES E O CONTEÚDO DE *A GRANDE LIBERTAÇÃO PELA AUSCULTAÇÃO NOS ESTADOS INTERMEDIÁRIOS*

Os diversos ramos da linhagem procedente de Karma Lingpa e Gyarawa, apresentados de forma resumida na seção anterior, garantiram que seu legado florescesse em todo o Tibete e nas regiões próximas do sub-Himalaia, como o norte do Nepal, o Siquim e o Butão. Os textos mais antigos que essas sucessões espirituais fizeram nascer no decorrer das gerações eram manuscritos, e entre eles se incluem muitos suplementos locais e anônimos aos textos principais. Mas, como observou corretamente Bryan Cuevas, "a maioria das versões disponíveis de *As Divindades Pacíficas e Furiosas* [de Karma Lingpa] chegou a nós na forma de estampas xilográficas e fac-símiles de blocos entalhados nos últimos duzentos anos". Infelizmente, os erros dos copistas que se imiscuíram em muitas dessas edições "padrão" vieram depois a se tornar bastante difundidos.

No momento, a mais extensa versão restante de *As Divindades Pacíficas e Furiosas: Libertação natural da intenção iluminada* não é uma edição xilográfica, mas a versão manuscrita da biblioteca do falecido *Kyabje* Dudjom Rinpoche, que na década de 1960 pediu a seu copista que preparasse uma elegante versão em três volumes baseada nos dois volumes que ele possuía, os quais, ao que tudo indica, eram originários do mosteiro de Katok. O manuscrito contém 64 textos distintos, arranjados em sequência segundo as categorias de história, iniciações, estágio de geração, estágio de perfeição, introduções (segundo a Grande Perfeição), caminho dos meios hábeis e liturgias dos protetores. Embora seja a versão mais extensa disponível, esse manuscrito não é completo de modo algum – pois há outras compilações menores, associadas aos mosteiros de Pelyul, Dzogchen e Nedo, que incluem textos que não estão na antologia maior. Entretanto, segundo nossa experiência e com o apoio da autoridade de Gene Smith, que generosamente nos disponibilizou o manuscrito de Dudjom em CD-ROM, esse mesmo manuscrito é muito mais preciso que as muitas reedições indianas e butanesas mais difundidas e que serviram de fonte para as recentes traduções parciais de *A grande libertação pela auscultação nos estados intermediários*. Mesmo o manuscrito com iluminuras no qual se baseou a tradução de 1927 de Kazi Dawa Samdup parece perpetuar os mesmos erros. Depois de muito lutar contra os erros de copistas, lacunas e inconsistências de que estão cheias as diversas reedições indianas de *A grande libertação pela auscultação nos estados intermediários*, foi com grande alegria e alívio que pudemos finalmente esclarecer as passagens obscuras e eliminar muitas glosas canhestras e desnecessárias, baseando nossa tradução nos três volumes da edição Dudjom de *As Divindades Pacíficas e Furiosas: Libertação natural da intenção iluminada*. Em poucas passagens, optamos por leituras baseadas nas duas reedições indianas de *A grande libertação pela auscultação nos estados intermediários* que tínhamos à nossa disposição, as impressões em ofsete feitas em Déli e Varanasi. Quando o fizemos, indicamos a razão para essa escolha nas notas. Não fizemos, contudo, referência à nova edição Amdo, compilada por Khenpo Dorje e recentemente publicada em Hong Kong.

Os leitores que quiserem compreender a relação entre os capítulos de *A grande libertação pela auscultação nos estados intermediários* e os do ciclo maior de *As Divindades Pacíficas e Furiosas* devem se encaminhar ao Apêndice Um, onde apresentamos essas correlações.

Como foi dito anteriormente, esta é a primeira tradução completa para o inglês de *A grande libertação pela auscultação nos estados intermediários*, mais conhecido fora do Tibete como *O livro tibetano dos mortos*; e a tradução se baseia numa versão do texto original que se mostrou muito mais exata que as usadas em traduções anteriores. Todos os capítulos da antologia coligida por Nyima Drakpa e posteriormente publicada em xilografia pelo Mosteiro Dzogchen estão contidos na presente edição. Com exceção da Parte Um do Capítulo 13, que provavelmente deriva do hoje perdido *As Divindades Pacíficas e Furiosas do Lótus*, e da Parte Dois do mesmo capítulo, que foi composta por Gyarawa Namka Chokyi Gyatso, todos os outros capítulos da compilação de Nyima Drakpa parecem ter sido tirados do ciclo de tesouros original de *As Divindades Pacíficas e Furiosas* de Karma Lingpa.

Ao apresentar nossa tradução, buscamos ordenar os capítulos segundo a sequência natural em que surgem estados intermediários no curso da vida e da morte; por isso a ordem dos capítulos desta tradução difere do arranjo de Nyima Drakpa. Além disso, incluímos dois capítulos de *As Divindades Pacíficas e Furiosas* que não fazem parte de *A grande libertação pela auscultação nos estados intermediários*. O Capítulo 1, que delineia as práticas preliminares de meditação, é atribuído a Nyinda Choje e Nyinda Ozer, ao passo que o Capítulo 10, sobre a transferência de consciência, deriva de *Os seis manuais do estágio de perfeição*, de Karma Lingpa. O Capítulo 1 foi incluído porque fornece o contexto essencial para os capítulos posteriores, e o Capítulo 10, com instruções sobre a transferência de consciência, foi incluído porque essas instruções são especificamente mencionadas no Capítulo 11 como prática necessária ligada ao estado intermediário do momento da morte.

O LIVRO TIBETANO DOS MORTOS

SUMÁRIO

1. Libertação natural da natureza da mente: O yoga de quatro sessões da prática preliminar 5

2. Uma oração para a união com o mestre espiritual [chamada] libertação natural sem a renúncia aos três venenos 21

3. Versos de raiz dos seis estados intermediários 27

4. A introdução à consciência pura: Libertação natural pela percepção nua 33

5. A prática espiritual chamada libertação natural das tendências habituais 53

6. Libertação natural da negatividade e do obscurecimento por meio [da realização] da homenagem cêntupla às famílias santas e iluminadas 83

7. Libertação natural por meio de atos de confissão 101

8. Libertação natural por meio do reconhecimento dos sinais e indicações visuais da morte 133

9. Libertação natural do temor por meio do ritual de enganar a morte 161

10. Transferência de consciência: Libertação natural pela recordação . . 173

11. A grande libertação pela auscultação 191

12. Preces de aspiração 265

13. O teatro de máscaras do renascimento 277

14. A libertação pelo uso junto ao corpo: Libertação natural dos agregados psicofísicos 299

1

Libertação natural da natureza da mente: O yoga de quatro sessões da prática preliminar

CONTEXTO

Em seu original tibetano, esta prática preliminar foi primorosamente redigida em versos. Nos mosteiros e nos lares de praticantes leigos desse ciclo de ensinamentos, essa prática é normalmente entoada melodicamente de madrugada, antes de começar qualquer outra atividade. É bastante frequente que os jovens monges entoem os versos de abertura deste poema enquanto se desencumbem de seus deveres matinais.

Quando um praticante faz um retiro preliminar, é recomendado que pratique esta meditação todos os dias em quatro sessões distribuídas nos seguintes períodos: das primeiras horas da madrugada até o nascer do sol, do nascer do sol até antes do meio-dia, do começo da tarde até antes do pôr do sol e do pôr do sol até as primeiras horas da noite.

A prática contém a essência das "quatro preliminares comuns ou externas" e as "cinco preliminares incomuns ou internas", ambas descritas no Glossário de termos fundamentais (p. 365). Recomenda-se que as práticas preliminares internas sejam repetidas cem mil vezes como pré-requisito para a recepção de instruções sobre as práticas do "estágio de geração" do Veículo da Realidade Indestrutível (*Vajrayāna*).

Aqui se encontra a *Libertação natural da natureza da mente: o yoga de quatro sessões que é uma prática espiritual do veículo da realidade indestrutível, o caminho dos mantras secretos*[1], proveniente de *As Divindades Pacíficas e Furiosas: um profundo ensinamento sagrado [chamado] libertação natural por meio [do reconhecimento] da intenção iluminada*[2].

Seria excelente que se efetuasse a preparação do contínuo mental segundo as [seguintes] práticas preliminares, baseadas em *As Divindades Pacíficas e Furiosas: um profundo ensinamento sagrado [chamado] libertação natural por meio [do reconhecimento] da intenção iluminada*.

PRÁTICA PRELIMINAR COMUM

Ai! Ai! Ó Filho Feliz da Natureza de Buda,
Não te sintas oprimido pelas forças da ignorância e da ilusão!
Ergue-te agora com determinação e valentia!
Desde eras sem princípio até agora, estiveste enfeitiçado pela ignorância,
Tiveste tempo [mais que] bastante para dormir.
Por isso não cochiles mais; antes, busca a virtude com o corpo, a fala e a mente!

Acaso esqueceste dos sofrimentos de nascimento velhice, doença e morte?
A ti não se pode garantir a continuidade da vida, nem mesmo por um dia sequer!
Chegou[-te] o tempo de criar perseverança na [tua] prática.

Pois, nesta oportunidade singular, podes atingir a beatitude eterna [do nirvāṇa].
Assim, [é certo que] este não é momento para a ociosidade.
O momento é para que, começando com [a reflexão sobre] a morte, conduzas a bom termo tua prática![3]

....

1. Tib. *gSang-sngags rdo-rje theg-pa'i chos-spyod thun-bzhi'i rnal-'byor sems-nyid rang-grol.*

2. Tib. *Zab-chos zhi-khro dgongs-pa rang-grol.*

3. As práticas referentes à morte (*'chi-ba*) são as meditações analíticas sobre a natureza da impermanência (*anitya*). Ver, por exemplo, Paltrul Rinpoche, *The Words of My Perfect Teacher*, pp. 39-59; Sonam T. Kazi (trad.), *Kun-zang La-may Zhal-lung*, pp. 56-82; e Sgam.po.pa/H. V. Guenther (trad.), *The Jewel Ornament of Liberation*, pp. 41-54. A expressão "começando com" (*sogs-la*) implica que essa meditação conduzirá às outras meditações analíticas, referentes às ações passadas (*karma*) e aos sofrimentos da existência cíclica (*saṃsāra*). Sobre a aplicação da meditação sobre a morte feita pelos budas anacoretas – os quais frequentam cemitérios para meditar na ordem reversa dos doze elos da originação dependente (*pratītyasamutpāda*), ver Dudjom Rinpoche, NSTB, pp. 228-9.

Os momentos de tua vida não são dispensáveis,
E as [possíveis] circunstâncias da morte estão além de tua imaginação.
Se não alcançares agora uma confiança segura e impávida,
De que te serve estar vivo, ó vivente?

Todos os fenômenos, em última análise, são desprovidos de identidade própria, vazios e livres de elaborações conceptuais.
Em sua dinâmica, assemelham-se a ilusões, miragens, sonhos ou imagens refletidas,
Não passam de uma cidade celestial, um eco, um reflexo da lua sobre a água, uma bolha, uma ilusão de ótica ou uma emanação intangível.
Saibas que todas as coisas da existência cíclica e do nirvāṇa
São comparáveis [em sua natureza] a essas dez imagens dos fenômenos ilusórios.

Todos os fenômenos são naturalmente incriados.
Não permanecem nem cessam, não vêm nem vão.
Não têm referentes objetivos nem marcas distintivas; são inefáveis e livres de pensamentos[4].
É chegada a hora de compreender essa verdade!

Renda-se homenagem aos mestres espirituais!
Renda-se homenagem às divindades de meditação!
Renda-se homenagem às ḍākinīs!
Ai, ai! Como carecem de vossa compaixão os seres vivos, torturados que estão por suas ações passadas,
[Que se afogam] neste abismo profundo, o oceano insaciável de suas ações passadas!
Tal é a natureza da instável existência cíclica!
Dai vossa bênção* para fazer secar esse oceano de sofrimentos!

Como carecem de vossa compaixão os inábeis[5],
Os que são torturados pela ignorância e pelas ações passadas,
Os que se entregam a ações que conduzem ao sofrimento –
Muito embora desejem a felicidade!
Dai vossa bênção, para que o obscurecimento dos estados mentais dissonantes e das ações passadas seja purificado!

4. Essa descrição dos fenômenos está de acordo com a descrição feita por Nāgārjuna no começo de seu *As estrofes da raiz do Madhyamaka, chamadas consciência discriminativa* (*Prajñā-nāma-mūlamadhyamakakārikā*). Ver a tradução de D. Kalupahana, *Mūlamadhyamakakārikās*, Capítulo 1.

* Esses pedidos se dirigem aos mestres espirituais, às divindades de meditação e às ḍākinīs. (N. do T.)

5. Isto é, aqueles a quem faltam os meios hábeis. Sobre estes, ver Glossário (p. 365).

Como carecem de vossa compaixão os ignorantes e os iludidos,
[Presos] nesta masmorra de apegos egoístas e dicotomias entre sujeito e objeto,
Os que, como o gamo selvagem, caem vezes sem conta nessa armadilha!
Dai vossa bênção, para que a existência cíclica seja abalada até suas profundezas!

Como carecem de vossa compaixão os seres que incessantemente volteiam [no ciclo das existências],
Como se [girassem] perpetuamente [na] circunferência de uma roda-d'água,
Nesta cidade de seis dimensões dos grilhões das ações passadas!
Dai vossa bênção, para que se torne estéril o ventre que dá à luz as seis classes de existência!

Nós, temerários e duros de coração, a despeito de termos visto tantos sofrimentos ligados ao nascimento, ao envelhecimento, à doença e à morte,
Ainda assim consumimos no caminho da dissipação nossa vida humana, uma vida dotada de liberdade e abençoada pela oportunidade[6].
Dai vossa bênção, para que nos recordemos [continuamente] da impermanência e da morte!

Porque não admitimos que [as coisas] impermanentes são inconsistentes,
Permanecemos até agora apegados, aferrados a este ciclo de existência.
Ansiando pela felicidade, passamos nossa vida humana em sofrimento.
Dai vossa bênção, para que o apego à existência cíclica se converta em seu contrário!

Nosso ambiente impermanente será destruído pelo fogo e pela água[7],
Os seres sencientes impermanentes deste mundo sofrerão a separação de corpo e mente.
As estações do ano: verão, inverno, outono e primavera as próprias estações [dão exemplo da] impermanência.
Dai vossa bênção, para que o desengano [com a existência condicionada] surja das profundezas [de nossos corações]!

Ano passado, ano novo, lua cheia, lua nova,
Dias e noites e indivisíveis instantes, todos são impermanentes.
Se refletirmos atentamente, perceberemos que também nós estamos face a face com a morte.
Dai vossa bênção, para que nos tornemos resolutos em nossa prática!

6. Para uma descrição das oito liberdades (*dal-ba brgyad*) e das dez oportunidades (*'byor-ba bcu*), ver Glossário (p. 365).

7. Sobre a dissolução do ambiente físico (*lokadhātu*) por fogo e água no final de um éon, ver L. Pruden (trad.), *Abhidharmakośabhāṣyaṃ*, Capítulo 3, "The World", pp. 475-7, 489-95.

Embora este [corpo] dotado de liberdade e abençoado com as oportunidades seja raríssimo de se encontrar,
Quando se aproximar o Senhor da Morte[8] na imagem da doença,
Como estarão carecidos de compaixão os que, por não ter recebido os ensinamentos [sagrados],
Retornarem [desta vida] com as mãos vazias!
Dai vossa bênção para que [o sentido da] urgência cresça em nossa mente!

Ai, ai! Ó Joia Preciosa, encarnação da compaixão!
Porque tendes, ó Conquistador, um coração amoroso,
Dai tua bênção, para que nós e as seis classes de seres
Sejamos libertos, agora mesmo, dos sofrimentos da existência cíclica!

PRÁTICA PRELIMINAR INCOMUM

Refúgio

(Nesse momento, os refúgios exterior, interior e secreto devem ser tomados da seguinte maneira:)

Refúgio exterior

Eu me prostro diante dos mestres espirituais e neles me refugio,
Os mestres cuja intenção iluminada, no passado, no presente e no futuro,
Se dirige sem cessar aos seres viventes,
Aos inumeráveis seres sencientes das seis classes e nos três sistemas de mundo.

Eu me prostro diante dos budas [perfeitos] e neles me refugio,
Os Seres Transcendentes que Alcançaram a Beatitude nas dez direções e nos quatro tempos,
Os principais entre os seres humanos, adornados pelos sinais maiores e menores,
Cujas atividades iluminadas são inexauríveis, tão vastas como o espaço.

Eu me prostro diante dos ensinamentos sagrados e neles me refugio,
Os quais incluem as doutrinas sobre a verdade suprema, serena e impassível,
E o caminho irreversível[9] dos três veículos,

8. "Senhor da Morte" (*'chi-bdag*) é um epíteto de Yama Dharmarāja. Ver Glossário (p. 365).

9. A expressão "caminho irreversível" (*phyir mi-zlog-pa'i lam*) se refere aos sūtras do segundo e do terceiro giros da roda dos ensinamentos sagrados, os quais expõem seu sentido definitivo. Ver no Glossário (p. 365), o verbete *Sentido definitivo*.

E as tradições, as instruções esotéricas e os tratados
Dos tesouros e preceitos transmitidos.

Eu me prostro diante das comunidades [de monges e monjas] e nelas me refugio,
Os que permanecem no caminho reto e constituem um campo de todos os méritos supremos[10],
Juntamente com a assembleia dos Seres Sublimes, separados das máculas dos estados mentais dissonantes,
E com os detentores supremos do Ensinamento: os bodhisattvas, os piedosos discípulos e os budas anacoretas.

Refúgio interior

Eu me prostro diante dos mestres espirituais e neles me refugio,
[Os que encarnam] a natureza essencial dos budas dos três tempos,
Os mestres de todas as maṇḍalas secretas e inigualáveis,
Que orientam todos os seres vivos com suas bênçãos e sua compaixão.

Eu me prostro diante das divindades de meditação e nelas me refugio,
As quais, embora [permaneçam imutáveis como o] Corpo Búdico de Realidade,
Incriadas e livres dos limites das elaborações conceptuais,
Emanam-se em formas pacíficas e furiosas para o benefício dos seres vivos
E conferem as consumações supremas e as comuns.

Eu me prostro diante da assembleia das ḍākinīs e nela me refugio,
As quais, movendo-se com a energia da compaixão em toda a vastidão da realidade,
Concedem a suprema beatitude [ao surgir] de suas moradas puras
E despejam consumações sobre aqueles que cumprem seus pactos espirituais.

Refúgio secreto

Num estado livre de desejos e além da razão,
Tomo refúgio na natureza da grande vastidão de igualdade e perfeição[11],

10. Literalmente, "acumulações" (tib. *tshogs*). Isso se refere à acumulação de mérito (*bsod-nams*) e não à acumulação de cognição pura (*ye-shes*). Ver Glossário (p. 365).

11. Tib. *mnyam-rdzogs klong-yangs chen-po'i rang-bzhin*. A vastidão de igualdade e perfeição é o mesmo que o Corpo Búdico de Realidade. Ver Dudjom Rinpoche, NSTB, pp. 251-2.

Vacuidade atemporal, não condicionada por elaboração conceptual*,
Primordialmente pura em essência, expressão natural e energia compassiva.

Em um [estado] não conceptual, naturalmente esplendoroso e nítido,
Refugio-me na encarnação primordial dos cinco corpos búdicos,
Presentes de modo espontâneo e natural,
[Que residem] na maṇḍala do ponto seminal [único],
Que é [a união de] vastidão e consciência pura**, e de luminosidade e vacuidade,
A indestrutível cadeia do esplendor interno que é percepção intrínseca.

Através dos três tempos, sem princípio e sem fim,
Refugio-me nos Seres Compassivos
Incoercíveis, de expressão natural e que estão em toda parte,
Os livres raios de luz que surgem e permanecem,
Que emanam pelo poder de expressão da consciência pura,
Dissipando de modo não conceptual as trevas que estão nas mentes dos seres vivos.

A geração de uma intenção altruísta

(Nesse momento, a intenção altruísta do Grande Veículo deve ser gerada da seguinte maneira:)

Embora sejam os fenômenos vazios e desprovidos de identidade própria,
Os seres sencientes não percebem isso. Ai! Como carecem de compaixão os seres sencientes!
Para que aqueles a quem dirigimos nossa compaixão possam alcançar a iluminação,
Devo inflamar meu corpo, fala e mente na [prática da] virtude!

Para o benefício de todos os seres sencientes das seis classes,
Desde este momento até que eu obtenha a iluminação,

* A expressão "não condicionada por elaboração conceptual" tem de ser entendida à luz das concepções budistas sobre a realidade. Para o budismo, todo fenômeno real é mente e toda mente é em última análise a própria mente búdica, a mente infinitamente iluminada. Segundo o budismo, o fenômeno que chamamos "nossa mente" e que experimentamos internamente em nosso cotidiano como uma coisa distinta dos objetos ou conteúdos mentais que a ela se apresentam é um estágio ou, mais propriamente, uma reverberação secundária da mente infinita; essa reverberação não é realmente distinta da mente búdica, mas é concebida por nós como algo distinto dos outros fenômenos e, ao menos até certo ponto, nós a pensamos como autossubsistente. Para o budista, isto quer dizer que a "nossa mente", isto é, um sujeito individual realmente distinto dos outros fenômenos e da natureza suprema, só existe na medida em que existe um pensamento que afirma sua existência. Isto quer dizer que a "nossa mente" e toda a chamada "realidade convencional" só permanecem existindo em dependência de nossos próprios processos mentais limitados, ou "elaborações conceptuais". (N. do T.)

** Sobre esse termo, que traduz o inglês *awareness*, ver a nota do revisor da tradução ao verbete *Consciência pura*, no Glossário (p. 365). (N. do R. da T.)

Não somente por mim, mas para o benefício de todos,
Devo gerar a mente [que aspira à obtenção] da iluminação suprema!

Como carecem de compaixão os que não receberam os ensinamentos [sagrados],
Os que aprisionaram a si mesmos no insondável oceano de sofrimento.
Para que aqueles a quem dirigimos nossa compaixão possam firmar-se na felicidade,
Devo gerar a mente [que aspira à obtenção] da iluminação suprema!

Eu mesmo e todos os inumeráveis seres sencientes
Somos primordialmente da natureza do estado búdico.
E para que [todos] possamos nos tornar encarnações supremas, conhecedoras dessa natureza,
Devo gerar a mente [que aspira à obtenção] da iluminação suprema!

O oceano da existência cíclica é como uma ilusão.
Todas as coisas compostas são impermanentes.
Sua essência é vazia e desprovida de identidade própria,
Mas os ingênuos seres [deste mundo], que não compreendem isso,
Vagueiam pela existência cíclica, [movidos] pelos doze elos da originação dependente.
Para que todos os seres aprisionados neste atoleiro de nome e forma possam alcançar o estado búdico[12],
Devo inflamar meu corpo, fala e mente na [prática da] virtude!

Refugio-me [desde agora] até a iluminação
No Buda, nos ensinamentos [sagrados] e na assembleia suprema.
Que, pelo mérito da prática da generosidade e das outras [perfeições],
Eu atinja o estado búdico para o benefício de [todos] os seres vivos!
Que eu me torne um mestre espiritual, [capaz de] guiar incontáveis seres sencientes,
Tantos seres quanto os há, sem exceção!

(Nesse momento, o praticante deve meditar sobre as quatro aspirações imensuráveis como segue:)

Que todos os seres sencientes sejam dotados de felicidade!

12. Juntos, nome e forma (*nāmarūpa*) compreendem todos os cinco agregados psicofísicos (*pañcaskandha*) dos quais é formado o composto de mente e corpo, a saber, forma (*rūpa*), consciência (*vijñāna*), sensação (*vedanā*), percepção (*saṃjñā*) e tendências motivacionais (*saṃskāra*). Ver no Glossário (p. 365) o verbete *Agregado*.

Que todos eles sejam separados do sofrimento e de suas causas!
Que sejam dotados de alegria, livres do sofrimento!
Que repousem na equanimidade, livres de apegos e aversões!

Purificação da negatividade e do obscurecimento pela recitação reiterada do Mantra das Cem Sílabas [de Vajrasattva]

(Isto deve ser feito no contexto da seguinte visualização:)

No alto de minha cabeça, em um trono de lótus da lua,
Está meu mestre espiritual, [resplandecente] na forma de Vajrasattva.
Seu corpo é translúcido como cristal e em seu coração,
[Repousando] sobre um disco lunar, está a sílaba HŪṂ, circundada pelo Mantra das Cem Sílabas[13].
Um filete de néctar desce então e penetra pelo orifício no alto de minha cabeça[14],
Purificando-me de minhas violações [dos pactos], de minhas negatividades e de meus obscurecimentos.

Que Vajrasattva, o glorioso e transcendente,
Consagre-me neste mesmo momento
Com a corrente de néctar de cognição pura,
Para que as negatividades e obscurecimentos
Do meu ser e de todos os seres sencientes, sem nenhuma exceção, sejam purificadas.

OṂ VAJRASATTVA SAMAYAMANUPĀLAYA VAJRASATTVA TVENOPATIṢṬHA DṚḌHO ME BHAVA SUPOṢYO ME BHAVA SUTOṢYO ME BHAVA ANURAKTO ME BHAVA SARVASIDDHIṂ ME PRAYACCHA SARVAKARMASU CA ME CITTAṂ ŚREYAḤ KURU HŪṂ HAHAHAHA HO BHAGAVĀN SARVA TATHĀGATA VAJRA MĀ ME MUÑCA VAJRABHAVA MAHĀSAMAYASATTVA ĀḤ[15]

Devido a minha ignorância, ilusão e confusão,
Violei os limites dos pactos,
Dos pactos que devia guardar.
Ó meu protetor e mestre espiritual, sê meu refúgio!

Tu que és o detentor supremo e glorioso do Vajra[16],

13. HŪṂ é a sílaba semente de Vajrasattva e simboliza a mente búdica. Sobre a sua composição, ver Paltrul Rinpoche, *The Words of My Perfect Teacher*, p. 272.

14. Para uma ilustração que represente relação entre o topo da cabeça e os três principais canais de energia e seus vasos auxiliares, ver *Tibetan Medical Paintings*, p. 34.

15. Ver no Glossário o verbete *Mantra das Cem Sílabas*.

16. "Detentor do Vajra" (*vajradhṛk*, tib. *rdo-rje 'dzin-pa*), aqui aplicado à divindade Vajrasattva, é um título dado aos expoentes realizados do Veículo da Realidade Indestrutível (*Vajrayāna*).

Tu que encarnas grande amor e compaixão,
Ó primeiro dentre os seres, sê nosso refúgio!
Ajuda-nos a purificar e limpar, sem exceção, toda essa massa de imperfeições –
Nossas negatividades, obscurecimentos, transgressões e quedas.

Por essa virtuosa atividade,
Que eu alcance prontamente [o estado de] Vajrasattva, agora,
E que todos os seres sencientes, sem exceção,
Se estabeleçam rapidamente no mesmo estado!
Que nos tornemos exatamente como tu, Vajrasattva,
Perfeitamente semelhantes a ti em corpo, cortejo, duração da vida, domínios,
E em teus sinais maiores supremos e riquíssimos[17].

A oferenda de maṇḍala

(Nesse momento se apresenta a maṇḍala de oferendas do seguinte modo:)

OṂ VAJRA BHŪMI ĀḤ HŪṂ[18]
A base se transforma num poderoso alicerce de ouro[19].
OṂ VAJRA REKHE ĀḤ HŪṂ[20]
O perímetro externo se torna uma cerca de montanhas de ferro ornadas de joias,
E no centro se ergue o Monte Sumeru, Senhor das montanhas,
Majestoso, formado das cinco substâncias preciosas,
Extraordinariamente belo em sua forma, deliciosamente atraente ao olhar,
Circundado por sete cadeias [concêntricas] de montanhas de ouro,

17. Essa oração para a união total com a divindade é repetida adiante, na página 19, no final da seção sobre a união com o mestre espiritual (*guruyoga*). Em relação aos atributos específicos dessa união: o tamanho do corpo (*kāya*; tib. *sku'i tshad*) e a duração da vida de Vajrasattva (*āyuḥ*; tib. *tshe*) são os de um buda (sobre este assunto, ver P. Williams, *Mahāyāna Buddhism*, pp. 181-4); seu cortejo (*parivāra*; tib. *'khor*) compreende os bodhisattvas masculinos e femininos, sobre os quais ver Capítulo 5, p. 60; e seu domínio ou "campo" (*kṣetra*; tib. *zhing-khams*) é Abhirati, sobre o qual ver Capítulo 11, p. 211-2. Sobre o significado dos 32 sinais maiores (*dvātriṃśasanmukhāpuruṣalakṣaṇa*; tib. *skyes-bu dam-pa'i mtshan-bzang sum-cu rtsa-gnyis*), que aparecem no corpo búdico de forma (*rūpakāya*), ver Glossário (p. 365).

18. O mantra inicial da maṇḍala de oferendas externas – OṂ VAJRA BHŪMI ĀḤ HŪṂ – indica que o alicerce ou base da maṇḍala simbólica é da natureza da realidade indestrutível (*vajra*; tib. *rdo-rje*). Ao mesmo tempo que recita o mantra, o praticante asperge substâncias consagradas sobre a maṇḍala. Ver Paltrul Rinpoche, *The Words of My Perfect Teacher*, p. 287; e Sonam T. Kazi (trad.), *Kun-zang La-may Zhal-lung*, p. 400.

19. O alicerce da maṇḍala é um círculo de ar indestrutível de espessura incalculavelmente grande que repousa no espaço e é dominado por um círculo de água e uma esfera de ouro. Ver L. Pruden (trad.), *Abhidharmakośabhāṣyaṃ*, Capítulo 3, "The World", pp. 451-2.

20. O segundo mantra da maṇḍala de oferendas – OṂ VAJRA REKHE ĀḤ HŪṂ – indica que o *cakravāḍa* ou "muralha exterior" da maṇḍala é da natureza da realidade indestrutível. Ao mesmo tempo que recita o mantra, o praticante faz com a mão direita um movimento circular no sentido horário e põe uma flor primeiro sobre a superfície da maṇḍala e depois sobre o anel exterior da mesma maṇḍala. Ver Paltrul Rinpoche, *The Words of My Perfect Teacher*, p. 287; e Sonam T. Kazi (trad.), *Kun-zang La-may Zhal-lung*, pp. 400-1.

E [entre elas] sete oceanos de emanação.
A leste está o continente Viratdeha,
E para o sul, Jambudvīpa,
O oeste é adornado com Aparagodanīya,
E ao norte está Uttarakuru.
[Em ambos os lados de cada continente estão] os oito subcontinentes:
[No leste], Deha e Videha,
[No sul], Cāmara e Aparacāmara,
Śāṭhā e Uttaramantriṇa [a oeste],
E [no norte] Kurava e Kaurava.
Ofereço este [sistema de mundo], junto com o sol, a lua, Rāhu, Ketu[21],
E todos os luxuriantes bens e riquezas dos deuses e dos seres humanos,
A vós ofereço, meus preciosos mestres espirituais, a vós e a vossos cortejos.
Por vossa compaixão, vos peço que aceiteis essa oferenda para o benefício de todos os seres!

OṂ ĀṂ HŪṂ[22]
A meus preciosos mestres espirituais e aos domínios do Corpo Búdico de Emanação,
Ofereço todas as inestimáveis riquezas de deuses e homens,
No imensurável palácio do triquiliocosmo* animado e inanimado,
[Na forma de] uma densa nuvem de oferendas, tão numerosas quanto os átomos,
Junto com o Monte Sumeru e seus continentes.
Peço-vos aceiteis [essas oferendas], com compaixão e amor.
Que todos os seres nasçam nos domínios do Corpo Búdico de Emanação!

OṂ ĀḤ HŪṂ
A meus preciosos mestres espirituais e aos domínios do Corpo Búdico de Riqueza Perfeita,
Ofereço a perfeita pureza do espectro sensório e dos campos de atividade sensorial,

21. Sobre a concepção do Abhidharma acerca do sol (*sūrya*; tib. *nyi-ma*) e da lua (*candra*; tib. *zla-ba*), ver L. Pruden (trad.), *Abhidharmakośabhāṣyaṃ*, pp. 460-2; e R. Kloetzli, *Buddhist Cosmology*, pp. 45-6. Rāhu (*sgra-gcan*) e Ketu (*dus-me*) são identificados como as fases ascendente e descendente da lua.

22. As sílabas OṂ ĀṂ HŪṂ simbolizam respectivamente o corpo, a fala e a mente búdicas; por essa razão, no contexto da presente obra, essas sílabas aparecerão com bastante frequência no começo dos versos como uma invocação. Ver Capítulo 5, pp. 53 ss. Os três versos seguintes se referem às oferendas de maṇḍala exterior, interior e secreta, as quais são oferecidas respectivamente ao Corpo Búdico de Emanação (*nirmāṇakāya*), ao Corpo Búdico de Riqueza Perfeita (*sambhogakāya*) e ao Corpo Búdico de Realidade (*dharmakāya*). Sobre a construção dessa maṇḍala, ver Paltrul Rinpoche, *The Words of My Perfect Teacher*, pp. 288-95; e Sonam T. Kazi (trad.), *Kun-zang La-may Zhal-lung*, parte 2, pp. 403-4.

* Um universo formado por mil vezes mil vezes mil mundos, ou seja, um bilhão de mundos, cada um dos quais constituído pelos elementos mencionados há pouco (a montanha central com suas muralhas e oceanos, os continentes e subcontinentes e a muralha exterior). (N. do R. da T.)

Adornados com as cinco faculdades sensoriais, radiantes e brilhantes,
No palácio imensurável dos puros canais de energia do meu corpo.
Peço-vos aceiteis [essas oferendas], com compaixão e amor.
Que todos os seres nasçam nos domínios do Corpo Búdico de Riqueza Perfeita!

OṂ ĀḤ HŪṂ
A meus preciosos mestres espirituais e aos domínios do Corpo Búdico de Realidade,
Ofereço a prístina e inata cognição pura
Que reside no imensurável palácio do puro Corpo Búdico de Realidade, que é a verdadeira natureza da mente[23],
Livre de referentes objetivos, vazio, luminoso e livre de percepções subjetivas.
Peço-vos aceiteis [essas oferendas], com compaixão e amor.
Que todos os seres nasçam nos domínios do Corpo Búdico de Realidade!

OṂ ĀḤ HŪṂ
Que pela oferenda desta rica e aprazível maṇḍala
Nenhum obstáculo surja no caminho para a iluminação!
Que se realize a intenção iluminada dos que Alcançaram a Beatitude, no passado, presente e futuro,
E eu não me perca na existência cíclica,
Nem adormeça na paz solitária [do nirvāṇa]!
Antes, que eu possa libertar todos os seres em toda a vastidão do espaço!

OṂ ĀḤ HŪṂ MAHĀ GURU DEVA ḌĀKINĪ RATNA MAṆḌALA PŪJĀ MEGHA Ā HŪṂ[24]

Oração aos mestres da linhagem

(Nesse momento, para cultivar a união com o mestre espiritual, a oração à linhagem deve ser recitada da seguinte maneira:)

Faço minha oração para a linhagem intencional [direta] dos conquistadores:
A Samantabhadra, senhor primordial, Corpo Búdico de Realidade,
Ao conquistador Vajradhara, encarnação da sexta [família iluminada],
E a Vajrasattva, primeiro entre os guias, suprema mente búdica.

23. A natureza suprema da mente (*sems-nyid*) é o mesmo que o Corpo Búdico de Realidade (*dharmakāya*). Para uma introdução detalhada sobre a natureza da mente no contexto da presente obra, ver Capítulo 4, pp. 33-52.

24. O mantra de conclusão da maṇḍala de oferendas – OṂ ĀḤ HŪṂ MAHĀ GURU DEVA ḌĀKINĪ RATNA MAṆḌALA PŪJĀ MEGHA Ā HŪṂ – indica que uma nuvem de oferendas é apresentada à preciosa maṇḍala dos mestres espirituais, divindades de meditação e ḍākinīs.

Faço minha oração à linhagem [simbólica] dos detentores de conhecimento:
Ao detentor de conhecimento Prahevajra, supremo dentre as emanações,
Ao mestre espiritual Śrī Siṃha, supremo filho dos conquistadores,
Ao imperecível Padmākara, estabelecido no Corpo Búdico de Realidade Indestrutível,
E à ḍākinī [Yeshe] Tshogyalma, digníssima receptora dos mantras secretos.

Faço minha oração à linhagem auricular dos seres [dotados de autoridade]:
A Karma Lingpa, mestre dos tesouros profundos,
Ao de nome [Nyinda] Choje, supremo filho da mente búdica de Karma Lingpa,
E ao de nome Sūryacandra [Nyinda Ozer], senhor dos seres viventes nesta era degenerada.

Faço minha oração às divindades reunidas das três raízes:
A todos os mestres espirituais autênticos da linhagem central,
Que formam os elos de ligação [dessa tradição][25],
Às divindades de meditação pacíficas e furiosas, em quem são inseparáveis aparência e vacuidade,
E à assembleia oceânica das ḍākinīs e dos que por juramento se comprometeram a proteger os ensinamentos [sagrados]!

Ó mestres espirituais que sustentais a linhagem de tradição oral[26],
E educais cada discípulo segundos suas necessidades!
Se entrasse em declínio vosso ensinamento,
Ficariam [sumamente] desacorçoados os yogins desta era.
Vos suplico, então, que continueis a orientar todos os seres deste pântano da existência cíclica!

Quando a vós clamamos com tristezas e pesares,
Recordai-vos, nessa hora, dos estritos votos que assumistes no passado![27]
Mostrai vossas faces desde a vastidão do espaço, as faces dotadas dos sinais maiores e menores!
A vós peço que orienteis todos os seres deste pântano da existência cíclica!

....

25. Os mestres espirituais da linhagem central que estão ligados a essa tradição (no sentido de "transmissão": *'brel-tshad don-ldan rtsa-brgyud bla-ma-rnams*) são aqueles que mantiveram a linhagem de nosso texto nas sucessivas gerações desde os tempos de Nyinda Ozer até o presente. Ver "Uma breve história literária", pp. XXXIII a XLIII.

26. As biografias das figuras mais importantes da linhagem de tradição oral (*bka'-brgyud*) ligada aos ensinamentos da escola Nyingma estão delineadas em Dudjom Rinpoche, NSTB, pp. 601-739.

27. Os estritos votos assumidos no passado (*sngon-gyi dam-bca' gnyan-po*) são os votos feitos pelos budas e bodhisattvas nas vidas passadas referentes à propagação do ensinamento budista e o voto de bodhisattva de libertar os seres de seus sofrimentos. Ver, p. ex., P. Williams, *Mahāyāna Buddhism*, pp. 49-54.

Deixai que vossa voz de Brahmā ressoe como o estrépito de mil trovões![28]
[Escancarai] os portais do tesouro de vossa mente búdica!
Derramai os raios de luz de vossa consciência discriminativa e compaixão!
A vós peço que orienteis todos os seres deste pântano da existência cíclica!
Libertai agora, sem nenhuma exceção, todos os seres desta era final![29]
[A nós] ungi agora com o rio das quatro iniciações puras!
Libertai agora os quatro contínuos, embaraçados pelos estados mentais dissonantes!
A vós peço que orienteis todos os seres deste pântano da existência cíclica!
Concedei agora a deliciosa realização dos quatro corpos búdicos dos que Alcançaram a Beatitude!
Que eu me torne um mestre espiritual, [capaz de] guiar os inumeráveis seres sencientes,
Que foram antes meus pais, todos eles, em toda a vastidão do espaço, sem nenhuma exceção!
A vós peço que orienteis todos os seres deste pântano da existência cíclica!

Recebendo as quatro iniciações

(Nesse momento, a meditação a ser adotada durante a recepção das quatro iniciações deve ser a seguinte:)[30]

Do topo da cabeça do mestre espiritual em união com sua consorte,
Uma sílaba OṂ branca, [a emitir] raios de luz,
Desce sobre o ponto entre minhas sobrancelhas,
A iniciação do recipiente é assim recebida e são purificados os obscurecimentos do corpo.
A vós peço, conferi [a mim] as realizações do corpo búdico!

Da garganta do mestre espiritual em união com sua consorte,
Uma sílaba ĀḤ vermelha, [a emitir] raios de luz,

28. Listada entre os oitenta sinais menores (*asītyanuvyañjana*), a voz semelhante à de Brahmā (*tshangs-pa'i gsung*) se refere a um dos seis modos de fala búdica. Ver Longchen Rabjampa, GGFTC, pp. 703-4.

29. Sobre o conceito de tempo cíclico, ver L. Pruden (trad.), *Abhidharmakośabhāṣyaṃ*, Capítulo 3, "The World", pp. 475-95; R. Kloetzli, *Buddhist Cosmology*, pp. 73-5. Cada grande éon (*mahākalpa*) de tempo cíclico compreende as quatro eras de criação (*vivartakalpa*), duração (*vivartasthāyikalpa*), dissolução (*saṃvartakalpa*) e não duração (*saṃvartasthāyikalpa*). A expressão "era final" (*dus-mtha'*) se refere ao período de dissolução.

30. As quatro iniciações são: a iniciação do recipiente (*bum-dbang*), que confere a realização do corpo búdico (*sku-yi dngos-grub*); a iniciação secreta (*gsang-dbang*), que confere a realização da fala búdica (*gsung-gi dngos-grub*); a iniciação de cognição pura (*shes-rab ye-shes-kyi dbang*), que confere a realização da mente búdica (*thugs-kyi dngos-grub*); e a iniciação de coemergência indivisível (*dbyer-med lhan-skyes dbang bzhi-pa*), que confere a realização combinada de corpo, fala e mente búdicos (*sku-gsung-thugs-kyi dngos-grub*). Sobre o ato de conferir essas iniciações, ver Paltrul Rinpoche, *The Words of My Perfect Teacher*, pp. 329-30; e Sonam T. Kazi (trad.), *Kun-zang La-may Zhal-lung*, parte 2, pp. 462-5.

Desce sobre a faculdade sensorial da minha língua,
A iniciação secreta é assim recebida e são purificados os obscurecimentos da fala.
A vós peço, conferi [a mim] as realizações da fala búdica!

Do coração do mestre espiritual em união com sua consorte,
Uma sílaba HŪṂ azul, [a emitir] raios de luz,
Desce ao centro de meu coração,
A iniciação de cognição pura é assim recebida e são purificados os obscurecimentos da mente.
A vós peço, conferi [a mim] as realizações da mente búdica!

Do umbigo do mestre espiritual em união com sua consorte,
Uma sílaba HRĪḤ vermelha, [a emitir] raios de luz,
Desce sobre o centro do meu umbigo,
São purificados os obscurecimentos que [mundanamente] diferenciam corpo, fala e mente
E é recebida a quarta iniciação, a iniciação de coemergência indivisível.

Ó glorioso e precioso mestre espiritual de raiz!
Estejas indivisivelmente presente, [entronado] no pistilo dum lótus para sempre dentro de meu coração!
Por tua grande bondade, favorece-me com tua aceitação,
E [a mim] confere, te suplico, as realizações de corpo, fala e mente búdicos!

Que nós nos tornemos exatamente semelhantes a ti, glorioso mestre espiritual!
Em tudo semelhantes a ti em corpo, cortejo, duração da vida, domínios,
E em teus supremos e excelentes sinais maiores.

Estes versos, que formam a prática preliminar de *As Divindades Pacíficas e Furiosas: um profundo ensinamento sagrado [chamado] libertação natural por meio [do reconhecimento] da intenção iluminada*, devem ser aplicados como método suplementar no contexto da purificação mental.

Esta prática espiritual do inigualável Grande Veículo (Mahāyāna) é um ensinamento oral de [Nyinda] Choje Lingpa, o filho mais velho do descobridor de tesouros Karma Lingpa, e foi posto por escrito pelo Guru Sūryacandraraśmi [isto é, Nyinda Ozer].

2

Uma oração para a união com o mestre espiritual [chamada] libertação natural sem a renúncia aos três venenos

CONTEXTO

A oração para o mestre espiritual que se segue é geralmente recitada imediatamente após a *Prática preliminar*. Também se recomenda que seja recitada no começo de todo ritual, quando se pensa no mestre espiritual e sempre que o praticante estiver prestes a entrar num período de meditação.

É amplamente aceito que uma percepção correta do mestre espiritual é de suma importância para todos os praticantes do Veículo da Realidade Indestrutível (*Vajrayāna*). Além disso, é também essencial que o praticante receba a inspiração espiritual de um mestre vivo, que a tenha recebido por sua vez de uma linhagem ininterrupta de mestres. Em primeiro lugar, contudo, e antes de aceitar alguém como mestre espiritual, é fundamental que o praticante examine e avalie o mestre em potencial por um longo período, e somente o aceite como mestre quando tiver certeza de que essa pessoa possui as qualificações para ser um mestre segundo os textos sagrados universalmente aceitos. Nesse caso, quando estiver certo de que sua própria intenção é sincera, o discípulo deve seguir com total devoção as instruções do mestre espiritual por ele escolhido.

Em última análise, a inspiração que se busca no mestre espiritual provém da pureza da percepção, da intenção altruísta e da confiança do próprio praticante.

Aqui se encontra *Uma oração para a união com o mestre espiritual, [encarnação dos] três corpos búdicos, [chamada] libertação natural sem a renúncia aos três venenos*[1], [extraída] de *As Divindades Pacíficas e Furiosas: um profundo ensinamento sagrado [chamado] libertação natural por meio [do reconhecimento] da intenção iluminada*[2].

No palácio da imensidão da realidade, puro e onipresente,
Está meu mestre espiritual, o Corpo Búdico de Realidade –
Incriado e não condicionado por elaboração conceptual.
A ti, ó mestre, oro com fervorosa devoção.
A ti peço a autoiniciação primordialmente pura,
As bênçãos do Corpo Búdico de Realidade[3],
Para que a cognição pura de surgimento natural
Esteja presente de modo livre e espontâneo,
Por meio da libertação natural,
Sem a renúncia à ignorância e à ilusão.

No palácio do grande gozo, que é cognição pura, imaculada e luminosa,
Está meu mestre espiritual, o Corpo Búdico de Riqueza Perfeita –
Livre e sumamente bem-aventurado.
A ti, ó mestre, oro com fervorosa devoção.
A ti peço a autoiniciação espontaneamente presente,
As bênçãos do Corpo Búdico de Riqueza Perfeita[4],
Para que a percepção intrínseca, que é cognição pura,
Seja naturalmente liberada na suprema beatitude[5],
Por meio da libertação natural,
Sem a renúncia ao desejo e ao apego.

....

1. Tib. *sKu-gsum bla-ma'i rnal-'byor gsol-'debs dug-gsum ma-spang rang-grol.*

2. Tib. *Zab-chos zhi-khro dgongs-pa rang-grol.*

3. A bênção específica que emana do Corpo Búdico de Realidade (*chos-sku'i byin-rlab*) é "primordialmente pura" (*ka-dag*), o que indica que nesse contexto o Corpo Búdico de Realidade é diretamente realizado pela prática de Atiyoga chamada "Vencendo a Resistência à pureza primordial" (*ka-dag khregs-chod*). Sobre essa prática, ver Capítulo 4; ver também Dudjom Rinpoche, NSTB, pp. 335-7.

4. Essa bênção é "espontaneamente presente" (*lhun-grub*), o que indica que o Corpo Búdico de Riqueza Perfeita é diretamente realizado pela prática de Atiyoga chamada "Realização Transcendente da presença espontânea" (*lhun-grub thod-rgal*). Ver Dudjom Rinpoche, NSTB, pp. 337-45.

5. A cognição pura do Corpo Búdico de Riqueza Perfeita, à qual o texto aqui se refere como "naturalmente liberada na suprema beatitude" (*bde-chen rang-grol*), compreende a cognição pura semelhante a um espelho (*ādarśajñāna*), a cognição pura de igualdade (*samatājñāna*) e a cognição pura de discernimento (*pratyavekṣaṇajñāna*). Ver no Glossário o verbete *Cognição pura*.

No palácio do lótus, puro e imaculado,
Está meu mestre espiritual, o Corpo Búdico de Emanação –
Que surge naturalmente em inúmeras formas, para além de todo cômputo.
A ti, ó mestre, oro com fervorosa devoção.
A ti peço a autoiniciação que liberta de modo natural,
As bênçãos do Corpo Búdico de Emanação,
Para que brilhe naturalmente a percepção intrínseca
Que é cognição pura de manifestação natural[6],
Por meio da libertação natural,
Sem a renúncia aos pontos de vista errôneos e à aversão.

No palácio da percepção intrínseca, do verdadeiro esplendor interno,
Está meu mestre espiritual, [união dos] três corpos búdicos –
Que transcende os limites espaciais e é sumamente bem-aventurado.
A ti, ó mestre, oro com fervorosa devoção.
A ti peço a autoiniciação de suma bem-aventurança,
As bênçãos dos Três Corpos Búdicos,
Para que a cognição pura de surgimento natural
Esteja espontaneamente presente na qualidade dos três corpos búdicos[7],
Por meio da libertação natural,
Sem a renúncia à dicotomia de sujeito e objeto.

Como carecem de compaixão os seres sencientes deste mundo, cheios de sofrimento,
Lançados na existência cíclica pela ilusão e pela confusão –
Por não compreender que sua própria mente
É o Corpo Búdico de Realidade, livre dos extremos!
Possam todos eles realizar o Corpo Búdico de Realidade!

Como carecem de compaixão os seres sencientes deste mundo, enganados que estão por suas preconcepções,
Lançados na existência cíclica por seus apegos e desejos –
Por não compreenderem que sua própria consciência pura
É o Corpo Búdico de Riqueza Perfeita, imbuído da suprema beatitude!
Possam todos eles realizar o Corpo Búdico de Riqueza Perfeita!

6. A cognição pura a que o texto se refere nesse verso é a cognição pura do Corpo Búdico de Emanação, também conhecida como cognição pura de realização (*kṛtyupasthānajñāna*). Ver no Glossário (p. 365) o verbete *Cognição pura*.

7. A cognição pura natural (*rang-byung ye-shes*) da união dos três corpos búdicos se refere à unidade dos cinco aspectos da cognição pura (*pañcajñāna*).

Como carecem de compaixão os seres sencientes deste mundo, cheios de pontos de vista discordantes,
Lançados na existência cíclica por sua aversão e sua percepção dualista –
Por não compreenderem que sua própria mente
É o Corpo Búdico de Emanação, que nasce e permanece [naturalmente]!
Possam todos eles realizar o Corpo Búdico de Emanação!

Como carecem de compaixão os seres vivos não iluminados deste mundo,
Os quais, por causa de seus desejos, são obnubilados pelos estados mentais dissonantes e [pelas obstruções sutis ao] conhecimento –
Por não compreenderem que [sua própria mente]
É indistinguível dos três corpos búdicos!
Possam todos eles realizar os três corpos búdicos!

Os versos anteriores, que formam *Uma oração para a união com o mestre espiritual, [encarnação dos] três corpos búdicos, [chamada] libertação natural sem a renúncia aos três venenos*, e que foram retirados de *As Divindades Pacíficas e Furiosas: um profundo ensinamento sagrado [chamado] libertação natural por meio [do reconhecimento] da intenção iluminada*, foram compostos por Padmākara, o preceptor de Oḍḍiyāna.

Que [a influência desse] ensinamento sagrado não se extinga até que se esvazie a existência cíclica![8]

Essa oração foi tirada do Monte Gampodar, que se assemelha a um deus dançando, pelo mestre consumado Karma Lingpa.

8. Sobre a intenção altruísta do bodhisattva de não entrar no nirvāṇa até que todos os seres sejam libertados da existência cíclica (*saṃsāra*), ver P. Williams, *Mahāyāna Buddhism*, pp. 49-54.

3

Versos de raiz dos seis estados intermediários

CONTEXTO

De acordo com este ciclo de ensinamentos, a roda dos nascimentos e mortes pode ser encarada como composta de seis estados intermediários. São eles as seguintes modalidades de existência: o estado de vigília, o estado de sonho, o estado de meditação, o momento da morte e as duas fases sucessivas dos estados póstumos que estão definidas no Glossário (p. 365).

O poema a seguir tem como temas as principais perspectivas ligadas a cada um dos estados intermediários. É recomendável que os praticantes memorizem esses versos e os recitem continuamente, meditando em seu significado até o fim da vida.

Aqui se encontram os *Versos de raiz dos seis estados intermediários*[1].

Prostro-me diante dos Conquistadores, as Divindades Pacíficas e Furiosas.

Os versos de raiz referentes aos seis estados intermediários são os seguintes:

Ai! Agora que o estado intermediário da vida[2] surge diante de mim,
Renunciando à preguiça, para a qual não há tempo nesta vida,
Devo entrar sem distrair-me no caminho do estudo, da reflexão e da meditação.
Fazendo da experiência percebida e da [natureza da] mente um caminho,
Devo cultivar a realização dos três corpos búdicos.
Agora, tendo obtido um precioso corpo humano, nesta oportunidade única,
Não posso me dar ao luxo de continuar no caminho da dissipação.

Ai! Agora que o estado intermediário dos sonhos surge diante de mim,
Renunciando ao insensível sono da ilusão, que me faz semelhante a um cadáver,
Livre de memórias que causam distrações, devo entrar no estado da natureza permanente da realidade.
Cultivando [a experiência do] esplendor interno,
Através do reconhecimento, da emanação e da transformação dos sonhos,
Não devo dormir como um animal,
Mas sim me dedicar ao cultivo das experiências que unem o sono com a verdadeira [realização].

Ai! Agora que o estado intermediário de concentração meditativa surge diante de mim,
Renunciando à massa de distrações e confusões,
Devo entrar concentrado num estado
Vazio de toda apreensão subjetiva e livre dos [dois] extremos,
E alcançar a estabilidade dos estágios de geração e perfeição.

1. Tib. *Bar-do rnam-drug-gi rtsa-tshig*. Esses versos são repetidos em outros capítulos deste ciclo, por exemplo, no Capítulo 10, p. 179, e no Capítulo 11, pp. 207 e 252-3.

2. Os capítulos 1 a 7 deste livro se referem ao estado intermediário da vida, que inclui o estado intermediário dos sonhos e o da concentração meditativa.

Neste momento, tendo renunciado à atividade
E tendo alcançado uma [concentração] singular,
Não devo mergulhar na corrente das aflições mentais desconcertantes!

Ai! Agora que o estado intermediário do momento da morte[3] surge diante de mim,
Renunciando a [todos os] apegos, desejos e apreensões subjetivas,
Devo entrar totalmente concentrado no caminho em que os ensinamentos orais são claramente entendidos,
E lançar minha própria consciência pura na vastidão incriada do espaço.
No momento mesmo da separação deste corpo composto de carne e sangue,
Devo saber que [este mesmo corpo] é como uma ilusão passageira.

Ai! Agora que o estado intermediário de realidade[4] surge diante de mim,
Renunciando a todo e qualquer sentimento de assombro, terror e medo,
Devo reconhecer que tudo o que surge é consciência pura que se manifesta naturalmente por si mesma.
Sabendo que [estes sons, luzes e raios] são fenômenos visionários* do estado intermediário,
Neste momento, tendo chegado a este ponto crítico,
Não devo temer a assembleia das Divindades Pacíficas e Furiosas, que se manifestam naturalmente!

Ai! Agora que o estado intermediário de renascimento[5] surge diante de mim,
Devo concentrar minha mente numa intenção unipontual
E resolutamente me ligar à potência residual de minhas ações passadas virtuosas.
Devo obstruir as entradas para o ventre e trazer à mente os métodos de reversão.
Este é o momento em que são imperativas a perseverança e a pureza de percepção.
Devo renunciar a todo ciúme e meditar em meu mestre espiritual com sua consorte.

3. Os Capítulos 8 a 10 da presente obra tratam do estado intermediário do momento da morte.

4. O estado intermediário de realidade é o tema do Capítulo 11.

* Os fenômenos visionários devem ser distinguidos dos fenômenos sensoriais, que são as percepções dos cinco sentidos; dos fenômenos imaginários, que são percebidos por nossa imaginação quando estamos acordados; e dos fenômenos oníricos, que são percebidos pela mesma imaginação quando estamos dormindo. Os fenômenos visionários são experiências reais que não procedem do mundo corpóreo (como os fenômenos sensoriais) nem do psiquismo individual (como os fenômenos imaginários e oníricos). (N. do T.)

5. O estado intermediário de renascimento é o tema dos Capítulos 11 e 13.

Da boca dos mestres consumados saem estas palavras:
"Tu, cuja mente se dissipa, a pensar que a morte não virá,
Enfeitiçado pelas atividades sem sentido desta vida,
Se tivesses que voltar agora de mãos vazias, não se teria frustrado [completamente] o propósito [da vida]?
Ah, reconhece o de que realmente precisas! [Precisas é de] um ensinamento sagrado [para a libertação]!
Então, não deves tu praticar este divino ensinamento [sagrado], a partir deste mesmo instante?"

E também foi dito,
"Se eu decido não tomar a peito os ensinamentos orais do mestre espiritual,
Não sou eu que a mim mesmo me engano?"

E com isso estão completos os *Versos de raiz dos seis estados intermediários*.

4

A introdução à consciência pura: Libertação natural pela percepção nua

CONTEXTO

Este capítulo é a essência da instrução esotérica pela qual se introduz o discípulo à natureza suprema da mente. Antes de começar esta prática, que se centra na própria natureza da mente, é necessário receber a introdução de um detentor de linhagem realizado. Depois, quando em retiro solitário, é recomendado que este texto seja relido muitas vezes como um guia entre uma sessão de meditação e a seguinte.

Aqui se encontra *A introdução à consciência pura: Libertação natural pela percepção nua*[1], [extraída] de *As Divindades Pacíficas e Furiosas: um profundo ensinamento sagrado [chamado] libertação natural por meio [do reconhecimento] da intenção iluminada*[2].

Renda-se homenagem às divindades [que encarnam] os três corpos búdicos e que são o esplendor natural da consciência pura.

[Aqui], apresentarei o ensinamento [conhecido como] *A introdução à consciência pura: Libertação natural pela percepção nua*, [extraído] de *As Divindades Pacíficas e Furiosas: um profundo ensinamento sagrado [chamado] libertação natural por meio [do reconhecimento] da intenção iluminada*. Deste modo, introduzirei [a ti a natureza da] percepção intrínseca. Por isso contempla-a com atenção, ó Filho Feliz da Natureza Búdica.

SAMAYA *rgya rgya rgya*

[A IMPORTÂNCIA DA INTRODUÇÃO À CONSCIÊNCIA PURA]

EMAHO!
Embora a singular [natureza da] mente, que abarca e compreende tanto a existência cíclica quanto o nirvāṇa,
Esteja naturalmente presente desde os primórdios, tu não a reconheceste.
Embora seu esplendor e pura consciência nunca tenham sido interrompidos,
Tu não encontraste ainda sua verdadeira face.
Embora ela surja desimpedida em todas as facetas [da existência],
Tu ainda não reconheceste [essa natureza singular da mente].
Para que essa [singular] natureza possa ser reconhecida por ti,
Os Conquistadores dos três tempos ensinaram um [número] incalculavelmente [grande de práticas],
Que incluem os oitenta e quatro mil aspectos dos ensinamentos [sagrados].
Não obstante, [apesar dessa diversidade], nem um só sequer desses [ensinamentos] foi dado pelos Conquistadores
Fora da compreensão dessa natureza![3]

1. Tib. *Rig-pa ngo-sprod gcer-mthong rang-grol*.

2. Tib. *Zab-chos zhi-khro dgongs-pa rang-grol*.

3. O ponto aqui é que todos os inestimáveis oitenta e quatro mil aspectos dos ensinamentos sagrados, os nove veículos, os três ou quatro *piṭaka*, e assim por diante, todos dependem da compreensão fundamental da percepção intrínseca. Ver *Laṅkāvatārasūtra*, Capítulo 2, v. 202: "Enquanto se manifestarem os seres sencientes, não haverá fim para os veículos. Quando a mente for transformada, então não haverá nem veículo nem movente."

[E muito] embora existam incontáveis volumes de escrituras sagradas, tão vastas quanto os limites do espaço,
Em verdade, [tais ensinamentos podem ser expressos de modo sucinto] em umas poucas palavras[4], que são a introdução à consciência pura.

Aqui [está] a introdução direta [face a face]
À intenção iluminada dos Conquistadores.
Aqui está o método para ingressar [na verdadeira realidade],
[Neste exato momento], sem dependência de [eventos] passados ou futuros.

[A INTRODUÇÃO PROPRIAMENTE DITA À CONSCIÊNCIA PURA]

KYE HO!
Ó filhos felizes, escutai estas palavras!
A palavra "mente" é comum e amplamente usada,
E, no entanto, existem alguns que não compreendem [seu significado],
Outros que o entendem de modo errôneo, outros ainda que o entendem parcialmente,
E outros que não compreenderam exatamente sua verdadeira realidade.
E por isso surgiu um número incalculavelmente grande de afirmações [acerca da natureza da mente],
Proclamadas pelos [diversos] sistemas filosóficos[5].

4. A expressão tibetana *tshig gsum* (literalmente, "três palavras") é usada na linguagem coloquial para significar "conciso" ou "em poucas palavras". Foram sugeridas duas leituras alternativas: 1) A expressão "três palavras" pode se referir às três considerações apresentadas nas páginas 39-40, quais sejam: que os "pensamentos passados não deixam vestígios, são límpidos e vazios", que os "pensamentos futuros não são gerados e são virgens" e que "o momento presente permanece naturalmente sem nenhum esforço". 2) Um ponto de vista menos provável é que a expressão "três palavras" se refere ao testamento do Atiyoga de Prahevajra (tib. *dGa'-rab rdo-rje*), intitulado *Os três pontos que penetram o essencial* (*tshig-gsum gnad-du brdeg-pa*). Os três pontos contidos nessa obra cristalizam o processo de introdução à percepção intrínseca (*rang-rig*). São eles: a "introdução direta à própria essência" (*ngo-rang thog-tu 'phrod-pa*), a "determinação direta desse estado único" (*thag-gcig thog-tu bcad-pa*) e a "confiança direta na libertação" (*gdeng-grol thog-tu bca'-ba*). Para o texto original, ver *Bi-ma sNying-thig*, Pt. 1, vol. Ga, pp. 304-18, e o comentário do século XIX de Patrul Rinpoche chamado *mKhas-pa'i shri rgyal-po mkhas-chos*. O contexto da revelação do testamento de Prahevajra se encontra em Dudjom Rinpoche, NSTB, pp. 490-4.

5. Estes versos derivam do *Guhyagarbha Tantra*, Capítulo 13, v. 2: Existem os que não compreendem, / E os que compreendem de modo errôneo, / Os de compreensão parcial, / E os que não compreenderam [exatamente] a verdadeira realidade.

Como explica Longchen Rabjampa, GGFTC, pp. 988-97, os que não compreendem (*ma-rtogs-pa*) são as pessoas comuns, que aderem aos "veículos dos deuses e humanos" (*devamanuṣyayāna*) e se esforçam pela excelência e por renascimentos superiores na existência cíclica (*saṃsāra*) por meio da prática da virtude. Os que compreendem de modo errôneo (*log-rtogs-pa*) são os filósofos da Índia antiga, defensores dos extremos eternalista e niilista, que aderiam às perspectivas Nyayāyika, Vaiṣṇava, Sāṃkhyā, Vaiśeṣika e Bārhaspatya. Os de compreensão parcial (*phyogs-tsam rtogs-pa*) são os piedosos discípulos (*śrāvaka*), que compreendem a neipseidade da pessoa individual (*pudgalanairātmya*) mas não compreendem a neipseidade dos fenômenos (*dharmanairātmya*), e os budas anacoretas (*pratyekabuddha*), que, além de compreender o mesmo que os piedosos discípulos, compreendem que os fenômenos materiais e exteriores não possuem existência intrínseca

Além do mais, por não compreenderem [o significado da palavra "mente"],
E não reconhecerem intuitivamente sua natureza,
As pessoas comuns continuam a peregrinar pelas seis classes de [renascimentos] sencientes nos três sistemas de mundo,
E consequentemente experimentam o sofrimento[6].
Isto por causa de não compreenderem a natureza intrínseca da mente.

Embora os piedosos discípulos e os budas anacoretas afirmem compreender [esta natureza singular da mente] como parcial ausência de identidade própria[7],
Eles não compreendem essa natureza exatamente como ela é.
Além disso, por estarem agrilhoados às opiniões sustentadas pelos seus sistemas filosóficos e suas escrituras[8],
Há os que não percebem [diretamente] o esplendor interno:
Os piedosos discípulos e os budas anacoretas são obscurecidos [a esse respeito] por seu apego à dicotomia de sujeito e objeto.
Os seguidores do Madhyamaka são obscurecidos por seu apego aos extremos das duas verdades.

(*niḥsvabhāvatā*), mas não compreendem que os fenômenos mentais e interiores tampouco possuem existência intrínseca. Por fim, os que não compreendem exatamente a verdadeira realidade (*yang-dag ji-bzhin-nyid-du ma-rtogs-pa*) são os que aderem aos veículos causais e sustentam os pontos de vista do Cittamātra (que compreendem que todos os fenômenos são extensões da consciência) e do Madhyamaka (que compreendem que todos os fenômenos, sejam externos ou internos, são desprovidos de existência intrínseca); mas nem os adeptos do Cittamātra nem os do Madhyamaka compreendem perfeitamente que "todas as coisas são idênticas no estado búdico primordial", ou que "não são necessárias nem a aceitação nem a renúncia, pois os próprios estados mentais dissonantes se originam como cognição pura". Ao mesmo tempo, todos esses tipos são "pobres em seus meios hábeis (*upāyakauśalya*)" e "alcançam seus resultados com dificuldade e labores depois de um longo período". Longchen Rabjampa conclui dizendo que somente os adeptos dos "veículos dos frutos" ou veículos resultantes (*phalayāna*) percebem a verdadeira realidade tal como ela é, e entre esses veículos, somente do Atiyoga se afirma ser a "verdade naturalmente secreta" (*rang-bzhin gsang-ba'i don*), enquanto o Kriyātantra e o Ubhayatantra são chamados "disciplinas" (*'dul-ba*), o Yogatantra é chamado "intenção iluminada" (*dgongs-pa*) e o Mahāyoga, "segredo" (*gsang-ba*). Essas diversas classificações de praticantes do budismo são identificadas, uma por uma, nos versos seguintes do texto. Para uma perspectiva Nyingma dos pontos de vista não budistas "de compreensão errônea" (*log-rtogs-pa*) mencionados, ver também Dudjom Rinpoche, NSTB, pp. 64-7.

6. Sobre as classificações das pessoas comuns "que não compreendem" (*ma-rtogs-pa*) e que aderem aos "veículos dos deuses e humanos" (*devamanuṣyayāna*), ver Dudjom Rinpoche, NSTB, pp. 57-64.

7. A "parcial ausência de identidade própria" (*phyogs-tsam bdag-med*) é o aspecto da neipseidade compreendido pelos piedosos discípulos e budas anacoretas. Ver no Glossário (p. 365) o verbete *Neipseidade*.

8. Essa passagem, em que se diz que os textos (*gzhung*) e sistemas filosóficos (*siddhānta*; tib. *grub-mtha'*) das diversas escolas de budismo restringem a percepção do esplendor interno, corresponde quase exatamente à conhecida citação do *Tantra do rei que tudo realiza* (*Kun-byed rgyal-po'i rgyud*, T 828); para uma tradução desse texto, ver Dudjom Rinpoche, NSTB, pp. 295-7. Os sistemas espirituais e filosóficos (*siddhānta*) budistas e não budistas são tema de detalhadas análises em muitos tratados de especialistas, entre os quais se incluem o *Tesouro de sistemas espirituais e filosóficos* (*Grub-mtha' mdzod*), de Longchen Rabjampa, e os *Princípios fundamentais da Escola Nyingma* (*bsTan-pa'i rnam-gzhag*), de Dudjom Rinpoche, ambos textos Nyingma que têm relação com o contexto da presente obra.

Os praticantes do Kriyātantra e do Yogatantra são obscurecidos por seu apego aos extremos de serviço ritual e meios de realização[9].
Os praticantes do Mahāyoga e do Anuyoga são obscurecidos por seu apego aos [extremos de] espaço e consciência pura[10].
Todos esses [praticantes] erram o alvo porque polarizam a realidade não dual,
E, por não conseguirem unificar [esses extremos] em não dualidade, não alcançam o estado búdico.
Por isso todos esses seres continuam a vagar pela existência cíclica,
Porque teimam em se dedicar a [formas de] renúncia
E atos de rejeição e aceitação referentes a sua própria mente,
Quando, [em verdade], existência cíclica e nirvāṇa são inseparáveis.

Portanto, devem-se abandonar todos os ensinamentos artificiais,
E todos os estados [não naturais] livres de atividade,
E, pela virtude desta *[Introdução à] consciência pura: libertação natural pela percepção nua*, aqui apresentada,
Devem-se realizar todas as coisas no contexto dessa grande libertação natural.
É assim que todos [os atributos iluminados] são levados à completude na Grande Perfeição.
SAMAYA *rgya rgya rgya*

[SINÔNIMOS DA MENTE]

Quanto a esse [fenômeno] evidente e distinto que é chamado "mente":
Quanto a sua existência, ela não possui nenhuma existência [intrínseca].
Quanto a sua originação, ela é a origem das várias alegrias e tristezas da existência cíclica e do nirvāṇa,
Quanto à opinião [filosófica] a seu respeito, ela é objeto de opiniões que variam de acordo com os onze veículos.

9. Segundo a passagem frequentemente citada do *Tantra do rei que tudo realiza* (*Kun-byed rgyal-po'i rgyud*, T 828) mencionada na nota anterior, as limitações das três classes exteriores de tantra são: sustentar a dicotomia de sujeito e objeto em relação à pureza (Kriyātantra); sustentar a dualidade de perspectiva e conduta (Ubhayatantra); e sustentar a aceitação e a rejeição em relação à meditação (Yogatantra). No contexto presente, todas essas limitações são incluídas nos defeitos de excessivo apego aos chamados "quatro ramos do serviço ritual e de realização" (*bsnyen-sgrub yan-lag bzhi*); sobre estes ramos, ver Glossário (p. 365).

10. Os tantras interiores de meios hábeis (*nang-pa thabs-kyi rgyud*), que constituem o assunto destes versos, são os do Mahāyoga, Anuyoga e Atiyoga; para uma descrição detalhada deles, ver Dudjom Rinpoche, NSTB, pp. 273-345 e 357-72. Dos tantras interiores de meios hábeis, se considera que somente o Atiyoga está livre de limitações. O *Tantra do rei que tudo realiza* (*Kun-byed rgyal-po'i rgyud*) define as limitações do Mahāyoga como "a excessiva insistência no serviço ritual e nos meios de realização" (*sevāsādhana*); e as do Anuyoga, como "a dualidade entre a pura imensidão ou espaço" (*dag-pa'i dbyings*) – identificada com Samantabhadrī, e a cognição ou consciência pura (*jñāna*), identificada com Samantabhadra. Ver NSTB, pp. 295-7. No contexto destes versos, essas duas limitações são englobadas na noção dualista de "espaço e consciência pura" (*dbyings-rig*).

Quanto a sua designação, ela tem um número inconcebível de nomes diversos:
Alguns a chamam "a natureza da mente", a "natureza da própria mente",
Alguns eternalistas a nomeiam "Eu"*,
Os piedosos discípulos a chamam de "neipseidade do indivíduo"[11],
Os cittamātrins a chamam "mente",
Alguns a chamam a "Perfeição da Consciência Discriminativa",
Outros a chamam "Núcleo do Sugata",
Alguns a nomeiam "Grande Selo",
Outros a chamam "Ponto Seminal Único",
Alguns a chamam "Imensidão da Realidade",
Outros a chamam "Raiz de todas",
E outros a chamam de "[consciência espontânea] comum".

[AS TRÊS CONSIDERAÇÕES]

Segue-se agora a introdução [aos meios de experimentar] essa [singular] natureza [da mente]
Pela aplicação de três considerações:
[Primeiro, reconhece que] os pensamentos passados não deixam vestígios, são límpidos e vazios,
[Segundo, reconhece que] os pensamentos futuros não são gerados e são virgens,
E, [terceiro, reconhece que] o momento presente permanece naturalmente e sem esforço.
Quando a consciência comum e momentânea é posta a nu por um exame [direto] feito por ti mesmo,
Ela se revela como esplêndida luz de inteligência,
Livre da presença de um observador,
Manifestamente clara e nítida,
Completamente vazia e incriada em todos os seus aspectos,
Lúcida, sem nenhuma dualidade entre luminosidade e vacuidade,
Impermanente, pois que completamente desprovida de existência intrínseca,
Não é um mero nada, pois é luminosa e serena,
Não é uma única entidade, pois é claramente perceptível como multiplicidade,

* "Eu" traduz aqui o inglês *self*, que por sua vez traduz o sânscrito *atman*, que para algumas escolas hindus é a verdadeira identidade absoluta subjacente às consciências individuais. Em outras passagens, esse mesmo termo foi traduzido como "si mesmo". Sobre o conceito de identidade própria no budismo, ver o "Comentário introdutório" de Sua Santidade, o Dalai-Lama, e os verbetes *Identidade própria* e *Neipseidade* no Glossário. (N. do T. e do R. da T.)

11. Nosso texto traz nesta passagem *gdams-ngag gdams-ngag* ("ensinamento oral, ensinamento oral"). A leitura coerente com o sentido, isto é, *gang-zag bdag-med* ("neipseidade do indivíduo"), foi sugerida por Zenkar Rinpoche.

Mas seu ser não é intrinsecamente o da multiplicidade, pois ela é indivisível e tem um só sabor[12].
Essa percepção intrínseca, que não deriva de algo estranho a seu próprio ato,
É ela mesma a verdadeira introdução à natureza permanente de [todas] as coisas.
Pois nessa [percepção intrínseca], os três corpos búdicos são inseparáveis e estão plenamente presentes numa unidade:
Sua vacuidade e total ausência de existência intrínseca é o Corpo Búdico de Realidade;
A reverberação e irradiação naturais dessa vacuidade são o Corpo Búdico de Riqueza Perfeita;
E seu livre surgimento em toda e qualquer forma é o Corpo Búdico de Emanação.
Estes três, plenamente presentes numa unidade, são a verdadeira essência da própria [consciência pura].

[CONSEQUÊNCIAS DA INTRODUÇÃO À CONSCIÊNCIA PURA]

Quando a introdução é vigorosamente aplicada segundo o método [descrito anteriormente] de ingresso nesta [realidade]:
A própria consciência imediata é esta mesma [realidade]!
[Repousando] nesta [realidade], espontânea e naturalmente luminosa,
Como podemos dizer que não compreendemos a natureza da mente?
[Repousando] nesta [realidade], na qual não há nada acerca de que se possa meditar,
Como podemos dizer que, entrando em meditação, não somos bem-sucedidos?
[Repousando] nesta [realidade], que é a nossa própria consciência pura atual,
Como podemos dizer que não encontramos nossa mente?
[Repousando] nesta [realidade], que é inseparável união de consciência pura e luminosidade,
Como podemos dizer que não vemos a [verdadeira] face da mente?
[Repousando] nesta [realidade], que é ela mesma o conhecedor,
Como podemos dizer que, tendo buscado esse [conhecedor], não o tenhamos encontrado?
[Repousando] nesta [realidade], na qual não há absolutamente nada a ser feito,
Como podemos dizer que não somos bem-sucedidos no que quer que façamos?

12. A eliminação da dicotomia de "singularidade" (*gcig*) e "multiplicidade" (*du-ma*) é tema de um dos grandes axiomas da dialética madhyamaka, conhecido como "ausência do singular e do múltiplo" (*gcig-dang du-bral*); sobre esse axioma, ver M. D. Eckel, *Jñānagarbha's Commentary on the Distinction between the Two Truths*, pp. 80-5.

Dado que é suficiente deixar [essa consciência pura] tal como ela é, espontânea,
Como podemos dizer que não é possível continuar repousando [nesse estado]?
Dado que é suficiente deixá-la tal como é, sem fazer absolutamente nada,
Como podemos dizer que não é possível fazer isso?
Dado que, [nessa realidade], luminosidade, consciência pura e vacuidade são inseparáveis e estão presentes de modo espontâneo,
Como podemos dizer que, dedicando-se à prática, o que se obtém é nada?
Dado que [essa realidade] se origina naturalmente e se torna presente de modo espontâneo, sem causas ou condições,
Como podemos dizer que aquele que se esforça [por encontrá-la] é incapaz [de sucesso]?
Dado que o surgimento e a libertação dos pensamentos conceituais ocorrem simultaneamente,
Como podemos dizer que, tendo aplicado esse antídoto [aos pensamentos conceituais], não alcançamos o efeito almejado?
[Repousando] nessa mesma consciência imediata,
Como podemos dizer que não conhecemos esta [realidade]?[13]

[OBSERVAÇÕES LIGADAS AO EXAME DA NATUREZA DA MENTE]

Estejas certo de que a natureza da mente é vazia e sobre nada se apoia.
Tua própria mente é insubstancial, como um céu limpo.
Olha para tua própria mente para ver se ela é assim ou não.
Separado das concepções que determinam artificialmente a [natureza da] vacuidade,
Estejas certo de que a cognição pura, de originação natural, é primordialmente luminosa –
Como o núcleo do sol, que é ele mesmo de originação natural.
Olha para tua própria mente para ver se ela é assim ou não!

Estejas certo de que essa pura consciência, que é cognição pura, é ininterrupta,
Como a torrente principal dum rio que flui incessantemente.
Olha para tua própria mente para ver se ela é assim ou não!

Estejas certo de que os pensamentos conceituais e as memórias passageiras não são rigorosamente identificáveis,

13. A presença inata da percepção intrínseca, sem necessidade de elaboração de pontos de vista (*lta-ba*), meditação (*sgom-pa*), conduta (*spyod-pa*) ou resultado (*'bras-bu*), como foi descrito nesses versos, é abertamente discutida nos textos do Atiyoga ligados à prática chamada Vencendo a Resistência (*khregs-chod*). Ver, p. ex., Dudjom Rinpoche, NSTB, p. 335.

Pois são insubstanciais em seus movimentos, como a brisa do ar.
Olha para tua própria mente para ver se ela é assim ou não!

Estejas certo de que tudo o que aparece é naturalmente manifesto [na mente],
Como as imagens num espelho, que [também] aparecem naturalmente.
Olha para tua própria mente para ver se ela é assim ou não!

Estejas certo de que todas as características são libertadas no seu próprio ato de ser,
Como as nuvens da atmosfera, que se originam naturalmente e naturalmente se dissipam.
Olha para tua própria mente para ver se ela é assim ou não!

Não existem fenômenos além dos que se originam da mente.
[Logo], como poderia existir algo em que se meditar que não seja a mente?
Não existem fenômenos além dos que se originam da mente.
[Logo], não existem modos de conduta a serem adotados além [dos que se originam da mente].
Não existem fenômenos além dos que se originam da mente.
[Logo], não há pactos a serem observados além [dos que se originam da mente].
Não existem fenômenos além dos que se originam da mente.
[Logo], não há resultados a serem obtidos além [dos que se originam da mente].
Não existem fenômenos além dos que se originam da mente.
[Logo], deves observar tua própria mente, e constantemente voltar teu olhar para sua natureza.

Se, ao voltares o olhar para o exterior, para a vastidão eterna do céu,
Não houver nenhuma projeção emanada da mente,
E se, ao voltares o olhar para o interior, para a tua própria mente,
Não houver projecionista que projete [pensamentos] pelo ato de pensá-los,
Então, tua própria mente, completamente livre de projeções conceptuais, se tornará luminosamente clara.
[Essa] percepção intrínseca, [união de] esplendor interno e vacuidade, é o Corpo Búdico de Realidade,
[Que se manifesta] como [o efeito iluminador de] um nascer do sol num céu limpo e sem nuvens.
É facilmente inteligida, a despeito de ser sem figura nem forma.
Há uma grande diferença entre os que compreendem esta questão e os que se enganam a respeito dela.

Este esplendor interno de originação natural, incriado desde o princípio,
É o filho sem pais da consciência pura – que maravilha!

É a cognição pura de originação natural, sem nenhuma causa – que maravilha!
[Essa pura consciência radiante] nunca nasceu e jamais perecerá – que maravilha!
Embora manifestamente luminosa, [não há nela um sujeito de percepção distinto da própria percepção] – que maravilha!
Embora vagueie pela existência cíclica, ela não degenera – que maravilha!
Embora contemple a natureza búdica, ela não se torna mais perfeita – que maravilha!
Embora esteja presente em todos os seres, ela permanece ignorada – que maravilha!
Mesmo assim, esperamos alguma outra realização que não esta – que maravilha!
Embora esteja presente em nós mesmos, continuamos a buscá-la nas outras coisas – que maravilha!

[A PERCEPÇÃO INTRÍNSECA COMO PONTO DE VISTA, MEDITAÇÃO, CONDUTA E RESULTADO]

EMA! Essa pura consciência imediata, insubstancial e luminosa,
É ela mesma o mais elevado dos pontos de vista.
Essa [pura consciência] não referencial, que tudo abarca e que é sob todos os aspectos livre,
É ela mesma a mais elevada de todas as meditações.
Essa [atividade] não artificial [baseada na consciência pura], expressa de modo simples em termos mundanos,
É ela mesma o mais elevado de todos os tipos de conduta.
Essa [realização da consciência pura], que não se buscou, presente de modo espontâneo desde o princípio,
É ela mesma o mais elevado de todos os resultados.

[Agora] apresentamos os quatro grandes meios, dos quais todo erro está ausente[14]:
[O primeiro], o grande meio do ponto de vista sem erros
É essa luminosa consciência imediata –
Por ser luminosa e sem erros, ela é chamada "meio".
[O segundo], o grande meio da meditação sem erros
É essa luminosa consciência imediata –
Por ser luminosa e sem erros, ela é chamada "meio".
[O terceiro], o grande meio da conduta sem erros

14. A adoção desses quatro meios (*thig-bzhi*) é comparável ao ato de alcançar os limites da pura consciência pelas três presenças (*sdod-pa gsum*) ou ao ato de revelar os limites da libertação por meio das quatro garantias (*gdeng-bzhi*), que consolidam as práticas da Grande Perfeição. Sobre essas expressões do Atiyoga, ver Dudjom Rinpoche, NSTB, p. 343.

É essa luminosa consciência imediata –
Por ser luminosa e sem erros, ela é chamada "meio".
[O quarto], o grande meio do resultado sem erros
É essa luminosa consciência imediata –
Por ser luminosa e sem erros, ela é chamada "meio".

[Agora] apresentamos os quatro grandes cravos, que são imutáveis[15]:
[O primeiro], o grande cravo do ponto de vista imutável
É essa luminosa consciência imediata –
Por se manter firme durante os três tempos, ela é chamada "cravo".
[O segundo], o grande cravo da meditação imutável
É essa luminosa consciência imediata –
Por se manter firme durante os três tempos, ela é chamada "cravo".
[O terceiro], o grande cravo da conduta imutável
É essa luminosa consciência imediata –
Por se manter firme durante os três tempos, ela é chamada "cravo".
[O quarto], o grande cravo do resultado imutável
É essa luminosa consciência imediata –
Por se manter firme durante os três tempos, ela é chamada "cravo".

Agora se segue a instrução esotérica que revela que os três tempos são um só:
Abandona tuas noções do passado e não elabores uma sequência temporal!
Rompe com tuas associações mentais referentes ao futuro, e nada antecipes!
Repousa numa modalidade de vastidão, sem aferrar-te aos [pensamentos referentes ao] presente.
Não medites de modo algum, pois não há nada em que se meditar.

Ao contrário, a revelação virá por meio da vigilância livre de distrações –
Pois não existe nada que te possa distrair.
Observa diretamente [tudo quanto surge] nessa modalidade de percepção, a qual é sem meditação e sem distração!
Quando se manifestar essa [experiência],
Intrinsecamente percipiente, naturalmente cognoscente, naturalmente luminosa e límpida,
Ela é chamada "a mente da iluminação".
Uma vez que [nessa mente da iluminação] não há nada em que se meditar,
Essa [modalidade de percepção] transcende todos os objetos de conhecimento.
Uma vez que [nessa mente da iluminação] não há nenhuma distração,

15. A fixação dos quatro cravos (*gzer-bzhi*) é comparável à fixação das três realizações (*thob-pa gsum*), que consolidam as práticas da Grande Perfeição. Ver Dudjom Rinpoche, NSTB, p. 343.

Ela é a luminosidade da própria essência.
Esse Corpo Búdico de Realidade, [união de] luminosidade e vacuidade,
No qual [a dualidade de] vacuidade e manifestação está naturalmente transcendida,
Se torna manifesto [deste modo], e não é alcançado pelo caminho [diferenciado] para o estado búdico,
E assim, nesse momento, Vajrasattva é [realmente] percebido.

Agora se segue a instrução que conduz ao ponto onde se esgotam as seis [concepções] extremas[16]:
Embora exista um vasto conjunto de pontos de vista discordantes,
Nesta percepção intrínseca ou [natureza singular da] mente,
Que é cognição pura de originação natural,
Não há dualidade entre o objeto observado e o observador.
Sem atentar ao ponto de vista, procura o observador!
Por mais que se procure esse observador, ele não será encontrado.
Logo, nesse momento, serás conduzido ao ponto de esgotamento dos pontos de vista.
Nesse exato momento, encontrarás o limite mais profundo dos pontos de vista.
Uma vez que não há nenhum objeto a ser observado,
E que tampouco caíste numa vacuidade primeva e vazia[17],
A lúcida consciência pura, que está presente agora,
É ela mesma o ponto de vista da Grande Perfeição.
[Aqui], não há dualidade entre realização e não realização.

Embora exista um vasto número de meditações discordantes,
Nesta percepção intrínseca,
Que penetra a consciência comum até o âmago,
Não há dualidade entre o objeto da meditação e o meditante.
Sem meditar no objeto da meditação, procura pelo meditante!
Por mais que se procure esse meditante, ele não será encontrado.
Logo, nesse momento, serás conduzido ao ponto de esgotamento da meditação.
Nesse exato momento, encontrarás o limite mais profundo da meditação.
Uma vez que não há objeto nenhum sobre o qual meditar,

16. Os dois extremos dos quais o ponto de vista é livre são as perspectivas aberta e fechada, ou elevada e baixa; os dois extremos dos quais está livre a meditação são esperança e dúvida; os dois extremos de que está livre a conduta são renúncia e aceitação; e os dois extremos dos quais o resultado é livre são começo e fim. Essas oito categorias são reduzidas a seis pela omissão da categoria do resultado.

17. Sobre a concepção de vacuidade vazia (*stong-pa phyal-ba*) sustentada pelos não budistas, ver Dudjom Rinpoche, NSTB, pp. 62-4 e 66-7; para uma discussão detalhada, cujo propósito é mostrar que a concepção budista de vacuidade não é nem vazia nem niilista, ver *ibid.*, pp. 173-216.

E que tampouco caíste na corrente da ilusão, da letargia ou da agitação[18],
A lúcida e espontânea consciência pura, que está presente agora,
É ela mesma a serenidade ou concentração meditativa espontâneas.
[Aqui], não há dualidade entre permanência e não permanência.

Embora exista um vasto número de modos de conduta discordantes,
Nesta percepção intrínseca,
Que é o ponto seminal único de cognição pura,
Não há dualidade entre a ação e o agente.
Sem prestar atenção na ação, procura pelo agente!
Por mais que se procure esse agente, ele não será encontrado.
Logo, nesse momento, serás conduzido ao ponto de esgotamento da conduta.
Nesse exato momento, encontrarás o limite mais profundo da conduta.
Uma vez que, desde o princípio, não havia conduta alguma a ser adotada,
E que tampouco caíste na corrente das inclinações desconcertantes,
A lúcida e espontânea consciência pura, que está presente agora,
É ela mesma a conduta pura, que não precisa ser elaborada, modificada, aceita ou rejeitada.
[Aqui], não há dualidade entre pureza e impureza.

Embora exista um vasto número de resultados discordantes,
Nesta percepção intrínseca,
Que é a verdadeira natureza da mente, a presença espontânea dos três corpos búdicos,
Não há dualidade entre o resultado alcançado e aquele que o alcança.
Sem voltar a atenção para a obtenção do resultado, procura aquele que o alcança!
Por mais que se procure aquele que alcança o resultado, ele não será encontrado.
Logo, nesse momento, serás conduzido ao ponto de esgotamento do resultado.
Nesse exato momento, encontrarás o limite mais profundo do resultado.
Uma vez que, qualquer que seja o resultado [almejado], não há nada a ser alcançado,
E que tampouco caíste na corrente de aceitação e rejeição, de esperança e dúvida,
A consciência pura e naturalmente luminosa, que está espontaneamente presente agora,

18. A natureza da ilusão (*gti-mug*), da letargia (*'thib-pa*) e da agitação (*rgod-pa*), que obstruem a clareza de meditações como a da serenidade inabalável (*śamatha*), é discutida em L. Pruden (trad.), *Abhidharmakośabhāṣyaṃ*, Capítulo 5, "The Latent Defilements", pp. 767-868, e Capítulo 8, "The Absorptions", pp. 1.215-82.

É a realização plenamente manifesta dos três corpos búdicos dentro de ti.
[Aqui] está o resultado, o próprio estado búdico atemporal.

[SINÔNIMOS DA CONSCIÊNCIA PURA]

Esta consciência pura, livre dos oito extremos, isto é, dos extremos de eternalismo e niilismo [e assim por diante],
É chamada o "Caminho do Meio", que não recai em nenhum dos extremos.
É chamada "consciência pura" porque a atenção é ininterrupta.
A ela se dá o nome "Núcleo do Tathāgata"
Porque a vacuidade é [naturalmente] dotada desse núcleo de pura consciência.
Quando se compreende esta verdade, se alcança a perfeição em todos os seus aspectos;
Por essa razão, esta [consciência pura] é também chamada a "Perfeição da Consciência Discriminativa".
Além disso, ela é chamada de "Grande Selo", porque transcende a inteligência e é eternamente livre dos extremos,
E mais, ela é também chamada de "Raiz de Todas",
Pois [esta consciência pura] é a raiz de todas as alegrias e tristezas associadas à existência cíclica e ao nirvāṇa –
Sendo a distinção entre existência cíclica e nirvāṇa dependente da realização ou não desta [consciência pura].
[E mais], costuma-se chamar essa pura consciência lúcida e radiante de "consciência vulgar ou comum",
Por causa dos períodos em que permanece em seu estado natural, de modo comum e nada excepcional.
Assim, embora muitos nomes sonoros e bem concebidos sejam dados a esta [consciência pura],
Na realidade, os que sustentam que tais nomes não se referem a esta percepção consciente de que falamos,
Mas a outra coisa, acima e além dela,
São semelhantes a alguém que já encontrou o elefante, mas continua a procurar por seus vestígios.

Por mais que se investigue [a totalidade do] universo exterior
[Em busca da natureza da mente], não se poderá encontrá-la.
O estado búdico não se pode realizar por outros meios que não a mente.
Aquele que não percebe isso certamente busca a mente no mundo exterior,
No entanto, como poderá encontrar [sua própria mente] procurando-a fora dela [mesma]?
Quem o faz é semelhante a um tolo que, por exemplo, se encontra em meio a uma multidão de pessoas

E pasmado pelo espetáculo [da multidão] se esquece de si mesmo,
E então, tendo perdido o conhecimento de si mesmo, começa a se procurar na multidão,
Sempre pensando que encontrou a si mesmo em algum outro.

[Do mesmo modo], como não discernimos a natureza permanente
Que é a realidade fundamental de [todas] as coisas,
Somos lançados na existência cíclica, sem saber que as aparências são o mesmo que a mente,
E, por não percebermos que nossa mente é Buda, o nirvāṇa se apaga.
A [aparente] dicotomia entre existência cíclica e nirvāṇa é consequência da [dicotomia entre] ignorância e consciência pura,
Mas [na realidade] não há separação temporal entre existência cíclica e nirvāṇa, nem mesmo por um segundo.

Ter a impressão de que a mente é estranha a nós mesmos é realmente desconcertante,
Mas o desconcertante e o não desconcertante têm a mesma essência.
Uma vez que não há dicotomia [intrínseca] no contínuo mental dos seres sencientes,
Para libertar a natureza espontânea da mente basta deixá-la em seu estado natural.
Mas, se permaneceres sem saber que a perplexidade [tem sua origem] na mente,
Nunca compreenderás o significado de verdadeira realidade.
Por isso deves observar aquilo que surge naturalmente, que se origina naturalmente em tua própria [mente].
[Primeiro], observa [a fonte] de que inicialmente se originaram as aparências,
[Segundo, observa o lugar] em que elas permanecem enquanto duram,
E, [terceiro, observa o lugar] para onde elas se vão.
Desse modo, percebe-se que assim como, por exemplo, um corvo que vive próximo a um lago nunca se separa de seu lago,
Mesmo que voe [um pouco] para longe dele,
De modo semelhante, ainda que as aparências surjam da mente,
Elas surgem da mente e nela se reabsorvem segundo sua própria tendência.

Essa natureza da mente, que tudo sabe, que percebe todas as coisas, que é vazia e luminosa,
Está ordenada a ser a cognição pura manifestamente luminosa e sem causa,
[Presente] desde o princípio, assim como o céu,
Uma indissolúvel união de vacuidade e luminosidade.
Ela mesma é a verdadeira realidade.
O sinal de que ela é [a verdadeira realidade] é que toda a existência fenomênica é percebida na [natureza única de] nossa própria mente;

E essa natureza da mente é consciente e luminosa.
Por isso reconhece que [essa natureza] é como o céu!
Contudo, esse exemplo do céu, usado para ilustrar a verdadeira realidade,
É somente um símbolo, uma ilustração parcial e meramente indicativa.
Pois a natureza da mente é consciente, vazia e luminosa sob todos os aspectos,
Enquanto o céu é desprovido de consciência, vazio, inanimado e vão*.
Portanto, o verdadeiro entendimento acerca da natureza da mente não é exemplificado pela [metáfora do] céu.
[Para alcançar esse entendimento], deixa que a mente permaneça em seu próprio estado, sem distrações!

[A NATUREZA DAS APARÊNCIAS]

Agora, quanto à diversidade das aparências relativas:
Todas elas são perecíveis; nenhuma delas é verdadeiramente existente.
Toda existência fenomênica, todas as coisas na existência cíclica e no nirvāṇa,
São manifestações distintas da natureza essencial e única de nossa própria mente.
[Sabe-se isso porque] toda vez que nosso contínuo mental sofre alguma modificação,
Surge a manifestação distinta de uma modificação externa.
Portanto, todas as coisas são manifestações distintas da mente.
Por exemplo, cada uma das seis classes de seres vivos discerne as aparências fenomênicas segundo o modo que lhe é próprio:
Os extremistas eternalistas [e outros] que estão distantes [da perspectiva budista]
Percebem [as aparências] em termos de uma dicotomia entre eternalismo e niilismo;
E os [seguidores] das nove sequências do veículo percebem as [aparências] segundo suas respectivas concepções; [e assim por diante].
Enquanto essa diversidade [das aparências] for percebida e explicada de diferentes maneiras,
Serão apreendidas diferenças [quanto à natureza das aparências]
E, consequentemente, o apego aos diversos [pontos de vista] dará origem à confusão.
Embora todas essas aparências de que a mente está cônscia
Surjam como manifestações distintas,
O estado búdico está presente [em sua simplicidade] quando elas não são apreendidas ou captadas de modo subjetivo.
A confusão não deriva das aparências –

* Vazio e vão: essa passagem exemplifica a diferença entre o "vazio" budista e o mero vácuo, privação ou ausência de ser. Ver Nota 17. (N. do T.)

Mas sim da sua apreensão subjetivista.
[Assim], caso se saiba que os pensamentos de apreensão subjetivista têm [a natureza única da] mente, eles se libertarão por si mesmos.

Todas as coisas que aparecem são manifestações da mente.
O ambiente em torno de nós, que parece inanimado, também ele é mente.
As formas de vida sencientes que aparecem como as seis classes de seres vivos, também elas são mente.
As alegrias dos seres que aparecem como possuidores de existências superiores, que são os deuses e os humanos, também elas são mente.
As tristezas dos seres que aparecem como possuidores das três existências inferiores, também elas são mente.
O que aparece como os cinco venenos, que representam os estados mentais dissonantes de ignorância, também isso é mente.
O que aparece como pura consciência, que é cognição pura sem causa, também isso é mente.
O que aparece como pensamentos benéficos que conduzem ao nirvāṇa, também isso é mente.
O que aparece como obstáculos das forças e espíritos malevolentes, também isso é mente.
As divindades e as consumações [espirituais] que se manifestam em sua imensa riqueza, também elas são mente.
O que aparece como os diversos tipos de [visão] pura, também isso é mente.
O que aparece como serenidade unipontual e não conceptual [na meditação], também isso é mente.
O que aparece como cores características dos objetos, também isso é mente.
O que aparece como estado sem características e sem elaboração conceptual, também isso é mente.
O que aparece como não dualidade do singular e do múltiplo, também isso é mente.
O que aparece como a impossibilidade de provar a existência e a não existência, também isso é mente[19].

Não existem aparências fora [das que se originam] da mente.
A natureza da mente, livre e desimpedida, assume todos os tipos de aparência.
Mas, embora essas [aparências] surjam, elas são sem dualidade
E reabsorvem-se [naturalmente] na modalidade da mente,
Como as ondas nas águas dum oceano.

19. Existência e não existência (*yod-med gang-du ma-grub*) constituem um dos pares do quaternário de proposições (*catuṣkoṭi*) rejeitadas por Nāgārjuna em *As estrofes da raiz do Madhyamaka, chamadas consciência discriminativa* (*Prajñā-nāma mūlamadhyamaka-kārikā*, T 3.824). Ver D. Kalupahana (tradutor), *Mūlamadhyamakakārikās*.

Quaisquer que sejam os nomes dados a esses objetos [que surgem] sem cessar,
Na verdade só existe a [natureza singular da] mente,
E essa singular [natureza da mente] não tem origem nem raiz.
Por isso não pode ser percebida em absoluto, em nenhuma direção.
Não pode ser percebida como substância, pois é sob todos os aspectos desprovida de existência intrínseca.
Não pode ser percebida como vacuidade, pois é a reverberação de consciência pura e luminosidade.
Não pode ser percebida como diversidade, pois é a indivisibilidade de luminosidade e vacuidade.
Esta percepção intrínseca presente é manifestamente luminosa e límpida,
E, embora não exista nenhum meio pelo qual possa ser fabricada,
E seja mesmo desprovida de existência intrínseca,
Ela pode ser experimentada diretamente.
[Por tudo isso], se for cultivada a experiência dessa percepção intrínseca, todos [os seres] serão libertados.

[CONCLUSÃO]

Todos os seres, dotados dos [mais diversos] potenciais, independentemente de argúcia ou obtusidade,
Podem realizar [essa percepção intrínseca].
Todavia, tenhamos em mente estes exemplos: embora o gergelim seja a fonte do óleo e o leite seja a fonte da manteiga,
Nada resultará se essas fontes não forem pressionadas ou batidas.
Do mesmo modo, muito embora todos os seres possuam realmente a semente do estado búdico,
Os seres sencientes não alcançarão o estado búdico sem cultivar a experiência [da percepção intrínseca].
Entretanto, mesmo um simples pastor alcançará a libertação se vier a cultivar essa experiência.
Pois, mesmo que não saiba como elucidar intelectualmente [esse estado],
[Por meio do cultivo da experiência] ele será firmemente estabelecido nele.
Aquele cuja boca já experimentou melado
Não precisa que outros lhe expliquem seu sabor
Mas mesmo grandes eruditos que não tenham realizado [essa natureza singular da mente] permanecerão vítimas da perplexidade.
Pois, por mais que sejam ilustrados e cheios de conhecimento ao explicar os nove veículos,
Eles serão como os que contam estórias fabulosas acerca de [lugares] remotos que eles mesmos nunca viram,
E, no que se refere à realização do estado búdico,
Não se aproximarão dela, nem mesmo por um instante.

Em quem compreender essa natureza [da percepção intrínseca],
Os atos virtuosos e viciosos serão libertados tal como são.
Mas aquele que não compreender essa [natureza singular],
Não acumulará nada além de [vidas futuras nos] domínios superiores e inferiores da existência cíclica,
Independentemente de se ter dedicado a ações virtuosas ou viciosas.
Por outro lado, para aquele que compreender que sua própria mente é simplesmente cognição pura, [completamente] vazia [de existência intrínseca],
Nunca amadurecerão as consequências das ações virtuosas e viciosas –
Pois, assim como uma fonte não pode se materializar no espaço vazio,
Na [realização da] vacuidade, as ações virtuosas e viciosas não possuem existência objetiva[20].

É assim que, para o propósito de pôr a nu a percepção intrínseca manifestamente presente,
Esta *Libertação natural pela percepção nua* é a mais profunda instrução.
E, [seguindo essa instrução], devemos nos familiarizar com essa percepção intrínseca.

Profundamente Selado!

E-MA!
Esta *Introdução à consciência pura: Libertação natural pela percepção nua*
Foi composta para o benefício das gerações futuras, para os seres sencientes de uma era degenerada.
[Ela integra] num resumo deliberadamente conciso
Todos os meus tantras, tradições e instruções esotéricas prediletos.
Embora eu a tenha difundido no tempo presente,
Ela será ocultada como um tesouro precioso.
Que ela seja encontrada pelos seres futuros
Dotados de uma herança [positiva] de ações passadas[21].
SAMAYA *rgya rgya rgya!*

Este tratado referente à introdução direta à consciência pura, chamado *Libertação natural pela percepção nua*, foi composto por Padmākara, o preceptor de Oḍḍiyāna. Que [sua influência] não cesse até que se tenha esvaziado a existência cíclica.

20. Sobre a controvérsia acerca da vacuidade despida de ações virtuosas e viciosas (*stong-pa-nyid-la dge-sdig yul-ma grub*), ver a discussão sobre o ponto de vista da Grande Perfeição em NSTB, pp. 896-910.

21. As vidas dos futuros descobridores de tesouros (*gter-ston*) preditos por Padmasambhava – entre os quais se inclui Karma Lingpa, o descobridor de tesouros associado a este texto – estão relatadas em NSTB, pp. 750-880, e nas profecias encontradas nas doutrinas-tesouro, *ibid.*, pp. 934-5. Sobre Karma Lingpa, ver também a "Breve história literária", pp. XXXIII-XLIII.

5

A prática espiritual chamada libertação natural das tendências habituais

CONTEXTO

Apresenta-se a seguir a prática concisa do "estágio de geração" associada a este ciclo de ensinamentos. Depois de completar os estudos filosóficos preparatórios e se dedicar às práticas preparatórias de meditação por muitos anos, é comum que se faça um longo retiro solitário no qual a prática completa do estágio de geração chamada *Libertação natural dos sentimentos* é feita quatro vezes ao dia. Depois desse retiro, a prática completa do estágio de geração deve ser feita ao menos uma vez por mês. Como método para ampliar e sustentar uma contínua pureza de percepção, a prática concisa aqui apresentada, *A libertação natural das tendências habituais*, deve ser feita três vezes ao dia – de manhã, ao meio-dia e no final da tarde – até o fim da vida do praticante. Se isso for difícil ou impossível, a prática concisa deve ser feita duas vezes ao dia, de manhã e de tarde, ou ao menos uma vez ao dia, pela manhã, logo depois da *Prática preliminar* (Capítulo 1).

O escopo dessa prática é dar ao praticante os meios pelos quais ele possa cultivar um reconhecimento constante da natureza das Divindades Pacíficas e Furiosas em sua própria mente e corpo. Desse modo, o praticante desenvolverá de modo contínuo o reconhecimento da pureza natural de suas próprias tendências habituais impuras. O critério de um treinamento bem-sucedido é o seguinte: mesmo durante os sonhos, o praticante se recordará da localização e natureza das divindades, e surgirá em sua mente um constante reconhecimento de que todos os fenômenos, sons e pensamentos são, em essência, o corpo, a fala e a mente das divindades.

Aqui se encontra *A prática espiritual intitulada libertação natural das tendências habituais*[1], [extraída] de *As Divindades Pacíficas e Furiosas: um profundo ensinamento sagrado [chamado] libertação natural por meio [do reconhecimento] da intenção iluminada*[2].

Me prostro respeitosamente diante de Samantabhadra e Mahottara[3],
Diante da assembleia das Divindades Pacíficas e Furiosas,
E diante da assembleia das Cem Famílias Santas e Iluminadas!
Tendo sido libertados nos estados intermediários,
Que todos os seres repousem na realidade dos três corpos búdicos.

Ó tu que és bem-aventurado e vaso de bênçãos auspiciosas,
Aplica-te às meditações e recitações desta luminosíssima Prática Espiritual,
Que é uma união dos [plenos meios de realização] das Divindades Pacíficas e Furiosas!
Não te esqueças de [fazer esta prática] em todos os três tempos.

A ORAÇÃO DE DEZ RAMOS PARA ACUMULAÇÃO [DE MÉRITO]

[Primeiro], visualiza no espaço diante de ti as Três Joias Preciosas e as divindades das cem famílias iluminadas, e depois faz a seguinte recitação:

O ramo da tomada de refúgio

OṂ ĀḤ HŪṂ
Respeitosamente me refugio, indivisivelmente, de agora até a iluminação,
Na infinitude das Divindades Pacíficas e Furiosas, nos Conquistadores que Alcançaram a Beatitude,
Nas Três Joias Preciosas, nas divindades de meditação,
No oceano das ḍākinīs e na assembleia dos protetores jurados,
Que habitam os infinitos domínios [búdicos], que se estendem até os limites do espaço.

....

1. Tib. *Chos-spyod bag-chags rang-grol.*
2. Tib. *Zab-chos zhi-khro dgongs-pa rang-grol.*
3. Samantabhadra (*kun-tu bzang-po*) e Mahottara (*che-mchog*) representam respectivamente os aspectos pacífico e furioso do Corpo Búdico de Realidade (*dharmakāya*).

O ramo da evocação

Rogo às Divindades Pacíficas e Furiosas
Das dez direções e dos quatro tempos,
Compassivas emanações que encarnam a consciência discriminativa e os meios hábeis,
Que permeiam o vastíssimo espaço da imensidão da realidade:
Vinde a este lugar para o bem de [todos] os seres vivos.

O ramo do pedir [às divindades] que se assentem

Rogo [às divindades de meditação] que se assentem,
Aqui, no sol, na lua e em almofadas de lótus,
[Que simbolizam] os meios hábeis, a consciência discriminativa e sua [união] imaculada,
Que se assentem em seus tronos adornados de joias, [cinzelados] na forma de leões e outros seres,
Que se assentem [numa atitude de] suprema beatitude imaculada,
Nesta maṇḍala de cognição pura,
Que é a pureza [natural] da existência fenomênica!

O ramo do prestar homenagem

Me prostro diante da assembleia dos Conquistadores Pacíficos e Furiosos,
Das divindades pai e mãe e [toda] sua descendência,
[Cuja essência é] a cognição pura de Samantabhadra,
Revelada como incorrupta beatitude no ventre secreto de Samantabhadrī.

O ramo do fazer oferendas

Rogo aos Conquistadores Pacíficos e Furiosos, oceanos dos que Alcançaram a Beatitude,
Que aceitem estas inestimáveis oferendas exterior, interior e secreta,
Que aceitem tanto as oferendas apresentadas corporeamente quanto as de emanação mental,
Que são oferecidas para o bem de todos os seres viventes.

O ramo da confissão de negatividade

Reconheço e cheio de remorso confesso todos os meus obscurecimentos negativos,
Todas as minhas tendências habituais de corpo, fala e mente,

Desde sempre influenciadas pelos três venenos
Que são as causas cumulativas do [renascimento]
Nos estados inferiores [de sofrimento] na existência cíclica.

O ramo do regozijo benevolente

Me regozijo com grande prazer nos domínios [búdicos] de suprema beatitude,
Onde toda a existência fenomênica é [reconhecida como] a difusão da imensidão da realidade.
Me regozijo em [todos] os atos compassivos, em seus méritos e em sua intenção altruísta,
E em todas [as obras que são] fonte de mérito e cognição pura.

O ramo do girar a roda dos ensinamentos [sagrados]

Peço aos mestres que se encontram pelos domínios das dez direções,
Tão numerosos quanto os átomos,
Que se ergam de sua atividade de meditação para o bem de todos os seres sencientes
E façam girar a Roda dos Ensinamentos Sagrados.
Penetrando assim [todos] os confins do espaço.

O ramo do rogar [aos budas] que não entrem no nirvāṇa

Vos suplico a todos, ó mestres, infinitos budas,
Permanecei [presentes] e não passeis ao nirvāṇa,
Continuai a realizar obras de grande benefício aos seres
Até que se esvaziem os sistemas de mundo da existência cíclica!

O ramo da dedicação [de mérito] ao inigualável Grande Veículo

[Pelo poder de] todas as virtudes passadas, presentes e futuras que eu acumulo,
Que todos os seres sencientes, nos mais distantes confins do espaço,
Amadureçam na forma de dignos recipientes para o inigualável Grande Veículo,
E assim alcancem rapidamente a condição das infinitas Divindades Pacíficas e Furiosas!

PURIFICAÇÃO

OṂ ĀḤ HŪṂ BODHICITTA MAHĀSUKHAJÑĀNA DHĀTU ĀḤ
OṂ RULU RULU HŪṂ BHYOḤ HŪṂ[4]

Do domínio da imensidão da realidade, puro e incriado,
Num palácio celestial que é um ponto seminal [de luz], puro, permanente e luminoso,
Pelo natural poder de expressão de nossa própria mente, livre e vazia,
Nasce a percepção intrínseca, luminosa e vazia, na forma de Vajrasattva,
[Sentado] sobre um trono de joias, adornado com [almofadas] de lótus, de sol e de lua.
[Vajrasattva é] branco, luminoso, tem uma face, dois braços e um feitio sorridente;
Sua mão direita segura um vajra em seu coração,

[Simbolizando a união] de consciência pura e vacuidade,
Sua mão esquerda segura um sino [que repousa] sobre o quadril,
[Simbolizando a união] de aparências e vacuidade;
E a cabeça [é adornada por uma coroa de] budas perfeitos,
[Que representam] as cinco famílias iluminadas dos que Alcançaram a Beatitude.
Assim, [Vajrasattva] se manifesta na forma do Corpo Búdico de Riqueza Perfeita,
[Ricamente] adornado com sedas e joias,
Sentado na postura do repouso majestático,
Com a perna direita estendida e a esquerda flexionada[5].

[Brilhando] em seu coração está a sílaba semente HŪṂ,
Circundada pelo Mantra das Cem Sílabas:

OṂ VAJRASATTVA SAMAYAMANUPĀLAYA VAJRASATTVA TVENOPATIṢṬHA DṚḌHO ME BHAVA SUPOṢYO ME BHAVA SUTOṢYO ME BHAVA ANURAKTO ME BHAVA SARVASIDDHIṂ ME PRAYACCHA SARVAKARMASU CA ME CITTAṂ ŚREYAḤ KURU HŪṂ HAHAHAHA HO BHAGAVĀN SARVA TATHĀGATA VAJRA MĀ ME MUÑCA VAJRABHĀVA MAHĀSAMAYASATTVA ĀḤ[6]

....

4. O primeiro desses mantras (OṂ ĀḤ HŪṂ BODHICITTA MAHĀSUKHA JÑĀNADHĀTU ĀḤ) é a intenção iluminada unificada das quarenta e duas divindades pacíficas. Ver Capítulo 14, p. 309. O segundo mantra (OṂ RULU RULU HŪṂ BHYOḤ HŪṂ) é a intenção iluminada unificada das cinquenta e oito divindades furiosas. Ver Capítulo 14, p. 317.

5. Enquanto a descrição de Vajrasattva dada anteriormente, no Capítulo 1, pp. 14-5, enfatiza a função purificadora dessa divindade, o trecho presente fornece uma descrição formal (*abhisamaya*, tib. *mngon-rtogs*) para a visualização de Vajrasattva segundo o estágio de geração (*utpattikrama*) da meditação.

6. Ver a explicação deste mantra no verbete *Mantra das Cem Sílabas*, no Glossário.

Pela realização do duplo ato de beneficiar [a si e aos outros] pela emanação e reabsorção [da luz dessas sílabas], são purificados os obscurecimentos do pensamento conceptual. Não te distraias! Recita esse [mantra] quintessencial das cem famílias santas e iluminadas com tanta frequência quanto te for possível, para que sejam purificado os dois obscurecimentos.

PRÁTICA PRINCIPAL

Tendo assim purificado os [dois] obscurecimentos, deves visualizar a assembleia das Divindades Pacíficas e Furiosas das cem famílias santas e iluminadas como uma maṇḍala [de divindades] dentro do teu próprio corpo e orar. É nesse contexto que são recitadas as preces de aspiração dos estados intermediários. [A prática combinada] é assim:

> Então, [mantendo a consciência de] ti mesmo como Vajrasattva,
> No palácio celestial de teu próprio coração precioso,
> Discernes claramente um ponto seminal [formado das] cinco luzes,
> Cuja natureza é constituída das cinco essências puras [dos cinco elementos],
> [E desse ponto seminal] se manifestam radiantes os trinta e seis budas pacíficos[7],
> Em meio a uma maṇḍala brilhante e vibrante penetrada pelas cinco cognições puras,
> Com seus corpos compostos das cinco luzes, da livre [união de] vacuidade e luminosidade,
> [Sentados] em fileiras sobre [almofadas] de lótus, de sol e de lua,
> Sustentados por [tronos] de leão, elefante, cavalo, pavão e cīvaṃcīvaka.
>
> OṂ ĀḤ HŪṂ
> Na imensidão de um ponto seminal localizado no centro do coração,
> Estão indissoluvelmente unidos, ambos na postura da serenidade meditativa,
> O senhor primordial, o imutável corpo búdico de luz,
> Samantabhadra, o Corpo Búdico de Realidade, de cor azul,
> E Samantabhadrī, a imensidão da realidade, de cor branca,
> Sentados sobre almofadas de flores de lótus, de sol e de lua,
> [Simbolizando a união de] luminosidade e vacuidade.
> A vós, supremos ancestrais dos budas do passado, do presente e do futuro,
> Me prostro e faço oferendas, em vós me refugio e a vós oro:
> *Assim que morremos e começamos a transmigrar*[8],

7. Os trinta e seis budas pacíficos são os dez budas masculinos, as dez budas femininas e os dezesseis bodhisattvas masculinos e femininos. Ver Apêndice Dois.

8. Uma nota inserida no texto acrescenta que, se essa prece de aspiração é recitada em favor de uma pessoa falecida, em cada vez que se usa a palavra "nós" [ou, nesta tradução para o português, o correspondente sujeito oculto] esta deve ser substituída por "o falecido".

Nesse exato momento, quando surge o puro esplendor interno de realidade,
Sejamos acolhidos pelo pai Samantabhadra que está diante de nós,
Sejamos sustentados pela mãe Samantabhadrī que está atrás de nós;
E assim [circundados] sejamos nós conduzidos para o estado indivisível de Samantabhadra[9].

OṂ ĀḤ HŪṂ
[No canal central do coração] está Vairocana, em beatífica união com Dhātvīśvarī,
Branco e radiante, segurando uma roda e um sino,
Sentado de pernas cruzadas, [simbolizando a união de] luminosidade e vacuidade,
Em meio a uma massa de luz, irradiando a cognição pura da imensidão da realidade.
A vós, as [divindades] principais da Família Buddha, que está no centro,
Me prostro e faço oferendas, em vós me refugio e a vós oro:
Assim que morremos e começamos a transmigrar,
Nesse exato momento, quando surgem as visões do estado intermediário de realidade,
E vagamos [sós] pela existência cíclica, [movidos] pela ilusão profundamente enraizada,
Que o Senhor Transcendente Vairocana nos atraia para diante,
Conduzindo-nos pelo caminho de luz radiante,
Que é a cognição pura da imensidão da realidade.
Que a suprema consorte [Ākāśa] Dhātvīśvarī nos sustente por trás,
E que, assim [circundados], nós sejamos resgatados
Da terrível passagem do estado intermediário,
E sejamos escoltados ao grau de um buda sumamente perfeito[10].

OṂ ĀḤ HŪṂ
No canal subsidiário oriental do coração,
Está Vajrasattva, em beatífica [união] com Buddhalocanā,
Azul e radiante, segurando um vajra e um sino,
Sentado de pernas cruzadas, [simbolizando a união de] luminosidade e vacuidade,
Em meio a uma massa de luz que irradia a cognição pura semelhante a um espelho.
À sua direita está Kṣitigarbha, de cor branca, segurando um brotinho e um sino,

9. O estado de Samantabhadra é o décimo sexto estado búdico, também conhecido como o Estado de Cognição Pura Inigualável (*ye-shes bla-ma*).

10. Estes versos em itálico, assim como os que se seguem, foram tirados da *Prece de aspiração que resgata dos perigosos caminhos dos estados intermediários*. Ver Capítulo 12, pp. 269-72.

À sua esquerda está Maitreya, de cor branca, segurando um ramo de laranjeira florido e um sino,
À sua frente está Lāsyā, de cor branca, segurando um espelho e um sino,
E às suas costas está Puṣpā, de cor branca, segurando uma flor e sentada com uma perna estendida e a outra flexionada.
Diante de vós, que sois o círculo das seis [divindades] principais e periféricas da Família Vajra,
Me prostro, a vós faço oferendas, em vós me refugio e a vós oro:
Assim que morremos e começamos a transmigrar,
Nesse exato momento, quando surgem as visões do estado intermediário de realidade,
E vagamos [sós] pela existência cíclica, [movidos] pela aversão profundamente enraizada,
Que o Senhor Transcendente Vajrasattva nos atraia para diante,
Conduzindo-nos pelo caminho de luz radiante,
Que é a cognição pura semelhante a um espelho.
Que a suprema consorte Buddhalocanā nos sustente por trás,
E que, assim [circundados], nós sejamos resgatados
Da terrível passagem do estado intermediário,
E sejamos escoltados ao grau de um buda sumamente perfeito.

OṂ ĀḤ HŪṂ
No canal subsidiário meridional do coração,
Está Ratnasambhava, em [beatífica] união com Māmakī,
Amarelo [e radiante], segurando uma joia e um sino,
Sentado de pernas cruzadas, [simbolizando a união de] luminosidade e vacuidade,
Em meio a uma massa de luz que irradia a cognição pura da igualdade.
À sua direita está Samantabhadra, de cor amarela, segurando uma vagem e um sino,
À sua esquerda está Ākāśagarbha, de cor amarela, segurando uma espada e um sino,
À sua frente está Mālyā, de cor amarela, segurando uma grinalda e sentada com uma perna estendida e a outra flexionada,
E às suas costas está Dhūpā, de cor amarela, segurando incenso e [também] sentada com uma perna estendida e a outra flexionada.
Diante de vós, que sois o círculo das seis [divindades] principais e periféricas da Família Ratna,
Me prostro, a vós faço oferendas, em vós me refugio e a vós oro:
Assim que morremos e começamos a transmigrar,
Nesse exato momento, quando surgem as visões do estado intermediário de realidade,
E vagamos [sós] pela existência cíclica, [movidos] pelo orgulho profundamente enraizado,

Que o Senhor Transcendente Ratnasambhava nos atraia para diante,
Conduzindo-nos pelo caminho de luz radiante,
Que é a cognição pura de igualdade.
Que a suprema consorte Māmakī nos sustente por trás,
E que, assim [circundados], nós sejamos resgatados
Da terrível passagem do estado intermediário,
E sejamos escoltados ao grau de um buda sumamente perfeito.

OṂ ĀḤ HŪṂ
No canal subsidiário ocidental do coração,
Está Amitābha, em beatífica união com Pāṇḍaravāsinī,
Vermelho e radiante, segurando um lótus e um sino,
Sentado de pernas cruzadas, [simbolizando a união de] luminosidade e vacuidade,
Em meio a uma massa de luz que irradia a cognição pura de discernimento.
À sua direita está Avalokiteśvara, de cor vermelha, segurando um lótus e um sino,
À sua esquerda está Mañjuśrī, de cor vermelha, segurando uma espada e um sino,
À sua frente está Gītā, de cor vermelha, segurando um gongo e sentada com uma perna estendida e a outra flexionada,
E às suas costas está Ālokā, de cor vermelha, segurando uma lamparina de manteiga, [também ela] sentada com uma perna estendida e a outra flexionada.
Diante de vós, que sois o círculo das seis [divindades] principais e periféricas da Família Padma,
Me prostro, a vós faço oferendas, em vós me refugio e a vós oro:
Assim que morremos e começamos a transmigrar,
Nesse exato momento, quando surgem as visões do estado intermediário de realidade,
E vagamos [sós] pela existência cíclica, [movidos] pelo apego profundamente enraizado,
Que o Senhor Transcendente Amitābha nos atraia para diante,
Conduzindo-nos pelo caminho de luz radiante,
Que é a cognição pura de discernimento.
Que a suprema consorte Pāṇḍaravāsinī nos sustente por trás,
E que, assim [circundados], nós sejamos resgatados
Da terrível passagem do estado intermediário,
E sejamos escoltados ao grau de um buda sumamente perfeito.

OṂ ĀḤ HŪṂ
No canal subsidiário setentrional do coração,
Está Amoghasiddhi, em beatífica união com Samayatārā,
Verde e radiante, segurando um vajra cruzado e um sino,

Sentado de pernas cruzadas, [simbolizando a união de] luminosidade e vacuidade,
Em meio a uma massa de luz que irradia a cognição pura de realização.
À sua direita está Sarvanivāraṇaviśkambhin, de cor verde, segurando um livro e um sino,
À sua esquerda está Vajrapāṇi, de cor verde, segurando um vajra e um sino,
À sua frente está Gandhā, de cor verde, segurando um búzio e sentada com uma perna estendida e a outra flexionada,
E às suas costas está Nartī, de cor verde, segurando uma oferenda de alimentos, [também ela] sentada com uma perna estendida e a outra flexionada.
Diante de vós, que sois o círculo das seis [divindades] principais e periféricas da Família Karma,
Me prostro, a vós faço oferendas, em vós me refugio e a vós oro:
Assim que [morremos e] começamos a transmigrar,
Nesse exato momento, quando surgem as visões do estado intermediário de realidade,
E vagamos [sós] pela existência cíclica, [movidos] pela inveja profundamente enraizada,
Que o Senhor Transcendente Amoghasiddhi nos atraia para diante,
Conduzindo-nos pelo caminho de luz radiante,
Que é a cognição pura de realização.
Que a suprema consorte Samayatārā nos sustente por trás,
E que, assim [circundados], nós sejamos resgatados
Da terrível passagem do estado intermediário,
E sejamos escoltados ao grau de um buda sumamente perfeito.

OṂ ĀḤ HŪṂ
No canal subsidiário do portal oriental do coração,
Estão [Trailokya]vijaya e Aṅkuśā, de cor branca,
Em [beatífica] união, dançando.
No canal subsidiário do portal meridional do coração,
Estão Yamāntaka e Pāśā, de cor amarela,
Em [beatífica] união, dançando.
No canal subsidiário do portal ocidental do coração,
Estão Hayagrīva e Spoṭhā, de cor vermelha,
Em [beatífica] união, dançando.
No canal subsidiário do portal setentrional do coração,
Estão Amṛtakuṇḍalin e Ghaṇṭā, de cor verde,
Em [beatífica] união, dançando.
Diante de vós, os oito guardiões dos portais, emanações masculinas e femininas,
Me prostro, a vós faço oferendas, em vós me refugio e a vós oro:
Assim que morremos e começamos a transmigrar,

Nesse exato momento, quando surgem as visões do estado intermediário de realidade,
E vagamos [sós] pela existência cíclica, [movidos] pelas tendências habituais profundamente enraizadas,
Que os quatro Mahākrodha, gardiões masculinos dos portais, nos atraiam para diante,
Conduzindo-nos pelo caminho de luz radiante,
Que são as quatro cognições puras combinadas[11].
Que as supremas consortes, as quatro guardiãs dos portais, nos sustentem por trás,
E que, assim [circundados], nós sejamos resgatados
Da terrível passagem do estado intermediário,
E sejamos escoltados ao grau de um buda sumamente perfeito.

OṂ ĀḤ HŪṂ
Em meio a uma imensidão de luz no canal subsidiário do centro de energia de grande gozo, no topo da cabeça,
Dentro de uma maṇḍala luminosa e brilhante, que é um resplandecente ponto seminal branco,
[Está] Śakra, sábio do domínio dos deuses, de cor branca, tocando um alaúde.
Que ele obstrua o orgulho, que é a entrada para o renascimento nos domínios dos deuses!

Em meio a uma imensidão de luz no canal occipital, que se assemelha ao chifre do boi[12],
Dentro de uma maṇḍala luminosa e brilhante, que é um resplandecente ponto seminal verde,
[Está] Vemacitra, sábio dos titãs, de cor verde, vestido de armadura e portando uma arma.
Que ele obstrua a inveja, que é a entrada para o renascimento nos domínios dos titãs!

Em meio a uma imensidão de luz no canal de "energia vital", que se assemelha a um tubo de cristal[13],
Dentro de uma maṇḍala luminosa e brilhante, que é um resplandecente ponto seminal amarelo,

11. As quatro cognições puras combinadas são as quatro primeiras das cinco cognições puras, excluindo portanto a cognição pura de realização. Ver Glossário. Sobre a razão de se excluir a cognição pura de realização, ver Capítulo 11, p. 192.

12. O canal occipital, que se assemelha ao chifre do boi, é adjacente ao centro de energia de riqueza perfeita, localizado na garganta (*mgrin-pa longs-spyod-kyi 'khor-lo*) do corpo sutil.

13. O canal de "força vital", que se assemelha a um tubo de cristal, também conhecido como *katika*, é adjacente ao centro de energia do coração (*snying-ga chos-kyi 'khor-lo*) do corpo sutil.

[Está] Śākyamuni, sábio dos seres humanos, de cor amarela, portando um cajado de mendicante.
Que ele obstrua o apego, que é a entrada para o renascimento nos domínios dos seres humanos!

Em meio a uma imensidão de luz no centro de energia do umbigo,
Dentro de uma maṇḍala luminosa e brilhante, que é um resplandecente ponto seminal azul,
[Está] Sthirasiṃha, sábio dos animais, de cor azul, portando um livro.
Que ele obstrua a ilusão, que é a entrada para o renascimento nos domínios dos animais!

Em meio a uma imensidão de luz no canal subsidiário do centro de energia localizado naquele lugar secreto que sustenta o gozo[14],
Dentro de uma maṇḍala luminosa e brilhante, que é um resplandecente ponto seminal vermelho,
[Está] Jvālamukha, sábio dos espíritos famintos, de cor vermelha, portando um escrínio [que atende aos desejos].
Que ele obstrua a avareza, que é a entrada para o renascimento nos domínios dos espíritos famintos!

Em meio a uma imensidão de luz no centro de energia das solas dos pés,
Dentro de uma maṇḍala luminosa e brilhante, que é um resplandecente ponto seminal negro,
[Está] Yama Dharmarāja, sábio dos seres infernais, de cor negra, portando uma chama e água.
Que ele obstrua a aversão, que é a entrada para o renascimento nos domínios dos infernos!

Diante de vós, os seis sábios, os Corpos Búdicos de Emanação,
Que atuam para o bem dos seres vivos,
Me prostro, a vós faço oferendas, em vós me refugio e a vós oro:
Assim que [morremos e] começamos a transmigrar,
Nesse exato momento, quando surgem as visões do estado intermediário de renascimento,
E vagamos [sós] pela existência cíclica, [movidos] pelas tendências habituais profundamente enraizadas,
Que os três sábios dos domínios superiores nos atraiam para diante,
Conduzindo-nos pelo caminho de luz radiante,
Que são as quatro cognições puras combinadas.
Que os três sábios dos domínios inferiores nos sustentem por trás,

14. O lugar secreto que sustenta o gozo (*gsang-ba bde-skyong-gi 'khor-lo*) está localizado nos genitais do corpo sutil.

E que, assim [circundados], nós sejamos resgatados
Da terrível passagem do estado intermediário,
E sejamos escoltados ao grau de um buda sumamente perfeito.

OṂ ĀḤ HŪṂ
As quarenta e duas divindades da assembleia pacífica resplandecem em raios de luz:
Radiantes, vibrantes, resplandecentes e naturalmente belas.
Seus corpos são ágeis, esguios, belos, aprumados e jovens,
Ricamente ornamentados e [esplendidamente] dotados dos sinais maiores e menores.
Diante de vós, a assembleia das divindades pacíficas da imensidão indestrutível,
Me prostro, a vós faço oferendas, em vós me refugio e a vós oro:
Assim que [morremos e] começamos a transmigrar,
Nesse exato momento, quando surgem as visões do estado intermediário de realidade,
E vagamos [sós] pela existência cíclica, [movidos] pelos cinco venenos profundamente enraizados,
Que todas as divindades pacíficas masculinas nos atraiam para diante,
Conduzindo-nos pelo caminho de luz radiante,
Que são as cinco cognições puras combinadas.
Que as supremas consortes, as Rainhas da Imensidão, nos sustentem por trás,
E que os guardiões e guardiãs dos portais nos sustentem em toda a volta,
E que, assim [circundados], nós sejamos resgatados
Da terrível passagem do estado intermediário,
E sejamos escoltados ao grau de um buda sumamente perfeito.

OṂ ĀḤ HŪṂ
Neste momento em que habitamos o estado intermediário da vida,
As quarenta e duas divindades pacíficas reunidas em assembleia,
Estão luminosamente presentes no palácio celestial de nossos próprios corações,
Encarnadas na forma de um agrupamento de luzes de cinco cores.
Mas, no momento em que morrermos e começarmos a transmigrar,
Essa assembleia de divindades pacíficas brotará de nossos corações
E preencherá o espaço diante de nós.
Cada uma das inumeráveis formas centrais e periféricas
Estará [plenamente dotada com] os adornos e vestes [das divindades pacíficas][15],

15. Os adornos (*rgyan*) usados pelas divindades pacíficas são as cinco sedas (*dar-gyi chas-gos lnga*), isto é, echarpes, pingentes, túnicas, saiotes e mangas; e as oito joias, que são: coroa, brincos, gargantilha, ombreiras, colar menor, colar maior, braceletes e tornozeleiras. Sobre o simbolismo desses adornos, ver T. Norbu, *The Small Golden Key*, pp. 77-8.

Cada uma delas composta das luzes de cinco cores, [que indicam a união] de luminosidade e vacuidade,
E [circundadas] por uma imensidão de luz de arco-íris.
Resplandecentes lanças de luz, que representam as cinco cognições puras,
Que emanam pontos seminais, sons, luzes e raios de cinco [cores],
Radiantes, vibrantes, resplandecentes, claros e naturalmente ressonantes,
Irradiarão, como que penetrando nossos corações.
Juntamente com estas luzes das cinco cognições puras,
Também surgirão diante de nós os seis caminhos de luz que representam as seis classes de seres impuros e iludidos.
Neste momento, ó compassiva assembleia das divindades pacíficas,
Ó Seres de Compaixão, Benditos e Transcendentes,
Não retenhais vossa compaixão,
Mas fazei-nos progredir no caminho [da luz radiante],
Que é o das quatro cognições puras combinadas,
E não permiti que trilhemos os caminhos [das luzes grosseiras],
Que são [as portas para] os seis estados de existência [impura]!

OṂ ĀḤ HŪṂ
No palácio celestial de riqueza perfeita, localizado na garganta,
Em meio a uma imensidão permeada de arco-íris e luzes,
No canal subsidiário central do centro de energia de riqueza perfeita,
Está Padmanaṭeśvara, o grande Detentor de Conhecimento da Maturação,
Vermelho e radiante, reluzente [numa rede de] luzes de cinco [cores],
E abraçado pela Ḍākinī de Cognição Pura.
[Sua união simboliza a fusão de] gozo e vacuidade.
[Ela segura] um crânio cheio de sangue e uma adaga de lâmina curva,
Erguida no gesto de apontar para o céu.
Que os detentores de conhecimento do corpo búdico protejam todos os seres vivos!

OṂ ĀḤ HŪṂ
No canal subsidiário oriental do centro de energia de riqueza perfeita, localizado na garganta,
Está o grande Detentor de Conhecimento que Habita os Graus,
Branco, radiante, sorridente e abraçado pela Ḍākinī Branca.
[Ela segura] um crânio cheio de sangue e uma adaga de lâmina curva,
Erguida no gesto de apontar para o céu.
Que os detentores de conhecimento da mente búdica protejam todos os seres vivos!

OṂ ĀḤ HŪṂ
No canal subsidiário meridional do centro de energia de riqueza perfeita, localizado na garganta,

Está o grande Detentor de Conhecimento dotado de Poder sobre a Duração da Vida,
Amarelo, radiante, sorridente e abraçado pela Ḍākinī Amarela.
[Ela segura] um crânio cheio de sangue e uma adaga de lâmina curva,
Erguida no gesto de apontar para o céu.
Que os detentores de conhecimento dos atributos búdicos protejam todos os seres vivos!

OṂ ĀḤ HŪṂ
No canal subsidiário ocidental do centro de energia de riqueza perfeita, localizado na garganta,
Está o grande Detentor de Conhecimento do Grande Selo,
Vermelho, radiante, sorridente e abraçado pela Ḍākinī Vermelha.
[Ela segura] um crânio cheio de sangue e uma adaga de lâmina curva,
Erguida no gesto de apontar para o céu.
Que os detentores de conhecimento da fala búdica protejam todos os seres vivos!

OṂ ĀḤ HŪṂ
No canal subsidiário setentrional do centro de energia de riqueza perfeita, localizado na garganta,
Está o grande Detentor de Conhecimento da Presença Espontânea,
Verde, radiante, furioso, sorridente e abraçado pela Ḍākinī Verde.
[Ela segura] um crânio cheio de sangue e uma adaga de lâmina curva,
Erguida no gesto de apontar para o céu.
Que os detentores de conhecimento da atividade búdica protejam todos os seres vivos!

OṂ ĀḤ HŪṂ
Diante de vós, a assembleia dos detentores de conhecimento, os heróis e as ḍākinīs,
Me prostro, a vós faço oferendas, em vós me refugio e a vós oro:
Assim que [morremos e] começamos a transmigrar,
Nesse exato momento, quando surgem as visões do estado intermediário de realidade,
E vagamos [sós] pela existência cíclica, [movidos] pelas tendências habituais profundamente enraizadas,
Que os heroicos detentores de conhecimento nos atraiam para diante,
Conduzindo-nos pelo caminho de luz radiante,
Que é a [luminosidade da] cognição pura que surge espontaneamente[16].
Que as supremas consortes, a assembleia das ḍākinīs, nos sustentem por trás,

16. Tib. *lhan-skyes ye-shes*.

E que, assim [circundados], nós sejamos resgatados
Da terrível passagem do estado intermediário,
E sejamos escoltados aos domínios puros dos que percorrem os céus.

OṂ ĀḤ HŪṂ
Neste momento em que habitamos o estado intermediário da vida,
As assembleias dos detentores de conhecimento, tanto os heróis quanto as ḍākinīs,
Estão luminosamente presentes no palácio celestial do centro de energia de riqueza perfeita, localizado na garganta,
Encarnadas na forma de um agrupamento de luzes de cinco cores.
Mas, no momento em que morrermos e começarmos a transmigrar,
Essa assembleia de divindades pacíficas brotará [do centro] da garganta,
E preencherá o espaço diante de nós.
Em meio a uma sinfonia de sons musicais elas se manifestarão numa miríade de posturas de dança,
Vibrando e marcando o ritmo por todos os sistemas de mundo,
[E gerando] um caminho de luz vibrante e irradiante,
Que indica a cognição pura que surge espontaneamente.
Ao mesmo tempo, o caminho [de luz] dos domínios animais, que representa a ilusão,
[Também] surgirá diante de nós.
Ó assembleia divina dos detentores de conhecimento, nesse momento,
Não retenhais vossa compaixão,
Mas, antes, não permiti que trilhemos o caminho [de luz grosseira],
Que é a porta de entrada nos domínios dos animais, cheios de ilusão,
E fazei todos os seres progredir no caminho [de luz]
Que é [a luminosidade da] cognição pura que surge espontaneamente!
Que vossa compaixão nos capture,
[A fim de garantir] que reconheçamos [as características do] estado intermediário!
Iniciai-nos para que possamos nos tornar detentores de conhecimento, filhos dos Conquistadores.

OṂ ĀḤ HŪṂ
No centro de energia do topo da cabeça, [visualizado] como Vajrasattva,
No palácio celestial do crânio resplandecente, dentro do cérebro,
Em meio a uma imensidão de luz composta de pontos seminais flamejantes de luz de arco-íris,
Está a assembleia das divindades bebedoras de sangue[17], reunidas em grupos.

17. Tib. *khrag-'thung lha-tshogs*. Um dos nomes com que são chamados os herukas ou divindades furiosas.

OṂ ĀḤ HŪṂ
No canal subsidiário central do crânio, dentro do cérebro,
Em meio a uma imensidão de luz, composta de flamejantes pontos seminais de luz de arco-íris,
[Está] Samantabhadra na forma de Mahottara Heruka.
Ele tem três faces: a marrom, a branca e a vermelha; e seis braços:
Os três braços direitos brandem um vajra, um khaṭvāṅga e um tamborzinho,
E os esquerdos portam um sino, um crânio cheio de sangue e um laço feito de vísceras.
Mahottara Heruka é abraçado por Krodheśvarī com alegria e de modo indivisível.
Que eles, os consortes centrais masculino e feminino, guiem todos os seres [à libertação]!

OṂ ĀḤ HŪṂ
Num trono, no canal subsidiário central do crânio,
Em meio a uma imensidão de luz, composta de pontos seminais flamejantes de luz de arco-íris,
[Está] Vairocana na forma de Buddha Heruka.
Ele tem três faces: a marrom-avermelhada, a branca e a vermelha; e seis braços:
Os três braços direitos brandem uma roda, um machado e uma espada,
E os esquerdos portam um sino, uma relha de arado e um crânio cheio de sangue.
Buddha Heruka é abraçado por Buddhakrodheśvarī com alegria e de modo indivisível.
Que estes dois, que são as divindades bebedoras de sangue da Família Sugata, guiem todos os seres [à libertação]!

OṂ ĀḤ HŪṂ
[Num trono], no canal subsidiário oriental do crânio, dentro do cérebro,
Em meio a uma imensidão de luz, composta de pontos seminais flamejantes de luz de arco-íris,
[Está] Vajrasattva na forma de Vajra Heruka.
Ele tem três faces: a azul-escura, a branca e a vermelha; e seis braços:
Os três braços direitos brandem um vajra, um crânio e um machado,
E os esquerdos portam um sino, um crânio cheio de sangue e uma relha de arado.
Vajra Heruka é abraçado por Vajrakrodheśvarī com alegria e de modo indivisível.
Que estes dois, que são as divindades bebedoras de sangue da Família Vajra, guiem todos os seres [à libertação]!

OṂ ĀḤ HŪṂ
[Num trono], no canal subsidiário meridional do crânio, dentro do cérebro,
Em meio a uma imensidão de luz, composta de pontos seminais flamejantes de luz de arco-íris,
[Está] Ratnasambhava na forma de Ratna Heruka
Ele tem três faces: a amarelo-escura, a branca e a vermelha; e seis braços:
Os três braços direitos brandem uma joia, um khaṭvāṅga e um porrete,
E os esquerdos portam um sino, um crânio cheio de sangue e um tridente.
Ratna Heruka é abraçado por Ratnakrodheśvarī com alegria e de modo indivisível.
Que estes dois, que são as divindades bebedoras de sangue da Família Ratna, guiem todos os seres [à libertação]!

OṂ ĀḤ HŪṂ
[Num trono], no canal subsidiário ocidental do crânio, dentro do cérebro,
Em meio a uma imensidão de luz, composta de pontos seminais flamejantes de luz de arco-íris,
[Está] Amitābha na forma de Padma Heruka.
Ele tem três faces: a vermelho-escura, a branca e a azul; e seis braços:
Os três braços direitos brandem um lótus, um khaṭvāṅga e uma maça,
E os esquerdos portam um sino, um crânio cheio de sangue e um tamborzinho.
Padma Heruka é abraçado por Padmakrodheśvarī com alegria e de modo indivisível.
Que estes dois, que são as divindades bebedoras de sangue da Família Padma, guiem todos os seres [à libertação]!

OṂ ĀḤ HŪṂ
[Num trono], no canal subsidiário setentrional do crânio, dentro do cérebro,
Em meio a uma imensidão de luz, composta de pontos seminais flamejantes de luz de arco-íris,
[Está] Amoghasiddhi na forma de Karma Heruka
Ele tem três faces: a verde-escura, a branca e a vermelha; e seis braços:
Os três braços direitos brandem uma espada, um khaṭvāṅga e uma maça,
E os esquerdos portam um sino, um crânio cheio de sangue e uma relha de arado.
Karma Heruka é abraçado por Karmakrodheśvarī com alegria e de modo indivisível.
Que estes dois, que são as divindades bebedoras de sangue da Família Karma, guiem todos os seres [à libertação]!

OṂ ĀḤ HŪṂ
Diante de vós, as doze divindades bebedoras de sangue centrais, masculinas e femininas,

Me prostro, a vós faço oferendas, em vós me refugio e a vós oro:
Assim que [morremos e] começamos a transmigrar,
Nesse exato momento, quando surgem as visões do estado intermediário de realidade,
E vagamos [sós] pela existência cíclica, [movidos] pelas percepções confusas profundamente enraizadas,
Que os conquistadores, as divindades furiosas masculinas bebedoras de sangue, nos atraiam para diante,
Conduzindo-nos pelo caminho de luz radiante,
Que são as cinco cognições puras plenamente perfeitas.
Que a assembleia das divindades furiosas femininas, Rainhas da Imensidão, nos sustente por trás,
E que, assim [circundados], nós sejamos resgatados
Da terrível passagem do estado intermediário,
E sejamos escoltados ao grau de um buda sumamente perfeito.

OṂ ĀḤ HŪṂ
Em meio a uma imensidão de luz no canal subsidiário oriental do crânio,
[Está] Gaurī, de cor branca, segurando um porrete feito de cadáver humano e um crânio;
Em meio a uma imensidão de luz no canal subsidiário meridional do crânio,
[Está] Caurī, de cor amarela, atirando uma flecha com um arco;
Em meio a uma imensidão de luz no canal subsidiário ocidental do crânio,
[Está] Pramohā, de cor vermelha, segurando um estandarte de vitória com um crocodilo;
Em meio a uma imensidão de luz no canal subsidiário setentrional do crânio,
[Está] Vetālī, de cor negra, segurando um vajra e um crânio cheio de sangue;
Em meio a uma imensidão de luz no canal subsidiário sudeste do crânio,
[Está] Pukkasī, de cor vermelho-amarela, agarrando e devorando entranhas;
Em meio a uma imensidão de luz no canal subsidiário sudoeste do crânio,
[Está] Ghasmarī, de cor verde-negra, revolvendo com um vajra o sangue dentro de um crânio;
Em meio a uma imensidão de luz no canal subsidiário noroeste do crânio,
[Está] Caṇḍālī, de cor amarelo-pálida, [agarrando] um cadáver humano e comendo seu coração;
Em meio a uma imensidão de luz no canal subsidiário nordeste do crânio,
[Está] Śmaśānī, de cor azul-negra, separando a cabeça do corpo dum cadáver inchado.

OṂ ĀḤ HŪṂ
Diante de vós, as Oito Mātaraḥ, começando com Gaurī,
[Que são as encarnações] das [oito] classes [de consciência][18],

18. Tib. *gnas-kyi ke'u-ri-ma ma-mo brgyad*. Neste contexto, *gnas* é equivalente às oito classes de consciência (*rnam-shes tshogs-brgyad*). Ver Longchen Rabjampa, GGFTC, p. 1.170.

Me prostro, a vós faço oferendas, em vós me refugio e a vós oro:
Assim que [morremos e] começamos a transmigrar,
Nesse exato momento, quando surgem as visões do estado intermediário de realidade,
E vagamos [sós] pela existência cíclica, [movidos] pelas percepções confusas profundamente enraizadas,
Que as quatro Mātaraḥ, a começar por Gaurī, nos atraiam para diante,
Conduzindo-nos pelo caminho de luz radiante,
Que é [a reverberação dos] sons, luzes e raios [das oito classes de consciência].
Que as quatro Mātaraḥ, a começar por Pukkasī, nos sustentem por trás,
E que, assim [circundados], nós sejamos resgatados
Da terrível passagem do estado intermediário,
E sejamos escoltados ao grau de um buda sumamente perfeito.

OṂ ĀḤ HŪṂ
Em meio a uma imensidão de luz no canal subsidiário oriental exterior do crânio,
[Está] Siṃhamukhī, a de cabeça de leão, de cor marrom-escura, levando um cadáver na boca;
Em meio a uma imensidão de luz no canal subsidiário meridional exterior do crânio,
[Está] Vyāghrīmukhī, a de cabeça de tigre, de cor vermelha, de braços cruzados;
Em meio a uma imensidão de luz no canal subsidiário ocidental exterior do crânio,
[Está] Śṛgālamukhī, a de cabeça de raposa, de cor negra, comendo entranhas;
Em meio a uma imensidão de luz no canal subsidiário setentrional exterior do crânio,
[Está] Śvānamukhī, a de cabeça de lobo, de cor azul-negra, estraçalhando um cadáver inchado;
Em meio a uma imensidão de luz no canal subsidiário sudeste exterior do crânio,
[Está] Gṛdhramukhī, a de cabeça de abutre, de cor branco-amarelada, carregando um cadáver humano jogado sobre seus ombros;
Em meio a uma imensidão de luz no canal subsidiário sudoeste exterior do crânio,
[Está] Kaṅkamukhī, a de cabeça de milhafre, de cor vermelho-escura, carregando um grande cadáver humano;
Em meio a uma imensidão de luz no canal subsidiário noroeste exterior do crânio,
[Está] Kākamukhī, a de cabeça de corvo, de cor negra, brandindo um crânio e uma espada;

Em meio a uma imensidão de luz no canal subsidiário nordeste exterior do crânio,
[Está] Ulūkamukhī, a de cabeça de coruja, de cor azul-escura[19], segurando um vajra.

[OṂ ĀḤ HŪṂ]
Diante de vós, que sois as Oito Piśācī, a começar por Siṃhamukhī, diante de vós,
[Que sois as encarnações] dos [oito] objetos sensoriais[20],
Me prostro, a vós faço oferendas, em vós me refugio e a vós oro:
Assim que [morremos e] começamos a transmigrar,
Nesse exato momento, quando surgem as visões do estado intermediário de realidade,
E vagamos [sós] pela existência cíclica, [movidos] pelas percepções confusas profundamente enraizadas,
Que as quatro Piśacī, a começar por Siṃhamukhī, nos atraiam para diante,
Conduzindo-nos pelo caminho de luz radiante,
Que é a pureza dos oito objetos [de consciência] que se manifestam naturalmente.
Que as quatro Piśācī, a começar por Gṛdhramukhī, nos sustentem por trás,
E que, assim [circundados], nós sejamos resgatados
Da terrível passagem do estado intermediário,
E sejamos escoltados ao grau de um buda sumamente perfeito.

OṂ ĀḤ HŪṂ
No canal subsidiário do portal oriental do crânio, dentro do cérebro,
Está [Aṅkuśā], a de cabeça de cavalo, de cor branca, segurando um gancho de ferro e um crânio.
No canal subsidiário do portal meridional do crânio, dentro do cérebro,
Está [Pāśā], a de cabeça de porco, de cor amarela, portando um laço e um crânio.
No canal subsidiário do portal ocidental do crânio, dentro do cérebro,
Está [Sphoṭā], a de cabeça de leão, de cor vermelha, portando uma corrente de ferro e um crânio.
No canal subsidiário do portal setentrional do crânio, dentro do cérebro,
Está [Ghaṇṭā], a de cabeça de serpente, de cor verde, portando um sino e um crânio[21].
Diante de vós, as Quatro Guardiãs dos Portais, que sois cognição pura em forma emanacional,

19. Tib. *mthing-nag*. Em DR, p. 188, l. 6, consta *mthing-skya*, mas compare-se com Capítulo 6, p. 95, e Capítulo 11, p. 233.

20. Tib. *yul-bdag sing-ha phra-men brgyad*. Os oito objetos sensoriais são os objetos próprios de cada uma das oito classes de consciência. Ver Longchen Rabjampa, GGFTC, p. 1.170.

21. Estas Quatro Guardiãs dos Portais da assembleia furiosa também têm nomes próprios: a contraparte furiosa de Aṅkuśā é Vajratejasī, a de Pāśā é Vajrāmoghā, a de Sphoṭā é Vajralokā e a de Ghaṇṭā é Vajravetālī.

Me prostro, a vós faço oferendas, em vós me refugio e a vós oro:
Assim que [morremos e] começamos a transmigrar,
Nesse exato momento, quando surgem as visões do estado intermediário de realidade,
E vagamos [sós] pela existência cíclica, [movidos] pelas percepções confusas profundamente enraizadas,
Que Aṅkuśā e Pāśā nos atraiam para diante,
Obstruindo as entradas para a confusão através dos quatro tipos de nascimento,
E abrindo as portas para os quatro ritos de pura atividade iluminada.
Que Sphoṭā e Ghaṇṭā nos sustentem por trás,
E que, assim [circundados], nós sejamos resgatados
Da terrível passagem do estado intermediário,
E sejamos escoltados ao grau de um buda sumamente perfeito.

OṂ ĀḤ HŪṂ
Nos canais menores do pátio exterior oriental do crânio,
[Estão] as seis Rainhas do Yoga que realizam os ritos de pacificação:
Manurākṣasī, a de cabeça de iaque, de cor branco-acastanhada e portando um vajra;
Brahmāṇī, a de cabeça de serpente, de cor branco-amarelada e portando um lótus;
Raudrī, a de cabeça de leopardo, de cor branco-esverdeada e portando um tridente;
Vaiṣṇāvī, a de cabeça de doninha, de cor branco-azulada e portando uma roda;
Kaumārī, a de cabeça de urso pardo, de cor branco-avermelhada e portando uma lança curta;
E Indrāṇī, a de cabeça de urso negro, de cor branca e portando um laço feito de vísceras.
Ó seis yoginī do leste, que realizais os ritos de pacificação,
Realizai os ritos que pacificam nossos temores do estado intermediário[22].

OṂ ĀḤ HŪṂ
Nos canais menores do pátio exterior meridional do crânio,
[Estão] as seis Rainhas do Yoga que realizam os ritos de enriquecimento:

22. Estes versos e os seguintes referem-se à assembleia das vinte e oito Īśvarī (*dbang-phyug-ma nyer-brgyad*) que estão nos anéis mais exteriores da maṇḍala, às quais se refere coletivamente a designação "realizadoras emanacionais dos quatro ritos de atividade iluminada". Entre essas realizadoras, as seis yoginī do leste que realizam os ritos brancos de pacificação (*shar-nas zhi-ba'i las-mdzad rnal-'byor dbang-phyug drug*) são às vezes representadas portando vajras, além dos emblemas individuais que cada uma delas carrega, o que indica que pertencem ao cortejo de Vajra Heruka, no leste. Dentre elas, Manurākṣasī é descrita no Capítulo 5 como "branca" (*dkar-mo*) e no Capítulo 11 como "marrom-escura" (*smug-nag*). Também Brahmāṇī é erroneamente descrita no Capítulo 11 como "vermelha-amarela" (*dmar-se*); no mesmo capítulo, Kaumārī é descrita como somente vermelha (*dmar-mo*) e Vaiṣṇāvī, como somente "azul" (*sngon-mo*).

Vajrā, a de cabeça de morcego[23], de cor amarela e portando uma navalha;
Śāntī, a de cabeça de crocodilo, de cor amarelo-avermelhada, portando um vaso;
Amṛtā, a de cabeça de escorpião, de cor amarelo-avermelhada, portando um lótus;
Saumī, a de cabeça de falcão, de cor amarelo-esbranquiçada, portando um vajra;
Daṇḍī, a de cabeça de raposa, de cor amarelo-esverdeada, portando um porrete;
E Rākṣasī, a de cabeça de tigre, de cor amarelo-escura, bebendo de um crânio cheio de sangue.
Ó seis yoginī do sul, que realizais os ritos de enriquecimento,
Realizai os ritos que enriquecem a cognição pura no estado intermediário[24].

OṂ ĀḤ HŪṂ
Nos canais menores do pátio exterior ocidental do crânio,
[Estão] as seis Rainhas do Yoga que realizam os ritos de sujeição:
Bhakṣasī, a de cabeça de abutre, de cor vermelho-esverdeada, portando um porrete;
Ratī, a de cabeça de cavalo, de cor vermelha, portando um torso humano;
Rudhiramadī, a de cabeça de garuḍa, de cor vermelha-pálida, portando um porrete;
Ekacāriṇī Rākṣasī, a de cabeça de cachorro, de cor vermelha, portando um vajra;
Manohārikā, a de cabeça de poupa, de cor vermelha, portando uma flecha de arco;
E Siddhikarī, a de cabeça de corça, de cor vermelho-esverdeada, portando um vaso.
Ó seis yoginī do oeste, que realizais os ritos de sujeição,
Realizai os ritos que asseguram nossa independência durante o estado intermediário[25].

23. Vajrā também é conhecida como Piṅgalā. Ver Capítulo 11, p. 234.

24. Além de portar seus emblemas individuais, as seis yoginī do sul que realizam os ritos amarelos de enriquecimento (*lho-nas rgyas-pa'i las-mdzad rnal-'byor dbang-phyug drug*) são às vezes representadas portando joias, para indicar que pertencem ao cortejo de Ratna Heruka, no sul.

25. Além de portar seus emblemas individuais, as seis yoginī do oeste que realizam os ritos vermelhos de sujeição (*nub-nas dbang-gi las-mdzad rnal-'byor dbang-phyug drug*) são às vezes representadas segurando flores de lótus, para indicar que pertencem ao cortejo de Padma Heruka, no oeste. Entre elas, no Capítulo 11, Ekacāriṇī é descrita erroneamente como "amarela" (*ser-mo*), Rudhiramadī como "vermelha" (*dmar-mo*) e Siddhikarī como "verde" (*ljang-khu*). As identificações do sânscrito para Rudhiramadī, a consorte de Mahābala (*stobs-chen*), Siddhikarī, a consorte de Vasurakṣita (*nor-srung*) e a *rākṣasī* Ekacāraṇī (*srin-mo*) são derivadas de Longchen Rabjampa, GGFTC, p. 1.126.

OṂ ĀḤ HŪṂ
Nos canais menores do pátio exterior setentrional do crânio,
[Estão] as seis Rainhas do Yoga que realizam os ritos de fúria:
Vāyudevī, a de cabeça de lobo, de cor verde-azulada, brandindo um estandarte;
Agnāyī, a de cabeça de íbex, de cor verde-avermelhada, portando um tição;
Varāhī, a de cabeça de porco, de cor verde-escura, portando um cadáver inchado;
Cāmuṇḍī, a de cabeça de corvo, de cor verde-avermelhada, portando o cadáver de uma criança humana;
Bhujanā, a de cabeça de elefante, de cor verde-escura, portando um cadáver inchado;
E Varuṇānī, a de cabeça de serpente, de cor verde-azulada, portando um laço feito de serpentes.
Ó seis yoginī do oeste, que realizais os ritos de fúria,
Realizai os ritos que destroem completamente as percepções confusas do estado intermediário[26].

OṂ ĀḤ HŪṂ
Na porta oriental [exterior] do crânio está Vajrā [Mahākālī],
Branca, de cabeça de cuco, portando um gancho de ferro;
Na porta meridional [exterior] do crânio está Vajrā [Mahāchāgalā],
Amarela, de cabeça de cabra, portando um laço;
Na porta ocidental [exterior] do crânio está Vajrā [Mahākumbhakarṇī],
Vermelha, de cabeça de leão, portando uma corrente de ferro;
Na porta setentrional [exterior] do crânio está Vajrā [Lambodarā],
Verde-escura, de cabeça de serpente, portando um sino.
Ó vós, que sois as quatro guardiãs dos portais, Rainhas [do Yoga] que realizais os ritos emanacionais,
Realizai os ritos que obstruem as portas [que conduzem] ao renascimento [mundano] a partir do estado intermediário[27].

OṂ ĀḤ HŪṂ
Diante de vós, as Vinte e Oito Īśvarī, Rainhas do Yoga,

26. Além de portar seus emblemas individuais, as seis yoginī do norte que realizam os ritos de fúria (*byang-nas drag-po'i las-mdzad rnal-'byor dbang-phyug drug*) são às vezes representadas segurando um vajra cruzado, para indicar que pertencem ao cortejo de Karma Heruka, no norte. Entre elas, no Capítulo 11, Agnāyī e Cāmuṇḍī são descritas simplesmente como "vermelhas" (*dmar-mo*), Varāhī é descrita como "negra" (*nag-mo*) e Varunāṇī e Vāyudevī são descritas como "azuis" (*sngon-mo*). Além disso, no Capítulo 11 (Versão B), Vāyudevī é representada como tendo "cabeça de serpente" em vez de "cabeça de loba".

27. Estes versos se referem às quatro yoginī que realizam os ritos emanacionais nos portais mais exteriores do crânio (*sprul-pa'i las-mdzad dbang-phyug sgo-ma bzhi*), as quais completam o grupo de vinte e oito Īśvarī. Atente o leitor que a presente passagem dá às quatro guardiãs o nome de Vajrā (*rdo-rje-ma*); seus nomes próprios podem ser encontrados no Capítulo 14, pp. 322-3, e em Longchen Rabjampa, GGFTC, pp. 1.127-8.

Me prostro, a vós faço oferendas, em vós me refugio e a vós oro:
Assim que morremos e começamos a transmigrar,
Nesse exato momento, quando surgem as visões do estado intermediário de realidade,
E vagamos [sós] pela existência cíclica, [movidos] pelas percepções confusas profundamente enraizadas,
Que as sete Īśvarī do leste nos atraiam para diante,
Conduzindo-nos pelo caminho de luz radiante,
Que é [uma reverberação de] sons, luzes e raios.
Que as sete Īśvarī do sul nos sustentem por trás,
Que as sete Īśvarī do oeste nos sustentem em toda a volta,
E que as sete Īśvarī do norte destruam [e libertem] nossos inimigos,
E que, assim [circundados], nós sejamos resgatados
Da terrível passagem do estado intermediário,
E sejamos escoltados ao grau de um buda sumamente perfeito.

OṂ ĀḤ HŪṂ
Neste momento em que estamos no estado intermediário da vida,
A assembleia das sessenta divindades bebedoras de sangue[28]
Está luminosamente presente no palácio celestial do crânio, no centro do topo da cabeça, dentro do cérebro –
Encarnadas na forma de um agrupamento de luzes de cinco cores.
Mas, no momento em que morrermos e começarmos a transmigrar,
Essa assembleia de divindades bebedoras de sangue brotará de nosso cérebro,
E se manifestará [diante de nós], preenchendo a totalidade do triquiliocosmo.
E [cada uma das formas] centrais e periféricas
estará dotada de vestes e adornos terríveis.
[Ressoando] num espaço imenso,
Vibrante de sons, luzes e raios,
O aspecto corporal dessas divindades furiosas
Será elegante, heroico e assustador,
Seus rugidos serão selvagens, mortificantes e aterradores,
Cada uma delas flamejante de compaixão, fúria e firme aversão,
Suas faces adornadas com marcas feitas de cinzas, sangue e gordura humanas[29];

28. As sessenta divindades bebedoras de sangue são as cinquenta e oito divindades furiosas mais Mahottara Heruka e Krodhīśvarī.

29. Os três sacramentais (*byug-pa'i rdzas gsum*) do cemitério, "cinzas, sangue e gordura" (*thal-chen ratka zhag-gi zo-ris*), lambuzados no rosto, indicam a subjugação da inveja. Os "saiotes de couro úmido e pele de tigre desfolada" (*ko-rlon gYang-gzhi stag-gi sham-thabs*) indicam que a ilusão, o apego e a aversão foram subjugadas respectivamente pelos dez poderes (*daśabala*), pela compaixão sem desejos e pela compaixão furiosa. As serpentes significam a sujeição das cinco classes sociais. Para uma descrição geral do simbolismo das divindades furiosas, ver T. Norbu, *The Small Golden Key*, pp. 78-84. Além dos cinco herukas (*khrag-'thung*

Estarão vestidas com saiotes de couro úmido e pele desfolada de tigre;
Adornadas de grinaldas de crânios e coroas de serpentes;
Resplandecentes numa flamejante massa de fogo que ressoa
Com gritos de "HA HA HŪṂ PHAṬ golpeia! Mata!",
Reverberando como mil estrondos de trovão.
Completamente engalanadas com seus emblemas de mão e faces multiformes,
Exibindo as artes de transformação,
Elas pulverizarão e abalarão o infinito triquiliocosmo.
No exato momento em que os ferozes sons, luzes e raios
Surgirem diante de nós em sua manifestação terrífica,
Ó compassiva assembleia de divindades furiosas bebedoras de sangue,
Ó Seres de Compaixão, neste exato momento, não retenhais vossa compaixão!
E quando vagamos [sós] pela existência cíclica, [movidos] pelas tendências habituais profundamente enraizadas,
Que a assembleia das [divindades] furiosas bebedoras de sangue nos atraia para diante,
Conduzindo-nos pelo caminho de luz radiante,
Que é livre do medo e de percepções aterrorizantes!
Que a assembleia das divindades furiosas femininas, Rainhas da Imensidão, nos sustente por trás!
Que a assembleia das Mātaraḥ, das Piśācī e das Guardiãs dos Portais nos sustente em toda a volta!
Que as Oito Projetoras Maiores [que conduzem os seres para renascimentos exaltados],
Nos conduzam de nossos estados [mundanos para renascimentos superiores]!
Que as diversas Īśvarī com cabeças de animais eliminem todos os obstáculos!
Que as quatro supremas Guardiãs dos Portais obstruam a entrada para nascimentos [mundanos];
E que, assim [circundados], nós sejamos resgatados
Da terrível passagem do estado intermediário,
E sejamos escoltados ao grau de um buda sumamente perfeito.

OṂ ĀḤ HŪṂ
Quando vagarmos sós, separados de nossos entes queridos,
E surgirem [miríades] de imagens de vacuidade, manifestando-se naturalmente,
Que os budas liberem [rapidamente] o poder de sua compaixão,
E seja anulado o medo do espantoso e aterrorizante estado intermediário.

khro-bo'i tshogs), das cinco krodhīśvarī (*dbying-phyug khro-mo'i tshogs*), das oito Mātaraḥ, das oito Piśācī, das vinte e oito īśvarī (*dbang-phyug mgo-brnyan tshogs*) e das quatro guardiãs dos portais (*sgo-ma bzhi*) descritos nos versos precedentes, a maṇḍala das divindades furiosas também inclui as oito projetoras maiores (*spor-byed chen-mo*), que impelem a consciência do falecido para renascimentos superiores. Essas projetoras são mencionadas individualmente no Capítulo 6, pp. 95-7.

Quando surgir o caminho de luz radiante de cognição pura,
Que nós reconheçamos [sua natureza], sem espanto e sem terror,
E quando surgirem as [múltiplas] formas das Divindades Pacíficas e Furiosas,
Que nós sejamos confiantes e impávidos e reconheçamos [as características do] estado intermediário.
Quando experimentarmos o sofrimento, resultado das ações passadas negativas,
Que nossas divindades de meditação dissipem todas essas misérias,
E quando o som natural da realidade reverberar como mil estrondos de trovão,
Que [todos os sons] sejam ouvidos como a reverberação santa do Grande Veículo.
Quando formos conduzidos adiante pelas ações passadas, sem nenhum refúgio,
Que o Grande Compassivo, Mahākāruṇika, nos proteja.
E quando experimentarmos o sofrimento gerado pelas tendências habituais e pelas ações passadas,
Que as estabilidades meditativas de esplendor interno e beatitude surjam [naturalmente].
Que os domínios[30] *dos cinco elementos não surjam como uma força hostil,*
Mas que nós os vejamos como os domínios búdicos das cinco famílias iluminadas![31]

Pela bênção dos mestres espirituais da linhagem oral,
Pela compaixão da assembleia das Divindades Pacíficas e Furiosas,
E pela força da pureza da minha aspiração altruísta,
Que todas as preces de aspiração aqui expressas
Sejam imediatamente atendidas.

CONCLUSÃO

Para aquele que persevera firmemente nesta *Prática espiritual* das Divindades Pacíficas e Furiosas, e igualmente na recitação das preces de aspiração, mesmo a negatividade e os obscurecimentos causados pelas ações passadas que envolvem os cinco crimes irremissíveis serão purificados. Até mesmo os domínios dos infernos [podem] ser abalados [pelo poder desta prática]. Aquele que segue esta prática indubitavelmente renascerá como um detentor de conhecimento nos domínios dos Conquistadores. Pois está dito nos preceitos transmitidos pelo próprio Samantabhadra, o Transcendente:

"Aquele que respeitosamente presta homenagem à maṇḍala
Das Divindades Pacíficas e Furiosas da *Rede mágica*
Purificará toda e qualquer transgressão [dos pactos].

30. Nesta passagem, "domínio" traduz a palavra tibetana *khams* ("espectro sensorial") e não *skye-mched* ("domínios da atividade sensorial").

31. Estes versos são derivados da *Prece de aspiração que protege do medo dos estados intermediários* (*Bar-do phrang-grol-gyi smon-lam*). Sobre esse texto, ver Capítulo 12, pp. 273-5.

Até mesmo a negatividade dos cinco crimes irremissíveis será purificada.
Até mesmo os domínios dos infernos serão abalados [pela força desta prática],
E aquele que a realizar será reconhecido como um detentor de conhecimento
Nos domínios dos Conquistadores."

As vantagens que derivam da dedicação à *Prática espiritual* aqui descrita são extremamente grandes. Diz-se que aquele que ouvir uma única vez os nomes das divindades desta maṇḍala evitará o renascimento nas existências inferiores e no final atingirá o estado búdico. O próprio Samantabhadra disse:

"Se alguém escuta, uma única vez, os nomes destas divindades da maṇḍala, estará a salvo de cair nos grandes infernos."

E também:

"Aquele que respeitosamente presta homenagem
À maṇḍala natural da *Rede mágica*
Purificará toda e qualquer transgressão [dos pactos].
Seus pactos serão reparados e suas consumações serão realizadas."

Uma vez que as vantagens de seguir esta prática estão além das palavras, o meditante deve perseverar nesta *Prática espiritual* e [firmemente] visualizar seu próprio corpo como a assembleia das Divindades Pacíficas e Furiosas. Assim, as consumações comuns e supremas serão realizadas nesta mesma vida; e depois da morte, quando surgirem as visões das Divindades Pacíficas e Furiosas durante o estado intermediário de realidade, o meditante se fundirá de modo indivisível com as divindades de meditação e alcançará o estado búdico[32]. Cultiva a experiência desta [*Prática espiritual*]! Não te esqueças de suas palavras e de seu sentido, nem mesmo se fores perseguido por uma centena de assassinos. Abraça esta prática! Toma-a [a peito]! Recita esta prática em voz alta! Compreende-a em sua totalidade! Conserva-a em tua mente, completa e exata!

Esta *Prática espiritual* de suma lucidez, que congloba os [plenos meios de realização das] Divindades Pacíficas e Furiosas, é o cultivo das experiências associadas à *Libertação pela auscultação nos estados intermediários*[33]. É a essência de *As Divindades Pacíficas e Furiosas: Purificação ritual chamada libertação natural dos sentimentos*[34]. É um texto de apoio para a *Libertação natural da consciência pura: a iniciação*

32. Sobre a obtenção do estado búdico durante o estado intermediário de realidade (*chos-nyid bar-do*), ver adiante, Capítulo 11, pp. 191-264.

33. Tib. *Bar-do thos-grol*. Ver adiante, Capítulo 11, pp. 191-264.

34. Tib. *Zhi-khro'i las-byang tshor-ba rang-grol*. Sobre este texto de *sādhana*, ver Apêndice Um, p. 331.

secreta dos estados intermediários[35] e é a prática principal associada à *Reparação [de pactos] e confissão: Libertação natural das transgressões*[36]. É o caminho de libertação seguido pelos seres afortunados. Que a [influência desta] *Prática espiritual: Libertação natural das tendências habituais* não se esgote até que a existência cíclica tenha sido esvaziada.

SAMAYA *rgya rgya rgya dge'o*

35. Tib. *gSang-dbang rig-pa rang-grol*. Este é um dos textos de iniciação ligados ao ciclo das Divindades Pacíficas e Furiosas. Ver Apêndice Um.

36. Tib. *bsKong-bshags nyams-chags rang-grol*. Ver adiante, Capítulo 7, pp. 101-31.

6

Libertação natural da negatividade e do obscurecimento por meio [da realização] da homenagem cêntupla às famílias santas e iluminadas

CONTEXTO

A prática apresentada a seguir reforça a meditação anterior e assume a forma de prostrações físicas diante de cada uma das Divindades Pacíficas e Furiosas. Esta *Homenagem cêntupla* pode ser feita isolada ou imediatamente depois da prática da *Libertação natural das tendências habituais*. Também pode ser realizada quando se oferecem banquetes no contexto da *Libertação natural dos sentimentos* ou em qualquer ocasião em que o praticante faça oferendas de incenso, flores ou lamparinas de manteiga às divindades.

Enquanto fazem as prostrações, os praticantes devem visualizar diante de si a forma da divindade, perfeitamente detalhada, e ao mesmo tempo cultivar a experiência da natureza da divindade e o sentido interior de seu simbolismo. Além disso, como se afirma no dístico final, o praticante deve simultaneamente: "admitir em sua mente todas as suas negatividades e obscurecimentos, os que já foram, os que são e os que ainda virão a ser acumulados, e de todos eles sentir remorso".

Aqui se encontra um capítulo subsidiário da *Libertação pela auscultação nos estados intermediários*[1] chamado *Libertação natural da negatividade e do obscurecimento por meio da [realização da] homenagem cêntupla*[2], [extraído de] *As Divindades Pacíficas e Furiosas: um profundo ensinamento sagrado [chamado] libertação natural por meio [do reconhecimento] da intenção iluminada*[3].

Respeitosamente me prostro diante de Samantabhadra e Mahottara,
Da assembleia das Divindades Pacíficas e Furiosas,
E da assembleia das cem famílias santas e iluminadas.
Tendo purificado toda negatividade e todo obscurecimento,
Que eu possa agir de modo que guie todos os seres para os puros domínios búdicos!

[Agora] apresento esta *Libertação natural da negatividade e do obscurecimento por meio da [realização da] homenagem cêntupla*, um método para o oferecimento de uma homenagem cêntupla às infinitas Divindades Pacíficas e Furiosas das cem famílias santas e iluminadas, por meio do qual as negatividades e obscurecimentos podem ser purificados. Ó praticante, nutre zelo por esta [prática] durante os três tempos!

NAMO![4]
Me prostro[5] diante de Samantabhadra, o Corpo Búdico de Realidade, Pai de todos os Budas, pureza natural da consciência mental,
O Buda primordial, imutável corpo de luz,
[Azul como o] céu, sentado na postura de serenidade meditativa.

Me prostro diante de Samantabhadrī, a suprema consorte,
Pureza natural do espectro sensorial dos fenômenos[6],
Imaculadamente branca, como cristal,

1. Tib. *Bar-do thos-grol*.

2. Tib. *brGya-phyag sdig-sgrib rang-grol*.

3. Tib. *Zab-chos zhi-khro dgongs-pa rang-grol*.

4. Termo sânscrito que significa homenagem ou obediente veneração.

5. A edição Délhi do *Bar-do thos-grol chen-mo* inclui uma nota explicando que, quando geramos a visualização da maṇḍala à nossa frente, em vez de nos prostrar perante uma assembleia já visualizada de modo claro e completo, as palavras "me prostro diante de tal corpo búdico" (*sku-la phyag-'tshal-lo*) devem ser substituídas por "tal corpo búdico se faz presente de modo primordial e luminoso" (*sku-ni ye-nas gsal*).

6. Tib. *chos-kyi khams*.

Mãe de todos os budas do passado, do presente e do futuro,
Em abraço jubiloso com seu consorte, em suprema beatitude.

Me prostro diante de Vairocana, [manifestação do] supremo corpo búdico,
Pureza natural do agregado da forma,
Puro sem renúncia à ilusão,
[Branco como um] búzio, segurando uma roda e um sino,
[Sentado] num trono exaltado, sustentado por leões,
A [resplandecente] cognição pura da imensidão da realidade.

Me prostro diante de Vajrasattva, [manifestação da] suprema mente búdica,
Pureza natural do agregado da consciência,
Puro sem renúncia à aversão,
[Azul] cerúleo, segurando um vajra e um sino,
[Sentado] num trono exaltado, sustentado por elefantes,
A [resplandecente] cognição pura semelhante a um espelho.

Me prostro diante de Ratnasambhava, [manifestação dos] supremos atributos búdicos,
Pureza natural do agregado da sensação,
Puro sem renúncia ao orgulho,
[Amarelo] ouro, segurando uma joia e um sino,
[Sentado] num trono exaltado, sustentado por cavalos,
A [resplandecente] cognição pura de igualdade.

Me prostro diante de Amitābha, [manifestação da] suprema fala búdica,
Pureza natural do agregado da percepção,
Puro sem renúncia ao apego,
[Vermelho como o] cobre, segurando uma roda e um sino,
[Sentado] num trono exaltado, sustentado por pavões,
A [resplandecente] cognição pura de discernimento.

Me prostro diante de Amoghasiddhi, [manifestação das] supremas atividades búdicas,
Pureza natural do agregado das tendências motivacionais,
Puro sem renúncia à inveja,
[Verde como a] turquesa, segurando um vajra cruzado e um sino,
[Sentado] num trono exaltado, sustentado por pássaros *cīvaṃcīvaka*,
A [resplandecente] cognição pura de realização.

Me prostro diante de Dhātvīśvarī, a suprema consorte,
A mãe da Família Buddha, pureza natural do espaço,

[Branca] como a lua, segurando uma roda e um sino,
Em abraço jubiloso com seu consorte, em suprema beatitude.

Me prostro diante de Buddhalocanā, a suprema consorte,
A mãe da Família Vajra, pureza natural da terra,
[Azul como um] berilo, segurando um vajra e um sino,
Em abraço jubiloso com seu consorte, em suprema beatitude.

Me prostro diante de Māmakī, a suprema consorte,
A mãe da Família Ratna, pureza natural da água,
[Alaranjada como o] zarcão, segurando uma joia e um sino,
Em abraço jubiloso com seu consorte, em suprema beatitude.

Me prostro diante de Pāṇḍaravāsinī, a suprema consorte,
A mãe da Família Padma, pureza natural do fogo.
[Vermelha como] cristal de fogo, segurando um lótus e um sino,
Em abraço jubiloso com seu consorte, em suprema beatitude.

Me prostro diante de Samayatārā, a suprema consorte,
A mãe da Família Karma, pureza natural do ar,
[Verde como a] safira, segurando um vajra cruzado e um sino,
Em abraço jubiloso com seu consorte, em suprema beatitude.

Me prostro diante de Kṣitigarbha, bodhisattva masculino que age pelo benefício dos seres,
Pureza natural da consciência visual e que transcende toda renúncia,
[Branco como a] neve das montanhas, segurando um brotinho e um sino.

Me prostro diante de Maitreya, bodhisattva masculino que age pelo benefício dos seres,
Pureza natural da consciência auditiva e que transcende toda renúncia,
Branco como as nuvens, segurando um ramo de laranjeira florido e um sino.

Me prostro diante de Samantabhadra, bodhisattva masculino que age pelo benefício dos seres,
Pureza natural da consciência olfativa e que transcende toda renúncia,
[Amarelo como o] âmbar, segurando uma vagem e um sino.

Me prostro diante de Ākāśagarbha, bodhisattva masculino que age pelo benefício dos seres,
Pureza natural da consciência gustativa e que transcende toda renúncia,
[Amarelo como] ouro velho, segurando uma espada e um sino.

Me prostro diante de Avalokiteśvara, bodhisattva masculino que age pelo benefício dos seres,
Pureza natural da consciência táctil e que transcende toda renúncia,
[Vermelho como] coral, segurando um lótus e um sino.

Me prostro diante de Mañjuśrīkumārabhūta, bodhisattva masculino que age pelo benefício dos seres,
Pureza natural da consciência mental e que transcende toda renúncia,
[Alaranjado como o] zarcão, segurando um lírio e um sino.

Me prostro diante de Nivāraṇaviśkambhin, bodhisattva masculino que age pelo benefício dos seres,
Pureza natural da consciência "raiz de todas" e que transcende toda renúncia,
[Verde] como o lótus que floresce durante a noite, segurando um livro e um sino.

Me prostro diante de Vajrapāṇi, bodhisattva masculino que age pelo benefício dos seres,
Pureza natural da consciência "maculada" e que transcende toda renúncia,
[Verde como a] esmeralda, segurando um vajra e um sino.

Me prostro diante de Lāsyā, a branca, [bodhisattva feminina] cujas oferendas [deliciam]
Os olhos de [todos] Aqueles que Alcançaram a Beatitude, no passado, no presente e no futuro,
Pureza natural dos fenômenos visuais e que transcende toda renúncia,
[Branca como] quartzo, segurando um espelho e um sino.

Me prostro diante de Puṣpā, a branca, [bodhisattva feminina] cujas oferendas deliciam
[As mentes de todos] Aqueles que Alcançaram a Beatitude, no passado, no presente e no futuro,
Pureza natural dos pensamentos conceptuais passados e que transcende toda renúncia,
[Branca como] pérola, segurando um lótus branco e um sino.

Me prostro diante de Mālyā, a amarela, [bodhisattva feminina] cujos gestos deliciam
[As mentes de todos] Aqueles que Alcançaram a Beatitude, no passado, no presente e no futuro,
Pureza natural dos pensamentos conceptuais indeterminados e que transcende toda renúncia,
[Amarela como] açafrão, segurando uma coroa e um sino.

Me prostro diante de Dhūpā, a amarela, [bodhisattva feminina] cujas oferendas [deliciam]
Os narizes de [todos] Aqueles que Alcançaram a Beatitude, no passado, no presente e no futuro,
Pureza natural das fragrâncias e que transcende toda renúncia,
De cor [amarela como o] ouro, segurando incenso de doce olor e um incensório.

Me prostro diante de Gītā, a vermelha, [bodhisattva feminina] cujas oferendas [deliciam]
Os ouvidos de [todos] Aqueles que Alcançaram a Beatitude, no passado, no presente e no futuro,
Pureza natural dos sons e que transcende toda renúncia,
[Rosa como a] alteia, tocando um alaúde.

Me prostro diante de Ālokā, a vermelha, [bodhisattva feminina] cujas oferendas [deliciam]
Os olhos de [todos] Aqueles que Alcançaram a Beatitude, no passado, no presente e no futuro,
Pureza natural dos pensamentos conceptuais futuros e que transcende toda renúncia,
[Rosa como o] lótus, segurando uma reluzente lamparina de manteiga.

Me prostro diante de Gandhā, a verde, [bodhisattva feminina] cujas oferendas deliciam
Os corpos de [todos] Aqueles que Alcançaram a Beatitude, no passado, no presente e no futuro,
Pureza natural dos pensamentos conceptuais presentes e que transcende toda renúncia,
[Verde como a] papoula, segurando um búzio cheio de perfume.

Me prostro diante de Nartī, a verde, [bodhisattva feminina] cujas oferendas deliciam
As línguas de [todos] Aqueles que Alcançaram a Beatitude, no passado, no presente e no futuro,
Pureza natural do gosto e que transcende toda renúncia,
[Verde] ultramar, segurando uma oferenda de alimentos [deliciosamente] nutritiva.

Me prostro diante de [Trailokya-]Vijaya, [guardião de portal] cuja furiosa presença
Protege contra os obstáculos no portal oriental,
Pureza natural das concepções eternalistas e que transcende toda renúncia,
Branco, segurando um porrete e um sino.

Me prostro diante de Yamāntaka, [guardião de portal] cuja furiosa presença
Protege contra os obstáculos no portal meridional,
Pureza natural das concepções niilistas e que transcende toda renúncia,
Amarelo, segurando um porrete feito de crânio e um sino.

Me prostro diante de Hayagrīvarāja, [guardião de portal] cuja furiosa presença
Protege contra os obstáculos no portal ocidental,
Pureza natural das concepções egoístas e que transcende toda renúncia,
Vermelho, segurando uma corrente de ferro e um sino.

Me prostro diante de Amṛtakuṇḍalin, [guardião de portal] cuja furiosa presença
Protege contra os obstáculos no portal setentrional,
Pureza natural das concepções substancialistas[7] e que transcende toda renúncia,
Verde, segurando um vajra cruzado e um sino.

Me prostro diante de Vajrāṅkuśā, [guardiã de portal] cuja imensurável compaixão
Conduz as seis classes [de seres] para longe de seus domínios [mundanos],
Branca, segurando um gancho de ferro que atrai,
Ela abraça seu consorte furioso em beatífica união.

Me prostro diante de Vajrapāśa, [guardiã de portal] cuja imensurável benignidade
Opera [incessantemente] em benefício dos seres,
Amarela, segurando um laço que prende,
Ela abraça seu consorte furioso em beatífica união.

Me prostro diante de Vajrasphoṭā, [guardiã de portal] cuja imensurável alegria benevolente
Abraça [todos e cada um dos] seres vivos,
Vermelha, segurando uma corrente de ferro que ata,
Ela abraça seu consorte furioso em beatífica união.

Me prostro diante de Vajraghaṇṭā, [guardiã de portal] cuja imensurável equanimidade
Transcende a discriminação entre os diversos seres vivos,
Verde, segurando um sino que convoca,
Ela abraça seu consorte furioso em beatífica união.

7. Tib. *mtshan-'dzin*. Aqui, substancialismo se refere ao apego às características distintivas, apego este que resulta de não se haver compreendido que elas são desprovidas de existência intrínseca.

Me prostro diante de Indraśakra, [sábio] cuja forma búdica emanacional
Age [incessantemente] em benefício dos seres,
Pureza natural do orgulho, guia dos domínios dos deuses,
Branco, segurando um alaúde.

Me prostro diante de Vemacitra, [sábio] cuja forma búdica emanacional
Age [incessantemente] em benefício dos seres,
Pureza natural da inveja, guia dos domínios dos titãs,
Verde, segurando uma armadura e uma arma.

Me prostro diante de Śākyamuni, [sábio] cuja forma búdica emanacional
Age [incessantemente] em benefício dos seres,
Pureza natural do apego, guia dos domínios dos seres humanos,
Amarelo, segurando uma cuia de pedinte e um cajado.

Me prostro diante de Sthirasiṃha, [sábio] cuja forma búdica emanacional
Age [incessantemente] em benefício dos seres,
Pureza natural da ilusão, guia dos domínios dos animais,
Azul, e segurando um livro.

Me prostro diante de Jvālamukha, [sábio] cuja forma búdica emanacional
Age [incessantemente] em benefício dos seres,
Pureza natural da avareza, guia dos domínios dos espíritos famintos,
Vermelho, segurando um escrínio adornado de joias.

Me prostro diante de Dharmarāja, [sábio] cuja forma búdica emanacional
Age [incessantemente] em benefício dos seres,
Pureza natural da aversão, guia dos domínios dos infernos,
Negro, segurando uma chama que aquece e água que esfria.

Me prostro diante de Mahottara Heruka, que tem três faces,
A marrom-escura, a branca e a vermelha; e seis braços:
Em suas mãos direitas, um vajra, um khaṭvāṅga e um tamborzinho.
Em suas mãos esquerdas, um sino, um crânio cheio de sangue e um laço feito de entranhas.

Me prostro diante de Buddha Heruka, que tem três faces,
A marrom-escura, a branca e a vermelha; e seis braços:
Em suas mãos direitas, uma roda, um machado e uma espada.
Em suas mãos esquerdas, um sino, uma relha de arado e um crânio cheio de sangue.

Me prostro diante de Vajra Heruka, que tem três faces,
A azul-escura, a branca e a vermelha; e seis braços:

Em suas mãos direitas, um vajra, um crânio cheio de sangue e um machado.
Em suas mãos esquerdas, um sino, um crânio cheio de sangue e uma relha de arado.

Me prostro diante de Ratna Heruka, que tem três faces,
A amarela-escura, a branca e a vermelha; e seis braços:
Em suas mãos direitas, uma joia, um khaṭvāṅga e uma maça.
Em suas mãos esquerdas, um sino, um crânio cheio de sangue e um tridente.

Me prostro diante de Padma Heruka, que tem três faces,
A vermelho-escura, a branca e a azul; e seis braços:
Em suas mãos direitas, um lótus, um khaṭvāṅga e um porrete.
Em suas mãos esquerdas, um sino, um crânio cheio de sangue e um tamborzinho.

Me prostro diante de Karma Heruka, que tem três faces,
A verde-escura, a branca e a vermelha; e seis braços:
Em suas mãos direitas, uma espada, um khaṭvāṅga e um porrete.
Em suas mãos esquerdas, um sino, um crânio cheio de sangue e uma relha de arado.

Me prostro diante de Krodheśvarī, a furiosa Rainha da Imensidão [da Realidade],
Azul-escura, portando um vajra,
Oferecendo à boca de seu consorte um crânio cheio de sangue,
Ela o abraça jubilosamente em suprema beatitude.

Me prostro diante de Buddhakrodheśvarī, a Rainha Buddha da Imensidão [da Realidade],
Vermelho-acastanhada, portando uma roda,
Oferecendo à boca de seu consorte um crânio cheio de sangue,
Ela o abraça jubilosamente em suprema beatitude.

Me prostro diante de Vajrakrodheśvarī, a Rainha Vajra da Imensidão [da Realidade],
Azul-pálida, portando um vajra,
Oferecendo à boca de seu consorte um crânio cheio de sangue,
Ela o abraça jubilosamente em suprema beatitude.

Me prostro diante de Ratnakrodheśvarī, a Rainha Ratna da Imensidão [da Realidade],
Amarelo-pálida, portando uma joia,
Oferecendo à boca de seu consorte um crânio cheio de sangue,
Ela o abraça jubilosamente em suprema beatitude.

Me prostro diante de Padmakrodheśvarī, a Rainha Padma da Imensidão [da Realidade],
Vermelho-pálida, portando um lótus,
Oferecendo à boca de seu consorte um crânio cheio de sangue,
Ela o abraça jubilosamente em suprema beatitude.

Me prostro diante de Karmakrodheśvarī, a Rainha Karma da Imensidão [da Realidade],
Verde-pálida, portando um vajra cruzado,
Oferecendo à boca de seu consorte um crânio cheio de sangue,
Ela o abraça jubilosamente em suprema beatitude.

Me prostro diante de Gaurī, da direção leste,
Que opera em benefício dos seres vivos como uma das Mātaraḥ,
Furiosa, branca e distante em seu trono de cadáveres humanos,
Brandindo um cadáver humano como porrete
Para destruir o panorama conceptual da existência cíclica.

Me prostro diante de Caurī, da direção sul,
Que opera em benefício dos seres vivos como uma das Mātaraḥ,
Furiosa, amarela e distante em seu trono de cadáveres humanos,
Atirando uma flecha de um arco
Para unir de modo indivisível os meios hábeis e a consciência discriminativa.

Me prostro diante de Pramohā, da direção oeste,
Que opera em benefício dos seres vivos como uma das Mātaraḥ,
Furiosa, vermelha e distante em seu trono de cadáveres humanos,
Portando um estandarte de vitória feito de crocodilo
Para resistir [às seduções da] existência cíclica.

Me prostro diante de Vetālī, da direção norte,
Que opera em benefício dos seres vivos como uma das Mātaraḥ,
Furiosa, negra[8] e distante em seu trono de cadáveres humanos,
Portando um vajra e um crânio cheio de sangue
[Para apoiar o reconhecimento da] realidade imutável.

Me prostro diante de Pukkasī, da direção sudeste,
Que opera em benefício dos seres vivos como uma das Mātaraḥ,
Furiosa, amarelo-avermelhada e distante em seu trono de cadáveres humanos,
[Agarrando e] devorando entranhas
Para libertar [os seres sencientes] dos domínios dissonantes.

8. Em DR lê-se "verde-negra" (*ljang-nag*), mas ver Capítulo 5, p. 72, e Capítulo 11, p. 232, em que ela é apresentada como somente "negra".

Me prostro diante de Ghasmarī, da direção sudoeste,
Que opera em benefício dos seres vivos como uma das Mātaraḥ,
Furiosa, verde-negra e distante em seu trono de cadáveres humanos,
Bebendo sangue de um crânio
Para exaurir [o girar da roda da] existência cíclica.

Me prostro diante de Caṇḍālī, da direção noroeste,
Que opera em benefício dos seres vivos como uma das Mātaraḥ,
Furiosa, amarelo-pálida e distante em seu trono de cadáveres humanos,
Separando a cabeça do corpo de um cadáver inchado
Para arrancar os pensamentos errôneos [pela raiz].

Me prostro diante de Śmaśānī, da direção nordeste,
Que opera em benefício dos seres vivos como uma das Mātaraḥ,
Furiosa, azul-negra e distante em seu trono de cadáveres humanos,
Arrancando [a cabeça de] um cadáver humano
Para destruir os alicerces da existência cíclica.

Me prostro diante de Siṃhamukhī, marrom-escura e com cabeça de leão,
Que opera em benefício dos seres vivos na forma de uma Piśācī,
Carregando um cadáver na boca e agitando a juba
Para revolver a existência cíclica até as suas profundezas.

Me prostro diante de Vyāghrīmukhī, vermelha e com cabeça de tigre,
Que opera em benefício dos seres vivos na forma de uma Piśācī,
Com seus dois braços cruzados e encarando com olhos esbugalhados
Para sobrepujar o apego à existência cíclica.

Me prostro diante de Śṛgālamukhī, negra e com cabeça de raposa,
Que opera em benefício dos seres vivos na forma de uma Piśācī,
Brandindo uma navalha e devorando pulmões e um coração
Para purificar os estados mentais dissonantes em sua natureza fundamental.

Me prostro diante de Śvānamukhī, azul-negra e com cabeça de lobo,
Que opera em benefício dos seres vivos na forma de uma Piśācī,
Estraçalhando um cadáver e encarando com olhos esbugalhados
Para revolver o fosso da existência cíclica.

Me prostro diante de Gṛdhramukhī, branco-amarelada e com cabeça de abutre,
Que opera em benefício dos seres vivos na forma de uma Piśācī,
Dilacerando um cadáver inchado e removendo suas entranhas
Para arrancar os três venenos pela raiz.

Me prostro diante de Kaṅkamukhī, vermelho-negra e com cabeça de milhafre,
Que opera em benefício dos seres vivos na forma de uma Piśācī,
Carregando um cadáver inchado jogado sobre os ombros
Para retirar [os seres] do fosso da existência cíclica.

Me prostro diante de Kākamukhī, negra e com cabeça de corvo,
Que opera em benefício dos seres vivos na forma de uma Piśācī,
Brandindo uma espada e bebendo sangue de um crânio
Para exaurir e libertar os estados mentais dissonantes.

Me prostro diante de Ulūkamukhī, azul-negra e com cabeça de coruja,
Que opera em benefício dos seres vivos na forma de uma Piśācī,
Segurando um gancho de ferro[9] e levando um crânio cheio de sangue
Para libertar [os seres] da falsa mentalidade da existência cíclica.

Me prostro diante de Aṅkuśā, a de cabeça de cavalo, no portal oriental,
Que opera em benefício dos seres vivos na forma de uma guardiã de portal,
Com cabeça de cavalo, branca e segurando um gancho de ferro,
Que é a força de sua imensurável compaixão
A arrastar [os que estão presos na] existência cíclica para longe dos domínios inferiores.

Me prostro diante de Pāśā, a de cabeça de porca, no portal meridional,
Que opera em benefício dos seres vivos na forma de uma guardiã de portal,
Com cabeça de porca, amarela e segurando um laço,
Que é a força de sua imensurável caridade
Que aperta a falsa mentalidade [dos seres].

Me prostro diante de Sphoṭā, a de cabeça de leão, no portal ocidental,
Que opera em benefício dos seres vivos na forma de uma guardiã de portal,
Com cabeça de leão, vermelha e segurando uma corrente de ferro,
Que é a força de sua imensurável alegria benevolente
E que agrilhoa os estados mentais dissonantes gerados pela ignorância[10].

Me prostro diante de Ganṭhā, a de cabeça de serpente, no portal setentrional,
Que opera em benefício dos seres vivos na forma de uma guardiã de portal,
Com cabeça de serpente, verde e segurando um sino,
Que é a força de sua imensurável equanimidade
A subjugar as ressonâncias cognitivas dos cinco venenos[11].

9. Note o leitor que Ulūkamukhī é descrita aqui segurando um gancho de ferro (*lcags-kyu*) em vez de um vajra, como no Capítulo 5, p. 74, e no Capítulo 11, p. 233.

10. Segundo GGFTC, p. 1.135, Sphoṭā também pode ter cabeça de ursa (*dom-mgo*).

11. Segundo GGFTC, p. 1.135, Ghaṇṭā também pode ter cabeça de loba (*spyang-mgo*).

Me prostro diante da Projetora que Joga um Laço[12].
Manifestação da pureza natural da realidade,
Vestida em peles esfoladas, ela une os três níveis da existência
Com os domínios [búdicos puros], como quer que eles se manifestem,
E joga seu laço de raios solares,
Impulsionando [os seres do] triquiliocosmo para renascimentos superiores.

Me prostro diante da Projetora que Joga uma Lança[13].
[Segurando] um crânio cheio de sangue e atirando uma lança,
Ela purifica os cinco estados mentais dissonantes
Para dissipar permanentemente as doenças do pensamento conceptual,
Com a força de sua compaixão, rica em meios hábeis,
Impulsionando os seres humanos para renascimentos superiores.

Me prostro diante da Projetora que Toca um Sino[14].
Segurando junto a seu coração um crânio cheio de sangue,
Ela subjuga todo o triquiliocosmo
Para proteger os ignorantes seres sencientes na imensidão [da realidade],
Com a ressonância de seu carisma,
Impulsionando [os seres do] quiliocosmo para renascimentos superiores.

Me prostro diante da Projetora que Carrega um Garuḍa[15],
E que tem um corpo de bela cor branco-amarelada,
[O qual significa] sua proficiência nos ritos de pacificação e enriquecimento.
Levando junto ao coração um crânio cheio de sangue
Para vencer os cinco desejos sensoriais,
Ela carrega um vajra e um grande garuḍa,
Impulsionando os deuses para renascimentos superiores.

Me prostro diante da Projetora que Lança uma Estrela Cadente[16],
Seu fabuloso corpo de um rico azul-negro.
[Segurando] um vajra e lançando uma estrela cadente
Para evitar a intensidade da "Grande Batalha"[17],
Ela bebe sangue de um crânio,
Impulsionando os titãs para renascimentos superiores.

12. Tib. *Zhags-'phen-ma*.
13. Tib. *mDung-thung 'phen-ma*.
14. Tib. *sPor-byed dril-'khrol-ma*.
15. Tib. *sPor-byed khyung-thogs-ma*.
16. Tib. *sPor-byed skar-mda' 'phen-ma*.
17. Referência à grande guerra mítica (*gYul-chen*) entre os deuses e os titãs. Sobre isso ver o verbete *Titãs*, no Glossário.

Me prostro diante da Projetora que Segura uma Coroa de Relâmpagos[18],
E que tem um corpo parte vermelho, parte negro,
[O qual significa] sua proficiência nos ritos de sujeição e fúria,
E a expressão facial fixa em dominação.
[Ela brande] um vajra e uma coroa de relâmpagos,
Impulsionando os espíritos famintos para renascimentos superiores.

Me prostro diante da Projetora que Porta um Estandarte de Penas de Águia[19],
E que tem um corpo parte branco, parte negro,
[O qual significa] sua proficiência nos ritos de pacificação e fúria.
Ela bebe sangue de um crânio
Para dissolver a ilusão [em vacuidade],
[E segura] um vajra e porta um estandarte de penas de águia,
Impulsionando os animais para renascimentos superiores.

Me prostro diante da Projetora que Segura uma Espada[20],
E que tem um corpo parte amarelo, parte negro.
[O qual significa] sua proficiência nos ritos de enriquecimento e fúria.
Ela bebe sangue de um crânio
Para dissolver os infernos em vacuidade,
[E segura] um vajra e uma espada,
Impulsionando os habitantes dos infernos para renascimentos superiores.

Me prostro diante de Manurākṣasī, de cabeça de iaque,
A yoginī de cor branco-acastanhada, que porta um vajra e um crânio.

Me prostro diante de Brahmāṇī, de cabeça de serpente,
A yoginī de cor branco-amarelada, que porta um vajra e um lótus.

Me prostro diante de Raudrī, de cabeça de leopardo,
A yoginī de cor branco-esverdeada, que porta um vajra e um tridente.

Me prostro diante de Vaiṣṇāvī, de cabeça de doninha,
A yoginī de cor branco-azulada, que porta um vajra e uma roda.

Me prostro diante de Kaumārī, de cabeça de urso pardo,
A yoginī de cor branco-avermelhada, que porta um vajra e uma lança.

Me prostro diante de Indrāṇī, de cabeça de urso negro,
A yoginī de cor branca, que porta um vajra e um laço feito de entranhas.

18. Tib. *sPor-byed rdo-rje glog-phreng 'dzin-ma.*
19. Tib. *sPor-byed glags-sha rdeb-ma.*
20. Tib. *sPor-byed ral-gri 'dzin-ma.*

Me prostro diante de Vajrā[21], de cabeça de morcego,
A yoginī de cor amarela, que porta uma joia e uma navalha.

Me prostro diante de Śāntī, de cabeça de crocodilo,
A yoginī de cor amarelo-avermelhada, que porta uma joia e um vaso.

Me prostro diante de Amṛtā, de cabeça de escorpião,
A yoginī de cor amarelo-avermelhada, que porta uma joia e um lótus.

Me prostro diante de Saumī, de cabeça de falcão,
A yoginī de cor amarelo-esbranquiçada, que porta uma joia e um vajra.

Me prostro diante de Daṇḍī, de cabeça de raposa,
A yoginī de cor amarelo-esverdeada, que porta uma joia e um porrete.

Me prostro diante de Rākṣasī, de cabeça de tigre,
A yoginī de cor amarelo-enegrecida, que porta uma joia e um crânio cheio de sangue.

Me prostro diante de Bhakṣasī, de cabeça de abutre,
A yoginī de cor vermelho-esverdeada, que porta um lótus e um porrete.

Me prostro diante de Ratī, de cabeça de cavalo,
A yoginī de cor vermelha, que porta um lótus e um torso humano.

Me prostro diante de Rudhiramadī, de cabeça de garuḍa,
A yoginī de cor vermelho-pálida, que porta um lótus e um porrete.

Me prostro diante de Ekacāriṇī, de cabeça de cachorro,
A yoginī de cor vermelha, que porta um lótus e um vajra.

Me prostro diante de Manohārikā, de cabeça de poupa,
A yoginī de cor vermelha, que porta um lótus e um arco e flecha.

Me prostro diante de Siddhikarī, de cabeça de corça,
A yoginī de cor vermelho-esverdeada, que porta um lótus e um vaso.

Me prostro diante de Vāyudevī, de cabeça de lobo,
A yoginī de cor verde-azulada, que porta um vajra cruzado e um estandarte.

Me prostro diante de Agnāyī, de cabeça de íbex,
A yoginī de cor verde-avermelhada, que porta um vajra cruzado e um tição.

21. Vajrā é mais comumente conhecida como Piṅgalā (*dga'-ba*). Ver Capítulo 11, p. 234.

Me prostro diante de Varāhī, de cabeça de porca,
A yoginī de cor verde-enegrecida, que porta um vajra cruzado e um laço feito de presas.

Me prostro diante de Cāmuṇḍī, de cabeça de corvo,
A yoginī de cor verde-avermelhada, que porta um vajra cruzado e o cadáver de uma criança.

Me prostro diante de Bhujanā, de cabeça de elefante,
A yoginī de cor verde-enegrecida, que porta um vajra cruzado e um cadáver inchado.

Me prostro diante de Varuṇānī, de cabeça de serpente,
A yoginī de cor verde [azulada][22], que porta um vajra cruzado e um laço feito de serpentes.

Me prostro diante de Vajrā [Mahākālī], de cabeça de cuco,
A guardiã de portal de cor branca, que porta um vajra e um gancho de ferro.

Me prostro diante de Vajrā [Mahāchāgalā], de cabeça de cabra,
A guardiã de portal de cor amarela, que porta uma joia e um laço.

Me prostro diante de Vajrā [Mahākumbhakarṇī], de cabeça de leão,
A guardiã de portal de cor vermelha, que porta um lótus e uma corrente de ferro.

Me prostro diante de Vajrā [Lambodarā],
A guardiã de portal de cor verde-enegrecida, que porta um vajra cruzado e um sino.

Ao recitar esta prece, todos os yogins presentes, sejam homens ou mulheres, devem remover suas vestes exteriores e, na medida em que realizam as [sucessivas] prostrações completas, devem prestar respeitosa homenagem [às divindades]. Enquanto recita este louvor em voz melodiosa e realiza a homenagem cêntupla, o praticante deve admitir em sua mente todas as suas negatividades e obscurecimentos, os que já foram, os que são e os que ainda virão a ser acumulados, e de todos eles sentir remorso.

Esta *Libertação natural da negatividade e do obscurecimento* é [um método] extraordinário para purificar os obscurecimentos, por meio da realização integral das cento e dez homenagens às Divindades Pacíficas e Furiosas[23]. Quaisquer que

22. Ver Capítulo 5, p. 77. Em DR se lê "verde".

23. O número de cento e dez corresponde aos versos dedicados às Cem Divindades Pacíficas e Furiosas, os dois versos dedicados a Mahottara Heruka e Krodheśvarī e os oito versos dedicados às Projetoras (*spor-chen brgyad*).

sejam as outras práticas [expiatórias] a que se pode dedicar um praticante, como a *Reparação e confissão dos infernos*[24], os méritos adquiridos por meio da prática aqui descrita são imensuráveis. Portanto, o praticante deve perseverar diligentemente na realização desta *Homenagem cêntupla*.

Que [a influência desta] *Libertação natural da negatividade e do obscurecimento por meio da [realização da] homenagem cêntupla às cem famílias santas e iluminadas das Divindades Pacíficas e Furiosas* não se esgote até que se tenha esvaziado a existência cíclica.

Este profundo ensinamento é um capítulo auxiliar de *A libertação pela auscultação nos estados intermediários*; é um texto de apoio à *Reparação e confissão dos infernos*; e é uma sinopse das três edições [a longa, a média e a curta] de *As Divindades Pacíficas e Furiosas: Purificação ritual [chamada libertação natural dos sentimentos]*. Deve ser propagado em toda parte e realizado vigorosamente em todos os tempos, sem interrupção.

24. Tib. *Na-rag bskang-bshags*. Uma célebre doutrina-tesouro (*gter-chos*) revelada durante o século XIII pelo Guru Chowang e incluída em seus *Oito preceitos transmitidos: a consumação de todos os segredos* (*bKa'-brgyad gsang-ba yongs-rdzogs*). Sobre esse texto, ver K. Dowman (trad.), "Emptying the Depths of Hell", em *Flight of the Garuda*, pp. 53-61; ver também D. Christensen (trad.), *Na-rag bskang-bshags*.

7

Libertação natural por meio de atos de confissão

CONTEXTO

Além do cultivo experimental da natureza da divindade, delineado nos dois capítulos anteriores, o ato de confissão tem um papel importante na purificação das negatividades e dos obscurecimentos que, segundo a perspectiva budista, anuviam nossa mente no decorrer de um ciclo sem princípio de existências.

Na prática budista, esse processo de purificação, no qual se inclui a reparação dos pactos e votos, é aperfeiçoado pela aplicação dos "quatro poderes de antídoto". No contexto deste ciclo de ensinamentos os quatro poderes são:

1. O poder de esteio, que se refere à visualização das cem Divindades Pacíficas e Furiosas.
2. O poder do antídoto propriamente dito, que neste contexto se refere à recitação da *Libertação natural por meio de atos de confissão*, junto com a prática do Mantra das Cem Sílabas de Vajrasattva.
3. O poder do remorso, que é a recordação, com verdadeiro arrependimento, de todos os atos negativos cometidos previamente.
4. O poder do propósito de emenda, que é a determinação de não mais consentir em ações negativas.

Antes de começar a prática de confissão, é recomendado que o praticante apresente oferendas exteriores ou mentais diante de seu altar. Então, todos os dias na parte da tarde, o praticante deve sentar-se diante do altar e realizar esta prática com as palmas das mãos unidas, cantando as palavras claramente e com convicção. Enquanto os praticantes não tiverem obtido a plena realização das práticas deste ciclo de ensinamentos, as ações negativas de corpo, fala e mente devem ser constantemente confessadas.

Aqui se encontra a *Libertação natural por meio de atos de confissão na presença das Divindades Pacíficas e Furiosas*, extraído de *As Divindades Pacíficas e Furiosas*[1]*: um profundo ensinamento sagrado [chamado] libertação natural por meio [do reconhecimento] da intenção iluminada*[2].

Respeitosamente me prostro diante de Samantabhadra, Mahottara,
E da assembleia de Divindades Pacíficas e Furiosas!
Que as degenerações [de nossos pactos] sejam purificadas!

Apresenta-se [agora] esta *Libertação natural por meio de atos de confissão na presença das Divindades Pacíficas e Furiosas*, extraída de *As Divindades Pacíficas e Furiosas: um profundo ensinamento sagrado [chamado] libertação natural por meio [do reconhecimento] da intenção iluminada*. Sede perseverantes nesta prática, ó Filhos da Posteridade! SAMAYA!

Esta [prática de confissão] se apresenta em seis partes: confissão [na presença] da verdade inefável; confissão na presença das Divindades Pacíficas; confissão na presença das Divindades Furiosas; confissão lastimosa da egoidade desenfreada; confissão na presença da concepção; e confissão [na presença] de todos Aqueles que Alcançaram a Beatitude.

PRELIMINARES

Evocação e pedido para que [o campo confessional] esteja presente

OṂ Ó supremo corpo búdico de cognição pura,
Muito embora, como a [claridade da] lua crescente,
Não estejas condicionado por elaborações conceptuais nesta maṇḍala natural,
Tua compaixão [resplandece sobre todos] sem distinção, como os raios do sol.
Rogo-te que estejas presente aqui e nos atendas!

Homenagem aos três corpos búdicos, que compõem as Divindades Pacíficas e Furiosas

Me prostro diante dos três corpos búdicos das Divindades Pacíficas e Furiosas:

1. Tib. *Zhi-khro'i klong-bshags brjod-pa rang-grol.*
2. Tib. *Zab-chos zhi-khro dgongs-pa rang-grol.*

Diante do Corpo Búdico de Realidade, a inefável e imutável consciência discriminativa,
Diante do Corpo Búdico de Riqueza Perfeita sumamente bem-aventurado, os senhores das cinco famílias iluminadas,
E diante do Corpo Búdico de Emanação: vasto, compassivo e hábil.

A tríplice oferenda de fenômenos [exteriores], nuvens [interiores] e [substâncias] secretas

Ordenando a vasta e pura imensidão do espaço,
Com [bulcões de] nuvens de inigualáveis oferendas semelhantes a Samantabhadra,
Sejam elas realmente reunidas ou imaginadas,
Dedicamos [a vós] oceanos de oferendas exteriores, interiores e secretas[3].

A oferenda secreta de suprema beatitude

Que [as divindades] sejam deliciadas pela "essência geratriz" não dual[4]
Cujo sabor singular [e delicioso] indica um estado [primordial]
No qual todas as infinitas maṇḍalas dos conquistadores, sem nenhuma exceção,
Estão estabelecidas, para além da conjunção e da disjunção,
No ventre secreto de Samantabhadrī.

A afirmação dos votos na modalidade do ponto de vista

Uma vez que a natureza da mente é a grande imensidão da realidade,
E todas as coisas são puro esplendor interno atemporal,
Este yoga é ele mesmo a indescritível e inconcebível imensidão.
Eternamente nos prostramos diante da mente de iluminação,
Que é [a realização da] igualdade!

Invocando a atenção da assembleia das Divindades Pacíficas e Furiosas

ĀḤ Na atemporal onipresença da Grande Perfeição, que é Samantabhadra,
Está [manifesta] a maṇḍala dos arranjos exteriores, interiores e secretos.
Aqui, a imensidão das divindades masculinas e femininas é a pureza [natural] da existência mundana,

3. As oferendas e dedicações de grande magnitude atribuídas ao bodhisattva Samantabhadra são enumeradas no *Avataṃsakasūtra*. Ver T. Cleary (trad.), *The Flower Ornament Scripture*, pp. 1.135 ss.; e P. Williams, *Mahāyāna Buddhism*, pp. 125-7.

4. Tib. *gnyis-med byang-chub-sems*.

E os consortes masculino e feminino, espontaneamente perfeitos, são a [pureza natural] dos [eventos] passados e futuros.
Tudo isso se centra no "lótus do vasto espaço", que é o de [Samantabhadrī],
Aquela que encarna as mais secretas e jubilosas das formas supremas.
Dentro deste espaço, a maṇḍala fulgura como um ponto seminal supremo e não dual,
E nessa maṇḍala secreta, em que não há conjunção nem disjunção,
Está [disposto] o corpo búdico do núcleo espontâneo de iluminação, não condicionado por elaboração conceptual,
No qual se manifestam em miríades de formas as divindades imutáveis de supremo gozo.
Ó multiforme assembleia de emanações [pacíficas], presente na indivisível imensidão,
[Ó assembleia] que compreende os [budas] masculinos e femininos das cinco famílias iluminadas, que constituem a Grande Encarnação,
Os [dezesseis] bodhisattvas masculinos e femininos, os seis sábios que instruem os seres viventes,
Juntamente com os oito guardiões emanacionais dos portais, masculinos e femininos;
Ó multiforme assembleia [furiosa] das divindades emanacionais de cognição pura,
[Que compreende] os dez conquistadores furiosos, masculinos e femininos,
Grandes e gloriosos [príncipes] das cinco famílias iluminadas,
Que governam a matriz indestrutível das divindades [furiosas] femininas,
Os [dezesseis] selos [ativos que representam a transformação natural]
Das classes de consciência e de seus objetos,
E os quatro guardiões dos portais;
Ó vinte e oito ḍākinīs e yoginīs exteriores e interiores,
Que, com benevolência maternal e afeição fraternal,
Avaliais nossas [condutas] boa e má
E examinais nossos pactos;
E vós, [protetores] jurados de indestrutível realidade, que fostes subjugados –
[A todos vós] dirigimos esta súplica, atendei-nos!

CONFISSÃO [NA PRESENÇA] DA VERDADE INEFÁVEL

HŪṂ Nós [que desejamos nos tornar] detentores de conhecimento, que somos herdeiros da linhagem compassiva,
Nos esforçamos para cultivar a mente de iluminação para o benefício de todos os seres vivos.
Para que possamos atingir o estado inigualável,
Repetidamente recebemos e decididamente adotamos

[Tanto] as disciplinas individuais dos ensinamentos semelhantes ao oceano[5],
Quanto os supremos votos concordantes com corpo, fala e mente búdicos, os quais incluem:
Os [devidos] pactos [do Veículo] de Realidade Indestrutível,
Os quais são perigosos de se transgredir e devem ser observados constantemente,
Juntamente com todos os pactos superiores, particulares e gerais.
Muito embora nos esforcemos para não abandonar nem transgredir [esses pactos],
E nos esforcemos para não nos desviar da verdade nem permitir que nossas mentes oscilem,
Por nos deixarmos mover pela crença ociosa de que podemos nos dar ao luxo de relaxar momentaneamente,
Não alcançamos o cumprimento [dos pactos] e nos tem faltado a energia mental.
Faltou-nos a atenção e fomos sobrepujados pelo descuido.
Se assim, sob o influxo da ignorância, consciente ou inconscientemente,
Faltou perseverança em nossa meditação,
E nos distraímos de nosso serviço ritual e da prática dos meios de realização,
Teremos entrado em contradição com os ensinamentos do Mestre e rompido nossos votos.
Além disso, dizem as escrituras [do Buda]:
"O yogin não deve se associar, por um momento que seja, com alguém que tenha degenerado em seus pactos."
Como não nos mantemos [continuamente] conscientes disso, violamos a abordagem secreta [dos tantras],
E [sistematicamente] encontramos dificuldades para discernir [entre associados dignos e indignos].
Como estamos privados de presciência sobrenatural, não conseguimos reconhecer os que são indignos.
Por isso, agora, com o coração contrito, confessamos todas as nossas falhas individuais,
Que já se tornaram os infortúnios desta vida e se tornarão os obscurecimentos das vidas futuras.
Quaisquer que sejam as faltas de degeneração e obscurecimento que nos tenham maculado,
Sejam elas nossas próprias degenerações ou as adquiridas por meio da associação com os outros por:
Juntar-nos em assembleia com aqueles cujos [pactos] degeneraram,
Reparar os [pactos dos] que degeneraram,
Transmitir os ensinamentos [sagrados] aos que são degenerados e indignos,

5. Isto é, os votos monásticos da disciplina de *prātimokṣa* (*so-sor thar-pa*) – sobre esses votos, ver Glossário.

Ou cometer degenerações por não evitar [a influência dos] que degeneraram e assim por diante
Não permiti que a retribuição dos [protetores] sublimes recaia sobre nós!
Atendei-nos com a compaixão de vossa amorosa benevolência!
Assegurai-nos, para que nunca nos desviemos da imensidão não dual.
Vós, que nos inspirastes o repouso na modalidade de equanimidade não referencial,
Concedei-nos, vos rogamos, a pureza da verdade não dual!

Na verdade suprema, inexprimível e despida de elaboração conceptual,
Nenhum pensamento conceptual tem referente objetivo.
Mas, se nos desviamos pela força das aparências relativas e ilusórias,
[Reconhecemos nosso erro e buscamos vosso perdão.]
Confessamos que nos desviamos da mente búdica!
Se cometemos transgressões, vos suplicamos que perdoeis nossos desvios.

Desde eras sem conta, desde os limites extremos da existência cíclica,
Impulsionados pelas forças [de maturação] das ações passadas, temos vagado por estes mundos espiralantes –
Bebendo [incessantemente] os venenos dos estados dissonantes e de falsas concepções da realidade.
Que Aquele que Alcançou a Beatitude, soberano dentre os médicos compassivos,
Conceda o remédio de libertação, o néctar dos verdadeiros ensinamentos,
Àqueles dentre nós que estão gravemente afligidos pela doença [primordial], que é o sofrimento!
Sejam pacificadas todas as doenças causadas pelos desconcertantes estados dissonantes!
Sejamos nós sustentados no núcleo de insuperável iluminação!
Em vós nos refugiamos, ó Senhor Compassivo de amorosa benevolência!
Confessamos que contradizemos a mente búdica!

Se nos jactamos de nossos elevados pontos de vista e no entanto não alcançamos a compreensão do significado da verdadeira realidade,
Se não visualizamos com clareza a divindade de meditação, por serem muito breves nossas meditações,
Se fizemos um número insuficiente de recitações, ou se as fizemos com pronúncia incorreta,
Como quer que nos tenhamos desviado da mente búdica dos oceanos dos conquistadores,
Confessamos nossas transgressões na presença dos Conquistadores Pacíficos e Furiosos.

Fazemos esta confissão a vós, ó Compassivos!
Fazemos esta confissão na presença de toda a assembleia das divindades de cognição pura!

Se desagradamos o nosso mestre espiritual por causa da tibieza de nossos esforços,
Se somos tidos em pouca conta por nossos irmãos e irmãs espirituais por causa de nossa falta de devoção,
Se divulgamos os ensinamentos orais a outros, para com isso impressioná-los,
E todas as extravagâncias, omissões, desvios ou erros que cometemos,
Com respeito aos pactos fundamentais de corpo, fala e mente búdicos,
Quando arrastados pela influência da ignorância, seja de modo consciente ou inconsciente,
Confessamos todas essas transgressões na presença dos Conquistadores Pacíficos e Furiosos.
Fazemos esta confissão a vós, ó Compassivos!
Fazemos esta confissão à assembleia oceânica dos conquistadores!
Sejam limpas e purificadas todas [as degenerações] que agora confessamos!
Concedei-nos, vos rogamos, a pureza da verdade não dual!
SAMAYA!

CONFISSÃO NA PRESENÇA DAS DIVINDADES PACÍFICAS, ENCARNAÇÃO DA [NATUREZA SERENA DA] REALIDADE

A confissão inicial é dirigida a Samantabhadra e Samantabhadrī, os consortes pai e mãe

HŪṂ A vós oramos, pai e mãe, escutai-nos e atendei-nos!
Mente e fenômenos são budas manifestos de modo atemporal,
Mas, mesmo sendo essa [realidade] a expressão de vossa intenção iluminada,
Ó Samantabhadra e Samantabhadrī, pai e mãe, em união,
Devido a nossa ignorância, não compreendemos que isso era assim.
Por todos os modos pelos quais contradissemos a mente búdica, ó Samantabhadra e Samantabhadrī, pai e mãe,
Buscamos vosso perdão, ó grandes seres compassivos!

A segunda é a confissão aos cinco budas masculinos das famílias iluminadas dos conquistadores

A vós oramos, ó cinco [budas masculinos] das famílias iluminadas dos conquistadores, escutai-nos e atendei-nos!
Os cinco agregados psicofísicos são budas manifestos de modo atemporal,

Mas, mesmo sendo essa [realidade] a expressão de vossa intenção iluminada,
Ó cinco [budas masculinos] das famílias iluminadas dos conquistadores,
Devido a nossa ignorância, não compreendemos que isto era assim.
Por todos os modos pelos quais contradissemos a mente búdica
Dos cinco [budas masculinos das] famílias iluminadas dos conquistadores,
Buscamos vosso perdão, ó grandes seres compassivos!

A terceira é a confissão às cinco budas femininas das famílias iluminadas

A vós oramos, ó cinco [budas femininas] das famílias iluminadas, escutai-nos e atendei-nos!
Os cinco elementos são budas manifestos de modo atemporal,
Mas, mesmo sendo essa [realidade] a expressão de vossa intenção iluminada,
Ó cinco [budas femininas] das famílias iluminadas,
Devido a nossa ignorância, não compreendemos que isto era assim.
Por todos os modos pelos quais contradissemos a mente búdica
Das cinco budas femininas das famílias iluminadas,
Buscamos vosso perdão, ó grandes seres compassivos!

A quarta é a confissão aos oito bodhisattvas masculinos do cortejo

A vós oramos, ó oito bodhisattvas masculinos, escutai-nos e atendei-nos!
As oito classes de consciência são budas manifestos de modo atemporal,
Mas, mesmo sendo essa [realidade] a expressão de vossa intenção iluminada,
Ó oito bodhisattvas masculinos, devido a nossa ignorância, não compreendemos que isto era assim.
Por todos os modos pelos quais contradissemos a mente búdica dos oito bodhisattvas masculinos,
Buscamos vosso perdão, ó grandes seres compassivos!

A quinta é a confissão às oito bodhisattvas femininas

A vós oramos, ó oito bodhisattvas femininas, escutai-nos e atendei-nos!
Os oito objetos da consciência são budas manifestos de modo atemporal.
Mas, mesmo sendo essa [realidade] a expressão de vossa intenção iluminada,
Ó oito bodhisattvas femininas, devido a nossa ignorância, não compreendemos que isso era assim.
Por todos os modos pelos quais contradissemos a mente búdica das oito bodhisattvas femininas,
Buscamos vosso perdão, ó grandes seres compassivos!

A sexta é a confissão aos seis sábios

A vós oramos, ó seis sábios, escutai-nos e atendei-nos!
Os seis estados mentais dissonantes são budas manifestos de modo atemporal,
Mas, mesmo sendo essa [realidade] a expressão de vossa intenção iluminada,
Ó seis sábios, devido a nossa ignorância, não compreendemos que isto era assim.
Por todos os modos pelos quais contradissemos a mente búdica dos seis sábios,
Buscamos vosso perdão, ó grandes seres compassivos!

A sétima é a confissão aos quatro guardiões dos portais

A vós oramos, ó quatro guardiões dos portais, escutai-nos e atendei-nos!
As quatro [aspirações] imensuráveis são budas manifestos de modo atemporal,
Mas, mesmo sendo essa [realidade] a expressão de vossa intenção iluminada,
Ó quatro guardiões dos portais, devido a nossa ignorância, não compreendemos que isto era assim.
Por todos os modos pelos quais contradissemos a mente búdica dos quatro guardiões dos portais,
Buscamos vosso perdão, ó grandes seres compassivos!

A oitava é a confissão às quatro guardiãs dos portais

A vós oramos, ó quatro guardiãs dos portais, escutai-nos e atendei-nos!
Os quatro extremos de eternalismo e niilismo são budas manifestos de modo atemporal,
Mas, mesmo sendo essa [realidade] a expressão de vossa intenção iluminada,
Ó quatro guardiãs dos portais, devido a nossa ignorância, não compreendemos que isto era assim.
Por todos os modos pelos quais contradissemos a mente búdica das quatro guardiãs dos portais,
Buscamos vosso perdão, ó grandes seres compassivos!

Agora deve ser feita a confissão a [toda a assembleia das] divindades pacíficas do seguinte modo:

OṂ Porque nossas mentes não estão dotadas de cognição pura, que é percepção intrínseca,
Não integramos corretamente os agregados psicofísicos, os espectros sensoriais e os campos de atividade

Na maṇḍala das divindades pacíficas.
Buscamos o perdão de cada uma de vós, ó quarenta e duas divindades pacíficas!

Porque nossas mentes não estão dotadas de cognição pura, que é percepção intrínseca,
Não integramos corretamente os agregados psicofísicos com os cinco [budas masculinos] das famílias iluminadas,
E além disso, nossas próprias mentes, arrastadas pela ignorância, continuaram a ser afligidas pelo egoísmo.
Buscamos o vosso perdão, ó assembleia de Samantabhadra!

Porque nossas mentes não estão dotadas de cognição pura, que é percepção intrínseca,
Não integramos corretamente os cinco elementos com as cinco budas femininas,
E além disso, nossas próprias mentes, arrastadas pela ignorância, continuaram a ser afligidas pelo egoísmo.
Buscamos o vosso perdão, ó assembleia de Samantabhadrī!

Porque nossas mentes não estão dotadas de cognição pura, que é percepção intrínseca,
Não integramos corretamente as quatro classes de consciência e os quatro órgãos dos sentidos com os [oito] bodhisattvas masculinos,
E além disso, nossas próprias mentes, arrastadas pela ignorância, continuaram a ser afligidas pelo egoísmo.
Buscamos o vosso perdão, ó assembleia dos bodhisattvas masculinos!

Porque nossas mentes não estão dotadas de cognição pura, que é percepção intrínseca,
Não integramos corretamente os quatro objetos da consciência e os quatro tempos com as [oito] bodhisattvas femininas,
E além disso, nossas próprias mentes, arrastadas pela ignorância, continuaram a ser afligidas pelo egoísmo.
Buscamos o vosso perdão, ó assembleia das bodhisattvas femininas!

Porque nossas mentes não estão dotadas de cognição pura, que é percepção intrínseca,
Não integramos corretamente os seis estados mentais dissonantes com os [seis] sábios,
E além disso, nossas próprias mentes, arrastadas pela ignorância, continuaram a ser afligidas pelo egoísmo.
Buscamos o vosso perdão, ó seis sábios, corpos búdicos de emanação!

Porque nossas mentes não estão dotadas de cognição pura, que é percepção intrínseca,
Não integramos corretamente as quatro [aspirações] imensuráveis com os [quatro] guardiões dos portais,
E além disso, nossas próprias mentes, arrastadas pela ignorância, continuaram a ser afligidas pelo egoísmo.
Buscamos o vosso perdão, ó furiosos guardiões dos portais!

Porque nossas mentes não estão dotadas de cognição pura, que é percepção intrínseca,
Não integramos corretamente as [perspectivas] eternalistas e niilistas sobre a consciência pura com as [quatro] guardiãs dos portais,
E além disso, nossas próprias mentes, arrastadas pela ignorância, continuaram a ser afligidas pelo egoísmo.
Buscamos o vosso perdão, ó furiosas guardiãs dos portais!

Porque nossas mentes não estão dotadas de cognição pura, que é percepção intrínseca,
Não integramos corretamente a mente e os fenômenos com Samantabhadra e Samantabhadrī, o pai e a mãe,
E além disso, nossas próprias mentes, arrastadas pela ignorância, continuaram a ser afligidas pelo egoísmo.
Buscamos o vosso perdão, ó Samantabhadra e Samantabhadrī!

Porque nossas mentes não estão dotadas de cognição pura, que é percepção intrínseca,
Fomos afligidos por desconcertante ignorância,
E nos separamos de nossas divindades de meditação
Pela força dos estados mentais dissonantes e das ações passadas [negativas].
Arrastados pelo autoengano, decepcionamos nossos mestres,
Inflamados por forte orgulho, perturbamos nossos irmãos e irmãs espirituais,
Enlouquecidos pela vaidade[6], divulgamos os mantras secretos,
Aprisionados pela avareza, deixamos passar a época da dedicação das oferendas,
Enredados em amizades vis, violamos os [preceitos] secretos dos rituais,
Enfraquecidos pela falta de disciplina no yoga, fomos incapazes de erradicar as forças obstrutivas.
Assim, [nossos votos] degeneraram em razão de determinação e força excessivas ou deficientes.

6. Em DR, p. 409, l. 2, lê-se *srab-la 'phyar-bas*. Aqui seguimos o texto da edição Varanasi: *'phyor-la gYeng-bas*. Na edição Délhi lê-se *srog-la 'tshal-bas*.

Por todas as nossas vidas, desde eras sem princípio até a [existência] presente,
Na qual assumimos este corpo,
Por mais negatividade e ações passadas não virtuosas que tenhamos acumulado,
Buscamos vosso perdão por todas essas transgressões.

Ó vós, cujo conhecimento e sabedoria abrange os [três] tempos,
Porque sois seres sublimes, recebei-nos!
Porque somos seres sencientes, somos falhos e perplexos,
E, como [a separação entre nós] é uma ilusão, concedei-nos o resultado de nossa confissão!
Porque sois plenamente consumados em meios hábeis, derramai sobre nós vossa pureza!

Agora deve ser feita uma confissão cheia de remorso às divindades pacíficas, do seguinte modo:

OṂ Preciosíssimo Samantabhadra [em união], suprema mente búdica,
Tu és nosso pai, detentor da soberania sobre os três sistemas de mundo,
Tu és nossa mãe e abarcas [todas as coisas] na imensidão suprema.
Mas ainda assim, por concebermos nossos corpos [de modo mundano], nós desonramos o corpo ilusório.
Nossos pactos degeneraram e nos tornamos verdadeiramente cheios de remorso.
Buscamos vosso perdão, ó Samantabhadra e Samantabhadrī, pai e mãe!

Ó preciosíssimos budas das cinco famílias iluminadas, [manifestações da] suprema mente búdica,
Vós sois nossos pais, detentores da soberania sobre os três sistemas de mundo,
Vós sois nossas mães e abarcais [todas as coisas] na imensidão suprema.
Mas ainda assim, por concebermos nossos corpos [de modo mundano], nós desonramos o corpo ilusório.
Nossos pactos degeneraram e nos tornamos verdadeiramente cheios de remorso.
Buscamos vosso perdão, ó budas pais e mães das cinco famílias iluminadas!

Ó preciosíssimos bodhisattvas masculinos e femininos, [manifestações da] suprema mente búdica,
Vós sois nossos pais, detentores da soberania sobre os três sistemas de mundo,
Vós sois nossas mães e abarcais [todas as coisas] na imensidão suprema.

Mas ainda assim, por concebermos nossos corpos [de modo mundano], nós desonramos o corpo ilusório.
Nossos pactos degeneraram e nos tornamos verdadeiramente cheios de remorso.
Buscamos vosso perdão, ó bodhisattvas masculinos e femininos!

Ó seis sábios preciosíssimos, corpos búdicos de emanação, [manifestações da] suprema mente búdica,
Vós sois detentores da soberania sobre os seres sencientes nos três sistemas de mundo
E emancipais seus respectivos mundos na imensidão suprema.
Mas ainda assim, por concebermos nossos corpos [de modo mundano], nós desonramos o corpo ilusório.
Nossos pactos degeneraram e nos tornamos verdadeiramente cheios de remorso.
Buscamos vosso perdão, ó seis sábios, corpos búdicos de emanação!

Ó preciosíssimos guardiões e guardiãs dos portais, [manifestações da] suprema mente búdica,
Vós sois nossos pais, detentores da soberania sobre os três sistemas de mundo,
Vós sois nossas mães e abarcais [todas as coisas] na imensidão suprema.
Mas ainda assim, por concebermos nossos corpos [de modo mundano], nós desonramos o corpo ilusório.
Nossos pactos degeneraram e nos tornamos verdadeiramente cheios de remorso.
Buscamos vosso perdão, ó guardiões e guardiãs dos portais!

CONFISSÃO NA PRESENÇA DAS DIVINDADES FURIOSAS

A confissão da incapacidade de alcançar a estabilidade meditativa na realidade é feita como se segue:

OṂ Como fomos incapazes de nos libertar do egoísmo da dicotomia de sujeito e objeto,
Na maṇḍala original de igualdade natural,
Ainda não realizamos a verdade não dual da natureza intrínseca.
Ó Corpo Búdico de Realidade não dual, nós buscamos perdão![7]

7. No contexto da maṇḍala das divindades furiosas, o Corpo Búdico de Realidade é representado por Mahottara Heruka.

A confissão da incapacidade de alcançar a estabilidade meditativa que ilumina tudo o que se manifesta é feita como se segue:

Tu abres os portais que iluminam sem obstáculos a verdade suprema,
E [naturalmente] surges como Corpo Búdico [de Riqueza Perfeita], numa imensidão de clara luz de luar irradiante,
Mas nós deixamos que se dissipasse a luz [que emana] dos pontos seminais de tua "essência geratriz".
Ó Corpo Búdico [de Riqueza Perfeita], que iluminas tudo o que se manifesta, nós buscamos perdão![8]

A confissão [da incapacidade de alcançar] a estabilidade meditativa do fundamento causal [pela qual se visualizam] os graus do palácio celestial e as sedes [das divindades furiosas] é feita como se segue:

Da imensidão do espaço, que é a incriada verdade suprema,
Se manifesta o corpo búdico, o meio pelo qual emergem os atributos de fruição [do estado búdico].
Mas nós não chegamos sequer a visualizar claramente esse poderoso palácio celestial,
A morada na qual o supremo poder [do corpo búdico] é gradualmente gerado.
Na presença do resplandecente palácio celestial, nós buscamos perdão!

Confissão aos cinco herukas masculinos, executores do corpo búdico

Embora [vos manifesteis] perseverantemente como corpos búdicos, selados na natureza de suprema beatitude,
Segurando nas mãos vossos respectivos instrumentos, que são símbolos das seis cognições puras,
Não chegamos [sequer] a ter a experiência de uma visualização tão clara.
Ó cinco herukas bebedores de sangue, nós buscamos perdão!

Confissão às suas consortes, as cinco krodheśvarī

Ó supremas consortes e mães, indivisivelmente unidas aos corpos búdicos [masculinos],
Nós deixamos que a luz de vossa "essência geratriz" não dual se dissipasse
Na "vasta imensidão", que é a semente de lótus do desejo.
Ó cinco divindades krodheśvarī, nós buscamos perdão!

8. No contexto da maṇḍala das divindades furiosas, o Corpo Búdico de Riqueza Perfeita (*sambhogakāya*) é representado pelos cinco Herukas e suas consortes.

Confissão às oito Mātaraḥ

Ó furiosas divindades femininas de cognição pura, nascidas da mente búdica,
[Transformação natural] das oito classes de consciência,
Ó Gaurī e [demais Mātaraḥ] que a acompanhais, ḍākinīs de cognição pura,
Por todos os modos pelos quais contradissemos vossa mente búdica,
Ó oito Mātaraḥ [que encarnais] as classes [de consciência], nós buscamos perdão!

Confissão às oito Piśācī

Ó Siṃhamukhī e [demais Piśācī] que a acompanhais,
Embora permaneçais inabaláveis num estado compassivo e pacífico,
Emanais-vos em formas resplandecentes e espantosas, [dotadas] de presas e asas[9],
Para pacificar as concepções errôneas e as perspectivas substancialistas.
Por todos os modos pelos quais contradissemos vossa mente búdica,
Ó oito Piśācī [que encarnais] os objetos [de consciência], nós buscamos perdão!

Confissão às quatro guardiãs dos portais

Ó quatro guardiãs dos portais, [que vigiais os portais] da rica maṇḍala palacial,
Vós que convocais [com o gancho], atais [com o laço], agrilhoais [com a corrente] e isolais [com o sino],
Ó Aṅkuśā de cabeça de cavalo e [demais guardiãs dos portais] que a acompanhais,
Por todos os modos pelos quais contradissemos vossa mente búdica,
Ó selos dos quatro guardiões dos portais, nós buscamos perdão!

Confissão às vinte e oito Īśvarī

Ó Īśvarī, vós que sois [mestras] realizadas nos ritos de "libertação"[10],
E possuís a maestria sobre [o julgamento das] ações virtuosas e não virtuosas,
Ó Īśvarī, assembleia de mães,
Por todos os modos pelos quais contradissemos vossa mente búdica,
Ó imensidão oceânica de mães e irmãs, nós buscamos perdão!

---

9. As Quatro Piśācī localizadas nas direções cardeais da assembleia furiosa, isto é, Siṃhamukhī, Vyāghrīmukhī, Sṛgālamukhī e Śvānamukhī, como seus nomes indicam, possuem presas; já as das direções intermediárias, Gṛdhamukhī, Kaṅkamukhī, Kākamukhī e Ulūkamukhi, são figuras aladas.

10. Em geral, as vinte e oito Īśvarī são associadas ao conjunto completo dos quatro ritos ou aspectos da atividade iluminada (*las-bzhi*), e não somente a *abhicāra*.

Confissão aos detentores de conhecimento

[Ó detentores de conhecimento], embora jamais vos afasteis de um estado de serenidade compassiva,
Na maṇḍala da expressão natural espontaneamente presente,
Não alcançamos vossa [pura] clareza de sutil estabilidade meditativa.
Ó vós que sustentais os atributos iluminados, nós buscamos perdão!

Confissão de nossa sempiterna violação dos pactos

Por toda a sempiterna sucessão de nossos nascimentos,
Até agora, tendo assumido este nosso corpo atual,
Temos circunvagado pelos mundos do renascimento, arrastados pela ignorância,
E, embora tenhamos passado por muitos nascimentos humanos,
Em todos eles nos dedicamos a todas as formas de ações negativas,
Inclusive aos cinco crimes irremissíveis e aos cinco crimes quase equivalentes –
Quer cometendo-os diretamente, quer incitando outros a cometê-los,
Quer mesmo regozijando-nos em cometê-los e incitá-los.
Vos suplicamos, voltai para nós vossa compaixão iluminada!
Concedei-nos a purificação e derramai sobre nós vossas consumações [espirituais]!

Agora deve ser recitada a confissão para a maṇḍala completa das divindades furiosas e deve ser feito o pedido de perdão, como segue:

HŪṂ Ó herukas de cognição pura, pureza natural dos cinco venenos,
[Resplandecentes] em meio a chamas ardentes como o fogo no fim de um éon,
Unidos com as cinco krodhīśvarī, as grandes mães do espaço;
Ó quatro ḍākinīs interiores, Gaurī e suas parceiras,
Ó yoginīs exteriores, Pukkāsī e suas parceiras,
Ó aglomerados de devoradoras dotadas de presas, Siṃhamukhī e suas parceiras
Ó [aglomerados] alados das direções intermediárias, Gṛdhramukhī e suas parceiras,
Ó vinte e oito Īśvarī do pátio incandescente,
Ó quatro guardiãs dos portais, que convocais, atais, agrilhoais e isolais[11] nos quatro portais.

11. DR, p. 412, l. 6, *'gugs-'ching-sdom-dgyes*. A versão A transcreve erroneamente *'gyed* no lugar de *'gyes*; já a versão B transcreve erroneamente *'phying* em vez de *'ching* e *dgyes* em lugar de *'gyes*.

Nós, que nem sequer chegamos a visualizar claramente os corpos da assembleia de herukas furiosos,
Que não recitamos uma quantidade suficiente de mantras do coração,
Que fomos incapazes de [nos] estabilizar [na realização dos] selos,
Que não fizemos oferendas adequadas de banquetes e de torma,
Pedimos perdão a toda a assembleia das divindades furiosas!

Agora, devem ser feitas as seguintes orações confessionais específicas para a maṇḍala das divindades furiosas:

OṂ Se tivermos rompido nosso juramento, tão perigoso de romper,
Depois de ter assumido esse voto sumamente secreto,
Por todos os modos pelos quais contradissemos a mente búdica das cinco famílias de herukas,
Buscamos vosso perdão, ó grandes seres compassivos!

Se tivermos sido obscurecidos por nos apegarmos a conceitos,
Enquanto nos dedicávamos às práticas da yoga sexual suprema,
Por todos os modos pelos quais contradissemos a mente búdica das grandes mães Krodhīśvarīs,
Buscamos vosso perdão, ó [mães] krodheīśvarīs!

Se tivermos sido incapazes de realizar as substâncias sagradas e os selos,
Por todos os modos pelos quais contradissemos a mente búdica das Gaurīs carnívoras,
Buscamos vosso perdão, ó oito Mātaraḥ, encarnações das classes [de consciência]!

Se tivermos sido incapazes de ordenar as oferendas de carne e sangue[12] de acordo com as descrições das escrituras,
Por todos os modos pelos quais contradissemos a mente búdica das Piśācīs, Siṃhamukhī e suas parceiras,
Buscamos vosso perdão, ó ḍākinīs, encarnações dos objetos [de consciência]!

Se tivermos sido incapazes de identificar as diferenças entre os quatro portais: leste, sul, oeste e norte,
Por todos os modos pelos quais contradissemos a mente búdica das guardiãs dos portais, Aṅkuśā de cabeça de cavalo e suas parceiras,
Buscamos vosso perdão, ó quatro guardiãs dos portais de cognição pura!

12. Tib. *sha-khrag mchod-pa*. Isso se refere à oferenda dos cinco alimentos e cinco néctares; sobre essa oferenda, ver G. Dorje, "The Nyingma Interpretation of Commitment and Vow" em *The Buddhist Forum*, vol. 2, pp. 71-95.

Se tivermos sido incapazes de subjugar [o apego aos] seis domínios da existência cíclica,
Depois de ter assumido [esses votos], tão perigosos de romper,
Por todos os modos pelos quais contradissemos a mente búdica das sete mães e das quatro irmãs[13],
Buscamos vosso perdão, ó onze ḍākinīs!

Se tivermos permitido que se esgotem nossos recursos e se estraguem as primícias das oferendas de banquete,
Por todos os modos pelos quais contradissemos a mente búdica das Īśvarī que controlam as primícias [das oferendas de banquete],
Buscamos vosso perdão, ó vinte e oito Īśvarī!

Se tivermos sido incapazes de permanecer firmes nas moradas sagradas, e ao contrário, tivermos nos dedicado a atividades [que causam distração],
Por todos os modos pelos quais contradissemos a mente búdica dos guardiões das moradas sagradas[14],
Buscamos vosso perdão, ó grandes guardiões das moradas sagradas!

Se tivermos sido incapazes de considerar nosso [mestre espiritual] pessoal como nosso próprio pai ou mãe,
Por todos os modos pelos quais contradissemos a mente búdica do mestre-vajra,
Buscamos vosso perdão, ó régio [mestre-]vajra!

Se tivermos sido incapazes de alcançar a maestria na estabilidade meditativa,
E não tivermos discernido [as características das] Divindades Pacíficas e Furiosas,
Por todos os modos pelos quais contradissemos a mente búdica do mestre-vajra assistente[15],
Buscamos vosso perdão, ó luminar dos ensinamentos budistas![16]

Se tivermos interrompido [a estabilização dos] selos por causa de nossa preguiça,
Por todos os modos pelos quais contradissemos a mente búdica do oficiante do ritual,
Buscamos vosso perdão, ó mestre das atividades rituais!

13. Tib. *ma-bdun sring-bzhi*. Sobre esse grupo de onze ḍākinīs periféricas, classificadas como protetoras no cortejo de Śrīdevī, ver Jigme Lingpa, *dPal-chen 'dus-pa*.

14. Os guardiões das moradas sagradas (*ti-ra gnas-nyul / gnas-nyul chen-po*) são as divindades protetoras associadas aos locais de poder sagrados ou focos de peregrinação do Tibete.

15. Tib. *rdo-rje rgyal-thab/thib*.

16. Tib. *bstan-pa'i sgron-me* é usado aqui como epíteto do mestre-vajra assistente. Em NB DR, p. 416, lê-se *ston-pa'i sgron-ma*.

Se tivermos sido incapazes de corresponder aos mais elevados critérios quando nos dedicamos às práticas de yoga sexual,
Por todos os modos pelos quais contradissemos a mente búdica das consortes femininas, encarnações da consciência discriminativa,
Buscamos vosso perdão, ó mãe secreta, consorte que encarna a consciência pura!

Se tivermos sido incapazes de manter a estabilidade meditativa quando nos dedicamos aos ritos de "libertação",
Por todos os modos pelos quais contradissemos a mente búdica dos vingadores masculinos "que libertam",
Buscamos vosso perdão, ó [Citipati], mestre dos vingadores "que libertam"![17]

Se tivermos sido incapazes de agradar a mente búdica das emanações furiosas femininas,
Por todos os modos pelos quais contradissemos a mente búdica das mensageiras [guardiãs dos portais] que convocam e guiam[18],
Buscamos vosso perdão, ó [guardiãs dos portais], que céleres celebrais os ritos!

Se tivermos rompido a contínua expressão de amor e afeto por causa de nossa preguiça,
Por todos os modos pelos quais contradissemos a mente búdica de nossos irmãos e irmãs, [nossos companheiros] no caminho para a iluminação,
Buscamos vosso perdão, ó irmãos e irmãs-vajra!

Se tivermos permitido a degeneração de nossos pactos por causa de brincadeiras triviais,
Por todos os modos pelos quais contradissemos a mente búdica daqueles [protetores] que determinam os [limites] interiores e exteriores [de nossos preceitos],
Buscamos vosso perdão, ó [protetores] que velais pelos pactos!

Se tivermos esgotado nossos recursos [acumulados para as oferendas de banquete],
E permitido que se estragassem as primícias das oferendas residuais,
Por todos os modos pelos quais contradissemos a mente búdica das deusas subterrâneas do cortejo externo,
Buscamos vosso perdão, ó grandes seres compassivos!

17. Tib. *sgrol-ging bdag-po* é um epíteto de Citipati, que é um acólito de Yama, o Senhor da Morte.

18. Isto é, as quatro guardiãs dos portais da assembleia furiosa: Vajratejasī, Vajrāmoghā, Vajralokā e Vajravetālī, que "convocam e guiam" (*'gug-'dren pho-nya*).

Vos rogamos que sejais pacientes [conosco]
E derrameis sobre nós vossas puras consumações espirituais!

CONFISSÃO LASTIMOSA DA EGOIDADE DESENFREADA[19]*

OṂ Ó Vajrasattva, grande Senhor compassivo e transcendente,
Cuja forma sumamente rica, imaculada e branca,
É permeada por um puro esplendor interno, que brilha como cem mil sóis e luas,
[Irradiando] heroicos raios de luz que iluminam o quiliocosmo,
Tu és conhecido como o guia e mestre dos três planos de existência,
Um amigo sem igual para todos os seres viventes dos três sistemas de mundo.
Ó senhor da benignidade, divindade da compaixão, a ti rogamos, atende-nos!

Desde eras sem princípio tenho vagado pela existência cíclica –
Desencaminhado pelo impulso de minhas ações passadas errôneas e por meu comportamento impróprio,
Eu me enganei acerca do caminho e dele me perdi.
Arrependo-me com profunda contrição de todos os tipos de ações passadas negativas que cometi.
Arrastado pelo impulso da ressonância momentânea, mas violenta, dos atos passados,
Afundei-me neste oceano de sofrimento, o mar da existência cíclica.
Chamas de ardente ódio abrasaram minha mente de modo inquebrantável,
As densas trevas da ilusão cegaram minha consciência discriminativa,
O oceano do desejo afogou minha consciência,
A montanha do feroz orgulho me enterrou nas existências inferiores,
O cruel redemoinho da inveja me tragou[20] para estes mundos que revolvem incessantemente,
E aqui, atado pelo firme nó do egocentrismo,
Caí no fosso do desejo, esse abismo de fogo ardente.
Sofrimentos insuportáveis e brutais se despejaram sobre mim como pesada chuva.

19. A egoidade desenfreada que pode resultar da aplicação imprópria das práticas budistas, especialmente dos tantras, é simbolizada por Rudra, forma demoníaca arquetípica que é "libertada" compassivamente pelas divindades furiosas. Relatos das vidas passadas de Rudra podem ser encontrados no *mDo dgongs-pa 'dus-pa*, Capítulos 22-31, 147.5.1 ss.; em Yeshe Tshogyal, *The Life and Liberation of Padmasambhava*, Pt. I, pp. 26-47; e em Longchen Rabjampa, GGFTC, pp. 1.080-95.

* *Rampant egohood.* Para traduzir *egohood*, optamos por "egoidade" e não "egoísmo". Isso porque não se trata aqui de simples manifestações de individualismo e falta de virtude, mas de um inchaço do ego que não necessariamente se reflete em atos de aparente egoísmo. Mesmo assim, tal inchaço constitui um grande obstáculo à libertação, uma vez que impede a percepção da natureza pura do ego e dos fenômenos. (N. do R. da T.)

20. Aqui seguimos a edição Délhi: *byings*. Em DR, p. 418, lê-se *gYeng*.

[Ferido] por essas dores extremas e insuportáveis,
[Queimado] pelas chamas ferozes e ardentes de minhas ações passadas negativas,
O gume de minha consciência e de minhas faculdades sensoriais foi embotado.
Se meu corpo, este agregado ilusório, já não pode aguentar [toda esta dor],
Como suportas testemunhar isto, Ó Compassivo Senhor da Benignidade?[21]

Que cego estulto [que sou, sobrecarregado pelas] ações passadas mais negativas e más.
Movido pelo impulso dessas ações passadas,
Nasci como a personificação da egoidade desenfreada neste sistema de mundo do desejo.
Arrependo-me de ter nascido desse modo e tenho repulsa de minhas ações passadas!
Mas, apesar de meu arrependimento e de minha repulsa, as ações passadas não podem ser desfeitas.
Se o impulso das ações passadas é forte como a torrente inexorável de um rio,
Como pode o poderoso rio das ações passadas ser revertido num simples momento!
Tudo o que amadurece tem origem em nossas próprias ações passadas,
E eu sou aquele que foi carregado pelo violento redemoinho de minhas ações passadas,
E assim vaguei por éons incontáveis
Perdido nas escuras prisões da existência cíclica.
Ó Senhor da Benignidade, pela bênção de tua compaixão,
Purifica os obscurecimentos [gerados por] minhas ações passadas e estados mentais dissonantes,
E assegura-me na presença de tua benignidade maternal!

Aqui estou, continuamente em busca da visão de tua face compassiva,
Que brilha com luminosidade semelhante à do sol,
E irradia com um clarão semelhante ao da lua.
E ainda assim, meus olhos obscurecidos, cegos pela catarata[22] da ignorância sem início,
Sou incapaz de ver-te.
Ó Senhor dos Seres Viventes, onde estás [agora]?

21. Tib. *byams-mgon thugs-rje-can*, isto é, Vajrasattva, a quem se dirige essa súplica.
22. Lit. albugem (*ling-tog*).

Agora, aterrorizado pelo poder virulento e insuportável das ações passadas,
Com os cabelos em pé de tanto medo,
Faço este lamento de todo o coração
E [te] invoco numa voz de suprema angústia!
Ó Senhor da Benignidade, se não [me] escutares agora com compaixão,
Na hora de minha morte, quando se dissociarem minha mente e meu corpo,
Quando eu for separado da companhia de amigos espirituais e arrastado para longe por Yama,
Nesse momento, quando meus parentes ficarem para trás neste mundo,
E eu, sozinho, for levado embora pelo poder das ações passadas,
Nesse momento, estarei desprotegido e privado de refúgio.
Por isso não hesites nem te demores de modo algum,
Mas aproxima-te de mim neste mesmo instante
E celebra os ritos furiosos de "libertação".

Seres como eu, afligidos pelas ações passadas,
Têm estado sujeitos a concepções errôneas desde eras sem princípio.
Como consequência, não alcançamos a libertação [do giro] dos estados da existência cíclica.
Com efeito, seres como eu assumiram um número incontável de formas corpóreas,
Em incontáveis nascimentos no decorrer de incontáveis éons,
De tal modo que, se fossem reunidos toda a carne e os ossos de que já nos revestimos,
Sua massa acumulada preencheria este mundo,
E se fossem reunidos nosso sangue e pus,
Sua massa acumulada preencheria um vasto oceano,
E se fossem reunidos os resíduos de nossas ações passadas,
Sua imensidão estaria além do que se pode conceber ou exprimir.
Embora eu tenha permanecido neste ciclo incessante de nascimentos e mortes,
E nele tenha percorrido os três sistemas de mundo,
As ações por mim realizadas foram improdutivas e desprovidas de sentido.
Entretanto, em meio a esses inumeráveis nascimentos,
As ações realizadas em uma única vida
Poderiam ter sido preciosas, bastando para isso que eu tivesse me educado corretamente,
Que eu tivesse seguido o caminho da iluminação inigualável,
E com isso alcançasse o verdadeiro nirvāṇa final.
Mas não; arrastado pela virulência das ações passadas e pela grande força dos estados mentais dissonantes,

Renasci em diversos corpos, estas redes de carne e sangue, e [vaguei] pela existência cíclica
Lançado numa [sucessão de] vidas comparáveis a prisões,
Nas quais é difícil suportar o sofrimento.
Todas as minhas transgressões, cujo reflexo é este sofrimento insuportavelmente intenso,
Todas elas nasceram de minhas próprias ações passadas.
Te rogo, por tua imensa compaixão, rompe o impulso [dessas] ações passadas
E inverte a energia vital delas, [que foram geradas por] estados mentais dissonantes!

Quando, subjugado pela influência de ações passadas perversas, [enraizadas na] ignorância fundamental,
Vagueio sem cessar nas trevas do desconhecimento,
Porque não me libertas, [infundindo em mim] a luz de tua cognição pura?
Quando já não posso suportar a contínua maturação de minhas transgressões e ações passadas,
Por que não me abraças com a atividade iluminada de tua grande compaixão?
Quando caio no abismo do erro,
Por que não me seguras nas mãos de tua lépida compaixão?
Quando estou afligido pelas inescapáveis doenças dos três venenos,
Por que não me curas com a medicina de teus compassivos meios hábeis?
Quando o fogo de meu sofrimento – fruto da maturação contínua de minhas próprias ações passadas – quando este fogo arde,
Por que não envias um influxo compassivo de chuvas refrescantes?
Quando me atolo no pântano de sofrimento da existência cíclica,
Por que não me arrancas daqui com o anzol dos compassivos meios hábeis?

Fosse eu capaz de atingir os [estados de iluminação] resultantes
Por meio de um treinamento reiterado em cada um dos três sistemas de mundo da existência cíclica,
Que necessidade haveria de tua sublime compaixão?
Uma vez que essa [libertação] seria a poderosa herança de minhas ações passadas [positivas],
Haveria alguém a quem eu devesse expressar minha gratidão?
[Mas não], ó guerreiro espiritual, tu que és dotado do poder da compaixão,
Por ser tão potente o impulso de minhas ações passadas [negativas],
Não sejas inerte! Não sejas indiferente! Não permaneças inativo!
Ó compassiva divindade conquistadora, deita sobre mim o olhar de teu coração!
Arranca-me do pântano da existência cíclica!
Conduz-me célere ao grau supremo dos três corpos búdicos.

CONFISSÃO NA PRESENÇA DA CONCEPÇÃO*

OṂ Como é errônea a concepção dualista de sujeito e objeto,
Quando na verdade a imensidão da realidade não é condicionada por elaboração conceptual!**
Como fomos ludibriados por nossos desejos que se voltam para as características [dos objetos]!
Confessamos essa transgressão dentro da imensidão de suprema beatitude,
Que não é condicionada por elaborações conceptuais!

Como é debilitante a concepção dualista de bem e mal,
Quando Samantabhadra, [o Perpetuamente Perfeito], está além do bem e do mal.
Pobres de nós, atados que estamos a pureza e impureza!
Confessamos esta transgressão dentro da imensidão,
Que está além da dualidade de bem e mal!

Como é errônea a concepção que encara os budas [como grandes] e os seres sencientes [como pequenos],
Quando, no estado de igualdade, não há nem pequeno nem grande!
Como estivemos iludidos em aderir à dicotomia de grande e pequeno!
Confessamos esta transgressão dentro da imensidão de suprema beatitude, que é igualdade!

Como é debilitante a concepção que pensa serem duas esta vida e a vida futura,
Quando na verdade a mente da iluminação está livre de nascimento e morte!
Como estivemos iludidos em aderir à dicotomia de nascimento e morte!
Confessamos esta transgressão dentro da imensidão imortal e imutável!

Como é errônea a concepção que pensa serem distintas a forma e a substância material,
Quando na verdade o ponto seminal supremo é livre de dimensões espaciais!
Como estivemos iludidos em aderir à dicotomia de ângulos e recantos!
Confessamos esta transgressão dentro do ponto seminal supremo, que tudo abarca em sua simetria[23].

Como é errônea a concepção segundo a qual são distintos o princípio e o fim,
Quando a natureza essencial dos três tempos é imutável!

* *View*. Em todos os outros contextos, este mesmo termo foi traduzido por "ponto de vista". (N. do R. da T.)
** Sobre a expressão "não condicionada por elaboração conceptual", vide N. do T. na p. 12. (N. do R. da T.)
23. Tib. *kun-nas zlum-po'i thig-le*.

Como estivemos iludidos em aderir à dicotomia dos processos de transição!
Confessamos esta transgressão dentro da imensidão dos três tempos, que é imutável!

Como é debilitante a concepção que pensa serem dois a causa e o efeito,
Quando a cognição pura naturalmente presente surge sem nenhum esforço!
Como estivemos iludidos em aderir à dicotomia de esforço e resultado!
Confessamos esta transgressão dentro da imensidão naturalmente presente, que surge sem esforço!

Como é lamentável a concepção que pensa serem dois o eternalismo e o niilismo,
Quando a cognição pura da percepção [intrínseca] está livre de eternalismo e de niilismo!
Como estivemos iludidos em aderir à dicotomia de existência e não existência!
Confessamos esta transgressão dentro da imensidão de cognição pura, que transcende eternalismo e niilismo![24]

Como é debilitante a concepção que oscila entre pontos de vista preconceituosos,
Quando a pura imensidão da realidade está livre do meio e dos extremos!
Como estivemos iludidos em aderir à dicotomia de meio e extremos!
Confessamos esta transgressão dentro da pura imensidão da realidade, que não está condicionada por meio ou por extremos!

Como é debilitante a concepção que pensa serem dois o interior e o exterior,
Quando o palácio celestial está livre de dimensões interiores e exteriores!
Como estivemos iludidos em aderir à dicotomia de amplitude e estreiteza!
Confessamos esta transgressão dentro da imensidão [do palácio celestial],
Que é livre da dualidade de amplitude e estreiteza e da dualidade de dimensões interiores e exteriores!

Como é lamentável a concepção segundo a qual são distintas [as abordagens] "superior e inferior",
Quando o centro sexual da consorte feminina está livre da [distinção entre os centros de energia] superior e inferior!
Como estivemos iludidos em aderir à dicotomia de [centros de energia] superior e inferior![25]

24. Tib. DR, pp. 423-4, *gzung-'dzin gnyis-su 'dzin-pa nyon-re-mongs/ rig-pa ye-shes klong-du bshags-par bgyi*. A Versão A, porém, traz: *yod-dang med-par lta-ba nyon-re-mongs/ rtag-chad med-pa'i ye-shes klong-du bshags*.
25. Sobre as práticas relacionadas com essa distinção, ver Longchen Rabjampa, GGFTC, pp. 900-14.

Confessamos esta transgressão dentro da imensidão do lugar secreto[26] [da consorte],
Que é livre da [distinção entre] superior e inferior!

Como é debilitante a concepção que pensa serem os objetos distintos da mente,
Quando o Corpo Búdico de Realidade está livre de distinções individuadas!
Como estivemos iludidos em aderir à dicotomia entre o ambiente e seus habitantes!
Confessamos esta transgressão dentro [da imensidão] do Corpo Búdico de Realidade, que é imutável!

Como é debilitante a concepção que faz distinção entre os pensamentos individuais,
Quando a dinâmica do consorte masculino opera sem restrições!
Como estivemos iludidos em aderir por engano ao nominalismo!
Confessamos esta transgressão dentro da imensidão dos detentores de conhecimento, que estão livres de pensamentos conceptuais!

Uma vez que a cognição pura, que é percepção intrínseca, não surgiu em nós,
Como é miserável esta mente obscurecida pela ignorância,
Que capta fenômenos imateriais como se fossem substâncias materiais!
Confessamos esta transgressão dentro da imensidão da cognição pura natural!

Uma vez que não conseguimos compreender a natureza da verdade incriada,
Como se atormenta esta inteligência de um ser perplexo,
Que apreende a verdade incriada em termos de "eu" e "meu"!
Confessamos esta transgressão dentro da imensidão de suprema beatitude, que é incriada!

Uma vez que não conseguimos elucidar mentalmente a natureza da realidade
Não compreendemos que as aparências fenomênicas são ilusórias,
E com isso nossas mentes se tornaram apegadas ao bem-estar material!
Confessamos esta transgressão dentro da realidade incriada, que é livre de apego!

Uma vez que não conseguimos compreender que a existência cíclica é desprovida de existência intrínseca,
Nos apegamos à existência própria das coisas e de suas características,
E por isso buscamos a felicidade em condutas não virtuosas.
Como estivemos iludidos em aderir à dicotomia de esperança e desesperança!

26. Tib. *bhaga*.

Confessamos esta transgressão dentro da imensidão de iluminação, que é imaculada!

Uma vez que não conseguimos compreender a verdade da igualdade com verdadeira equanimidade,
Em nossa ignorância desejamos a permanência de amigos e parentes.
Ai! Está completamente enganada essa mente de gente ignorante [como nós]!
Confessamos esta transgressão dentro da imensidão de suprema beatitude, que é igualdade!

Uma vez que não conseguimos descobrir o verdadeiro sentido da realidade,
Abandonamos a verdade e insistimos em atos não virtuosos.
Abandonamos os preceitos transmitidos pelo Mestre e nos deixamos enganar pelos devaneios de doutrinas humanas [e mundanas]!
Confessamos esta transgressão dentro da imensidão de suprema beatitude, que é realidade!

Uma vez que não conseguimos conhecer a libertação natural de cognição pura, que é percepção [intrínseca],
Abandonamos a modalidade de percepção intrínseca e perseveramos em atos dissipados.
Tende piedade dos seres sencientes que estão privados dessa experiência plena da verdade!
Confessamos esta transgressão dentro da imensidão, que não está sujeita a distrações!

Cheios de remorso, confessamos todos os nossos defeitos
Às divindades de cognição pura reunidas, aos protetores que sustentam os pactos
E aos yogins que cumpriram seus pactos de acordo com a interpretação dos textos.
[Cheios de remorso, confessamos] todos os desvios e obscurecimentos gerados por nossas concepções não realizadas!

CONFISSÃO NA PRESENÇA DOS QUE ALCANÇARAM A BEATITUDE

OṂ Oramos a todos os que Alcançaram a Beatitude nos três tempos,
A vós, os conquistadores, e a vossos cortejos,
E a todos os que sustentam os pactos de realidade indestrutível,
Vos suplicamos, a cada um de vós, atendei-nos!

Tendo começado pela geração da mente [que aspira] à suprema iluminação
Para realizar a realidade indestrutível de corpo, fala e mente búdicas

No plano iluminado de um detentor de conhecimento consumado,
Nós adotamos muitos pactos secretos,
Ligados tanto às divindades de meditação quanto aos nossos mestres-vajra,
E nos comprometemos a não transgredir esses pactos, aos quais estamos ligados,
[Pois transgredi-los] conduziria a um renascimento nos infernos,
Determinado por nossas ações passadas e nossos erros.

[No entanto], movidos por apego, aversão, ilusão, orgulho, inveja e assim por diante,
Continuamos a errar:
Caso tenhamos depreciado o mestre-vajra – luz do ensinamento – em nossos corações,
E assim tenhamos deixado degenerar nossos pactos,
Caso tenhamos nutrido má vontade e atitudes errôneas
Para com os companheiros-vajra que partilham de nossos pactos,
Por [todo e qualquer mal] desse tipo [que possamos ter criado],
Confessamos todas essas degenerações dos pactos do corpo búdico!

Caso não tenhamos visualizado claramente os selos da divindade de meditação[27],
Caso tenhamos sido deficientes em nossa recitação dos mantras durante os serviços rituais,
Caso tenhamos deixado de cumprir os ritos pelos quais se alcança a plenitude dos serviços rituais e dos meios de realização,
Especialmente com respeito às oferendas rituais [do yoga] de seis sessões,
E caso tenhamos sido incapazes de realizar nossa prática de acordo com os ensinamentos e os textos,
Confessamos todas essas degenerações dos pactos da fala búdica!

Caso tenhamos degradado os pactos que o mestre-vajra nos conferiu como instrução esotérica de mente búdica,
Pactos semeados oralmente em nossos corações pela graça da benignidade do mestre-vajra,
E caso tenhamos mesmo transgredido nosso nome secreto[28], ao divulgá-lo sem cuidado,
Confessamos todas essas degenerações dos pactos da mente búdica!

27. Tib. *yi-dam phyag-rgya*. Sobre a ligação entre os selos das divindades e a recitação dos mantras, ver os verbetes *Selo* e *Mantra* no Glossário.

28. Trata-se do nome secreto (*gsang-mtshan*) conferido por um mestre-vajra no decorrer de uma cerimônia de iniciação.

Confessamos [também] nossas degenerações dos pactos auxiliares,
Causadas por nossa incapacidade de perceber a igualdade essencial de todos os fenômenos.
Confessamos nossas degenerações dos pactos ligados ao serviço ritual e aos meios de realização,
Causadas por termos caído no sono da preguiça e da apatia.
Confessamos [todas e cada uma de nossas] degenerações dos pactos de corpo, fala e mente búdicos,
Causadas por nossas transgressões, realizadas no corpo, na fala e na mente!

Na presença de nossos venerandos mestres espirituais,
Confessamos a insuficiência de nossos recursos e instrumentos.
Na presença das divindades de meditação reunidas,
Confessamos nossos preconceitos contra suas práticas de visualização[29].
Na presença das quatro classes de ḍākinīs,
Confessamos nossas degenerações de pactos e votos.
Na presença dos protetores dos ensinamentos [sagrados],
Confessamos nossas [tardias] oferendas de torma, atrasadas por meses ou anos.
Na presença de nossos pais e mães nos três tempos,
Confessamos nossa incapacidade de retribuir sua bondade.
Na presença de nossos irmãos e irmãs espirituais,
Confessamos a tibieza de nosso fervor em cumprir os pactos.
Na presença das seis classes de seres sencientes,
Confessamos nossa falta de compaixão e altruísmo.

Confessamos todas as nossas falhas e degenerações:
As ligadas aos votos de *prātimokṣa*,
As ligadas aos esforços cultivados pelos bodhisattvas,
E as ligadas aos pactos mantidos pelos detentores de conhecimento[30].
De agora em diante não mais ocultaremos [essas degenerações]
E nos determinamos a nos vigiar contra toda e qualquer infração!
Quando confessamos todos os nossos obscurecimentos negativos, nascidos de nos termos entregado aos três venenos,
Vos suplicamos, purificai [todos os nossos obscurecimentos]
E concedei-nos as consumações supremas e comuns de corpo, fala e mente búdicos!

O Mantra das Cem Sílabas [de Vajrasattva] deve ser recitado [repetidamente] em conjunção com estes versos, e assim se efetuará a confissão.

29. Tib. *mngon-rtogs*.

30. O texto Nyingma que melhor elucida a integração dos votos do vinaya, dos votos de bodhisattva e dos votos mântricos, dos quais fala este verso, é a *Verificação dos três votos* (*sDom-gsum rnam-nges*), de Ngari Paṇchen.

Esta *Libertação natural por meio de atos de confissão na presença das Divindades Pacíficas e Furiosas*,
Que é um texto de apoio ao *Reparação e confissão: libertação natural das degenerações*[31], foi assim apresentada.
Sede perseverantes nesta prática, ó Filhos da Posteridade!
Que todos os seres do futuro que possuem uma herança de ações passadas [positivas] possam encontrar esta prática!

Esta *Libertação natural por meio de atos de confissão na presença das Divindades Pacíficas e Furiosas* foi extraída do *Tantra da confissão imaculada* de Padmākara, o preceptor de Oḍḍiyāna. Que [a influência] deste sublime ensinamento não se esgote até que se tenha esvaziada toda a existência cíclica!

Que prevaleça a virtude!
SAMAYA *rgya rgya rgya!*
gter-rgya! sbas-rgya! gtad-rgya![32]
Um tesouro de Karma Lingpa!

31. Tib. *sKongs-bshags nyams-chags rang-grol*. Esse texto, que faz parte do ciclo maior *As Divindades Pacíficas e Furiosas: Libertação natural por meio [do reconhecimento] da intenção iluminada*, compreende iniciações e práticas do estágio de geração. Ver Apêndice Um.

32. Segundo a tradição das doutrinas-tesouro (*gter-chos*), há quatro tipos de selo associados à transmissão destes ensinamentos, quais sejam: o selo do pacto (*samaya-rgya*), o selo dos tesouros (*gter-rgya*), o selo da ocultação (*sbas-rgya*) e o selo da entrega em confiança ou sucessão (*gtad-rgya*). Ver Dudjom Rinpoche, NSTB, vol. 2, p. 77.

8

Libertação natural por meio do reconhecimento dos sinais e indicações visuais da morte

CONTEXTO

Uma vez que o corpo humano é considerado um habitáculo das divindades, é responsabilidade do praticante proteger o corpo de possíveis causas de dano, das doenças e da morte prematura, além de nutrir condições que sustentem uma existência ativa, mas não sobrecarregada, até o término natural do tempo de vida.

Este capítulo descreve seis categorias de sinais que indicam o momento da morte, juntamente com várias técnicas para deliberadamente fazer surgir indicações específicas de proximidade da morte. Também são descritos, na seção chamada "Sinais de morte muitíssimo próxima", os sinais interiores e exteriores que ocorrem durante o próprio processo de morte. Por fim, descrevem-se os sinais que indicam a natureza do próximo renascimento, sinais estes que ocorrem durante a morte ou depois dela.

Este capítulo e o seguinte, intitulado *Libertação natural do temor por meio do ritual de enganar a morte*, estão inextricavelmente ligados. Quando surgem definitivamente os sinais preditivos descritos neste capítulo, espera-se que as práticas descritas na *Libertação natural do temor por meio do ritual de enganar a morte* sejam realizadas imediatamente.

A sofisticada descrição do processo de morte contida na seção "Sinais de morte muitíssimo próxima" coincide com a compreensão do processo de morte comumente encontrado na literatura budista clássica*. Essa seção faz parte da *Libertação pela auscultação* (Capítulo 11) e é um aspecto nodal do ensinamento a ser dado por um mestre espiritual qualificado na hora da morte.

Os sinais que predizem a morte, contudo, são mais idiossincráticos e mostram influências do folclore do Tibete e da medicina tradicional tibetana. Além disso, a respeito dos sinais de previsão da morte, diz-se que os sinais mais sutis aqui descritos só podem ser reconhecidos com precisão por aqueles que se dedicam constantemente às práticas de meditação.

A evocação e análise dos sinais de previsão da morte não é prática comum hoje, exceto, no caso de alguns sinais, no contexto da medicina tradicional. No entanto, este texto demonstra uma poderosa consciência da impermanência e uma profunda sensibilidade à experiência imediata de cada pessoa.

* Para uma descrição detalhada do processo de morte, ver também Sua Santidade, o Dalai-Lama, *Advice on Dying*.

Aqui se encontra a *Libertação natural por meio [do reconhecimento] dos sinais e indicações visuais da morte*[1], extraído de *As Divindades Pacíficas e Furiosas: um profundo ensinamento sagrado [chamado] libertação natural por meio [do reconhecimento] da intenção iluminada*[2].

Respeitosamente me prostro diante das Divindades Pacíficas e Furiosas, naturalmente radiantes,
[Manifestações dos] três corpos búdicos!

Esta libertação natural por meio do reconhecimento dos sinais,
Que é uma técnica para analisar a [chegada da] morte,
Se apresenta aqui como um texto de apoio à *Libertação natural pela auscultação nos estados intermediários*[3].
Estudai-a constantemente, ó Filhos da Natureza Búdica.
SAMAYA!

INTRODUÇÃO

Ai! Assim como [a chama de] uma lamparina de manteiga agitada pelo vento,
Este ilusório e frágil agregado da forma,
Criado a partir da composição das condições e ações passadas, não pode durar para sempre[4].
Nada existe que não esteja sujeito ao condicionamento da morte,
E, com efeito, sendo incerto quando a morte irá ocorrer,
Devemos atentar constantemente para os sinais de morte [próxima]
E nos esforçar pela [acumulação de] virtude.
Há duas condições [primárias] responsáveis pela morte dos seres humanos:
[Primeiro] a morte prematura e [segundo] a morte devida ao esgotamento [natural] da duração da vida[5].

1. Tib. *'Chi-ltas mtshan-ma rang-grol*. O reconhecimento dos sinais e augúrios indicadores de morte próxima também é discutido no contexto da medicina tibetana. Ver *Tibetan Medical Paintings*, pp. 47-52 e pp. 203-8.

2. Tib. *Zab-chos zhi-khro dgongs-pa rang-grol*.

3. Tib. *bar-do thos-pa rang-grol*. Ver Capítulo 11.

4. Para uma discussão sobre a análise fenomenológica budista do agregado da forma (*rūpaskandha*), que constitui o corpo humano, ver L. Pruden (trad. ingl.), *Abhidharmakośabhāṣyam*, Capítulo 1, "The Dhātus", pp. 63 ss.

5. Os sinais ou sintomas de morte prematura (*dus-min 'chi-ba*) podem ser tratados por meio da purificação ritual, como recomenda o texto, ou por meios médicos. Sobre esses meios, ver *Tibetan Medical Paintings*, p. 85. Sobre as vicissitudes do princípio de duração da vida no corpo, ver *Tibetan Medical Paintings*, p. 39.

A morte prematura ou repentina pode ser evitada
Pela bem-sucedida aplicação do *Ritual de enganar a morte*[6],
Mas a morte devida ao esgotamento [natural] da duração da vida
É como o apagar de uma lamparina de manteiga,
De modo que não há meio de evitá-la pelo "ritual de enganar".
Assim, [se surgirem seus sinais], deves preparar-te para a partida.
Tanto num caso como no outro, [contudo], o mais importante é fazer a seguinte análise.

Este ensinamento [sobre os sinais e indicações visuais da morte]
É apresentado na forma de seis tópicos gerais, que são:
Sinais de morte externos, internos e secretos,
Sinais de morte distante, sinais de morte próxima
E, por último, diversos sinais de morte.

Ao investigar [o momento da] morte,
Deves primeiro fazer oferendas
Às assembleias [visualizadas] dos mestres espirituais, das divindades de meditação e das ḍākinīs,
E propiciar os protetores dos ensinamentos [sagrados] com oferendas de torma.
Depois, deves apresentar oferendas de banquete a teus companheiros de prática
E também te dedicar a obras de caridade.
Por fim, [os sinais de] morte devem ser examinados da maneira detalhada a seguir.

SINAIS EXTERNOS DA MORTE

Antes de tudo, quando se empreende o exame dos sinais [externos],
Devem-se investigar as características do corpo,
Pois é em relação a essas [características] que surgirão os sinais da morte.
O corpo é composto dos quatro elementos,
E por isso os seguintes augúrios de seu desaparecimento
Surgirão antes [do momento da morte]:
Perda de apetite, embotamento das faculdades sensoriais,
Um sentimento de ira que consome o corpo, a fala e a mente,
Pensamentos perturbados ou deprimidos,
Sonhos agitados, mudanças no caráter e empalidecimento da tez.
São esses os augúrios [que indicam] o possível surgimento de obstáculos [que ameaçam] a vida.

6. O ritual de enganar a morte (*'chi bslu-ba*) é o assunto do Capítulo 9.

Em particular, são estes os sinais especificamente corpóreos da morte[7]:
Se as unhas dos dedos das mãos e dos pés empalidecerem ou perderem o brilho,
[Isso indica] morte ao fim de nove meses menos meio dia.
Se a córnea dos olhos começar a obnubilar-se,
[Isso indica] morte ao fim de cinco meses.
Se os cabelos da nuca crescerem para cima,
[Isso indica] morte ao fim de três meses.

[De modo mais geral], se urinares, defecares e espirrares ao mesmo tempo,
Também isto é indício de morte.
Quanto ao mais, se a urina sair bifurcada,
Se os músculos se tornarem extremamente frouxos e flácidos,
Se a excreção de fezes coincidir com a ejaculação de sêmen,
Se o odor do corpo mudar drasticamente,
Se a conduta mudar drasticamente,
Se corares pouco e tua tez empalidecer,
Se o tom da voz se tornar agudo e os olhos afundarem,
Se a pele descamar acima do cavalete do nariz,
Se os olhos não perceberem claramente as formas
Ou se as perceberem incorretamente, e assim por diante,
Se [os ouvidos] não ouvirem ou ouvirem incorretamente,
Se [o nariz] não captar os odores ou os captar incorretamente,
Se [a língua] não captar os sabores ou os captar incorretamente,
Se o ponto entre as sobrancelhas se mostrar apagado
Ou cessar a evaporação pelo topo da cabeça,
Todos estes [sinais] indicam que caíste nas garras do Senhor da Morte[8].

Além disso, enquanto estiveres em boa saúde,
[Poderás aplicar a seguinte técnica para evocar sinais]:
Se, pressionando com os dedos os olhos [fechados],
Os [minúsculos] círculos de luz que aparecem
Estiverem ausentes da parte inferior do olho esquerdo,
[Isso indica que] poderás morrer ao fim de seis meses.
Porém, se estiverem ausentes da parte superior [do mesmo olho],
Poderás morrer ao fim de três meses.
Se [os mesmos círculos] estiverem ausentes da direção da narina [esquerda],
[Isso indica que] poderás morrer ao fim de um mês.

7. É necessário frisar que a especificidade dos sinais externos de morte próxima e os prognósticos aqui arrolados só podem ser entendidos no contexto das práticas espirituais delineadas nos outros capítulos deste ciclo, pois o próprio exame não pode ser feito fora desse contexto.

8. Tib. *'chi-bdag lag-tu song-ba*. Senhor da Morte é um dos epítetos de Yama.

Se estiverem ausentes da direção do ouvido [esquerdo],
[Isso indica que] poderás morrer ao fim de dois meses.

[Retomando o mesmo processo, desta vez com o olho direito]:
Se [os círculos] estiverem ausentes da parte inferior do olho direito,
Deves saber que poderás morrer ao fim de dez dias.
Se estiverem ausentes da parte superior [do mesmo olho],
[Isso indica que] poderás morrer ao fim de cinco dias.
Se estiverem ausentes da direção do ouvido [direito],
[Isso indica que] poderás morrer ao fim de três dias.
E, se estiverem ausentes da direção da narina [direita],
Deves saber que poderás morrer ao fim de dois dias, mesmo que não estejas doente.

Em segundo lugar, se, cobrindo os ouvidos com os dedos,
Não ouvires zumbido algum por um dia inteiro[9],
Deves saber que poderás morrer ao fim de seis anos.
Se não o ouvires por dois dias,
Poderás morrer ao fim de seis anos menos dois meses.
Do mesmo modo, para cada dia adicional [em que não ouvires o som],
[Isso indica que] poderás morrer três meses antes [do prazo anterior].
Ou seja, se não ouvires [o som] por um terceiro ou um quarto dia,
A morte poderá chegar-te [naquele prazo] menos três [ou seis] meses, respectivamente.
Diz-se também que o número de dias [indicado] talvez não seja necessariamente definido.
Se houver ainda outros sinais [externos] de morte, tais como:
Se te sentires [continuamente] irado e irritadiço,
Se te sentires com medo, independentemente de onde estiveres,
Se tua perspectiva, tua devoção e demais qualidades positivas se esvaírem,
Se sentires aversão pelos santos,
Se te sentires deprimido onde quer que estejas, e sentires o desejo [constante] de ir [para outro lugar],
Se sentires o desejo de separar-te dos companheiros budistas com quem tens afinidade,
Se te deleitares nas diversões sociais e atividades dissipativas da existência cíclica,
Ou [ainda] se sentires excessivo apego, aversão, orgulho ou inveja,
Todos estes [sinais] podem indicar que caíste nas garras do Senhor da Morte.

9. Isto é, um dia de calendário ou dia lunar (*tshes*), um período de vinte e quatro horas.

Esses são os chamados "sinais externos da morte",
Os quais, segundo se diz, podem ser revertidos pelo ritual de enganar a morte.
As técnicas pelas quais podem ser revertidos devem ser estudadas
Pela leitura do *Ritual de enganar a morte*, [no capítulo seguinte].

SINAIS INTERNOS DA MORTE

A investigação dos sinais internos da morte
Compreende o exame do sopro vital e o exame dos sonhos.

Exame do sopro vital[10]

Por volta da época do equinócio [de primavera ou outono],
Ao romper do dia, no primeiro dia [do mês lunar],
Deves sentar-te ereto com o corpo na postura de sete pontos de Vairocana.
Deves então observar o sopro vital e notar por qual [narina] ele sai.
Se, nessa época, o sopro vital estiver em movimento pela narina esquerda,
Então, por um período de três dias, o sopro continuará transitando somente pela narina esquerda,
Mas no quarto dia mudará
E passará a transitar pela narina direita por três dias.
E, desse modo, alternará a cada três dias de uma narina para a outra.

[Observa esse processo e] conta diligentemente o número de dias, sem te enganares.
Se não errares [no cômputo] e o sopro mover-se sucessivamente desse modo,
Mas passar a mover-se de modo caótico depois de um mês e meio,
Diz-se que poderás morrer ao fim de [mais] seis meses.
Se o sopro passar a mover-se de modo caótico depois de duas semanas,
[Diz-se que] poderás ficar gravemente doente.
Se passar a mover-se de modo caótico depois de cinco dias[11],
[Diz-se que] poderás ser alvo de difamações e calúnias.
Se [o sopro] não alternar [de uma narina para a outra] no decorrer de um período de dez dias,
Então, no momento em que mudar, poderás morrer.
Se mover-se simultaneamente por ambas as narinas e pela boca,
[Isso indica que] poderás morrer ao fim de meio dia.
E, se deixar de mover-se pelo nariz e, pelo contrário, mover-se somente pela boca,
Diz-se que morrerás imediatamente.

10. O sopro vital é um aspecto da energia vital (*rlung*; scrt. *vāyu*). Ver no Glossário o verbete *Energia vital*.
11. DR, vol. 3, p. 181, l. 4, traz *zhag 'ga'* ("alguns dias"), mas preferimos seguir a leitura da edição Délhi.

Exame dos sinais da morte que ocorrem nos sonhos[12]

[Em primeiro lugar, deves saber que] os sonhos que ocorrem tarde da noite ou por volta da meia-noite não são confiáveis;
Mas se, entre o romper da aurora e o nascer do sol, sonhares que
Estás montado num gato ou num macaco branco de cara vermelha,
Afastando-te cada vez mais rumo ao leste,
Diz-se que é este um sinal de morte causada pelos espíritos-reis[13].
Se sonhares que estás montado num tigre, numa raposa ou num cadáver,
Ou ainda num búfalo, num porco, num camelo ou num burro,
Afastando-te cada vez mais rumo ao sul,
Este é um sinal de morte [que indica que] caíste nas garras de Yama.

Além disso, se sonhares que estás comendo fezes,
Que estás trajando vestes negras de lã de iaque e caindo,
Que estás preso numa cesta de vime ou numa armadilha,
Que estás agrilhoado com correntes de ferro,
Ou ainda que estás copulando com uma figura ou um animal negro,
[Também] estes são sinais [que indicam] a morte.

Se sonhares que tuas entranhas são arrancadas por uma mulher negra e feroz
E esparramam-se para fora,
Ou que surge um homem negro brandindo uma maça de ferro,
E, chegando à tua presença, te manda partir,
Ou [se sonhares] que estás sendo arrastado por uma corda negra presa ao teu pescoço,
Ou que estás dentro de um elevado castelo de cor vermelha,
Rodeado de um fosso e de uma muralha perimetral,
Ou [se sonhares] que estás sendo decapitado e tua cabeça é levada embora por outra pessoa,
Ou que estás rodeado de corvos, espíritos famintos ou bandidos,
Ou que estás sendo conduzido para longe por tua própria vontade, ou saindo [de casa] num cortejo nupcial,
Que estás nu, de cabelos cortados e barba raspada,
Que estás constantemente na companhia de amigos já falecidos,
Que estás sendo arrastado por uma multidão de mortos,
Que pulas na água, afundas na lama ou és engolido por um peixe,
Que entras num ventre e dormes,

12. Para uma explicação da interpretação de sonhos sob a perspectiva da medicina tibetana, ver *Tibetan Medical Paintings*, pp. 49-52 e 205-8.

13. Tib. *rgyal-pos srog-gcad*. Aqui seguimos a edição Délhi (p. 438, l. 3). Em DR, p. 182, l. 1, lê-se *rgyal-po'i srog-bcad*.

Que és vencido numa batalha em que o outro lado sai vitorioso,
Que trajas roupas vermelhas e estás adornado de guirlandas vermelhas,
Que reiteradamente colhes flores vermelhas,
Que escalas uma montanha de laca vermelha,
Que tens a cabeça envolvida num turbante de seda vermelha,
Que crescem galhos no alto de tua cabeça, onde se aninham pássaros,
Que reiteradamente és tomado pelo sono num cemitério apavorante,
Que estás velho e carregas um pesado fardo,
Que o sol e a lua caem sobre as planíceis e te deixam envolto na escuridão,
Que pulas de cabeça num fosso,
Que danças com um exército de ogros,
Que partes, pensando que vagarás para terras distantes e desconhecidas para jamais retornar
Se tais sonhos, e outros semelhantes, ocorrerem quando não estiveres doente, serão indefinidos [no que se refere à indicação do momento da morte]
E poderás libertar-te [do que eles indicam] por meio do serviço ritual [apropriado].
Se, porém, tais sonhos forem recorrentes,
[Isso indica que] morrerás dentro de um ano.

Se sonhares com o sol e a lua eclipsados,
Caindo sobre as planíceis ou pondo-se repetidamente,
Poderão morrer teu pai, tua mãe ou teu mestre;
E diz-se que, se nesse momento estiverem doentes,
Sua morte será inevitável.

Os [sinais] acima são os chamados "sinais internos da morte",
Cuja [reversão], por meio do ritual de enganar a morte,
É um pouco mais difícil que nos caso dos supramencionados [sinais externos].

SINAIS SECRETOS DA MORTE

Serão descritos [agora] os sinais secretos da morte.
Os sinais externos e internos da morte, quando ocorrem,
Podem ser revertidos pela execução reiterada do *Ritual de enganar a morte*.
Se, porém, os sinais externos e internos não forem revertidos,
Deves examinar da seguinte maneira os sinais secretos:
Tendo, antes de tudo, gerado a mente [que aspira] à suprema iluminação[14],
Tomado o refúgio e oferecido preces,
Deves, na manhã do primeiro dia do mês, examinar
O fluxo de teu sêmen ou sangue menstrual.
Diz-se que, se o sêmen do homem estiver amarelo enegrecido,

14. Tib. *byang-chub mchog-tu sems-bskyed*. Ver Capítulo 1, pp. 12-4.

Ou se o sangue menstrual da mulher estiver esbranquiçado,
A morte poderá ocorrer ao cabo de dois meses.
Se o sêmen do homem estiver avermelhado,
Ele poderá morrer ou ser alvo de calúnia ao fim de seis meses.
Entretanto, se sua brancura [natural] não estiver diminuída,
[Isso indica que] não há obstáculo [à vida],
E [o sêmen] deverá ser inalado pelo nariz enquanto ainda estiver quente.
Este mesmo é um rito associado ao *Ritual de enganar a morte*.

Além disso, se o sêmen fluir sem nenhuma sensação [de gozo],
E contiver glóbulos semelhantes ao mercúrio, do tamanho de sementes de gergelim,
Diz-se que a morte [é iminente].
Se o fluxo do sangue menstrual da mulher for ininterrupto
E se nessa época ela sonhar que está colhendo flores vermelhas,
[Isso indica que] a morte [logo] sobrevirá.
E mais: se o homem tiver espermatorreia contínua,
Mesmo fora do ato sexual,
Diz-se que poderá morrer ao cabo de quatro meses.
Se uma mancha ou pequena protuberância negra aparecer de repente e pela primeira vez
No orifício da glande do pênis,
Ou se tiveres um desejo [sexual] intenso e constante, pensando somente em mulheres,
E deixares que se degenerem teus pactos da terceira iniciação[15],
Estes não são somente sinais de morte,
Mas também agouros de que adiante encaminhar-te-ás para [o renascimento nos] indestrutíveis infernos.
[Portanto], se não confessares [e reparares] plenamente essas [degenerações],
Provarás dos ferozes tormentos infernais.
Porém, para que tua confissão seja eficaz,
Deves realizar o ritual de enganar que se refere aos [sinais] secretos da morte;
Não obstante, [a morte] será mais difícil enganar que nas duas categorias anteriores.

Os [sinais] acima são os chamados "sinais secretos da morte".

SINAIS DE MORTE DISTANTE

O exame dos sinais da morte que [só] ocorrerá ao fim de anos ou meses
Deve ser feito pela inspeção da "sombra da duração da vida",

15. Tib. *dbang-gsum dam-tshig*. Ver no Glossário os verbetes *Quatro iniciações* e *Pacto*.

Projetada oticamente no céu da maneira descrita a seguir.
[Estas indicações demonstrarão ou que] morrerás ou que não morrerás,
E que será ou possível ou impossível evitar [a morte][16].

[Para começar], deves fazer oferendas ao mestre espiritual e às Três Joias Preciosas
E apresentar oferendas de *torma* às ḍākinīs e aos protetores dos ensinamentos [sagrados];
Então, depois de tomares refúgio e ofereceres preces,
Deves fazer o exame [como segue]:

Num lugar isolado e muito belo,
De manhã ou à tarde, no primeiro dia do mês,
Ou no crepúsculo verpertino ou matutino do décimo quinto dia[17],
Quando o céu estiver limpo e não houver vento,
Deves sentar-te, nu, num local confortável
E ali, depois de orares fervorosamente,
Deves repetir cem vezes este mantra:
OṂ ĀYUṢE SAṂHĀRAKEŚVARE HŪṂ PHAṬ[18]
Então, em pé, nu, deves inclinar-te respeitosamente sete vezes
Diante de cada um dos deuses das [dez] direções.
E então, estendendo teus quatro membros
E segurando na mão um rosário ou outro objeto simbólico adequado[19],
Deves inscrever a letra A no coração da tua sombra[20].
[Em seguida], sem piscar, deves olhar fixamente para a letra A [desenhada] no coração [da sombra]
E concentrar tua consciência na [letra A].
Então, quando os olhos perderem a sensibilidade [por haveres forçado o olhar],
Deves fitar o centro do céu sem nuvens
E, nesse momento, tua forma se tornará visível no firmamento.
Deves saber então que, se a cabeça e o corpo dessa [imagem refletida] estiverem intactos e [a imagem] for de cor pálida,
Este é um sinal auspicioso de que não haverá obstáculos e não terás morte [iminente].

16. Ver também *Tibetan Medical Paintings*, pp. 51-2; e sobre os sinais de morte que podem ser percebidos pelo médico ao se aproximar da residência do paciente, *ibid*., pp. 47-8. Note-se que DR, p. 186, l. 1, traz *gzungs* em vez de *gzugs*.

17. Isto é, o dia da lua cheia do mês lunar.

18. Esse é o mantra do "senhor que domina a duração da vida".

19. Os outros objetos (*phyag-mtshan*) adequados são o vajra e o sino.

20. A letra A é símbolo da vacuidade (*śūnyatā*).

Se tua imagem refletida não estiver visível no céu,
[Antes de tudo] executa o rito de afirmação dos votos
E, sentado na "postura do vajra",
Com as mãos no "gesto da serenidade meditativa"[21],
Procura [de novo a imagem], como foi indicado anteriormente.
Se [tua imagem refletida] ainda assim não aparecer,
Isso talvez não signifique nada, uma vez que ela pode ter sido obscurecida por nuvens ou ventos atmosféricos,
Caso em que o exame deve ser adiado até que o céu esteja claro.
[Quando a imagem refletida efetivamente se torna visível, porém,]
Seu exame compreende três considerações: completude, forma e cor.

Em primeiro lugar, a completude [da imagem refletida] deve ser examinada como segue:
Quando [avaliares] a completude da imagem
No que se refere ao número de anos [que ainda tens de vida],
Se o objeto que seguras na mão direita estiver ausente
Esta [indicação] é chamada "separação da divindade em quem confiaste"[22],
E indica que tua vida poderá terminar ao fim de sete anos.
Se a mão direita estiver ausente,
[Isso indica que] poderás morrer ao fim de cinco anos.
Se a mão esquerda estiver ausente,
[Isso indica que] poderás morrer ao fim de três anos.
Se estiver ausente a perna direita abaixo do joelho,
Poderás morrer ao fim de dois anos.
Se estiver ausente a perna esquerda,
[Isso indica que] poderás morrer ao fim de um ano.

Em seguida, quando [avaliares] a completude [da imagem]
No que se refere ao número de meses [que ainda tens de vida]:
Se a parte direita da cabeça estiver ausente,
Poderás morrer ao fim de nove meses.
Se a parte esquerda da cabeça estiver ausente,
Poderás morrer ao fim de sete meses.
Se a cabeça inteira estiver ausente, mas não o pescoço,
Poderás morrer ao fim de cinco meses.
Se tanto a cabeça quanto o pescoço estiverem ausentes,
Poderás morrer ao fim de três meses.

21. Tanto a postura do vajra (*rdo-rje skyil-krung*) quanto o gesto da serenidade meditativa (*lag-pa mnyam-bzhag*) são aspectos da postura de sete pontos de Vairocana (*rnam-snang chos-bdun*). Sobre essa postura, ver o Glossário.

22. Tib. *brtan-pa'i lha-dang bral-ba.*

Se a parte superior do tronco estiver ausente,
Poderás morrer ao fim de dois meses.
Se a parte inferior do tronco estiver ausente,
Poderás morrer ao fim de um mês.

Em seguida, quando [avaliares] a completude [da imagem]
No que se refere ao número de dias [que ainda tens de vida]:
Se a parte direita do corpo estiver ausente,
Poderás morrer em vinte e nove dias.
Se a parte esquerda [do corpo] estiver ausente,
Poderás morrer em vinte e um dias.

Em segundo lugar, a figura [global da imagem] deve ser examinada como segue:
Se [a imagem] for quadrada, poderás morrer ao fim de cinco meses;
Se for redonda, poderás morrer ao fim de quatro meses;
Se for semicircular, poderás morrer ao fim de três meses;
E, se for retangular, poderás morrer ao fim de dois meses.
Em todos esses casos, a morte poderá ser evitada pelo ritual de enganá-la.
Contudo, se [a figura] for triangular, morrerás ao fim de um mês.
Se assemelhar-se a um cadáver amortalhado, morrerás ao fim de meio mês.
Se estiver de cabeça para baixo[23], morrerás ao fim de dez dias.
Nos últimos três casos, a morte não pode ser evitada e é absolutamente inelutável.

Em terceiro lugar, a cor [da imagem] deve ser examinada como segue:
Se for de cor branca e desaparecer gradualmente a partir do centro,
Isto é sinal de que desagradaste aos espíritos ofídicos da água, aos espíritos-reis e aos deuses.
Se for de cor preta e desaparecer gradualmente a partir da direita,
Isto é sinal de que foste sobrepujado por forças sedutoras e espíritos imprecatórios femininos.
Se for de cor vermelha e desaparecer gradualmente a partir da esquerda,
Isto é sinal de que foste possuído por espíritos marciais obsedantes e por teus próprios deuses companheiros vitalícios,
Ou ainda de que depararás com ferimentos e doenças.
Se for de cor amarela e desaparecer gradualmente a partir da cabeça,
Isto é sinal de que foste possuído por espíritos ofídicos da água, espíritos-reis e espíritos feiticeiros.
Se for de cor azul e desaparecer gradualmente a partir das pernas,

23. Tib. *spyi-gtsug bzlog-na*. Nossa leitura segue a edição Délhi (p. 450, l. 2). Em DR, p. 188, l. 6, lê-se *spyi-gtsug 'dug-na*.

Isto é sinal de que foste possuído por espíritos ofídicos da água e espíritos medicinais que habitam os lagos.
Se for esfumaçada e difusa,
Isto é sinal de que foste possuído por espíritos imprecatórios femininos e pelos acólitos de Yama.
Se tiver aparência amarelenta e desigual,
[Isto é sinal de que foste possuído] pelos espíritos senhores do solo.
Se for de cor berrante, irregular e variegada,
[Isso indica que] foste possuído pelas oito classes de espíritos,
Que compreendem as diversas forças sedutoras da morte.
São estes os [sinais] reconhecidos no que se refere às cores [da imagem refletida].

Quando ocorrer qualquer um dos sinais de morte acima [enumerados],
Deves aplicar-te com perseverança [às práticas estabelecidas] no *Ritual de enganar a morte*
E depois reexaminar [a imagem] da maneira descrita anteriormente.
Se os membros estiverem completos,
[A morte] poderá ser ritualmente enganada.
Porém, se o ritual de enganar a morte não tiver eficácia, mesmo depois de aplicado três vezes,
Este é um sinal de que chegou a hora de tua vida terminar.
Portanto, os dotados do mais elevado [potencial] devem preservar aquele ponto de vista
Que corresponde à profunda natureza permanente [da realidade][24];
Os dotados de [potencial] médio devem meditar na divindade de meditação de acordo com os estágios de geração e perfeição;
E os dotados do [potencial] mais baixo devem perseverar na acumulação [de mérito].

[Foi apresentada] a análise da imagem refletida no céu.

SINAIS DE MORTE PRÓXIMA

Será apresentada agora a análise dos sinais de morte próxima.
O exame [dos sinais] descritos até esta altura deve ser feito enquanto estiveres com boa saúde,
Pois [nesse estado ainda] há amplas possibilidades [de recuperação], uma vez que os sinais de morte distante podem ser revertidos pelo ritual.
Aqui, contudo, no que se refere aos doentes,
Os sinais que indicam a morte [próxima] surgem como segue:

24. Tib. *gnas-lugs zab-mo'i lta-ba.*

Se tuas gengivas ficarem pretas e encardidas,
Isto é o que se chama "reunião dos demônios pessoais dos elementos"
E indica que poderás morrer ao fim de nove dias.
Se as narinas cederem e afundarem para dentro,
Isto é o que se chama "bloqueio da passagem do sopro vital"
E indica que poderás morrer ao fim de nove dias.
Se os membros apresentarem convulsões reiteradas, estirando-se e contraindo-se,
Isto é o que se chama "escalar a montanha dos cinco elementos"
E indica que poderás morrer ao fim de cinco dias.
Se os olhos fitarem fixos, sem piscar,
Isto é o que se chama "fuga do sopro vital semelhante à mãe"[25]
E indica que poderás morrer ao fim de três dias.
Se as bochechas afundarem para dentro,
Isto é o que se chama "ruptura dos limites do elemento terra"
E indica que poderás morrer daí a dez dias, ao romper do dia.
Se a respiração permanecer continuamente agitada,
Isto é o que se chama "colisão entre a energia vital e a mente"
E indica que poderás morrer ao fim de seis dias[26].
Se a ponta do nariz se inclinar para a direita ou para a esquerda,
Isto é o que se chama "decepação do cavalete do nariz"
E indica que poderás morrer ao fim de sete dias.
Se de teus olhos as lágrimas correrem de modo incontrolável,
Isto é o que se chama o "impedimento"
E indica que poderás morrer ao fim de cinco dias.
Se a bochecha direita ou esquerda afundar para dentro,
Isto é o que se chama "decepação do músculo interveniente"
E indica que [poderás morrer] ao fim de um dia.
Se as maxilas se travarem,
Isto é o que se chama "bloqueio do caminho dos elementos"
E indica que poderás morrer ao fim de dois dias e meio.
Se surgir na língua uma mancha negra,
É certo que morrerás ao fim de dois dias.
Se as orelhas apresentarem-se achatadas, junto à cabeça,
Isto é o que se chama "bloqueio da escadaria das orelhas"
E indica que poderás morrer ao fim de meio dia.
Se afundar o apêndice xifoide, na extremidade inferior do esterno,
Isto é o que se chama "ruptura do apoio do elemento água"
E indica que poderás morrer ao fim de duas semanas.

25. Tib. *rlung-yum shor-ba*.
26. Note o leitor que em DR (p. 191, l. 2) e nas reimpressões indianas lê-se "seis meses" (*zla-ba drug*).

Se houver forte tremor nas mãos por período prolongado, quer estejas em pé, quer sentado,
Deves saber que poderás morrer em breve.

Outros sinais de morte [próxima] também devem ser examinados da seguinte maneira:
Ao meio-dia, deves voltar-te para o sul,
Apoiando os cotovelos sobre os joelhos,
E, levantando a mão,
Deves colocar [o pulso] no ponto entre as sobrancelhas
E fitar tua mão com os dois olhos.
[A imagem do braço] parecerá muito fina, e, se desaparecer em seguida,
Isto é o que se chama "ruptura do elo entre a atmosfera e a terra"
E indica que poderás morrer ao fim de dezenove dias.

[Ou, senão, deves posicionar-te ao nascer do sol] com uma lagoa ou açude ao leste
E, de pé, voltares o olhar para a superfície de uma parede situada a oeste.
Surgirão duas sombras sobrepostas, uma acima da outra,
E, se a sombra de cima desaparecer,
Isto é o que se chama "queda daquele que monta uma leoa desde as vertentes do Monte Sumeru"
E indica que poderás morrer ao fim de quinze dias e meio.

[Ou, ainda, deves examinar irregularidades numa amostra de tua urina][27]:
De manhã, depois de uma noite em que não tenhas mantido relações sexuais,
Nem ingerido bebida alcoólica nem falado em excesso,
Deves encher um recipiente de argila com tua [primeira] urina, ao nascer do sol, e examiná-la.
Se [a urina] desprender um vapor azulado ou avermelhado que desaparece em seguida,
Isto é o que se chama "desaparecimento da espuma do mar"
E indica que certamente morrerás ao fim de nove dias.
Se o vapor for enegrecido e pútrido,
[Isso indica que] morrerás ao fim de um dia.
Se o vapor for vermelho e manchado, poderás morrer ao fim de nove [dias].

[Ou, ainda], deves defecar ao nascer do sol,
E, se não subir vapor [das fezes],

27. Para uma discussão sobre os elaborados procedimentos para a análise geral da urina, ver *Tibetan Medical Paintings*, pp. 139-48 e 295-304.

Isto é o que se chama "cessação da fumaça dos monges nas cidades do elemento terra"
E indica que poderás morrer ao fim de nove dias.

[Além disso], se, ao pressionares os olhos [fechados], não surgirem círculos de luz,
Isto é o que se chama "pôr do sol imutável no cume do Monte Sumeru"[28]
E indica que poderás morrer ao fim de três ou sete dias.

[Além disso], se, cobrindo os ouvidos com os dedos,
O zumbido que [normalmente] se ouve estiver ausente,
Isto é o que se chama "interrupção do som natural das ḍākinīs de dentro do Monte Sumeru"[29]
E indica que poderás morrer ao fim de sete ou treze dias.

[Ou senão], numa manhã ensolarada,
Deves voltar tuas costas para o sol
E, se não [vires] nenhuma evaporação do topo da cabeça de tua sombra,
Isto é o que se chama "ruptura da Árvore que Atende a Todos os Desejos desde o cume do Monte Sumeru"[30]
E indica que poderás morrer ao fim de cinco dias.

[Além disso], se um único tufo de cabelo excepcionalmente se empinar desde a parte posterior do topo da cabeça,
Isto é o que se chama "o senhor negro da morte, Yavati, de uma perna só, insurgindo-se como inimigo da Árvore que Atende a Todos os Desejos"[31]
E indica que poderás morrer ao fim de sete dias.

A ocorrência de qualquer um destes [sinais da] morte
Indica o quadro temporal específico [da morte iminente].
Portanto, ocorrendo tais [sinais], o *Ritual de enganar a morte* deve ser realizado três vezes.

---

28. Com relação a esse sinal chamado "pôr do sol imutável no cume do Monte Sumeru" (*ri-rab rtse-la mi-'gyur nyi-ma nub*), o Capítulo 9 não especifica nenhum método ritual de evitar a morte. A edição Délhi traz uma nota que diz: "se, ao contrário, houver pequenos círculos de luz, isso indica que o indivíduo adoecerá".

29. A edição Délhi traz uma nota que diz: "se, ao contrário, há um leve zumbido, isso indica que o indivíduo adoecerá".

30. Com relação a esse sinal chamado "ruptura da Árvore que Atende a Todos os Desejos desde o cume do Monte Sumeru" (*ri-rab rtse-nas dpag-bsam ljon-shing chag*), o Capítulo 9 não especifica nenhum método ritual de evitar a morte. A edição Délhi traz uma nota que diz: "se, ao contrário, estiver presente o menor sinal de evaporação, isso indica que o indivíduo adoecerá".

31. Yavati é identificado de modo mais específico como um acólito de Mahākāla ou como um aspecto de Pehar. A versão Délhi traz uma nota que diz: "se, ao contrário, o tufo de cabelo permanecer em pé por um tempo curto, isso indica que o indivíduo adoecerá". Sobre as fontanelas posterior e laterais compreendidas na expressão *ltag-pa'i bdug-sgo-dag*, ver *Tibetan Medical Paintings*, pp. 249-50.

Se isto for feito [com sucesso], a morte prematura será evitada.
Deves [portanto] aplicar-te e perseverar nas instruções práticas
[Ensinadas] na *Libertação natural do temor por meio do ritual de enganar a morte*.
Se, porém, o ritual de enganá-la não tiver efeito
Apesar de ter sido executado em três ocasiões,
A morte está decretada, pois a extensão de tua vida chegou ao fim.

DIVERSOS SINAIS DE MORTE[32]

Segue-se agora a apresentação de diversos sinais de morte.
Quer estejas doente, quer são,
Se não conseguires enxergar com os olhos a ponta do nariz,
Poderás morrer ao fim de cinco meses.
Se não conseguires enxergar a ponta da língua,
Poderás morrer ao fim de três dias mesmo que não estejas doente.
Se, olhando para a superfície de um espelho brilhante,
Não conseguires enxergar com o olho esquerdo, poderás morrer ao fim de sete meses.
[Em geral], quando se respira na palma da mão [de bem perto], sente-se o calor,
E quando se faz o mesmo [de longe], sente-se frio.
Se, porém, essas sensações se inverterem,
Deves saber que poderás morrer ao fim de dez dias.
Se, procurando teu reflexo numa vasilha cheia de água,
Não vires reflexo, nem imagem, nem nada semelhante,
Também isto é sinal de morte.
Se, ao tomares banho, a água não se pegar à área [do teu corpo] em volta do coração,
Ou se a água secar [rapidamente] em volta do coração, isto pode ser indício de morte.
Afirma-se [também] que, caso um estalar de dedos não emita som, isto pode ser indício de morte;
E, se os tornozelos se mostrarem saltados das pernas,
Diz-se que poderás morrer ao fim de um mês.

Afirma-se, [além disso], que, se não deixares pegadas na terra macia, isto pode ser indício de morte.
E, se ficares mais fraco depois de comer alimentos nutritivos,
E se tua sombra mudar [sua figura de modo antinatural], também isto pode ser indício de morte.

32. Tib. *'chi-ltas thor-bu*. Sobre essa categoria de sinais, também classificados como "mudanças súbitas ligadas à morte" (*glo-bur rnam-gyur-gyi 'chi-ltas*) na tradição médica tibetana, ver *Tibetan Medical Paintings*, pp. 207-8.

Quando piolhos e lêndeas [de repente] se acumulam ou partem, isto pode ser indício de morte.
Se um temperamento, antes pacífico ou furioso, muda para seu contrário,
E se um padrão de comportamento, antes bom ou mau, se modifica,
Também estes são sinais que indicam a morte da pessoa.
Se faltar a cabeça ou um dos membros à tua imagem refletida na água ou num espelho,
Também este pode ser um indício de morte.
Se houver retração do pênis e protrusão dos testículos, ou vice-versa,
Se o pulmão passar a soltar um assovio que antes não se ouvia
E se não conseguires sentir o cheiro de uma lamparina de manteiga que se apaga,
Todos estes, segundo se diz, são sinais de que certamente morrerás [em momento muito próximo].

Além desses sinais, também podem ocorrer os seguintes:
Confusão túrbida e obscurecimento da consciência normal,
Perda do apetite que antes se tinha,
Constrangimento e incapacidade de executar atos virtuosos,
[Inquieta] vontade de sair de onde se está e incapacidade de permanecer num só lugar,
Desconforto na cama e insônia,
Amnésia e desorientação recorrentes,
Lembranças recorrentes dos parentes falecidos e desejo de estar [novamente] com eles,
Desejo de morrer e desejo de suicidar-se,
Desejo de vagar e viajar sozinho, sem companheiros,
Letargia, pusilanimidade e mudanças no caráter,
Fraqueza e convergência de muitas doenças diferentes,
Sonhos perturbados e reiteradamente negativos,
O despertar de uma poderosa ansiedade mental.
Conduta ímpia, que não evita os cinco estados mentais dissonantes e venenosos,
Falta de clareza e perda de fé nas [sublimes] instruções,
E incontinência ou constante secreção dos fluidos geradores.

Tais são os [diversos] sinais de que a morte se aproxima.
Examina-os e consulta-os com consciência!
Então, [se de fato chegou a hora da morte],
Deves executar a transferência de consciência![33]

33. Sobre essas práticas, ver Capítulo 10.

SINAIS DE MORTE MUITÍSSIMO PRÓXIMA

Segue-se agora a apresentação dos sinais de morte muitíssimo próxima:
As cinco faculdades sensoriais se dissolvem sequencialmente,
E, como sinal dessa [iminente] extinção das faculdades sensoriais,
Serás incapaz de digerir comida e bebida e poderás vomitar.
O calor corporal diminuirá, o pescoço não mais suportará o peso da cabeça
E a sentirás pendendo para baixo.

Então, os cinco elementos se dissolverão como segue[34]:
O elemento terra interno compreende a carne e os ossos.
Como indício de sua dissolução no elemento terra externo,
O corpo ficará pesado e sua pele, flácida, descairá em direção ao chão.
Nesse momento, à guisa de sinal interno, sentirás teu corpo afundando na terra.
Uma vez que energia da terra ter-se-á dissolvido na água,
Serás incapaz [de sustentar] tua forma física.
A força do corpo se esvairá e a consciência ficará nublada[35].

O elemento água interno compreende o sangue e a linfa.
Como indício de sua dissolução no elemento água externo,
Haverá secreção de saliva e muco nasal
Ao mesmo tempo que a garganta e a língua ficarão secas.
Uma vez que a energia da água ter-se-á dissolvido em fogo,
O calor do corpo se esvairá
E a consciência oscilará entre a clareza e a obtusidade[36].

O elemento fogo interno compreende o calor.
Como indício de sua dissolução no elemento fogo externo,
Os olhos revirar-se-ão para cima e não mais reconhecerás as pessoas.
Uma vez que a energia do fogo ter-se-á dissolvido em vento,
O calor [do corpo] convergirá[37].

34. Como se pode ver em Tsele Natsok Rangdrol, *The Mirror of Mindfulness*, p. 56, a sequência de dissolução dos elementos exteriores pode ser diferente.

35. Nesse ponto, o sinal secreto de luminosidade iminente se manifesta como uma miragem, e a visão do indivíduo ficará anuviada. Sobre a dissolução do elemento terra no elemento água e sua coincidência com a desintegração do centro de energia do umbigo, ver Tsele Natsok Rangdrol, *The Mirror of Mindfulness*, pp. 54-5.

36. Nesse ponto, o sinal secreto de luminosidade iminente se manifesta como uma névoa esfumaçada, e a audição do indivíduo ficará embotada. Sobre a dissolução do elemento água no elemento fogo e sua coincidência com a desintegração do centro de energia do coração, ver Tsele Natsok Rangdrol, *The Mirror of Mindfulness*, p. 55.

37. Nesse ponto, o sinal secreto de luminosidade iminente se manifesta como vaga-lumes vermelhos, e o olfato do indivíduo desaparecerá. Como indicam as pp. 155-7, o lugar do corpo de onde o calor se esvai indica

O elemento vento interno compreende a respiração.
Como indício de sua dissolução no elemento vento externo,
A respiração se tornará ofegante e sibilada e os membros sofrerão tremores.
À guisa de indício interno, a consciência se tornará turbulenta
Enquanto surgirão [visões] relampejantes e fugazes, semelhantes a miragens,
E todos os piolhos e lêndeas deixarão o corpo[38].

[Então], a "essência geratriz" vermelha, recebida da mãe, ascenderá,
E ocorrerá o fenômeno chamado "vermelhidão",
No qual todas as aparências ficam tingidas de vermelho.
Nesse momento, as aparências se dissolverão na "[consciência mental sutil de] crescente [vermelhidão]"
E cessarão os quarenta padrões de pensamento conceptual originados do apego[39].

[Então], a "essência geratriz" branca, recebida do pai, descerá,
E ocorrerá o fenômeno chamado "brancura",
No qual todas as aparências ficam tingidas de branco.
Nesse momento, a "crescente [vermelhidão]" se dissolverá na "[mente sutil de] consumação"
E cessarão os trinta e três padrões de pensamento conceptual originados da aversão.

[Durante esse processo, as exalações da] respiração se tornarão cada vez mais prolongadas
E todo o sangue do corpo convergirá no "canal da vida"[40],
E então uma única gota de sangue se formará no centro cardíaco.
Desse modo, ocorrerá o fenômeno chamado "negror",
Envolvendo em denso negrume a mente sufocante,
E experimentarás a sensação de estar caindo na escuridão, como que num abismo.

....

o local do renascimento subsequente. Sobre a dissolução do elemento fogo no elemento ar e sua coincidência com a desintegração do centro de energia da garganta, ver Tsele Natsok Rangdrol, *The Mirror of Mindfulness*, p. 55.

38. Nesse ponto, o sinal secreto de luminosidade iminente se manifesta como uma tocha flamejante, e o paladar do indivíduo desaparecerá. Sobre a dissolução do elemento ar no elemento espaço e sua coincidência com a desintegração do centro de energia dos genitais, ver Tsele Natsok Rangdrol, *The Mirror of Mindfulness*, pp. 55-6. Os cinco sentidos e todo o espectro dos fenômenos sensoriais também se dissolvem nesse estágio. Desse ponto em diante, a morte não pode ser evitada.

39. Note o leitor que em outros textos do mesmo gênero, a descida da brancura precede a ascensão da vermelhidão. Contudo, em seu *sKu-gsum zhing-khams sbyong-smon*, Jigme Lingpa segue a sequência apresentada aqui; e, segundo Tsele Natsok Rangdrol, op. cit., p. 57, é incerto se é a brancura ou a vermelhidão que aparece primeiro.

40. Tib. *srog-rtsa*. Na medicina tibetana, o chamado "canal vital negro" (*srog-rtsa nag-po*) é identificado com a aorta e o "canal vital branco", com a medula espinhal. Ver *Tibetan Medical Paintings*, pp. 191-2 e 197-8.

Nesse momento, a "consumação" se dissolverá na "[mente sutil de] quase consumação"
E cessarão os sete padrões de pensamento conceptual originados da ilusão.

[Durante esse processo], a boca se abrirá e os olhos revirarão para cima,
[Deixando à mostra] sua parte inferior branca.
As aparências externas [esmaecer-se-ão] como quando o sol se põe
E, por fim, as faculdades sensoriais, a memória e as percepções todas cessarão,
Com o que todas as aparências [externas] serão absorvidas em negror.
Nesse momento, a respiração [exalada] estender-se-á a uma distância de um cúbito [do corpo]
E [todas] as aparências internas [igualmente] virão a assemelhar-se a densas trevas.

Então, o sangue no coração formará duas gotas,
A cabeça penderá
E a respiração [exalada] estender-se-á a uma distância de uma flecha [do corpo].

Em seguida, o sangue no centro do coração formará três gotas
E, com sons guturais pronunciados como HIKA, a respiração [exalada] estender-se-á a uma distância de duas braças [do corpo][41].
A respiração externa cessará, e, engolfado pelo negror, perderás a consciência.
Então, as "essências geratrizes" branca e vermelha encontrar-se-ão no coração
E, quando isso ocorrer, desfalecer-te-ás num estado de bem-aventurança.
É assim que a consciência se dissolve em esplendor interno[42],
Engendrando a experiência do "deleite coemergente".
[Nesse momento], a consciência pura se dissolve na verdadeira realidade, no centro do coração, [como se] mãe e filho [se encontrassem][43].
[É também nesse momento que] a respiração interna cessará[44]
E a energia vital e a mente repousarão no canal central.

41. Sobre a importância das sílabas HI KA na transferência de consciência (*'pho-ba*), ver Capítulo 10, pp. 178-9.

42. Sobre a dissolução da consciência no esplendor interno (*'od-gsal*; scrt. *prabhāsvara*) durante o estado intermediário do momento da morte (*'chi-kha'i bar-do*), ver Capítulo 11, pp. 200-6.

43. Sobre os aspectos mãe e filho da realidade, também conhecidos como o esplendor interno da raiz que ocorre naturalmente e o esplendor interno do caminho cultivado, ver Capítulo 11, pp. 200-6. O esplendor interno do caminho é a percepção intrínseca cultivada pelos praticantes de meditação durante sua vida.

44. É durante o período que se segue à cessação da respiração externa grosseira (*phyi-dbugs*) e anterior à cessação da respiração interior sutil (*nang-dbugs*) – também conhecida como espírito vitalizante (*srog-'dzin-gyi rlung*; scrt. *prāṇa*) – que a energia vital e a mente se recolhem no canal central, recolhimento que causa inconsciência nos seres comuns. Sobre a distinção entre respiração interna e respiração externa, ver também Capítulo 11, p. 202.

[Nesse momento], o esplendor interno da raiz fulgura sobre todos os seres viventes,
E, no caso de uns poucos yogins que atingiram a realização,
Nesse momento, o esplendor interno do caminho encontra [o esplendor interno da raiz][45],
Como se mãe e filho [se encontrassem].
E [assim, agora], instantaneamente, num movimento ascendente que penetra o âmago,
Esses [yogins] realizam o incriado Corpo Búdico de Realidade
E, por meio dos Corpos Búdicos de Riqueza Perfeita e de Emanação,
Realizarão ações inestimáveis para o benefício de todos os seres.
[Assim], os três corpos búdicos estarão espontaneamente presentes
E o estado búdico terá sido atingido.

Por causa disso, deves compreender a importância de haver obtido um corpo humano
E acalentar o cultivo da experiência dos profundos ensinamentos [sagrados].
Haja vista que, muito embora o autêntico esplendor interno [da raiz sempre] surja [no momento da morte],
Não será reconhecido
Por nenhum dos seres que não realizaram [anteriormente o esplendor interno do caminho].
Os nascimentos [passados] que recebeste e deixaste para trás são inumeráveis e infinitos,
E, conquanto o esplendor interno tenha de fato surgido um [número] indescritível [de vezes],
Foi [reiteradamente] obscurecido pela densa [névoa da] ignorância coemergente,
[Com o que] vieste a vagar indefinidamente pela existência cíclica.
É por isso que é importante alcançar um nível seguro [de realização nesta vida].

[SINAIS QUE INDICAM O LOCAL DO RENASCIMENTO SUBSEQUENTE]

No momento em que a respiração externa está a ponto de cessar [como foi descrito acima],
Ocorrerão também sinais [que indicam] o local do renascimento subsequente.
Se [no momento da morte] a mão direita trepidar, dizeres palavras sem sentido

....

45. O esplendor interno do caminho (*lam-gyi 'od-gsal*) é experimentado pelos praticantes e yogins em suas práticas espirituais antes da morte. Ver no Glossário o verbete *Esplendor interno*.

E o calor corporal se retirar da axila direita,
[Isso indica que] renascerás como um titã.
Se o muco nasal e o vento vital saírem pela narina esquerda
E o calor corporal se retirar do olho esquerdo,
[Isso indica que] renascerás como um ser humano.
Se sons animais forem emitidos pela boca, urina for secretada pela uretra
E o calor corporal se retirar dos órgãos genitais,
[Isso indica que] renascerás como um animal.
Se a pele se tornar amarelada e perder o brilho
E houver salivação, acompanhada de sensação de fome,
E for secretado fluido reprodutivo,
[Isso indica que] renascerás como um espírito faminto.
Se a perna direita trepidar, se houver defecação,
Se houver sensação de raiva e o calor corporal se retirar das solas dos pés,
Diz-se que essa pessoa renascerá nos infernos.
Se experimentares intenso orgulho, se o calor corporal se retirar das orelhas
E a consciência for emitida pelos ouvidos,
[Isso indica que] renascerás como um *yakṣa*[46].

Se prevalecerem boas circunstâncias [na hora da morte],
Se forem mínimas as disfunções dos órgãos vitais, se a consciência estiver clara
E se teu mestre espiritual e companheiros de prática se reunirem com uma perspectiva inspirada,
E se, [ainda], surgirem linfa e outros sinais no topo da cabeça,
Diz-se então que alcançarás a libertação ou renascerás num dos domínios superiores[47].
Portanto, é importantíssimo [criar] as circunstâncias corretas na hora da morte.

Além disso, há indicações e sinais de renascimento superior ou inferior
Que ocorrem após a morte de um ser senciente.
Estes se referem a mudanças ocorridas no céu, que devem ser examinadas no decorrer de um número [adequado de] dias:
Se o céu se tornar marrom-escuro, ou [nuvens] vaporosas se levantarem,
Ou se houver ventos, brisas geladas, nevascas e assim por diante,
Todos esses sinais indicam que [o falecido] renascerá nos domínios infernais.

46. Tib. *gnod-sbyin*. Outros textos sugerem que esse modo de renascimento é indicado pela emissão da consciência pelo nariz. Ver Lati Rinpoche e J. Hopkins, *Death, Intermediate State and Rebirth in Tibetan Buddhism*, p. 53; ver também A. Wayman, *The Buddhist Tantras*, p. 141. Sobre o termo *yakṣa*, ver Glossário.

47. Sobre a transferência de consciência (*'pho-ba*) pela abertura do topo da cabeça e o surgimento de linfa no topo da cabeça como sinal de sucesso nessa prática, ver adiante, Capítulo 10, pp. 177-8.

Se o céu for coberto por uma névoa sem brilho e o sol e a lua esmaecerem,
Se não houver vento nem brisa e o sol estiver obscurecido,
Ou se houver pancadas esparsas de chuva, ou ainda se chover no começo da noite,
Todos esses sinais indicam que [o falecido] renascerá nos domínios dos espíritos famintos.
Se o céu se tornar amarronzado e houver uma nuvem negra contínua,
Ou se houver neblina e um desagradável céu marrom,
Todos esses sinais indicam que [o falecido] renascerá nos domínios dos animais.
Se as nuvens do céu se tingirem de um negro amarelado e assumirem formas terrificantes,
E se deslocarem furiosamente para lá e para cá, levadas pelo vento,
Ou se houver raios e trovões, e o sol e a lua se tornarem invisíveis,
Todos esses sinais indicam que [o falecido] renascerá nos domínios dos titãs.
Se o céu estiver luminoso e o sol e a lua, claramente visíveis,
[Ou se a atmosfera estiver] perfeitamente clara, sem vento nem brisa,
Todos esses sinais indicam que [o falecido] renascerá nos domínios dos deuses.
Se o céu estiver limpo e claro e surgirem finas nuvens brancas, semelhantes à seda,
Ou se o sol e a lua forem circundados por auréolas de luz,
Todos esses sinais indicam que [o falecido] renascerá nos domínios dos seres humanos.

Se surgir uma das indicações [enumeradas] acima, qualquer que seja,
Isso significa que [o falecido] renascerá num ou noutro dos seis domínios [mundanos].
Esses [sinais] ocorrerão dois, três ou sete dias após a morte,
Como explica o *Tantra da cremação dos cadáveres*[48].

Os indícios de que [o falecido] realizou os três corpos búdicos com um renascimento puro
Ou de que alcançou a libertação à maneira daqueles que percorrem os céus
Estão explicados no *Tantra da cremação dos cadáveres* e na *Libertação pelo uso junto ao corpo*[49].
Deves, portanto, consultar minuciosamente essas fontes.

48. Tib. *sKu-gdung 'bar-ba'i rgyud*. Esse texto é um dos Dezessete Tantras da Classe de Instruções Esotéricas da Grande Perfeição (*rdzogs-chen man-ngag sde'i rgyud bcu-bdun*) e está contido em NGB, vol. 3.
49. Tib. *bTags-grol*. Esse texto é o assunto do Capítulo 14, pp. 299-330

CONCLUSÃO

Uma vez que os seres viventes não sabem quando vão morrer,
Estes sinais de morte devem ser procurados reiteradamente.
Quando ocorrerem os sinais que indicam que a morte é certa,
Deves renunciar a todos os teus bens
E recordar-te claramente do mestre espiritual
E dos companheiros de prática, reunidos ao redor de ti, bem como dos ensinamentos orais.
Em específico, deves preparar-te para aplicar a transferência [de consciência][50]
E ouvir e ponderar os ensinamentos da *Libertação pela auscultação nos estados intermediários*[51].

[Entretanto], quando de fato ocorrem os sinais de morte externos, internos e secretos,
Se não realizares o *Ritual de enganar a morte*[52]
Incorrerás na queda de abandonar as assembleias das Divindades Pacíficas e Furiosas,
Que são os Conquistadores, presentes dentro de teu próprio corpo[53].
Em decorrência disso, teus pactos degenerar-se-ão e encaminhar-te-ás para os infernos.
Diz-se que este ato é ainda mais negativo que os [cinco] crimes irremissíveis.
Portanto, deves perseverar com diligência nas práticas do *Ritual de enganar a morte*.
[Além disso], se a consciência for transferida [cedo demais],
Quando estiverem presentes [somente] um ou outro dos sinais de morte externos ou internos,
Isto é o que se chama "assassinar as divindades".
Não deves permitir que isso ocorra, pois a queda será extremamente grande.
Porém, se todos os sinais de morte estiverem completamente presentes e não puderem ser revertidos,
Então, e somente então, deverás aplicar as instruções para a transferência de consciência.
No que se refere às vantagens da aplicação oportuna da transferência de consciência, dizem os tantras
Que mesmo aquele que cometeu um dos crimes irremissíveis
Procederá a renascimentos superiores e estados de bem-aventurança

50. Como explicado no Capítulo 10.
51. Tib. *Bar-do thos-grol*. Esse texto é o assunto do Capítulo 11, pp. 191-264.
52. Tib. *'Chi-ba bslu-ba*. Esse texto é o assunto do Capítulo 9, pp. 161-71.
53. A presença das Divindades Pacíficas e Furiosas no coração e no cérebro já foi explicada em detalhes. Ver Capítulo 5, pp. 53-82.

E poderá alcançar a libertação [mediante a oportuna aplicação daquelas instruções].

EMA! Apresentei aqui a *Libertação natural por meio [do reconhecimento] dos sinais e indicações visuais da morte*,
Que é um texto de apoio aos ensinamentos da *Libertação pela auscultação nos estados intermediários*,
Extraído de *As Divindades Pacíficas e Furiosas: um profundo ensinamento sagrado [chamado] libertação natural por meio [do reconhecimento] da intenção iluminada*.
Ó yogins da posteridade, compreendei isto tal como é!
SAMAYA! *rgya rgya rgya!*

Que [este ensinamento] seja encontrado por seres bem-afortunados
Que possuam um resíduo [positivo] de ações passadas
E sejam inteligentes, fiéis, perseverantes e compassivos.
Que [as atividades associadas a este ensinamento]
A *Libertação natural por meio [do reconhecimento] dos sinais e indicações visuais da morte*, não se esgotem
Até que a existência cíclica tenha sido esvaziada!

Este é um ensinamento-tesouro revelado pelo mestre consumado Karma Lingpa. Que prevaleça a virtude!

9

Libertação natural do temor por meio do ritual de enganar a morte

CONTEXTO

Este é o texto que completa o capítulo precedente. Descreve as práticas a serem executadas quando os sinais irreversíveis de morte são detectados.

O rito geral consolidado descrito neste capítulo segue a estrutura clássica de muitos rituais protetivos do *Vajrayāna*. Este rito consolidado, e outros ritos semelhantes, são realizados com frequência nas comunidades budistas tibetanas de hoje, tanto para o benefício do próprio praticante quanto para o benefício de outros*. Por outro lado, os ritos específicos, ligados a sinais específicos, são idiossincráticos e sua prática não é comum.

* Para uma seleção muito bem traduzida de rituais de proteção do *Vajrayāna*, ver Stephen Beyer, *The Cult of Tārā*.

Aqui se encontra a *Libertação natural do temor por meio do ritual de enganar a morte*[1], extraída de *As Divindades Pacíficas e Furiosas: um profundo ensinamento sagrado [chamado] libertação natural por meio [do reconhecimento] da intenção iluminada*[2].

Me prostro diante do glorioso e transcendente [Vajra]kumāra, cuja face se contrai em fúria![3]

Devem-se expor agora os métodos pelos quais a morte pode ser evitada e adiada, para que os seres viventes possam ser libertados do sofrimento e para que [especialmente] os sofrimentos da morte, inescapáveis e amaríssimos, possam ser afastados por Mahākāruṇika[4]. Pois os sofrimentos de todos esses seres [que são afligidos pelas agruras da morte] podem ser completamente eliminados [por meios rituais]. Ocorre que, para alguns filhos da natureza búdica, surgirão os sinais de proximidade da morte [quando forem procurados] segundo se descreve no capítulo anterior. As instruções esotéricas para evitar [os sinais que indicam] a rápida aproximação do ano ou mês [da morte] compreendem tanto um rito geral consolidado quanto ritos especiais.

RITO GERAL CONSOLIDADO PARA EVITAR A MORTE

O rito geral para evitar a morte é aplicável nos casos em que a duração da vida é ameaçada por forças criadoras de obstáculos e [pelo desequilíbrio das] forças elementais. Ora, o corpo do indivíduo é como um suporte para os cinco elementos e compreende naturalmente cinco apêndices, cinco órgãos dos sentidos, cinco vísceras sólidas, cinco vísceras ocas e cinco grandes canais de energia. Em cada uma dessas partes [da anatomia], os cinco elementos circulam no sentido

1. Tib. *'Chi-bslu 'jigs-pa rang grol*. O *Tengyur* contém alguns textos de rituais que, assim como o do capítulo presente, têm por objetivo enganar a morte (*'chi-ba bslu-ba*; scrt. *mṛtyusthāpaka*), entre os quais se incluem os de Tathāgatarakṣita (T 1702), Vāgīśvarakīrti (T 1748) e Ajitamitragupta (T 2839). Ao texto presente também se atribui um título híbrido de sânscrito: *Krodha amukha bhela*.

2. Tib. *Zab-chos zhi-khro dgongs-pa rang-grol*.

3. Na edição Varanasi, p. 213, lê-se Vajrakumāra (*rdo-rje gzhon-nu*). DR, p. 206, l. 1, mostra somente *gzhon-nu*. Vajrakumāra é o ser ao qual se dirige essa invocação, pois é a encarnação da atividade búdica.

4. Os mais antigos textos de orientação sobre os estados intermediários que chegaram ao nosso tempo parecem ter forte relação com este bodhisattva em particular. Ver, por exemplo, *Kāraṇḍavyūhasūtra* e M. Lalou, "Chemins du mort dans le croyances de haute-asie", que inclui a tradução de um antigo manuscrito chamado *Exposé du chemin du mort* (*gshin-lam bslan-ba*), que se refere particularmente a Avalokiteśvara como a divindade que guia e resgata os que se encaminhavam a renascimentos infernais.

horário[5] e a cessação da vida pode ocorrer por circunstâncias [externas], por uma combinação de elementos internos conflitantes ou pela atuação de uma poderosa força criadora de obstáculos. A hora da morte pode ser determinada pela observação direta dos sinais associados a essas [três causas de morte], quando e como eles se manifestarem.

Imediatamente depois da experiência inicial desses [sinais], devem ser realizados os ritos [apropriados] para evitar a morte, que incluem cerimônias, serviços e exorcismos.

A esse respeito, [deve-se estar ciente de que] dos doze meses do ano, cada um dos cinco elementos rege dois deles, e os dois meses restantes são regidos [pelos cinco elementos] em comum. Além disso, em cada um dos meses [do ano], cada um dos [cinco] elementos rege um período de cinco dias, e os cinco dias [restantes] são igualmente regidos [por todos os elementos] em comum. Porém, [os sinais da morte] não podem ser revertidos quando uma força elemental [desequilibrada] ou malevolente adquire o controle total do corpo. Do mesmo modo, por exemplo, o fogo que irrompe numa alta fortaleza é controlado mais facilmente enquanto está restrito ao andar inferior, mas se chegar ao topo [da fortaleza] já não poderá ser apagado.

A pessoa em quem se manifestaram os sinais [da morte] deve antes de tudo fazer oferendas preliminares para o mestre espiritual e para as Três Joias Preciosas e acumular tanto mérito quanto possível. Depois, deve realizar o ritual para evitar [um desequilíbrio nos elementos] por meio da ação das rodas e sílabas-semente dos elementos. Isto deve ser feito do seguinte modo: [Primeiro], que desenhe uma série de rodas [representando os elementos] em papel indiano ou folha de palmeira. A representação da roda [verde] do elemento ar[6] deve ter quatro raios, uma circunferência e cinco sílabas YAṂ inscritas, uma em cada raio e uma no centro, com as vogais e consoantes [desenhadas] na circunferência exterior[7]. A roda vermelha do elemento fogo deve ser semelhante à do ar, com quatro raios etc., mas com cinco sílabas RAṂ, nas mesmas posições da roda do ar, com as vogais e consoantes na circunferência, [tudo como] na roda do ar. Igualmente, a roda amarela do elemento terra deve ter cinco sílabas LAṂ, a roda branca do elemento água deve ter cinco sílabas KHAṂ e a roda azul do elemento espaço deve ter cinco sílabas E. [Então], em cada uma dessas rodas deve ser visualizada a divindade que encarna a natureza do elemento correspondente, segundo as cores de suas respectivas rodas[8].

5. Sobre o princípio de duração da vida (*tshe'i rtsa*) no decorrer do ciclo mensal, resumindo em si os cinco elementos, e sobre a localização dos pontos vulneráveis do corpo, ver *Tibetan Medical Paintings*, pp. 39-40.

6. Tib. *rlung-gi 'khor-lo*. Sobre as estabilidades meditativas associadas aos cinco elementos e a relação entre as cinco cores, os cinco elementos e as cinco sílabas-semente, ver Longchen Rabjampa, GGFTC, pp. 619-20.

7. Trata-se aqui das vogais (*a-li*) e consoantes (*ka-li*) do alfabeto sânscrito. Sobre seu simbolismo, ver Longchen Rabjampa, GGFTC, pp. 554-99.

8. As divindades que encarnam os elementos correspondem às divindades do panteão hindu, isto é, Pavana, que encarna o elemento ar; Agni, que encarna o elemento fogo; Varuṇa, que encarna o elemento água; e Viṣṇu, que encarna o elemento terra. Sobre a perspectiva budista, ver Longchen Rabjampa, GGFTC, pp. 1.124-8.

Em seguida devem ser feitas cinco oferendas, [uma] para [cada uma dessas] divindades; deve-se confessar toda negatividade e orar pelo propósito desejado. Depois disso, as sílabas-semente de cada [divindade] devem ser recitadas tantas vezes quantos forem os anos de vida da pessoa, e devem-se [visualizar as sílabas--semente] absorvidas cada qual em sua [respectiva] divindade[9]. Então, [as representações] das rodas [elementais] devem ser colocadas em recipientes feitos com duas tigelinhas de massa de farinha, [tigelinhas essas] que são seladas e atadas uma à outra com fitas de cinco cores, formando [o desenho de] uma cruz.

Além disso, deve ser feita com a mesma massa uma imagem da forma humana do ofertante, com um cúbito de altura. A massa deve ser misturada com madeira, água, fogo, terra e com a respiração de diversas espécies de seres sencientes[10]. [Representações das] cinco sílabas-semente devem ser inseridas nos cinco órgãos dos sentidos [que lhes correspondem nessa imagem][11].

Para as substâncias a serem usadas no ritual de enganar as forças malevolentes [que causam a morte], devem ser criados substitutos, que podem ser feitos de argila vermelha de zarcão ou de massa de farinha pintada. Os substitutos devem ser todos do mesmo tamanho, medindo em dedos o equivalente à idade do ofertante em anos, pintados de preto, vermelho, amarelo, branco, verde e multicoloridos[12]. Devem ser misturados com a sujeira da pele, as roupas, o muco nasal, a saliva, as lágrimas, o cabelo, as unhas e demais substâncias semelhantes do ofertante; também devem ser misturados com gemas e outras substâncias preciosas moídas. Devem ser adornados com fios de lã das [cinco] cores e diversas sedas, além de decorados com diversos tipos de penas de aves, [que indiquem] os maus augúrios[13]. Cada [substituto] deve então ter uma oferenda de torma [preparada para ele], que lhe corresponda em cor, e [deve ser cercado por] oferendas *chang-bu*, de massa de farinha, em número correspondente à idade do ofertante em anos.

Em seguida, o ofertante deve consagrar todos [os substitutos] com os seis mantras e os seis gestos e repetir as seguintes palavras: "Tomai-os! Tomai-os! Ó poderosos entes [malignos]! Vossas ânsias! Vosso apego! Vossos desejos! Vossas memórias! Vossa ganância! Vossos pensamentos! Vosso contato! Deixai-os! Pacificai-vos! Sede livres!"

....

9. YAṂ é absorvida em Pavana, RAṂ em Agni, LAṂ em Viṣṇu e KHAṂ em Varuṇa.

10. DR, p. 209, l. 3 acrescenta uma nota sugerindo que sejam incluídas a respiração de cavalos, elefantes e búfalos.

11. DR, p. 209, l. 4 acrescenta uma nota indicando que a sílaba RAṂ deve ser inserida nos olhos da imagem, a sílaba KHAṂ nos ouvidos, a sílaba LAṂ na língua, a sílaba YAṂ no nariz e a sílaba E no pescoço.

12. DR, p. 209, l. 6 acrescenta que os substitutos devem ser negros quando ofertados a forças malevolentes masculinas (*bdud*), vermelhos quando ofertados a espíritos marciais obsedantes (*btsan*) e a espíritos ofídicos híbridos obsedantes (*klu-bstan*), amarelos quando ofertados a espíritos híbridos de espíritos ofídicos e espíritos causadores de pestilências (*klu-gnyan*) e a duendes malignos (*the'u-rang*), brancos quando ofertados aos espíritos-reis (*rgyal-po*), verdes quando ofertados a forças malevolentes femininas (*bdud-mo*) e às divindades rurais (*yul-lha*) e, por fim, multicoloridos quando ofertados a ogros da terra (*sa-srin*).

13. Tib. *ltas-ngan-gyi bya-sgrog*. As penas de coruja em especial são consideradas anunciadoras de maus augúrios.

Então [os substitutos], juntamente com [as tigelas que contêm] as rodas [dos elementos], devem ser jogados na torrente de um rio largo. Assim será possível evitar a morte por até três anos. O melhor, portanto, é praticar este rito a cada três anos, mesmo antes que apareçam os sinais [de proximidade da morte].

RITOS ESPECÍFICOS PARA EVITAR A MORTE

Me prostro diante da divindade Mahākāruṇika,
Que é um santuário de grande gozo.

Apresentam-se agora os métodos empregados nos ritos específicos para evitar a morte.

[Ritual para reverter os sinais de morte próxima]

Em todos os ritos que se seguem, é melhor que o mestre espiritual do ofertante esteja presente. Se isso não for possível, que ao menos um amigo espiritual o acompanhe. Eles devem consagrar os cinco órgãos dos sentidos [do ofertante] com as iniciações das sílabas-semente dos elementos[14].

Então, nos casos em que as unhas perdem o brilho, [como descrito no capítulo anterior], um banquete religioso deve ser oferecido a sete monges. Doações devem ser feitas, e o ofertante deve fazer os votos [budistas] e vestir o manto amarelo. Se já tiver feito esses votos, deve renová-los agora. Assim, [a morte] será evitada.

Do mesmo modo, no caso em que a córnea se torna opaca, devem ser moldadas pequenas imagens de terra branca em número correspondente à idade em anos do ofertante. Depois de circumambular [as imagens] sete vezes, deve-se atirá-las num lago ou rio e, em seguida, sem olhar para trás, [recuar] um número de passos igual à idade em anos do ofertante, recitando-se ao mesmo tempo o Mantra do Coração da Originação Dependente[15].

Nos casos em que o cabelo da nuca crescer para cima, deve ser preparada uma massa de farinha com sementes pretas para fazer uma imagem substituta com um cúbito de altura. No coração dessa imagem devem ser inseridas frutas vermelhas esmagadas, em número equivalente à idade do ofertante em anos, e uma etiqueta com o nome do ofertante. O cabelo da imagem deve ser feito do cabelo do ofertante. Deve-se retirar sangue do corpo do ofertante e esfregá-lo na face da imagem. Esta deve ser então envolvida em roupas de propriedade do ofertante, manchadas

14. Neste ponto, os órgãos dos sentidos são consagrados com as sílabas-semente de cada um dos cinco elementos, a começar de LAṂ, a sílaba-semente do elemento terra.

15. O Mantra do Coração da Originação Dependente (*rten-'brel snying-po*), que liberta o contínuo perpétuo dos fenômenos e causa o aparecimento de relíquias múltiplas (*'phel-gdung*) e luzes de arco-íris, é: YE DHARMĀ HETUPRABHAVĀ HETUN TEṢĀṂ TATHĀGATO HY AVADAT TEṢĀṂ CA YO NIRODHO EVAṂ VĀDĪ MAHĀŚRAMAṆAḤ ("Para tudo o que decorre de uma causa, o Tathāgata nos ensinou essa causa, e o grande asceta virtuoso nos ensinou igualmente a cessação dessa causa"). Ver também Capítulo 14, p. 327; e S. Beyer, *The Cult of Tārā*, p. 146.

de pigmento preto. Em seguida, deve-se escavar um fosso escuro e triangular a cento e vinte e um passos da residência do ofertante e dentro do fosso recitar [RAṂ], a sílaba-semente do elemento fogo, tantas vezes quantos forem os anos de vida do ofertante. As seguintes palavras devem ser então repetidas três vezes: "Demônio negro! Toma esta [imagem]! Isto é importante! Isto é importante!" A imagem deve ser jogada no fosso; deve-se ainda defecar no fosso, cobri-lo de terra e correr para longe dele. Então, deve ser reexaminado [o sinal de morte indicado acima]. Se ele continuar como antes, o rito não foi eficaz [e não precisa ser repetido]. Contudo, não há a menor dúvida de que, se outros [sinais correlatos] não forem [completamente] revertidos por uma única realização [do rito], serão completamente revertidos por três realizações.

Nos casos em que surgir o sinal dos ossos [saltados] dos tornozelos, é necessário voltar-se para o sol na direção oeste quando ele está perto de se pôr e desnudar-se. Deve-se pôr sob si um rabo de cachorro e à sua frente um montinho de excremento; deve-se então comer um bocado e latir como um cão. Esse [rito] deve ser repetido três vezes.

Nos casos em que outra pessoa for afligida por uma doença: se as raízes de seus dentes aparecerem encardidas e negras, ela deve vestir a pele de uma cabra, olhar para o sol nascente e balir três vezes como cabra. Igualmente, nos casos em que as narinas se afundam para dentro, será benéfico visualizar a sílaba A na ponta do nariz[16], recitar a sílaba A vinte e uma vezes e banhar-se em vários rios.

Nos casos em que os membros reiteradamente apresentarem movimentos espasmódicos, será benéfico desenhar uma roda de quatro raios em cada um dos membros com uma solução de goma-laca e banhar-se tantas vezes quantos forem os anos de vida da pessoa em águas [consagradas], sobre as quais tenham sido recitados muitos mantras *dhāraṇī*.

Nos casos em que o olhar se fixa, deve-se preparar um generoso banquete religioso em benefício da comunidade monástica; e dar uma festa para um grupo de crianças em número equivalente aos anos de vida do ofertante. O ofertante também deve se vestir com roupas vermelhas.

Nos casos em que a bochecha direita afunda para dentro, [para os ritos do elemento terra], o ofertante deve moldar pequenas imagens de terracota em número equivalente aos anos de sua vida. Para os ritos do elemento água, devem ser feitas libações de água em número correspondente aos anos de vida do ofertante; para os ritos do elemento fogo, devem-se queimar oferendas em número igual ao dos anos de vida do ofertante; para os ritos do elemento ar, devem-se hastear bandeiras em número correspondente aos anos de vida do ofertante; e, para os ritos do elemento

16. Sobre o simbolismo da sílaba A do sânscrito, que indica a vacuidade, ver GGFTC, pp. 559-63. Essa sílaba é frequentemente utilizada como ponto focal para as meditações de serenidade inabalável (*śamatha*), caso em que é visualizada na ponta do nariz. Existem registros de ocasiões em que a sílaba se manifestou corporeamente na ponta do nariz de grandes mestres de meditação do passado. Ver, por exemplo, a vida de Kumārādza em NSTB, pp. 568-72.

espaço, a sílaba E deve ser recitada tantas vezes quantos forem os anos de vida do ofertante. Desse modo, não há dúvida de que a [morte] será ritualmente enganada.

Nos casos em que a respiração se agita, a [morte] será evitada caso se faça uma pasta concentrada de melaço sobre a qual se recita [YAṂ], a sílaba-semente do elemento ar; tal ato será benéfico.

Nos casos em que o nariz pende para a direita ou para a esquerda, deve-se visualizar uma sílaba HŪṂ branca na ponta do nariz. Nos casos em que as lágrimas correm de modo incontrolável, é necessário visualizar a sílaba BHRŪṂ nos olhos da pessoa[17]. Nos casos em que a bochecha esquerda afunda para dentro, deve-se visualizar a sílaba KṢA [na bochecha][18]. Nos casos em que as maxilas se travam, deve-se visualizar a sílaba HŪṂ [nos dentes]. Se aparecer uma mancha preta sobre a língua, deve-se visualizar a sílaba HŪṂ curta [na língua][19]. Se as orelhas se apresentarem achatadas [junto à cabeça], deve-se visualizar a sílaba MĀṂ [nas orelhas][20]. Se o apêndice xifoide afunda para dentro, deve-se visualizar a sílaba MŪṂ [no xifoide][21]. Nos casos em que não é possível sentir a pulsação das artérias carótidas[22], é necessário visualizar [nas artérias] a sílaba HŪṂ. As sílabas [assim] visualizadas devem ser recitadas tantas vezes quantos forem os anos de vida da pessoa; também devem ser desenhadas [nas partes adequadas do corpo] usando vermelhão e água perfumada.

[Ritual para reverter os sinais de morte distante]

Do mesmo modo, quando for feito o exame da imagem refletida e opticamente projetada no céu: se o objeto simbólico não aparecer na imagem, a pessoa deve realizar cento e oito oferendas de banquete em benefício de seu mestre espiritual. Se a mão direita não aparecer, deve preparar uma imagem de massa de farinha de um cúbito de altura usando sete tipos de grãos. A cabeça dessa imagem deve ser semelhante à cabeça de um leão de boca aberta e nela devem ser inseridas penas de gaivota em número correspondente ao dos anos de vida da pessoa. A imagem deve então ser carregada [ritualmente] por uma rua principal em direção a uma residência régia localizada no norte.

Nos casos em que a mão esquerda não aparecer, a pessoa deve colocar uma presa de tigre de listras pretas e uma presa de cão negro dentro de uma pele de doninha. Sobre essa pele, deve ser posta uma imagem de massa de farinha mistu-

....

17. Sobre a sílaba-semente BHRŪṂ, que é o primeiro dos mantras pelos quais é gerada a maṇḍala das divindades pacíficas e se refere especificamente à visualização criativa dos palácios celestiais das divindades, ver Longchen Rabjampa, GGFTC, 689-90.

18. Sobre a sílaba KṢA, que é a última sílaba-semente da maṇḍala das divindades pacíficas e se refere especificamente ao Buda Samantabhadra, ver Longchen Rabjampa, GGFTC, p. 591.

19. A sílaba curta HŪṂ tem um *anusvāra* contraído, no qual o crescente e o *nāda* são englobados no *bindu*.

20. MĀṂ é a sílaba da buda feminina *Māmakī*. Ver Longchen Rabjampa, GGFTC, pp. 691-2.

21. MŪṂ é a sílaba da buda feminina Dhātvīśvarī. Ver Longchen Rabjampa, GGFTC, p. 691.

22. Tib. *rtsa gnyid-log*. Ver Capítulo 11, p. 201.

rada com a urina da própria pessoa; por fim, a imagem deve sofrer uma expulsão ritual por meio do ato de ser jogada num rio.

Nos casos em que a perna direita não aparecer do joelho para baixo, a [morte] será evitada se, no período do pôr do sol, a pessoa oferecer lamparinas de acácia ou de junípero em número correspondente ao dos anos de sua vida.

Nos casos em que a perna esquerda não aparecer, a pessoa deve fazer uma imagem de argila branca com um cúbito de altura e inserir no coração dela um graveto de bétula com quatro dedos de comprimento, marcado com entalhes em número correspondente ao dos seus anos de vida. Essa imagem deve ser levada ao amanhecer e abandonada num terreno baldio.

Nos casos em que o lado direito da cabeça não aparecer, a pessoa deve misturar diversos tipos de terra inauspiciosa com frutos de árvores de madeira negra e fazer com isso um amuleto negro, no qual se deve inserir cabelo e fragmentos de roupas da própria pessoa e uma etiqueta feita com madeira de salgueiro da montanha, na qual [devem ser escritos] os nomes dos doze [animais] dos signos anuais. O amuleto deve então ser selado e alguns espinhos de diferentes espécies de plantas devem ser espetados em sua face superior. Se for possível encontrar tantas espécies de espinhos quanto forem os anos de vida da pessoa, isso será o melhor. Caso contrário, se não for possível encontrar [espinhos em número suficiente], a pessoa deve usar tantos [espinhos diferentes] quanto for possível. Por fim, deve vestir roupas pretas e levar o amuleto para um cemitério.

Nos casos em que o lado esquerdo da cabeça não aparecer, a pessoa deve fazer uma imagem de massa de farinha usando vinte e cinco tipos diferentes de grãos e inserir [fragmentos de] ossos humanos, equinos e caninos no coração da imagem. Em seguida, deve envolver a imagem em roupas velhas dela mesma e, no pôr do sol do décimo primeiro dia [do mês lunar], deve entregar a imagem para que outra pessoa a enterre num buraco [que tenha sido escavado] a oitenta passos de distância na direção sul. Na hora de jogar a imagem no buraco, a pessoa deve proclamar em alta voz por três vezes seus sofrimentos e então enterrar a imagem. Assim, [a morte] será evitada.

Nos casos em que nenhuma parte da cabeça aparecer na imagem, o ofertante deve preparar tantas oferendas de arbustos espinhosos quantos forem seus anos de vida e queimá-las sucessivamente. Enquanto queima cada uma das oferendas, deve repetir a sílaba de fogo do mantra do coração [RAṂ] tantas vezes quantos forem os anos de sua vida.

Nos casos em que nem a cabeça, nem o pescoço aparecerem, a pessoa deve escurecer seu corpo com carvão queimado e atar os cabelos no topo da cabeça. Em seguida, deve escrever num papel de quatro dedos de largura sua idade e o nome do ano corrente; em torno disso, nas quatro direções do papel, deve escrever as sílabas dos quatro elementos. Deve então atar esse [substituto de papel] ao seu nariz e, ao meio-dia do nono dia [do mês lunar], deve correr para cada uma das quatro direções gritando sem parar: "Toma isto! Toma isto!" O papel deve então ser enterrado num cemitério.

Nos casos em que a parte superior do tronco não aparecer, a pessoa deve fazer uma fogueira de lenha e queimar nela uma etiqueta contendo escritos os nomes dos doze [animais dos] signos anuais. Nos casos em que a parte inferior do tronco não aparecer, será suficiente ir a um cemitério e usar os diversos tipos de ossos que encontrar para fazer fumaça.

Nos casos em que o lado direito do corpo não aparecer, [a pessoa deve recitar o mantra *dhāraṇī* de] Uṣṇīṣa[-vijayā] tantas vezes quantos forem os anos de sua vida; deve além disso [moldar] pequenas imagens de terracota, novamente em número correspondente a seus anos de vida. Nos casos em que o lado esquerdo [do corpo] não aparecer, o ofertante deve recitar em voz alta inúmeros mantras dhāraṇī e vestir roupas vermelhas.

[Ritual para reverter outros sinais de morte próxima]

Nos casos em que ocorrer a "ruptura do elo entre a atmosfera e terra", a pessoa deve ler em voz alta as escrituras longas[23] ou completar um número de ações virtuosas.

Nos casos em que ocorrer a "queda daquele que monta uma leoa branca", será benéfico que a pessoa realize tantos rituais de maṇḍala quantos forem os anos de sua vida.

Nos casos em que ocorrer a "ruptura da Árvore [que Atende a Todos os Desejos]", a pessoa deve conhecer as curas para cada uma das [doenças que afetam] as vísceras sólidas e ocas[24].

Nos casos em que a espuma da urina estiver azul-avermelhada[25], a pessoa deve preparar uma imagem de massa de farinha com os doze [animais dos] signos anuais, acompanhados de seus elementos[26], e, para cada mudança subsequente na cor [da espuma da urina], deve fazer uma imagem de terracota, uma libação de água, uma "imagem substituta" dela própria e queimar uma oferenda de bétula. Depois disso, ao nascer do sol, deve levar tudo isso para um cemitério na direção nordeste.

Nos casos em que [o vapor da urina] estiver enegrecido e pútrido, o propósito da pessoa será alcançado se ela misturar ferro e cobre em pó com grãos diversos e espalhar essa [mistura] pelas quatro direções.

Nos casos em que [o vapor da urina] estiver vermelho e manchado, a pessoa deve fazer tantos substitutos imbuídos com seu próprio odor corporal quantos fo-

23. Sobre as diversas divisões das escrituras budistas (*gsung-rab*) desde a perspectiva Nyingma, ver Dudjom Rinpoche, NSTB, pp. 73-87.

24. Não é muito claro a que rituais se refere essa passagem, mas, sobre os tratamentos das doenças que afetam as cinco vísceras sólidas e as seis vísceras ôcas, ver *Tibetan Medical Paintings*, pp. 101-2 e 257-8.

25. Os sinais a seguir são observados na amostra da urina. Note-se que aqui as cores azul e vermelha surgem na espuma da urina (*spris-ma*); já no Capítulo 8, p. 148, essas cores aparecem no vapor da urina (*rlangs-pa*). Ver também as elaboradas explicações da análise da urina dadas em *Tibetan Medical Paintings*, pp. 139-48 e pp. 295-304.

26. A combinação dos cinco elementos (*khams-lnga*) com os doze signos anuais é uma característica importante da divinação elemental (*'byung-rtsis*); sobre este assunto, ver G. Dorje, *Tibetan Elemental Divination Paintings*, pp. 66-86.

rem seus anos de vida e atar uma bandeira de seda vermelha e um espinho de porco-espinho em cada substituto. [A morte] será evitada se ela levar esses substitutos, juntamente com diversos tipos de ossos, para uma via principal na direção leste.

Nos casos em que as fezes não soltam vapor, a pessoa deve voltar sua face para o oeste quando o sol estiver a pino e escrever as sílabas-semente elementais no crânio de um cavalo. [A morte] será evitada se a pessoa relinchar tantas vezes quanto lhe for possível.

Nos casos em que o som [que se ouve normalmente] quando [se cobrem] os ouvidos [em concha] não for ouvido[27], a pessoa deve preparar tantas oferendas de torma de diversos alimentos quantos forem os anos de sua vida e atar uma etiqueta a cada oferenda com os nomes dos doze [animais dos signos anuais]. Seu propósito será alcançado se essas [oferendas de torma] forem deixadas ao pé de uma palmeira[28].

Nos casos em que ocorrer [o sinal conhecido como] "[Yavati de uma perna só] insurgindo-se [como inimigo] das folhas da Árvore que Atende a Todos os Desejos", a pessoa será libertada [das indicações de morte] se perseverar na acumulação [de mérito] e se dedicar a atividades virtuosas.

[CONCLUSÃO]

Uma vez realizados os rituais segundo as instruções dadas anteriormente, devem-se procurar mais uma vez [as indicações visuais da morte]. Se a natureza de sua aparência tiver se alterado, as indicações seguramente serão evitadas se os ritos forem repetidos de sete a vinte e uma vezes, ou um número de vezes igual ao número de anos do praticante.

Isto completa a instrução esotérica referente ao ritual de evitar a morte, que foi composta pelo mestre Padmasambhava como um meio de libertar os seres sencientes de seus sofrimentos. Que ela seja encontrada por aquele cujas ações passadas forem dignas!

SAMAYA! *rgya rgya rgya!*

Este é um ensinamento-tesouro revelado pelo descobridor de tesouros Karma Lingpa.

27. A edição Délhi acrescenta uma nota dizendo que isso também se aplica se o som desaparecer de modo intermitente.

28. Neste ponto, as diversas versões de nosso texto incluem o seguinte parágrafo: "Nos casos em que [a sombra da pessoa] não aparece do pescoço para cima, deve ela visualizar a sílaba YAṂ em seu coração e olhar para cima, tão alto quanto puder. [A morte] será evitada se ela fizer abluções do topo da cabeça para baixo com água [abençoada com] mantras de retenção." Essa observação parece estar colocada no lugar errado, pois se refere à análise da sombra projetada e não ao zumbido nos ouvidos.

10

Transferência de consciência: Libertação natural pela recordação

CONTEXTO

Os praticantes do ciclo de ensinamentos contido neste livro que começam pela *Prática preliminar* (Capítulo 1), que purificam a negatividade e os obscurecimentos gerados por suas ações passadas por meio da prática da *Libertação natural das tendências habituais*, da *Homenagem cêntupla* e da *Confissão* (Capítulos 5-7) e que, além disso, também cultivam a experiência das práticas descritas na *Introdução à consciência pura* (Capítulo 4), alcançarão, num caso ideal, a libertação da existência cíclica durante a mesma vida em que se dedicaram a essas práticas.

Quando, porém, se aproximar o tempo de sua morte, os praticantes que não conseguiram alcançar esse grau de realização devem pôr em prática as instruções para a transferência de consciência descritas no capítulo a seguir.

Esta prática maravilhosa é contada entre as poucas que não requerem experiência prévia das práticas de meditação do Vajrayāna para ser eficaz. Uma vez recebida a instrução de um mestre espiritual qualificado, o praticante deve percorrer toda a linha de treinamento delineada neste capítulo até que surjam os sinais de realização. Então, deve sustentar essa proficiência pelo resto da vida.

É considerado extremamente benéfico que as pessoas realizadas nesta prática façam a transferência de consciência em benefício de outras pessoas ou animais quando da ocasião da morte destes. A transferência deve ser iniciada durante o intervalo entre a cessação da respiração externa e a cessação da respiração interna, no momento em que corpo e alma se separam, e deve continuar por um período adequado depois da morte.

Como é enfatizado no texto, quando da morte do próprio praticante, é de importância crítica que esta técnica somente seja aplicada no momento exato em que se dá a morte.

Aqui se encontra uma instrução oral chamada *Transferência de consciência: Libertação natural [pela recordação]*[1], ligada ao estado intermediário do momento da morte. Este é o quarto tópico no *Guia dos seis estados intermediários segundo o estágio de perfeição*[2], extraído de *As Divindades Pacíficas e Furiosas: um profundo ensinamento sagrado [chamado] libertação natural por meio [do reconhecimento] da intenção iluminada*[3].

INTRODUÇÃO

Esta *Tranferência de consciência: Libertação natural pela recordação*, que é o quarto tópico [no *Guia dos seis estados intermediários segundo o estágio de perfeição* e que contém especificamente] instruções sobre o estado intermediário do momento da morte, será apresentado [agora][4].

Esta *Tranferência de consciência: libertação natural pela recordação* é um método poderoso, um meio de obtenção do estado búdico que não [necessariamente] requer meditação. Esta instrução oral por meio da qual se pode obter o estado búdico no momento da morte é [portanto] maximamente preciosa para os que não praticaram o ciclo Vencendo a Resistência, ou [as meditações do] Corpo Ilusório, o Yoga Onírico e o Esplendor Interno e [por causa disso] não alcançaram a verdade dos quatro modos de libertação. Ela é especialmente [preciosa] para as pessoas comuns, autoridades, pais e mães de família e indivíduos distraídos que não tiveram tempo para meditar, a despeito de terem recebido aquelas [instruções]. Em resumo, [ela é preciosa para todos] aqueles que não se dedicaram ao cultivo experimental, mesmo que tenham recebido ensinamentos profundos, e que, [consequentemente], possam morrer num estado mental comum por terem deixado as instruções na forma de palavras [não compreendidas] e por terem dos ensinamentos [sagrados] somente um [mero] entendimento teórico.

Todos os que nascem certamente morrerão em algum momento subsequente ao seu nascimento. Mas a hora da morte é ignorada. Uma vez que a morte pode a

....

1. Tib. *'Pho-ba dran-pa rang-grol.*

2. Tib. *rDzogs-rim bar-do drug-gi khrid-yig.* Esse ciclo foi traduzido para o inglês por Alan Wallace. Ver *Natural Liberation.*

3. Tib. *Zab-chos zhi-khro dgongs-pa rang-grol.*

4. Os seis tópicos do estágio de perfeição (*sampannakrama*) estão ligados aos seis estados intermediários listados no Capítulo 3. Entre eles, o yoga de transferência de consciência se liga ao estado intermediário do momento da morte (*'chi-kha'i bar-do*). Acerca deste estado, ver também o Capítulo 11, pp. 197-206. Nesta passagem, uma nota no texto indica a importância deste capítulo como "uma instrução oral que é como a outorga de um mandado real" (*rgyal-po bka'-them bskur-ba lta-bu*).

qualquer momento estar muito próxima, devemos estar constantemente atentos [aos sinais que indicam] a morte. Segundo a *Libertação natural por meio do reconhecimento dos sinais e indicações visuais da morte*[5], devemos analisar os sinais indicadores de morte distante, os de morte próxima, os de morte incerta e os de morte inevitável. Devemos também perseverar nas [práticas contidas no] *Ritual de enganar a morte*, pois essas práticas correspondem aos sinais de morte que podem surgir[6]. Se, por outro lado, nos puséssemos a realizar a transferência de consciência, seja quando os sinais de morte não estão plenamente presentes, seja quando eles estão presentes mas o ritual de enganar a morte [ainda] não foi realizado, incorreríamos então no crime de assassinar uma divindade e no crime de suicídio. Isto é um erro ainda maior do que cometer [um dos cinco] crimes irremissíveis. Portanto, é essencial que realizemos o ritual adequado para enganar a morte, o geral ou o especial, três vezes ou tantas vezes quantas forem necessárias, segundo as indicações da *Libertação natural do temor por meio do ritual de enganar a morte*[7]. Se, apesar de se haver realizado o ritual [adequado] para enganar a morte por três vezes, as indicações de morte permanecerem inalteradas, isto indica que a morte ocorrerá inapelavelmente. É [somente] nesse momento, portanto, que devemos dar início à [prática de] transferência de consciência.

Como se diz que [esta prática pode conferir] um renascimento superior ou mesmo a libertação até para quem tenha cometido os cinco crimes irremissíveis, a aplicação da transferência de consciência no momento adequado pode ser de imenso benefício.

O TREINAMENTO PARA A TRANSFERÊNCIA DE CONSCIÊNCIA

[A prática de] transferência de consciência tem dois aspectos: o treinamento e a aplicação propriamente dita.

Primeiro, com relação ao treinamento: assim como, por exemplo, quando um homem se defronta com a inevitabilidade da chegada de um inimigo externo, antes de chegar o inimigo ele prepara sua armadura, suas armas e suas flechas e se adestra nas artes [bélicas], mas somente toma das armas e [aplica] essas artes quando o inimigo chega [de verdade] e ataca; assim também, neste contexto da transferência de consciência, o treinamento se dá antes que se apresentem os sinais de morte. Como ninguém sabe quando vai morrer, o treinamento deve ser iniciado desde já, pois é essencial que se esteja totalmente preparado para completar de modo bem-sucedido a aplicação propriamente dita [da transferência de consciência] quando chegar a ocasião em que a morte é certa.

Ora, o treinamento para a transferência de consciência pode ser realizado [em dois contextos]: nas ocasiões em que se dá instrução geral [sobre as práticas pre-

5. Tib. *'Chi-ltas mtshan-la rang-grol*. Ver Capítulo 8, pp. 133-59.

6. Sobre o ritual de enganar a morte (*'chi-bslu*), ver Capítulo 9, pp. 161-71.

7. Tib. *'Chi-bslu 'jigs-pa rang-grol*. É este o tema do Capítulo 9.

liminares] ou naquelas em que se dão instruções específicas sobre a transferência de consciência como quer que seja apropriado[8].

Como recomendam as práticas preliminares da instrução [geral][9], devemos refletir sobre a dificuldade de obter [uma forma humana dotada das] liberdades e oportunidades [que conduzem às práticas] e sobre os sofrimentos da existência cíclica, e desenvolver uma atitude de desilusão diante da existência cíclica e inclinada à renúncia. Além disso, mesmo tendo obtido [as supracitadas liberdades e oportunidades], que são difíceis de obter, devemos [sempre], do fundo do coração, nos lembrar da morte, que nunca está muito longe.

Então, sentados confortavelmente na postura dos bodhisattvas, devemos, da maneira descrita a seguir, fechar os orifícios [do corpo que conduzem ao renascimento] na existência cíclica:

O corpo deve estar vertical e ereto. As mãos devem cobrir os joelhos, formando o gesto de tocar a terra[10], e os ombros devem ser trazidos para cima. Então, devemos visualizar no coração a sílaba azul-celeste HŪṂ, radiante de luz, da qual parte uma única sílaba HŪṂ que desce ao reto, bloqueando de modo exato o orifício pelo qual se entra nos infernos. Uma outra sílaba HŪṂ parte [da sílaba cardíaca] e desce ao orifício da procriação, bloqueando assim a entrada [no domínio dos] espíritos famintos. De modo semelhante, outra sílaba HŪṂ [parte da sílaba cardíaca e] bloqueia a entrada [no mundo dos] animais, que está na uretra, enquanto mais uma sílaba HŪṂ parte para o umbigo, e outras para a boca, as narinas, os olhos e os ouvidos, cada uma bloqueando o respectivo orifício[11].

Em seguida, no topo da cabeça devemos visualizar a abertura da fontanela bloqueada por uma sílaba HAṂ branca voltada para baixo[12]. [Além disso, devemos visualizar] o canal central, no meio do corpo, reto e vertical, com um fulgor branco amarelado, como um intestino de carneiro bem esticado e cheio de ar, cuja extremidade inferior se estende abaixo do umbigo e cuja extremidade superior alcança a abertura do topo da cabeça. Na extremidade inferior, abaixo do umbigo, num ponto focal onde convergem os três canais [principais][13], devemos visualizar um brilhante ponto seminal branco, que é a essência da consciência pura, clara e luminosa, respirando ritmicamente, pulsando continuamente e prestes a ascender.

....

8. Assim como as práticas preliminares (*sngon-'gro*), a transferência de consciência pode ser ensinada no contexto de instrução geral (*khrid-kyi dus*). Ver Paltrul Rinpoche, *The Words of my Perfect Teacher*, Pt. 3, pp. 493-516. Os manuais de instrução específica sobre transferência de consciência (*'pho-ba'I sgos-khrid*) incluem o presente capítulo do *Zhi-khro dgongs-pa rang-grol* de Karma Lingpa e o *The Mirror of Mindfulness* de Tsele Natsok Rangdrol, pp. 65-73.

9. Tib. *khrid kyi sngon 'gro*. Ver Capítulo 1.

10. Tib. *sa-gnon-pa'i phyag-rgya* (scrt. *bhūmyākramaṇa*), aqui identificado com o *bhūsparśamudrā*.

11. Sobre a correspondência desses outros orifícios com modos específicos de renascimento, ver p. 187.

12. Sobre o "topo da cabeça" (cocuruto) ou fontanela anterior (*tshangs-pa'i bu-ga*) e sua relação com o canal central de energia do corpo sutil (*avadhūti*), ver *Tibetan Medical Paintings*, pp. 33-40 e pp. 189-96.

13. Sobre a relação entre o canal central e os canais Rasanā à direita e Lalanā à esquerda, ver também Longchen Rabjampa, GGFTC, pp. 1.006 ss. e *Tibetan Medical Paintings*, pp. 33-4.

No espaço acima do topo da cabeça, devemos visualizar nosso mestre espiritual, sentado, cheio de alegria, na forma de Vajradhara. Em seguida, devemos [recolher] nosso peso corporal [e] concentrá-lo para cima, e fechar firmemente o reto. Os olhos devem se voltar para cima, a língua deve [se erguer e] manter contato com o palato e as mãos devem repousar firmemente no gesto de "punho fechado"[14], com os polegares pressionando as bases dos outros quatro dedos.

[Em seguida], provindo de debaixo do umbigo, o ponto seminal é deslocado com força para cima e, mediante o uso da fala, é elevado com o apoio de sons guturais pronunciados como "HI-KA HI-KA". Pela força da energia vital abaixo dele, o ponto seminal é incapaz de resistir ao movimento de aceleração ascendente pelo canal central. Por este método ele é deslocado para cima, com sete sons HI-KA, até o umbigo. Então, com mais sete sons HI-KA, ele alcança o coração; com mais sete, alcança a garganta; e com mais sete, alcança o espaço entre as sobrancelhas. Então, pronunciando-se HI-KA [uma última vez], o ponto seminal faz contato com a sílaba HAṂ na abertura do topo da cabeça. Depois desse contato, devemos visualizá-lo descendo em espiral até repousar abaixo do umbigo como uma difusão branca. Repousemos nesse estado por algum tempo.

Pela simples repetição desse exercício umas poucas vezes, surgirão os sinais de que este [treinamento em] transferência de consciência teve efeito: uma sensação de calor surgirá na abertura do topo da cabeça e nesse local identificaremos sensações de formigamento, irritação, dormência e inchaço; o topo da cabeça parecerá tornar-se maleável e dormente e da abertura da fontanela brotará fluido seroso, sangue e assim por diante. Quando isso ocorrer, o mestre espiritual deve examinar cuidadosamente a abertura da fontanela: uma pena de pavão ou um talo de erva deve ser inserido [na fontanela] de modo que permaneça lá. Essa [inserção] confirma que o treinamento em transferência de consciência foi realizado de modo bem-sucedido.

Se não pararmos nesse ponto, nossa prática pode vir a encurtar a duração de nossa vida. Portanto, devemos cessar a visualização e os exercícios de yoga e o topo da cabeça deve ser massageado com manteiga ou óleo de cereais. Se, por outro lado, os sinais não aparecerem, [o ponto seminal] deve ser deslocado para cima muitas vezes por meio de vigoroso esforço até que finalmente surjam os sinais.

Além disso, pode ocorrer inchaço no topo da cabeça, e, se [o ponto seminal] permanecer localizado na fontanela central [e esta não se abrir], haverá ocorrência de dores de cabeça e outras [sensações desconfortáveis] semelhantes. Portanto, devemos visualizar que a sílaba HAṂ na fontanela está aberta e que o ponto seminal emerge verticalmente pelo alto da cabeça, toca os pés do mestre espiritual [visualizado acima] e então desce novamente pela fontanela para repousar imóvel abaixo do umbigo. Pela repetição desse exercício umas poucas vezes se abrirá a fontanela do topo da cabeça, o sangue ou o fluido seroso brotarão e a folha de erva poderá ser inserida.

14. Tib. *khu-tshur*.

Depois disso, é muito importante que a abertura da fontanela do topo da cabeça volte a ser bloqueada, agora pela sílaba HAṂ, pois, se não o fizermos, poderemos encurtar a duração de nossa vida.

[No treinamento] posterior, quando nos dedicarmos a mover o ponto seminal em sentido ascendente e descendente sem o concurso da respiração HI-KA e dos exercícios de yoga, continuará sendo muito importante manter a fontanela do topo da cabeça bloqueada pela sílaba HAṂ.

Assim, da maneira descrita acima, deve ser praticado [o treinamento em] transferência de consciência.

Por ser HI-KA, contudo, um mantra que encurta a duração da vida, ele somente deve ser usado até que [o treinamento em] transferência de consciência seja bem-sucedido. Portanto, depois de obtido o sucesso [no treinamento], não devemos mais fazer uso da respiração HI-KA. Se, devido à excessiva utilização do método, ultrapassamos a medida de [treinamento em] transferência de consciência, corremos o risco de cair num estado de inconsciência perpétua. Em tais casos, e se a consciência sobe com demasiada rapidez, causando vertigem etc., devemos bater nas solas dos pés com os punhos e massagear o topo da cabeça. Então, ao mesmo tempo que visualizamos um stūpa de ouro extremamente pesado nas solas dos pés, devemos dar vários saltos de yoga, para que a consciência seja acalmada. Estes pontos essenciais devem ser observados como regra no decorrer do treinamento prático.

A "transferência de consciência da etapa de treinamento" descrita acima deve ser praticada diligentemente quando estamos plenamente saudáveis e os sinais de morte ainda não tenham se manifestado. SAMAYA!

A APLICAÇÃO PROPRIAMENTE DITA DA TRANSFERÊNCIA DE CONSCIÊNCIA NO MOMENTO DA MORTE

[Tempo e contexto adequados]

Em seguida, a etapa de aplicação se refere à transferência efetiva da consciência, que deve ser realizada quando as indicações de proximidade da morte estão presentes de modo inequívoco e quando, mesmo depois de realizado por três vezes o ritual [adequado] para enganar a morte, surgem os indícios de que o moribundo não vai se recuperar. Existem quatro [modos de transferência efetiva da consciência], que são: transferência de consciência para o Corpo Búdico de Realidade; transferência de consciência para o Corpo Búdico de Riqueza Perfeita; transferência de consciência para o Corpo Búdico de Emanação; e transferência de consciência das pessoas comuns.

É a isso que se referem [os *Versos de raiz dos seis estados intermediários*][15] quando dizem:

....

15. Ver Capítulo 3, p. 29.

Ai! Agora que o estado intermediário do momento da morte surge diante de mim,
Renunciando a [todos os] apegos, desejos e apreensões subjetivas,
Devo entrar totalmente concentrado no caminho em que os ensinamentos orais são claramente entendidos,
E lançar minha própria consciência pura na vastidão incriada do espaço.

É para essa ocasião, quando os sinais da proximidade do estado intermediário do momento da morte são provocados por doença fatal, quando os sinais da morte estão todos presentes, é justamente para essa ocasião que se apresentam ensinamentos orais que trazem à mente, de modo claro e inequívoco, aquilo que poderia ficar obscurecido durante o estado intermediário do momento da morte. [A clareza dessas instruções] é comparada à [clareza de] uma bela dama que se olha num espelho. Estas [instruções] têm dois aspectos: um esclarecimento feito pelos outros[16] e um esclarecimento feito por nós mesmos.

O esclarecimento feito pelos outros se dá assim: independentemente de estarmos ou não percebendo a presença inequívoca dos sinais de [nossa própria] morte [iminente], estes sinais serão reconhecidos pelo médico e pelos enfermeiros, baseados em [seu conhecimento das] mudanças no comportamento dos pacientes[17]. Mas, se nossa atenção se mantiver clara, também poderemos examinar por nós mesmos os sinais de morte próxima. De qualquer modo, quando [se verifica com certeza que] estamos morrendo, devemos chamar para junto de nós o mestre espiritual de raiz se ele ou ela residir nas proximidades e oferecer-lhe todos os nossos bens sem um instante sequer de hesitação por causa do apego. Se permanecermos minimamente apegados [aos bens deste mundo], corremos o risco de ser lançados nas existências inferiores, como se mostra no relato do caso do monge Barwasum[18].

Se for impossível fazer as oferendas em corpo, estas devem ser feitas mentalmente, para que por meio delas se alcance um estado de completa renúncia. Em especial, devem ser retirados das proximidades [do moribundo] quaisquer objetos que possam fazer surgir apego ou aversão. É este o sentido do verso "Renunciando a [todos os] apegos, desejos e apreensões subjetivas". Nessa ocasião, é necessário gerar um estado imaculado de renúncia. Como está dito no *Tantra da união do Sol e da Lua*[19]:

Em especial, devemos agraciar com oferendas e banquetes
Nosso mestre espiritual, a comunidade monástica
E o campo dos méritos acumulados[20].

16. Isto se refere à recitação do Capítulo 11 desta obra.

17. Sobre estas mudanças, ver Capítulo 8, pp. 136-9 e 146-50.

18. Esta referência não foi identificada.

19. Tib. *Nyi-zla kha-sbyor*. Este texto está contido no vol. 4 dos *Tantras reunidos dos Nyingmapa* (*rNying-ma'i rgyud-'bum*).

20. O "campo dos méritos acumulados" (*tshogs-bsags zhing*), ao qual se dedicam oferendas, compreende os pais, os inválidos e outras pessoas que sofrem de deficiência, os mestres espirituais, os monges e os bodhisattvas.

Assim que o mestre espiritual chegar, devemos confessar toda e qualquer violação ou quebra dos pactos, se houver alguma; e fazer reparações por todas as transgressões ou quedas cometidas previamente. Se estamos atados por votos, estes devem ser confirmados, e, se não há nenhum voto, devemos tomá-los nessa ocasião segundo o *Rito da ida ao refúgio*[21]. Depois disso, se já tivermos experiência na [prática de] transferência de consciência, devemos nos colocar na postura corporal apropriada e a visualização deve ser elucidada repetidamente pelo mestre espiritual segundo a tradição específica de transferência de consciência que tivermos praticado no passado[22]. Então, a transferência deve ser efetuada. Como indicação de que a prática foi bem-sucedida, logo após a morte certamente surgirão os sinais de que se realizou efetivamente a transferência, tais como sangue ou fluido seroso [brotando] dum inchaço no topo da cabeça.

Se esses sinais aparecem, não haverá necessidade alguma de elucidar os estados intermediários. Mas, se não surgirem, o mestre espiritual deve aproximar seus lábios do ouvido [do moribundo], ou colocar ali um bambu ou um tubo oco de papel, e elucidar lentamente através dele os versos [que descrevem] sucessivamente os estados intermediários, começando com o estado intermediário de realidade ou esplendor interno, seguindo a exposição da *Libertação pela auscultação*[23]. Se isso for feito de modo apropriado, é certo que [essas instruções] serão eficazes. [A razão para sua eficácia pode ser explicada da seguinte maneira:] Se, por exemplo, um rei poderoso enviasse uma mensagem por meio de uma pessoa confiável, seria impossível que o mensageiro olvidasse a mensagem. Ele a comunicaria com fidelidade absoluta, temente da reprovação do rei que recairia sobre ele em caso de esquecimento. De modo semelhante, também neste contexto, por temor do abismo das existências inferiores, o moribundo certamente preservará as instruções na mente e assim terá certeza de qual é [a natureza] do estado intermediário de realidade.

Se o mestre espiritual não está presente, a elucidação deve ser feita por um amigo espiritual que pertença à mesma linhagem [do moribundo] ou por um irmão espiritual cujos pactos não se tenham corrompido e cujas perspectiva e conduta tenham afinidade [com as do moribundo].

Está dito no *Tantra da União do Sol e da Lua*:

> Nessa hora, as instruções orais do mestre espiritual
> Devem saturar nosso contínuo mental.

21. Scrt. *śaraṇagamana*. Sobre a tomada de refúgio, ver Capítulo 1, pp. 10-2; e também o Glossário.

22. Há muitas técnicas diferentes de transferência de consciência na tradição tibetana, entre as quais aquelas derivadas das *Seis doutrinas de Nāropā* (*Nāro chos-drug*), da *Espiritualidade íntima de Longchenpa* (*Klong-chen snying-thig*) e do ciclo de ensinamentos apresentado neste livro.

23. Tib. *thos-grol*. As palavras a serem recitadas e comunicadas neste contexto estão contidas no Capítulo 11, a seguir, que inclui descrições dos três estados intermediários relacionados ao momento da morte, à realidade e ao renascimento. O estado intermediário de realidade (*chos-nyid bar-do*) também é chamado de estado intermediário do esplendor interno (*'od-gsal*). Sobre ele, ver Capítulo 11, pp. 191 ss.

Essas verdades devem ser repetidamente elucidadas.
A elucidação deve ser feita reiteradamente pelo mestre espiritual, por um amigo espiritual ou por um irmão espiritual.

É essa a forma de esclarecimento que deve ser feito pelos outros, [que estão cuidando do moribundo].

O esclarecimento que deve ser feito por nós mesmos [quando da ocasião de nossa própria morte] é aplicável nos casos em que o mestre espiritual ou os irmãos espirituais não podem estar presentes, ou quando morremos sós num eremitério, ou ainda quando já possuímos refinada experiência [da transferência de consciência] e não precisamos de que os outros no-la elucidem. Em tais casos, devemos trazer à mente de forma clara as práticas que anteriormente cultivamos pela experiência.

Transferência de consciência para o Corpo Búdico de Realidade

Agora, se tivermos algum entendimento do esplendor interno, tivermos cultivado a perspectiva da vacuidade e descoberto a vacuidade diretamente em [nossa própria] consciência pura, a transferência de consciência para o Corpo Búdico de Realidade é o [método] supremo.

Assim, como já foi descrito, para realizar este método primeiro devemos nos assegurar de estar completamente livres de quaisquer posses, pois estas podem gerar apego ou aversão. Se for possível, devemos colocar o corpo nas sete posturas [de Vairocana] ou sentar-nos com a coluna reta. Se isso não for possível, devemos nos deitar sobre o lado direito do corpo com a cabeça apontando para o norte e pensar repetidamente: "Agora que estou para morrer, como sou feliz por ser capaz de efetuar a transferência de consciência baseado nesta profunda instrução, mesmo mergulhado nos três domínios da existência cíclica em geral e especialmente nesta era degenerada. Por isso hoje, agora, reconhecerei que o esplendor interno da morte é o Corpo Búdico de Realidade, e consequentemente renascerei num número incalculável de emanações a fim de guiar cada um de acordo com suas próprias necessidades. Devo agir em benefício dos seres sencientes até que se esvazie a existência cíclica!" Deste modo, se gera a intenção altruísta firme e fervorosa [de alcançar a iluminação para o benefício de todos]. Em seguida, sem distrações e totalmente concentrados, devemos pensar o seguinte: "Devo ouvir atentamente [as palavras de] meu mestre espiritual e [agir] de acordo com o conteúdo dos profundos ensinamentos que recebi." Todo o propósito desses pensamentos é que não devemos nos distrair de um estado em que as instruções orais são mantidas na mente de modo claro.

Em seguida, sem acalentar outros pensamentos, devemos nos libertar do quadro [dualista] do objeto, que é a transmigração, e do ato subjetivo de transferência da consciência. A percepção intrínseca deve ser espontânea e clara, sem distrações e distinta, perfeitamente nítida em sua [união de] luminosidade e vacuidade. Deixemos que [essa experiência] permaneça estável por um longo período. Se viermos a expirar nesse estado, o esplendor interno mãe e o esplendor interno filho, isto é, o esplendor interno da raiz e o esplendor interno do caminho que é o foco da atual meditação, se encontrarão como um arroio encontra o rio. [Assim], alcançaremos o incriado Corpo Búdico de Realidade, num movimento ascendente que penetra o âmago; a libertação será instantânea. A isso se chama "pura transferência de consciência para o Corpo Búdico de Realidade", pois aqueles que têm a realização e a experiência altamente desenvolvidas necessitam somente repeti-lo seguidamente. É o melhor de todos os modos de transferência de consciência.

Agora, no caso dos que não tiverem reconhecido [a percepção intrínseca] e não tiverem experiência e realização, embora possam tentar aplicar esta transferência de consciência para o Corpo Búdico de Realidade, [sua tentativa seria completamente ineficaz]: seria [como tentar] mostrar um objeto da visão para um cego de nascença, ou apontar uma estrela [específica] para um cão. É muito importante, portanto, que o [método de] transferência de consciência e a maneira pela qual o mesmo é esclarecido correspondam à capacidade mental do indivíduo.

Se, contudo, for realizada efetivamente a transferência de consciência para o Corpo Búdico de Realidade descrita acima, o "sinal externo" dessa transferência é que o céu ficará limpo e sem nuvens; e o "sinal interno" é que o corpo irradiará um brilho e que essa luminosidade não desaparecerá por longo tempo. Entre os "sinais secretos" estão incluídas as aparições da sílaba AṂ branca e da sílaba HŪṂ azul [nas relíquias da cremação][24].

Esta é [a instrução sobre] a transferência de consciência para o Corpo Búdico de Realidade. SAMAYA!

Transferência de consciência para o Corpo Búdico de Riqueza Perfeita

Se nossa prática principal é o estágio de geração [da meditação], e especialmente quando temos dúvidas acerca da [experiência da] vacuidade, devemos realizar a transferência de consciência para o Corpo Búdico de Riqueza Perfeita. Se formos capazes de manter o corpo em posição ereta, adotando a postura adequada recomendada anteriormente, devemos nos sentar com a coluna reta e trazer à mente de modo claro as visualizações de transferência de consciência tais como praticadas durante o treinamento. Em especial, devemos visualizar acima do topo da cabeça, sobre uma almofada feita de lótus, de sol e de lua, nosso mestre espiritual [na forma do] Corpo Búdico de Perfeita Riqueza. [O mestre deve ser visualizado como] o grande Vajradhara, ou como Vajrasattva, ou Avalokiteśvara, e assim

24. Assim como existem sinais externos, internos e secretos de proximidade da morte (ver Capítulo 8, pp. 133-59) e sinais externos e internos da eficácia dos mantras utilizados na "libertação pelo uso junto ao corpo" (ver Capítulo 14, *passim*), assim também nesse caso, no contexto das várias espécies de transferência de consciência, existem sinais "externos" que se manifestam na atmosfera, sinais "internos" que se observam no corpo de quem morreu e sinais "secretos" que surgem nas relíquias obtidas após a cremação do corpo. Sobre o surgimento de sílabas-semente nas relíquias de grandes mestres espirituais, ver, p. ex., Dudjom Rinpoche, NSTB, p. 564.

por diante; de preferência, deve ser visualizado na forma de nossa divindade de meditação, segundo a [prática do] estágio de geração que for de nossa preferência. Devemos meditar claramente sobre a essência da percepção intrínseca como um ponto seminal branco [situado] abaixo do umbigo, na extremidade inferior do canal central dentro do corpo; ou, como alternativa, [podemos visualizar na mesma localização] a sílaba-semente de nossa própria divindade de meditação: uma sílaba branca AḤ, uma sílaba azul HŪṂ, uma sílaba vermelha HRĪḤ e assim por diante, como for apropriado[25]. O melhor será [também] visualizarmos claramente [cada um dos] orifícios [do nosso corpo] bloqueados pela sílaba HŪṂ; se não fizermos essa visualização, devemos concentrar toda a nossa consciência no canal central, sem voltar a mente para os orifícios.

Em seguida, devemos [recolher] o peso corporal [e] concentrá-lo para cima, e fechar firmemente o reto. Os olhos devem se voltar para cima, a língua deve [se erguer e] manter contato com o palato. A energia vital inferior deve ser deslocada para cima, enquanto concentramos a consciência no canal central. Então, em conjunção com uma série de sons guturais HI-KA HI-KA, [o ponto seminal] deve ser deslocado para cima em graus sucessivos até alcançar o topo da cabeça. Ali, ele rompe o orifício da fontanela, que estava bloqueado pela sílaba HAṂ, e é lançado para cima, como uma flecha, reluzente de luz branca, para então dissolver-se no coração da divindade de meditação [que está sentada acima de nossa cabeça]. Nesse momento, nossa consciência deve se voltar para cima, para o coração da divindade de meditação e, sem permitir-se que ela desça, deve ali ser recolhida repetidamente até ser absorvida [pelo coração da divindade]. Por fim, [a visualização da] divindade de meditação deve também ser dissolvida num estado desprovido de referências. Se nossa respiração cessar durante o [repouso] nesse estado, alcançaremos o estado de um detentor de conhecimento, inseparável da divindade de meditação; e alcançaremos o estado búdico no Corpo Búdico de Riqueza Perfeita.

Se a transferência de consciência para o Corpo Búdico de Riqueza Perfeita anteriormente descrita se realizar efetivamente, como "sinal externo", o céu será preenchido de luz e de arco-íris; como "sinal interno", sangue ou fluido seroso brotarão da fontanela do topo da cabeça; podem aparecer também gotas semelhantes a orvalho, inchaços e outros sinais dessa ordem. Os "sinais secretos" incluem o aparecimento de qualquer um dos cinco tipos de relíquias ósseas e o aparecimento de [relíquias ósseas] na forma da divindade ou do instrumento próprio de uma divindade e assim por diante[26].

Esta é a transferência de consciência para o Corpo Búdico de Riqueza Perfeita. SAMAYA!

25. A sílaba ĀḤ, de cor branca, é a sílaba-semente de Vajradhara; a sílaba HŪṂ, azul, é a sílaba-semente de Vajrasattva; e a sílaba HRĪḤ, vermelha, é a de Avalokiteśvara. Ver Longchen Rabjampa, GGFTC, Capítulo 7, pp. 682-93.

26. Os cinco tipos de relíquias ósseas (tib. *dung-rigs rnam-pa-lnga*), que surgem após a cremação, são associadas às cinco sílabas-semente dos cinco budas masculinos e aos cinco elementos corporais. Ver Capítulo 14. Sobre o aparecimento de relíquias crematórias na forma do instrumento (*phyag-mtshan*) ou imagem (*sku-'dra*) de uma divindade, ver, p. ex., Dudjom Rinpoche, NSTB, p. 572.

Transferência de consciência para o Corpo Búdico de Emanação

Com relação à postura corporal apropriada, devemos repousar o corpo sobre seu lado direito, pois [essa posição] facilitará a saída da energia vital pela narina esquerda. Devemos então pedir que seja colocada diante de nós uma estátua, um baixo-relevo ou uma pintura do Corpo Búdico de Emanação. Essa imagem pode ser uma representação do Grande Sábio [o Buda Śākyamuni], do Rei da Medicina [Vaiḍūryaprabharāja], de Maitreya ou de Padmasambhava de Oḍḍiyāna; pode também ser uma imagem de nosso próprio mestre espiritual ou de um amigo espiritual. Muitas oferendas devem ser dispostas diante da imagem. Se não tivermos nenhuma imagem presente, devemos visualizá-la claramente e fazer mentalmente as oferendas.

Em seguida, todos os presentes, o moribundo e os outros, devem fazer a seguinte prece de aspiração, dizendo: "Que eu possa agora, logo depois da minha morte e para o benefício de todos os seres sencientes, renascer num corpo de emanação; que isso seja um amplo benefício para todos os seres viventes! Que esse corpo de emanação seja dotado de todos os sinais maiores e menores, que não haja obstáculo para a duração de sua vida e para sua atividade iluminada! Que eu renasça como um grande detentor de conhecimento, detentor da linhagem dos budas dos três tempos!"

Também na mente devemos conservar [com constância] essa fervorosa aspiração e visualizar que, dentro do canal central sumamente translúcido, a essência de nossa consciência está localizada num triângulo abaixo do umbigo, na forma de um ponto seminal branco com matizes vermelhos, luzidio e concentrado, prestes a alçar-se ao alto. Imediatamente, o reto deve ser fechado e recolhido, para que o ponto seminal não possa senão deslocar-se para cima, impelido pela potência da energia vital abaixo. Então, por meio das respirações guturais HI-KA HI-KA, que devemos realizar tão perfeitamente quanto possível, [o ponto seminal] deve ser deslocado para cima e, quando alcançar o orifício da narina esquerda, [o movimento de nossa] consciência deve sincronizar-se com [o movimento de nossa] respiração. Então, num instante, como a flecha quando disparada, [nossa consciência] deve penetrar no coração do Corpo Búdico de Emanação que está diante de nós. Deixemos que a energia vital e a consciência permaneçam lá, sem reabsorvê-las [no corpo]. Esse exercício deve ser repetido até que a consciência deixe [o corpo]. Consequentemente, é certo que se efetivará [a transferência]. Uma vez que a consciência tenha deixado o corpo nesse estado, é certo que alcançaremos o renascimento num corpo de emanação que atuará para o benefício dos seres sencientes.

Se a transferência de consciência para o Corpo Búdico de Emanação anteriormente descrita se realizar efetivamente, como "sinal externo", surgirão arco-íris ou nuvens no céu, algumas das quais serão semelhantes a uma árvore que atende a todos os desejos, ou a seda branca desfraldada, ou a uma chuva de flores e assim por diante. O "sinal interno" é que surgirá sangue ou fluido seroso ou fluido gerador da narina esquerda; também podem surgir gotas semelhantes a orvalho. Entre os "sinais secretos" se inclui o surgimento de muitas pequenas relíquias, de um crânio intacto e de [ossos na forma de] instrumentos usados pelas divindades[27].

Esta é a transferência de consciência para o Corpo Búdico de Emanação. SAMAYA!

Transferência de consciência imediata

Todos os [métodos de transferência de consciência anteriormente descritos são apropriados] no contexto de pessoas cuja morte não se dá de modo súbito; mas, no caso das pessoas que morrem de modo súbito, não há tempo suficiente para entrar em meditação, o que é necessário nos métodos descritos. Nesses casos, portanto, o método de transferência de consciência imediata é de suma importância. Uma vez que desconhecemos quais serão as circunstâncias de nossa morte, devemos, desde já, nos dedicar a um duplo treinamento, praticando de modo alternado a técnica de transferência de consciência da etapa de treinamento [descrita acima] e a prática da transferência de consciência imediata.

[A prática] deve ser realizada do seguinte modo:

Devemos estabelecer uma resolução clara e decidida, pensando: "Se eu morrer subitamente, meu foco mental se dirigirá para o topo da minha cabeça!" Essa resolução é extremamente importante. É semelhante, por exemplo, à resolução de alguém que decide que se levantará e sairá [de casa] quando nascer a lua no vigésimo-segundo dia [do mês lunar]. Se [esse foco mental] for mantido continuamente durante a tarde e a noitinha [do dia anterior], a pessoa [efetivamente] despertará quando surgir a lua, logo depois da meia-noite. Do mesmo modo, desse momento em diante, devemos praticar a projeção ascendente de nosso foco mental para o topo da cabeça toda vez que estivermos diante de situação que faz surgir grande medo ou temor.

Assim, quando surgir ocasião de "morte súbita", como ao cair de um precipício, surgirá o pensamento: "Estou morrendo!" No momento em que surgir esse pensamento, o melhor será que nos recordemos fervorosamente de nosso mestre espiritual, ou de nossa divindade de meditação, [presentes, sentados] sobre o topo de nossa cabeça. Mesmo que não haja tempo suficiente para essa recordação, é essencial projetar nosso foco mental para cima, na direção do topo da cabeça. A razão para fazê-lo é que mesmo agora, [em nosso cotidiano], quando surge ocasião de grande temor, nossa tendência é clamar, "Ó pai! Ó mestre espiritual!" [De modo análogo], portanto, também no momento [da morte repentina], é certamente possível que nos recordemos de nosso mestre ou, [se nos tivermos treina-

27. Aqui, a saída de fluidos pela narina esquerda e não pela abertura do topo da cabeça é indício de que a transferência de consciência se efetuou para o Corpo Búdico de Emanação, e não para os Corpos Búdicos de Realidade ou de Riqueza Perfeita. Sobre o surgimento desses sinais, ver Capítulo 14, *passim*; e, para o registro de um caso em que a cremação deixou como relíquia um crânio intacto, ver Dudjom Rinpoche, NSTB, p. 572.

do nessa prática], que [instintivamente] direcionemos o foco da consciência para o topo da cabeça. Esse é o ponto crucial mais profundo

De modo semelhante, se estivermos prestes a ser engolfados por um grande fogo, ou a ser arrastados por um rio potente, ou formos atingidos na cabeça por um raio, ou atravessados por uma flecha no coração, também devemos nos recordar imediatamente do mestre espiritual sentado sobre o topo de nossa cabeça, ou ao menos dirigir a consciência para o topo da cabeça. Esta se chama "transferência de consciência imediata", também conhecida como "transferência de consciência poderosa". Como esta [técnica] é profundíssima, devemos treinar nossa mente assiduamente [nela].

Além disso, nos momentos em que as pessoas comuns passam por experiências de grande temor, diz-se que há inúmeros benefícios em simplesmente clamar "Ó pai! Ó mestre espiritual!", ou invocar o nome de um buda, dizendo "Ó Orgyan!"[28]. Sendo assim, são inconcebíveis os benefícios de, [além disso], direcionar o foco mental para o mestre espiritual presente no topo da cabeça.

Existem, ao todo, nove caminhos diferentes pelos quais pode ocorrer a transferência de consciência. Essas modalidades são correlacionadas às pessoas de capacidade superior, mediana e inferior. A abertura do topo da cabeça é o caminho pelo qual a consciência parte para o [domínio] puro dos que percorrem os céus. Por isso [diz-se que] alcançaremos a libertação se a consciência sair pelo [topo da cabeça]. Uma vez que esse é o caminho supremo, é extremamente importante treinar para dirigir o foco mental para essa [abertura]. Além disso, se a consciência for transferida pelo caminho dos olhos, diz-se que renasceremos como um monarca universal; e, se for transferida pela narina esquerda, obteremos um corpo humano sem máculas. São estas as três aberturas excelentes, [associadas às pessoas de capacidade superior].

Se, todavia, [a consciência for transferida] pela narina direita, renasceremos como um *yakṣa*; se [for transferida] pelos ouvidos, renasceremos como um deus do reino da forma; se [for transferida] pelo umbigo, renasceremos como um deus do reino do desejo. Estas três são as três aberturas intermediárias, [associadas às pessoas de capacidade mediana]. Por fim, se a consciência [for transferida] pela uretra, se obterá um renascimento como animal; [transferida] pela passagem sexual, se obtém um renascimento como espírito faminto[29]; e, [se a consciência for transferida] pelo reto, se obtém um renascimento no inferno. Estas são as três aberturas inferiores, [associadas às pessoas de capacidade inferior]. Dado que a transferência da consciência pelas diversas aberturas tem consequências tão momentosas e tão diferentes, serão inestimáveis os benefícios de dirigir nossa consciência para o topo da cabeça no momento da morte.

Esta é a transferência de consciência poderosa. SAMAYA!

28. Orgyan é um epíteto de Padmasambhava.
29. Tib. *srid pa'i sgo zhes bya ba khams dang thig la dkar dmar 'gyu-ba'i lam.*

Transferência de consciência dos seres comuns

No caso dos que não realizaram o sentido da vacuidade e que ignoram a importância dos estágios de geração e de perfeição [da meditação], deve ser aplicada a transferência de consciência dos seres comuns. Esta aplicação é feita assim: A cabeça [do moribundo] deve estar voltada para o norte e o corpo deve repousar sobre seu lado direito. Um mestre espiritual ou um amigo praticante deve então lembrar [ao moribundo] que ele deve prestar atenção e, se o seu estado de saúde o permitir, ele deve ser encorajado a tomar refúgio, a cultivar uma intenção altruísta e a fazer confissão das negatividades. Depois disso, o mestre deve conferir ao moribundo os votos do laicato budista e, se houver tempo, conferir também as iniciações do caminho dos mantras secretos. Em consequência disso, morrendo com um impulso de boas ações positivas, o indivíduo que acabou [de receber] os pactos e votos imaculados, que se referem à natureza da realidade[30], será libertado das existências inferiores e obterá benefícios inestimáveis.

No caso de uma pessoa que não possa fazer nem mesmo isso, devemos invocar lentamente o nome [do moribundo], dizendo, "O Senhor Mahākāruṇika está presente sobre o topo de tua cabeça! Sê reverente!" Devemos tocar o topo da cabeça do moribundo e gentilmente puxar o cabelo sobre a fontanela do topo da cabeça. Assim, [estimular-se-á] a consciência [a] sair pela abertura do topo da cabeça.

No caso dos que não podem fazer nem mesmo isso e cuja capacidade é indistinguível da capacidade dos animais, devemos repetir muitas vezes as palavras "Homenagem ao Buda Ratnaketu!", dirigindo tais [palavras] à cabeça [do moribundo]. Em consequência disso, [o moribundo] certamente estará livre de [renascer nas] existências inferiores, pois, no passado, quando esse buda fez sua prece de aspiração, ele disse: "Que todos aqueles que ouvirem meu nome sejam libertados do renascimento nas existências inferiores!" Também podemos invocar o nome do Buda [da Medicina] Bhaiṣajyaguru Vaiḍūryaprabharāja, pois se diz que basta [a um moribundo] escutar o nome dele para ser protegido dos sofrimentos das existências inferiores. De modo análogo, podemos invocar o nome de qualquer buda de que tivermos conhecimento e recitar qualquer abençoado mantra do coração que soubermos, como o Mantra das Seis Sílabas, por exemplo.

Em especial, se tivermos à mão a *Libertação pelo uso junto ao corpo*[31], devemos recitá-la em voz alta; devemos recitar também a *Libertação pela auscultação*[32], repetindo toda e qualquer prece de aspiração que conhecermos. Uma vez que podemos desse modo firmar o impulso positivo das ações passadas [do moribundo],

30. Tib. *de-kho-na-nyid-kyi dam-tshig-dang sdom-pa*. Em geral, todos os pactos do Veículo de Realidade Indestrutível e todos os votos associados aos piedosos discípulos e aos bodhisattvas podem ser denominados pactos e votos referentes à natureza da realidade. Num sentido mais específico, porém, esse termo designa os quatro pactos assumidos pelos praticantes da Grande Perfeição: não existência, igualdade, unicidade e espontaneidade. Sobre estes, ver R. Barron (trad. ingl.), *The Precious Treasure of the Way of Abiding*.

31. Tib. *btags-grol*. Ver Capítulo 14.

32. Tib. *thos-grol*. Ver Capítulo 11.

isso será imensamente vantajoso. No pior dos casos, se diz que simplesmente por morrer com o corpo deitado sobre o lado direito e a cabeça apontando para o norte, [o moribundo] não seguirá para as existências inferiores.

CONCLUSÃO

Em resumo, uma vez que é essencial que todas as vantagens [que derivam da] prática dos ensinamentos convirjam na hora da morte, é extremamente importante que nos tornemos hábeis no processo de morrer [ainda no decorrer desta vida].

[Com isto se completa] o *Guia do estado intermediário do momento da morte*, chamado *Transferência de consciência: Libertação natural pela recordação*.

SAMAYA! *rgya rgya rgya!*

11

A grande libertação pela auscultação

CONTEXTO

Tradicionalmente, os procedimentos seguidos quando um lama visita uma pessoa moribunda ou já falecida são complexos e prolongados, e variam segundo a pessoa esteja para morrer, tenha morrido recentemente ou já esteja falecida há alguns dias.

Quando se aproxima a morte de alguém, é costume que parentes ou amigos mais próximos busquem a assistência de um lama plenamente qualificado. O lama deve ser motivado por uma compaixão sincera por todos os seres sencientes e deve ter atingido, em seu próprio contínuo mental, maestria no cultivo experimental do processo de morrer e nas práticas de transferência de consciência.

É muito importante que, ao se aproximar da família, o lama esteja concentrado na motivação de libertar o moribundo dos sofrimentos da existência cíclica. Com bastante frequência, a simples presença de um lama realizado cria uma firme atmosfera de serenidade e sentido que inspira tanto o moribundo quanto sua família.

A prática formal começa com o lama tomando refúgio no Buda, nos ensinamentos sagrados e na comunidade espiritual ideal em nome do moribundo e de todos os seres sencientes, aí incluso o próprio lama. Nessa ocasião, o lama deve visualizar no espaço à sua frente os três objetos de refúgio – o Buda, os ensinamentos sagrados e a comunidade espiritual ideal – formando uma árvore, cujos abundantes ramos, como nuvens encasteladas, são adornados com budas, boddhisattvas e com os mestres espirituais de sua linhagem. O lama deve então visualizar o moribundo, rodeado por todos os seres sencientes, tomando refúgio pela recitação dos seguintes versos repetidos três vezes:

> Tomo refúgio, desde agora até a iluminação,
> No Buda, nos ensinamentos [sagrados] e na suprema assembleia.
> Que pelo mérito da prática da generosidade e das outras [perfeições],
> Eu possa atingir o estado búdico para o benefício de [todos] os seres viventes.

Mantendo essa mesma visualização, o lama deve recitar lentamente, com plena concentração, as quatro aspirações imensuráveis, baseadas no cultivo da benignidade, da compaixão, da alegria no bem do próximo e da equanimidade.

> Que todos os seres sencientes sejam dotados de felicidade!
> Que todos os seres sencientes sejam apartados do sofrimento e de suas causas!
> Que todos os seres sencientes sejam abençoados com a beatitude, libertos do sofrimento!
> Que todos os seres sencientes repousem em equanimidade, libertos da atração e da aversão!

Até esse ponto, os procedimentos preliminares são comuns a todas as tradições do budismo tibetano. Em seguida, o lama deve dar início à prática da *Libertação natural das tendências habituais*, tal como descrita no Capítulo 5. Durante a prática da oração inicial de dez ramos (contida no Capítulo 5), o lama deve ainda manter a visualização da árvore do refúgio no espaço diante de si. Ao concluir a oração de dez ramos, deve visualizar todos os objetos de refúgio se fundir em luz e em seguida essa mesma luz se dissolver gradualmente no topo das cabeças de todos os presentes, incluídos ele mesmo e o moribundo. Assim, a essa altura, o corpo, a fala e a mente de todos os seres iluminados, objetos de refúgio, se tornam inseparáveis do corpo, da fala e da mente do lama e de todos os presentes: indivisíveis em natureza como água despejada sobre água. Desse modo, visualiza-se que todos os presentes são postos sob a proteção das Três Joias Preciosas.

Então, como uma bolha emergindo da água, o lama visualiza a si mesmo emergindo da vacuidade na forma de Vajrasattva e dá continuidade à prática da *Libertação natural das tendências habituais*. Uma vez concluída essa prática, devem ser feitas amplas oferendas mentais a todos os budas e boddhisattvas e o lama deve recitar lentamente três ou sete vezes a breve oração chamada *Prece de aspiração [que invoca] o auxílio dos budas e boddhisattvas* (ver Capítulo 12), seguida pelas preces de aspiração que a acompanham. Segue-se então uma série de recitações mais gerais do cânone budista, entre as quais se incluem o *Sūtra dos três montes* (*Triskandhakasūtra*, T 284), dedicado aos Trinta e Cinco Budas de Confissão, a recitação dos nomes dos mil budas deste éon, segundo o arranjo de Śākyaśrī de Caxemira chamado *Coroa ornada do éon auspicioso* (*Bhadrakalpikālaṃkāramālā*, T 1169), juntamente com a recitação dos mantras dados no *Tantra da purificação de todos os destinos inferiores* (*Sarvadurgatipariśodhanatantra*, T 483). Diz-se que o simples fato de ouvir esses nomes causa um poderoso impacto na consciência do moribundo.

Nesse ponto, o lama deve permanecer muito atento à pessoa do moribundo. A preocupação excessiva com a execução das recitações pode ser causa de distração e impedir o lama de perceber o momento exato em que a consciência abandona o corpo. Observando cuidadosamente os indícios da morte, tais como enumerados na *Libertação natural por meio do reconhecimento dos sinais e indicações visuais da morte* (Capítulo 8), logo antes do falecimento, mesmo que não se tenham terminado as recitações, o lama deve iniciar imediatamente a introdução ao estado intermediário do momento da morte (a primeira parte do presente capítulo). Em algumas circunstâncias, deve-se fazer respiração boca a boca de acordo com o exposto no ciclo de ensinamentos chamado *Os oito preceitos transmitidos: Tradição oral do detentor de conhecimento* (*bKa'-brgyad rig-'dzin zhal-lung*), revelado pelo quinto Dalai-Lama, ou num texto equivalente. Isso pode manter vivo o moribundo por um breve período para que ele receba a instrução final.

Assim, o moribundo deve ser guiado ao longo dos processos de dissolução dos elementos (como descrito no Capítulo 8) antes de dar-se continuidade à introdução ao estado intermediário do momento da morte, exposta no presente capítulo. É costume dirigir-se ao moribundo por seu nome próprio ou usar a expressão "filho (ou filha) da natureza búdica" (*rigs-kyi bu*). Uma pessoa a quem se deve grande respeito é chamada por expressões como "venerável", "mestre espiritual", "mestre", "sua senhoria" e assim por diante. Se o moribundo é alguém de quem o lama recebeu ensinamentos, ele deve usar a expressão "senhor do refúgio" (*skyabs--mgon*) ou "grande lama" (*bla-chen*) e assim por diante. Existem diversas maneiras de se dirigir ao moribundo.

A voz do lama que se dirige ao moribundo deve ser melodiosa, para que só por ouvir o som das instruções a pessoa se sinta aliviada, enlevada e atraída.

Em seguida à dissolução externa dos quatro elementos e a dissolução interna do processo de pensamento conceptual em vermelhidão, brancura e negror, o lama deve recitar os versos que descrevem o momento do surgimento do esplendor interno da raiz. Essas palavras de introdução devem ser recitadas em voz alta três vezes. Se o moribundo não conseguir reconhecer o primeiro esplendor interno e perder a consciência, o lama deve proceder à introdução ao segundo esplendor interno seguida pela introdução ao surgimento das Divindades Pacíficas e Furiosas durante o estado intermediário de realidade.

Uma vez completada a introdução ao estado intermediário de realidade, o lama deve observar cuidadosamente o corpo do falecido e procurar determinar se ele alcançou a libertação de todo renascimento na existência cíclica. Se ocorreu a libertação, o corpo terá um brilho peculiar e os que estiverem em sua presença experimentarão um sentimento de felicidade. O corpo não exalará nenhum mau odor. Assemelhar-se-á a uma pessoa viva que está dormindo. Esses são os sinais de que a consciência do falecido alcançou a libertação. Além desses sinais, podem ocorrer alterações climáticas à guisa de sinais externos, como as descritas no Capítulo 8, entre as quais arco-íris e formações específicas das nuvens. Se o falecido é um yogin consumado, um monge ou um leigo que alcançou a plena libertação no momento da morte, o lama poderá escutar o som de cânticos e do tocar de instrumentos sagrados, como o tambor de crânio ou o sino. Por outro lado, se a consciência do falecido não alcançou a libertação, sua compleição assumirá um ar inquietante e o ato de olhar para ele poderá inspirar um sentimento de temor. A face se tornará acinzentada e seca e o corpo começará a se decompor rapidamente.

Se a consciência do falecido não alcançar a libertação durante o estado intermediário de realidade, o corpo mental assumido pelo falecido cairá imediatamente no estado intermediário de renascimento; nessa ocasião, o lama deve recitar a introdução a esse estado tal como é apresentada mais adiante neste capítulo.

É bastante importante que, se for apropriado, as introduções aos estados intermediários do momento da morte, de realidade e do renascimento sejam complementadas pela prática da transferência de consciência, apresentada no Capítulo 10. Se os sinais internos e externos forem muito bons, a transferência de consciência não será necessária e pode mesmo ser prejudicial.

O lama deve tomar grande cuidado para saber se e quando deve ser posta em prática a transferência de consciência. Não são somente os mestres espirituais de elevada realização que permanecem em meditação durante os estados intermediários, mas também homens, mulheres e crianças comuns podem ter alcançado um estado mental sereno, que lhes permita permanecer em pacífica e profunda meditação depois da morte. Se a transferência de consciência for tentada em tais casos, o falecido pode ser perturbado. Além disso, uma vez que a consciência do falecido tende a deixar o corpo por qualquer ponto em que este é tocado, os parentes, entes queridos e o lama devem evitar tocar no corpo, ou somente tocar levemente na fontanela do topo da cabeça de modo que induza a consciência a deixar o corpo por esse ponto.

Se o lama chega à conclusão de que a transferência de consciência é a ação apropriada a ser realizada, ela deve ser repetida até que apareçam determinados sinais, como o surgimento de muco ou sangue de ambas as narinas. Além disso, de modo que induza a consciência a deixar o corpo pelo topo da cabeça – que é a melhor saída possível para a transferência de consciência – devem ser aplicados os métodos que dificultam a saída da consciência pelos outros orifícios descritos no Capítulo 10. Isso é facilitado pela visualização dos nove orifícios do corpo selados pela sílaba HŪṂ, obrigando a consciência a sair pela fontanela do topo da cabeça.

De qualquer modo, se o lama sentir que a consciência do falecido se tornou confusa e aprisionada, ou se o cadáver começar a se decompor e perder seu brilho, a transferência de consciência deve ser realizada imediatamente.

Uma vez concluídas as introduções aos estados intermediários do momento da morte, de realidade e do renascimento, o lama deve recitar: a *Oração para a união com o mestre espiritual* (Capítulo 2), a *Libertação natural das tendências habituais* (Capítulo 5), a *Homenagem cêntupla* (Capítulo 6), a *Confissão* (Capítulo 7) e a *Libertação pelo uso junto ao corpo* (Capítulo 14).

A essa altura, o lama pode recitar também algumas orações gerais que não estão incluídas neste ciclo de ensinamentos, como a *Prece de aspiração para a boa conduta* (*Bodhisattvapraṇidhānarāja*, T 1095), uma das muitas versões da *Prece de aspiração para o renascimento em Sukhāvatī* (contida no *bDe-smon Phyogs-sgrigs*), a *Prece de aspiração de Maitreya* (*Maitreyapraṇidhāna*, T 1096) e o capítulo final da *Introdução à conduta de um bodhisattva* (*Bodhisattvacaryāvatāra*, T 3871), que trata da dedicação de mérito ao benefício de todos os seres sencientes.

Essas orações podem ser seguidas pela recitação de preces próprias deste nosso ciclo de ensinamentos, a saber: os *Versos de raiz dos seis estados intermediários* (Capítulo 3) e as *Preces de aspiração* (Capítulo 12).

Com isso se completa o resumo do processo pelo qual o lama vela diretamente pela consciência do moribundo e do falecido.

PARTE UM

Uma elucidação do estado intermediário do momento da morte e da manifestação das Divindades Pacíficas no estado intermediário de realidade

Aqui se encontra a *Grande libertação pela auscultação*[1], uma elucidação do estado intermediário de realidade, [extraída de] *As Divindades Pacíficas e Furiosas: um profundo ensinamento sagrado [chamado] libertação natural por meio [do reconhecimento] da intenção iluminada*[2].

> Me prostro diante dos mestres espirituais, [encarnação dos] Três Corpos Búdicos:
> Diante do Corpo Búdico de Realidade, Luz Infinita, Amitābha;
> Diante do Corpo Búdico de Riqueza Perfeita, as Divindades Pacíficas e Furiosas do Lótus;
> E diante do Corpo Búdico de Emanação, Padmākara, protetor dos seres.

Esta *Grande libertação pela auscultação*, que é o conjunto de meios hábeis que liberta os yogins de capacidade mediana durante os estados intermediários, contém três partes, que são: a introdução, o tema principal [do texto] e a conclusão.

INTRODUÇÃO

[Todos os aspirantes] devem cultivar a experiência das etapas da instrução[3], que são os meios pelos quais os seres corpóreos podem alcançar a libertação. Os aspirantes de maior sagacidade certamente alcançarão a libertação [durante o cur-

1. Tib. *Thos-grol chen-mo.*

2. Tib. *Zab-chos zhi-khro dgongs-pa rang-grol.*

3. Tib. *khrid-kyi rim-pa*. Essa expressão se refere a todos os níveis de instrução recebidos durante o curso da vida do indivíduo, inclusive os baseados nos sūtras e nos tantras. O cultivo da experiência da "grande vacuidade" (*stong-pa chen-po*), à qual o praticante de Mahāyoga é conduzido no curso da prática diária, leva à dissolução da consciência conceptual ordinária numa consciência pura não dual e não conceptual. Os sinais que acompanham a realização bem-sucedida desse processo de meditação são idênticos aos que ocorrem na hora da morte. A resultante familiaridade com o processo de dissolução da consciência permite que, no momento da morte, o praticante passe por um processo que lhe é habitual e, assim, entre sem confusão no esplendor interno não conceptual e repouse de modo estável em sua natureza.

so desta vida] pela [aplicação dessa] instrução. Mas se a libertação não ocorrer por essa via, [os yogins] devem pôr em prática, durante o estado intermediário do momento da morte, [os procedimentos adequados expostos na] *Transferência de consciência: Libertação natural pela recordação*[4]. Os yogins de capacidade mediana certamente alcançarão a libertação por esse método. Se mesmo pela aplicação da transferência de consciência não for alcançada a libertação, então deve ser feita a recitação persistente da *Grande libertação pela auscultação* durante o estado intermediário de realidade.

Em primeiro lugar, portanto, os yogins devem examinar os sinais da morte por meio do texto chamado *Libertação natural por meio do reconhecimento dos sinais e indicações visuais da morte*, também conhecido como o *Espelho que elucida as indicações visíveis de morte*[5]. Desse modo, quando os sinais [internos] do processo de morte estiverem presentes de modo claro, definitivo e completo, deve ser aplicado o [procedimento indicado na] *Transferência de consciência: Libertação natural pela recordação*. Então, se essa transferência for bem-sucedida, não haverá necessidade de recitar a *Grande libertação pela auscultação*.

Se, todavia, a transferência não for bem-sucedida, deve-se recitar em voz alta esta *Grande libertação pela auscultação* com pronúncia correta e clara dicção junto ao cadáver. Se o cadáver não estiver presente, deve-se fazer a recitação junto à cama ou assento do falecido. Assim, tendo invocado o poder da verdade[6] e evocado a consciência [do falecido][7], deve-se imaginar que ele está presente, à escuta, e [então] recitar esta *Grande libertação pela auscultação*. Nessa ocasião, [deve-se advertir aos] parentes e amigos íntimos do falecido que se contenham, pois nesse estágio não é apropriado o choro ou quaisquer expressões dramáticas de tristeza[8].

Se o corpo do falecido estiver presente, durante o intervalo de tempo que se segue à cessação da respiração[9] esta *Grande libertação pela auscultação* deve ser lida em voz alta por um mestre espiritual ou por um irmão espiritual, um [praticante]

....

4. Ver Capítulo 10.

5. Ver Capítulo 8.

6. Tib. *bden-pa'i stobs*. Essa expressão se refere a uma prece de invocação que atrai o poder da verdade da natureza suprema da mente e dos fenômenos encarnada nas divindades de meditação, nos textos sagrados e na comunidade dos praticantes sinceros.

7. Esse processo esotérico de meditação, ensinado somente a praticantes plenamente qualificados, é descrito nos textos suplementares ligados ao presente ciclo de ensinamentos, como a *Libertação natural das seis classes de seres viventes por meio da orientação do falecido rumo a renascimentos superiores* (*Tshe-'das gnas-'dren 'gro-drug rang-grol*). Ver Apêndice Um.

8. A crença na noção de continuidade da consciência cria uma perspectiva bastante diferente entre os entes queridos de um morto nas comunidades budistas. Ainda que a tristeza não seja reprimida, os membros da família do morto e seus amigos são encorajados a dar apoio à consciência do falecido, sendo fortes em suas próprias práticas espirituais e dedicando tais esforços ao falecido. O sentimento de simpatia pelas oportunidades espirituais apresentadas ao morto durante e depois do processo de morte é fortemente estimulado. Desejo, apego e tristeza excessivas são desencorajados; ao mesmo tempo, a criação de uma atmosfera de abertura, compaixão e aceitação da mudança é estimulada e altamente apreciada.

9. Sobre esse intervalo de tempo entre a cessação da respiração externa (*phyi-dbugs*) e a cessação da respiração interna (*nang-dbugs*), ver p. 202.

sincero ou um amigo benevolente. A leitura deve ser feita com os lábios bem próximos ao ouvido do morto, sem no entanto tocá-lo[10].

O TEMA PRINCIPAL

Segue-se agora a exegese propriamente dita da *Libertação pela auscultação*:

Primeiro, devemos fazer amplas oferendas às Três Joias Preciosas[11]. Se essas oferendas não se puderem obter, devemos dispor [diante do altar] todos os nossos objetos que possam oferecer suporte à visualização e, em seguida, produzir mentalmente uma [quantidade] imensurável [de oferendas]. Em seguida devemos recitar, três ou sete vezes, a *Prece de aspiração [que invoca] o auxílio dos budas e bodhisattvas*. Depois disso, devemos recitar melodiosamente a *Prece de aspiração que protege do medo dos estados intermediários*, a *Prece de aspiração que resgata dos perigosos caminhos dos estados intermediários* e os *Versos de raiz dos seis estados intermediários*[12].

Depois disso, devemos ler em voz alta esta *Grande libertação pela auscultação* sete ou três vezes, ou [quantas vezes] o permitirem as circunstâncias.

[O tema principal da *Grande libertação pela auscultação*] compreende três seções: a introdução ao esplendor interno durante o estado intermediário do momento da morte[13], a grande elucidação que introduz ao estado intermediário de

....

10. A proibição de tocar o corpo do falecido se aplica desde o momento em que a consciência entra no canal central até o momento em que a energia vital abandona o corpo; um período que pode durar desde uns poucos instantes até três dias. Essa proibição é repetida com frequência neste texto e bastante enfatizada pelos lamas tibetanos, que explicam que o toque no corpo atrai a atenção do indivíduo para a parte do corpo que é tocada. Uma vez que o ponto do corpo pelo qual a consciência sai está ligado à qualidade do domínio mental em que ela poderá entrar, atrair a atenção do indivíduo por meio do toque pode ser benéfico ou prejudicial. Ver Capítulo 10, p. 187.

11. Tradicionalmente, todo lar tibetano tem um altar que é o centro dos rituais e atividades devocionais cotidianas da família. Quando alguém morre, vários rituais secundários são realizados junto com a recitação da *Grande libertação pela auscultação*. É comum erguer-se uma tenda no jardim e preparar-se um grande altar. É grande a atividade, que envolve tanto a família quanto os monges que a atendem, na realização das preparações para os rituais. O sentimento de desolação pela morte de um ente querido é fortemente equilibrado pela plenitude de sentido da atividade orientada ao apoio e inspiração da consciência do falecido.

12. Essas preces são recitadas para o moribundo com a finalidade de inspirar uma atitude serena e digna diante da morte. Os textos completos da *Prece de aspiração que invoca o auxílio dos budas e bodhisattvas* (*Sangs-rgyas-dang byang-chub sems-dpa'i-rnams-la ra-mda' sbran-pa'i smon-lam*), da *Prece de aspiração que protege do medo dos estados intermediários* (*Bar-do 'jigs-skyob-ma'i smon-lam*) e da *Prece de aspiração que resgata dos perigosos caminhos dos estados intermediários* (*Bar-do 'phrang-sgrol-gyi smon-lam*) podem ser encontrados no Capítulo 12; já o texto dos *Versos de raiz dos seis estados intermediários* (*Bar-do'i rtsa-tshig*) se encontra no Capítulo 3. A atitude com a qual o moribundo encara a morte é considerada o fator fundamental a assegurar seu bem-estar depois do passamento. Considera-se fundamental para o moribundo cultivar uma atitude de compaixão para com os outros durante o processo de morte. Recomenda-se fortemente que ele permaneça sem temor e plenamente consciente do processo de morte, e ao mesmo tempo esteja preparado para reconhecer as qualidades de consciência e percepção que surgirão naturalmente durante e depois da morte.

13. Tib. *'chi-kha'i bar-do-la 'od-gsal ngo-sprod-pa*. Essa é a introdução ao esplendor que surge imediatamente após a cessação da respiração, no momento em que a energia vital se concentra no ponto médio do canal central, próximo ao coração. Ver Capítulo 8, pp. 150-5 e Capítulo 10, pp. 179-83, passagens em que se faz referência a esse mesmo estado intermediário.

realidade[14] e um ensinamento acerca dos meios de impedir a entrada em um ventre durante o estado intermediário de renascimento[15].

Introdução ao esplendor interno no estado intermediário do momento da morte

Esta introdução se faz para o benefício dos indivíduos que possuem bom entendimento, mas que não alcançaram o reconhecimento [do esplendor interno], assim como para o benefício dos alcançaram tal reconhecimento, mas possuem pouca familiaridade com ele; e também para o benefício de todas as pessoas comuns que receberam pouca instrução espiritual efetiva. Por meio desta [introdução], ao reconhecer o esplendor interno da raiz, tais seres alcançarão o incriado Corpo Búdico de Realidade, num movimento ascendente que penetra o âmago, sem [passar pelos] estados intermediários.

Introdução ao esplendor interno da raiz

Quanto ao método para realizar [esta introdução], o melhor é que o mestre espiritual de raiz do qual [o moribundo] efetivamente recebeu instruções espirituais esteja presente. Se ele não puder estar presente, que [seja chamado] um irmão espiritual sujeito aos mesmos pactos[16]; se também isso for impossível, que esteja presente um amigo espiritual detentor da mesma linhagem[17] para aplicar o método; se nenhum desses puder estar presente, que a introdução seja recitada reiteradamente por alguém que saiba ler em voz alta com pronúncia correta e dicção clara. Desse modo, [o moribundo] vai se recordar do que lhe foi ensinado anteriormente por seu mestre espiritual e logo depois, posto face a face com o esplendor interno da raiz, certamente alcançará a libertação.

Quanto ao momento em que deve ser feita [esta introdução]: depois que cessa a respiração, a energia vital é absorvida no canal de cognição pura[18] e a consciência [do falecido] naturalmente se manifesta como esplendor interno não conceptual. Depois, a energia vital inverterá seu movimento e escapará para os canais da direita e da esquerda; como resultado, surgirão subitamente as manifestações [subsequentes] do estado intermediário [de realidade]. Portanto, a introdução [ao esplendor interno do momento da morte] deve ser feita antes que a energia vital

14. Tib. *chos-nyid bar-do-la 'od-gsal ngo-sprod-pa*. Essa é a introdução ao esplendor percebido pelo corpo mental do falecido na forma das Divindades Pacíficas e Furiosas. Ver pp. 234-72; ver também Tsele Natsok Rangdrol, *The Mirror of Mindfulness*, pp. 77-102.

15. Tib. *srid-pa bar-do-la mngal-sgo dgag-thabs bstan-pa*. A parte final deste capítulo descreve os cinco métodos profundos para evitar um renascimento descontrolado num domínio desfavorável. Ver pp. 285-300; ver também Tsele Natsok Rangdrol, *The Mirror of Mindfulness*, pp. 105-28.

16. Nesse caso, o aconselhável é chamar para junto ao leito do moribundo um indivíduo que tenha seguido as mesmas práticas de meditação que o moribundo seguiu.

17. Nesse caso, o aconselhável é chamar para junto ao leito do moribundo um indivíduo que tenha estudado e praticado na mesma tradição de comentários que o moribundo.

18. Isto é, no canal central do corpo.

escape para os canais da direita e da esquerda. [Geralmente], o intervalo de tempo em que a respiração interna permanece presente no canal central é mais ou menos equivalente ao tempo que se leva para comer uma refeição[19].

Quanto à maneira concreta de realizar [esta introdução], o melhor é que a transferência de consciência seja efetuada no momento em que a respiração está prestes a cessar. Se isso não ocorrer, devem-se dizer as seguintes palavras:

> *Ó Filho(a) da Natureza de Buda,* (aqui chamar o moribundo pelo nome), *chegou a hora de buscares um caminho. Assim que cessar tua respiração, se manifestará [a luminosidade] conhecida como "esplendor interno do primeiro estado intermediário"*[20]*, à qual foste introduzido anteriormente por teu mestre espiritual. [Assim que] cessar tua respiração, todos os fenômenos se tornarão vazios e despojados como o espaço. [Ao mesmo tempo], se manifestará uma pura consciência nua, não extrínseca [a ti], luminosa, vazia e desprovida de centro e de horizonte. É nesse exato momento que deves reconhecer pessoalmente essa natureza intrínseca e repousar no estado dessa [experiência]. Também eu a introduzirei a ti nessa mesma ocasião*[21].

Essas palavras devem ser repetidas muitas vezes de modo audível, para que fiquem impressas na mente [do moribundo] até que cesse sua respiração.

Então, quando a respiração estiver a ponto de cessar, deve-se deitar [o moribundo] sobre o lado direito, na postura do leão, e tomar-lhe o pulso[22]. Assim que cessar a pulsação das duas artérias carótidas, elas devem ser firmemente pressionadas [em seus pontos de pressão no pescoço][23]. Assim, tendo entrado no canal central, a energia vital não pode retornar [e escapar] e certamente emergirá pela fontanela do topo da cabeça[24]. Nessa ocasião, deve-se continuar a introdução.

---

19. Esse período durante o qual a energia vital e a consciência permanecem unidas no canal central é também descrito como o tempo em que a "respiração interna" (*nang-dbugs*) permanece dentro do corpo. Sua duração é de aproximadamente vinte minutos.

20. Tib. *bar-do dang-po'i 'od-gsal*, isto é, o esplendor interno que surge na culminação do estado intermediário do momento da morte, é o primeiro de três "estados intermediários" sucessivos que ocorrem depois da morte e antes do processo de renascimento. Esses três estados compreendem o esplendor interno da raiz, o esplendor interno do caminho e o esplendor interno das Divindades Pacíficas e Furiosas no estado intermediário de realidade. Essas três etapas não devem ser confundidas com a enumeração clássica dos seis estados intermediários descritos no Capítulo 3 e no Glossário.

21. No decorrer de todo o processo do morrer e em cada etapa da recitação da *Grande libertação pela auscultação*, o lama que ministra os ritos deve entrar nos estados de meditação que o texto descreve e aos quais se convida o moribundo. Desse modo, o lama serve como apoio e âncora para a concentração do moribundo e do falecido.

22. Tib. *rtsa rba-rlabs rtsis-ba*. A medicina tibetana descreve diversos tipos de pulsação que indicam morte iminente por desequilíbrio dos humores, insuficiência das vísceras e assim por diante. Ver *Tibetan Medical Paintings*, p. 137. Sobre os procedimentos seguidos para tomar a pulsação, ver *ibid.*, p. 123.

23. Tib. *gnyid-log rtsa-gnyis*. As duas artérias carótidas "que induzem a inconsciência quando pressionadas" estão entre os pontos mais vulneráveis do corpo. Ver *Tibetan Medical Paintings*, pp. 33, 43. Se diz que a pressão aplicada no momento correto aprisiona a energia vital e a mente no canal central, sem possibilidade de regressão ou inversão. Um treinamento correto nesse procedimento é de crucial importância, e é evidentemente essencial que as artérias não sejam pressionadas antes da cessação da pulsação.

24. Sobre a fontanela anterior ou do topo da cabeça (tib. *tshangs-bug*; scrt. *brahmarandhra*), que é o ponto de saída ideal para a consciência do moribundo, ver Capítulo 10, p. 187.

Essa etapa do processo de morte é chamada: "o esplendor interno de realidade durante o primeiro estado intermediário". É a incontestável e incomparável intenção iluminada do Corpo Búdico de Realidade, que se manifesta nas mentes de todos os seres viventes. [No momento da morte], essa manifestação coincide com o período no qual a energia vital foi absorvida pelo canal central, depois da cessação da respiração e antes de cessar a respiração interna. As pessoas comuns chamam esse estado de "perda de consciência"[25].

A duração dessa [experiência de esplendor interno] é variável e incerta, [pois depende da] saúde, de características da constituição física [do moribundo] e de seu grau de [proficiência nas práticas ligadas aos] canais de energia e energias vitais. Para aqueles que tiverem considerável experiência prática, ou que tiverem alcançado estabilidade na prática de serenidade inabalável, ou que possuírem canais de energia saudáveis, essa experiência pode ser prolongada[26]. Ao fazer esta introdução, portanto, devem-se recordar [ao falecido] essas verdades repetidas vezes, [por meio da instrução contida neste texto], até emergir fluido seroso das aberturas dos órgãos dos sentidos[27]. Para as pessoas de grande negatividade e para as classes de seres com canais de energia doentes, essa etapa não dura mais do que um estalar de dedos. Para outros, pode durar o tempo de se ingerir uma refeição. Entretanto, como a maioria dos sūtras e tantras afirmam que esse período de inconsciência [que se segue ao momento da morte] pode durar por três dias e meio, em geral, deve-se perseverar na prática desta introdução ao esplendor interno por esse mesmo período de tempo.

Quanto ao modo pelo qual deve ser feita essa introdução: se for capaz, o moribundo deve facilitar por si mesmo esse processo, projetando [no estado intermediário] uma [prática espiritual] cultivada anteriormente. Se [o indivíduo] não for capaz de fazer isso, então um mestre espiritual, um discípulo ou um irmão espiritual que seja amigo próximo [do moribundo] deve permanecer ao lado dele e claramente recordá-lo dos sinais [da morte] em sua sequência correta, dizendo:

> *Agora está presente o sinal da dissolução da terra na água, da água no fogo, do fogo no ar, do ar em consciência,*

e assim por diante, [tal como descreve o texto chamado *Libertação natural por meio do reconhecimento dos sinais e indicações visuais da Morte*][28].

25. O tempo que se segue à cessação da respiração externa ou grosseira (*phyi-dbugs*) e anterior à cessação da respiração interna ou sutil (*nang-dbugs*) – também conhecida esta como energia que sustenta a vida (tib. *srog-'dzin-gyi rlung*; scrt. *prāṇa*) – é o período durante o qual a energia vital e a mente são atraídas para o canal central, o que faz que os seres comuns percam a consciência (*shes-pa brgyal*). Esse momento também é descrito como o negro que surge da união da essência geratriz branca masculina com a essência geratriz vermelha feminina no centro cardíaco do canal central. Ver Capítulo 8, p. 153.

26. A tradição biográfica tibetana cita muitos casos de grandes mestres espirituais que na ocasião da morte passaram por prolongada experiência desse estado intermediário.

27. Ver Capítulo 10, p. 186.

28. Ver Capítulo 8, pp. 133 ss. Uma descrição alternativa desse processo é dada nos texto médicos. Ver *Tibetan Medical Paintings*, pp. 51-2: "Na dissolução do elemento terra no elemento água, o paciente deixa de

Em seguida, quando a sequência dos sinais estiver quase completa, [o amigo] deve encorajar o moribundo a cultivar a seguinte intenção altruísta, começando com as palavras: "*Ó Filho(a) da Natureza de Buda!*"; ou, se [o moribundo] for um mestre espiritual, o amigo deve dizer suavemente as seguintes palavras em seus ouvidos:

> *Ó Venerável! Suplico-te que não te distraias do cultivo de uma intenção altruísta!*

Se [o moribundo] for um irmão espiritual ou qualquer pessoa que não um mestre espiritual, [o amigo] deve chamá-lo pelo nome e dizer as seguintes palavras:

> *Ó Filho(a) da Natureza de Buda, aquilo a que se dá o nome de morte chegou agora a ti. Portanto, deves adotar uma motivação altruísta e concentrar teu pensamento assim: "Cheguei ao momento da morte. Por isso, agora, aceitando o processo da morte, com a totalidade da minha mente cultivarei uma intenção altruísta. Meditarei na geração da benignidade, da compaixão e de uma intenção altruísta de alcançar a iluminação. Para o benefício de todos os seres sencientes, cujo número é tão imensurável quanto o espaço, devo alcançar o perfeito estado búdico." E, em especial, [deves pensar]: "Neste momento, para o benefício de todos os seres sencientes, devo reconhecer [o momento da] morte como [a manifestação do] esplendor interno, o Corpo Búdico de Realidade, e enquanto estiver nesse estado devo alcançar a suprema realização do Grande Selo, e assim atuar para o benefício de todos os seres sencientes. Se eu não alcançar essa realização, então, reconhecendo o estado intermediário tal como ele realmente é, vou realizar o coalescente Corpo Búdico do Grande Selo durante o próprio estado intermediário; e assim, manifestando-me para instruir cada um segundo suas próprias necessidades, atuarei para o benefício de todos os seres sencientes, cujo número é imensurável como o espaço." Sem deixares de concentrar-te em cultivar uma intenção altruísta como descrito acima, recorda-te das experiências de meditação que desenvolveste anteriormente com base nos ensinamentos orais.*

Essas palavras devem ser pronunciadas claramente, com os lábios próximos ao ouvido [do moribundo]. Sem permitir que a atenção [do moribundo] se distraia por um instante sequer, [o amigo] deve recordá-lo de suas experiências anteriores de meditação.

Então, quando tiver cessado a respiração e já tiverem sido pressionadas firmemente as duas artérias carótidas, caso o moribundo seja um mestre espiritual ou um amigo espiritual que esteja num grau mais elevado do que aquele que fala, deve ser recordado com as seguintes palavras:

perceber a solidez dos objetos. Na dissolução do elemento água no elemento fogo, as aberturas dos órgãos sensoriais secam. Na dissolução do elemento fogo no elemento ar, desaparece o calor do corpo. Na dissolução do elemento ar no elemento espaço, a respiração cessa. Quanto aos órgãos dos cinco sentidos, que nascem dos cinco elementos primordiais, o primeiro dos sentidos a deixar de operar é a visão, seguida da audição, do olfato, do paladar e, por fim, do tato. Em consequência da perda da sensibilidade táctil, a própria vida se esvai; e todas as funções sensoriais são reabsorvidas no espírito vital, que por sua vez é ele próprio absorvido pela consciência, destinada a um renascimento futuro."

Ó Venerável! O esplendor interno da raiz se manifesta agora diante de ti. Reconhece-o e concentra-te diretamente no cultivo dessa experiência.

Para todas as outras pessoas, [o esplendor interno da raiz] deve ser introduzido com as seguintes palavras:

Ó Filho(a) da Natureza de Buda, (aqui chamar a pessoa pelo nome) *escuta! O puro esplendor interno, que é a própria realidade, é agora manifesto diante de ti. Reconhece-o! Ó Filho(a) da Natureza de Buda, essa essência radiante que é agora percepção consciente em ti é uma vacuidade luminosa. Ela transcende substância, transcende características e cores, é completamente vazia de existência intrínseca em todos os aspectos. É o buda feminino Samantabhadrī, a natureza essencial da realidade. A essência de tua própria percepção consciente é vacuidade. Mas ela não é um vácuo ou vazio niilista; isto, tua própria percepção consciente, é ela mesma livremente luminosa, brilhante e vibrante. Esta [percepção consciente] é o buda masculino Samantabhadra. A presença sumamente indivisível destes dois: a essência de tua própria consciência pura, que é vazia, desprovida de existência intrínseca sob todos os aspectos, e tua própria percepção consciente, presente de modo vibrante e luminoso, é o Corpo Búdico de Realidade. Essa percepção intrínseca, manifesta como uma grande massa de luz, na qual luminosidade e vacuidade são indivisíveis, é a natureza búdica de luz imutável, que transcende nascimento e morte. O simples reconhecer isso é o bastante! Se reconheces essa essência brilhante de tua própria percepção consciente como [a natureza de] buda, contemplar a percepção intrínseca é repousar na intenção iluminada de todos os budas.*

Essa introdução deve ser feita três ou sete vezes, com pronúncia correta e dicção clara. Assim, [o falecido] primeiro se recordará dos [ensinamentos] dados previamente por seu mestre, e em segundo lugar será introduzido ao esplendor interno como pura consciência natural nua. E, por fim, tendo reconhecido esse esplendor interno, alcançará o Corpo Búdico de Realidade, que transcende a conjunção e a disjunção, e certamente alcançará a libertação. É desse modo que se dá o reconhecimento do "primeiro esplendor interno", [o esplendor interno da raiz].

[Introdução ao esplendor interno do caminho]

Se, no entanto, teme-se que [o falecido] não tenha reconhecido o primeiro esplendor interno, surgirá o chamado "segundo esplendor interno", [o esplendor interno do caminho]. [Desse segundo esplendor interno se diz igualmente que] dura pouco mais que o tempo de se tomar uma refeição, depois de ter cessado a respiração. Ele surge especificamente quando a energia vital escapa para o canal direito ou esquerdo, dependendo de serem positivas ou negativas as ações passadas [do falecido], e assim que a energia vital emerge por um dos orifícios do corpo[29]. Quando isto ocorre, a consciência se torna subitamente desperta e lúcida.

Ainda que se costume dizer que esse segundo esplendor interno também dura [aproximadamente] o tempo que se leva para ingerir uma refeição, como no caso do primeiro esplendor interno a duração desse estado depende de os canais de energia estarem ou não saudáveis e de [o indivíduo] ter ou não experiência de meditação.

Nesse ponto, a consciência emerge do corpo e, [de início], o indivíduo pode não saber se morreu ou não. Como antes, ele vê seus parentes e ouve seus lamentos. Durante esse período – antes de surgirem as duras e desconcertantes experiências ligadas às ações passadas e as terrificantes experiências ligadas a Yama – deve ser dado o ensinamento oral[30]. Este [ensinamento oral] se refere tanto ao estágio de geração quanto ao estágio de perfeição [da meditação]. Se [o falecido] tiver se dedicado [às práticas do] estágio de perfeição, deve-se chamá-lo pelo nome três vezes e repetir a [instrução] anterior, [que é] a introdução ao esplendor interno. Se [o falecido] tiver se dedicado [às práticas do] estágio de geração, deve-se ler em voz alta a descrição formal da divindade de meditação escolhida por ele tal como essa descrição se encontra no ciclo de meditação correspondente. Então, ele deve ser recordado com as seguintes palavras:

> *Ó Filho(a) da Natureza de Buda! Medita nisto: tua divindade de meditação. Não te distraias! Concentra-te firmemente em tua divindade de meditação! Medita que [ela] surge, mas é, todavia, desprovida de existência intrínseca, como [o reflexo da] lua na água. Não medites na divindade como se ela fosse uma forma corpórea, sólida!*[31]

Se [o falecido] for uma pessoa comum, sem uma prática específica, então que se dê início à introdução com as palavras:

> *Medita no Senhor de Grande Compaixão!*[32]

Por meio dessa introdução, não há dúvida de que mesmo aqueles que até então não tenham reconhecido [a natureza do] estado intermediário virão a reconhecê-la.

....

29. Sobre a relação entre os diversos orifícios dos quais emerge a linfa e os domínios habitados pelos seres sencientes, ver Capítulo 10, p. 187; ver também A. Wayman, *The Buddhist Tantras*, Capítulo 12, pp. 139-50, cuja descrição é baseada nos comentários ao *Guhyasamāja Tantra*.

30. As duras e desconcertantes experiências ligadas às ações passadas (*las-kyi 'khrul-snang*) são as manifestações de sons, luzes e raios de luz que aparecem durante o estado intermediário de realidade (*chos-nyid bar-do*); já as terrificantes experiências ligadas a Yama (*gshin-rje*) são as que ocorrem durante o estado intermediário de renascimento (*srid-pa'i bar-do*). Ver pp. 206 ss. e pp. 236-7.

31. Uma vez que as divindades de meditação são manifestações puras, inseparáveis da vacuidade, é dito que elas "surgem, mas são, todavia, desprovidas de existência intrínseca" (*snang-la rang-bzhin med-pa*) e são "desprovidas de formas sólidas ou corpóreas" (*gdos-bcas-med-pa*). Ver também Dudjom Rinpoche, NSTB, pp. 123-7, 279-80; e Longchen Rabjampa, GGFTC, pp. 626-81.

32. Isto é, Avalokiteśvara.

Esse lembrete preciso [indicado anteriomente] deve ser dado por um mestre ou irmão espiritual para aqueles que, embora já tenham recebido essa introdução de um mestre espiritual quando vivos, possuem uma experiência de meditação pouco desenvolvida e por isso não reconhecerão o estado intermediário por si mesmos. Essa instrução é igualmente importante para aqueles que, a despeito de sua experiência de meditação, são abalados por graves doenças no período da morte e assim não conseguem se recordar [de suas experiências de meditação anteriores]; por fim, essa instrução é particularmente necessária no caso dos seres que, ainda que possuam experiência prévia de meditação, correm o risco de cair em existências inferiores como resultado de terem rompido seus votos e não terem sustentado seus pactos fundamentais[33].

[Como foi dito], o melhor é quando [o reconhecimento] ocorre durante o primeiro estado intermediário. Se, no entanto, o reconhecimento não ocorrer nesse estado, a consciência pura pode ser despertada e a libertação obtida durante o segundo estado intermediário. Esse segundo estado intermediário é também chamado "o corpo ilusório puro". [Durante essa segunda etapa], a consciência chega a uma instância de clareza, mesmo que o falecido não saiba se está morto ou não. Se o ensinamento for dado nesse momento, os aspectos mãe e filho da realidade podem se encontrar[34], e o falecido não será mais controlado pela força das ações passadas. Assim como, por exemplo, as trevas são destruídas pela luz do sol, a força dominadora das ações passadas é destruída por esse "esplendor interno do caminho", e assim se alcança a libertação.

Agora, isto que se chama "segundo estado intermediário" [que ocorre no momento em que a consciência deixa o corpo] aparece subitamente para o "corpo mental" [assumido pelo falecido][35], ao passo que a consciência [do falecido] retém o mesmo alcance auditivo de antes da morte. Portanto, se o ensinamento oral anteriormente citado for dado nesse momento, seu propósito pode ser alcançado. Como as manifestações desconcertantes geradas pelas ações passadas ainda não surgiram, [o falecido] pode voltar sua atenção para onde quiser. Portanto, mesmo que não tenha reconhecido o esplendor interno da raiz, ele será libertado pelo reconhecimento do esplendor interno [do caminho], que é o segundo estado intermediário.

INTRODUÇÃO AO ESTADO INTERMEDIÁRIO DE REALIDADE

Se a libertação não for obtida por meio das [introduções] dadas anteriormente, surgirá então o estado intermediário de realidade, também chamado "o terceiro

33. Sobre o risco de renascimento inferior (*ngan-song*) que acomete os que romperam seus votos (*sdom-pa shor-ba*) e não mantiveram seus pactos fundamentais (*rtsa-ba'i dam-tshig nyams*), ver Capítulo 7; ver também Longchen Rabjampa, GGFTC, pp. 1184-229.

34. Sobre essa convergência dos aspectos mãe e filho da realidade (*chos-nyid-ma-bu*), identificados respectivamente ao esplendor interno da raiz e ao esplendor interno do caminho, sendo este último cultivado pelo meditante no decorrer de sua vida, ver também Capítulo 8, pp. 154-5.

35. As experiências do "corpo mental" (*yid-kyi lus*) durante os estados intermediários de realidade e renascimento são descritas adiante em detalhes. Ver pp. 240-50.

estado intermediário"[36]. É durante essa terceira etapa que surgem as manifestações desconcertantes, [que são produtos] das ações passadas. Portanto, é de extrema importância que a *Grande introdução ao estado intermediário de realidade*[37] dada a seguir seja lida em voz alta nessa ocasião. Ela é extremamente eficaz e benéfica.

Nesse momento, os familiares desolados estarão chorando e expressando sua dor. Não estarão mais servindo alimento [ao falecido], terão removido suas vestes, tirado os lençóis de sua cama e assim por diante. Embora [o falecido] os veja, eles não podem vê-lo. Embora ele escute seus chamados, eles não podem escutar suas respostas. Por isso [o falecido] pode entrar num estado de desespero e afastar-se.

Nessa ocasião surgem para ele três fenômenos: sons, luzes e raios de luz, e [o falecido] poderá desmaiar de medo, terror e espanto. Por isso nesse período deve ser dada a seguinte *Grande introdução ao estado intermediário de realidade*. Chama o falecido pelo nome e diz as seguintes palavras, com pronúncia correta e dicção clara:

Ó Filho(a) da Natureza de Buda, escuta atentamente e sem distrações. Há seis tipos de estados intermediários, que são: o estado intermediário dos viventes ou existência natural, o estado intermediário dos sonhos, o estado intermediário de estabilidade ou concentração meditativa, o estado intermediário do momento da morte, o estado intermediário de realidade e o estado intermediário do renascimento consequente[38]. *Ó Filho(a) da Natureza de Buda, [durante a morte e depois dela] percorrerás três estados intermediários: o estado intermediário do momento da morte, o estado intermediário de realidade e o estado intermediário de renascimento. Desses três, estavas até ontem no estado intermediário do momento da morte. Embora o esplendor interno de realidade tenha surgido para ti durante esse período, não o reconheceste. [Em decorrência disso], agora és impelido a vagar por aqui; e agora deves vivenciar o estado intermediário de realidade, seguido pelo estado intermediário de renascimento. Deves, portanto, sem distração, reconhecer [a instrução e os eventos] aos quais agora te introduzirei.*

Ó Filho(a) da Natureza de Buda, aquilo a que chamamos morte chegou a ti. Estás deixando este mundo. Mas nisso não estás só. A morte chega para todos. Não te apegues a esta vida! Não te aferres a esta vida! Ainda que te apegues e te aferres a esta vida com todas as tuas forças, não tens o poder de nela permanecer – somente continuarás a vagar pelos ciclos da existência. Portanto, não te apegues nem te aferres! Recorda-te das Três Joias Preciosas!

....

36. O estado intermediário de realidade é aqui chamado de "terceiro estado intermediário" (*bar-do gsum-pa*) por surgir depois das etapas do esplendor interno da raiz e do esplendor interno do caminho, que surgem durante o estado intermediário do momento da morte (*'chi-kha'i bar-do*).

37. Tib. *Chos-nyid bar-do'i ngo-sprod chen-mo*.

38. Para uma sinopse da listagem clássica das seis categorias de estados intermediários, que são: o estado intermediário dos viventes ou existência natural (*rang-bzhin skye-gnas-kyi bar-do*); o estado intermediário dos sonhos (*rmi-lam bar-do*); o estado intermediário de estabilidade meditativa (*ting-nge-'dzin bsam-gtan-gyi bar-do*); o estado intermediário do momento da morte (*'chi-kha'i bar-do*); o estado intermediário de realidade (*chos-nyid bar-do*); e o estado intermediário de renascimento consequente (*lugs-'byung srid-pa'i bar-do*), ver Glossário. Tsele Natsok Rangdrol, em *The Mirror of Mindfulness*, pp. 75-102, também discute as diversas interpretações do estado intermediário de realidade apresentadas pelas diversas escolas de budismo tibetano.

Ó Filho(a) da Natureza de Buda, por mais terrificantes que possam ser as manifestações do estado intermediário de realidade, não te esqueças das palavras que te direi agora. Avança recordando seu significado. Sua importância crucial é que por meio delas poderás reconhecer tua verdadeira natureza.

Ai! Agora que o estado intermediário de realidade surge diante de mim,
Renunciando a todo e qualquer sentimento de assombro, terror e medo,
Devo reconhecer que tudo o que surge é consciência pura que se manifesta naturalmente por si mesma.
Sabendo que [estes sons, luzes e raios] são fenômenos visionários do estado intermediário,*
Neste momento, tendo chegado a este ponto crítico,
Não devo temer a assembleia das Divindades Pacíficas e Furiosas, que se manifestam naturalmente!

Avança assim, recitando essas palavras claramente e atento a seu significado. Não te esqueças delas! Pois é essencial que reconheças, com certeza, que por mais terríveis que sejam as manifestações que surgem diante de ti, elas não são senão manifestações naturais da verdadeira realidade. Ó Filho(a) da Natureza de Buda, quando se separarem teu corpo e tua mente, as puras manifestações [luminosas] da própria realidade surgirão diante de ti: sutis e claras, radiantes e deslumbrantes, naturalmente brilhantes e espantosas, tremeluzentes como miragens numa planície no verão. Não as temas! Não te aterrorizes! Não te espantes! Elas são as luminosidades naturais de tua própria verdadeira realidade. Reconhece-as, portanto, [pelo que elas realmente são]!

De dentro dessas luzes ribombará o som natural da realidade, claro e tonante, reverberando como uma miríade de trovões simultâneos. Esse é o som natural de tua própria realidade verdadeira. Por isso não temas! Não te aterrorizes! Não te espantes! O corpo que agora tens é o chamado "corpo mental", um produto de inclinações [sutis] e não um corpo material sólido de carne e osso. Portanto, quaisquer que sejam os sons, luzes ou raios que apareçam para ti, nenhum deles pode te ferir. Pois agora estás além da morte! A ti basta simplesmente reconhecer que [os sons e as luzes] são manifestações da tua própria [natureza verdadeira]. Fica ciente de que este é o estado intermediário!

Ó Filho(a) da natureza de Buda, se não reconheces agora que [estes fenômenos] são manifestações naturais, não importa quais tenham sido tuas práticas de meditação quando habitavas o mundo humano, se não tiveres conhecido [anteriormente] a presente instrução, temerás a luz, te espantarás com os sons e te aterrorizarás com os raios. Se não compreendes agora este ponto essencial dos ensinamentos, não reconhecerás os sons, as luzes e os raios e continuarás a vagar pelos ciclos da existência.

* Ver N. do T. na p. 30. (N. do T.)

Ó Filho(a) da Natureza de Buda, caso tenhas avançado [sem teres obtido o reconhecimento], depois de [até] três dias e meio de inconsciência[39] *despertarás de teu sono e pensarás: "Que me aconteceu?" Portanto, reconhece que este é o estado intermediário! Nesse momento, os aspectos dos ciclos de existência revertem [para sua verdadeira natureza] e todos os fenômenos surgem como luzes e corpos búdicos*[40].

[No primeiro dia do estado intermediário de realidade][41] *todo o espaço surgirá como uma luz azul. Nesse momento, partindo do domínio búdico central chamado Ponto Seminal Penetrante*[42], *surgirá diante de ti o senhor transcendente Vairocana, cujo corpo tem a cor branca, sentado num trono de leão, segurando na mão [direita] uma roda com oito raios e abraçado por sua consorte Ākāśadhātvīśvarī. Uma luminosidade azul, radiante e clara, brilhante e deslumbrante, [que indica] a cognição pura da imensidão da realidade, a qual é a pureza natural do teu agregado da consciência, [emanará] do coração de Vairocana e de sua consorte; essa luz brilhará de modo penetrante diante de ti [na altura de teu coração e com tal fulgor] que teus olhos não a suportarão. Juntamente com essa [luminosidade], surgirá diretamente diante de ti uma luz branca e fosca, [que indica o domínio] dos deuses [e que tocará teu coração]. Nesse momento, movido pelo impulso de tuas ações passadas negativas, [desejarás] em medo e terror fugir para longe da luz azul brilhante, que é a cognição pura da imensidão da realidade, e começarás a sentir deleite na percepção da luz branca e fosca [dos domínios] dos deuses. Nesse exato momento, não temas a luminosidade azul, que é radiante e deslumbrante, lúcida e muito brilhante. Essa luminosidade é o supremo esplendor interno [da cognição pura]! Não te aterrorizes! Esse é o raio de luz do Tathāgata, que se chama cognição pura da imensidão da realidade*[43]. *Tem confiança nessa luz! Deixa-te atrair por ela com fervorosa devoção!*

....

39. Como afirmado anteriormente, p. 202, diz-se que o estado intermediário do momento da morte dura até três dias e meio, de modo que os que não conseguem reconhecer o esplendor interno da raiz ou o esplendor interno do caminho permanecem inconscientes durante esse mesmo período. É quando o indivíduo desperta desse estado de inconsciência que surgem as visões das Divindades Pacíficas e Furiosas do estado intermediário de realidade. É importante ter em mente que o uso da palavra "dia" neste contexto e nos que se seguem no texto se refere ao ponto de vista dos vivos. Do ponto de vista do falecido, como declara Tsele Natsok Rangdol, "Poucas pessoas... consideram que esses dias sejam dias solares normais. Uma vez que os 'dias' são... somente dias de meditação, compreenda que para as pessoas comuns eles podem parecer tão fugazes quanto um breve momento" (*Mirror of Mindfulness*, p. 113).

40. Sobre a reversão da existência cíclica e de todos os seus aspectos de consciência mundana e de percepção sensorial por meio das práticas da Grande Perfeição, ver NSTB, p. 340 e GGFTC, pp. 395-7 e pp. 1.001-5.

41. Na perspectiva do texto presente, afirma-se que os eventos que decorrem no estado intermediário de realidade e no estado intermediário de renascimento duram aproximadamente quarenta e nove dias. Note-se todavia que esse período de quarenta e nove dias não é fixo. Ver Tsele Natsok Rangdrol, *The Mirror of Mindfulness*, p. 22. É reconhecido que a natureza das manifestações no estado intermediário de realidade vai variar de acordo com a tradição de meditação seguida. Tsele Natsok Rangdrol (*ibid.*, pp. 98-100) sublinha, por outro lado, que a forma pura dos agregados psicofísicos, elementos, órgãos dos sentidos e assim por diante se manifestará como sons, luzes e raios.

42. Tib. *dbus-su thig-le brdal-ba'i zhing-khams*. Um epíteto daquele domínio do Buda Vairocana chamado Akaniṣṭha-Ghanavyūha. Ver Glossário.

43. Tib. *de-bzhin gshegs-pa'i 'od-zer chos-dbyings-kyi ye-shes zhes-bya-ba*. Essa luminosidade é chamada "raio de luz do Tathāgata" porque o Buda Vairocana preside a Família Buddha ou Tathāgata. Sobre a manifestação compassiva dos grandes raios de luz dos tathāgatas, ver também Dudjom Rinpoche, NSTB, pp. 912-3.

Ora piedosamente, pensando: "Este é o raio de luz da compaixão do senhor transcendente Vairocana. Nele eu me refugio." Pois essa luz é na realidade o senhor transcendente Vairocana e sua consorte vindo te escoltar pelos perigosos caminhos do estado intermediário. Esse é o raio de luz da compaixão de Vairocana! Por isso não te deleites na luz fosca e branca [dos domínios] dos deuses! Não te apegues a ela! Não te atraias por ela! Essa luz fosca e branca é o caminho criado por tuas próprias tendências habituais que te inclinam para a ilusão profunda, que tu mesmo geraste[44]. *Se te apegares a essa luz fosca, estarás condenado a vagar pelo domínio dos deuses e serás arrastado aos [ciclos de existência] das seis classes de seres. [Essa luz fosca] é um obstáculo que bloqueia o caminho para a libertação. Não olhes para ela! Sê devotado à luz azul brilhante! Concentra-te deliberadamente no senhor transcendente Vairocana e repete comigo a seguinte prece de aspiração:*

Ai, enquanto vagueio pela existência cíclica [movido] pela ilusão profundamente enraizada,
Que o senhor transcendente Vairocana me atraia para diante,
Conduzindo-me pelo caminho de luz radiante,
Que é a cognição pura da imensidão da realidade.
Que a suprema consorte [Ākāśa]dhātvīśvarī me sustente por trás,

E que, assim [circundado], eu seja resgatado
Da terrível passagem do estado intermediário,
E seja escoltado ao grau de um buda sumamente perfeito.

Ao fazer essa prece com fervorosa devoção, te dissolverás em luz de arco-íris no coração de Vairocana e sua consorte e alcançarás o estado búdico como Corpo Búdico de Riqueza Perfeita, no domínio búdico central da Densa Disposição (Ghanavyūha).

Se, apesar de ter recebido essa introdução, [o falecido] – por consequência da aversão e dos obscurecimento negativos – for assoberbado pelo temor das luzes e dos raios e deles se afastar; e se, mesmo depois de repetir a prece de aspiração, ele permanecer desnorteado, então, no segundo dia, a assembleia de divindades de Vajrasattva se aproximará para escoltá-lo, e ao mesmo tempo emergirão as ações passadas negativas que conduzem ao renascimento nos [domínios dos] infernos.

Então, novamente chamando o falecido pelo nome, deve-lhe ser dada a introdução com as seguintes palavras:

44. Note o leitor que o texto associa tanto a luz branca e fosca do domínio dos deuses quanto a luz fosca e verde do domínio dos animais (ver p. 220) com as tendências para a ilusão (*gti-mug*). É mais comum identificar a ilusão como o principal estado mental dissonante que causa o renascimento no domínio dos animais e o orgulho como o principal estado mental dissonante que causa o renascimento no domínio dos deuses.

Ó Filho(a) da Natureza de Buda, escuta sem distração. No segundo dia surgirá a pureza de todo o elemento água na forma de uma luz branca. Nessa ocasião, advindo do domínio búdico oriental de Manifesta Alegria (Abhirati), surgirá diante de ti o senhor transcendente Akṣobhya-Vajrasattva, com seu corpo azul, segurando na mão [direita] um vajra de cinco pontas, sentado num trono de elefante e abraçado por sua consorte Buddhalocanā. Eles estão circundados por dois bodhisattvas masculinos, Kṣitigarbha e Maitreya, e duas bodhisattvas femininas, Lāsyā e Puṣpā; assim, seis corpos búdicos brilharão diante de ti num espaço de luz de arco-íris.

Uma [brilhante] luz branca, [que indica] a cognição pura semelhante a um espelho, a qual é a pureza natural do agregado da forma, branca e deslumbrante, radiante e clara, [emanará] do coração de Vajrasattva e sua consorte e brilhará penetrante diante de ti [na altura de teu coração, com tal fulgor] que teus olhos não poderão suportá-la. Juntamente com essa luz de cognição pura, surgirá diante de ti [e tocará teu coração] uma luz opaca e esfumaçada, [que indica] os [domínios dos] infernos. Nesse momento, movido pelo impulso da aversão, [desejarás] em medo e terror fugir para longe da luz branca e brilhante e te deleitarás na percepção da luz opaca e esfumaçada. Nesse mesmo momento, deves reconhecer impavidamente a luz branca, branca e deslumbrante, radiante e clara, como cognição pura. Confia-te a ela! Inclina-te a ela com fervorosa devoção! Ora com devoção, pensando: "Este é o raio de luz da compaixão do senhor transcendente Vajrasattva. Nele eu me refugio." Esse raio é em verdade Vajrasattva e sua consorte vindo te escoltar pelo perigoso caminho do estado intermediário. Esse raio de luz é o anzol da compaixão de Vajrasattva! Sê devotado a ele! Não te comprazas na luz opaca e esfumaçada dos [domínios dos] infernos! Essa [luz opaca] é o caminho atraente dos obscurecimentos negativos criados por tua própria profunda aversão, que tu mesmo geraste. Se te apegares a ela, cairás nos domínios infernais, afundando num pântano de sofrimento insuportável do qual não haverá oportunidade [imediata] de fuga. [Essa luz opaca] é um obstáculo que bloqueia o caminho da libertação. Não olhes para ela! Abandona tua aversão! Não te apegues a ela! Não te inclines a ela! Sê devotado à luz branca, radiante e deslumbrante! Concentra-te deliberadamente no senhor transcendente Vajrasattva e recita a seguinte prece de aspiração:

Ai, enquanto vagueio pela existência cíclica [movido] pela aversão profundamente enraizada,
Que o senhor transcendente Vajrasattva me atraia para diante,
Conduzindo-me pelo caminho de luz radiante,
Que é a cognição pura semelhante a um espelho.
Que a suprema consorte Buddhalocanā me sustente por trás,
E que, assim [circundado], eu seja resgatado
Da terrível passagem do estado intermediário,
E seja escoltado ao grau de um buda sumamente perfeito.

Ao fazer essa prece com fervorosa devoção, te dissolverás em luz de arco-íris no coração do senhor transcendente Vajrasattva e alcançarás o estado búdico como Corpo Búdico de Riqueza Perfeita, no domínio búdico oriental de Manifesta Alegria (Abhirati).

Há, contudo, alguns indivíduos que, mesmo depois de ter recebido essa introdução, ainda assim fogem de medo do raio de luz que é o anzol da compaixão, aprisionados pelo orgulho e por poderosos obscurecimentos negativos[45]. É por isso que, no terceiro dia, a assembleia de divindades do senhor transcendente Ratnasambhava virá para escoltar [o falecido] e surgirá simultaneamente o caminho de luz que indica o domínio humano.

Mais uma vez, chamando o falecido pelo nome, deve-lhe ser dada a introdução com as seguintes palavras:

Ó Filho(a) da Natureza de Buda, escuta sem distração. No terceiro dia surgirá a pureza de todo o elemento terra na forma de uma luz amarela. Nesse momento, advindo do domínio búdico meridional amarelo do Glorioso (Śrīmat), surgirá diante de ti o senhor transcendente Ratnasambhava, com seu corpo amarelo, segurando na mão [direita] uma joia, sentado num trono de cavalo e abraçado por sua suprema consorte Māmakī. Eles estão circundados por dois bodhisattvas masculinos, Ākāśagarbha e Samantabhadra, e duas bodhisattvas femininas, Mālyā e Dhūpā; assim, seis corpos búdicos brilharão diante de ti num espaço de luz de arco-íris.

Uma luz amarela, [que indica] a cognição pura de igualdade, a qual é a pureza natural do agregado da sensação, amarela e deslumbrante, adornada por pontos seminais maiores e menores, radiante e clara e insuportável aos olhos, [emanará] do coração de Ratnasambhava e sua consorte e brilhará penetrante diante de ti na altura de teu coração, [com tal fulgor] que teus olhos não poderão suportá-la. Juntamente com a luz de cognição pura, surgirá diante de ti e tocará teu coração uma luz azul opaca, [que indica o] domínio dos seres humanos. Nesse momento, movido pelo impulso do orgulho, [desejarás] em medo e terror fugir para longe da luz amarela e brilhante e te deleitarás na luz azul e opaca do domínio humano, sentindo apego por ela. Nesse mesmo momento, abandona teu medo da luz amarela e reconhece que ela é cognição pura, amarela e deslumbrante, radiante e clara! Deixa que tua consciência relaxe e repouse diretamente no interior da luz amarela num estado de não atividade[46]*. Confia-te a ela com perseverança! Inclina-te a ela com fervorosa devoção! Se a reconheceres como a luminosidade natural de tua própria consciência pura, ainda que não sintas devoção por ela nem tenhas recitado a prece de aspiração, todos os*

45. Note o leitor que o orgulho é geralmente associado ao renascimento no domínio dos deuses, enquanto o apego (*'dod-chags*) ou uma combinação de todos os cinco estados mentais dissonantes é geralmente postulado como causa do renascimento como ser humano. Ver Capítulo 5.

46. Sobre o significado do "estado de não atividade" (*byar-med-kyi ngang*) no Atiyoga, ver Capítulo 4; ver também NSTB, pp. 335-7, 896-910.

corpos búdicos e raios de luz se fundirão indissoluvelmente em ti e alcançarás o estado búdico. Se fores incapaz de reconhecer que [essa luz] é a luminosidade natural de tua própria consciência pura, ora com devoção, pensando: "Este é o raio de luz da compaixão do senhor transcendente Ratnasambhava. Nele eu me refugio." Esse raio é em verdade o senhor transcendente Ratnasambhava vindo te escoltar pelo caminho perigoso e assustador do estado intermediário. Esse raio de luz é o anzol da compaixão de Ratnasambhava! Sê devotado a ele! Não te comprazas na luz azul e opaca do domínio dos seres humanos. Essa [luz opaca] é o caminho atraente criado por tuas próprias tendências habituais de orgulho profundamente enraizado, que tu mesmo geraste. Se te apegas a ela, serás precipitado no domínio dos seres humanos, experimentarás os sofrimentos de nascimento, velhice, doença e morte e não haverá oportunidade de escapar [imediatamente] do pântano da existência cíclica. Essa [luz opaca] é um obstáculo que bloqueia o caminho da libertação! Não olhes para ela! Abandona teu orgulho! Abandona tuas tendências habituais! Não te apegues à luz azul e opaca! Não te inclines a ela! Sê devotado à luz amarela, dourada e deslumbrante! Concentra-te deliberadamente com toda tua atenção no senhor transcendente Ratnasambhava e recita a seguinte prece de aspiração:

> *Ai, enquanto vagueio pela existência cíclica [movido] pelo orgulho profundamente enraizado,*
> *Que o senhor transcendente Ratnasambhava me atraia para diante,*
> *Conduzindo-me pelo caminho de luz radiante,*
> *Que é a cognição pura de igualdade.*
> *Que a suprema consorte Māmakī me sustente por trás,*
> *E que, assim [circundado], eu seja resgatado*
> *Da terrível passagem do estado intermediário,*
> *E seja escoltado ao grau de um buda sumamente perfeito.*

Ao fazer essa prece com fervorosa devoção, te dissolverás em luz de arco-íris no coração do senhor transcendente Ratnasambhava e alcançarás o estado búdico como Corpo Búdico de Riqueza Perfeita, no domínio búdico meridional do Glorioso (Śrīmat).

Não há a menor dúvida de que, se [o falecido] for receptivo a essa introdução, por mais fracas que sejam suas capacidades [individuais], ele alcançará a libertação. Contudo, há alguns que não aceitarão essa introdução mesmo depois de recebê-la várias vezes. São aqueles cujas oportunidades positivas foram exauridas por sua grande negatividade, por ter violado seus pactos espirituais ou por outras razões semelhantes. Esses indivíduos terão fugido aterrorizados dos sons e luminosidades e terão ficado perturbados pelo desejo e pelos obscurecimentos negativos. Assim é que, no quarto dia, a assembleia de divindades do senhor transcendente Amitābha virá escoltá-los e, ao mesmo tempo, surgirá o caminho de luz [que indica o domínio] dos espíritos famintos, gerado pelo desejo e pela avareza.

Mais uma vez, chamando o falecido pelo nome, deve-lhe ser dada a introdução com as seguintes palavras:

Ó Filho(a) da Natureza de Buda, escuta sem distração. No quarto dia surgirá a pureza do elemento fogo na forma de uma luz vermelha. Nesse momento, advindo do domínio búdico ocidental vermelho da Bem-aventurança (Sukhāvatī), surgirá diante de ti o senhor transcendente Amitābha, com seu corpo vermelho, segurando na mão [direita] uma flor de lótus, sentado num trono de pavão e abraçado por sua suprema consorte Pāṇḍaravāsinī. Eles estão circundados por dois bodhisattvas masculinos, Avalokiteśvara e Mañjuśrī, e duas bodhisattvas femininas, Gītā e Ālokā; assim, seis corpos búdicos brilharão diante de ti num espaço de luz de arco-íris.

Uma luz vermelha, [que indica] a cognição pura de discernimento, a qual é a pureza natural do agregado da percepção, vermelha e deslumbrante, adornada por pontos seminais maiores e menores, radiante e clara, brilhante e deslumbrante, [emanará] do coração de Amitābha e sua consorte e brilhará penetrante diante de ti na altura de teu coração, [com tal fulgor] que teus olhos não poderão suportá-la. Não temas! Juntamente com a luz de cognição pura, também surgirá diante de ti [e tocará teu coração] uma luz opaca e amarela, [que indica o domínio] dos espíritos famintos. Não te comprazas [na luz opaca e amarela]! Não te apegues a ela e não te inclines a ela! Nesse momento, movido pelo impulso do desejo, [desejarás] fugir de terror para longe da luz vermelha e brilhante e te deleitarás na luz opaca e amarela dos espíritos famintos, sentindo apego por ela. Nesse mesmo momento, abandona teu temor e reconhece que a luz vermelha brilhante e deslumbrante, radiante e clara, é cognição pura. Deixa que tua consciência relaxe e repouse diretamente no interior da luz vermelha num estado de não atividade. Confia-te à luz vermelha e radiante! Inclina-te a ela com fervorosa devoção! Se reconheceres essa luz como a luminosidade natural de tua própria consciência pura, ainda que não sintas devoção por ela nem tenhas recitado a prece de aspiração, todos os corpos búdicos e raios de luz se fundirão indissoluvelmente em ti e alcançarás o estado búdico. Se fores incapaz de reconhecer [essa luz] desse modo, ora com devoção, pensando: "Este é o raio de luz da compaixão do senhor transcendente Amitābha. Nele eu me refugio." Esse raio de luz é em verdade o anzol da compaixão do senhor transcendente Amitābha! Sê devotado a ele! Não te afastes dele! Se tentares te afastar, a luz ainda assim te acompanhará e não poderás te afastar dela. Não temas! Não te apegues à luz opaca e amarela dos espíritos famintos! Essa [luz opaca] é o caminho atraente criado por tuas próprias tendências habituais de desejo profundamente enraizado, que tu mesmo geraste. Se te apegas a ela, serás precipitado no domínio dos espíritos famintos e experimentarás insuportáveis sofrimentos de fome e sede. Essa [luz opaca] é um obstáculo que bloqueia o caminho da libertação! Não te apegues a ela! Abandona teu apego! Não te inclines para ela! Sê devotado à luz vermelha, que é radiante e deslumbrante, e concentra-te deliberadamente e com toda tua atenção no senhor transcendente Amitābha e sua consorte, recitando a seguinte prece de aspiração:

Ai, enquanto vagueio pela existência cíclica [movido] pelo desejo profundamente enraizado,
Que o senhor transcendente Amitābha me atraia para diante,
Conduzindo-me pelo caminho de luz radiante,
Que é a cognição pura de discernimento.
Que a suprema consorte Pāṇḍaravāsinī me sustente por trás,
E que, assim [circundado], eu seja resgatado
Da terrível passagem do estado intermediário,
E seja escoltado ao grau de um buda sumamente perfeito.

Ao fazer essa prece com fervorosa devoção, te dissolverás em luz de arco-íris no coração do senhor transcendente Amitābha e sua consorte e alcançarás o estado búdico como Corpo Búdico de Riqueza Perfeita, no domínio búdico ocidental da Bem-aventurança (Sukhāvatī).

Embora seja impossível não alcançar a libertação por meio [do reconhecimento bem-sucedido] dessa [introdução], há, no entanto, aqueles que, mesmo depois de receber tal introdução, serão incapazes de renunciar a suas inclinações devido aos hábitos formados num longo período de tempo. Sob o impulso da inveja e das ações passadas negativas, eles terão medo e serão assoberbados pelos sons e luminosidades. Não sendo fisgados pelo raio de luz do anzol da compaixão, eles descem ao quinto dia. Assim é que, no quinto dia, resplandecente com os raios de luz da compaixão, a assembleia de divindades do senhor transcendente Amoghasiddhi virá escoltá-los e, ao mesmo tempo, surgirá o caminho de luz que indica [o domínio] dos titãs, gerado pelo estado mental dissonante da inveja.

Mais uma vez, chamando o falecido pelo nome, deve-lhe ser dada agora a introdução com as seguintes palavras:

Ó Filho(a) da Natureza de Buda, escuta sem distração. No quinto dia surgirá a pureza de todo o elemento ar na forma de uma luz verde. Nesse momento, advindo do domínio búdico setentrional verde [chamado] Matriz das Atividades Iluminadas (Karmaprasiddhi), surgirá diante de ti o senhor transcendente Buddha Amoghasiddhi com seu cortejo, com seu corpo verde, segurando na mão [direita] um vajra cruzado, sentado num trono de pássaro cīvaṃcīvaka e abraçado por sua suprema consorte Samayatārā. Eles estão circundados por dois bodhisattvas masculinos, Vajrapāṇi e Nivāraṇaviṣkhambhin, e duas bodhisattvas femininas, Gandhā e Nartī. Assim, seis corpos búdicos brilharão diante de ti num espaço de luz de arco-íris.

Uma luz verde, [que indica] a cognição pura de realização, a qual é a pureza natural do agregado das tendências motivacionais, verde e deslumbrante, radiante e clara, brilhante e espantosa, adornada por pontos seminais maiores e menores, [emanará] do coração de Amoghasiddhi e sua consorte e brilhará penetrante diante de ti na altura de teu coração, [com tal fulgor] que teus olhos não poderão suportá-la. Não temas! Essa luz é o poder de expressão natural de tua própria consciência! Re-

pousa num estado de grande equanimidade, transcendendo a atividade, livre [das dicotomias] de apego e aversão baseadas em [teus sentimentos de] proximidade e afastamento. Juntamente com a luz de cognição pura, também surgirá diante de ti [e tocará teu coração] uma luz opaca e vermelha, [que indica o domínio] dos titãs e é formada pela inveja. Cultiva uma equanimidade livre de apego e aversão diante dessa [luz opaca]! Mesmo que tua capacidade mental esteja diminuída, ao menos não te deleites nela. Nesse momento, movido pelo impulso de profunda inveja, [desejarás] fugir de terror para longe da luminosidade verde brilhante e deslumbrante, te deleitarás na luz opaca e vermelha dos titãs e por ela sentirás apego. Nesse mesmo momento, abandona teu temor e reconhece que a luminosidade verde brilhante e deslumbrante, radiante e clara, é cognição pura. Deixa que tua consciência relaxe e repouse diretamente no interior dela num estado de não atividade. Ora com devoção, pensando: "Este é o raio de luz da compaixão do senhor transcendente Amoghasiddhi. Nele eu me refugio." Esse raio de luz é em verdade o anzol da compaixão do senhor transcendente Amoghasiddhi, conhecida como cognição pura de realização. Sê devotado a ele! Não te afastes dele! Mesmo que te afastes dele, a luminosidade te acompanhará e não poderás te afastar dela. Por isso não temas! Não te apegues à luz opaca e vermelha dos titãs. Ela é o caminho atraente de tuas ações passadas, às quais te entregaste quando motivado por profunda inveja. Se te apegas a essa luz opaca, serás precipitado nos domínios dos titãs e experimentarás os insuportáveis sofrimentos de [implacáveis] conflitos e disputas. Essa [luz opaca] é um obstáculo que bloqueia o caminho da libertação! Não te apegues a ela! Renuncia a tua ânsia! Não te inclines a ela! Sê devotado à luz verde, que é radiante e deslumbrante, e concentra-te deliberadamente e com toda tua atenção no senhor transcendente Amoghasiddhi e sua consorte, recitando a seguinte prece de aspiração:

> *Ai, enquanto vagueio pela existência cíclica [movido] pela inveja profundamente enraizada,*
> *Que o Senhor Transcendente Amoghasiddhi me atraia para diante,*
> *Conduzindo-me pelo caminho de luz radiante,*
> *Que é a cognição pura de realização.*
> *Que a suprema consorte Samayatārā me sustente por trás,*
> *E que, assim [circundado], eu seja resgatado*
> *Da terrível passagem do estado intermediário,*
> *E seja escoltado ao grau de um buda sumamente perfeito.*

Ao fazer essa prece com fervorosa devoção, te dissolverás em luz de arco-íris no coração do senhor transcendente Amoghasiddhi e sua consorte e alcançarás o estado búdico como Corpo Búdico de Riqueza Perfeita, no domínio búdico setentrional [chamado] "Matriz das Atividades Iluminadas" (Karmaprasiddhi).

Caso essa introdução seja dada repetidas vezes, por mais fraco que seja o resíduo [positivo] das ações passadas [do falecido], ele em algum momento [terá a oportunidade de] reconhecer a realidade. Em qualquer momento que se der o reconhecimento, será impossível que a libertação não seja alcançada.

Devido, porém, à longa associação com uma miríade de tendências habituais e à ausência de familiaridade com a percepção espiritual e a cognição pura, mesmo depois de ter recebido essa introdução várias vezes, há alguns indivíduos que, por suas inclinações negativas, são conduzidos a retroceder, a despeito de terem recebido essa introdução face a face. Não tendo sido fisgados pelo raio de luz do anzol da compaixão, são sobrepujados por espanto e terror [quando surgem] os raios e luzes e continuam sua marcha descendente.

É assim que, no sexto dia, surgirão simultaneamente as divindades masculinas e femininas das cinco famílias iluminadas junto com seus cortejos; e surgirão também, nesse mesmo momento, as seis luzes [opacas que indicam] as seis classes de seres viventes.

Portanto, chamando o falecido pelo nome, deve-lhe ser dada a introdução com as seguintes palavras:

Ó Filho(a) da Natureza de Buda, escuta sem distração. Até o dia de ontem surgiram diante de ti cada uma das cinco famílias iluminadas. Apesar disso, e mesmo tendo sido dadas as devidas introduções, tu sentiste medo e terror – sentimentos que são uma resposta gerada por tuas próprias tendências habituais. Consequentemente, permaneceste em teu estado presente até agora. Tivesses reconhecido que a luminosidade natural da cognição pura [de qualquer uma] das cinco famílias iluminadas é uma manifestação natural [da verdadeira realidade], terias te dissolvido em luz de arco-íris [no coração de algum] destes corpos búdicos das famílias iluminadas, e terias assim alcançado o estado búdico no Corpo Búdico de Riqueza Perfeita. No entanto, uma vez que foste incapaz de reconhecer que essas [experiências] eram manifestações naturais, chegaste a teu estado atual. Por tudo isso, escuta agora sem distração. Surgirá diante de ti agora, para chamar-te, a visão da [pacífica assembleia] completa das cinco famílias iluminadas, junto com aquilo que se denomina: "a visão das quatro cognições puras combinadas"[47]*. Reconhece essa visão!*

Ó Filho(a) da Natureza de Buda, [nessa hora] surgirão diante de ti as luzes de quatro cores, que são as formas puras dos quatro elementos; simultaneamente surgirão, como antes, o buda Vairocana e sua consorte, advindos do domínio búdico central do Ponto Seminal Penetrante [isto é, Akaniṣṭha-Ghanavyūha]. [Nesse mesmo momento], surgirão o buda Vajrasattva e sua consorte, cercados por seu cortejo, advindos do domínio búdico oriental de Manifesta Alegria (Abhirati). Do domínio búdico meridional do Glorioso (Śrīmat), surgirão o buda Ratnasambhava e sua consorte, juntamente com seu cortejo. Advindos do domínio búdico ocidental da Bem-aventurança (Sukhāvatī), surgirão o buda Amitābha e sua consorte, juntamente com seu cortejo; e do domínio búdico setentrional, [chamado] Matriz das Atividades Ilu-

47. Tib. *ye-shes bzhi-sbyor-gyi snang-ba*.

minadas [isto é, Karmaprasiddhi], surgirão o buda Amoghasiddhi e sua consorte, junto com seu cortejo. [Surgirão todos juntos] de um espaço de luz de arco-íris.

Ó Filho(a) da Natureza de Buda, ao redor dessas divindades masculinas e femininas das cinco famílias iluminadas surgirão os guardiões de portais [Trailokya] vijaya, Yamāntaka, Hayagrīvarāja e Amṛtakuṇḍalin, juntamente com as guardiãs de portais Aṅkuśā, Pāśā, Sphoṭā e Ghaṇṭā. Surgirão também os seis sábios [emanacionais], que são senhores transcendentes: Indraśakra, o sábio dos deuses; Vemacitra, o sábio dos titãs; Śākyamuni, o sábio dos seres humanos; Sthirasiṃha, o sábio dos animais; Jvālamukha, o sábio dos espíritos famintos; e Dharmarāja, o sábio dos habitantes dos infernos. [Acompanhando essa procissão celeste], surgirão também diante de ti Samantabhadra e Samantabhadrī, [na forma chamada] Samantabhadra e sua Consorte em União, [coalescência essa] que é a progenitora de todos os budas.

Essas quarenta e duas divindades reunidas do Corpo Búdico de Riqueza Perfeita emanarão de dentro de teu coração e se manifestarão diante de ti. Reconhece-as! Pois elas se manifestam desde tua própria visão pura! Ó Filho(a) da Natureza de Buda, esses domínios búdicos não existem de modo extrínseco a ti. São os cinco aspectos de teu próprio coração, são as quatro direções e o centro de teu coração. Emanando agora de dentro de teu coração, elas surgiram diante de ti. Surgiram de modo espontâneo e atemporal da potência expressiva natural de tua própria consciência pura. Por isso reconhece-as tal como elas são!

Ó Filho(a) da Natureza de Buda, estes corpos búdicos [que vês diante de ti] não são nem pequenos nem grandes, mas sim perfeitamente proporcionados; cada um deles [surge] com seus adornos próprios, [vestes], cores, posturas, tronos e gestos. O cortejo está disposto em cinco grupos, cada um dos quais composto de um casal [central contendo uma divindade masculina e uma feminina] e cercado por uma aura de luzes de cinco cores. Todos os bodhisattvas masculinos que acompanham os [budas] masculinos das [cinco] famílias iluminadas e todas as bodhisattvas femininas que acompanham as [budas] femininas das [cinco] famílias iluminadas, toda a maṇḍala surgirá [diante de ti] perfeita e simultaneamente. Portanto, reconhece essas divindades! Elas são tuas próprias divindades de meditação!

Ó Filho(a) da Natureza de Buda, dos corações dos budas masculinos e femininos das cinco famílias iluminadas emergirão diante de teu coração os raios de luz das "quatro cognições puras combinadas", delicados e claros, como uma teia de aranha, [como] raios entrelaçados de luz do sol.

Em primeiro lugar, emanará do coração de Vairocana e tocará teu coração um lençol de fulgurantes raios de luz branca[48]*, brilhante e espantoso, [que é sinal da] cognição pura da imensidão da realidade. Acima*[49] *desse lençol de luz, surgirá um ponto seminal branco semelhante a um espelho voltado para baixo. Dele emanarão*

48. Essa passagem associa a luz branca com a cognição pura da imensidão da realidade e Vairocana; e a luz azul com a cognição pura semelhante a um espelho e Akṣobhya, invertendo a ordem anterior. Sobre essa distinção, ver Longchen Rabjampa, GGFTC, pp. 390-1.

49. Em DR, vol. 3, p. 77, l. 3, consta *nang-du*.

raios de luz, extremamente radiantes, brilhantes e deslumbrantes, adornados com cinco pontos seminais distintos e de natureza semelhante à do ponto seminal original; cada um desses pontos seminais estará por sua vez ornado por pontos seminais maiores e menores, [formando um arranjo] que não tem centro nem horizonte.

[Em segundo lugar, emanará] do coração de Vajrasattva um lençol de radiante luz azul, [sinal da] cognição pura semelhante a um espelho. Acima dele, surgirá um ponto seminal azul, semelhante a uma vasilha turquesa voltada para baixo, [também] ornado com [um arranjo de] pontos seminais maiores e menores.

[Em terceiro lugar, emanará] do coração de Ratnasambhava um lençol de radiante luz amarela, [sinal da] cognição pura de igualdade. Acima dele, surgirá um ponto seminal amarelo, semelhante a uma taça de ouro voltada para baixo, [também] ornado com [um arranjo de] pontos seminais maiores e menores.

[Em quarto lugar, emanará] do coração de Amitābha um lençol de radiante luz vermelha, [sinal da] cognição pura de discernimento. Acima dele, surgirá um ponto seminal vermelho e radiante, semelhante a uma vasilha de coral voltada para baixo, extremamente luminosa e deslumbrante, [resplandecente] com a luminosidade de cognição pura. Também esse ponto seminal estará ornado com cinco pontos seminais distintos, semelhantes em natureza ao ponto seminal original, cada um dos quais estará por sua vez ornado por pontos seminais maiores e menores, [formando um arranjo] que não tem centro nem horizonte. Todas essas [luzes e pontos seminais] surgirão certamente e tocarão teu coração.

Ó Filho(a) da Natureza de Buda, essa [luzes] têm sua origem na potência expressiva natural de tua própria consciência pura. Elas não vieram de nenhum outro lugar. Portanto, não te apegues a elas! Não tenhas medo delas! Relaxa e repousa num estado não conceptual[50]*. [Ao repousares] nesse estado, todos os corpos búdicos e raios de luz se fundirão em ti e alcançarás o estado búdico.*

Ó Filho(a) da Natureza de Buda, [durante a processão recém-descrita] não surgirá a luz verde da cognição pura de realização. A razão para isso é que a potência expressiva natural de cognição pura, que é a tua própria percepção intrínseca, ainda não se tornou perfeita[51]*.*

Ó Filho(a) da Natureza de Buda, esse arranjo [de luminosidades que agora vivencias] é chamado "a visão das quatro cognições puras combinadas". Também é conhecido como "passagem vazia de Vajrasattva"[52]*. Nesse momento, portanto, deves recordar-te das instruções orais que teu mestre espiritual te deu anteriormente. Se te recordares dessas instruções espirituais, terás confiança nas visões que já tiverem*

50. Tib. *mi-rtog-pa'i ngang*. Juntamente com a beatitude ou bem-aventurança e a luminosidade, esse "estado não conceptual" é considerado uma das três experiências concomitantes à prática do estágio de perfeição (*sampannakrama*). Ver Longchen Rabjampa, GGFTC, pp. 827-8.

51. A luz verde associada a Amoghasiddhi não pode surgir antes que se possam realizar atividades búdicas, possibilidade consequente à obtenção da iluminação perfeita.

52. Essa "visão das quatro cognições puras combinadas" (*ye-shes bzhi-sbyor-gyi snang-ba*) ocorre ligada à "passagem vazia de Vajrasattva" (*rdo-rje sems-dpa' Khong-greng-gi lam*), expressão que significa o canal central do corpo, por meio do qual se realiza a transferência de consciência (*'pho-ba*). Ver Tsele Natsok Rangdrol, *The Mirror of Mindfulness*, p. 20.

surgido e as reconhecerás com um reconhecimento imediato semelhante ao que se dá no encontro entre mãe e filho, ou como se reconhece imediatamente um velho amigo no momento em que o avistamos. Vencendo todas as dúvidas, reconhecerás [essas luminosidades] como manifestações naturais [da verdadeira realidade]. Desse modo, alcançando a confiança no caminho imutável de pura realidade e mantendo uma estabilidade meditativa contínua[53]*, te dissolverás no corpo búdico da grande percepção espontaneamente presente*[54] *e de uma vez por todas alcançarás o estado búdico no Corpo Búdico de Riqueza Perfeita.*

Ó Filho(a) da Natureza de Buda, juntamente com as luminosidades de cognição pura, também surgirão simultaneamente as seis luzes opacas [que são sinais] das seis classes [de seres] obscurecidos por percepções impuras e desconcertantes. Isto é, a luz branca e opaca dos deuses, a luz vermelha e opaca dos titãs, a luz azul e opaca dos seres humanos, a luz verde e opaca dos animais, a luz amarela e opaca dos espíritos famintos e a luz esfumaçada e opaca dos infernos surgirão juntamente com as luminosidades de imaculada cognição pura. Nesse momento, não queiras capturar nem te apegues a qualquer uma [dessas luzes opacas]! Relaxa e repousa num estado não referencial. Pois, se temeres as luminosidades imaculadas de cognição pura e te apegares às luzes impuras da existência cíclica em qualquer uma de suas seis classes [de seres], assumirás um corpo em um desses seis domínios e te debilitarás. Neles, não haverá oportunidade [imediata] de escapar da existência cíclica, esse vasto oceano de sofrimento.

Ó Filho(a) da Natureza de Buda, se não tiveres recebido as instruções orais de um mestre espiritual, sentirás medo e terror dos corpos búdicos e das luzes de cognição pura acima descritas e sentirás apego pelas luzes [opacas e] imundas da existência cíclica. Não faças isto! Sê devotado às luzes brilhantes e deslumbrantes da imaculada cognição pura. Sê pleno de devoção e pensa: "Os raios de luz de cognição pura, que são a compaixão dos que Alcançaram a Beatitude, dos senhores transcendentes das cinco famílias iluminadas, vêm resgatar-me carregados de compaixão. Neles eu me refugio." Não te apegues às luzes desconcertantes das seis classes [de seres]. Não te inclines a elas! Concentra-te com atenção unipontual nos budas masculinos e femininos das cinco famílias iluminadas e recita a seguinte prece de aspiração:

> *Ai, enquanto vagueio pela existência cíclica [movido] pelos cinco venenos mortíferos,*
> *Que os conquistadores transcendentes, [os budas masculinos] das cinco famílias iluminadas, me atraiam para diante,*
> *Conduzindo-me pelo caminho de luz radiante,*
> *Que são as quatro cognições puras combinadas.*
> *Que as cinco budas femininas supremas, [pureza da] imensidão, me sustentem por trás,*

---

53. Tib. *rgyun-gyi ting-nge-'dzin*; scrt. *sroto'nugatasamādhi*.

54. Tib. *rig-pa lhun-grub chen-po'i sku*. Ver Glossário, verbete *Corpo Búdico*.

E que, assim [circundado], eu seja resgatado
Dos caminhos de luz das seis classes impuras [de seres]!
Liberto da terrível passagem do estado intermediário,
Que eu seja escoltado aos cinco puríssimos domínios búdicos supremos.

Ao fazer essa prece de aspiração, [o adepto superior] reconhecerá que [as luminosidades de cognição pura] são manifestações naturais [da verdadeira realidade] e, assim, ao fundir-se com elas de modo indissolúvel, alcançará o estado búdico. As pessoas de capacidade espiritual mediana chegarão ao reconhecimento com base em sua fervorosa devoção e assim alcançarão a libertação. Mesmo todos [os de capacidade espiritual inferior] podem, pelo poder da pura aspiração, fechar as portas dos ventres dos quais nascem as seis classes de seres. Desse modo, se a natureza das "quatro cognições puras combinadas" for realizada, [todos os indivíduos mencionados acima] podem alcançar o estado búdico pela "passagem vazia de Vajrasattva". Como resultado de receber a introdução desse modo claro e detalhado, a maioria chegará ao reconhecimento e muitos alcançarão a libertação.

Os indivíduos mais baixos do mundo humano, que carecem completamente das inclinações para a prática espiritual, bem como aqueles que romperam seus pactos espirituais, e assim por diante, continuarão, contudo, desnorteados em decorrência de suas ações passadas [negativas]. Apesar de receberem a introdução, continuam seu caminho para baixo e não obtêm o reconhecimento.

É por isso que, no sétimo dia, a divina assembleia dos Detentores de Conhecimento surgirá do domínio puro dos que percorrem os céus para escoltar [o falecido]. Ao mesmo tempo, surgirá o caminho de luz que conduz ao domínio dos animais, gerado pelo estado mental dissonante da ilusão[55].

Nesse momento, chamando o falecido pelo nome, deve-lhe ser dada a introdução com as seguintes palavras:

Ó Filho(a) da Natureza de Buda, escuta com atenção. No sétimo dia, surgirá diante de ti uma luz multicolorida de cinco faces, [sinal da] pureza de tuas próprias tendências habituais na imensidão [da realidade]. Ao mesmo tempo, vinda do domínio puro dos que percorrem os céus, surgirá a assembleia divina dos detentores de conhecimento para te escoltar.

No centro [dessa maṇḍala], banhado por arco-íris e luz, surgirá instantaneamente o [Vidyādhara] insuperável conhecido como "detentor do conhecimento da maturação", Padmanarteśvara, seu corpo resplandecente com o fulgor das cinco luzes e abraçado por sua consorte, uma ḍākinī vermelha, [que dança] com um crânio cheio de sangue e uma faca encurvada erguida no gesto de apontar para o céu.

Do lado oriental da maṇḍala, surgirá instantaneamente o [Vidyādhara] conhecido como "detentor do conhecimento que habita os graus", com o corpo branco e a face

55. Sobre a dupla associação da ilusão (scrt. *moha*; tib. *gti-mug*) com os domínios dos deuses e dos animais, feita neste texto, ver nota 44.

radiante e sorridente. É abraçado por sua consorte, um ḍākinī branca, que dança com um crânio cheio de sangue e uma faca encurvada erguida no gesto de apontar para o céu.

Do lado meridional da maṇḍala, surgirá instantaneamente o [Vidyādhara] conhecido como "detentor do conhecimento com poder sobre a duração da vida", com o corpo amarelo e adornado pelos belíssimos sinais menores, [em número de oitenta]. É abraçado por sua consorte, uma dākinī amarela, que dança com um crânio cheio de sangue e uma faca encurvada erguida no gesto de apontar para o céu.

Do lado ocidental da maṇḍala, surgirá instantaneamente o [Vidyādhara] conhecido como "detentor do conhecimento do grande selo", com o corpo vermelho e a face radiante e sorridente. É abraçado por sua consorte, uma ḍākinī vermelha, que dança com um crânio cheio de sangue e uma faca encurvada erguida no gesto de apontar para o céu.

Do lado setentrional da maṇḍala, surgirá instantaneamente o [Vidyādhara] conhecido como "detentor do conhecimento da presença espontânea", com o corpo verde e a face furiosa e sorridente. É abraçado por sua consorte, uma ḍākinī verde, que dança com um crânio cheio de sangue e uma faca encurvada erguida no gesto de apontar para o céu.

Circundando esses detentores de conhecimento, haverá multidões imensuráveis de ḍākinīs: ḍākinīs dos oito cemitérios, ḍākinīs das quatro famílias iluminadas, ḍākinīs dos três mundos, ḍākinīs das dez direções, ḍākinīs dos vinte e quatro lugares de poder, heróis e heroínas espirituais, criados fiéis[56] *e protetores dos ensinamentos [sagrados] – todos eles portando as seis classes de ornamentos de osso, tocando tambores, trombetas de osso da coxa, tambores de crânio e [agitando] bandeiras feitas da pele de seres "libertados" ritualmente, dosséis e flâmulas de pele humana; [toda essa multidão estará impregnada por] uma nuvem de incenso de carne humana ardente, reverberando com o som de incontáveis instrumentos musicais de diversos tipos, som que se difunde por todos os sistemas de mundo, fazendo com que vibrem, tremam e trepidem. Esse som reverberará cada vez mais alto como se fosse partir tua cabeça. Realizando suas danças diversas, esse cortejo vem para escoltar os que tiverem cumprido seus pactos espirituais e fazer que prestem contas os que romperam seus pactos.*

Ó Filho(a) da Natureza de Buda, uma luz de cinco cores, que é [sinal da] pureza de tuas tendências habituais na imensidão [da realidade] e da cognição pura coemergente, composta de fios [de luz] coloridos entrelaçados, uma luz pulsante, cintilante, translúcida, radiante, clara, brilhante e espantosa, [emanará] dos corações dos cinco principais detentores de conhecimento e brilhará penetrante diante de ti, na altura do teu coração, [com tal fulgor] que teus olhos não poderão suportá-la. Nesse momento, uma luz verde e opaca, [sinal dos] domínios dos animais, surgirá simultaneamente com a luz de cognição pura [e tocará teu coração]. Nesse mesmo

56. Sobre a classe dos criados fiéis (Tib. *ging*), que protegem a maṇḍala contra impedimentos espirituais, ver Capítulo 7, nota 17.

momento, desnorteado e confundido por tuas tendências habituais passadas, temerás a luz de cinco cores e desejarás fugir dela. Serás imediatamente atraído pela luz opaca dos domínios dos animais; por isso não temas a brilhante e fulgurante luz de cinco cores! Não te aterrorizes! Reconhece que essa [luz radiante] é cognição pura! De dentro da luz [de cinco cores], todos os sons naturais dos ensinamentos sagrados ribombarão como mil trovões simultâneos. Ribombarão como um eco violento, uma reverberação imensa, um crescendo tormentoso, uma cacofonia de gritos de guerra, e [vibrarão com o fragor de] mantras furiosos de ferocidade terrível. Não temas! Não fujas! Reconhece que esses sons e luminosidades são a manifestação natural da potência expressiva natural de tua própria consciência pura. Não te deixes atrair pela luz verde e opaca dos animais. Não te inclines a ela! Se te apegares a ela, serás precipitado nos obscuros domínios dos animais e aprisionado pelos sofrimentos ilimitados da estupefação, da mudez e da servidão, dos quais não haverá oportunidade [imediata] de fuga. Por isso não te apegues a essa [luz verde e opaca]! Sê devotado à luz de cinco cores que é radiante e deslumbrante! Concentra-te com atenção unipontual na divina assembleia dos detentores de conhecimento, senhores transcendentes e mestres espirituais, pensando: "Ó Detentores de Conhecimento, como viestes a mim com vosso [cortejo] de heróis e ḍākinīs para escoltar-me ao domínio puro dos que percorrem os céus, vos imploro: tende compaixão dos seres sencientes que, como eu, não fizeram as acumulações [de mérito e cognição pura]; tende compaixão dos que, como eu, até agora não foram resgatados, muito embora tenhamos sido abraçados pela compaixão de toda a assembleia de divindades das cinco famílias iluminadas e pelos que Alcançaram a Beatitude nos três tempos! Vos suplico hoje que vós, divina assembleia dos detentores de conhecimento, não deixeis que eu desça mais fundo do que já desci. Fisgai-me com o anzol de vossa compaixão e conduzi-me imediatamente ao domínio puro dos que percorrem os céus." Concentrando-te com atenção unipontual na divina [maṇḍala dos] detentores de conhecimento, recita a seguinte prece de aspiração:

> *Ai, enquanto vagueio pela existência cíclica [movido] pelas tendências habituais profundamente enraizadas,*
> *Que a divina assembleia dos detentores de conhecimento me ajude*
> *E me conduza pelo caminho, com grande amor.*
> *Que a assembleia dos heróis espirituais e detentores de conhecimento me atraia para diante*
> *Conduzindo-me pelo caminho de luz radiante,*
> *Que é [a luminosidade da] cognição pura coemergente.*
> *Que as supremas consortes, a hoste das ḍākinīs, me sustentem por trás,*
> *E que, assim [circundado], eu seja resgatado*
> *Da terrível passagem do estado intermediário,*
> *E seja escoltado ao domínio puro [e santo] dos que percorrem os céus.*

Ao fazer essa prece de aspiração com fervorosa devoção, te dissolverás em luz de arco-íris no coração da divina assembleia dos detentores de conhecimento, e assim indubitavelmente renascerás no domínio puro dos que percorrem os céus.

Todos os tipos de amigos espirituais podem chegar ao reconhecimento nesse estágio, e [com isso] alcançarão a libertação. Não há a menor dúvida de que mesmo os que tiverem inclinações negativas podem alcançar a libertação nesse passo.

Com isso se conclui a primeira parte da *Grande libertação pela auscultação*, que é a introdução ao esplendor interno do estado intermediário do momento da morte e a introdução às divindades pacíficas do estado intermediário de realidade.

ITI! SAMAYA! *rgya rgya rgya!*

PARTE DOIS

Uma elucidação da manifestação das divindades furiosas no estado intermediário de realidade

Aqui se encontra *Uma elucidação do surgimento do estado intermediário das divindades furiosas*[1].

INTRODUÇÃO

Agora deve ser apresentada a maneira com que surge o estado intermediário das divindades furiosas. No estado intermediário anterior, o das divindades pacíficas, surgiram sucessivamente sete caminhos [críticos ou] perigosos. Recebendo a introdução a esses caminhos na sequência correta, muito embora [o falecido] possa não ter atingido o reconhecimento num deles, deve tê-lo atingido em outro. São inúmeros os seres que alcançaram a libertação [por esse método].

Ainda assim, embora sejam muitos os que foram libertos por meio de tais [introduções à natureza da realidade], os seres sencientes são em número incontável. As ações passadas maléficas são muito potentes. Os obscurecimentos negativos são densos. As tendências habituais são duradouras. O ciclo de ignorância e confusão é inesgotável e não cede jamais. Apesar de terem recebido as introduções em todos os seus detalhes, resta ainda um grande número de seres que continuam sua marcha descendente, sem alcançar a libertação.

Agora, uma vez feita a conclamação pela assembleia das divindades pacíficas e pela divina assembleia dos detentores de conhecimento e das ḍākinīs, surgirá a assembleia flamejante das cinquenta e oito divindades furiosas bebedoras de sangue, que é uma transformação natural da assembleia das divindades pacíficas. As divindades [furiosas] serão, [em sua aparência], muito dessemelhantes das divindades pacíficas. Este é o estado intermediário das divindades furiosas; e, [como neste estado o falecido será] dominado pelo medo, terror e espanto, o reconhecimento será também mais difícil do que antes. [Neste estado], a consciência desfalece de modo constante e incontrolável. Contudo, se houver mesmo o mais ínfimo reconhecimento [da verdadeira natureza], a libertação será fácil. Caso queiras saber qual é a razão dessa facilidade, a resposta é que, uma vez surgidas as manifes-

1. Tib. *Khro-bo'i bar-do'i 'char-tshul bstan-pa bzhugs-so.*

tações espantosas, terríveis e assustadoras, a consciência não pode mais se dar ao luxo de dissipar-se ou distrair-se. Torna-se unipontualmente focada e concentrada.

Nesse estágio, caso [o falecido] não tenha jamais recebido instruções como as que se seguem, ou caso elas não sejam dadas agora, seus estudos de nada valerão, mesmo que tenham sido imensos e profundos como o oceano. Até os preceptores [de grandes mosteiros] que guardam as disciplinas monásticas e os grandes mestres de dialética [que não tenham recebido estas instruções] ficarão desnorteados nessa ocasião e não alcançarão o reconhecimento. Consequentemente, continuarão a vagar pela existência cíclica. Isto é ainda mais verdadeiro quando aplicado às pessoas comuns: fugindo de espanto, terror e medo, elas cairão no abismo das existências inferiores e sofrerão amargamente. Contudo, mesmo o mais ínfimo dos yogins que tenha praticado o caminho do mantra secreto, ao ver a assembleia das divindades bebedoras de sangue, reconhecerá imediatamente que elas são divindades de meditação, como quem reconhece velhos conhecidos. Confiando nelas, o yogin se dissolverá indivisivelmente [nas divindades de meditação] e alcançará o estado búdico.

O ponto crucial é certamente este: os que neste mundo [e antes da morte] tiverem meditado na descrição formal desses corpos búdicos bebedores de sangue e feito oferendas e louvores a eles, ou ao menos tiverem simplesmente visto suas imagens pintadas ou esculpidas, poderão reconhecer as formas que aqui surgem e alcançar a libertação.

Ademais, quando os preceptores que guardam as disciplinas monásticas e os mestres de dialética morrem [sem ter recebido essa introdução], por grande que fosse sua perseverança na conduta religiosa e por mais doutos que fossem em suas doutrinas exegéticas no mundo humano, não surge nenhum sinal [auspicioso], como as relíquias ósseas maiores e menores ou a luz de arco-íris[2]. Como não levaram a sério o caminho do mantra secreto enquanto vivos, mas, ao contrário, o desprezaram, e como [nesta vida] não se fizeram íntimos da assembleia de divindades do caminho do mantra secreto, eles não reconhecerão [as luminosidades e divindades] quando elas surgirem no estado intermediário. Deparando de súbito com algo que até então não tinham visto, crescerá neles uma atitude de aversão que os tornará hostis [ao objeto de sua visão]. Consequentemente, eles avançarão para as existências inferiores. Essa [falta de intimidade e o surgimento da aversão] é a razão de não ocorrerem os sinais [auspiciosos], como as relíquias ósseas maiores e menores ou a luz de arco-íris, nos casos daqueles praticantes das disciplinas monásticas e filósofos dialéticos que, por mais excelentes que tenham sido, não levaram a sério em seu coração, tampouco cultivaram a experiência do caminho do mantra secreto.

Já os praticantes do caminho do mantra secreto, mesmo os mais vis entre eles, por mais grosseiro [que tenha sido seu comportamento] neste mundo, por mais obtusos e incultos que tenham sido, por mais imprópria e deselegante que tenha

2. Ver Capítulo 14.

sido sua conduta, tais praticantes, mesmo que não tenham sido bem-sucedidos no cultivo da experiência do caminho do mantra secreto, alcançarão a libertação neste estado intermediário, simplesmente por não terem abraçado uma concepção errônea, por não terem dúvidas e por serem devotados ao mantra secreto. Mesmo que a conduta desse devoto no mundo humano tenha sido imprópria, ao menos um dos sinais [auspiciosos] surgirá quando de sua morte, seja uma relíquia óssea maior ou menor ou imagens ou luz de arco-íris. Isso se dá porque o caminho do mantra secreto leva em si uma bênção imensamente grande.

Os yogins do caminho do mantra secreto de capacidade acima da média, que cultivaram a experiência dos estágios meditativos de geração e de perfeição e [praticaram] a recitação dos mantras do coração, e assim por diante, não precisam vagar em direção descendente até este ponto do estado intermediário de realidade. Assim que cessa sua respiração, eles certamente serão chamados ao domínio puro dos que percorrem os céus pelos detentores de conhecimento, heróis e ḍākinīs. Como prova disso, surgirá [um ou mais dos] seguintes sinais: o céu ficará limpo e sem nuvens; [o corpo] se tranfundirá em arco-íris e luzes; cairá uma chuva de flores; haverá fragrância de perfumes no ar e sons de música no céu; e raios de luz, relíquias maiores e menores, imagens, luzes de arco-íris e assim por diante surgirão [na pira funerária][3].

É assim que, para os que guardam as disciplinas monásticas e para os mestres [de dialética que não tiverem recebido anteriormente essas instruções], bem como para os praticantes do caminho do mantra secreto cujos pactos tiverem se degenerado e para todas as pessoas comuns, esta *Grande libertação pela auscultação* é indispensável.

Os praticantes sérios de meditação que tiverem meditado nas [práticas da] Grande Perfeição e do Grande Selo reconhecerão o esplendor interno que surge no estado intermediário do momento da morte e alcançarão o Corpo Búdico de Realidade. Para esses praticantes não há absolutamente nenhuma necessidade de recitar esta *Libertação pela auscultação*.

[Em resumo], quando os indivíduos reconhecem o esplendor interno durante o estado intermediário do momento da morte, eles alcançam o Corpo Búdico de Realidade. Se o reconhecem durante o estado intermediário de realidade, quando surgem as visões das Divindades Pacíficas e Furiosas, eles alcançam o Corpo Búdico de Riqueza Perfeita. Se o reconhecem durante o estado intermediário de renascimento, eles alcançam o Corpo Búdico de Emanação. No mínimo, [os indivíduos que escutaram este ensinamento] renascerão em existências superiores, onde, com base na potência residual de suas ações passadas, encontrarão novamente este ensinamento [sagrado] e serão capazes de praticá-lo nessa outra vida.

3. Há muitos casos registrados de surgimento dessas indicações simbólicas da passagem ao domínios dos que percorrem os céus (*dag-pa mkha'-spyod*) no momento da morte, especialmente no contexto das linhagens de Atiyoga. Ver, por exemplo, NSTB, p. 543 (a morte de Bagom) p. 550 (a morte de Dzeng Dharmabodhi), p. 561 (a morte de Zhangton), p. 563 (a morte de Nyibum), p. 564 (a morte do Guru Jober), p. 568 (a morte de Melong Dorje), p. 572 (a morte de Kumārādza) e p. 594 (a morte de Longchenpa). Para uma explicação detalhada desses fenômenos, ver Capítulo 14, *passim*.

Uma vez que [este ensinamento sagrado se baseia no reconhecimento da verdadeira natureza nos estados intermediários], esta *Grande libertação pela auscultação* é o ensinamento pelo qual o estado búdico pode ser atingido sem meditação. É o ensinamento pelo qual a libertação pode ser obtida pelo simples ato de auscultação; é o ensinamento pelo qual mesmo os indivíduos mais negativos são conduzidos ao caminho secreto[4]; é o ensinamento pelo qual os pontos essenciais [de discernimento] são imediatamente compreendidos; e é o profundo ensinamento pelo qual se atinge instantaneamente o perfeito estado de buda. Assim, é impossível que os seres sencientes a quem se deu este ensinamento caiam em existências inferiores. Esta [*Libertação pela auscultação*] e a *Libertação pelo uso junto ao corpo* a ela ligada devem ser lidas conjuntamente em voz alta, pois [sua conjunção] é como uma maṇḍala de ouro incrustada com ornamentos de turquesa[5].

O TEMA PRINCIPAL

Uma vez delineado o propósito essencial da *Grande libertação pela auscultação*, [o falecido] deve agora ser introduzido ao surgimento do estado intermediário das divindades furiosas.

Novamente, deves chamar o falecido pelo nome três vezes e dizer as seguintes palavras:

Ó Filho(a) da Natureza de Buda, escuta sem distração. Embora tenha surgido diante de ti o estado intermediário das divindades pacíficas, tu não o reconheceste. Por isso vagaste [pela sucessão dos caminhos] até este ponto. Agora, no oitavo dia, surgirá a assembleia das divindades furiosas bebedoras de sangue. Reconhece-as e não te distraias! Ó Filho(a) da Natureza de Buda, aquele que é chamado o Grande e Glorioso Buddha Heruka surgirá [agora], manifestando-se vividamente diante de ti vindo de dentro de teu próprio cérebro. Seu corpo, flamejante numa densa nuvem de luz, é marrom-escuro, com três cabeças, seis braços e quatro pernas [firmemente] abertas. Sua face direita é branca, a esquerda é vermelha e a central é marrom-escura. Seus nove olhos estão fixos num olhar furioso e apavorante, suas sobrancelhas são trepidantes como relâmpagos, seus caninos brilham expostos e ele gargalha alto, proferindo os sons "Alala" e "Haha" e "Shoo oo" – como sirenes, em gritos altos e estridentes. Os cabelos ruivo-dourados de sua cabeça flamejam e se erguem para o alto, discos solares e lunares, serpentes negras e crânios secos adornam cada uma de suas cabeças e cobras negras e crânios de pessoas recém-falecidas formam uma guirlanda em torno de seu corpo. Em suas mão ele segura, do lado direito, uma roda na primeira mão, um machado na mão do meio e uma espada na terceira mão. Do lado esquerdo, ele segura um sino na primeira mão, uma relha de arado na mão do meio e um crânio na

4. Tib. *gsang-lam*, isto é, o caminhos dos mantras secretos (*guhyamantra*).

5. O texto completo da *Libertação pelo uso junto ao corpo: Libertação natural dos agregados psicofísicos* (*bTags-grol phung-po rang-grol*) se encontra adiante, no Capítulo 14, pp. 299-330.

terceira mão. Sua consorte Buddhakrodheśvarī abraça seu corpo; a mão direita da consorte abraça-lhe o pescoço e a mão esquerda oferece-lhe à boca um crânio cheio de sangue. Em meio a sons palatais "Thuk-chom", altos e ressonantes, e a um rugido [que ecoa] como a reverberação do trovão, o fogo da cognição pura flameja dos poros ígneos e indestrutíveis de seus corpos, e eles assim repousam juntos, [com uma perna] estendida e [a outra] flexionada, sobre um trono sustentado por garuḍas.

Não temas! Não te aterrorizes! Não te espantes! Reconhece que essa visão é o corpo búdico de tua própria percepção intrínseca. Estas são tuas próprias divindades de meditação; por isso não te aterrorizes. Este é, em realidade, o Senhor Transcendente Vairocana e sua consorte; portanto, não temas. O reconhecimento e a libertação ocorrerão simultaneamente!

Se, ao ouvir essas palavras, [o falecido] reconhecer as divindades de meditação, ele se dissolverá [nelas] de modo indivisível e assim alcançará o estado búdico no Corpo Búdico de Riqueza Perfeita.

Se, no entanto, [o falecido] novamente fugir de medo e terror e assim não alcançar o reconhecimento, então, no nono dia, a família Vajra de divindades bebedoras de sangue virá para escoltá-lo.

Novamente, chamando o falecido pelo nome, deve-lhe ser dada a introdução com as seguintes palavras:

Ó Filho(a) da Natureza de Buda, escuta sem distração. Aquele que é chamado Senhor Transcendente Vajra Heruka, da família Vajra de divindades bebedoras de sangue, surgirá vindo da direção oriental de teu cérebro e se manifestará diante de ti. Seu corpo é azul-escuro, com três faces, seis braços e quatro pernas [firmemente] abertas. Sua face direita é branca, a esquerda é vermelha e a face central é azul. Em suas mãos ele segura, do lado direito, um vajra na primeira mão, uma taça de crânio na mão do meio e um machado na terceira mão; do lado esquerdo, ele segura um sino na primeira mão, uma taça de crânio na mão do meio e uma relha de arado na terceira mão. Sua consorte Vajrakrodheśvarī abraça seu corpo; a mão direita da consorte abraça-lhe o pescoço e a mão esquerda oferece-lhe à boca um crânio cheio de sangue.

Não temas! Não te aterrorizes! Não te espantes! Reconhece que essa visão é o corpo búdico de tua própria consciência pura. Estas são tuas próprias divindades de meditação; por isso não te aterrorizes. Este é, em realidade, o Senhor Transcendente Vajrasattva e sua consorte; portanto, não temas. Sê devotado a eles! O reconhecimento e a libertação ocorrerão simultaneamente!

Se, ao ouvir essas palavras, [o falecido] reconhecer as divindades de meditação, ele se dissolverá [nelas] de modo indivisível e assim alcançará o estado búdico no Corpo Búdico de Riqueza Perfeita.

Se, porém, os indivíduos profundamente obscurecidos por suas ações passadas fugirem novamente de assombro e terror e, portanto, não alcançarem o reconhecimento, então, no décimo dia, a família Ratna de divindades bebedoras de sangue virá para escoltá-los.

Novamente, chamando o falecido pelo nome, deve-lhe ser dada a introdução com as seguintes palavras:

Ó Filho(a) da Natureza de Buda, escuta sem distração. No décimo dia, aquele que é chamado Ratna Heruka, da família Ratna de divindades bebedoras de sangue, surgirá vindo da direção meridional de teu cérebro e se manifestará diante de ti. Seu corpo é amarelo-escuro, com três faces, seis braços e quatro pernas [firmemente] abertas. Sua face direita é branca, a esquerda é vermelha e a face central é amarelo--escura e incandescente. Em suas mãos ele segura, do lado direito, uma joia na primeira mão, um khaṭvāṅga na mão do meio e um porrete na terceira mão; do lado esquerdo, ele segura um sino na primeira mão, uma taça de crânio na mão do meio e um tridente na terceira mão. Sua consorte Ratnakrodheśvarī abraça seu corpo; a mão direita da consorte abraça-lhe o pescoço e a mão esquerda oferece-lhe à boca um crânio cheio de sangue.

Não temas! Não te aterrorizes! E não te espantes! Reconhece que essa visão é o corpo búdico de tua própria consciência pura. Estas são tuas próprias divindades de meditação; por isso não te aterrorizes. Este é, em realidade, o Senhor Transcendente Ratnasambhava e sua consorte; portanto, não temas. Sê devotado a eles! O reconhecimento e a libertação ocorrerão simultaneamente!

Se, ao ouvir essas palavras, [o falecido] reconhecer as divindades de meditação, ele se dissolverá [nelas] de modo indivisível e assim alcançará o estado búdico [no Corpo Búdico de Riqueza Perfeita].

Mesmo depois de ter recebido essa introdução, há os que, devido a suas tendências habituais negativas, ainda fugirão de espanto e terror. Sem reconhecer suas próprias divindades de meditação, eles as perceberão como Yama e o reconhecimento não ocorrerá. É assim que, no undécimo dia, a assembleia da família Padma de divindades bebedoras de sangue virá para escoltar o falecido.

Novamente, chamando o falecido pelo nome, deve-lhe ser dada a introdução com as seguintes palavras:

Ó Filho(a) da Natureza de Buda, [escuta sem distração]. No undécimo dia, aquele que é chamado Padma Heruka, da família Padma de divindades bebedoras de sangue, surgirá vindo da direção ocidental de teu cérebro e se manifestará vividamente diante de ti em união com sua consorte. Seu corpo é vermelho-escuro, com três faces, seis braços e quatro pernas [firmemente] abertas. Sua face direita é branca, a esquerda é azul e a face central é vermelho-escura. Em suas mãos ele segura, do lado direito, um lótus na primeira mão, um khaṭvāṅga na mão do meio e uma maça na terceira mão; do lado esquerdo ele segura um sino na primeira mão, um crânio cheio de sangue na mão do meio e um tamborzinho na terceira mão. Sua consorte

Padmakrodheśvarī abraça seu corpo; a mão direita da consorte abraça-lhe o pescoço e a mão esquerda oferece-lhe à boca um crânio cheio de sangue.

Não temas! Não te aterrorizes! E não te espantes! Contempla-os com alegria. Reconhece que essa visão é o corpo búdico de tua própria consciência pura. Estas são tuas próprias divindades de meditação; por isso não te aterrorizes. Este é, em realidade, o Senhor Transcendente Amitābha e sua consorte; portanto, sê devotado a eles! O reconhecimento e a libertação ocorrerão simultaneamente!

Se, ao ouvir essas palavras, [o falecido] reconhecer as divindades de meditação, ele se dissolverá [nelas] de modo indivisível e assim alcançará o estado búdico [no Corpo Búdico de Riqueza Perfeita].

Mesmo depois de ter recebido essa introdução, há os que continuam presos em razão de suas tendências habituais negativas e os que não reconhecem suas divindades de meditação por terem fugido de espanto e terror. É assim que, por não se ter alcançado o reconhecimento, no duodécimo dia virá para escoltar o falecido a assembleia da família Karma de divindades bebedoras de sangue, seguida pelas Gaurī, as Piśācī, as Guardiãs dos Portais e as Īśvarī. Uma vez que medo e terror ainda maiores surgirão caso essas divindades não sejam reconhecidas, novamente, chamando o falecido pelo nome, deve-lhe ser dada a introdução com as seguintes palavras:

Ó Filho(a) da Natureza de Buda, escuta sem distração. No duodécimo dia, aquele que é chamado Senhor Transcendente Karma Heruka, da família Karma de divindades bebedoras de sangue, surgirá vindo da direção setentrional de teu cérebro e se manifestará vividamente diante de ti em união com sua consorte. Seu corpo é verde-escuro, com três faces, seis braços e quatro pernas [firmemente] abertas. Sua face direita é branca, a esquerda é vermelha e a face central é de um espantoso verde-escuro. Em suas mãos ele segura, do lado direito, uma espada na primeira mão, um khaṭvāṅga na mão do meio e uma maça na terceira mão; do lado esquerdo ele segura um sino na primeira mão, um crânio na mão do meio e uma relha de arado na terceira mão. Sua consorte Karmakrodheśvarī abraça seu corpo; a mão direita da consorte abraça-lhe o pescoço e a mão esquerda oferece-lhe à boca um crânio cheio de sangue.

Não temas! Não te aterrorizes! E não te espantes! Reconhece que essa visão é o corpo búdico de tua própria consciência pura. Estas são tuas próprias divindades de meditação; por isso não te aterrorizes. Este é, em realidade, o Senhor Transcendente Amoghasiddhi e sua consorte; portanto, considera-os com intensa devoção! O reconhecimento e a libertação ocorrerão simultaneamente!

Se, ao ouvir essas palavras, [o falecido] reconhecer as divindades de meditação, ele se dissolverá [nelas] de modo indivisível e assim alcançará o estado búdico [no Corpo Búdico de Riqueza Perfeita].

Com base na instrução oral [anterior] do mestre espiritual, quando se reconhece que essas [manifestações visionárias] são a potência expressiva natural da consciência pura, manifestando-se naturalmente, ocorre a libertação. É como alguém quando reconhece que um leão empalhado é precisamente isso, empalhado. A natureza do leão empalhado é tal que, quando ela não é devidamente reconhecida, o leão empalhado causa medo e terror. Mas, assim que alguém indica o que ele realmente é, a fachada é penetrada e o medo se dissolve. De modo semelhante, quando surge a assembleia de divindades bebedoras de sangue, com seus corpos imensos e membros grossos, preenchendo todo o espaço, [o falecido] indubitavelmente fica amedrontado e aterrorizado. Mas, no momento em que ouve essa introdução, o falecido reconhece que essas visões são manifestações naturais [da verdadeira realidade], ou que são suas próprias divindades de meditação. [Quando ocorre esse reconhecimento] os dois [aspectos do esplendor interno], "o esplendor interno mãe" – que foi [introduzido] anteriormente pela instrução do mestre espiritual – e o "esplendor interno filho que surge naturalmente" – [cuja experiência] surge subsequentemente [como resultado da prática] – se encontram. Em outras palavras, como ocorre quando se encontra um velho amigo, [o esplendor interno] que surge face a face conosco o faz de modo naturalmente libertador, e assim somos libertados na [imensidão da] percepção intrínseca naturalmente luminosa.

Quando essa introdução não é recebida, mesmo as pessoas boas podem afastar-se e continuar a vagar pela existência cíclica. [Quando isso ocorre], de dentro do cérebro [do falecido] surgem diante dele as divindades furiosas femininas, as oito Gaurī e as oito Piśācī com cabeças de animais. Novamente, chamando o falecido pelo nome, deve-lhe ser dada a introdução com as seguintes palavras:

Ó Filho(a) da Natureza de Buda, escuta sem distração. Vindas de dentro de teu cérebro, surgirão agora diante de ti as oito Gaurī. Não temas! Da direção oriental de teu cérebro, surgirá diante de ti Gaurī, de cor branca, segurando na mão direita um cadáver humano como porrete e na mão esquerda, um crânio cheio de sangue. Não temas! Da direção meridional surgirá Caurī, de cor amarela, atirando uma flecha dum arco; da direção ocidental surgirá Pramohā, de cor vermelha, segurando um estandarte de vitória com um crocodilo; e da direção setentrional surgirá Vetālī, de cor negra, segurando um vajra e um crânio cheio de sangue. Da direção sudeste surgirá Pukkasī, de cor vermelho-amarela, segurando entranhas na [mão] direita e comendo-as com a esquerda; da direção sudoeste surgirá Ghasmarī, de cor verde-negra, segurando um crânio cheio de sangue na [mão] esquerda, remexendo-o com um vajra na mão direita e bebendo de maneira horrenda; da direção noroeste surgirá Caṇḍālī, de cor branco-amarela, separando a cabeça do corpo [de um cadáver inchado], segurando o coração na mão direita e comendo o corpo com a esquerda; e da direção nordeste [surgirá] Śmaśānī, separando a cabeça de um corpo e comendo. Essas oito Gaurī, que são sinais das [oito] classes [de consciência], emergirão de dentro de teu próprio cérebro e circundarão as cinco divindades bebedoras de sangue e suas consortes. Não temas!

Ó Filho(a) da Natureza de Buda, escuta sem distração! Emergirão agora as oito Piśācī, que são sinais dos objetos sensoriais e se manifestarão diante de ti circundan-

do as outras divindades. Do leste [surgirá] Siṃhamukhī, de cor marrom-escura e cabeça de leão, com os dois braços cruzados sobre o peito, carregando um cadáver na boca e agitando a juba; do sul [surgirá] Vyāghrīmukhī, de cor vermelha e cabeça de tigre, com os dois braços cruzados, rosnando e encarando-te com os olhos esbugalhados; do oeste [surgirá] Śṛgālamukhī, de cor negra e cabeça de raposa, segurando uma navalha na mão direita e entranhas na esquerda, comendo as entranhas e lambendo o sangue; do norte [surgirá] Śvānamukhī, de cor negro-azulada e cabeça de loba, rasgando um cadáver com os dois braços e encarando-te com olhos esbugalhados; do sudeste [surgirá] Gṛdhramukhī, de cor branco-amarelada e cabeça de abutre, levando um grande cadáver humano nos ombros e segurando um esqueleto com as duas mãos; do sudoeste [surgirá] Kaṅkamukhī, de cor negro-avermelhada e cabeça de milhafre, levando um grande cadáver nos ombros; do noroeste [surgirá] Kākamukhī, de cor negra e cabeça de corvo, segurando um crânio na [mão] esquerda, uma espada na direita e comendo um coração e pulmões [humanos]; e do nordeste [surgirá] Ulūkamukhī, de cor azul-negra e cabeça de coruja, segurando um vajra na [mão] direita, brandindo uma espada na esquerda e comendo carne. Estas, as oito Piśācī, sinais dos objetos dos sentidos, emergirão de dentro de teu cérebro e surgirão diante de ti, circundando as cinco divindades bebedoras de sangue e suas consortes. Não temas! Reconhece tudo quanto surge como a potência expressiva natural da consciência pura, manifestando-se naturalmente.

Ó Filho(a) da Natureza de Buda, também emergirão de teu cérebro e se manifestarão diante de ti as quatro guardiãs dos portais. Reconhece-as! Da direção oriental de teu cérebro [surgirá] Aṅkuśā, de cor branca e cabeça de cavalo, com um crânio cheio de sangue na mão esquerda; da direção meridional [surgirá] Pāśā, de cor amarela e cabeça de porca, segurando um laço; da direção ocidental [surgirá] Sphoṭā, de cor vermelha e cabeça de leão, segurando uma corrente de ferro; e da direção setentrional [surgirá] Ghaṇṭā, de cor verde e cabeça de serpente, segurando um sino. Surgem todas instantaneamente[6]*. Estas, as quatro Guardiãs dos Portais, certamente emergirão de teu cérebro e se manifestarão diante de ti. Reconhece-as, pois elas são tuas próprias divindades de meditação!*

Ó Filho(a) da Natureza de Buda, na periferia dessas trinta divindades, que são os furiosos Herukas [e seus cortejos], emergirão de teu cérebro e se manifestarão diante de ti as vinte e oito Īśvarī. Elas terão diferentes cabeças [de animais] e portarão diferentes armas. Mas não temas! Reconhece tudo quanto surge como a potência expressiva natural da consciência pura, manifestando-se naturalmente. Agora, neste momento mais crítico, recorda-te das instruções orais de teu mestre espiritual.

Ó Filho(a) da Natureza de Buda, da direção oriental, emergirão de teu cérebro e se manifestarão diante de ti as seis yoginī do leste: Manurākṣasī, de cor branco-acastanhada e cabeça de iaque, segurando [um vajra e] um crânio; Brahmāṇī, de cor

6. Os nomes das quatro guardiãs dos portais da assembleia furiosa dados aqui são idênticos aos nomes dados acima, p. 217-8, no contexto da assembleia pacífica. Os verdadeiros nomes das guardiãs furiosas são: Vajratejasī no leste, Vajrāmoghā no sul, Vajralokā no oeste e Vajravetālī no norte. Ver Capítulo 5, p. 74.

branco-amarelada e cabeça de serpente, segurando um lótus; Raudrī, de cor branco-esverdeada e cabeça de leopardo, segurando um tridente; Vaiṣṇāvī, de cor branco-azulada e cabeça de doninha, segurando uma roda; Kaumārī, de cor branco-avermelhada e cabeça de urso pardo, segurando uma lança; e Indrāṇī, de cor branca e cabeça de urso negro, segurando na mão um laço de entranhas[7]*. Não temas!*

Ó Filho(a) da Natureza de Buda, da direção meridional, emergirão de teu cérebro e se manifestarão diante de ti as seis yoginī do sul: Piṅgalā, de cor amarela e cabeça de morcego[8]*, segurando uma navalha; Śāntī, de cor amarelo-avermelhada e cabeça de crocodilo, segurando um vaso; Amṛtā, de cor amarelo-avermelhada e cabeça de escorpião, segurando um lótus; Saumī, de cor amarelo-esbranquiçada e cabeça de falcão, segurando um vajra; Daṇḍī, de cor amarelo-esverdeada e cabeça de raposa, segurando um porrete; e Rākṣasī, de cor amarelo-enegrecida e cabeça de tigre, segurando na mão um crânio cheio de sangue*[9]*. Não temas!*

Ó Filho(a) da Natureza de Buda, da direção ocidental, emergirão de teu cérebro e se manifestarão diante de ti as seis yoginī do oeste: Bhakṣasī, de cor vemelho-esverdeada e cabeça de abutre, segurando um porrete; Ratī, de cor vermelha e cabeça de cavalo, segurando um grande torso; a poderosa [Rudhiramadī, consorte de Mahābala], de cor vermelho-pálida e cabeça de garuḍa, segurando um porrete; [Ekacāriṇī] Rākṣasī, de cor vermelha e cabeça de cachorro, brandindo na mão uma navalha-vajra; Manohārikā, de cor vermelha e cabeça de poupa, disparando uma flecha de um arco; e a protetora da prosperidade, [Siddhikarī, consorte de Vasurakṣita], de cor vermelho-esverdeada e cabeça de corça, segurando na mão um vaso[10]*. Não temas!*

Ó Filho(a) da Natureza de Buda, da direção setentrional, emergirão de teu cérebro e se manifestarão diante de ti as seis yoginī do norte: Vāyudevī, de cor verde-azulada e cabeça de serpente, agitando um estandarte; Agnāyī, de cor verde-avermelhada e cabeça de íbex, segurando um tição incandescente; Varāhī, de cor verde-enegrecida e cabeça de porca, segurando um laço feito de presas; Vajrā [Cāmuṇḍī], de cor verde-avermelhada e cabeça de corvo, segurando o cadáver de uma criança; Bhujanā, de cor verde-enegrecida e cabeça de elefante, segurando um porrete e bebendo sangue [de um crânio]; e Varuṇānī, de cor verde-azulada e cabeça de serpente, segurando na mão um laço de serpentes[11]*. Não temas!*

Ó Filho(a) da Natureza de Buda, emergirão de dentro de teu cérebro e se manifestarão diante de ti as quatro yoginī que são as [quatro] guardiãs dos portais: da dire-

7. As cores de Manurākṣasī, Brahmāṇī, Raudrī, Vaiṣṇāvī e Kaumārī dadas aqui estão de acordo com as descrições do Capítulo 5, p. 75 e do Capítulo 6, p. 97. Já DR, p. 103, as descreve respectivamente como marrom-escura, amarelo-avermelhada, verde-escura, azul e vermelha.

8. Em DR, p. 103, l.4 lê-se *phag-mgo* (com cabeça de porco), mas ver Capítulo 5, p. 76 e Capítulo 6, p. 98.

9. Aqui as cores de Śāntī, Amṛtā, Saumī e Daṇḍī estão de acordo com as descrições do Capítulo 5, p. 76 e do Capítulo 6, p. 98. DR, p. 103, as descreve respectivamente como vermelha, vermelha, branca e verde-escura.

10. Aqui as cores de Bhakṣasī e Rudhiramadī estão de acordo com as descrições do Capítulo 5, p. 76 e do Capítulo 6, p. 98. DR, p. 104, as descreve respectivamente como verde-escura e branca.

11. Aqui as cores de Vāyudevī, Agnāyī, Varāhī, Vajrā Cāmuṇḍī e Varunāṇī estão de acordo com as descrições do Capítulo 5, p. 77, e do Capítulo 6, pp. 98-9. DR, pp. 104-5, as descreve respectivamente como azul, vermelha, negra, vermelha e azul.

ção oriental [surgirá] Vajrā [Mahākālī], de cor branca e cabeça de cuco, segurando um gancho de ferro; da direção meridional [surgirá] Vajrā [Mahāchāgalā], de cor amarela e cabeça de cabra, segurando um laço; da direção ocidental [surgirá] Vajrā [Mahākumbhakarṇī], de cor vermelha e cabeça de leão, segurando uma corrente de ferro; e da direção setentrional [surgirá] Vajrā [Lambodarā], de cor negro-esverdeada e cabeça de serpente, segurando na mão um sino. Essas quatro yoginī, as guardiãs dos portais, emergirão de dentro de teu cérebro e se manifestarão diante de ti. Não temas!

Como essas vinte e oito Īśvarī emanam naturalmente da potência expressiva das divindades que se manifestam naturalmente, isto é, dos furiosos Herukas – reconhece-as agora!

Ó Filho(a) da Natureza de Buda, por meio da potência expressiva da vacuidade, o Corpo Búdico de Realidade se manifestou como divindades pacíficas: reconhece isso! Por meio da potência expressiva da luminosidade, o Corpo Búdico de Riqueza Perfeita se manifestou como divindades furiosas[12]*. Reconhece isso!*

Neste momento, quando a assembleia das cinquenta e oito divindades bebedoras de sangue se manifesta de dentro de teu cérebro, deves reconhecer que tudo quanto surge é a manifestação natural da luminosidade de tua própria consciência pura. Então, [se ocorrer o reconhecimento], alcançarás imediatamente o estado búdico, inseparável das divindades bebedoras de sangue.

Ó Filho(a) da Natureza de Buda, se mesmo agora não reconheceres essa [realidade] e, tomado pelo medo, te afastares das [manifestações visionárias], experimentarás ainda mais sofrimentos. Se o reconhecimento não ocorrer, todas as divindades bebedoras de sangue serão percebidas como Yama. Serás assoberbado pelo medo, espanto e terror diante [da visão] das divindades bebedoras de sangue; e desmaiarás. Essas [manifestações visionárias], que são manifestações [da verdadeira realidade, parecerão] se tornar em demônios e tu continuarás a vagar pela existência cíclica. Mas, [mesmo agora], se não te espantares nem te aterrorizares, escaparás de continuar a vagar pela existência cíclica.

Ó Filho(a) da Natureza de Buda, o maior dos corpos búdicos das Divindades Pacíficas e Furiosas será tão vasto quanto o céu; os corpos medianos serão do tamanho do Monte Sumeru; e mesmo os menores serão do tamanho de dezoito corpos iguais aos nossos, um sobre o outro[13]*. Não temas! Toda a existência fenomênica se manifesta agora como luminosidades e corpos búdicos. Ao reconhecer todas essas manifestações visionárias como a luminosidade natural de tua própria percepção intrínseca, manifestando-se como luzes e corpos búdicos, te dissolverás inseparavelmente nas luzes e corpos búdicos e alcançarás o estado búdico. Ó Filho(a) da Natureza de Buda, por mais assustadoras e terríveis que sejam as manifestações que agora surgem diante de ti, reconhece que elas são manifestações naturais [da verdadeira rea-*

12. Sobre essa distinção, ver Longchen Rabjampa, GGFTC, pp. 397 ss. e *ibid.*, Capítulo 15, pp. 1075 ss.

13. Sobre as variações no tamanho do corpo búdico, ver R. Kloetsli, *Buddhist Cosmology*, p. 69; sobre os diversos tamanhos dos corpos físicos dos seres vivos nos três sistemas de mundo, ver a tabela em *ibid.*, p. 38. A mesma obra também apresenta muitas informações sobre as dimensões do Monte Sumeru e seu papel nos sistemas de mundo.

lidade]. Não temas! Reconhece essas [manifestações] como esplendor interno, como tua própria luminosidade natural. Ao reconhecê-las, indubitavelmente alcançarás o estado búdico, agora mesmo. O que se chama "perfeito e instantâneo estado búdico" ocorrerá nesse exato momento. Recorda-te disto e guarda-o em tua mente!

Filho(a) da Natureza de Buda, se não reconheceres [as manifestações visionárias] agora e continuares com medo, todos os corpos búdicos das divindades pacíficas surgirão na forma de Mahākāla; todos os corpos búdicos das divindades furiosas surgirão na forma de Yama Dharmarāja; e então todas as tuas percepções se tornarão forças malevolentes. Por esse caminho, continuarás a vagar pela existência cíclica.

Ó Filho(a) da Natureza de Buda, se não reconheceres que estas visões são manifestações naturais [da verdadeira realidade], mesmo que tenhas estudado todos os sūtras e tantras que constituem os preceitos transmitidos [do Buda], mesmo que tenhas praticado essas doutrinas por um éon, não alcançarás o estado búdico. Se, ao contrário, reconheceres agora as manifestações visionárias que se manifestam naturalmente, então, pelo [entendimento de] um só ponto doutrinal, pela [compreensão de] uma só palavra, alcançarás o estado búdico.

Se não reconheceres logo após a morte as manifestações que surgem naturalmente, essas manifestações [acabarão por] surgir durante o estado intermediário de realidade nas formas de Yama Dharmarāja. A maior das formas assumidas por Yama Dharmarāja é vasta como o espaço; a forma mediana é do tamanho do Monte Sumeru, preenchendo todo esse sistema de mundo. [Assim surgirá Yama Dharmarāja], os dentes superiores mordendo o lábio inferior, os olhos vidrados, o cabelo atado no topo da cabeça, a barriga protuberante e o pescoço fino, brandindo na mão a tabuleta de madeira [que contém o registro] das ações passadas – sua boca ecoa com os gritos "golpeia!", "mata!" – ele bebe cérebros, parte cabeças e arranca órgãos internos. Desse modo [ele surgirá, como se sua forma] tomasse o mundo inteiro.

Ó Filho(a) da Natureza de Buda, quando surgirem essas visões, não temas nem te aterrorizes. Teu corpo é um corpo mental, formado de tendências habituais. Portanto, mesmo que sejas chacinado e esquartejado, não perecerás. Tu és, [em realidade], uma forma natural de vacuidade, e por isso não há razão para temer. Também as formas de Yama Dharmarāja surgem da luminosidade natural de tua própria percepção intrínseca. Elas não têm substância material. A vacuidade não pode ser ferida pela vacuidade. Tenhas [bem claro] para ti agora que, fora serem manifestações da potência natural de tua própria consciência pura, [o que quer que se manifeste diante de ti] como algo externo – as Divindades Pacíficas e Furiosas, os [Herukas] bebedores de sangue, as diversas divindades com cabeças de animais, as luzes de arco-íris, as terríveis formas de Yama etc. – não possui nenhuma existência substancial. Se isso ficar bem claro, todo medo e terror serão libertados [naturalmente], no seu próprio ato de ser; te dissolverás inseparavelmente [nas manifestações visionárias] e alcançarás o estado búdico.

Reconhecendo assim [as manifestações visionárias], devota-te fervorosamente e pensa: "Estas são minhas divindades de meditação. Vieram para escoltar-me pelo perigoso caminho do estado intermediário. Nelas eu me refugio." Recorda-te das Três

Joias Preciosas! Recorda-te de tua divindade de meditação, seja ela qual for! Invoca tua divindade de meditação pelo nome e ora com as seguintes palavras: "Estou a vagar pelo estado intermediário – vem depressa resgatar-me! Abraça-me em tua compaixão, Ó preciosa divindade de meditação!" Invoca teu mestre espiritual pelo nome e ora com as seguintes palavras: "Estou a vagar pelo estado intermediário. Resgata-me! Não deixes que tua compaixão me abandone!" Mais uma vez, ora com profunda devoção à assembleia das divindades bebedoras de sangue e recita esta prece de aspiração:

> *Ai, enquanto vagueio pela existência cíclica, [movido] por tendências habituais profundamente enraizadas,*
> *Que a assembleia das Divindades Pacíficas e Furiosas [masculinas], os Senhores Transcendentes, me atraia para diante,*
> *Conduzindo-me pelo caminho de luz [radiante],*
> *Pelo qual [todas] as percepções espantosas e terrificantes são deixadas para trás.*
> *Que a assembleia das divindades furiosas femininas, Dhātvīśvarī [e assim por diante], me sustente por trás,*
> *E que, assim [circundado], eu seja resgatado*
> *Da terrível passagem do estado intermediário,*
> *E seja escoltado ao grau de um buda sumamente perfeito.*
>
> *Nesta hora, em que vagueio sozinho, separado de meus entes queridos,*
> *E surgem [miríades] de imagens de vacuidade, manifestando-se naturalmente,*
> *Que os budas liberem [rapidamente] o poder de sua compaixão,*
> *E seja anulado o medo do espantoso e aterrorizante estado intermediário.*
>
> *Quando surgem as cinco luzes radiantes de cognição pura,*
> *Que eu as reconheça como minha própria [natureza], sem espanto e sem terror,*
> *E quando surgem as [múltiplas] formas das Divindades Pacíficas e Furiosas,*
> *Que eu seja confiante e impávido e reconheça [as características do] estado intermediário.*
>
> *Quando experimento o sofrimento, resultado das ações passadas negativas,*
> *Que as divindades de meditação dissipem todas essas misérias,*
> *E quando o som natural da realidade reverbera como mil estrondos de trovão,*
> *Que todos [os sons] sejam ouvidos como a reverberação das Seis Sílabas.*
>
> *Quando sou conduzido adiante pelas ações passadas, incapaz de encontrar um refúgio,*
> *Que o Grande Compassivo, Mahākaruṇika, me proteja.*
> *E quando experimento o sofrimento gerado pelas tendências habituais e pelas ações passadas,*
> *Que as estabilidades meditativas de esplendor interno e beatitude surjam [naturalmente].*

Que os domínios dos cinco elementos não surjam como uma força hostil,
E que eu [os] veja [como] os domínios das cinco famílias iluminadas!

Recita essa prece de aspiração com profunda devoção. Isto é muito importante. À medida que se dissolverem o medo e o terror, certamente alcançarás o estado búdico no Corpo Búdico de Riqueza Perfeita – portanto, não te distraias!

Essa introdução deve ser proferida de três a sete vezes. Mesmo que a negatividade do falecido seja muito grande e que sua herança de ações passadas seja muito ruim, é impossível que a libertação não ocorra – [se houver o reconhecimento]. Se, apesar de esses ensinamentos terem sido dados com frequência, o reconhecimento não ocorrer, [o falecido] se encaminhará necessariamente para o estado intermediário de renascimento. A introdução a esse [estado] é apresentada em seguida, detalhadamente.

CONCLUSÃO DA INTRODUÇÃO AO ESTADO INTERMEDIÁRIO DO MOMENTO DA MORTE E AO ESTADO INTERMEDIÁRIO DE REALIDADE

Uma vez que, de modo geral, as pessoas se encontram em estado de perplexidade no momento da morte, esta *Libertação pela auscultação* é indispensável, por maior que seja o grau de familiaridade do falecido com as práticas [de meditação]. No caso dos que têm grande familiaridade com a experiência [da meditação], o reconhecimento da natureza da realidade pode ocorrer instantaneamente, assim que a consciência se separa do corpo físico. Portanto, é essencial cultivar essa experiência [da realidade] durante esta vida. Aqueles que receberam diretamente a introdução à [natureza da] consciência e que cultivaram [esse aspecto da experiência meditativa] no decorrer da vida serão os mais capacitados durante o estado intermediário do momento da morte, quando surgir o esplendor interno. Além disso, os que no decurso da vida tiverem praticado com assiduidade a meditação sobre a divindade, de acordo com os estágios de geração e perfeição do caminho do mantra secreto, serão os mais capacitados durante o estado intermediário de realidade, quando surgirem as visões das Divindades Pacíficas e Furiosas.

Por tudo o que foi dito, é extremamente importante educar a mente de modo específico nesta *Libertação pela auscultação* ainda no decorrer desta vida. Este ensinamento deve ser abraçado; deve ser lido em voz alta; deve ser compreendido em todos os seus pormenores; deve ser levado perfeitamente a sério; deve ser lido em voz alta três vezes [por dia], sem falta. Suas palavras e seu significado devem imprimir-se na mente de modo tão claro que, mesmo que sejas perseguido por uma centena de assassinos, seu texto e significado não serão esquecidos.

Este livro é chamado *Grande libertação pela auscultação* porque mesmo os que tiverem cometido os cinco crimes irremissíveis alcançarão a libertação ao ouvir [a recitação de suas palavras]. Portanto, ele deve ser lido em voz alta em locais públicos. Deve ser propagado. Uma vez que a consciência se torna mutas vezes mais clara durante o estado intermediário, mesmo que este ensinamento seja recebido uma única vez, a saber, agora, e mesmo que seu significado não seja compreendido, ele será lembrado no momento [da morte] e nenhuma de suas palavras será esquecida. Por isso deve ser lido em voz alta aos ouvidos de todos durante seu viver. Deve ser lido em voz alta à cabeceira de todos os doentes. Deve ser lido em voz alta na presença dos corpos de todos os mortos. Deve ser propagado, amplamente e por toda parte.

Encontrar este [ensinamento] é suprema boa fortuna. Exceto para os que completaram as acumulações [de mérito e cognição pura] e purificaram seus obscurecimentos, ele é difícil de encontrar. Entretanto, uma vez ouvido, a libertação pode ser alcançada pelo simples evitar uma concepção errônea[14]. Por tudo isso, este ensinamento deve ser muito amado. Ele é a essência de todos os ensinamentos.

Isto completa a introdução ao estado intermediário de realidade, que faz parte da *Grande libertação pela auscultação nos estados intermediários*, o ensinamento sobre os estados intermediários que liberta pelo simples ato de ser ouvido ou visto.

COLOFÃO

Este ensinamento foi descoberto em segredo pelo mestre consumado Karma Lingpa, o filho mais velho do mestre consumado Nyinda Sangye, no lugar sagrado do Monte Gampodar, que se assemelha a um deus dançando e está localizado às margens do rio Serden. O mestre Karma Lingpa confiou seus preceitos transmitidos e sua iniciação a seu filho, Choje Lingpa. A sucessão recaiu por sua vez sobre o [filho] deste, o Guru Suryacandra [isto é, Lama Nyinda]; e, em sua presença, eu, Gaganadharmasamudra [isto é, Namka Chokyi Gyatso] a recebi com devoção.

14. Concepções errôneas (*log-lta*) são principalmente as que rejeitam uma relação adequada entre as causas virtuosas e os efeitos virtuosos, e as que em diversos graus atribuem existência intrínseca aos fenômenos físicos e mentais.

PARTE TRÊS

Uma elucidação do estado intermediário de renascimento

Aqui se encontra a *Grande libertação pela auscultação*, uma introdução ao estado intermediário de renascimento e uma elucidação do mesmo estado, [as quais foram extraídas de] *As Divindades Pacíficas e Furiosas: um profundo ensinamento sagrado [chamado] libertação natural por meio [do reconhecimento] da intenção iluminada*[1].

> Me prostro com reverência diante dos mestres espirituais e da assembleia de divindades de meditação.
> Que eles realizem a libertação no estado intermediário!

Da *Grande libertação pela auscultação*, já foi apresentado o estado intermediário de realidade. Agora, pois, segue-se a chamada elucidação do estado intermediário de renascimento.

[INTRODUÇÃO AO CORPO MENTAL]

Ainda que a elucidação do estado intermediário de realidade tenha sido feita muitas vezes, [o fato é que], exceção feita dos que possuem grande experiência nas meditações dos ensinamentos [sagrados] e dos que possuem uma excelente herança de ações passadas, em razão do medo e do terror [induzido pelas] ações passadas negativas ela é difícil para os que não têm familiaridade com a experiência da meditação e para os que têm uma disposição negativa. Por isso, do décimo dia em diante, esses indivíduos devem novamente ser recordados [da natureza desse estado intermediário] por meio das palavras dadas a seguir. Como antes, devem ser feitas oferendas às Três Joias Preciosas, e a *Prece de aspiração [que invoca] o auxílio dos budas e bodhisattvas* deve ser recitada novamente[2]. Então, as seguintes palavras devem ser lidas em voz alta de três a sete vezes, chamando-se o falecido pelo nome:

Ó Filho(a) da Natureza de Buda, escuta com cuidado e compreende! Os seres infernais, os deuses e todos aqueles com o corpo do estado intermediário nascem de modo

1. Tib. *Zab-chos zhi-khro dgongs-pa rang-grol las srid-pa bar-do'i ngo-sprod.*
2. Tib. *Sangs-rgyas-dang byang-chub sems-dpa'i-rnams-la ra-mda' sbran-pa'i smon-lam.* Ver Capítulo 12, pp. 267-8.

supranormal. Anteriormente, durante o estado intermediário de realidade, quando surgiram diante de ti as visões das Divindades Pacíficas e Furiosas, tu não as reconheceste [em sua verdadeira natureza]. Então, assoberbado pelo terror, perdeste a consciência. Quatro dias e meio depois, ao despertar de teu desmaio, tua consciência se tornou clara novamente e surgiu um corpo semelhante a teu corpo anterior. Esse ["corpo"] é descrito nos tantras[3]*:*

Tem a forma corpórea de tuas existências passada e emergente,
Completo, com todas as faculdades sensoriais e o poder de movimento não obstruído.
Dotado de capacidades miraculosas derivadas das ações passadas,
Visível para os seres de mesma natureza por pura clarividência.

Aqui, "passada e emergente"[4] *significa que teu corpo [presente], [que é um produto de] tuas tendências habituais passadas, será semelhante a um corpo de carne e sangue, mas, assim como um corpo do Éon Auspicioso (bhadrakalpa), também será radiante e possuirá alguns dos sinais maiores e menores. Uma vez que esse estado é uma experiência manifestacional do corpo mental, ele é chamado "corpo mental da experiência manifestacional no estado intermediário"*[5]*. Nesse momento, se estiveres destinado a nascer como um deus, virás a experimentar o campo manifestacional do domínio dos deuses. Dependendo do domínio em que estiveres para nascer, seja o domínio dos titãs, dos humanos, dos animais, dos espíritos famintos ou dos seres infernais, virás a experimentar o campo manifestacional próprio desse domínio. Portanto, "passada" significa que por três dias e meio possuirás a forma corpórea [que é produto] de tuas existências e tendências habituais passadas. E "emergente" significa que, depois [de três dias e meio], "emergirá" o campo manifestacional do próximo domínio em que renascerás. Daí a expressão [existências] "passada e emergente".*

Quaisquer que sejam os campos manifestacionais que emergirem nesse momento, não te atraias por eles! Não te apegues a eles! Não te inclines a eles! Se te inclinares a eles e te apegares, continuarás a vagar entre as seis classes [de seres] e estarás voltando-te para o sofrimento. Muito embora até o dia de ontem tenha surgido [em ti] o estado intermediário de realidade, tu não o reconheceste. Consequentemente, foste compelido a vagar até aqui. Agora, como foi [anteriormente] exposto por teu mestre espiritual, se fores capaz de cultivar, sem distrações, [um reconhecimento da] natureza essencial [da realidade], se fores capaz de repousar pacificamente sem desejos nem atividade na pura consciência nua e invariável, que é união de luminosidade e vacuidade, poderás alcançar a iluminação e escapar de continuar a vagar ainda mais rumo às entradas dos ventres. Se não fores capaz de alcançar este reconhecimento, visualiza então tua divindade de meditação, qualquer que seja ela, ou teu mestre es-

3. Esses versos se encontram no *Tesouro do Abhidharma*, de Vasubandhu, Capítulo 3, vols. 13-14.
4. Tib. *sngon-'byung*.
5. Tib. *bar-do'i snang-ba yid-kyi lus*.

piritual, sentado sobre o topo de tua cabeça e sê-lhes intensa e fervorosamente devotado. Isso é de suma importância. Faz isso com perseverança e não te distraias.

Se [o falecido] realmente reconhecer essa natureza essencial [da realidade], alcançará a libertação e escapará de continuar a vagar nas seis classes [de seres]. Mas, em razão das ações passadas negativas, o reconhecimento não é fácil de alcançar; portanto, deve-se reiterar [a introdução] com as seguintes palavras:

Ó Filho(a) da Natureza de Buda, escuta mais uma vez [com muita atenção]! A frase: "Completo, com todas as faculdades sensoriais e o poder de movimento não obstruído"[6] *significa que, mesmo que tenhas sido cego, surdo ou coxo em tua vida, agora, no estado intermediário, teus olhos veem formas, teus ouvidos escutam sons e todas as tuas faculdades sensoriais são perfeitas, claras e íntegras. Por isso [o tantra] diz: "completo, com todas as faculdades sensoriais". Reconhece essa [clareza sensorial], pois ela é um sinal de que morreste e estás a vagar pelo estado intermediário. Recorda-te dessa instrução oral! Ó Filho(a) da Natureza de Buda, "não obstruído" significa que o corpo que agora tens é um corpo mental. Tua consciência está agora separada de seu suporte físico. Portanto, esse corpo não é um corpo sólido, material. Consequentemente, tens agora a capacidade de mover-te sem obstruções; penetrando o núcleo de todas as formas, podes passar através do Monte Sumeru e de habitações, da terra, de pedras, rochedos e montanhas. Com efeito, fora o ventre de tua mãe e a "Sé Indestrutível"*[7]*, podes passar para a frente e para trás através do próprio Monte Sumeru. Recorda-te do conselho de teu mestre espiritual – pois esta [agilidade] é um sinal de que estás a vagar pelo estado intermediário de renascimento. [Reconhece isso] e ora para a divindade de meditação Mahākāruṇika.*

Ó Filho(a) da Natureza de Buda, a frase "dotado de capacidades miraculosas derivadas das ações passadas"[8] *não significa que possuis necessariamente algum dos atributos iluminados ou alguma capacidade miraculosa de estabilidade meditativa, mas sim que tens uma capacidade miraculosa que resulta de tuas ações passadas e que está de acordo com tuas ações passadas*[9]*. [Consequentemente], serás capaz de dar a volta ao redor do Monte Sumeru e dos quatro continentes num instante. No breve tempo que se leva para esticar ou dobrar um braço, podes viajar para onde quer que desejes pelo simples ato de pensar no destino desejado. Não te fascines por essas diversas e aleatórias habilidades miraculosas. Não te entregues a elas. De todas as coisas de que podes te lembrar, não há uma sequer que não podes tornar manifesta.*

6. Tib. *dbang-po kun-tshang thogs-med rgyu*.

7. Vajrāsana, a "Sé Indestrutível" abaixo da Árvore Bodhi, que no presente está em Bodh Gaya, o local em que os budas do "éon auspicioso" alcançam o estado búdico.

8. Tib. *las-kyi rdzu-'phrul shugs-dang ldan*.

9. A capacidade miraculosa baseada nas ações passadas (*las-kyi rdzu-'phrul*) é um estado de percepção intensificada que tem sua origem nas tendências habituais passadas (*vāsanā*), algo bem distinto dos quatro suportes de capacidades miraculosas (*ṛddhipāda*) ou atributos (*guṇa*) iluminados que são sinais do estado búdico. Sobre esses atributos, ver NSTB, vol. 2, p. 138.

Possuis agora essa capacidade de tornar manifesto [qualquer aspecto de teu passado], livremente. Portanto, reconhece isso e ora a teu mestre espiritual.

Ó Filho(a) da Natureza de Buda, quanto à frase "Visível para os seres de mesma natureza por pura clarividência"[10]*, as palavras "de mesma natureza" significam que no estado intermediário os que tiverem nascimento da mesma natureza perceberão uns aos outros. Assim, no caso dos "de mesma natureza" que vão nascer como deuses, os [futuros] deuses percebem-se uns aos outros. De modo análogo, os que são "da mesma natureza" em qualquer uma das seis classes [de seres] perceberão uns aos outros. Não te apegues [à visão desses seres]! Medita na [divindade de meditação] Mahākāruṇika. As palavras "visível por pura clarividência" não se referem à [clarividência] que resulta das qualidades meritórias dos deuses e assim por diante, mas antes à pura clarividência com a qual percebem os que possuem a verdadeira concentração meditativa*[11]*. Contudo, essa [clarividência] não dá uma percepção contínua [dos seres do estado intermediário]. Se te concentrares em perceber [os seres de mesma natureza nesse estado intermediário], eles serão percebidos. Se não te concentrares, eles não serão percebidos. Essa [clarividência] se dissolverá assim que te distraíres de tua concentração.*

Ó Filho(a) da Natureza de Buda, com um corpo dotado das qualidades descritas anteriormente, [mais uma vez] verás tua terra natal e teus parentes, como se num sonho. Mas, mesmo que chames teus parentes, eles não responderão. Verás tua família e teus parentes chorando e perceberás: "Estou morto. Que devo fazer agora?" Ao pensar nisso, sentirás um sofrimento intenso e esmagador – te sentirás como um peixe [tirado da água], se contorcendo em areia quente. Embora venhas a sofrer [ao perceber que estás morto], esse sofrimento não será de nenhum proveito [para ti agora]. Se tens um mestre espiritual, ora para teu mestre espiritual! Ora para a divindade de meditação Mahākāruṇika! Embora sintas apego a teus parentes, esse apego não será de nenhum proveito [para ti agora]. Não te apegues! Ora a Mahākāruṇika e sê livre de sofrimento, espanto e medo.

Ó Filho(a) da Natureza de Buda, tua consciência presente, libertada de seu suporte [físico], [está sendo insuflada] pela corrente de energia vital das ações passadas. Sem a possibilidade de escolha, levada a cavalo pela respiração, tua consciência vaga sem direção como uma folha ao vento. Para os que estão chorando dirás: "Estou aqui! Não choreis!" Mas eles não te escutarão. Novamente, perceberás: "Estou morto" e sentirás um desespero muito profundo. Não te deixes absorver por esse sofrimento!

Haverá um lusco-fusco contínuo, como o crepúsculo de outono, sem dia nem noite. Os estados intermediários [entre a morte e o renascimento] durarão uma sema-

10. Tib. *rigs-mthun lha-mig dag-pas mthong*.

11. Assim como a capacidade miraculosa baseada nas ações passadas (*las-kyi rdzu-'phrul*) descrita anteriormente, essa "clarividência pura" (*lha-mig dag-pa*) é um produto da percepção intensificada do corpo mental e permite que os que estão destinados a uma forma de renascimento percebam os seres que pertencem a essa mesma forma. Por isso ela é diferente da clarividência possuída pelos deuses que habitam os sistemas de mundo da forma (*rūpadhātu*) e do desejo (*kāmadhātu*) e semelhante à clarividência adquirida no processo da meditação.

na, ou duas, ou três, ou quatro, ou cinco, ou seis ou sete semanas – até quarenta e nove dias no total. Diz-se que o sofrimento no estado intermediário de renascimento dura, em geral, vinte e um dias. Contudo, como a duração [desse estado] é dependente das ações passadas, o número exato de seus dias não é conhecido com certeza.

Ó Filho(a) da Natureza de Buda, nesse momento, o furioso, turbulento e insuportável furação das ações passadas estará girando atrás de ti, impulsionando-te adiante. Não temas! Essa é tua própria percepção perplexa. Diante de ti haverá densa treva, terrível e insondável, ecoando com gritos de "Golpeia!" e "Mata!" Não temas! Além disso, no caso dos seres muito negativos, surgirá uma multidão de ogros carnívoros, executores da infalível lei de causa e efeito[12]*, brandindo diversas armas e gritando agressivamente: "Golpeia!" e "Mata!" Imaginar-te-ás perseguido por terríveis animais selvagens. Imaginar-te-ás perseguido por hordas de pessoas, e [imaginar-te-ás lutando] em meio à neve e à chuva, em meio a nevascas e trevas. Ouvirás os sons de montanhas desmoronando, de lagos subindo e inundando, de fogo se alastrando e o bramido de poderosos ventos. Aterrorizado, tentarás fugir para onde puderes, mas em teu caminho surgirão [subitamente] três precipícios: um branco, um vermelho e um negro. Todos os três serão espantosamente assustadores; e te sentirás prestes a cair.*

Ó Filho(a) da Natureza de Buda, eles não são realmente precipícios. São, na mesma ordem, a aversão, o apego e a ilusão[13]*. Fica ciente agora de que este é o estado intermediário de renascimento, e invoca [a divindade de meditação] Mahākāruṇika pelo nome, dizendo: "Ó Senhor Mahākāruṇika, Mestre Espiritual e Joia Preciosa, salva-me a mim* (diz teu nome) *de cair nas existências inferiores" [Faz essa oração com profunda convicção]; não te esqueças!*

Nesse estágio, os indivíduos que reuniram as acumulações [de mérito e de cognição pura] e praticaram sinceramente os ensinamentos serão recebidos por [visões de] riquezas abundantes e experimentarão diversos estados beatíficos e felizes. [Os indivíduos indiferentes ou iludidos, que não foram nem virtuosos nem torpes, não experimentarão nem prazer nem dor, mas encontrar-se-ão somente num estado de ilusão apática[14]*.] O que quer que aconteça, ó Filho(a) da Natureza de Buda, quaisquer que sejam os objetos de desejo ou os estados beatíficos e felizes que se manifestem diante de ti, não te apegues a eles. Não te inclines a eles! Sê livre de apego e de desejo e oferece mentalmente essas [experiências] a teu mestre espiritual e às [Três] Joias Preciosas. Em especial, se as visões forem indiferentes, desprovidas de prazer e dor, repousa na experiência do Grande Selo, em que a consciência pura está [presente naturalmente], sem meditação e sem distração. Isto é muito importante.*

---

12. Os ogros carnívoros (tib. *srin-po*), agindo como executores da infalível lei de causa e efeito (*las-kyi sha-za*), são os que executam os ritos de Yama (*gshin-rje'i las*). Ver Capítulo 13, pp. 277 ss.

13. As cores dos três precipícios que simbolizam os estados mentais dissonantes (*kleśa*) – branco, vermelho e negro – são também respectivamente associadas com as três famílias iluminadas (*rigs-gsum*) pelas quais os estados dissonantes são purificados, isto é, as famílias de Akṣobhya, que é a pureza natural da aversão; Amitābha, que é a pureza natural do apego; e Vairocana, que é a pureza natural da ilusão. Ver Capítulo 5, p. 86.

14. Essa frase é omitida em DR, vol. 3, f. 125, l. 1.

Ó Filho(a) da Natureza de Buda, nesse momento tentarás encontrar abrigo [contra o furacão das ações passadas] embaixo de pontes, em casas, templos, em choupanas ou junto a stūpas e assim por diante, mas esse [abrigo] será fugaz, não terá longa duração. Tua consciência, agora separada do corpo, não encontrará repouso e sentir-te-ás agitado, irado e temeroso. Tua consciência estará vacilante, superficial e nebulosa. Mais uma vez te aperceberás: "Ai! Estou morto, que devo fazer agora?" Pensando nisso, tua consciência se tornará triste, teu coração esfriará e te sentirás intensa e infinitamente desamparado. Tua mente está sendo compelida a vagar adiante, sem repousar em lugar algum. Não te entregues a memórias de nenhum tipo! Deixa que tua pura consciência repouse num estado sem distrações!

[Chegará o momento em que perceberás que] não tens nenhum alimento além do que foi dedicado a ti. Quanto a companhia, [também nisso] do mesmo modo não terás certeza. Essas são duas indicações de que o corpo mental está vagando pelo estado intermediário de renascimento. [Nesse estado], teus sentimentos de alegria e tristeza são dirigidos por tuas ações passadas.

[Novamente], vendo tua terra natal, teus amigos, familiares e mesmo teu cadáver, perceberás: "Estou morto! Que devo fazer agora?" Sentir-te-ás profundamente entristecido [com tua existência] num corpo mental e desejarás: "Ai, tomara eu possa obter um corpo físico!" Consequentemente, vaguearás para lá e para cá em busca de um corpo. É possível que tentes até mesmo entrar novamente em teu corpo morto, mas muito tempo já se passou no estado intermediário de realidade. No inverno, teu corpo já estará congelado, no verão já estará decomposto. Igualmente, é possível que teus parentes já tenham cremado, enterrado ou oferecido teu corpo aos pássaros e animais selvagens. Sem encontrar um caminho de volta, sentir-te-ás profundamente agitado e certamente perceber-te-ás [tentando] espremer-te nas [fendas de] pedras e rochas. Esses tormentos te dominarão. Este é o estado intermediário de renascimento; enquanto buscares um corpo para ti, não encontrarás nada além de sofrimento. Portanto, desiste de teu desejo por um corpo e repousa num estado de não atividade, [sem distrações].

Como resultado da introdução dada acima, é possível que a libertação seja obtida no estado intermediário. Entretanto, mesmo que essa introdução seja dada, é possível que, devido às ações passadas, o reconhecimento não ocorra. Assim, mais uma vez, deves chamar o falecido pelo nome e dizer-lhe as seguintes palavras:

Ó Filho(a) da Natureza de Buda, (chama o falecido pelo nome), *escuta. É devido a tuas próprias ações passadas que agora sofres desse modo. Ninguém mais é responsável – [o sofrimento] se deve somente a tuas próprias ações passadas. Ora fervorosamente agora para as Três Joias Preciosas. Elas te protegerão. Se não te entregares devotamente à oração agora – especialmente se não tiveres conhecimento de como meditar no Grande Selo, ou não conseguires meditar numa divindade de meditação – a "boa consciência inata" dentro de ti*[15] *reunirá todas as tuas ações virtuosas*

15. Sobre a expressão *lhan-cig skyes-pa'i lha*, aqui traduzida como "boa consciência inata", e a expressão *lhan-cig skyes-pa'i dre*, traduzida aqui como "má consciência inata", ver também Capítulo 13, pp. 277 ss.

e as contará como pedrinhas brancas e a "má consciência inata" dentro de ti reunirá todas as tuas ações não virtuosas e as contará como pedrinhas pretas. Nesse momento, te perturbarás com extremo temor, espanto e terror. Mentirás, dizendo: "Não cometi ações não virtuosas!" Mas diante disso Yama responderá: "Vou consultar o espelho das ações passadas."[16] *No espelho das ações passadas, [todas as tuas ações virtuosas e não virtuosas] serão refletidas de modo vívido e preciso. Amarrando uma corda em teu pescoço, Yama te arrastará para a frente. Separará [tua cabeça] do corpo pelo pescoço, tirará teu coração, arrancará tuas entranhas, lamberá teu cérebro, beberá teu sangue, comerá tua carne e chupará teus ossos. Apesar disso, tu não morrerás. Mesmo que teu corpo seja [repetidamente] cortado em pedaços, ele continuará sempre a ser revivido. Experimentar ser cortado em pedaços desse modo, uma vez depois da outra, te causará enorme sofrimento. A partir do momento em que se inicia a contagem das pedrinhas, não temas! Não te aterrorizes! Não mintas e não tenhas medo de Yama. O corpo que agora possuis é um corpo mental; portanto, mesmo que passes pela experiência de ser morto e cortado em pedaços, não podes morrer. [Reconhece agora que] em realidade não precisas ter medo, pois, [em verdade], teu [corpo] é uma forma natural de vacuidade. Também os acólitos de Yama são, [na realidade], formas naturais de vacuidade – eles são tuas próprias percepções perplexas. Teu corpo, formado de tendências mentais, é [uma forma natural de] vacuidade. A vacuidade não pode ferir a vacuidade. O que não tem forma não pode ferir o que não tem forma. Yama, deuses, forças malevolentes, o Rakṣa de cabeça de touro e assim por diante não possuem nenhuma existência substancial exteriormente e fora de tuas próprias percepções perplexas*[17]*. Reconhece isso! Reconhece agora que este é o estado intermediário! Coloca tua mente na estabilidade meditativa do Grande Selo! Se não sabes meditar, examina diretamente a essência disso que está produzindo teu medo e teu terror. Essa [essência] é uma vacuidade inflexível, completamente despida de existência intrínseca sob todos os aspectos! Essa [vacuidade inflexível] é o Corpo Búdico de Realidade. Não obstante, essa vacuidade não é um vazio niilista. A natureza essencial dessa vacuidade é uma pura consciência direta, espantosa e radiante, que é a intenção iluminada do [Corpo Búdico de] Riqueza Perfeita. Em verdade, a vacuidade e a luminosidade não são separadas: a natureza essencial da vacuidade é luminosidade e a natureza essencial da luminosidade é vacuidade. Essa pura consciência indivisível, nua, límpida e explícita, presente como está agora, num estado natural e espontâneo, é o Corpo Búdico de Essencialidade*[18]*. Além disso, a potência expressiva natural [do Corpo Búdico de Essencialidade] é o compassivo Corpo Búdico de Emanação, que surge em toda parte sem nenhuma obstrução.*

16. Sobre o "espelho das ações passadas" (*las-kyi me-long*), no qual se diz que Yama Dharmarāja vê as ações virtuosas e não virtuosas do falecido, ver a seguir, Capítulo 13, p. 280.

17. "Rakṣa de cabeça de touro" (*rag-sha glang-mgo*) é o nome de um dos acólitos de Yama Dharmarāja. Ver Capítulo 13, pp. 277 ss.

18. Sobre a interpretação que a tradição Nyingma faz do Corpo Búdico de Essencialidade (*ngo-bo-nyid-kyo sku*; scrt. *svabhāvikakāya*), que algumas fontes consideram o "quarto" corpo búdico, ver Dudjom Rinpoche, NSTB, pp. 191 ss.

Ó Filho(a) da Natureza de Buda, escuta-me agora e não te distraias. Pelo simples ato de reconhecer [a natureza essencial de tua experiência] do modo descrito anteriormente, alcançarás o perfeito estado búdico, dotado desses quatro corpos búdicos. Não te distraias! A separação entre os budas e os seres sencientes é determinada por esse [reconhecimento]. Se te distraíres neste momento crítico, a oportunidade de escapar do pântano do sofrimento será perdida. Acerca deste momento se diz:

Num instante, se faz o discernimento penetrante.
Num instante, se alcança o perfeito estado de buda.

Até ontem, porque estavas distraído e agitado, mesmo tendo surgido tantos aspectos dos estados intermediários, não alcançaste o reconhecimento. [Até este momento], sofreste a experiência de grande medo e terror. Agora, se continuares distraído, a linha de salvação da compaixão, lançada a ti, será partida e avançarás para um lugar em que não há perspectiva [imediata] de libertação. Portanto, sê prudente.

Por meio dessa introdução, mesmo que [o falecido] não tenha obtido o reconhecimento nas oportunidades anteriores, ele será capaz de obtê-lo neste estágio e assim alcançar a libertação.

Se, todavia, [o falecido] for uma pessoa leiga, que não sabe meditar, deves dizer as seguintes palavras:

Ó Filho(a) da Natureza de Buda, se não sabes meditar, deves invocar o Buda, os ensinamentos [sagrados], a [sublime] assembleia de monges e monjas e [a divindade de meditação] Mahākāruṇika e orar para eles. Medita em todas as manifestações temíveis e aterrorizantes como sendo [formas] de Mahākāruṇika ou de tua divindade de meditação. Recorda-te de teu mestre espiritual e recorda-te do nome que recebeste durante os ritos de iniciação no mundo humano[19]*. [Diz esse nome a] Yama Dharmarāja e não tenhas medo dele. [Fica ciente de que], mesmo que fosses lançado nos precipícios, não te feririas. Logo, abandona teu medo e teu terror.*

Mesmo que a libertação não tenha sido alcançada anteriormente, se essa introdução for aceita, [o falecido] alcançará a libertação nesse momento.

Mas, uma vez que há a possibilidade de [o falecido] não alcançar o reconhecimento, mesmo tendo sido dada a introdução, é muito importante perseverar. Portanto, mais uma vez, deve-se chamar o falecido pelo nome e dizer as seguintes palavras:

Ó Filho(a) da Natureza de Buda, tuas percepções presentes podem, como uma catapulta, lançar-te num instante nos estados mais impressionantes; estados que podem ser beatíficos ou cheios de sofrimento. Nesse momento, portanto, [é de importância crítica que] tuas percepções não sejam matizadas, seja pelo apego, seja pela aversão.

19. Sobre a importância da "iniciação do nome" (*ming-gi dbang*), ver no Glossário o verbete *Quatro Iniciações*.

É possível que estejas prestes a renascer nos domínios superiores, mas, no momento em que ocorrem as percepções dos domínios superiores, teus parentes ainda vivos, agora deixados para trás, estão fazendo sacrifícios e oferecendo vários animais em teu favor, dedicando [essas atividades] a ti, o falecido. Por isso surgirão percepções corruptas e elas poderão ter como consequência o surgimento [dentro de ti] de uma intensa aversão, que formará um elo com um nascimento nos domínios infernais. Portanto, quaisquer que sejam as atividades a ocorrer no lugar que deixaste para trás, medita no amor e na benignidade e assegura-te de que não surja a aversão!

É também possível que te tornes mais apegado a teus bens e posses, agora deixados para trás, ou que, sabendo que teus bens e posses estão sendo fruídos por outros, te apegues a esses bens mundanos e ao mesmo tempo sintas raiva das pessoas deixadas para trás [que agora estão usando teus bens]. Como resultado disso, é certo que se formará um elo com um nascimento junto aos seres infernais ou aos espíritos famintos, mesmo que tenhas estado prestes a obter um renascimento [num dos] domínios superiores. Por mais apegado que sejas aos bens que agora deixaste para trás, não tens a capacidade para fruir deles. Já que eles não têm a menor utilidade para ti, abandona o apego e os desejos pelos bens que deixaste para trás. Abandona esses bens! Sê firme! Não importa quem está fruindo de teus bens, não sejas possessivo! Abandona esses bens! Cultiva a devoção e imagina que estás oferecendo essas [posses mundanas] a teu mestre espiritual e às [Três] Joias Preciosas. Repousa num estado livre de apego e livre de desejo.

Nesta hora, quando é recitada por ti a encantação Kaṅkaṇīdhāraṇī, *que é feita para os mortos, e é recitada em favor de ti a* Purificação dos domínios inferiores (Sarvadurgatipariśodhanatantra), *é possível que percebas, com tua presente habilidade cognitiva sutil, que esses [ritos] estão sendo realizados de forma impura e distraída, e que os [que realizam esses rituais] estão impuros em seus pactos e votos e são descuidados em sua conduta. Por causa disso, podes perder tua confiança neles, formar a respeito deles uma opinião ruim e perceber com medo e horror suas ações passadas negativas, assim como sua prática impura dos ensinamentos [sagrados] e dos rituais. Ao perceber isso, sentirás a mais profunda tristeza e pensarás: "Ai, eles me traíram! Eles realmente me traíram!" Como consequência de teu profundo desengano, em vez de manteres a pureza de percepção e [sentimentos de] respeito, surgirão em ti opiniões negativas e desconfiança. Assim, [essas percepções e sentimentos] formarão um elo que certamente te empurrará para as existências inferiores e, desse modo, [tua habilidade cognitiva sutil e os rituais realizados em teu favor] não te serão de benefício algum, mas serão causa de grande dano.*

Por mais impura que seja a prática dos ensinamentos [sagrados] feita pelos amigos que deixaste para trás, deves manter o respeito e a pureza de percepção do fundo de teu coração. Pensa contigo: "Minha própria percepção é tão poluída! Como poderia ser impura a fala dos budas? Essas [concepções impuras] nasceram como consequência de minha própria percepção impura, e [aparecem diante de mim] como os defeitos da minha face refletidos num espelho. Quanto a esses [indivíduos que realizam os rituais, na verdade] seus corpos são a [sublime] comunidade de monges e monjas, sua fala é o verdadeiro ensinamento [sagrado] e suas mentes são a essência dos budas. Portanto, neles eu me refugio." Ao pensar assim, quaisquer atividades que ocorrem no local que deixaste para trás serão certamente benéficas para ti. É extremamente importante manter essa pureza de percepção. Não te esqueças disso!

Mesmo que estejas prestes a renascer nas existências inferiores, [se mantiveres a pureza de percepção] e perceberes os parentes que deixaste para trás praticando os ensinamentos virtuosos, sem mácula de negatividade, e vires teus mestres espirituais praticando em pureza os rituais com seu corpo, fala e mente virtuosos, sentirás grande alegria. Com essa simples [experiência de grande alegria], mesmo que estivesses prestes a cair nas existências inferiores, essa [alegria] formará um elo que certamente te fará voltar para os domínios superiores. Uma vez que isso é causa de múltiplos benefícios, não te deixes cair agora na percepção impura. É extremamente importante manter a pureza de percepção e ser devoto sem parcialidade. Por isso sê cuidadoso!

Ó Filho(a) da Natureza de Buda, em poucas palavras, como tua consciência durante esse estado intermediário está desprovida de qualquer suporte [material], ela é leve e volátil, e, por isso toda e qualquer percepção virtuosa ou não virtuosa que surge é muito poderosa. Não te deixes absorver pelos pensamentos não virtuosos! Recorda-te das práticas virtuosas de teu passado! Mesmo que não tenhas te dedicado a práticas virtuosas [durante a vida], mantém a pureza de percepção e profunda devoção! Ora a tua divindade de meditação ou a Mahākāruṇika e com potente desejo repete a seguinte prece de aspiração[20]*:*

Nesta hora, em que vagueio sozinho, separado de meus entes queridos,
E surgem [miríades] de imagens de vacuidade, manifestando-se naturalmente,
Que os budas liberem [rapidamente] o poder de sua compaixão,
E seja anulado o medo do espantoso e aterrorizante estado intermediário.

Quando experimento o sofrimento, resultado das ações passadas negativas,
Que a divindade de meditação [Mahākāruṇika] dissipe todas essas misérias,
E quando o som natural da realidade reverbera como mil estrondos de trovão,
Que todos [os sons] sejam ouvidos como a reverberação das Seis Sílabas.

Quando sou conduzido adiante pelas ações passadas, incapaz de encontrar um refúgio,
Que o Grande Compassivo, Mahākāruṇika, me proteja.
E quando experimento o sofrimento gerado pelas tendências habituais e pelas ações passadas,
Que as estabilidades meditativas de esplendor interno e beatitude surjam [naturalmente].

20. Os versos a seguir derivam da *Prece de aspiração que protege do medo dos estados intermediários* (*Bar-do'i 'jigs-skyobs smon-lam*). Ver adiante, Capítulo 12, pp. 273-5.

Faz essa prece de aspiração com ardente desejo; ela certamente te conduzirá ao caminho. Tem absoluta certeza de que essa [prece de aspiração] não vai te enganar. Isto é de suma importância!

Por meio dessas palavras, [o falecido] vai recuperar a concentração e ocorrerá o reconhecimento da verdadeira realidade. Assim, será obtida a libertação.

[OBSTRUÇÃO DAS ENTRADAS PARA O VENTRE]

Mesmo que essa introdução tinha sido dada muitas vezes, devido à potência das ações passadas negativas, o reconhecimento pode ser difícil. É muito benéfico, portanto, repetir [a introdução] muitas vezes agora. Mais uma vez, chamando o falecido pelo nome, deves dizer-lhe [pelos menos] três vezes as seguintes palavras:

Ó Filho(a) da Natureza de Buda, se não tiveres guardado em teu coração [a introdução] feita anteriormente, de agora em diante o corpo de tua vida passada se tornará mais e mais evanescente e o corpo da tua próxima vida se tornará mais e mais nítido. Diante dessa experiência, ficarás decepcionado e pensarás: "Ai, imensa desgraça caiu sobre mim! Vou agora buscar qualquer corpo que eu puder encontrar." Pensando assim, te moverás ao acaso e desordenadamente na direção de qualquer coisa que surja diante de ti; consequentemente, surgirão as seis luzes que indicam os seis domínios de seres viventes. Dependendo de tuas ações passadas, [uma das luzes – a do domínio] em que vais nascer – brilhará muito mais do que as outras. Ó Filho(a) da Natureza de Buda, escuta! O que são essas seis luzes, perguntarás? Surgirá uma luz branca e opaca que é sinal do domínio dos deuses. Surgirá uma luz vermelha e opaca que é sinal do domínio dos titãs. Surgirá uma luz azul e opaca que é sinal do domínio dos seres humanos. Surgirá uma luz verde e opaca que é sinal do domínio dos animais. Surgirá uma luz amarela e opaca que é sinal do domínio dos espíritos famintos e surgirá uma luz esfumaçada e opaca que é sinal do domínio dos seres infernais. Essas seis luzes surgirão. E nesse momento teu corpo [presente] tomará a cor da luz do domínio em que vais renascer. Ó Filho(a) da Natureza de Buda, nessa ocasião os pontos essenciais das instruções orais são extremamente importantes.

Medita agora na luz [que surge] como sendo Mahākāruṇika! Medita no pensamento de que, quando surge a luz, ela é Mahākāruṇika. Esse é o ponto crucial mais profundo. Ele é extremamente importante, pois [essa instrução oral] obstrui o renascimento.

Como alternativa, podes meditar por um longo tempo em tua divindade de meditação, qualquer que ela seja. [Medita na divindade] se manifestando como uma ilusão, completamente desprovida de existência intrínseca. A isto se denomina [a prática do] "corpo ilusório puro". Assim, dissolve a [forma da] divindade de meditação das extremidades exteriores em direção ao centro até que ela desapareça completamente, e repousa no estado de vacuidade e luminosidade [resultante]; no qual nada tem existência substancial e não há nenhuma apreensão subjetiva. Medita novamente na di-

vindade de meditação. Medita mais uma vez no esplendor interno. Pratica alternadamente essas duas meditações e, depois disso, dissolve tua própria consciência pura [em vacuidade e luminosidade] desde as extremidades exteriores [até o centro]. Onde quer que haja espaço, há consciência pura. Onde quer que haja consciência pura, há o Corpo Búdico de Realidade. Repousa nu, portanto, no estado do Corpo Búdico de Realidade desimpedido, não condicionado por elaboração conceptual. [Repousando] nesse estado, o renascimento será obstruído e o estado búdico será alcançado.

Os que, contudo, não estiverem familiarizados com a experiência da meditação e os muito fracos em sua prática não serão capazes de compreender [e aplicar as instruções dadas anteriormente]. Novamente, sobrepujados pela confusão, eles vaguearão rumo às entradas para o ventre. Logo, os ensinamentos capazes de obstruir as entradas para o ventre se tornam de grande importância e deves, mais uma vez, chamar o falecido pelo nome e dizer-lhe as seguintes palavras:

Ó Filho(a) da Natureza de Buda, se não alcançaste o reconhecimento [como resultado das introduções] que te foram dadas até agora, então, com base na potência de tuas ações passadas, surgirá a percepção de que estás te movendo para cima, ou na horizontal, ou para baixo[21]*. Quando isso ocorrer, medita em Mahākāruṇika. Recorda-te disso!*

Mais uma vez, como foi descrito anteriormente, surgirá a experiência de estar sendo perseguido por redemoinhos, nevascas, granizo ou neblina; e surgirá uma multidão de pessoas e tentarás escapar delas. Os que tiverem pouco mérito sentirão que estão fugindo para um lugar de sofrimento. Os que tiverem mérito sentirão estar chegando a um lugar de felicidade. Ó Filho(a) da Natureza de Buda, agora, nesse momento, surgirão os sinais do meio em que irás renascer, isto é, de um dos quatro continentes. Há muitos pontos profundos e essenciais de instrução oral específicos para este momento. Portanto, escuta agora sem distrações. Muito embora, antes, não tenhas tomado a peito as instruções essenciais introduzidas a ti, podes fazê-lo agora, pois mesmo aqueles cuja prática é muito fraca podem compreender [e aplicar uma das] seguintes instruções essenciais. Por isso escuta agora sem distração.

Neste estágio, é extremamente importante que empregues cuidadosamente os métodos para obstruir as entradas para o ventre. São dois os [principais] métodos de obstrução. Eles são: [primeiro], o método que fecha a pessoa que está para entrar no ventre; [segundo], o método que fecha o ventre no qual se está para entrar.

O ensinamento oral do método que fecha a pessoa que está para entrar no ventre é o seguinte:

21. Os que experimentam a sensação de estar se movendo para cima (*gyen-la 'gro-ba*) têm uma afinidade com o renascimento nos domínios dos deuses; os que se movem na horizontal (*'phred-la 'gro-ba*) têm uma afinidade com os domínios dos seres humanos; e os que se movem para baixo (*mgo mthur-la brten-nas 'gro-ba*) têm uma afinidade com os infernos, os espíritos famintos e os animais. Ver, p. ex., Longchen Rabjampa, GGFTC, pp. 493-4.

Ó Filho(a) da Natureza de Buda, (chama o falecido pelo nome) *visualiza agora tua divindade de meditação com fervor, qualquer que ela seja. [Medita na divindade] como [claramente] manifesta, mas completamente desprovida de existência intrínseca, como [o reflexo da] lua na água. Se não tiveres uma divindade de meditação específica, visualiza então o Senhor Mahākāruṇika, também de modo muito vívido. Em seguida, dissolve [gradualmente] a [imagem da] divindade de meditação a partir dos extremos exteriores [de fora para dentro, até que ela desapareça completamente] e então medita na [resultante união] de esplendor interno e vacuidade, que é completamente independente de todo e qualquer referente objetivo. Este é o ponto essencial e profundo. Medita desse modo, pois se diz que por esse método será evitada a entrada num ventre.*

Se mesmo essa [introdução] não causar a obstrução e [o falecido] continuar a se aproximar do ato de entrar num ventre, existem também profundas instruções orais que fecham as entradas para o ventre. São as seguintes:

[Ó Filho(a) da Natureza de Buda], escuta [com atenção]! Na recitação dos Versos de raiz dos [seis] estados intermediários, *são faladas as linhas seguintes. Repete-as agora, junto comigo*[22]:

Ai! Agora que o estado intermediário de renascimento surge diante de mim,
Devo concentrar minha mente numa intenção unipontual
E resolutamente me ligar à potência residual de minhas virtuosas ações passadas.
Devo obstruir as entradas para o ventre e trazer à mente os métodos de reversão.
Este é o momento em que são imperativas a perseverança e a pureza de percepção.
Devo renunciar a todo ciúme e meditar em meu mestre espiritual com sua consorte.

É extremamente importante que repitas esses versos claramente em voz alta, que despertes tuas memórias [das virtudes passadas], que medites nessa [oração] e que cultives a experiência de seu significado. O significado desses versos é o seguinte: o versículo "Agora que o estado intermediário de renascimento surge diante de mim"[23] *explica que estás agora a vagar pelo estado intermediário de renascimento. Como sinal disso, se olhares na água, não verás teu reflexo. Teu corpo nem mesmo projeta sombra. Esses são dois sinais de que não possuis um corpo sólido de carne e sangue, mas estás vagando com um corpo mental [sutil] no estado intermediário de renascimento.*

Agora, portanto, "Deves concentrar tua mente numa intenção unipontual"[24], *sem distração. Neste momento, essa [singularidade da] intenção é por si mesma o fa-*

22. Sobre os *Versos de raiz dos seis estados intermediários* (*Bar-do drug-gi rtsa-tshig*), ver Capítulo 3, pp. 29-31.
23. Tib. *bdag srid-pa bar-do 'char-dus 'dir*.
24. Tib. *mdun-pa rtse-gcig sems-la bzung-bya*.

tor mais importante. Essa concentração é como um cavalo controlado pelo uso das rédeas. Aquilo em que concentrares tua atenção surgirá. Não voltes tua mente para as ações passadas negativas! Recorda-te, agora, das ligações com os ensinamentos e instruções [sagrados] que mantinhas no mundo dos humanos, recorda-te das iniciações e transmissões orais [recebidas anteriormente], recorda-te de tuas ligações com esta Libertação pela auscultação nos estados intermediários *e assim por diante. É extremamente importante que "te ligues resolutamente à potência residual de tuas ações passadas virtuosas"*[25]*. Não te esqueças! Não te distraias! O momento presente é a linha fronteiriça entre o progresso e o regresso. O momento presente é o tempo no qual, se te entregares à preguiça, mesmo por um instante estarás condenado a experimentar constante sofrimento. O momento presente é o tempo no qual, ao concentrar-te com intenção simples, alcançarás constante felicidade. Concentra tua mente numa intenção unipontual. E "resolutamente te liga à potência residual de tuas ações passadas virtuosas".*

Agora é o momento em que deves obstruir as entradas para o ventre. É dito nos versos que: "Deves obstruir as entradas para o ventre e trazer à mente os métodos de reversão. Este é o momento em que são imperativas a perseverança e a pureza de percepção."[26] *Tu chegaste a esse estágio. Tua prioridade agora é obstruir as entradas para o ventre. Há cinco métodos que conduzem à obstrução das entradas para o ventre. Portanto, guarda esses métodos com cuidado em tua mente.*

Ó Filho(a) da Natureza de Buda, neste estágio surgirá a percepção de um macho e uma fêmea copulando. Ao perceber isso, não te interponhas entre eles, mas estejas atento e "medita" neles como sendo teu "mestre espiritual com sua consorte"[27]*. Prostra-te diante deles e faz oferendas que emanem de tua mente. Sê profundamente devotado e pede instruções espirituais de [teu mestre espiritual e sua consorte]. Pelo simples ato de concentrar teu pensamento desse modo, certamente serão obstruídas as entradas para o ventre.*

Se [as entradas para o ventre] não forem obstruídas com sucesso por esse método e continuares a aproximar-te de entrar no ventre, medita então em teu mestre espiritual e sua consorte como sendo tuas divindades de meditação pessoais, quaisquer que elas sejam, ou [se não tiveres uma divindade de meditação pessoal], medita no mestre espiritual e sua consorte como sendo Mahākāruṇika e sua consorte. E novamente faz emanarem de tua mente oferendas e gera este pensamento com muita determinação: "Vos peço [a obtenção de vossa] consumação espiritual!" Assim serão obstruídas as entradas para o ventre.

Se mesmo isso não obstruir as entradas para o ventre e continuares a aproximar-te de entrar no ventre, te revelaremos agora o terceiro método, que reverte o apego e a aversão. Existem quatro modos de nascimento: nascimento a partir de um ovo, nas-

25. Tib. *bzang-po las-kyi 'phro-la nan-gyis mthud.*
26. Tib. *mngal-sgo bkag-nas ru-log dran-par bya / snying-rus dag-snang dgos-pa'i dus gcig yin.*
27. Tib. *bla-ma yab-yum.*

cimento a partir de um ventre, nascimento sobrenatural e nascimento a partir de calor e umidade[28]. *Desses quatro modos, o nascimento ovíparo e o nascimento vivíparo são muito semelhantes, pois nos dois casos verás um macho e uma fêmea copulando, como [descrito] anteriormente. Se, com base no apego ou na aversão, entrares em um ventre nesse momento, renascerás como cavalo, ave, cão, humano ou o que quer que seja apropriado. Se fores renascer como macho, experimentarás as percepções de um macho. Sentirás intensa aversão pelo pai e ciúme e apego pela mãe. Se fores renascer como fêmea, experimentarás as percepções de uma fêmea. Sentirás intensa inveja e ciúme da mãe e intenso apego e afeição pelo pai. Essa [excitação emocional] te fará entrar num ventre. No ventre experimentarás o "deleite coemergente", em meio à união do esperma com o óvulo. Desse estado de gozo cairás em inconsciência e, com o passar do tempo, o embrião alcançará sua maturidade no ventre, passando por [seus diversos estágios de desenvolvimento] – a coagulação do embrião, o alongamento oval do embrião*[29] *e assim por diante – até que finalmente emergirás [do ventre] e abrirás teus olhos. Agora, terás te tornado um cachorrinho. Tendo sido antes um ser humano, agora terás te tornado um cão. Consequentemente, sofrerás num canil ou, de modo análogo, num chiqueiro, num formigueiro, ou num buraco de minhoca; também podes nascer como bezerro, cabrito, cordeiro e assim por diante. Não há como voltar atrás. Passarás por todos os tipos de sofrimentos num estado de grande obscuridade e ilusão. Por esse processo, permanecerás nas seis classes de seres viventes, em que estão incluídos os habitantes dos infernos e os espíritos famintos. Serás completamente esmagado por sofrimentos ilimitados. Não há nada pior do que isso, nada mais terrível do que isso! Ó céus! Isso é verdadeiramente aterrorizante! Ó céus, ó céus, desse modo, os que estiverem privados das instruções orais de um mestre espiritual autêntico certamente cairão no grande abismo da existência cíclica e serão torturados de modo insuportável por sofrimentos incessantes. Para evitar isso, escuta minhas palavras! Compreende estas minhas instruções. Vou revelar-te agora uma instrução oral que fecha as entradas para o ventre por meio da reversão do apego e da reversão da aversão. Escuta e entende bem! Está dito [nos* Versos de raiz dos seis estados intermediários*]*[30]:

> *Devo obstruir as entradas para o ventre e trazer à mente os métodos de reversão.*
> *Este é o momento em que são imperativas a perseverança e a pureza de percepção.*
> *Devo renunciar a todo ciúme e meditar em meu mestre espiritual com sua consorte.*

28. Sobre as práticas ligadas à purificação dos quatro modos de nascimento (*skye-gnas rigs bzhi*; scrt. *caturyoni*), isto é: nascimento ovíparo (*sgo-nga-nas skye-ba*; scrt. *aṇḍaja*); nascimento vivíparo (*mngal-nas skye-ba*; scrt. *jārāyuja*); nascimento sobrenatural (*brdzus-te skye-ba*; scrt. *upapāduka*); e nascimento a partir de calor e umidade (*drod-sher-las skye-ba*; scrt. *saṃsvedaja*), ver Dudjom Rinpoche, NSTB, p. 279. Note-se que as instruções dadas na presente passagem de nosso texto se referem somente aos dois primeiros modos de nascimento.

29. A coagulação do embrião (*nur-nur-po*; scrt. *kalala*) e a formação oval do embrião (*mer-mer-po*; scrt. *arbuda*) são os dois primeiros dos cinco estágios de desenvolvimento embrionário (*mngal-gyi gnas-skabs lnga*). Para uma exposição mais detalhada, ainda que ligeiramente diferente, ver *Tibetan Medical Paintings*, pp. 25-6 e 181-2.

30. Ver Capítulo 3, p. 30.

Como foi descrito [na instrução oral dada] anteriormente, se fores nascer do sexo masculino, sentirás apego à mãe e aversão ao pai. Se fores nascer do sexo feminino, sentirás apego ao pai e aversão à mãe. Assim virás a sentir ciúme, [um conflito entre apego e aversão]. Existe uma profunda instrução oral específica para este estágio. Ó Filho(a) da Natureza de Buda, quando surgirem os sentimentos de apego e aversão, medita da seguinte maneira: "Ai, os seres sencientes como eu, com tamanhas ações passadas negativas, têm vagado pela existência cíclica até agora. Eu continuo a vagar desse modo, movido por meus sentimentos de apego e aversão. Se neste momento em especial eu continuar a ser influenciado por apego e aversão, corro o risco de encaminhar-me para os incontáveis estados da existência cíclica, arriscando-me assim a afundar no oceano do sofrimento por um período incalculavelmente longo. Portanto, neste mesmo instante, desde o princípio, devo deixar de gerar apego e aversão. Ó céus, ó céus! A partir de agora, não serei mais motivado por apego ou aversão." Como se afirma nos tantras, esta [intenção singular] por si só obstruirá as entradas para o ventre. Ó Filho(a) da Natureza de Buda, não te distraias! Concentra tua mente nesse pensamento com atenção unipontual.

Se, mesmo tendo feito essa meditação, as entradas para o ventre não forem obstruídas e [o falecido] continuar cada vez mais próximo de entrar num ventre, as entradas para o ventre terão de ser obstruídas pela transmissão da instrução oral sobre a natureza irreal e ilusória [de todos os fenômenos][31].

[Ó Filho(a) da Natureza de Buda], medita da seguinte maneira. "Ai! O pai e a mãe [em união sexual], a chuva, as trevas, o furação, o bramido de trovão, as experiências terríveis e assustadoras, a natureza de tudo isso e de todos os fenômenos é ilusória. Qualquer que seja a forma com que surja [um fenômeno], ele não é real. Todas as coisas substanciais são falsas e irreais, como miragens. Não são permanentes. Não são imutáveis. Assim, que sentido tem meu apego [a essas percepções]? Que sentido têm meu espanto e terror? Aquilo que é inexistente, vejo como existente! [Na realidade], todas essas coisas [que percebo] são percepções de minha própria mente. No entanto, a natureza essencial da mente é primordialmente não existente, como uma ilusão. Assim, como é possível que as coisas existam exteriormente, por si mesmas? Por não ter compreendido isso até agora, [sempre] considerei o não existente como existente. Acreditei no irreal como se fosse real. Considerei as ilusões como se fossem realidades. E é por isso que vaguei pela existência cíclica por um tempo tão longo. E agora, mais uma vez, se eu não reconhecer que todos esses [fenômenos] são ilusões, continuarei a vagar pela existência cíclica e, sem dúvida alguma, afundarei num pântano cheio de todos os tipos de sofrimentos. Agora, [tenho de compreender que] nenhum desses [fenômenos] possui qualquer substancialidade, nem por um instante que seja. [Na realidade], eles são como um sonho, como uma ilusão, um eco, uma cidade celestial, uma miragem, uma imagem refletida, uma ilusão de ótica, como

31. Tib. *bden-med sgyu-ma lta-bu gdams-ngag.*

a lua [refletida] na água. É absolutamente certo que esses [fenômenos] são falsos, que não são verdadeiramente reais. Por meio dessa determinação singular, destruirei meus temores em relação a eles. Por meio de uma confiança total nessa [meditação], será revertida minha apreensão da existência própria [dos fenômenos]." Conhecendo do fundo do coração que todos esses [fenômenos] são irreais, serão certamente obstruídas as entradas para o ventre.

Se, apesar desse ensinamento, não for eliminada a apreensão da verdadeira existência e consequentemente não forem obstruídas as entradas para o ventre, [o falecido] continuará a se aproximar a uma entrada para o ventre. Nesse caso, há uma profunda instrução oral [final]:

Ó Filho(a) da Natureza de Buda, se, mesmo depois de te dedicares à [meditação descrita] anteriormente, as entradas para o ventre ainda não tiverem sido obstruídas, então, segundo a quinta [instrução oral profunda], deves obstruir as entradas para o ventre agora pela meditação no esplendor interno[32]*. O método dessa meditação é o seguinte: "Ai! Todos os fenômenos [aparentemente] substanciais são [expressões de] minha própria mente. Contudo, [em realidade], essa mente é da natureza da vacuidade, ela está além da criação e da cessação." Ao concentrar assim teu pensamento, tua mente deve retornar [naturalmente] a um estado livre e imaculado. Deixa que a mente repouse nisso, seu estado natural, diretamente sobre si mesma, de modo análogo, por exemplo, a água despejada sobre água. Deixa que [a mente] repouse em seu fluxo natural, límpida, livre, espontânea e relaxada*[33]*. [Se seguires esse método], estejas certo de que serão obstruídas as entradas para o ventre nos quatro modos de nascimento. Medita incessantemente desse modo até que sejam fechadas as entradas para o ventre.*

Assim foram declaradas várias instruções profundas e autênticas para efetuar o fechamento das entradas para o ventre. Seja para pessoas de capacidade alta, média ou baixa, é impossível não alcançar a libertação por meio dessas [instruções]. E a causa disso é: primeiro, a consciência no estado intermediário é dotada de uma capacidade cognitiva supranormal, ainda que imperfeita. Assim, o falecido escuta tudo o que lhe é dito. Segundo, mesmo que o falecido tenha sido surdo ou cego [em sua existência no mundo humano], agora, [no estado intermediário], todas as faculdades sensoriais estão íntegras e consequentemente tudo o que é dito é apreendido. Terceiro, como o falecido é continuamente assoberbado pelo medo e pelo terror, ele está firmemente concentrado no que deve fazer; portanto, escutará atentamente tudo o que lhe for dito. Quarto, como a consciência não tem mais um suporte [físico], ela é fácil de conduzir e penetra a essência de tudo em que se concentra. [Além disso], como o poder de retenção no estado intermediá-

32. Tib. *'od-gsal sgoms-nas mngal-sgo 'gag.*

33. Sobre essa descrição da mente repousando em seu estado natural, que deriva das instruções esotéricas da Grande Perfeição em seu aspecto Vencendo a Resistência (*rdzogs-chen khregs-chod*), ver Capítulo 4.

rio é muito mais claro, mesmo os de mente fraca terão uma percepção lúcida em virtude de suas ações passadas. Logo, terão os dons de saber meditar no que é ensinado e [de assimilar] os pontos [da instrução]. Essas são as razões pelas quais é benéfico realizar rituais em favor do morto. Com efeito, é extremamente importante perseverar na leitura em voz alta desta *Grande libertação pela auscultação nos estados intermediários* por todo o período de quarenta e nove dias. Pois, se a libertação não for alcançada numa introdução, pode ser alcançada na seguinte. Essa é a razão pela qual deve ser dada não somente uma, mas várias introduções.

[A ESCOLHA DE UMA ENTRADA PARA O VENTRE]

Ainda assim, há vários tipos [de pessoas] que não alcançam a libertação apesar de terem recebido as introduções e o ensinamento das técnicas de visualização dadas anteriormente. Essa [falta de capacidade] deriva da limitada familiaridade com as ações passadas virtuosas, da ampla familiaridade com as ações passadas não virtuosas e da grande força e potência dos obscurecimentos negativos. Assim, se até este estágio não tiverem sido obstruídas as entradas para o ventre [como foi ensinado acima], existe uma profunda instrução oral para escolher uma entrada para o ventre[34] [que seja apropriada], a qual será apresentada agora. Mais uma vez, deve-se pedir o auxílio dos budas e bodhisattvas, tomar refúgio [nas Três Joias Preciosas] e cultivar uma intenção altruísta. Então, como antes, chamando o falecido pelo nome três vezes, devem-se dizer as seguintes palavras:

Ó Filho(a) da Natureza de Buda, (repetir o nome do falecido), *escuta [com cuidado]. Apesar de haverem sido dadas muitas introduções e instruções [autênticas], até este estágio não as tomaste a peito. Agora, se foste incapaz de obstruir as entradas para o ventre, chegou a hora de efetivamente tomares um corpo. Há [não apenas uma, mas] várias instruções profundas [e autênticas] ligadas à escolha de uma entrada apropriada para o ventre. Assim, compreende bem isto [que vou te dizer]. Não te distraias. [Escuta] sem distração! Entende e sustenta uma intenção firme!*

Ó Filho(a) da Natureza de Buda, agora, [se fores renascer como um ser humano], surgirão as indicações e sinais do ambiente em que podes nascer, num dos quatro continentes. Deves identificar essas [indicações]! Com efeito, deves escolher o continente baseado num [cuidadoso exame dessas] indicações do ambiente em que podes nascer.

Se estiveres para renascer no Continente Oriental, Videha, verás um lago em cujas águas estão machos e fêmeas de cisnes. Não te inclines a esse [lugar]! Recorda-te dos métodos de reversão [e faz uso deles]! Fica ciente de que esse lugar, embora seja um lugar feliz e tranquilo, é um ambiente em que não florescem os ensinamentos [sagrados]. Por isso não entres [nesse continente]!

Se estiveres para renascer no Continente Meridional, Jambudvīpa, verás grandes e agradáveis mansões. Se puderes entrar aqui, entra!

34. Tib. *mngal-sgo 'dam-pa'i gdams-ngag zab-mo.*

Se estiveres para renascer no Continente Ocidental, Aparagodanīya, verás um lago em [cujas margens] se encontram cavalos e éguas. Não te inclines a esse lugar! Recorda-te dos métodos de reversão [e faz uso deles]! Fica ciente de que esse lugar, embora seja um lugar de grande prosperidade e [abundantes] recursos, é um ambiente em que não florescem os ensinamentos [sagrados]. Por isso não entres [nesse continente]!

Se estiveres para renascer no Continente Setentrional, Uttarakuru, verás um lago em [cujas margens] se encontram bois e vacas ou um lago em torno do qual há árvores. Reconhece esses sinais como indicações do nascimento que estás prestes a receber! Não entres aqui! Fica ciente de que esse lugar, embora seja um lugar em que há longevidade e mérito, é um ambiente em que não florescem os ensinamentos [sagrados]. Por isso não entres [nesse continente]!

Se estiveres para renascer como um dos deuses, verás maravilhosos palácios celestiais, com muitos andares e feitos das mais diversas pedras preciosas. Se puderes entrar aqui, entra!

Se estiveres para renascer como um dos titãs, verás esplêndidas florestas e tochas de madeira a girar, [formando] círculos de fogo. Não entres aqui de modo algum! Recorda-te dos métodos de reversão [e faz uso deles]!

Se estiveres para renascer como um animal, verás cavernas rochosas, tocas e palha esparramada, tudo encoberto de neblina. Não entres aqui!

Se estiveres para renascer como um espírito faminto, verás tocos de árvores, silhuetas negras de ventre protuberante, matas desoladas ou completa escuridão. Se entrares aí, renascerás como um espírito faminto e passarás pelos terríveis sofrimentos de fome e sede [insaciáveis]. Não entres aqui! Recorda-te dos métodos de reversão [e faz uso deles]! Sê corajoso e forte!

Se estiveres para renascer como um habitante dos infernos, escutarás os cantos dos que têm ações passadas negativas. Ou, senão, simplesmente te sentirás impotente e compelido a entrar. Concomitantemente, sentirás que estás a entrar num lugar de trevas, onde há casas negras e avermelhadas, fossos de terra negra e estradas tenebrosas. Se te inclinares para esse lugar, entrarás nos infernos e lá passarás pelos insuportáveis sofrimentos de calor e frio. Cuidado! Não entres nesse lugar, pois não haverá oportunidade de retorno. Não entres aqui de modo algum! Como está dito [nos versos de raiz]: "Deves obstruir as entradas para o ventre e trazer à mente os métodos de reversão." Estes são [muito] necessários agora!

Ó Filho(a) da Natureza de Buda, embora não desejes seguir adiante, serás incapaz de frear teu avanço. As forças vingadoras, que são as executoras das inquebrantáveis leis de causa e efeito, estarão te perseguindo. Não terás outra escolha além de seguir em frente. Diante de ti, os vingadores e executores estarão te conduzindo. Sentirás o desejo de fugir dessas forças, de fugir das trevas, das ventanias, do tumulto [dos trovões], da neve, da chuva, do granizo e das turbulentas nevascas que revolvem ao redor de ti. [Aterrorizado], correrás em busca de um refúgio e encontrarás proteção num espaço fechado como um dos descritos acima, seja numa mansão, em abrigos rochosos, em buracos no chão, em meio a árvores ou num botão de lótus. Te esconderás num desses lugares e terás muito medo de sair. Pensarás contigo: "Não devo sair daqui agora." Sentirás grande relutância em te separares desse lugar protegido e tornar-te-ás profundamente apegado a ele. Então, por sentires tanto medo de sair, onde serias confrontado com os temores e terrores do estado intermediário, continuarás a te esconder. Por isso assumirás um corpo, por pior que seja este; e, [no devido tempo], virás a passar por todos os tipos de sofrimentos. Esse [desejo de se esconder] é um sinal de que estás sendo obstruído por forças malevolentes e ogros carnívoros. Há uma profunda instrução oral ligada a este estágio em particular. Escuta, portanto, e compreende!

Nesta hora, em que te perseguem forças vingadoras e te sentes incapaz [de escapar], em que estás assustado e aterrorizado, deves, num ânimo, visualizar com perfeição o Senhor Transcendente Mahottara Heruka, ou Hayagrīva, ou Vajrapāṇi, ou ainda tua divindade de meditação pessoal, se tiveres uma. [Visualiza a divindade] com um imenso corpo búdico, em pé, dotada de membros vigorosos, numa manifestação furiosa terrível que pulveriza todas as formas de forças obstrutivas. [Em virtude dessa prática], protegido dos vingadores pela bênção e compaixão [da divindade de meditação], assegurarás a capacidade de escolher uma entrada para o ventre. Este é um ponto crucial, profundo e autêntico das instruções orais. Portanto, compreende-o agora!

Além disso, ó Filho(a) da Natureza de Buda, os deuses de concentração meditativa [que habitam os domínios da forma] e os demais seres semelhantes [dos domínios superiores] recebem seu nascimento por força de sua estabilidade meditativa[35]*. Também algumas classes de forças malevolentes, entre as quais os espíritos famintos, se formam com base na transformação de seu corpo mental durante este [estado intermediário], por uma mudança em seu modo de percepção. [Assim], eles assumem a forma de espírito faminto, de força maligna ou de ogro carnívoro, capazes de realizar diversos atos sobrenaturais. Os espíritos famintos que residem nas profundezas dos oceanos, os espíritos famintos que se movem pelo ar, as oitenta mil classes de forças obstrutivas e assim por diante, todos vêm à existência em consequência de uma mudança em seu modo de percepção enquanto [ainda estão] em seus corpos mentais.*

Portanto, neste momento [em que visualizas a divindade furiosa], é essencial que tenhas em mente o sentido da vacuidade, [a essência do] Grande Selo. Se não fores capaz de fazer isso, deves cultivar tua experiência do natural poder expressivo semelhante à ilusão [da verdadeira realidade]. Se mesmo desta prática fores incapaz, deves meditar na divindade de meditação Mahākāruṇika, sem permitir que tua mente experimente qualquer tipo de apego. Por [praticar isso de modo eficaz], alcançarás o estado búdico no Corpo Búdico de Riqueza Perfeita durante este estado intermediário.

Ó Filho(a) da Natureza de Buda, se, devido à potência de tuas ações passadas, tiveres que entrar num ventre nesse estágio, há mais um ensinamento sobre os métodos de escolher uma entrada no ventre, que te vai ser ensinado agora. Portanto, es-

35. Sobre as estabilidades meditativas (*samādhi*) ou concentrações meditativas (*dhyāna*) que dão ocasião ao nascimento no mundo da forma (*rūpadhātu*), ver a tabela em NSTB, pp 14-5; para uma discussão detalhada do assunto, ver também L. Pruden (trad.), *Abhidharmakośabhāṣyaṃ*, Capítulo 3, "The World", pp. 365-495.

cuta [com atenção]! Não avances simplesmente rumo a qualquer entrada para o ventre que aparecer diante de ti. Se, ao ser perseguido pelas forças vingadoras [das leis de causa e efeito], fores impotente [e incapaz de resistir] ao processo de entrada [num ventre], deves nesse momento meditar em Hayagrīva. Como agora possuis uma capacidade cognitiva sutil supranormal, perceberás [claramente] os locais [potenciais] de nascimento na medida em que surgirem diante de ti. Portanto, faz tua escolha [com base nas instruções e no exame das indicações]! Há dois tipos de instruçoes orais [que podem ser aplicadas agora]: [primeiro], as instruções orais sobre a transferência de consciência para os domínios búdicos puros[36]*; [segundo], as instruções para escolher uma entrada para o ventre na impura existência cíclica. Portanto, [escuta com atenção e] faz o seguinte:*

Primeiro, a transferência de consciência para os domínios sumamente puros dos que percorrem os céus é efetuada pelos que são dotados da mais alta capacidade ao dirigir sua intenção assim: "Ai! Estou profundamente desolado porque, mesmo depois de um 'eon incalculável' e infinito, ainda estou preso neste pântano da existência cíclica. Como é terrível que, enquanto muitos outros atingiram o estado búdico no passado, eu ainda não tenha alcançado a libertação. Agora, este ciclo de existência me enoja! Me horroriza! Por tempo demais fui desencaminhado por ele! Agora se aproxima o momento de avançar! Agora, tenho de nascer milagrosamente num botão de flor de lótus na presença do Buda Amitābha, no domínio búdico ocidental da Bem-aventurança (Sukhāvatī)!" Concentra totalmente tua intenção nesse pensamento! [É essencial que faças esse esforço!] Como alternativa, podes concentrar tua intenção em qualquer domínio búdico que desejares. Na Manifesta Alegria (Abhirati), na Densa Disposição (Ghanavyūha), em Alakāvatī, no Monte Potālaka, ou [podes desejar focar tua intenção] em vir à presença de [Padmasambhava de] Oḍḍiyāna, no palácio celestial de Luz de Lótus, ou ainda em qualquer domínio búdico em que queiras entrar. Concentra-te! Não te distraias! No mesmo momento em que estabeleceres [esta intenção], renascerás no domínio búdico [escolhido]. Mais, se desejares ser levado à presença de Maitreya no [domínio do] Jubiloso (Tuṣita), pensa assim: "Nesta altura do estado intermediário, chegou o momento de avançar à presença de Maitreya, o rei dos ensinamentos [sagrados], no [domínio do] Jubiloso. Portanto, é para lá que eu vou!" Se concentrares tua intenção nesse pensamento, renascerás miraculosamente no coração de um lótus, na presença de Maitreya.

Como alternativa, se fores incapaz de realizar essa [transferência], ou se desejares ou fores obrigado a entrar num ventre, deves seguir as instruções adiante sobre como escolher uma entrada para o ventre na impura existência cíclica. Portanto, escuta [com atenção]. Usando a capacidade cognitiva supranormal que possuis agora, examina mais uma vez os continentes, como foi descrito há pouco, e faz tua escolha. Deves entrar numa terra em que florescem os ensinamentos [sagrados]!

36. Sobre a transferência de consciência para os domínios búdicos puros (*dag-pa sangs-rgyas-kyi zhing-du 'pho-ba*), ver Capítulo 10.

[Estejas, contudo, avisado!] Pode acontecer que estejas para renascer numa substância que [na realidade] é fétida e impura e que a percebas como perfumada, de modo que te sintas atraído e te encaminhes a renascer nela. Por isso, por mais [atraentes] que sejam as aparências a se manifestar diante de ti, não te apegues a elas como se fossem reais! Assegura-te de estar completamente livre dos sintomas de apego e aversão e com base nisso escolhe uma excelente entrada para o ventre.

É extremamente importante que tua motivação seja firmemente concentrada [quando te aproximas da entrada para o ventre]. Portanto, pensa assim: "Ah! Para o bem de todos os seres sencientes, renascerei como um monarca universal, ou, [agindo de modo puro] como uma grande e digna árvore Vatica robusta*, *renascerei na casta brâmane, ou como filho de um mestre consumado, ou numa família que mantém imaculada a linhagem dos ensinamentos [sagrados], ou numa família com pais profundamente devotos. Então, uma vez nascido num corpo abençoado com o mérito de ser capaz de agir em benefício de todos os seres sencientes, [dedicar-me-ei] a agir em benefício deles!" Deves concentrar tua motivação nesse pensamento e [assim] entrar no ventre.*

Ao entrares no ventre, consagra esse lugar [percebendo-o] como um palácio celestial das divindades[37]*. Sê pleno de devoção. Assegura-te de entrar orando e imaginando que estás a receber iniciações dos conquistadores das dez direções e de seus filhos, assim como das divindades de meditação e especialmente de Mahākāruṇika.*

[Estejas, contudo, avisado de que], ao fazeres esta escolha de uma entrada para o ventre, há risco de engano. Há risco de engano quando, pela potência das ações passadas, uma excelente entrada para o ventre é percebida como ruim e uma entrada ruim é percebida como boa. Nessa hora, os pontos essenciais do ensinamento são cruciais. Portanto, mais uma vez, deves agir como segue. Mesmo que percebas uma [entrada para o ventre] como excelente, não te apegues a ela. E também, mesmo que percebas uma entrada como ruim, não sintas aversão. O ponto essencial das [instruções] profundas e autênticas é que entres no ventre num estado de profunda equanimidade, completamente livre [das dicotomias de] bem e mal, aceitação e rejeição ou apego e aversão.

Com exceção, todavia, de algumas pessoas que tenham experimentado previamente essa equanimidade, é difícil [para os seres] libertar-se da doença antiga e profundamente enraizada das tendências habituais negativas. Portanto, se [o falecido] continuar incapaz de se libertar do apego e da aversão da maneira descrita anteriormente, esses seres negativos da mais baixa capacidade podem vir a buscar refúgio nos domínios dos animais ou em semelhantes [existências inferiores]. Para contrabalançar isso, chama novamente o falecido pelo nome e diz:

* *Sal tree*. Árvore de grande porte e madeira de alta qualidade, nativa do subcontinente indiano. Diz-se que foi sob uma árvore dessa espécie que nasceu o Buda Śākyamuni. (N. do R. da T.)

37. Para uma descrição dessa consagração do ventre, ver a vida do Buda Śākyamuni em Dudjom Rinpoche, NSTB, p. 416; ver também GGFTC, p. 474.

Ó Filho(a) da Natureza de Buda, se não sabes como escolher uma entrada para o ventre e és incapaz de abandonar o apego e a aversão, não importa quais sejam as aparências anteriores que surgirem, deves invocar pelo nome as Três Joias Preciosas. Refugia-te nelas! Ora a Mahākāruṇika! Segue adiante de cabeça erguida. Reconhece que este é o estado intermediário! Renuncia a teu apego pelos amigos, filhos, filhas e parentes que deixaste para trás. Esses [apegos] não podem [te ajudar agora]. Entra na luz azul do domínio humano. Entra na luz branca do domínio dos deuses. Entra nas mansões de joias preciosas e nos jardins de gozo.

Essa [introdução] deve ser enunciada até sete vezes. Então, deve-se orar aos budas e bodhisattvas, [recitando a *Prece de aspiração que invoca o auxílio dos budas e bodhisattvas*][38]. Deve-se ainda ler em voz alta, até sete vezes, a *Prece de aspiração que protege do medo dos estados intermediários*, os *Versos de raiz dos [seis] estados intermediários* e a *Prece de aspiração que resgata dos perigosos caminhos dos estados intermediários.*[39] Em seguida, deve-se ler também em voz alta, claramente e com pronúncia correta, a *Libertação pelo uso junto ao corpo: Libertação natural dos agregados psicofísicos*. E, também em voz alta, deve-se ler a *Prática espiritual: Libertação natural das tendências habituais*[40].

CONCLUSÃO

Assim, [em resumo], pela ação correta, os yogins de alta realização efetuarão [com sucesso] a transferência de consciência no momento da morte, e, poupados da necessidade de vagar pelos estados intermediários, alcançarão a libertação num movimento ascendente que penetra o âmago. Outros, cujas capacidades sejam inferiores [às desses yogins], mas que tenham alcançado a experiência meditativa [direta], reconhecerão o esplendor interno da realidade na culminação do estado intermediário do momento da morte [e igualmente alcançarão o estado búdico] num movimento ascendente que penetra o âmago. Outros ainda, abaixo desses, alcançarão a libertação neste ou naquele [momento], de acordo com sua herança de ações passadas e seu próprio nível de capacidade, no decorrer das semanas [que se seguem à morte], quando surgirem as visões das Divindades Pacíficas e Furiosas no estado intermediário de realidade. Uma vez que há uma sucessão de passagens perigosas, o reconhecimento ocorrerá na ocasião apropriada [durante o estado intermediário de realidade] e será seguido pela libertação.

38. *Sangs-rgyas-dang byang-chub sems-dpa-rnams-la ra-mdar spran-pa'i smon-lam*. Ver adiante, Capítulo 12, pp. 273-5.

39. Para o texto dos *Versos de raiz dos seis estados intermediários* (*Bar-do drug-gi rtsa-tshig*), ver Capítulo 3, pp. 29-31; e para o texto da *Prece de aspiração que resgata dos perigosos caminhos dos estados intermediários* (*Bar-do 'phrang-sgrol-gyi smon-lam*), ver adiante, Capítulo 12, pp. 269-72.

40. Para o texto completo da *Libertação pelo uso junto ao corpo: Libertação natural dos agregados psicofísicos* (*bTags-grol phung-po rang-grol*), ver adiante, Capítulo 14; e para o texto da *Prática espiritual: Libertação natural das tendências habituais* (*Chos-spyod bag-chags rang-grol*), ver Capítulo 5.

Os que, contudo, tiverem uma herança muito fraca de ações passadas [positivas], os que estiverem profundamente obnubilados por obscurecimentos negativos e os que estiverem sobrecarregados por graves ações passadas não virtuosas serão obrigados a vagar para baixo, entrando no estado intermediário de renascimento. Aqui, como antes, já que há diferentes níveis de introduções, como os degraus de uma escada, o reconhecimento ocorrerá, senão num estágio, então no seguinte; e será seguido pela libertação.

Se, porém, os anteriormente mencionados que têm uma fraca herança de ações passadas [positivas] não alcançarem o reconhecimento e forem subjugados pelo medo e pelo terror, há uma série graduada de diferentes formas de instrução [para obstruir e] para escolher entradas para o ventre. Logo, se o reconhecimento não ocorrer no decurso de um desses ensinamentos, esses indivíduos serão introduzidos a outra [instrução] e, compreendendo a técnica de visualização [apropriada], alcançarão a inestimável dádiva das existências superiores. Mesmo os mais vis, semelhantes a animais, pela munificência do refúgio evitarão o nascimento em existências inferiores e receberão um precioso corpo humano, [abençoado] com os benefícios de liberdade e oportunidades favoráveis. E, na vida seguinte, encontrarão um mestre ou amigo espiritual e receberão os ensinamentos para alcançar a libertação.

Este ensinamento [sagrado], quando encontrado no estado intermediário de renascimento, é uma instrução [oral] que liga [o falecido] com sua herança residual de ações passadas virtuosas. É por isso que [se diz que] este ensinamento se assemelha a um tubo que [restabelece a continuidade] quando inserido num aqueduto rompido. Portanto, [com fundamento na veracidade deste método], é impossível não alcançar a libertação mediante a auscultação deste ensinamento, mesmo para aqueles que têm as maiores negatividades. Isso se dá porque, durante os estados intermediários, tanto o chamado compassivo de todos os Conquistadores [Pacíficos e Furiosos] quanto o chamado das forças malevolentes e causadoras de obstáculos surgem simultaneamente. Quando isso ocorre, pelo simples ato de escutar este ensinamento [sagrado], o modo de percepção [do falecido] é transformado e a libertação é assim alcançada.

Além disso, é fácil efetuar essa transformação porque [o falecido] agora possui um corpo mental [sutil] e não um corpo de carne e sangue; por mais longe que tenha vagado nos estados intermediários, o falecido continua a ver e ouvir com uma capacidade cognitiva sutil supranormal baseada na potência das ações passadas. [Assim], prestando contínua atenção [ao ensinamento], o falecido é capaz de transformar sua percepção num instante. É por isso que [recordar esse ensinamento] é extremamente benéfico. Seu impacto é como o de uma catapulta; em outras palavras, ele se assemelha ao caso dum grande tronco de árvore, que não pode ser erguido por uma centena de homens, mas pode ser guiado facilmente quando flutua na água. [Em essência, o impacto de ouvir essa doutrina] se assemelha ao manobrar um cavalo pelas rédeas.

Todos os que morreram devem ser abordados da maneira [aqui descrita]. Se o cadáver estiver presente, um amigo deve se sentar junto ao corpo e ler em voz alta repetidas vezes este breve lembrete. A leitura deve continuar [ao menos] até que sangue e linfa saiam das narinas [do falecido]; e, até esse momento, o cadáver não deve ser perturbado.

Os pactos que se ligam a esta prática são os seguintes: nenhuma criatura viva deve ser morta em benefício do falecido; os parentes e amigos não devem chorar, gritar, lamentar-se ou queixar-se na presença do cadáver; devem, ao contrário, dedicar-se a tantas ações virtuosas quanto lhes for possível.

Além disso, seria extremamente benéfico que este ensinamento [sagrado] da *Grande libertação pela auscultação nos estados intermediários* fosse recitado como complemento a [outros sistemas de] orientação meditativa, independentemente da categoria de ensinamentos [sagrados] a que esses sistemas pertençam.

Também, este texto deve ser recitado constantemente. Suas palavras e seu significado devem ser aprendidos de cor. Então, se a saúde o permitir, quando for certo que estás [prestes a entrar] no estado intermediário do momento da morte e tiverem sido reconhecidos os sinais de morte [próxima], deverás ler este texto em voz alta para ti mesmo e refletir em suas palavras e em seu significado. Se a saúde não o permitir, confia então o livro a um correligionário budista para que este o leia em voz alta. Uma vez feita essa recordação, não há dúvida de que a libertação certamente será alcançada.

Este ensinamento, que não necessariamente requer uma prática [prévia] de meditação, é a profunda instrução que liberta por ser vista, liberta por ser ouvida e liberta por ser lida em voz alta. Esta profunda instrução é capaz de conduzir pelo caminho direto [à libertação] mesmo os seres portadores da maior das negatividades. Assegura-te de que suas palavras e seu sentido sejam retidos em tua memória [de tal modo] que não sejam esquecidos mesmo que sejas perseguido por sete cães [ferozes]. Este ensinamento é uma instrução essencial para que se alcance o estado búdico no momento da morte. [Mesmo que] todos os budas do passado, do presente e do futuro [procurassem], não encontrariam um ensinamento [sagrado] superior a este.

Isto completa a instrução acerca do estado intermediário, a qual liberta os seres corpóreos, a essência suprema e profunda intitulada *Grande libertação pela auscultação nos estados intermediários*, que foi tirada da montanha de Gampodar como um precioso tesouro pelo mestre consumado Karma Lingpa.

MAṄGALAM!

12

Preces de aspiração

CONTEXTO

Se possível, o moribundo deve recitar as três preces de aspiração apresentadas a seguir com profunda devoção no período próximo a sua morte.

Se essa recitação não for possível, o lama que realiza os ritos deve recitar as preces com devoção igualmente profunda, imediatamente antes de fazer para o moribundo a leitura da *Grande libertação pela auscultação* (Capítulo 11). Isto é, as preces devem ser feitas logo depois da tomada de refúgio nas Três Joias Preciosas – o Buda, os ensinamentos sagrados e a comunidade monástica – e da realização das oferendas.

Nessa hora, em que é bastante provável que a consciência do moribundo esteja enfraquecida e ele esteja sentindo medo, considera-se de crucial importância que o moribundo deposite sua confiança nos budas e bodhisattvas e peça-lhes que sejam seu refúgio e seu guia.

Aqui se encontra a *Prece de aspiração [que invoca] o auxílio dos budas e bodhisattvas*[1].

Me prostro diante dos Conquistadores Pacíficos e Furiosos!

Esta prece deve ser feita na proximidade da morte do próprio orante [ou quando quer que seja apropriado]. Primeiro, faz oferendas, tanto corporais quanto mentais, às Três Joias Preciosas. Em seguida, segurando incenso perfumado em tua mão, diz as seguintes palavras com fervorosa devoção:

Ó budas e bodhisattvas que habitais as dez direções, ó refúgios dos seres viventes, vós que sois imbuídos de compaixão, imbuídos de conhecimento, imbuídos de visão clara e imbuídos de amor, pelo poder de vossa compaixão, vinde a este lugar e aceitai estas oferendas corporais e mentais! Ó Seres Compassivos, vós que sois a fonte da cognição pura onisciente, da compaixão amorosa, de toda atividade eficaz e de um poder de dar refúgio, [um poder] que transcende toda concepção, [vinde a este lugar]!

Ó Seres Compassivos, este ser humano (dizer aqui o nome) *está deixando este mundo e viajando para a outra margem. Ele*[2] *está sendo lançado fora deste mundo e se aproxima da grande transição que é a morte. Em seu profundo sofrimento, ele não tem nem amigo nem refúgio, não tem protetor nem companheiro. Sua percepção desta vida está desaparecendo. Está encaminhando-se para outro mundo, penetrando em densa escuridão e caindo num abismo sem fim. Ao entrar nessa densa floresta de dúvidas, ele será movido pela potência de suas ações passadas. Entrará numa grande região inexplorada, será levado para longe num grande oceano, conduzido pelos ventos vitais das ações passadas. Vai para uma direção na qual não se encontra terra firme, entrará num grande campo de batalha, será capturado por grandes forças malevolentes e um pesado jugo de medo e terror cairá sobre seus ombros quando ele encontrar os executores das inexoráveis leis de causa e efeito. Dependendo de suas ações passadas, é possível que ele, impotente [para resistir], tenha até de voltar a entrar nos domínios de renascimento. Chegou a hora em que ele não tem outra escolha senão deixar para trás seus entes queridos e prosseguir sozinho.*

Ó Seres Compassivos, oferecei refúgio a esta pessoa (dizer o nome), *pois ele não tem refúgio! Protegei-o! Sede seus companheiros! Defendei-o contra a grande escuridão do estado intermediário! Afastai o grande furacão das ações passadas! Protegei-o contra o medo e terror imensos gerados pelas inexoráveis leis de causa e efeito! Res-*

1. Tib. *Sangs-rgyas-dang byang-chub sems-dpa' rnams-la ra-mdar spran-pa'i smon-lam.*

2. Ou "ela", como for adequado.

gatai-o dos longos e perigosos caminhos do estado intermediário! Ó Seres Compassivos, sede pródigos em vossa compaixão! Ajudai-o! Não deixeis que ele seja lançado numa das três classes de existência inferior. Não vos afasteis de vossos antigos votos, mas liberai sem demora o poder de vossa compaixão. Ó budas e bodhisattvas, em benefício desta pessoa (dizer o nome), *sede pródigos em matéria de compaixão, meios hábeis e capacidade! Enlaçai-o em vossa compaixão! Não deixeis que esta pessoa* (dizer o nome) *seja subjugada pelo poder das ações passadas negativas! Ó Três Joias Preciosas, protegei-nos dos sofrimentos do estado intermediário!*

Esta *Prece de aspiração [que invoca] o auxílio dos budas e bodhisattvas* deve ser recitada três vezes em voz alta, com intensa devoção, pelo moribundo e todos os presentes. Que seu efeito não cesse até que se tenha esvaziado a existência cíclica.

SAMAYA *rgya rgya rgya*! Que prevaleçam os bons auspícios!

Aqui se encontra a *Prece de aspiração que resgata dos perigosos caminhos dos estados intermediários*[3].

Me prostro diante dos mestres espirituais, [das divindades de meditação] e das ḍākinīs,
Que eu seja guiado no caminho por seu imenso amor.

Ai, enquanto vagueio pela existência cíclica [movido] pela perplexidade profundamente enraizada,
Que os mestres espirituais, detentores das linhagens orais, me atraiam para diante,
Conduzindo-me pelo caminho de luz [radiante],
Que é o estudo compenetrado, a reflexão e a meditação.
Que as supremas consortes, as hostes de ḍākinīs, me sustentem por trás,
E que, assim [circundado], eu seja resgatado
Da terrível passagem do estado intermediário,
E seja escoltado ao grau de um buda sumamente perfeito.

Ai, enquanto vagueio pela existência cíclica [movido] pela ilusão profundamente enraizada,
Que o senhor transcendente Vairocana me atraia para diante,
Conduzindo-me pelo caminho de luz radiante,
Que é a cognição pura da imensidão da realidade.
Que a suprema consorte [Ākāśa]dhātvīśvarī me sustente por trás,
E que, assim [circundado], eu seja resgatado
Da terrível passagem do estado intermediário,
E seja escoltado ao grau de um buda sumamente perfeito[4].
Ai, enquanto vagueio pela existência cíclica [movido] pela aversão profundamente enraizada,
Que o senhor transcendente Vajrasattva me atraia para diante,
Conduzindo-me pelo caminho de luz radiante,
Que é a cognição pura semelhante a um espelho.
Que a suprema consorte Buddhalocanā me sustente por trás,

3. Tib. *Bar-do 'phrang-sgrol-gyi smon-lam.*
4. DR, pp. 320-1, insere esses versos depois dos versos dedicados a Amoghasiddhi.

E que, assim [circundado], eu seja resgatado
Da terrível passagem do estado intermediário,
E seja escoltado ao grau de um buda sumamente perfeito.

Ai, enquanto vagueio pela existência cíclica [movido] pelo orgulho profundamente enraizado,
Que o Senhor Transcendente Ratnasambhava me atraia para diante,
Conduzindo-me pelo caminho de luz radiante,
Que é a cognição pura de igualdade.
Que a suprema consorte Māmakī me sustente por trás,
E que, assim [circundado], eu seja resgatado
Da terrível passagem do estado intermediário,
E seja escoltado ao grau de um buda sumamente perfeito.

Ai, enquanto vagueio pela existência cíclica [movido] pelo apego profundamente enraizado,
Que o senhor transcendente Amitābha me atraia para diante,
Conduzindo-me pelo caminho de luz radiante,
Que é a cognição pura de discernimento.
Que a suprema consorte Pāṇḍaravāsinī me sustente por trás,
E que, assim [circundado], eu seja resgatado
Da terrível passagem do estado intermediário,
E seja escoltado ao grau de um buda sumamente perfeito.

Ai, enquanto vagueio pela existência cíclica [movido] pela inveja profundamente enraizada,
Que o senhor transcendente Amoghasiddhi me atraia para diante,
Conduzindo-me pelo caminho de luz radiante,
Que é a cognição pura de realização.
Que a suprema consorte Samayatārā me sustente por trás,
E que, assim [circundado], eu seja resgatado
Da terrível passagem do estado intermediário,
E seja escoltado ao grau de um buda sumamente perfeito.
Ai, enquanto vagueio pela existência cíclica [movido] pelos cinco venenos mortíferos,
Que os conquistadores transcendentes, [os budas masculinos] das cinco famílias iluminadas, me atraiam para diante,
Conduzindo-me pelo caminho de luz radiante,
Que é a combinação das quatro cognições puras.
Que as cinco budas femininas supremas, pureza da imensidão, me sustentem por trás,
E que, assim [circundado], eu seja resgatado

Da terrível passagem do estado intermediário,
E seja escoltado aos cinco domínios búdicos puros e supremos.

Ai, enquanto vagueio pela existência cíclica movido pelas tendências habituais profundamente enraizadas,
Que a assembleia dos heróis espirituais e detentores de conhecimento me atraia para diante,
Conduzindo-me pelo caminho de luz radiante,
Que é a cognição pura coemergente.
Que as supremas consortes, as hostes de ḍākinīs, me sustentem por trás,
E que, assim [circundado], eu seja resgatado
Da terrível passagem do estado intermediário,
E seja escoltado ao grau de um buda sumamente perfeito.

Ai, enquanto vagueio pela existência cíclica movido pelas percepções desconcertantes profundamente enraizadas,
Que a assembleia das Divindades Furiosas Bebedoras de Sangue me atraia para diante,
Conduzindo-me pelo caminho de luz radiante,
Que é livre de medo e de percepções terrificantes.
Que a assembleia das Krodheśvarī, Rainhas da Imensidão, me sustente por trás,
E que, assim [circundado], eu seja resgatado
Da terrível passagem do estado intermediário,
E seja escoltado ao grau de um buda sumamente perfeito.

[OṂ ĀḤ HŪṂ][5]
Que os elementos do espaço não surjam como força hostil.
Mas eu os veja como o domínio do buda azul.
Que os elementos da água não surjam como força hostil.
Mas eu os veja como o domínio do buda branco.
Que os elementos da terra não surjam como força hostil.
Mas eu os veja como o domínio do buda amarelo.
Que os elementos do fogo não surjam como força hostil.
Mas eu os veja como o domínio do buda vermelho.
Que os elementos do ar não surjam como força hostil.
Mas eu os veja como o domínio do buda verde.
Que os [pavorosos] sons, luzes e raios não surjam como força hostil.
Mas eu os veja como os domínios infinitos das Divindades Pacíficas e Furiosas.
Que os elementos das cores do arco-íris não surjam como força hostil.
Mas eu os veja como os domínios da multidão dos budas.

5. Esse mantra, ausente em DR, p. 321, l. 2, é inserido aqui por ter sido incluído nas edições de Délhi e Varanasi.

Que eu reconheça que todos os sons são meus próprios sons.
Que eu reconheça que todas as luzes são minhas próprias luzes.
Que eu reconheça que todos os raios são meus próprios raios.
Que eu reconheça espontaneamente [as características dos] estados intermediários.
E que sejam manifestos os domínios dos três corpos búdicos.

SAMAYA!

Aqui se encontra a *Prece de aspiração que protege do medo dos estados intermediários*[6].

Quando chegar ao fim o curso de minha vida,
E eu vagar a sós nos estados intermediários,
Meus entes queridos deste mundo já não me poderão ajudar.
Por isso [nesse momento crucial], que os Conquistadores e as Divindades Pacíficas e Furiosas,
[Rapidamente] liberem o poder de sua compaixão,
E assim sejam dissipadas as trevas profundas de minha ignorância.

Quando eu vagar só, separado de meus entes queridos,
E surgirem [miríades] de imagens de vacuidade, manifestando-se naturalmente,
Que os budas liberem [rapidamente] o poder de sua compaixão,
E seja anulado o medo do espantoso e aterrorizante estado intermediário.

Quando surgirem as cinco luzes radiantes de cognição pura,
Que eu as reconheça como minha própria [natureza], sem espanto e sem terror,
E quando surgirem as [múltiplas] formas das Divindades Pacíficas e Furiosas,
Que eu seja confiante e impávido e reconheça [as características do] estado intermediário.

Quando eu experimentar o sofrimento, resultado das ações passadas negativas,
Que o Grande Compassivo dissipe todas essas misérias,
E quando o som natural da realidade reverberar como mil estrondos de trovão,
Que todos os sons sejam ouvidos como os ensinamentos do Grande Veículo.

Quando eu for conduzido adiante por minhas ações passadas, incapaz de encontrar um refúgio,
Que as divindades de meditação dissipem todas essas misérias,
E quando eu experimentar o sofrimento gerado pelas tendências habituais e pelas ações passadas,
Que as estabilidades meditativas de esplendor interno e beatitude surjam [naturalmente][7].

6. Tib. *Bar-do'i smon-lam 'jigs-skyobs-ma.*

7. Nessa passagem, o texto insere o verso abaixo, que ao que parece foi transcrito por engano da prece de aspiração anterior:

Que os domínios dos cinco elementos não surjam como força hostil.
Mas eu os veja como os domínios dos cinco budas.

Quando eu nascer miraculosamente no estado intermediário de renascimento,
Que eu não seja ludibriado pelas perversas profecias de Māra[8],
E quando eu chegar [sem obstáculos] aos lugares a que me conduzir meu pensamento,
Que não surjam o medo e o terror desconcertantes gerados por minhas ações passadas negativas.

Quando ecoarem ao meu redor os rugidos de feras selvagens,
Que seus gritos sejam transformados nos sons dos ensinamentos sagrados, nas Seis Sílabas,
E quando eu for engolfado por neve, chuva, vento e trevas,
Que eu realize a pura clarividência da radiante cognição pura.

Que os seres sencientes que estão no estado intermediário, semelhantes a mim em espécie,
Reencarnem nos domínios superiores, livres de toda rivalidade,
E quando os graves estados mentais dissonantes gerarem fome e sede insaciáveis,
Que sejam anuladas as aflições de fome, sede, calor e frio.

Quando eu vir meus futuros pais em união,
Que eu os perceba como Mahākāruṇika e sua consorte,
E assim, para o benefício dos outros, eu seja abençoado com o poder de escolher um lugar de renascimento,
E obtenha um corpo exaltado, adornado com os sinais auspiciosos maiores e menores.

Uma vez que eu tenha alcançado um renascimento numa forma humana suprema,
Que eu aja de modo que liberte sem demora todos os que me virem e ouvirem.
E que eu não seja influenciado por minhas ações passadas negativas,
Mas multiplique e honre meus méritos passados.

Onde quer que eu venha a renascer, em qualquer lugar que seja,
Que eu rapidamente encontre a divindade de meditação de minhas vidas passadas.
Sabendo falar e andar desde imediatamente depois do nascimento,
Que eu me recorde de minhas vidas passadas e obtenha o poder do não esquecimento.

Que, por meio do estudo e da reflexão, eu domine sem dificuldade
Os múltiplos estágios do ensinamento – o menor, o intermediário e o maior.
Que o país em que eu renascer seja auspicioso,
E que todos os seres sencientes sejam abençoados com a felicidade.

8. Alusão às profecias enganosas de Māra, que tentou enganar Śākyamuni na época de sua iluminação suprema.

Ó Conquistadores Pacíficos e Furiosos, que eu e todos os outros
Nos tornemos completamente um convosco, e nos assemelhemos a vós,
Em todas as vossas formas, cortejos, em duração da vida e domínios búdicos,
E em todas as qualidades de vossos supremos sinais auspiciosos.

Que por meio da compaixão de Samantabhadra e das infinitas Divindades Pacíficas e Furiosas,
Pelo poder da verdade da pura realidade,
E pelas bênçãos dos mantrins que praticam com concentração unipontual,
Sejam atendidos [todos os pedidos dessa] prece de aspiração.

Esta prece, chamada *Prece de aspiração que protege do medo dos estados intermediários*, foi composta por Padmākara, o preceptor de Oḍḍiyāna. Que este profundo ensinamento sagrado não se extinga até que se tenham esvaziado todos os mundos da existência cíclica.

SAMAYA *rgya rgya rgya!*

Este é um texto-tesouro do *Tulku* Karma Lingpa.

13

O teatro de máscaras do renascimento

CONTEXTO

Esta peça alegórica retrata as experiências do arquetípico malfeitor Lakṣanāraka e do arquetípico pai de família virtuoso Śrījāta quando encontram Yama – encarnação das inexoráveis leis de causa e efeito – no estado intermediário de renascimento. Este drama de máscaras, de espírito ligeiro, é representado ainda hoje com bastante frequência em cerimônias públicas no Tibete, no Butão e nas regiões budistas do Himalaia. A peça é representada, às vezes, para audiências muito grandes, nos pátios ou áreas cerimoniais públicas de mosteiros, geralmente no décimo dia das danças sagradas que comemoram anualmente a vida de Padmasambhava.

PARTE UM

Aqui se encontra [uma peça de teatro de máscaras chamada] *Libertação natural do estado intermediário de renascimento: um ensinamento que revela a expressão natural da virtude e da negatividade no estado intermediário de renascimento*[1], a qual é extraída de *As Divindades Pacíficas e Furiosas: um profundo ensinamento sagrado [chamado] libertação natural por meio [do reconhecimento] da intenção iluminada*[2].

Respeitosamente me prostro diante do Corpo Búdico de Realidade:
Samantabhadra e Samantabhadrī em união;
Do perene Corpo Búdico de Riqueza Perfeita:
As Divindades Pacíficas e Furiosas do Lótus;
Do Corpo Búdico de Emanação, que surge naturalmente: Padmākara.
Que [todos os seres] sejam libertados no estado intermediário!

Tendo antes apresentado as iniciações e introduções
Da *Libertação pela auscultação nos estados intermediários*, parte de *As Divindades Pacíficas e Furiosas do Lótus*[3],
E tendo introduzido o estado intermediário de realidade, que é a "grande libertação pela visão"[4],
Apresentarei agora [um meio de ilustrar] a introdução ao estado intermediário de renascimento[5].

1. Tib. *Srid-pa bar-do'i ngo-sprod dge-sdig rang-gzugs ston-pa'i gdams-pa srid-pa bar-do rang-grol*. Sobre as formas variantes desse título, ver Apêndice Um.

2. Tib. *Zab-chos zhi-khro dgongs-pa rang-grol.*

3. Tib. *Padma zhi-khro'i bar-do thos-grol*. Sobre os ciclos de *gter-ma* descobertos por Karma Lingpa e os diversos textos referentes a iniciações (*dbang-bskur*) e introduções (*ngo-sprod*) contidos nesses ciclos, ver "Breve história literária", pp. XXXIII-XLIII. Ver também o Apêndice Um.

4. O estado intermediário de realidade (*chos-nyid bar-do*) é nessa passagem denominado "grande libertação pela visão" porque nele as luminosidades e as Divindades Pacíficas e Furiosas são vistas diretamente, oferecendo assim um potencial para a libertação imediata.

5. Embora a introdução ao estado intermediário de renascimento (*srid-pa'i bar-do*) já tenha sido dada (ver Capítulo 11, pp. 206-24), o drama aqui apresentado, de espírito alegre e ligeiro, serve como suporte didático para essa introdução e se dirige especificamente à plateia, não ao falecido.

A CENA

Aqui, tendo já apresentado as introduções [aos estados intermediários do momento da morte e de realidade], apresentarei a introdução ao estado intermediário de renascimento [na forma de um teatro de máscaras]. O mestre espiritual [deve aparecer agora completamente paramentado] com o traje de Yama Dharmarāja, vestindo uma grande máscara furiosa que represente Yama. Deve portar uma grande tabuleta de madeira na mão direita e um grande espelho redondo na esquerda. Vestindo uma toga de brocado de seda, está sentado num grande trono. Em seu cortejo deve haver um figurante paramentado como Rakṣa, o demônio negro de cabeça de boi[6]*, vestindo uma máscara de cabeça de boi e segurando um laço negro. Sentado à direita deve haver outro figurante, vestido como o Espírito Elemental de Cabeça de Macaco*[7]*, com face de macaco e segurando nas mãos um peso e uma medida [de capacidade]*[8]*. Outros figurantes também devem estar presentes: um paramentado como o Espírito dos Cemitérios de Cabeça de Javali*[9]*, portando uma tabuleta de madeira; um paramentado como o Demônio Peçonhento de Cabeça de Serpente*[10]*, com face de serpente e portando um espelho; um paramentado como a feroz Criatura de Cabeça de Urso*[11]*, com face de urso e portando um fole; um paramentado como a espantosa Criatura de Cabeça de Leão*[12]*, com face de leão e segurando um martelo; um vestido como a Criatura Alada de Cabeça de Garuḍa*[13]*, com face de garuḍa e portando uma serra. Essas figuras com diversas cabeças [de animais], vestindo togas semelhantes à de Yama, devem portar-se com dignidade e colocar-se de pé, formando fileiras à direita e à esquerda de Dharmarāja.*

A divindade que representa a boa consciência [do falecido][14] *usa uma máscara branca e pacífica, veste uma toga de seda branca e leva uma vasilha cheia de pedrinhas brancas. O demônio que representa a má consciência [do falecido]*[15] *usa uma máscara negra e furiosa, veste uma toga negra e leva uma vasilha cheia de pedrinhas pretas. Diante de Dharmarāja, à sua direita, há um longo tapete branco estendido como um caminho branco, no fim do qual estão duas figuras vestidas como Mahākāruṇika, com uma face e quatro braços, cheios de adornos. Elas devem estar sentadas no [final do] tapete branco, sobre um trono escondido por uma cortina. À esquerda há um longo tapete negro, estendido como um caminho negro que conduz à porta de um quarto escuro.*

....

6. O demônio Rakṣa, de cabeça de boi (*Rakṣa glang-mgo*), é um dos acólitos de Yama.

7. Tib. *'Byung-po spre'u mgo*.

8. O *bre* é a unidade padrão de medida de capacidade para secos no Tibete; vinte *bre* equivalem a um *khal*. O *srang* é, no Tibete, a unidade padrão de peso.

9. Tib. *Dur phag-mgo*.

10. Tib. *sDug-pa sbrul-mgo*.

11. Tib. *gTum-po dom-mgo*.

12. Tib. *srNgam-pa seng-mgo*.

13. Tib. *'Dab-chags khyung-mgo*.

14. Tib. *lhan-cig skyes-pa'i lha*. Ver também Capítulo 11, p. 245-6.

15. Tib. *lhan-gcig skyes-pa'i 'dre*. Ver também Capítulo 11, p. 245-6.

Escondido em outro lugar, em sua casa, está o personagem falecido chamado Śrījāta ("o de nascimento glorioso")[16]*; escondido em algum canto do palco está o personagem falecido chamado Lakṣanāraka ("cem mil infernos")*[17]*, que é um pária*[18] *malfeitor de condição vil.*

PRIMEIRO ATO

DHARMARĀJA (*desenha uma cruz na tabuleta de madeira*): Ó Rakṣa de Cabeça de Boi, parece que se aproxima a hora da morte para uma pessoa em seu lar no mundo dos seres humanos; os sinais de sua morte próxima surgiram em minha tabuleta.

RAKṢA DE CABEÇA DE BOI (*dirigindo-se ao Demônio Peçonhento de Cabeça de Serpente*): Ó Cabeça de Serpente! Olha em teu espelho Qual é o país do moribundo? Qual é sua linhagem? E seu nome? Por favor, olha!

DEMÔNIO PEÇONHENTO DE CABEÇA DE SERPENTE: Oh! Aquele cuja hora já chegou é do país de Tāmradvīpa, na Índia, e viveu na cidade de Śāntikāla, que é um vilarejo de açougueiros. Quanto a sua linhagem, ele pertencia à mais baixa das quatro castas[19]; e seu nome é o malfeitor Lakṣanāraka. A duração de sua vida chegou ao fim e [por isso surgiram os sinais] na tabuleta de madeira. Ide agora [e agarrai-o]!

(*Nesse momento, o Rakṣa de Cabeça de Boi, o Espírito dos Cemitérios de Cabeça de Javali e o demônio que representa a má consciência [do falecido] saem apressados; ao mesmo tempo, a divindade que representa a boa consciência [do falecido] corre no rastro deles para auxiliá-lo. Assim que encontram o "malfeitor" em sua casa no mundo dos seres humanos, eles amarram um laço negro em seu pescoço e o Rakṣa de Cabeça de Boi, juntamente com o Espírito dos Cemitérios de Cabeça de Javali, o agarram pelas mãos. O demônio que representa a má consciência [do falecido] o persegue, carregando uma pilha de pedrinhas pretas. Enquanto isso, a divindade que representa a boa consciência [do falecido] põe meras seis pedrinhas brancas em sua vasilha e, embaraçada, tenta ajudá-lo. Segurando uma echarpe branca, com as mão em gesto suplicante, a divindade tenta em vão intervir em favor do falecido junto ao Rakṣa de Cabeça de Boi. Gritando, Lakṣanāraka é conduzido à presença de [Dharma]rāja.*)

DHARMARĀJA (*interrogando*): Humm! Quem és, tu, negro ser humano, que carregas um peso e uma medida? De onde vens? Porque não ousas olhar-me de frente? Ao que parece, obtiveste uma forma humana, mas que porção de virtude conservaste? Tiveste acaso algum escrúpulo quanto a cometer ações negativas? Que tens a dizer a esse respeito? Responde agora, e rápido!

....

16. Tib. *dPal-skyes*.

17. Tib. *dMyal-ba 'bum*.

18. Sobre os párias (*caṇḍāla*; tib. *rigs-ngan gdol-pa*), tradicionalmente excluídos da sociedade indiana, ver A. L. Basham, *The Wonder that Was India*, pp. 145-7.

19. As quatro castas da sociedade indiana são: a casta sacerdotal (*brāhmaṇavarṇa*); a casta aristocrática (*kṣatriyavarṇa*); a casta produtiva (*vaiśyavarṇa*); e a casta servil (*śūdravarṇa*). Ver A. L. Basham, *The Wonder that was India*, pp. 138-45.

MALFEITOR [LAKṢANĀRAKA] (*em tom de lamúria*): Ai! Ai de mim! Permite que eu me explique diante de Yama Dharmarāja! Tive realmente uma forma humana a mais vulgar, meus recursos eram parcos, meu alimento e minhas vestes, pobres. Tive muitas mulheres que me eram dependentes e, por isso, sempre tive pouco que comer. Fui obrigado a tirar a vida a muitos seres e há muitos anos não como arroz, pois para comer só tinha carne quente [recém-abatida]. Muitos anos se passaram desde que tomei vinho de arroz, pois quando tinha sede, para beber só tinha água e sangue.

Nestes tempos, nas áreas povoadas do mundo, muitos há que afirmam ser amigos espirituais. Frequentemente eles apregoam os malefícios de cometer ações negativas e os benefícios advindos da prática de ações positivas. Eu, contudo, não os procurei! Além disso, todos diziam: "Não persistas em tuas ações negativas, pois a morte te apanhará e serás lançado nos infernos. Deves renunciar às más ações e praticar ações virtuosas!"

Mesmo tendo ouvido deles tais advertências, eu pensava: "Não sei se acredito nos infernos ou não; de qualquer modo, o certo é que ninguém jamais esteve por lá e voltou [para prová-lo]." Por isso eu dizia àquelas pessoas: "Quem é que foi aos infernos e de lá voltou? Se os infernos existem, onde estão eles? Todas essas coisas não passam de mentiras da gente bem-falante. Debaixo do chão só há terra e rocha sólida. Não há inferno nenhum. Sobre nossas cabeças só há o céu vazio. Não há nenhum buda. Por isso, enquanto estou vivo, não faz diferença alguma que eu mate para obter meu alimento. Quando eu morrer, meu corpo será jogado no cemitério para servir de alimento às aves e aos animais selvagens. Não sobrará nenhum vestígio de mim. Minha mente desaparecerá, e nessa hora não sobrará nada para ser jogado nos infernos[20]. HA! HA!"

Portanto, eu não acreditava nos infernos e cometia ações negativas. E pensava: "Mesmo que exista o inferno, eu só entrarei nele numa distante vida futura; então, se eu tiver suficiente comida e roupas agora, a outra vida importa bem pouco." E foi por causa desse engano, dessa ignorância e dessa estupidez que cometi más ações. Tudo aconteceu porque eu não sabia que tu realmente existias, ó Dharmarāja, nem tu, ó Rakṣa de Cabeça de Boi, nem nenhum [de vós outros]. Não fiz o mal de olhos abertos e por desprezo a vós, que existis aqui no mundo do estado intermediário. A culpa é deste engano, desta ignorância. Por isso vos peço a todos, Senhor e cortejo, que vos abstenhais de julgar-me. Se, quando era vivo no mundo dos seres humanos, eu soubesse que existe tudo isto que vejo agora, jamais teria cometido ações negativas. Agora estou preso aqui por influência de estados mentais negativos. Ai! Ai de mim! Tu que és um Rei do Dharma, sê misericordioso comigo! Sê meu amigo e apoio!

No mundo subterrâneo há muito sofrimento, Dharmarāja! Suplico-te, portanto, que não me mandes para lá. Em vez disso, por piedade envia-me para

20. Sobre a ocorrência de tais concepções materialistas e niilistas na Índia antiga, ver Dudjom Rinpoche, NSTB, pp. 66-7; ver também A. L. Basham, *The Wonder that Was India*, pp. 298-300.

cima, para o mundo dos seres humanos. Lá, eu nunca mais realizarei ações negativas, somente boas ações!

DIVINDADE QUE REPRESENTA A BOA CONSCIÊNCIA (*oferecendo uma echarpe de seda branca*): Ó Dharmarāja, escuta-me! Este açougueiro pária de Tāmradvīpa cometeu atos maus devido à ilusão e à cegueira da ignorância, que o impediam de compreender [a diferença entre] o bem e o mal. Uma vez que não agiu com conhecimento de causa, nem por deliberação maliciosa, te rogo que ele não seja punido. Além disso, ele realizou, afinal de contas, um pequeno número de ações virtuosas!

Certa vez, quando seis pessoas foram incapazes de escapar da corrente de um grande rio, ele salvou todas elas, movido por uma intenção virtuosa. Como sinal disso, tenho aqui seis pedrinhas brancas. E como há também outras ações virtuosas da mesma natureza, que ele por acaso acumulou, ó Grande Dharmarāja, te peço que o perdoes. (*Enquanto pede, ele se prostra três vezes [diante de Dharmarāja].*)

DEMÔNIO NEGRO [QUE REPRESENTA A MÁ CONSCIÊNCIA]: HA!, HA! Isso é tudo o que tens a dizer, Divindade Branca [da Boa Consciência]? Não te envergonhas de trazer [quase] vazia esta vasilha? Esse açougueiro de baixa casta desperdiçou sua vida em obras más e assim roubou de si mesmo sua parcela de virtude.

Ele trucidou todo animal que encontrou.
Tomou como alimento a carne fresca
E como bebida tomou sangue quente.
Só falava [aos outros] com aspereza.
No topo das montanhas, matou inocentes animais selvagens;
No sopé, matou peixes inocentes;
No meio do caminho, espancou inocentes mendigos.
Difamou todos os mestres espirituais que pôde,
Incendiou um grande templo,
Envenenou um grande lago,
Ateou fogo a uma grande floresta nas montanhas,
Espancou os próprios pais e destruiu um relicário sagrado.
Hoje, em Tāmradvīpa, Índia,
Não há maior malfeitor que ele!
Olha esta pilha imensa de pedrinhas negras!
(*voltando-se para Lakṣanāraka*)
Caso não te reconheças no que digo,
Teu país é Tāmralipti, na Índia[21],
E tua cidade é Śāntikāla.
Teu pai é Tripon[22], o açougueiro,

21. Tāmralipti (*zangs-gling*) é identificado com a moderna Tamluk, na costa de Bengala. Ver NSTB, p. 455.
22. Tib. *shan-pa khri-dpon*, que também pode ser traduzido como "miriarca de açougueiros".

Que passou por aqui há oito anos.
Tua mãe é Pelkyi[23], a açougueira,
Que passou por aqui há cinco anos.
Tu és o rebento desses párias açougueiros.
E agora chegou tua vez de nos visitar, não é?
Este é o ano do Porco de Água[24],
E neste ano a tua alimentação [no mundo dos seres humanos] chegou ao fim.
No leste da Índia,
Todos te chamam "O Açougueiro das Mãos Vermelhas";
No sul da Índia,
Todos te chamam "O Malfeitor Lakṣanāraka";
No oeste da Índia,
Todos te chamam "O Açougueiro Negro de Baixa Casta";
No norte da Índia,
Todos te chamam "O Matador Negro".
Tua casta é a casta negra dos *caṇḍālas*,
Tua linhagem familiar é toda de açougueiros malfeitores.
Sem exceção, todas as gerações da tua família
Tomarão o caminho para o inferno.
Quando matavas, te sentias feliz;
Quando comias, o alimento te parecia saboroso,
Te parece saboroso agora?
De que te serve [agora] tua língua astuta e ferina?
Agora é hora de experimentares o sofrimento,
Em paga pelos milhões de vidas animais [que tomaste].
Se não sofreres,
Milhões de criaturas terão perdido tudo,
E tu, Lakṣanāraka, terás ganhado tudo.
No que se refere à retribuição por teus crimes,
Nem mesmo Dharmarāja, em sua poderosa estatura,
Poderia frear os efeitos de tuas ações negativas,
Das quais a maior foi incendiar o templo,
E a menor, a matança de piolhos.
É por isso que acumulaste [todas] estas pedrinhas [negras].
Portanto, é melhor que te prepares para seguir adiante.
[Prepara-te para] seguir em breve pelo caminho negro!
[Vê], o caldeirão selado de cobre [que te espera] é grande e profundo,
As ondas de bronze fervente são fortes,

23. Tib. *shan-mo dpal-skyid*.

24. O ano do porco de água é o último no ciclo de sessenta anos segundo o sistema de calendário da divinação pelos elementos (*'byung-rtsis*). Por isso esse ano traz para a plateia tibetana uma sensação de fim, de desenlace.

A massa incandescente de tuas ações passadas é intensamente quente,
E os mensageiros de Yama têm pouca misericórdia.
A atitude de Dharmarāja é extremamente furiosa,
As armas de tuas ações passadas são bem afiadas,
E os ventos negros de teu carma são muito poderosos.
Chegou a hora de seguires para lá!
Embora eu na verdade tenha compaixão de ti,
Estou contudo muito satisfeito!
Deves agora levar nas costas
Os mesmos peso e medida que antes usaste de modo fraudulento!
Deves portar a teu lado as mesmas armas
Com as quais trucidaste tantos seres sencientes!
Não podes negar ou distorcer esses fatos!
Chegou a hora de conheceres
As cidadelas dos dezoito infernos.
(*O Demônio começa a conduzir [Lakṣanāraka] para fora.*)
DHARMARĀJA:
Ai! Pobre coitado! Terrível!
Quando alguém obtém uma forma humana,
Deve seguir o caminho da iluminação com conduta virtuosa e propósito elevado,
Pois esse caminho deixa para trás os renascimentos inferiores;
E [desse modo] a pessoa jamais se separará da paz e da felicidade.
Mas nesta ocasião, em que obtiveste uma vida na forma humana,
Tu jogaste fora as oportunidades de ações positivas como se fossem o pó da terra
E agarraste as oportunidades de praticar ações negativas,
E assim desperdiçaste este corpo humano, que é de imensa importância
E tão difícil de se obter.
Como nada fizeste de bom, e retornaste de mãos vazias [de tua vida no mundo dos seres humanos],
Estás [apenas] carregando o fardo de tuas ações negativas. Triste!
Como é em ti mesmo que amadurece o fruto de tuas ações,
Nem mesmo o poder de mil budas poderia te proteger.
Por isso não há nenhum meio pelo qual eu possa atender [a teu apelo].
Uma vez que o resultado dos atos maus premeditados
Que realizaste quando eras livre
Certamente amadurecerá e recairá sobre ti,
Por mais que lamentes e pranteies,
Ninguém deverá sentir pena de ti.
Ainda que tenhas depositado esperanças em mim,
Não há absolutamente nada que eu possa fazer.
Uma vez que este espelho das ações passadas, que reflete a existência fenomênica,

Representa fielmente a expressão natural das ações virtuosas e negativas,
Como poderia ele não mostrar nenhuma ação passada no juízo dos malfeitores?
Quando a divindade que é tua boa consciência
e o demônio que é tua má consciência
Comparam as pedrinhas brancas e negras das ações passadas,
Feliz é o homem que acumulou virtudes!
Quão cheio de remorso ficas tu, que acumulaste o mal!
Nesse perigoso caminho vermelho cruzado por todos,
Onde és conduzido a julgamento pelos executores dos ritos de Yama,
Mesmo que tenhas sido muito poderoso,
Aqui, isso de nada te valerá!
Agora é a hora em que se estraçalham os corações e pulmões de todos os grandes malfeitores!
Como somente praticaste a não virtude,
Esta prestação de contas de tuas ações passadas
Será mais rápida e mais poderosa que o relâmpago.
Se tentares correr, não escaparás,
Se mostrares remorso, de nada te ajudará!
Como são miseráveis os seres humanos do Jambudvīpa
Que não se esforçam para praticar os ensinamentos [sagrados]!
Aqui não há meio de ajudá-los.
Esta contagem detalhada de todas as ações passadas positivas e negativas
Proíbe até mesmo as menores ações negativas.
Portanto, em que pensam os seres humanos que não têm escrúpulos?
Embora o caminho branco da libertação conduza à beatitude,
E o caminho negro do renascimento inferior conduza ao sofrimento,
Os seres humanos do Jambudvīpa não abandonam as ações negativas
Nem praticam ações positivas,
[E], ainda que sintam tristeza e remorso,
As ações passadas não podem ser desfeitas.
As ações passadas de um ser seguem seu corpo como uma sombra.
Tenho em minhas mãos todas as recompensas pelas ações positivas,
E proclamo as punições pelas ações negativas.
Avaliando a balança e a contrabalança,
Examino as ações boas e más.
Assim, mesmo que te arrependas, eu nada posso refazer.
E agora, mesmo sendo eu muito misericordioso, não há meio pelo qual eu possa ajudar-te.
Uma vez tomado o caminho negro para os infernos,
Não podes ser salvo, nem mesmo que fosses engolfado pela compaixão dos Sublimes.
Logo, não há absolutamente nenhum meio pelo qual eu possa ajudar-te.

O Conquistador disse que os seres sencientes devem colher [os frutos de] suas próprias ações passadas.
Por isso agora o Cabeça de Boi te levará embora!
Que tua negatividade e teus obscurecimentos sejam purificados rapidamente,
E possas então alcançar o estado supremo dos budas.

RAKṢA DE CABEÇA DE BOI: Uma vez que tu próprio causaste tudo isto, mesmo que agora sintas remorso, isso de nada te vale! Quanto a nós, não somos nós os responsáveis [por tuas ações]! Simplesmente discernimos entre a verdade e a mentira. Se não tivesses responsabilidade por tuas ações passadas, nenhum mal te poderíamos fazer. Mas, como tudo isto é [o resultado de] tuas próprias ações passadas, anda, depressa!

(*Ele então conduz [Lakṣanāraka] com um laço negro. O demônio negro [que representa a má consciência] segue [Lakṣanāraka], aguilhoando-o pelo caminho representado pelo tapete negro. No fim do caminho, num quarto escuro, ele é recebido com gritos de "Golpeia! Mata!", que fazem que ele lamente em voz alta de todos os modos possíveis.*)

O MESTRE ESPIRITUAL (*dá então uma detalhada explicação, começando com as palavras*): Ó Filhos da Natureza de Buda, aqueles que cometem más ações serão tratados deste modo e seus sofrimentos serão os mesmos [que foram apresentados aqui]. É mais que certo que passareis por estas experiências. Portanto, se este profundo dilema entra ou não em vossos corações agora, isso dependerá de vós mesmos. De agora em diante, ó Filhos da Natureza de Buda, é muito importante que vos esforceis pela virtude e eviteis a negatividade...

SEGUNDO ATO

DHARMARĀJA (*desenha uma cruz na tabuleta de madeira*): Ó Rakṣa de Cabeça de Boi, parece que se aproxima a hora da morte para um pai de família em seu lar no mundo dos seres humanos; este sinal surgiu em minha tabuleta.

RAKṢA DE CABEÇA DE BOI (*dirigindo-se ao Demônio Peçonhento de Cabeça de Serpente*): Ó Cabeça de Serpente, olha em teu espelho! Olha e vê de onde é o falecido.

DEMÔNIO PEÇONHENTO DE CABEÇA DE SERPENTE: Aquele cuja hora já chegou é do nordeste da Índia, da cidade de Kāmarūpa[25]. Das quatro castas, a sua é a casta produtiva[26], e seu nome é Śrījāta, o pai de família. A duração de sua vida e seus méritos se esgotaram e por isso o sinal surgiu na tabuleta de madeira. Ide agora, rápido, [e agarrai-o]!

25. Kāmarūpa, em Assam, é venerada como um dos vinte e quatro lugares sagrados do budismo tântrico indiano. Ver NSTB, pp. 472 e 501.

26. Tib. *rje-rigs*; scrt. *vaiśya*. Ver nota 19.

(Nesse momento, o Rakṣa de Cabeça de Boi, o Espírito dos Cemitérios de Cabeça de Javali e o demônio que representa a má consciência [do falecido] saem apressados; ao mesmo tempo, a divindade que representa a boa consciência [do falecido] corre no rastro deles para auxiliá-lo. Assim que encontram o pai de família Śrījāta, em Kāmarūpa, no mundo dos seres humanos, o de Cabeça de Boi o conduz para fora e o de Cabeça de Javali o agarra pelo braço. O demônio que representa a má consciência [do falecido] o persegue. Enquanto isso, a Divindade que representa a boa consciência oferece auxílio ao falecido quando ele é conduzido à presença de Dharmarāja, que o interroga.)

DHARMARĀJA: Ó falecido Filho da Natureza de Buda, não vieste do mundo dos seres humanos? Lá tiveste uma forma humana dotada de liberdade e oportunidades favoráveis, a qual é difícil de obter. Encontraste os ensinamentos do Buda, que são difíceis de encontrar; e nasceste como homem no Jambudvīpa, onde é difícil nascer. Que ações passadas positivas ou virtuosas acumulaste? Quando vivias no mundo dos seres humanos, praticaste os ensinamentos [sagrados] pensando em [cultivar] as virtudes da mente e a pureza do corpo? Quais são as virtudes e os atributos que, possuídos por ti, poderiam permitir-te ser salvo [do renascimento nos infernos]? Criaste tu [imagens, livros ou stūpas] que representassem corpo, fala e mente búdicas? Contrataste a cópia e recitação das escrituras? Moldaste imagens de terracota? Ofereceste libações de água? Removeste pedras do caminho? Removeste espinhos incômodos das estradas ruins? Fizeste oferendas aos seres celestes? Fizeste caridade aos seres terrestres? Espalhaste cereais e farinha de centeio em formigueiros? Além desses, que outros atos de virtude, ainda que sutis, acumulaste? Acaso dedicaste tempo ao estudo, reflexão e meditação [dos ensinamentos budistas] e mantiveste teus jejuns e votos de um dia? Recebeste alguma instrução, iniciação e orientação em meditação? Que outras virtudes desse tipo acumulaste? Responde-me agora, rápido! As ações passadas negativas ligadas ao corpo são: matar – sendo o maior crime o de matar os pais, e o menor, o de matar piolhos e lêndeas, roubar, ter conduta sexual imprópria e assim por diante. Que ações negativas do corpo acumulaste?

As ações negativas ligadas à fala são: mexericos, palavras ferinas, calúnia, mentira e assim por diante. Que ações negativas da fala acumulaste?

As ações negativas ligadas à mente são: cobiça, intenção maliciosa, concepções distorcidas e assim por diante. Que ações negativas da mente acumulaste?

Além disso, no que respeita aos cinco crimes irremissíveis e aos cinco [crimes] quase equivalentes, que ações negativas ou não virtuosas acumulaste, por corpo, fala e mente? Responde agora, em claros detalhes!

ŚRĪJĀTA, O PAI DE FAMÍLIA (*numa voz aterrorizada e hesitante*): Permite que eu fale na presença de Dharmarāja! Sou Śrījāta, pai de família, cidadão de Kāmarūpa, no nordeste da Índia. Também eu tive mulheres que me eram dependentes. Fui uma pessoa humilde, trabalhei por minha comida e bebida. Fui um devoto fiel e fiz oferendas completas a todos os bons mestres espirituais que vieram ao meu distrito. Encorajei os outros a se dedicarem a ações virtuosas. Motivado pela virtude e pela boa intenção, restaurei templos que estavam arruinados, salvei muitas criaturas da morte certa e repetidas vezes recebi profundas iniciações e orientações. Quando viajava, eu limpava os caminhos perigosos; quando ficava [em casa], recitava o Mantra das Seis Sílabas e guardava meus votos de um dia e meus jejuns. Sou um pai de família que fazia oferendas às Três Joias Preciosas no céu e caridade aos de condição desafortunada na terra. É certo que sou um bodhisattva. É por isso que todos me chamam pai de família Lakṣmin ("dotado de prosperidade"). É essa a sequência contínua das minhas ações virtuosas.

Quanto a minhas ações passadas negativas, mesmo tendo a intenção de não prejudicar um único ser vivo sequer, como eu estava submergido no mundo perverso que é a existência cíclica e tinha um filho, para que ele pudesse se unir em matrimônio tirei as vidas de dez animais [para o banquete de casamento]. Confessei a negatividade dessa ação e recitei o *Cortador de diamante*[27] cem vezes.

Quando eu e meus vizinhos tirávamos as vidas de muitos seres vivos para pagar os impostos pela comunidade aldeã, eu também sentia remorso e fazia confissão. Além disso, como vivia na condição mundana de pai de família, devo ter matado sem intenção [muitos insetos] sob meus pés e com minhas mão, e por isso também senti remorso muitas vezes.

Uma vez estabelecidas as credenciais de minhas ações virtuosas e negativas, te suplico que consideres essa conduta e me favoreças com tua compaixão.

DHARMARĀJA: Ora, se é verdade o que disseste, certo é que dedicaste muita reflexão aos problemas das ações negativas e virtuosas e da causa e efeito; mas agora devo consultar o espelho das ações passadas, pois vós, seres humanos, sois mentirosos astutos! (*Dharmarāja mostra o espelho a Śrījāta.*) Olha, feliz Filho da Natureza de Buda! Este espelho das ações passadas, no qual a existência fenomênica se reflete claramente, é mais perceptivo que o olho onisciente que percebe os três tempos. Quando ele manifesta com evidência a expressão natural das ações passadas negativas e virtuosas, o que quer que tenhas feito no mundo dos seres humanos, todas as tuas ações virtuosas e negativas praticadas no mundo dos seres humanos aparecem bem claras imediatamente. Vamos ver que mentiras contaste? Olha agora neste espelho! (*Olhando no espelho*) Ora, não são falsas as ações virtuosas e negativas de que falaste há pouco. Muito bem! Serás enviado pelo caminho branco.

DEMÔNIO NEGRO [QUE REPRESENTA A MÁ CONSCIÊNCIA]: Ei! Permite que eu fale na presença de Dharmarāja! Esta má pessoa chamada Śrījāta, o pai de família, entregou-se por toda a vida a ações negativas e somente se importou com seus próprios interesses egoístas de longo prazo. Seu nome é Śrījāta, o pai de família,

27. Tib. *rDo-rje gcod-pa* (*Vajracchedikā*, T 16). Esse sūtra é um dos mais conhecidos dos textos curtos do ciclo *Prajñāpāramitā*. Afirma-se que uma versão chinesa desse sūtra é o mais antigo livro impresso que existe ainda hoje.

e seu apelido é "cabeça de macaco". Este Śrījāta, pai de família infiel, nasceu no ano do boi, sua cidade natal é Kāmarūpa e sua estirpe é da casta produtiva. Ele praticou as seguintes ações negativas: quando foi ao subúrbio, matou seu pai e arrumou brigas; voltando ao centro da cidade, brigou com seus vizinhos, atirou pedras no camelo que pertencia a seu vizinho Śrībhadra e, embora tenha matado o camelo, negou esse fato e mentiu acerca disso. Atirou o filhote de elefante do escriba Prajñāmati do alto de um precipício e, embora tenha matado o elefante, negou esse fato e mentiu acerca disso. Agora podemos comparar as pedrinhas! Como seria possível que ele tomasse o caminho branco? É sumamente apropriado que ele siga pelo caminho negro. (*Joga três punhados de pedrinhas negras [em sua vasilha].*)

DIVINDADE BRANCA [QUE REPRESENTA A BOA CONSCIÊNCIA]: Permite que eu fale na presença de Dharmarāja! O pai de família Lakṣmin [Śrījāta] é um devoto dos mais fiéis. Sempre teve profundo interesse pelos ensinamentos [sagrados] e evitou as ações negativas. Quando cerca de quinhentos hereges foram conduzidos a julgamento diante do Mahārāja, Śrījāta ofereceu quinhentos *srang* de ouro e salvou suas vidas. Na cidade de Kāmarūpa, Śrījāta é a única pessoa de grande fé. Agora podemos comparar as pedrinhas! Como seria possível que ele tomasse o caminho negro? Deve partir agora mesmo, guiado pelo caminho branco! (*Despeja cerca de seis medidas de pedrinhas brancas [em sua vasilha].*)

ESPÍRITO ELEMENTAL DE CABEÇA DE MACACO: Divindade e demônio da consciência, não há necessidade de discussão, pois quando eu erguer minha balança as medidas de virtude e negatividade serão determinadas pelo peso. Agora, se olhardes vereis que [o resultado] é evidente. (*Ele pesa as pedrinhas, mostrando que o [recipiente] branco é três vezes mais pesado que o negro.*)

DHARMARĀJA: Excelente! Aqueles que obtiveram uma forma humana, que se deleitarem nos ensinamentos [sagrados] e compreenderem plenamente o potencial de suas vidas encontrarão a felicidade por meio de suas próprias virtudes, pois esses [feitos] não podem ser roubados ou surrupiados por outros. Quanto a esse modo de viver, como o do pai de família Lakṣmin [Śrījāta], como seria maravilhoso se todos os seres sencientes vivessem assim! Roga a Avalokiteśvara agora mesmo e imediatamente percorre o caminho branco! (*Dharmarāja ora*) Rogo à divindade de meditação Mahākāruṇika, no topo do Monte Potālaka, no leste! Dai-nos tua bênção para que possamos compreender que a natureza da mente é o Corpo Búdico de Realidade! (*Ele então recita a* Prece de aspiração [que invoca] o auxílio dos budas e bodhisattvas[28] *e dá uma introdução formal aos métodos de obstrução das entradas para o ventre durante o estado intermediário e aos métodos de escolha de um ventre favorável*[29]*. Por fim, confere a introdução aos métodos de transferência [de consciência] para os puros domínios búdicos*[30]*.*

....

28. Ver Capítulo 12, pp. 267-8.
29. Ver Capítulo 11, pp. 250-62.
30. Ver Capítulo 10.

Imediatamente depois disso, a cortina é repentinamente levantada e a forma de Avalokiteśvara é mostrada vividamente. [O pai de família Śrījāta] é conduzido pelo caminho [da virtude] representado pelo tapete branco, vestindo belas túnicas e ricos adornos.)

DHARMARĀJA (*em oferenda de louvor*): Ó Filho da Natureza de Buda, é assim que se deve atender ao propósito de obter uma forma humana. Regozija-te [nisso]! (*Recita então três vezes a seguinte prece de aspiração de Avalokiteśvara.*)

OṂ MAṆI PADME HŪṂ HRĪḤ![31]
Que todos os seres sencientes, incluindo tu, Śrījāta,
Sejam guiados no caminho pela essência do Mantra das Seis Sílabas!
Que a existência cíclica, com seus três sistemas de mundo, seja revolvida até as profundezas,
E que os infernos se esgotem e sejam esvaziados!
(*Então convoca [todos a recitar] esse Mantra das Seis Sílabas.*)

O MESTRE ESPIRITUAL: Ó Filhos da Natureza de Buda, contemplai a diferença entre o sofrimento experimentado pelo maligno "Açougueiro da Mão Vermelha" e a felicidade experimentada pelo fiel pai de família Śrījāta em consequência das diferenças em suas acumulações de virtude e negatividade! Nós mesmos vamos deparar com essas experiências muito em breve; por isso é de suma importância que nos esforcemos para praticar a virtude e evitar a negatividade! (*Então, [o mestre espiritual] deve conferir a iniciação [das Divindades Pacíficas e Furiosas], recitar os versos auspiciosos e fazer a prece de aspiração para dedicação de mérito seguida do rito de conclusão.*)

COLOFÃO

Que maravilha! Eu, Padmākara, tendo visto realmente os infernos, compus este [teatro de máscaras] como apêndice ao ensino da *[Grande] libertação pela auscultação nos estados intermediários* para beneficiar os seres sencientes do futuro. Que esta obra seja descoberta pelos bem-afortunados!

Aqui se conclui a *Libertação natural do estado intermediário de renascimento: um ensinamento que revela a expressão natural da virtude e da negatividade*[32]. Que tudo seja auspicioso![33]

31. Ver no Glossário o verbete *Mantra das Seis Sílabas*.
32. Tib. *dGe-sdig rang-gzugs ston-pa'i gdams-pa ['am me-long] srid-pa [bar-do] rang-grol*.
33. Scrt. *śubhaṃ bhavantu*.

PARTE DOIS

Suplemento ao teatro de máscaras do renascimento

Aqui se encontra o *Suplemento ao ensinamento que revela a expressão natural da virtude e da negatividade no estado intermediário de renascimento, chamado gongo de divina melodia*[1]; que é extraído de *As Divindades Pacíficas e Furiosas: um profundo ensinamento sagrado [chamado] libertação natural por meio [do reconhecimento] da intenção iluminada*[2].

Me prostro diante de Samantabhadra e das Divindades Pacíficas e Furiosas!

A CENA

(*No contexto do [teatro de máscaras chamado]* Um ensinamento que revela a expressão natural da virtude e da negatividade, [associado à] Introdução ao estado intermediário de renascimento, *o "malfeitor Lakṣanāraka" ("cem mil infernos") aparece entrando nos infernos. Em meio aos tonitruantes gritos de "Golpeia!" e "Mata!" proferidos pelos executores dos ritos de Yama, o malfeitor percorre o caminho negro. Depois disso, Dharmarāja instrui toda a plateia ali reunida acerca das desvantagens advindas do cometimento de ações negativas*[3]. *Em seguida, a divindade que representa a boa consciência [deve aparecer] num estado de tristeza e convocar [a plateia a recitar] o Mantra das Seis Sílabas.*)

PRIMEIRO ATO

DIVINDADE QUE REPRESENTA A BOA CONSCIÊNCIA: Suplico-vos, recitai uma vez o Mantra das Seis Sílabas em favor do falecido, o malfeitor Lakṣanāraka! OṂ MAṆI PADME HŪṂ HRĪḤ! Suplico-vos, recitai uma vez o Mantra das Seis Sílabas em favor de todos os seres presentes no estado intermediário [de renascimento]! (*Dirigindo-se então à plateia reunida*) Escutai! Eu sou aquele chamado Divindade da Boa Consciência. Esse malfeitor Lakṣanāraka cometeu muitas ações negativas e por causa disso, neste momento e no mundo inteiro, só consegui encontrar seis minúsculas pedrinhas brancas que representam suas

1. Tib. *Srid-pa'i bar-do'i ngo-sprod dge-sdig rang-gzugs ston-pa'i lhan-thabs dbyangs-snyan lha'i gaṇḍī.*
2. Tib. *Zab-chos zhi-khro dgongs-pa rang-grol.*
3. Ver pp. 293-5.

ações virtuosas. Por outro lado, há [aqui] inumeráveis pedrinhas negras que representam suas ações não virtuosas. [Ora], pelo poder de suas más ações passadas, ele foi conduzido aos infernos pelos executores dos ritos de Yama. Embora eu quisesse guiá-lo para renascimentos superiores, fui incapaz de encontrar um meio [de ajudá-lo].

Todos vós que habitai o mundo humano de Jambudvīpa, e todos vós aqui reunidos, sabeis que deveis refrear vossas ações negativas e praticar somente a virtude. As mensagens que se seguem são aquelas que a vós enviamos [do estado intermediário de renascimento]! (*Então, circundando a maṇḍala*[4] *e cantando o Mantra das Seis Sílabas com voz melodiosa, ele continua a evidenciar tristeza.*)

Que maravilha! Oro ao misericordioso Dharmarāja,
Gloriosa encarnação das atividades dos budas dos três tempos,
Dharmarāja, que se manifesta para o benefício dos seres!
Ai! Escutai com atenção, todos vós aqui reunidos!
[Se consideramos] as dificuldades de se obter uma forma humana,
É evidente que todos os que cometem ações não virtuosas e negativas [no tempo em que vivem neste mundo]
Terão perdido a oportunidade de escapar deste oceano de sofrimento.
Todos eles, vivendo neste mundo,
Sendo incapazes de permanecer [nele] por um longo tempo,
Sentirão remorso quando lançados na goela do Senhor da Morte.
Mas [esse remorso] não lhes será de benefício algum –
Pois, apesar de suas dores, serão obrigados a seguir em frente!
Todos os que já viveram também juntaram família e bens ao seu redor
E tiveram a esperança de que isso duraria para sempre –
Mas, quando a impermanência e a morte [os alcançaram],
Eles partiram sós, sem refúgio nem asilo.
Os amigos e parentes que nos cercam nesta vida
São como os compradores no mercado.
Embora nos pareçam próximos, não se pode depender deles.
Quando fecha o mercado, eles se dispersarão.
[Do mesmo modo], este ilusório agregado da forma,
Como um marco de pedra caído no topo de uma colina,
Será esvaziado de toda carne e ossos.
Este nosso corpo não é algo de que se possa depender!
Por maior que seja o carinho que sentimos por este nosso corpo,
[Um amontoado de] pus, sangue, fluidos e tendões,
Ele está [sempre] à beira da desintegração.
Por mais que sintamos sua falta, as aves e os cães irão devorá-lo,

4. A maṇḍala das Divindades Pacíficas e Furiosas deve ser construída em duas ou três dimensões para a apresentação desse drama e a realização das iniciações que o acompanham.

Por mais que [procuremos preservá-lo], cumprindo os serviços rituais,
Ele será arrebatado por Yama, o senhor da morte.
Este corpo composto dos quatro elementos será deixado para trás, na terra,
Nossa consciência viajará como peregrina pelos estados intermediários,
E as tendências habituais de nossas ações passadas negativas nos seguirão como uma sombra.
Como é triste termos cometido ações não virtuosas!
A divindade e o demônio que representam nossas consciências boa e má
Farão a comparação entre as pedrinhas brancas e negras das ações passadas,
E Dharmarāja revelá-las-á todas no espelho [que tudo vê].
Todos os grandes malfeitores sofrerão esses tormentos.
Muito embora não devam cometer nem mesmo a menor das ações negativas,
Os seres humanos do Jambudvīpa se rebaixam praticando o mal.
É dedicando-se à virtude que se alcança um renascimento nos domínios superiores,
E é se dedicando ao mal que se é lançado nos infernos.
Nesta ocasião única em que conseguimos obter um corpo humano,
Mas não conseguimos terminar a vida com ao menos um pouco de virtude,
Como é triste termos de carregar o fardo da negatividade
E causarmos sofrimento a nós mesmos!
Os caçadores nas montanhas,
Os pescadores junto aos rios
E os que matam animais domésticos e de criação,
Todos transmigrarão e renascerão nos dezoito infernos.
Os que se dedicam à mentira e à fraude,
Adulterando pesos e medidas
E os que furtam, roubam ou fraudam
Vagarão por longo tempo pelas três existências inferiores.
Os que se ligam a seus bens pelo nó da avareza,
Os que malbaratam os bens de outros
E os que se apropriam das doações feitas às Três Joias Preciosas
Vagarão por longo tempo pelos domínios dos espíritos famintos.
Este impacto das ações passadas não virtuosas
É como um raio, extremamente poderoso.
E por maior que seja nosso remorso, ele de nada adiantará –
Não poderemos escapar!
A punição pelas ações negativas é imposta por Yama.
Nesta perigosa passagem, por todos palmilhada,
Os executores dos ritos de Yama nos levam a julgamento.
Pobres dos seres humanos que não evitam a negatividade,
Pois não há meio de ajudá-los.
Como é severa a atitude de Dharmarāja!

Como é precisa a prestação de contas feita pela divindade e pelo demônio da consciência!
Como será intenso o remorso dos grandes malfeitores!
Somente se dedicando à virtude é que se alcança o renascimento em domínios superiores.
Ai! O corpo envelhece dia após dia.
A vida se esvai momento após momento.
Cada um por sua vez, um após o outro,
Morrem os seres sencientes desta era degenerada,
Os quais têm uma vida mais curta que o rabo de uma ovelha!
[Como ocorre com este malfeitor], assim também todos os pais e mães de família, com tantos dependentes,
Colherão todos os frutos de suas más ações passadas,
E mesmo seus parentes e amigos [um dia] se erguerão como seus inimigos.
Nestes tempos ruins, [o simples fato de] cuidar de uma casa pode gerar tristeza.
Por tudo isso, tendo obtido um corpo humano,
Dotado de liberdade e oportunidades favoráveis,
Dirige teu pensamento para tua própria mente!
O essencial é se concentrar nos ensinamentos sagrados!
Com isso terás alegria nesta vida e serás abençoado na vida futura.

SEGUNDO ATO

(*Em seguida, [no teatro de máscaras do renascimento], quando o pai de família Śrījāta é levado aos domínios do renascimento superior, ele ora na presença de Avalokiteśvara. Quando [Dharmarāja] termina de recitar a prece de aspiração de Avalokiteśvara em favor dele, o pai de família é adornado com belas joias e instalado num trono. Nesse momento – antes que a multidão das cinco hostes de ḍākinīs chegue para dar-lhe as boas-vindas com música e canto – a divindade da boa consciência deve com muita alegria fazer a prece a seguir, que fala das vantagens de abandonar a negatividade e praticar a virtude*[5].)

DIVINDADE QUE REPRESENTA A BOA CONSCIÊNCIA:
Oro a Samantabhadra e Samantabhadrī, [que são] o Corpo Búdico de Realidade
E residem em Akaniṣṭha, o palácio da imensidão da realidade!
Oro a Vajradhara, [senhor da] sexta [família iluminada],
Que reside no Domínio Búdico da Densa Disposição!
Oro ao Mestre Vajrasattva,
Que reside no Domínio Búdico de Abhirati!

5. Ver p. 290-1.

Oro ao detentor de conhecimento Prahevajra,
Que reside na maṇḍala da espiral de luzes de arco-íris![6]
Oro ao sábio Śrī Siṃha,
Que reside no salão de Dhanakośa!
Oro a Padmākara de Oḍḍiyāna,
Que reside no Palácio Celestial de Luz de Lótus!
Oro à ḍākinī Yeshe Tsogyal,
Que reside no palácio puro dos que percorrem os céus!
Oro ao mestre consumado Karma Lingpa,
Que reside no domínio búdico do Corpo Búdico de Emanação!
Oro a seu filho espiritual Nyinda Choje,
Que reside no palácio ilimitado dos ensinamentos [sagrados]!
Oro ao incomparável Sūryacandra,
Que reside no palácio em que se realiza espontaneamente o bem para os seres viventes!
Oro ao precioso mestre espiritual de raiz,
Que se assenta sobre almofadas de sol e de lua sobre o topo de minha cabeça![7]
Oro às infinitas Divindades de meditação Pacíficas e Furiosas
Que residem na maṇḍala dos Conquistadores, que é nosso próprio corpo![8]
Oro aos protetores dos ensinamentos [sagrados] Magon Chamdrel,
Que residem no palácio dos preceitos tradicionais e dos pactos!

Que maravilha!
Neste tempo, quando obtivemos um corpo humano,
Dotado de liberdade e agraciado com oportunidades favoráveis,
Como são belas nossas virtudes positivas!
Neste tempo, quando nossas cinco faculdades sensoriais estão intactas,
Como é precioso estarmos atraídos pelos ensinamentos [sagrados]!
Neste tempo, quando encontramos o ensinamento do Buda,
Como é maravilhoso abandonarmos a não virtude e a negatividade!
Neste tempo, quando possuímos bens materiais, ilusória prosperidade,
Como é maravilhoso fazer desses bens oferendas celestes às Três Joias Preciosas e oferendas terrestres de caridade!
Para quem abandona a negatividade, já não existe renascimento inferior.
Como é maravilhoso este pai de família Lakṣmin [Śrījāta], bem aqui,
Que, tendo praticado a virtude, obteve um renascimento superior!
Como é maravilhoso este pai de família Śrījāta, bem aqui,

6. Sobre o significado da "maṇḍala da espiral de luzes de arco-íris" (tib. *'ja'-'od 'khyil-ba'i dkyil-'khor*) para os praticantes das meditações de Realização Transcendente (*thod-rgal*) do Atiyoga, ver Dudjom Rinpoche, NSTB, pp. 337-43.

7. Namka Chokyi Gyelpo, o mestre espiritual de Gyarawa Namka Chokyi Gyatso, que compôs este capítulo.

8. Ver Capítulo 5, pp. 53 ss.

Que agora passa [a um renascimento superior] num movimento que penetra o âmago[9],
Sem ter que percorrer [as demais etapas do] estado intermediário [de renascimento]!
Como é maravilhoso este pai de família Lakṣmin [Śrījāta],
Que alcançou a felicidade pelo fruto de sua virtude –
Śrījāta alcançou o mais elevado cume de seu potencial de vida!

(*Então, as hostes de boas-vindas das ḍākinīs, adornadas com as seis espécies de ornamentos de osso, começam a dançar, tocando seus ḍamarus e seus sinos; e, vindas de atrás da porta, elas chegam e lhe dão as boas-vindas cantando* OṂ MAṆI PADME HŪṂ HRĪḤ *em doce melodia.*)

AS HOSTES DAS ḌĀKINĪS:
Nós viemos da terra das ḍākinīs.
Viemos para receber o pai de família Śrījāta!
Nós viemos de Oḍḍiyāna.
Viemos para receber o pai de família Śrījāta!
Nós viemos de Cāmaradvīpa.
Viemos para receber o pai de família Śrījāta!
Nós viemos da Montanha Cor de Cobre.
Viemos para receber o pai de família Śrījāta!
Nós viemos do Monte Potālaka.
Viemos para receber o pai de família Śrījāta!
Nós viemos do domínio puro dos que percorrem os céus.
Ó grande pai de família Śrījāta,
Sê bem-vindo aos domínios búdicos!

(*As hostes de ḍākinīs circundam o pai de família e também ele começa a tocar os instrumentos musicais [que tem] nas mãos e a dançar com elas. Então, sai com a hoste de ḍākinīs.*)

Este *Suplemento ao ensinamento que revela a expressão natural da virtude e da negatividade no estado intermediário de renascimento, chamado gongo de divina melodia*, foi composto por Namka Chokyi Gyatso no terceiro dia do nono mês do ano do cordeiro no retiro de Kharlateng, em frente ao eremitério de Sangye Rinpoche, um lugar frequentado pelas tribos da fronteira. Que, pelo poder da virtude, todos os seres sejam estabelecidos no grau de Samantabhadra!

9. Tib. *zang-thal*. Esta expressão indica o sucesso na transferência de consciência ou a realização direta do esplendor interno na ocasião da morte. Ver Capítulo 10.

14

A libertação pelo uso junto ao corpo: Libertação natural dos agregados psicofísicos

CONTEXTO

Como foi explicado nos capítulos anteriores, este ciclo de ensinamentos contém um conjunto de instruções que pode realizar a libertação em relação à existência cíclica mesmo sem prévia experiência das meditações associadas ao Veículo da Realidade Indestrutível (*Vajrayāna*). É nesse conjunto de expressões dos ensinamentos sagrados que se encontra a *Libertação pelo uso junto ao corpo*, da qual se diz que realiza a libertação pelo simples fato de ser usado como amuleto mântrico sobre o corpo na hora da morte ou por ser ouvido na hora da morte.

O texto deste capítulo expressa a intenção iluminada das Divindades Pacíficas e Furiosas na forma de letras mântricas. Essas letras mântricas são a reverberação da consciência pura das divindades expressa na forma de sons e figuras de letras.

Muitos praticantes deste ciclo de ensinamentos portam consigo esse círculo de mantras como amuleto por todo o curso de suas vidas. Para os outros, recomenda-se que o amuleto de mantras seja portado na hora da morte e não seja depois removido do corpo. Também é recomendado que este texto seja lido em voz alta logo depois de concluída cada leitura da *Libertação pela auscultação* (Capítulo 11).

O Mantra Circular das Divindades Pacíficas e Furiosas

Aqui se encontra a *Libertação pelo uso junto ao corpo: Libertação natural dos agregados psicofísicos*[1]; que é extraída de *As Divindades Pacíficas e Furiosas: um profundo ensinamento sagrado [chamado] libertação natural por meio [do reconhecimento] da intenção iluminada*[2].

Me prostro diante dos senhores primordiais Samantabhadra e Samantabhadrī,
E das Divindades Pacíficas e Furiosas!

Este [texto] é a *Libertação pelo uso junto ao corpo: Libertação natural dos agregados psicofísicos*,
No qual estão compreendidos [os mantras] das Divindades Pacíficas e Furiosas, que Alcançaram a Beatitude.

Que maravilha! Este é o grande [mantra circular] que se manifesta naturalmente.
O yogin que o abraça é imensamente bem-afortunado.
O yogin que o encontra é imensamente bem-afortunado.
O yogin que o guarda é imensamente bem-afortunado.
O yogin que o recita é imensamente bem-afortunado.
Pois, como ele confere a libertação por sua recitação, não há necessidade de meditação.
Pois, como ele confere a libertação pelo ato de portá-lo junto ao corpo, não há necessidade de prática espiritual.
Pois, como ele confere a libertação pelo contato, não há necessidade de treinamento.
Pois, como ele confere a libertação pelo sentimento, não há necessidade de reflexão.
Este [mantra circular] confere a libertação natural toda vez que é encontrado.
Esta é a libertação natural dos agregados psicofísicos.
Este é um campo de experiência dos bem-afortunados!

1. Tib. *bTags-grol phung-po rang-grol-gyi don-bsdus*.
2. Tib. *Zab-chos zhi-khro dgongs-pa rang-grol.*

[PARTE UM]

Que maravilha!
A intenção iluminada do pai Samantabhadra
Se manifesta nas seguintes sílabas mântricas do Atiyoga, naturalmente presentes:
OṂ ĀḤ HŪṂ[3] EMA KIRI KIRI MASTABHALIBHALI SAMITASURUSURU
KUNDHALIMASUMASU EKARILISUBHASTAYE CAKIRABHULITA CAYESAMUNTA
CARYASUGHAYE BHITISANABHYAGHULIYE SAKARIDHUKANI MATARIBHETANA
PARALIHISANA MAKHARTAKELANA SAMBHURATA MAIKACARATAMBA SURYAGHATARAYE
BASHANA RANABHITI SAGHUTIPAYA GHURAGHURAPAGAKHARANALAṂ NARANARAYI
THARAPAṬALAṂ SIRNASIRNABHESARASPALAṂ BHUDDHABHUDDHACHIŚASAGHELAṂ
SASĀ ṚṜ ḶḸ IĪ MAMĀ RARĀ LAHA Ā[4]
Esse é o mantra essencial e supremo de vinte e seis linhas,
Por meio do qual a intenção iluminada de Samantabhadra
Naturalmente libera a percepção mental na consciência pura
Como uma corrente indestrutível de luz, primordialmente pura e indivisível,
que procede de Samantabhadra [quando o mantra é usado na hora da morte],
E [seu sinal externo será] o aparecimento de um céu limpo e sem nuvens.

Que maravilha!
A intenção iluminada da mãe Samantabhadrī
Se manifesta nas seguintes sílabas mântricas do Atiyoga, naturalmente presentes.

3. OṂ ĀḤ HŪṂ são os mantras essenciais que libertam o corpo, a fala e a mente mundanos na pureza primordial.

4. Esse é o mantra naturalmente reverberante do Buda Samantabhadra, redigido na escrita ḍākiṇī de Oḍḍiyāna na forma de canção vajra. A escrita ḍākiṇī parece ter somente um parentesco remoto com o sânscrito. A interpretação dessas sílabas apresentada a seguir deriva do *Tantra da união do sol e da lua* (*Nyi-zla kha-sbyor-gyi rgyud*, sDe-dge NGB, vol. 4, p. 119a). Para uma leitura diferente dos mantras, ver também Namkhai Norbu, *The Dzogchen Ritual Practices*, pp. 132-6; e sobre a entonação dos mantras ver *ibid.*, pp. 90-1. De acordo com o tantra, as sílabas são interpretadas por Namkhai Norbu da seguinte maneira: Desde o princípio (EMA), a percepção intrínseca não nasceu jamais nem jamais virá a nascer (KIRI KIRI). Originada de si mesma, ela nunca foi interrompida (MAṢTA) nem jamais o será (BHALIBHALI). Sendo em si mesma a visão plena, ela nunca esteve sujeita a ser elucidada nem jamais estará (SAMITASURUSURU). Sendo onipresente, ela nunca foi construída nem jamais o será (KUNDHALIMASUMASU). Sendo única, ela se realiza perfeitamente no espaço pelos métodos dos quatro sinais (EKARILISUBHASTAYE). Ela é libertação natural na grande imensidão e é suprema beatitude (CAKIRABHULITA). Por ser ela mesma a grande imensidão, é coproporcionada ao deleite supremo (CAYESAMUNTA CARYASUGHAYE). Relaxando a tensão desta parcela da realidade que é a existência condicionada, a percepção intrínseca gera todas as coisas (BHITISANABHYAGHULIYE). E assim o indivíduo se transfere diretamente ao grande esplendor interno (SAKARIDHUKANI). Brilhante e prodigiosa, essa luz se irradia (MATARIBHETANA), transcende todas as coisas e elimina todos os erros (PARALIHISANA). Em seu estado de absoluta ipseidade, ela não está condicionada por nenhuma concepção (MAKHARTEKELANA). Em sua perfeição, ela é como a luz da lua (SAMBHURATA MAIKACARATAMBA). Como a luz do sol, ela é resplandecente (SURYAGHATARAYE BASHANA). Ela é como uma joiá, uma montanha, um lótus de muitas pétalas (RANABHITI SAGHUTIPAYA). É a grande ressonância que nunca soou e nunca soará (GHURAGHURAPAGAKHARANALAṂ). É o estado primordial, que nunca foi criado nem jamais o será (NARANARAYI THARAPAṬLAṂ). É a grande mente iluminada, que nunca foi adornada nem jamais o será (SIRNASIRNABHESARASPALAṂ). De si mesma originada e perfeita, ela nunca terá de alcançar a iluminação (BUDDHABUDDHA CHIŚASAGHELAṂ). Dez das sílabas da conclusão são pontos focais de energia corporal (SASĀ ṚṜ ḶḸ IĪ MAMĀ), enquanto as outras sílabas da conclusão estão associadas aos corpos búdicos (RARĀ LAHA Ā).

Este é o mantra essencial, que liberta corpo, fala e mente na pureza primordial:

OṂ ĀḤ HŪṂ EMA KIRI KIRI MASTABHALI SAMITASURUSURU KUNDHALIMASU
EKARILISUBHASTAYE CATABHULITA CAYESAMUNTA CARYASUGHAYE
BHITISANABHYAGHUYE KIRIDHAKINI DHAKAMAHĀBHORI TANAPARALIHĪ
SANAṆKHARATAKELAṂ SAMBHUDDARATA MEGACARAPATAṂ TAPASURYAGHATARA Ā
MANAPARABHIHO TIṄGHURALA MASMINSAGHUTILA TAYAGHURAGHURA
RĀṆGAKHALARANALAṂ ITHARPATALAṂ SIRNASIRNABHISARALAṂ SAKELAṂ
SASĀ ṚṜ ḶḸ IĪ MAMĀ RARĀ[5]

Esse é o mantra essencial pelo qual a intenção iluminada de Samantabhadrī libera
O movimento dinâmico da consciência pura, que estava obstruído pelas características fenomênicas, na vacuidade não nascida.
Esse é o mantra essencial e supremo de vinte e nove linhas,
Que, [quando usado junto ao corpo na hora da morte], efetua a libertação na pureza primordial, inseparável de Samantabhadrī,
E [seu sinal externo será] o aparecimento de um céu claro e sem obscurecimentos.

Que maravilha!
Para simbolizar a perfeição de todos os atributos iluminados,
Se apresentam os [seguintes] vinte e cinco mantras que revertem o apego[6]:

Para apagar o apego às faculdades sensoriais,
[Há este mantra]: KARMA RAKṢA GHIHAṂTI.
[Quando usado junto ao corpo na hora da morte]
Ele conferirá a libertação natural subjugando a força de sedução dos estados mentais dissonantes,
E [seu sinal externo será] o aparecimento de um brilhante arco-íris vermelho.

Para apagar o apego aos agregados psicofísicos,
[Há este mantra]: BHIKARAṆA SO GAD GLING.
[Quando usado junto ao corpo na hora da morte]
Ele conferirá a libertação natural subjugando a força de sedução dos agregados psicofísicos,
E [seu sinal externo será] o aparecimento de um brilhante arco-íris amarelo.

5. Na forma de canção vajra, esse mantra está incluído no *Tantra da união do sol e da lua* (*Nyi-zla kha-sbyor--gyi rgyud*, sDe-dge NGB, vol. 4, pp. 119a-119b). Como o mantra anterior, está redigido na escrita ḍākiṇī de Oḍḍiyāna. Os versos principais são precedidos por OṂ ĀḤ HŪṂ e concluídos com as dez sílabas de energia corporal (SASĀ ṚṜ ḶḸ IĪ MAMĀ) e as sílabas que significam o corpo búdico (RARĀ). Ver Namkhai Norbu, *The Dzogchen Ritual Practices*, pp. 132-6.

6. Os vinte e cinco mantras que se seguem são também apresentados na escrita ḍākiṇī de Oḍḍiyāna e não em sânscrito.

Para apagar o apego a todos os objetos dos sentidos,
[Há este mantra]: BHUGARILABHADHUTRI.
[Quando usado junto ao corpo na hora da morte]
Ele conferirá a libertação natural subjugando a força de sedução do "filho de deva",
E [seu sinal externo será] o aparecimento de um brilhante arco-íris branco.

Para se libertar dos objetos mentais,
[Há este mantra]: RAMĀKALASAMIKHYE.
[Quando usado junto ao corpo na hora da morte]
Ele conferirá a libertação natural subjugando a força de sedução do "senhor da morte",
E [seu sinal externo será] o aparecimento de um brilhante arco-íris verde.

Para cortar as sensações passadas em sua própria raiz,
[Há este mantra]: MATAMPHAPHERAMITI.
[Quando usado junto ao corpo na hora da morte]
Ele libertará naturalmente na pureza primordial a [consciência] raiz de todas,
E [seu sinal externo será] o aparecimento de um brilhante arco-íris azul.

Para reconhecer a manifestação das agregações compostas,
[Há este mantra]: KHAṬAREKṢASA MIG RLUNG.
[Quando usado junto ao corpo na hora da morte]
Ele libertará espontaneamente na pureza primordial as aparências que se manifestam naturalmente,
E [seu sinal externo será] o aparecimento de um fenômeno semelhante ao desfraldar de um esplêndido brocado.

Para entrar na fortaleza da consciência pura,
[Há este mantra]: EKARANABHECAKṢA.
[Quando usado junto ao corpo na hora da morte]
Ele induzirá a realização do "grau irreversível"[7],
E [seu sinal externo será] o aparecimento de relíquias *śarīraṃ* [depois da cremação].

Para erradicar o contínuo de perplexidade,
[Há este mantra]: YARIMUTRASAGHULI.
[Quando usado junto ao corpo na hora da morte]
Ele libertará naturalmente na pureza primordial os três sistemas de mundo,
E [seu sinal externo será] o aparecimento de relíquias *churiraṃ* [depois da cremação].

7. Tib. *phyr mi-ldog-pa'i sa*.

Para libertar sucessivamente as seis classes de seres viventes,
[Há este mantra]: YASIRAṂ RLUNG PALAYA.
[Quando usado junto ao corpo na hora da morte]
Ele libertará naturalmente na pureza primordial os seres das seis classes,
E [seu sinal externo será] o aparecimento de relíquias *nyariraṃ* [depois da cremação].

Para purificar a existência cíclica desde suas profundezas,
[Há este mantra]: MAMAKOLINAṂ SAMANTA.
[Quando usado junto ao corpo na hora da morte]
Ele revolverá as profundezas de todas as existências inferiores,
E [seu sinal externo será] o aparecimento de relíquias *pañcaraṃ* [depois da cremação].

Para suprimir a realidade aparente,
[Há este mantra]: GHARILAṂBARIMAṂTI.
[Quando usado junto ao corpo na hora da morte]
Ele guiará [o falecido] à verdadeira realidade,
E [seu sinal externo será] o aparecimento de relíquias *serriraṃ* [depois da cremação].

Para libertar-se da "fonte do jogo [dos fenômenos]",
[Há este mantra]: BUGASIṄHAPHAṄGALA.
[Quando usado junto ao corpo na hora da morte]
Ele libertará em sua própria natureza os fenômenos que surgem,
E [seu sinal externo será] o aparecimento de múltiplos arco-íris cintilantes.

Para romper as cadeias do apego,
[Há este mantra]: RAMISIPIKHETAPA.
[Quando usado junto ao corpo na hora da morte]
Ele libertará os objetos de apego na imensidão [da realidade],
E [seu sinal externo será] o aparecimento de um céu claro e brilhante.

Para concentrar-se nas correntes [de luz],
[Há este mantra]: BHIKHUMALABATAṂKE.
[Quando usado junto ao corpo na hora da morte]
Ele induzirá a "manifestação visionária da crescente experiência contemplativa"[8],
E [seu sinal externo será] o aparecimento no céu de desenhos com as cores do arco-íris.

8. Tib. *nyams-gong 'phel-ba'i snang-ba.*

Para visualizar o selo da divindade,
[Há este mantra]: SAMANYIVADHERABA.
[Quando usado junto ao corpo na hora da morte]
Ele provocará a "manifestação visionária de alcançar os limites da consciência pura"[9],
E [seu sinal externo será] o aparecimento das formas das divindades.

Para purificar os pontos de vista e meditações errôneas,
[Há este mantra]: VAJRA SATTVA ṬIDHOME.
[Quando usado junto ao corpo na hora da morte]
A pura consciência se tornará naturalmente perfeita,
E [seu sinal externo será] o aparecimento de luzes brancas de arco-íris.

Para alcançar simultaneamente os graus e os caminhos,
[Há este mantra]: GHEPASUGHARNAMYE.
[Quando usado junto ao corpo na hora da morte]
Os graus e caminhos serão perfeitamente realizados de modo simultâneo,
E [seu sinal externo será] o ressoar do som natural da realidade.

Para romper o fundamento dos pontos de vista que cedem à atividade mental,
[Há este mantra]: DHARMAPATISAGHULI.
[Quando usado junto ao corpo na hora da morte]
As digressões serão libertadas em sua própria natureza,
E [seu sinal externo será] o aparecimento de raios de luz branca.

Para que os três corpos búdicos se manifestem como caminho,
[Há este mantra]: RASMISAMAKHARGAD TSHE.
[Quando usado junto ao corpo na hora da morte]
Os três corpos búdicos surgirão como caminho,
E [seu sinal externo será] o aparecimento de percepções de luz.

Para que surjam as verdadeiras manifestações visionárias,
[Há este mantra]: RŪPASAMIMITALI.
[Quando usado junto ao corpo na hora da morte]
Ocorrerá uma libertação simultânea, nua,
E [seu sinal externo será] o surgimento de ventos e brisas na atmosfera.

Para eliminar o apego ao som,
[Há este mantra]: ṄATIBALAGILISA.
[Quando usado junto ao corpo na hora da morte]

9. Tib. *rig-pa'i tshad-pheb-kyi snang-ba.*

Ocorrerá a libertação no estado inexprimível, inefável,
E [seu sinal externo será] que o número de luzes de arco-íris vistas transcenderá a memória.

Para alcançar a maestria nos graus de elevada concentração meditativa,
[Há este mantra]: GHACCHAPAYAṂPA ETAṂ.
[Quando usado junto ao corpo na hora da morte]
Será alcançada a singular perfeição dos graus e caminhos,
E [seu sinal externo será] que o número de luzes de arco-íris vistas induzirá à não conceptualidade.

Para ampliar a atividade búdica a seus limites extremos,
[Há este mantra]: KARMĀ EKANUSA.
[Quando usado junto ao corpo na hora da morte]
Ocorrerá a libertação como essência, expressão natural e energia compassiva[10],
E [seu sinal externo será] o aparecimento de múltiplas relíquias sutis [depois da cremação].

Para cancelar o apego expresso ao estado búdico,
[Há este mantra]: SANTRIMAMAKARMĀTA.
[Quando usado junto ao corpo na hora da morte]
Os três corpos búdicos serão liberados no espaço de pureza primordial,
E [seu sinal externo será] o surgimento de um céu claro e um cintilante arco-íris.

Para descobrir as moradas dos Conquistadores e de seus filhos e filhas,
[Há este mantra]: ṄALAKHEPAKILISA.
[Quando usado junto ao corpo na hora da morte]
Esse mantra libertará todos os seres que o usarem e forem tocados por seu sopro[11],
E [seu sinal externo será] a multiplicação dos arco-íris e relíquias sutis.

Que maravilha!
Como a intenção iluminada unificada da manifestação não dual de Samantabhadra e Samantabhadrī[12] está naturalmente presente,
Cada um [desses mantras particulares] tem a capacidade de conferir a libertação.

10. Tib. *ngo-bo rang-bzhin thugs-rjer grol*.

11. Tib. *btags-cing dbugs-la sleb-pa'i tshad grol*.

12. A edição délfica (p. 225) comenta que cada um dos mantras aqui apresentados contém o som natural da realidade (*chos-nyid rang-sgra*) e é capaz de conferir a libertação. Como tais, esses mantras contrastam com os mantras dos tipos *vidyāmantra* e *dhāraṇīmantra*. Ver Namkhai Norbu, *The Dzogchen Ritual Practices*, pp. 128 ss.

Por isso eles são [conhecidos como] os vinte e cinco pontos seminais ou vinte e cinco versos mântricos,
Nos quais a realidade reverbera naturalmente e naturalmente surge.
SAMAYA

[PARTE DOIS]

Que maravilha!
Então, tendo entrado em união não dual, os consortes masculino e feminino [Samantabhadra e Samantabhadrī]
Emitem múltiplas emanações masculinas e femininas,
Das quais surge a maṇḍala das cem famílias iluminadas das Divindades Pacíficas e Furiosas[13].

De dentro da difusa imensidão da intenção iluminada das Quarenta e Duas Divindades Pacíficas, que surge naturalmente,
Como o sol que sai de trás das nuvens,
No domínio de experiência dos seres afortunados,
Essa intenção iluminada de surgimento natural se manifesta como segue:

OṂ ĀḤ HŪṂ BODHICITTA MAHĀSUKHA JÑĀNADHĀTU ĀḤ é a intenção iluminada unificada das Quarenta e Duas Divindades Pacíficas.
É assim[14] que a massa dos pensamentos conceptuais será libertada na pureza primordial,
Como uma imensidão de suprema cognição pura,
E [seu sinal externo será] o aparecimento do som indestrutível destas dezesseis sílabas
E de inestimáveis luzes de arco-íris e relíquias.

Que maravilha!
Então, as intenções iluminadas individuais das Quarenta e Duas Divindades Pacíficas surgem naturalmente:

OṂ HŪṂ SVĀ ĀṂ HĀ
As letras mântricas do fundamento causal naturalmente presente[15] surgem
Na forma destas sílabas-semente dos cinco budas masculinos das famílias iluminadas.

13. Deste ponto em diante, os mantras são apresentados em sânscrito. Sobre as "cem famílias iluminadas das Divindades Pacíficas e Furiosas" (*zhi-khro rigs-brgya*), ver Apêndice Dois.

14. Como tudo o mais que é descrito nos versos que se seguem, estes eventos ocorrem quando o mantra circular é usado junto ao corpo na hora da morte.

15. A roda sutil de vibrantes letras, vogais e consoantes mântricas, da qual são formadas as sílabas-semente das diversas divindades. Ver GGFTC, Capítulo 4, pp. 544-74.

É assim que serão libertados naturalmente os cinco agregados psicofísicos,
Que surgirão como as cinco cognições puras,
E [seu sinal externo será] o aparecimento das cinco espécies de relíquias ósseas [depois da cremação].

MŪṂ LĀṂ MĀṂ PHYĀṂ TĀṂ
As letras mântricas do fundamento causal naturalmente presente surgem
Na forma destas sílabas-semente das cinco budas femininas das famílias iluminadas.
É assim que serão libertados naturalmente os cinco elementos,
Que surgirão inseparáveis das cinco budas femininas,
E [seu sinal externo será] o surgimento de arco-íris de cinco cores.

OṂ JINAJIK é a intenção iluminada de Vairocana.
É assim que o agregado da forma será libertado na cognição pura da imensidão da realidade,
E [seu sinal externo será] que brilharão luzes brancas de arco-íris,
E relíquias *pañcaraṃ* de cinco cores, que indicam a realização dos cinco corpos búdicos,
Serão retiradas do coração [depois da cremação].
Por isso essas [relíquias] são conhecidas como as "relíquias ósseas supremas da família Tathāgata".

HŪṂ VAJRADHṚK é a intenção iluminada de Vajrasattva.
É assim que o agregado da consciência será libertado na cognição pura semelhante a um espelho,
E [seu sinal externo será] que brilharão luzes azuis de arco-íris,
E relíquias *churiraṃ* de cor azul, que indicam um crescimento dos atributos iluminados,
Serão retiradas do sangue [depois da cremação].
Por isso essas [relíquias] são conhecidas como as "relíquias ósseas supremas da família Vajra".

SVĀ RATNADHṚK é a intenção iluminada de Ratnasambhava.
É assim que o agregado da sensação será libertado na cognição pura de igualdade,
E [seu sinal externo será] que brilharão luzes amarelas de arco-íris,
E relíquias *seriraṃ* de cor amarela, que indicam a realização de todos os desejos,
Serão retiradas do fluido seroso [depois da cremação].
Por isso essas [relíquias] são conhecidas como as "relíquias ósseas supremas da família Ratna".

ĀṂ ĀROLIK é a intenção iluminada de Amitābha.
É assim que o agregado da percepção será libertado na cognição pura de discernimento,
E [seu sinal externo será] que brilharão luzes vermelhas de arco-íris,
E relíquias *śarīraṃ* de cor vermelha, que indicam a realização da realidade sem princípio,
Serão retiradas da carne [depois da cremação].
Por isso essas [relíquias] são conhecidas como as "relíquias ósseas supremas da família Padma".

HĀ PRAJÑĀDHṚK é a intenção iluminada de Amoghasiddhi.
É assim que o agregado das tendências motivacionais será libertado na cognição pura de realização,
E [seu sinal externo será] que brilharão luzes verdes de arco-íris,
E relíquias *nyariraṃ* de cor verde, que indicam a realização do corpo de emanação,
Serão retiradas da medula [depois da cremação].
Por isso essas [relíquias] são conhecidas como as "relíquias ósseas supremas da família Karma".

MŪṂ DHĀTVĪŚVARĪ é a intenção iluminada de [Ākāsa]dhātvīśvarī.
É assim que serão libertadas naturalmente as manifestações do [elemento] espaço,
E [seu sinal externo será] que brilharão no céu penetrantes luzes brancas de arco-íris[16].

LĀṂ DVEṢARATI é a intenção iluminada de Buddhalocanā.
É assim que será libertado naturalmente o elemento terra,
E [seu sinal externo será] que brilharão no céu penetrantes luzes amarelas de arco-íris.

MĀṂ MOHARATI é a intenção iluminada de Māmakī.
É assim que será libertado naturalmente o elemento água,
E [seu sinal externo será] que brilharão no céu penetrantes luzes azuis de arco-íris.

PĀṂ RĀGARATI é a intenção iluminada de Pāṇḍaravāsinī.
É assim que será libertado naturalmente o elemento fogo,
E [seu sinal externo será] que brilharão no céu penetrantes luzes vermelhas de arco-íris.

16. Nessa passagem (p. 265, l. 3-4), o texto traz "azuis" em vez de "brancas".

TĀṂ VAJRARATI é a intenção iluminada de Samayatārā.
É assim que será libertado naturalmente o elemento ar,
E [seu sinal externo será] que brilharão no céu penetrantes luzes verdes de arco-íris.

KṢIṂ MAI HŪṂ TRĀṂ HRĪḤ MŪṂ THLĪṂ JIṂ
As letras mântricas do fundamento causal naturalmente presente surgem
Na forma destas sílabas-semente dos oito bodhisattvas masculinos.
É assim que serão libertadas naturalmente as oito classes de consciência,
Que surgirão inseparáveis dos oito bodhisattvas masculinos,
E [seu sinal externo será] o surgimento de muitas relíquias sutis [depois da cremação].

KṢIṂ HI RĀJĀYA SVĀHĀ [é a intenção iluminada do bodhisattva masculino Kṣitigarbha].
É assim que será libertada naturalmente a consciência visual,
Que surgirá inseparável de Kṣitigarbha.

MAI DHARAṆĪ SVĀHĀ [é a intenção iluminada do bodhisattva masculino Maitreya].
É assim que será libertada naturalmente a consciência auditiva,
Que surgirá inseparável de Maitreya.

HŪṂ SARĀJĀYA SVĀHĀ [é a intenção iluminada do bodhisattva masculino Samantabhadra].
É assim que será libertada naturalmente a consciência olfativa,
Que surgirá inseparável de Samantabhadra.

TRĀṂ Ā GARBHAYAḤ SVĀHĀ [é a intenção iluminada do bodhisattva masculino Ākāśagarbha].
É assim que será libertada naturalmente a consciência gustativa,
Que surgirá inseparável de Akāśagarbha.

HRĪḤ HA HŪṂ PADMĀBHATAMAḤ SVĀHĀ [é a intenção iluminada do bodhisattva masculino Avalokiteśvara].
É assim que será libertada naturalmente a consciência tátil,
Que surgirá inseparável de Avalokiteśvara.

MŪṂ ŚRĪ ĀṂ RĀGĀYA SVĀHĀ [é a intenção iluminada do bodhisattva masculino Mañjuśrī][17].
É assim que será libertada naturalmente a consciência mental,
Que surgirá inseparável de Mañjuśrī.

17. A edição Varanasi dá a seguinte versão para o mantra de Mañjuśrī: VĀGĪŚVARĪ MUṂ ŚRĪ SVĀHĀ.

THLĪṂ NISĀRAMBHĀYA SVĀHĀ [é a intenção iluminada do bodhisattva masculino Nivāraṇaviṣkambhin].
É assim que será libertada naturalmente a consciência raiz de todas,
Que surgirá inseparável de Nivāraṇaviṣkambhin.

JIṂ KURUPĀṆI HRĪḤ SVĀHĀ [é a intenção iluminada do bodhisattva masculino Vajrapāṇi].
É assim que será libertada naturalmente a consciência dissonante,
Que surgirá inseparável de Vajrapāṇi.

Por meio dessas intenções iluminadas dos oito bodhisattvas masculinos
Serão libertadas naturalmente as oito classes de consciência,
E surgirão muitos arco-íris cintilantes[18].

HŪṂ HŪṂ TRĀṂ JAḤ HRĪḤ VAṂ HOḤ ĀḤ
As letras mântricas do fundamento causal naturalmente presente surgem
Na forma destas sílabas-semente das oito bodhisattvas femininas.
É assim que serão libertados naturalmente os construtos mentais associados aos oito objetos de consciência,
[Que surgirão inseparáveis das oito bodhisattvas femininas],
E [seu sinal externo será] cair uma chuva de flores.

HŪṂ LĀSYE SAMAYAS TVAṂ [é a intenção iluminada de Lāsyā].
É assim que serão libertados naturalmente os construtos mentais associados à forma corporal,
Que surgirão inseparáveis de Lāsyā.

HŪṂ PUṢPE ĀVEŚĀ [é a intenção iluminada de Puṣpā].
É assim que serão libertados naturalmente os construtos mentais associados aos eventos passados,
Que surgirão inseparáveis de Puṣpā.

TRĀṂ MĀLYE SAMAYA HOḤ [é a intenção iluminada de Mālyā].
É assim que serão libertados naturalmente os construtos mentais associados aos fenômenos aparentes,
Que surgirão inseparáveis de Mālyā.

JAḤ DHŪPE PRAVEŚAYAS TVAṂ [é a intenção iluminada de Dhūpā].
É assim que serão libertados naturalmente os construtos mentais associados aos objetos olfativos,
Que surgirão inseparáveis de Dhūpā.

18. Mais conforme ao verso que abre essa seção, a versão resumida do texto afirma que, em vez de surgirem arco-íris, surgirão relíquias sutis.

HRĪḤ GĪTI RĀGO'HAṂ [é a intenção iluminada de Gītā].
É assim que serão libertados naturalmente os construtos mentais associados aos objetos sonoros,
Que surgirão inseparáveis de Gītā.

VAṂ DĪPASUKHINĪ [é a intenção iluminada de Ālokā].
É assim que serão libertados naturalmente os construtos mentais associados aos eventos futuros,
Que surgirão inseparáveis de Ālokā.

HOḤ GANDHE CITTA HOḤ [é a intenção iluminada de Gandhā].
É assim que serão libertados naturalmente os construtos mentais associados aos eventos presentes,
Que surgirão inseparáveis de Gandhā.

ĀḤ NṚTI RĀGAYĀMI [é a intenção iluminada de Nartī][19].
É assim que serão libertados naturalmente os construtos mentais associados aos objetos de sabor,
Que surgirão inseparáveis de Nartī.

Por meio dessas intenções iluminadas das oito bodhisattvas femininas
Serão libertados naturalmente os construtos mentais associados aos oito objetos de consciência,
E [seu sinal externo será] a manifestação de uma chuva de flores e sons melodiosos quando ocorrer a transferência de consciência.

KRIṂ PRAṂ TRUṂ KṢAṂ SRUṂ YE
As letras mântricas do fundamento causal naturalmente presente surgem
Na forma destas sílabas-semente dos seis sábios.
É assim que serão libertados naturalmente os seis estados mentais dissonantes,
Serão obstruídas as seis entradas para o ventre das seis classes de seres
E o Corpo Búdico de Emanação se manifestará continuamente para o benefício dos seres sencientes,
E [seu sinal externo será] o surgimento de muitas relíquias sutis [depois da cremação].

OṂ MUNI KRIṂ SVĀHĀ é a intenção iluminada de Devendra Śakra.
É assim que o orgulho, que é a entrada para o domínio dos deuses, será obstruído.

19. Para o nome de Nartī também se encontra a forma alternativa "Naivedyā" (tib. *Zhal-zos-ma*).

OṂ MUNI PRAṂ SVĀHĀ é a intenção iluminada de Vemacitra
É assim que a inveja, que é a entrada para o domínio dos titãs, será obstruída.

OṂ MUNI TRUṂ SVĀHĀ é a intenção iluminada de Śākyamuni.
É assim que o desejo, que é a entrada para o domínio dos seres humanos, será obstruído.

OṂ MUNI KṢAṂ SVĀHĀ é a intenção iluminada de Sthirasiṃha.
É assim que a ilusão, que é a entrada para o domínio dos animais, será obstruída.

OṂ MUNI SRUṂ SVĀHĀ é a intenção iluminada de Jvālamukha.
É assim que a avareza, que é a entrada para o domínio dos espíritos famintos, será obstruída.

OṂ MUNI YE SVĀHĀ é a intenção iluminada de Dharmarāja.
É assim que o ódio, que é a entrada para o domínio dos infernos, será obstruído.

Por meio dessas intenções iluminadas dos Seis Sábios de Emanação,
Serão obstruídas as entradas para as seis classes de existência imperfeita
E se manifestarão as atividades [altruístas] dos puros corpos de emanação,
E [seu sinal externo será] que surgirão arco-íris cintilantes em meio às nuvens.

HŪṂ HŪṂ HŪṂ HŪṂ JAḤ HŪṂ VAṂ HOḤ
As letras mântricas do fundamento causal naturalmente presente surgem
Na forma destas [sílabas-semente dos] oito guardiões e guardiãs dos portais.
É assim que serão obstruídas as entradas para os quatro tipos de nascimento
E crescerão no contínuo mental as quatro aspirações imensuráveis,
E [seu sinal externo será] que [depois da cremação] surgirão luzes de arco-íris [nas cores] correspondentes: [branca, amarela, vermelha e verde].

OṂ VAJRAKRODHA VIJAYA HŪṂ é a intenção iluminada de Vijaya.
É assim que serão libertados naturalmente os construtos mentais associados ao eternalismo,
E todos os atos de pacificação serão realizados.

OṂ VAJRAKRODHA YAMĀNTAKA HŪṂ é a intenção iluminada de Yamāntaka.
É assim que serão libertados naturalmente os construtos mentais associados ao niilismo,
E todos os atos de enriquecimento serão realizados.

OṂ PADMĀNTAKṚT HAYAGRĪVA HŪṂ é a intenção iluminada de Hayagrīvarāja.
É assim que serão libertados naturalmente os construtos mentais associados ao egoísmo,
E todos os atos de sujeição serão realizados.

OṂ VAJRAKRODHA AMṚTAKUṆḌALI HŪṂ é a intenção iluminada de Amṛtakuṇḍalin.
É assim que serão libertados naturalmente os construtos mentais associados ao substancialismo[20],
E todos os atos de fúria serão realizados.

Por meio dessas intenções iluminadas dos Quatro Guardiões dos Portais,
Serão libertadas naturalmente as quatro concepções extremistas, entre as quais o eternalismo e o niilismo,
E serão realizadas as quatro atividades iluminadas,
E [seu sinal externo será] que surgirão luzes de arco-íris [nas quatro cores] correspondentes – branca, amarela, vermelha e verde.

OṂ VAJRĀṄKUŚĀ JAḤ é a intenção iluminada de Aṅkuśā.
É assim que será obstruída a entrada para o nascimento miraculoso,
E a compaixão imensurável crescerá no contínuo mental.

OṂ VAJRAPĀŚĀ HŪṂ é a intenção iluminada de Pāśā.
É assim que será obstruída a entrada para o nascimento vivíparo,
E a benignidade imensurável crescerá no contínuo mental.

OṂ VAJRASPHOṬĀ VAṂ é a intenção iluminada de Sphoṭā.
É assim que será obstruída a entrada para o nascimento ovíparo,
E a alegria benevolente imensurável crescerá no contínuo mental.

OṂ VAJRAGHAṆṬĀ HOḤ é a intenção iluminada de Gaṇṭhā.
Assim será obstruída a entrada para o nascimento proveniente de calor e umidade,
E a equanimidade imensurável crescerá no contínuo mental.

[Por meio dessas intenções iluminadas das quatro guardiãs dos portais,
Serão obstruídas as entradas para os quatro tipos de nascimento
E as quatro aspirações imensuráveis crescerão no contínuo mental,
E [seu sinal externo será] que surgirão luzes de arco-íris nas quatro cores correspondentes – [branca, amarela, vermelha e verde].][21]

20. Aqui, substancialismo (*mtshan-'dzin*) se refere ao apego às características, por não se haver compreendido que elas não possuem existência intrínseca.

21. Esse verso é omitido em nosso texto, mas se encontra na versão resumida.

Por meio dessa difusão expansiva da intenção iluminada
Da mente búdica das Quarenta e Duas Divindades Pacíficas,
O agregado dos pensamentos conceptuais é libertado naturalmente,
O que faz aparecerem relíquias ósseas, pequenas relíquias e luzes de arco-íris[22].

Que maravilha!
De dentro da difusa imensidão da intenção iluminada dos Sessenta Herukas, que surge naturalmente,
Como o sol que sai de trás das nuvens,
No domínio de experiência dos seres afortunados,
Essa intenção iluminada de surgimento natural se manifesta como segue:

OṂ RULU RULU HŪṂ BHYOḤ HŪṂ
Este mantra é a intenção iluminada unificada dos Sessenta Herukas.
É assim que os construtos mentais associados aos estados mentais dissonantes serão libertados na pureza primordial, como uma imensidão de suprema cognição pura,
E [seu sinal externo será] que reverberarão os sons indestrutíveis das oito sílabas do mantra RULU,
E múltiplas luzes de um branco incandescente brilharão [no céu depois da cremação].

Que maravilha!
[Então], as intenções iluminadas de cada um dos Sessenta Herukas surgem naturalmente uma a uma:

HŪṂ HŪṂ HŪṂ HŪṂ HŪṂ HŪṂ
As letras mântricas do fundamento causal naturalmente presente surgem
Na forma destas sílabas-semente dos seis herukas masculinos.
É assim que serão libertados naturalmente os seis estados mentais dissonantes,
Que surgirão inseparáveis dos seis herukas,
E [seu sinal externo será] o surgimento de chamas de seis cores [durante a cremação].

HŪṂ HŪṂ HŪṂ HŪṂ HŪṂ HŪṂ
As letras mântricas do fundamento causal naturalmente presente surgem
Na forma destas sílabas-semente das seis Īśvarī.
É assim que serão libertados naturalmente os construtos mentais associados às seis [classes de] objetos,

22. Para uma explicação mais detalhada dos mantras das Quarenta e Duas Divindades Pacíficas, ver Longchen Rabjampa, GGFTC, pp. 690-6.

Que surgirão inseparáveis das seis Īśvarī,
E [seu sinal externo será] o surgimento de luzes de arco-íris de seis cores [durante a cremação].

OṂ MAHĀ KRODHA MAHAŚRĪHERUKA HŪṂ PHAṬ é a intenção iluminada de Mahottara Heruka.
É assim que o estado mental dissonante da ignorância será libertado na pureza primordial,
E [seu sinal externo será] o surgimento de chamas de tom marrom-escuro que se movem em espiral para a direita [durante a cremação],
Sinal inequívoco de uma libertação irreversível, inseparável de Mahottara.

OṂ BUDDHA KRODHA MAHĀŚRĪHERUKA HŪṂ PHAṬ é a intenção iluminada de Buddha Heruka.
É assim que o estado mental dissonante da ilusão será libertado na pureza primordial,
E [seu sinal externo será] o surgimento de chamas brancas e brilhantes que se lançam para o alto [durante a cremação],
Sinal inequívoco de uma libertação inseparável de Buddha Heruka,
[Uma vez que o falecido renascerá no domínio búdico central da Densa Disposição].

OṂ VAJRA KRODHA MAHĀŚRĪHERUKA HŪṂ PHAṬ é a intenção iluminada de Vajra Heruka.
É assim que o estado mental dissonante do ódio será libertado na pureza primordial,
E [seu sinal externo será] o surgimento de chamas de tom azul-escuro que se lançam para o leste [durante a cremação],
Sinal inequívoco de uma [libertação] inseparável de Vajra Heruka,
Uma vez que [o falecido] renascerá no domínio búdico [oriental] de Manifesta Alegria.

OṂ RATNA KRODHA MAHĀŚRĪHERUKA HŪṂ PHAṬ é a intenção iluminada de Ratna Heruka.
É assim que o estado mental dissonante do orgulho será libertado na pureza primordial,
E [seu sinal externo será] o surgimento de chamas de tom amarelo-escuro que se lançam para o sul [durante a cremação],
Sinal inequívoco de uma [libertação] inseparável de Ratna Heruka,
Uma vez que [o falecido] renascerá no domínio búdico meridional do Glorioso.

OṂ PADMA KRODHA MAHĀŚRĪHERUKA HŪṂ PHAṬ é a intenção iluminada de Padma Heruka.
É assim que o estado mental dissonante do desejo será libertado na pureza primordial,
E [seu sinal externo será] o surgimento de chamas de tom vermelho-escuro que se lançam para o oeste [durante a cremação],
Sinal inequívoco de uma [libertação] inseparável de Padma Heruka,
Uma vez que [o falecido] renascerá no domínio búdico ocidental da Bem-Aventurança.

OṂ KARMA KRODHA MAHĀŚRĪHERUKA HŪṂ PHAṬ é a intenção iluminada de Karma Heruka.
É assim que o estado mental dissonante da inveja será libertado na pureza primordial,
E [seu sinal externo será] o surgimento de chamas de tom verde-escuro que se lançam para o norte [durante a cremação],
Sinal inequívoco de uma [libertação] inseparável de Karma Heruka,
Uma vez que [o falecido] renascerá no domínio búdico setentrional da Matriz de Atividade.

OṂ MAHĀ KRODHEŚVARĪ TVAṂ é a intenção iluminada de Mahākrodheśvarī.
É assim que serão libertados naturalmente os construtos mentais associados aos fenômenos aparentes,
E [seu sinal externo será] o surgimento de fumaça que se move em espiral para a direita [durante a cremação],
Sinal de libertação inseparável de Dhātvīśvari.

OṂ BUDDHA KRODHEŚVARĪ TVAṂ é a intenção iluminada de Buddhakrodheśvarī.
É assim que serão libertados naturalmente os construtos mentais associados aos objetos corpóreos,
E [seu sinal externo será] o surgimento de fumaça que se move em espiral para cima [durante a cremação],
Sinal de libertação inseparável de Buddhakrodheśvarī.

OṂ VAJRA KRODHEŚVARĪ TVAṂ é a intenção iluminada de Vajrakrodheśvarī.
É assim que serão libertados naturalmente os construtos mentais associados aos objetos da audição,
E [seu sinal externo será] o surgimento de fumaça que se move em espiral para o leste [durante a cremação],
Sinal de libertação inseparável de Vajrakrodheśvarī.

OṂ RATNA KRODHEŚVARĪ TVAṂ é a intenção iluminada de Ratnakrodheśvarī.
É assim que serão libertados naturalmente os construtos mentais associados aos objetos do olfato,

E [seu sinal externo será] o surgimento de fumaça que se move em espiral para o sul [durante a cremação],
Sinal de libertação inseparável de Ratnakrodheśvarī.

OṂ PADMA KRODHEŚVARĪ TVAṂ é a intenção iluminada de Padmakrodheśvarī.
É assim que serão libertados naturalmente os construtos mentais associados aos objetos do paladar,
E [seu sinal externo será] o surgimento de fumaça que se move em espiral para o oeste [durante a cremação],
Sinal de libertação inseparável de Padmakrodheśvarī.

OṂ KARMA KRODHEŚVARĪ TVAṂ é a intenção iluminada de Karmakrodheśvarī.
É assim que serão libertados naturalmente os construtos mentais associados aos objetos do tato,
E [seu sinal externo será] o surgimento de fumaça que se move em espiral para o norte [durante a cremação],
Sinal de libertação inseparável de Karmakrodheśvarī.

Pela difusão expansiva dessas intenções iluminadas dos doze herukas principais, que surgem naturalmente,
A hoste dos construtos mentais associados aos estados mentais dissonantes será naturalmente libertada,
E será alcançada a maestria dos cinco domínios búdicos.

HA HA HA HA HA HA HA HA
As sílabas mântricas do fundamento causal naturalmente presente surgem
Na forma destas sílabas-semente das oito Mātaraḥ.
É assim que serão libertados naturalmente os construtos mentais associados às oito classes de consciência,
E [seu sinal externo será] o surgimento de faíscas de fogo que se lançam em espiral para a direita [durante a cremação].

OṂ VAJRA GAURĪ HA é a intenção iluminada de Gaurī, a divindade furiosa feminina branca.
É assim que serão subjugados os construtos mentais associados à consciência dissonante.

OṂ VAJRA CAURĪ HA é a intenção iluminada de Caurī, a divindade furiosa feminina amarela.
É assim que os seres das seis classes serão impulsionados para renascimentos superiores.

OṂ VAJRA PRAMOHĀ HA é a intenção iluminada de Pramohā, a divindade furiosa feminina vermelha.
É assim que os seres das seis classes serão guiados para fora da existência cíclica.

OṂ VAJRA VETĀLĪ HA é a intenção iluminada de Vetālī, a divindade furiosa feminina verde-escura.
É assim que ocorrerá a libertação na intenção iluminada de realidade imutável.

OṂ VAJRA PUKKASĪ HA é a intenção iluminada de Pukkasī, a divindade furiosa feminina vermelho-amarelada.
É assim que os seres serão conduzidos dos estados mentais dissonantes [a renascimentos superiores].

OṂ VAJRA GHASMARĪ HA é a intenção iluminada de Ghasmarī, a divindade furiosa feminina verde.
É assim que a existência cíclica será purificada em sua própria natureza,
E [seu sinal externo será] o surgimento de faíscas de fogo que se lançam em espiral para a direita durante a cremação.

OṂ VAJRA CAṆḌĀLĪ HA é a intenção iluminada de Caṇḍālī, a divindade furiosa feminina amarelo-pálida.
É assim que serão rompidos os estados mentais dissonantes e os pensamentos errôneos.

OṂ VAJRA ŚMAŚĀNĪ HA é a intenção iluminada de Śmaśānī, a divindade furiosa feminina azul-pálida.
É assim que serão rompidos os suportes dos estados mentais dissonantes.

Por estas intenções iluminadas das oito Mātaraḥ,
[O falecido] será guiado para fora da existência cíclica,
E [seu sinal externo será] o surgimento de faíscas de fogo que se lançam em espiral [durante a cremação].

HE HE HE HE HE HE HE HE
As letras mântricas do fundamento causal naturalmente presente surgem
Na forma destas sílabas-semente das oito Piśācī.
É assim que serão libertados naturalmente os construtos mentais associados aos oito objetos de consciência,
E [seu sinal externo será] o surgimento de faíscas de fogo que se lançam em cadeias [durante a cremação].

OṂ VAJRA SIṂHAMUKHĪ HE é a intenção iluminada de Siṃhamukhī.
É assim que a existência cíclica será purificada em sua natureza primordial.

OṂ VAJRA VYĀGHRĪMUKHĪ HE é a intenção iluminada de Vyāghrīmukhī.
É assim que a existência cíclica será purificada em sua totalidade.

OṂ VAJRA ŚṚGĀLAMUKHĪ HE é a intenção iluminada de Śṛgālamukhī.
É assim que os estados mentais dissonantes serão purificados desde suas próprias raízes.

OṂ VAJRA ŚVĀNAMUKHĪ HE é a intenção iluminada de Śvānamukhī.
É assim que as profundezas da existência cíclica serão revolvidas.

OṂ VAJRA GṚDHRAMUKHĪ HE é a intenção iluminada de Gṛdhramukhī.
É assim que os três venenos serão arrancados de suas raízes.

OṂ VAJRA KAṄKAMUKHĪ HE é a intenção iluminada de Kaṅkamukhī.
É assim que os seres serão guiados para fora do fosso da existência cíclica.

OṂ VAJRA KĀKAMUKHĪ HE é a intenção iluminada de Kākamukhī.
É assim que os estados mentais dissonantes serão purificados no jogo criativo da imensidão [da realidade].

OṂ VAJRA ULŪKAMUKHĪ HE é a intenção iluminada de Ulūkamukhī.
É assim que serão rompidos os suportes das concepções errôneas.

Por meio destas intenções iluminadas das oito Piśācī,
Serão libertados naturalmente os construtos mentais associados aos oito objetos.

JAḤ HŪṂ VAṂ HOḤ
As letras mântricas do fundamento causal naturalmente presente surgem
Na forma destas sílabas-semente das quatro guardiãs dos portais [da assembleia furiosa].
É assim que serão obstruídas as entradas para os quatro tipos de nascimento,
E as quatro aspirações imensuráveis crescerão no contínuo mental.

OṂ VAJRĀṄKUŚĀ JAḤ é a intenção iluminada de [Aṅkuśā Vajratejasī], que tem cabeça de cavalo e é branca.
É assim que os seres serão arrancados das moradas da existência cíclica,
[E a compaixão imensurável crescerá no contínuo mental].

OṂ VAJRAPĀŚĀ HŪṂ é a intenção iluminada de [Pāśā Vajrāmoghā], que tem cabeça de porca e é amarela.
É assim que os construtos mentais errôneos serão firmemente amarrados,
[E a benignidade imensurável crescerá no contínuo mental].

OṂ VAJRASPHOṬĀ VAṂ é a intenção iluminada de [Sphoṭā Vajrālokā], que tem cabeça de leão e é vermelha.
É assim que o estado mental dissonante da ignorância será seguramente contido,
[E a alegria benevolente imensurável crescerá no contínuo mental].

OṂ VAJRAGHAṆṬĀ HOḤ é a intenção iluminada de [Gaṇṭhā Vajravetālī], que tem cabeça de serpente e é verde.
É assim que os construtos mentais associados aos cinco venenos serão subjugados,
[E a equanimidade imensurável crescerá no contínuo mental].

BHYOḤ BHYOḤ BHYOḤ BHYOḤ BHYOḤ BHYOḤ BHYOḤ
BHYOḤ BHYOḤ BHYOḤ BHYOḤ BHYOḤ BHYOḤ BHYOḤ
BHYOḤ BHYOḤ BHYOḤ BHYOḤ BHYOḤ BHYOḤ BHYOḤ
BHYOḤ BHYOḤ BHYOḤ BHYOḤ BHYOḤ BHYOḤ BHYOḤ
As letras mântricas do fundamento causal naturalmente presente surgem
Na forma destas sílabas-semente das vinte e oito īśvarī.
É assim que serão purificados os agregados de pensamentos confusos e desconcertantes,
E [seu sinal externo será] o surgimento de sons, luzes e raios [durante a cremação].

OṂ MANURĀKṢASĪ BHYOḤ é a intenção iluminada de Manurākṣasī[23].
OṂ BRAHMĀṆĪ BHYOḤ é a intenção iluminada de Brahmāṇī.
OṂ RAUDRĪ BHYOḤ é a intenção iluminada de Raudrī.
OṂ INDRĀṆĪ BHYOḤ é a intenção iluminada de Indrāṇī.
OṂ KAUMĀRĪ BHYOḤ é a intenção iluminada de Kaumārī.
OṂ VAIṢṆĀVĪ BHYOḤ é a intenção iluminada de Vaiṣṇāvī.
OṂ VAJRA PIṄGALĀ BHYOḤ é a intenção iluminada de Vajra [Piṅgalā].
OṂ SAUMĪ BHYOḤ é a intenção iluminada de Saumī.
OṂ AMṚTĀ BHYOḤ é a intenção iluminada de Amṛtā.
OṂ DAṆḌĪ BHYOḤ é a intenção iluminada de Daṇḍī.
OṂ RĀKṢASĪ BHYOḤ é a intenção iluminada de Rākṣasī.
OṂ BHAKṢASĪ BHYOḤ é a intenção iluminada de Bhakṣasī.
OṂ RATĪ BHYOḤ é a intenção iluminada de Ratī.
OṂ RUDHIRAMADĪ BHYOḤ é a intenção iluminada de Rudhiramadī.
OṂ EKACĀRAṆĪ BHYOḤ é a intenção iluminada de Ekacāraṇī Rākṣasī.
OṂ MANOHĀRIKĀ BHYOḤ é a intenção iluminada de Manohārikā.

23. O texto não acrescenta detalhes significativos à descrição dos mantras das vinte e oito Īśvarī. Os próprios mantras dessa série são reproduzidos aqui segundo o *rDor-rje me-long*, Peking Kangyur, vol. 10, p. 20; mas com o sânscrito corrigido de acordo com GGFTC, pp. 1.124-8.

OṂ SIDDHIKARĪ BHYOḤ é a intenção iluminada de Siddhikarī.
OṂ VĀYUDEVĪ BHYOḤ é a intenção iluminada de Vāyudevī.
OṂ MAHĀMĀRAṆĀ BHYOḤ é a intenção iluminada de Mahāmāraṇā.
OṂ AGNĀYĪ BHYOḤ é a intenção iluminada de Agnāyī.
OṂ VĀRĀHĪ BHYOḤ é a intenção iluminada de Vārāhī.
OṂ CĀMUṆḌĪ BHYOḤ é a intenção iluminada de Cāmuṇḍī.
OṂ BHUJANĀ BHYOḤ é a intenção iluminada de Bhujanā.
OṂ VARUṆĀNĪ BHYOḤ é a intenção iluminada de Varuṇānī.
OṂ MAHĀKĀLĪ BHYOḤ é a intenção iluminada de Vajra Mahākālī.
OṂ MAHĀCHĀGALĀ BHYOḤ é a intenção iluminada de Vajra Mahāchāgalā.
OṂ MAHĀKUMBHAKARṆĪ BHYOḤ é a intenção iluminada de Vajra Mahākumbhakarṇī.
OṂ VAJRA LAMBODARĀ BHYOḤ é a intenção iluminada de Vajra Lambodarā.

Por meio destas intenções iluminadas das vinte e oito Īśvarī,
Serão naturalmente purificadas as manifestações desconcertantes do estado intermediário,
E [seu sinal externo será] o surgimento de sons, luzes, raios e [erupções de] fogo e fumaça quando ocorrer a transferência de consciência.

Que maravilha!
Os mais íntimos [mantras] do coração dos quatro grandes e furiosos [guardiões dos portais],
Os dominadores que libertam naturalmente as quatro forças sedutoras,
Manifestam-se como um livre rugido de leão,
Cujas intenções iluminadas que surgem naturalmente soam assim:

OṂ VAJRA KRODHA KYEMA KYERI KARIMASTA BHALI BHALI ATA EKARASULI BHASATI ENILANILA KĀ EBINA ABHISIÑCA
Este rugido de leão que subjuga a força sedutora dos agregados psicofísicos
[É a intenção iluminada de Mahābala Kumārakalaśa].
É assim que será alcançada a dissolução indivisível no corpo do Buda Kumārakalaśa,
E a libertação ocorrerá na imensidão naturalmente presente.

OṂ VAJRA KRODHA MAHĀMUDRA JÑĀNA OJASVĀ HŪṂ SPHARAṆA PHAṬ SVĀHĀ
Este rugido de leão que subjuga a força sedutora dos estados mentais dissonantes
[É a intenção iluminada de Yamāntaka Vajra Heruka].
É assim que será alcançada a dissolução indivisível no corpo de Vajra Heruka,
Quando então será obtido o estado búdico.
O ser será libertado naturalmente para além do alcance dos cinco venenos,
E emanações e emanações de emanações efetuarão o bem-estar dos seres sencientes.

OṂ VAJRA KRODHA AMṚTAKUṆḌALI HŪṂ CHINDHA CHINDHA BHINDHA BHINDHA HANA HANA DAHA DAHA PACA PACA HŪṂ PHAṬ
Este rugido de leão que subjuga a força sedutora do "filho de deva"
[É a intenção iluminada de Amṛtakuṇḍalin].
É assim que será alcançada a dissolução indivisível no corpo de Amṛtakuṇḍalin,
Quando então será obtido o estado búdico.
O ser será libertado dos sofrimentos das existências inferiores,
E as atividades iluminadas serão realizadas em todas as direções sem distinção.

OṂ VAJRA KRODHA HAYAGRĪVA HRĪḤ SARVA TATHĀGATA MAHĀPAÑCA OṂ ĀYURJÑĀNA MAHĀPUṆYE TIṢṬHA OṂ
Este rugido de leão que subjuga a força sedutora do senhor da morte
[É a intenção iluminada de Hayagrīvarāja].
É assim que se alcança a realização da longevidade de Hayagrīvarāja,
E, repousando no estado de realidade, que é suprema beatitude,
A ignorância e os outros estados mentais dissonantes serão erradicados,
Os cinco venenos serão libertados em seu próprio ato de ser, sem que haja necessidade de renunciar a eles,
E serão abolidas as tendências habituais da existência cíclica sem princípio.

[Por meio destes mais íntimos mantras do coração dos quatro grandes e furiosos guardiões dos portais],
As quatro forças sedutoras serão destruídas e libertadas nos quatro corpos búdicos,
E [seu sinal externo será] o surgimento de relíquias ósseas, relíquias menores e luzes de arco-íris [durante a cremação].

[Que maravilha!
Pela difusão expansiva destas intenções iluminadas da mente búdica dos Sessenta Herukas,
A massa dos pensamentos confusos e desconcertantes é libertada naturalmente,
E [seu sinal externo será] o surgimento de sons, luzes e raios, de erupções de fogo e fumaça que se movem em espiral para a direita da pira,
Bem como de luzes de arco-íris, relíquias ósseas, relíquias menores e outros sinais.][24]

24. Estes últimos versos não constam de nosso texto original, mas são encontrados na versão resumida. Para uma explicação mais detalhada dos mantras das sessenta divindades furiosas, incluindo certas variantes dos mantras, ver Longchen Rabjampa, GGFTC, pp. 1.144-56.

[PARTE TRÊS]

Que maravilha!
A intenção iluminada do Corpo Búdico de Emanação, livre e desimpedido,
Surge na forma das seguintes seis sílabas,
Pelas quais as seis classes de seres sencientes são naturalmente libertadas na imensidão [da verdadeira realidade]:
'A A HA ŚA SA MA

Por meio dessa intenção iluminada, que não tem princípio nem fim,
Essas seis sílabas, que são os seis pontos seminais [de luz] naturalmente presentes,
Libertarão naturalmente as seis classes de seres sencientes na imensidão [da realidade][25],
E [seu sinal externo será] o surgimento de numerosas relíquias sutis e variegadas luzes de arco-íris [durante a cremação].

Que maravilha!
A suprema intenção iluminada das Cem Famílias Verdadeiramente Iluminadas
Surge na forma do mantra secreto de cem sílabas,
Que se manifesta naturalmente dentro do coração de Vajrasattva, desta maneira:

OṂ VAJRASATTVA SAMAYAMANUPĀLAYA VAJRASATTVA TVENOPATIṢṬHA DṚḌHO ME BHAVA SUPOṢYO ME BHAVA SUTOṢYO ME BHAVA ANURAKTO ME BHAVA SARVASIDDHIṂ ME PRAYACCHA SARVAKARMASU CA ME CITTAṂ ŚREYAḤ KURU HŪṂ HAHAHAHA HO BHAGAVĀN SARVA TATHĀGATA VAJRA MĀ ME MUÑCA VAJRABHAVA MAHĀSAMAYASATTVA ĀḤ
Por meio desta intenção iluminada unificada das Cem Famílias Iluminadas,
Serão libertadas naturalmente, sem renúncia, as degenerações e rompimentos [dos pactos, bem como toda] negatividade e obscurecimentos[26],
E [seu sinal externo será] o surgimento de relíquias ósseas, arco-íris, luzes e raios [durante a cremação];
E sons reverberarão por todo o universo.

Que maravilha!
O mais íntimo mantra do coração, supremo, sem princípio e libertador, surge na forma das seguintes sílabas naturalmente presentes:

25. Sobre a natureza dessas seis sílabas – que, segundo a tradição da Espiritualidade Íntima (*snying-thig*), estão associadas aos seis domínios da existência –, ver Namkhai Norbu, *The Dzogchen Ritual Practices*, p. 123.

26. Sobre o Mantra das Cem Sílabas de Vajrasattva, ver Glossário. Sobre os rompimentos dos pactos que esse mantra retifica, ver Capítulo 7; sobre a negatividade e os obscurecimentos que ele purifica, ver Capítulos 1 e 6.

A Ā I Ī U Ū Ṛ Ṝ Ḷ Ḹ E AI O AU AṂ AḤ
Essas dezesseis sílabas que não têm princípio, em oito pares, darão surgimento a uma reverberação indestrutível,
E [seu sinal externo será] o surgimento de um céu limpo e sem nuvens.

Que maravilha!
O mais íntimo mantra do coração, supremo, sem fim e libertador, surge na forma das seguintes sílabas naturalmente presentes:
KA KHA GA GHA ṄA CA CHA JA JHA ÑA ṬA ṬHA ḌA ḌHA ṆA TA THA DA DHA NA PA PHA BA BHA MA YA RA LA VA ŚA ṢA SA HA KṢA
Essas trinta e quatro sílabas que não têm fim, em oito grupos, darão surgimento a uma reverberação indestrutível,
Que é a intenção iluminada dos imutáveis ensinamentos [sagrados],
E seu sinal será o surgimento de luzes de arco-íris e relíquias [na pira crematória].

Que maravilha!
O mais íntimo mantra do coração, supremo, que liberta o contínuo permanente [dos fenômenos], surge na forma das seguintes sílabas naturalmente presentes:
[OṂ] YE DHARMĀ HETUPRABHAVĀ HETUN TEṢĀṂ TATHĀGATO HY AVADAT TEṢĀṂ CA YO NIRODHO EVAṂ VĀDĪ MAHĀŚRAMAṆAḤ SVĀHĀ[27]

Essas trinta e nove sílabas mântricas libertadoras, em doze grupos, dão surgimento a uma reverberação indestrutível,
E [seu sinal externo será] o surgimento de múltiplas relíquias e [cintilantes] luzes de arco-íris.

Os mantras suplementares que simbolizam [as quatro] atividades iluminadas e [que são acrescentados aos mantras fundamentais apresentados acima] surgem na forma das seguintes sílabas naturalmente presentes:

Que as doenças, a possessão por forças malevolentes
E os oito temores, juntamente com toda negatividade e obscurecimentos,
Sejam pacificados na imensidão da percepção intrínseca!
ŚĀNTIṂ KURUYE SVĀHĀ

Que a duração da vida [dos seres] e todos os domínios de mérito
Sejam enriquecidos na modalidade de percepção [intrínseca]!
PUṢṬIṂ KURUYE SVĀHĀ

27. Sobre esse mantra, conhecido em geral como o Mantra do Coração da Originação Dependente, ver Glossário.

Que as Três Joias Preciosas e toda a existência cíclica e o nirvāṇa
Sejam controlados na modalidade de percepção [intrínseca]!
VAŚAṂ KURUYE SVĀHĀ

Que todas as forças obstrutivas e hostis,
Os cinco venenos e os três venenos,
Sejam destruídos na modalidade de percepção [intrínseca]!
MĀRAYA PHAṬ SVĀHĀ

Que [todas] essas intenções iluminadas naturalmente presentes,
Que são o produto singular de todos os ensinamentos,
Surjam naturalmente e se manifestem para o benefício dos seres sencientes!

[CONCLUSÃO]

Pelo [poder desta] autêntica joia preciosa,
Todas as necessidades e desejos podem ser manifestados nesta vida
E, na próxima, o estado búdico certamente pode ser alcançado.

Este [círculo mântrico] deve ser fielmente transcrito em escritura branca*
Numa folha de excelente papel azul,
Do tamanho de um livreto de quatro dedos de largura,
Usando-se ouro refinado, a cor do Buda,
E deve ser enrolado em seda da maneira correta[28].
[Depois], no oitavo dia do mês lunar,
Coincidindo com a constelação de Câncer,
Um yogin de pactos puros deve consagrá-lo,
E daí em diante ele deve ser usado [continuamente][29].

Tanto as virtudes inefáveis quanto as ações negativas podem se tornar muito numerosas.
Por isso o [yogin] deve perseverar na prática das virtudes e atuar para o benefício dos seres sencientes,
Evitando até mesmo as menores ações negativas.

* Existem diversos modos de escrever em tibetano. Os modos mais amplamente usados são classificados em "escritura branca" e "escritura negra". Na escritura branca, todas as letras que não têm sinais diacríticos são separadas das letras adjacentes por um espaço – esse modo de escrever é usado nos textos impressos e em quase todos os escritos religiosos, impressos ou não. Já na escritura negra, as letras são escritas sem espaços entre elas – esse modo de escrever é geralmente usado na escrita cursiva, pois, embora seja de leitura mais difícil, facilita que se escreva rapidamente. (N. do T.)

28. Tib. *mgo-'jug ma-log*. Aqui, isso se refere à importância de dobrar o papel de modo que o topo e a base das letras não sejam invertidos ou posicionados de maneira inadequada.

29. O livreto é então inserido num escrínio de ouro, também conhecido como *legs-'bam*, que deve ser atado ao coque na cabeça do yogin ou pendurado no pescoço.

Quem faz isso da maneira correta,
Mesmo que anteriomente tenha cometido os cinco crimes irremissíveis,
Uma vez que tenha encontrado este [círculo mântrico], não poderá jamais cair nas existências inferiores.

Uma vez que, [deste modo], até os que não praticaram em absoluto os ensinamentos [sagrados] podem alcançar o estado búdico,
Ele é chamado "Libertação pelo Uso junto ao Corpo".
Uma vez que todos os que veem este círculo [mântrico] podem alcançar o estado búdico,
Ele é chamado "Libertação pela Visão".
Uma vez que todos os que o tocam podem alcançar o estado búdico,
Ele é chamado "Libertação pelo Contato".
Uma vez que todos os que o ouvem recitado em voz alta podem alcançar o estado búdico,
Ele é chamado "Libertação pela Audição".
Uma vez que todos os que sentem seu sopro podem alcançar o estado búdico,
Ele é chamado "Libertação pela Sensação".

Uma vez que não houve um único buda que não contemplou [este círculo mântrico],
Ele é certamente o núcleo dos ensinamentos [sagrados].
Todos os que o veem ser escrito alcançarão o estado búdico.
Todos os que entram em contato com ele, portando-o junto ao corpo, alcançarão o estado búdico.
Todos os que escutam sua recitação em voz alta alcançarão o estado búdico.
Portanto, ele deve ser escrito e usado [como um amuleto].
Deve ser lido em voz alta e contemplado da maneira correta,
E deve ser cabalmente compreendido em todos os seus aspectos!

[Este círculo mântrico] deve ser mantido em segredo, deve ser ocultado,
Exceto aos bem-afortunados, que possuem as devidas ações passadas,
Pois os que não tiverem acumulado mérito não poderão compreender [seu significado],
E se acontecer de difamarem este [círculo mântrico], serão conduzidos aos infernos.
Eles são como os espíritos famintos, que veem os alimentos [nutritivos] como inimigos!
Portanto, ele deve ser mantido em segredo, como uma instrução esotérica.
[Este círculo mântrico] é um domínio da experiência dos bem-afortunados.
É extremamente difícil encontrar este [círculo mântrico],
E, uma vez encontrado, é difícil compreendê-lo mentalmente.

Portanto, os que o encontrarem devem regozijar-se
E adotá-lo com respeito!

Na hora da morte, [este círculo mântrico] não deve ser removido de junto do corpo,
E, na ocasião da cremação, não deve ser removido do cadáver.
Como consequência disso, a libertação pode ocorrer por meio da visão, da audição, da recordação ou do contato.

Isto completa a *Libertação pelo uso junto ao corpo: Libertação natural dos agregados psicofísicos*,
Que compreende [os mantras das] cem famílias iluminadas das Divindades Pacíficas e Furiosas.

SAMAYA! *rgya rgya rgya a gter-rgya*

Este é um texto descoberto, tirado do Monte Gampodar pelo descobridor de tesouros Karma Lingpa.

ŚUBHAṂ

APÊNDICE UM: *AS DIVINDADES PACÍFICAS E FURIOSAS* E *O LIVRO TIBETANO DOS MORTOS*

Uma correspondência entre os capítulos de *As Divindades Pacíficas e Furiosas: um profundo ensinamento sagrado [chamado] libertação natural por meio [do reconhecimento] da intenção iluminada* (edição em três volumes de Dudjom Rinpoche: Délhi, Sherab Lama, 1975-6) e os capítulos deste livro.

HISTÓRIA (*lo-rgyus*)

1) *Memorando* (*Them-byad zin-bris*), composto por Gyarawa Namka Chokyi Gyeltsen, Volume 1, pp. 1-6.

2) *A lenda do rei 'Gyod tshangs* (*'Gyod-tshangs rgyal-po'i lo-rgyus*). Volume 1, pp. 7-13.

3) *A lenda do brâmane Dung-phreng* (*Bram-ze dung-phreng-gi lo-rgyus*). Volume 1, pp. 15-20.

4) *A profecia de Padmasambhava sobre o descobridor de tesouros e a série de detentores autênticos da linhagem espiritual* (*gTer-ston lung-bstan-dang khungs bstun-pa bla-ma brgyud-pa'i rim-pa-rnams*), composta por Gendun Gyeltsen. Volume 1, pp. 21-6.

5) *História resumida da linhagem, chamada coroa de joias* (*rGyud-pa'i lo-rgyus bsdus-pa nor-bu'i phreng-ba*), composta por Namka Chokyi Gyatso. Volume 1, pp. 27-48.

INICIAÇÃO (*dbang-bskur*)

1) *Libertação natural pela descoberta das quatro iniciações: A iniciação do vaso, extensa e elaborada* (*dBang-bzhi 'phrad-tshad rang-grol-gyi spros-bcas bum-dbang chen-mo*). Volume 1, pp. 49-92.

2) *Libertação natural pela descoberta das quatro iniciações: Elucidação extraordinária e profunda das três iniciações superiores, que inclui a libertação natural pela iniciação secreta de grande bem-aventurança* (*dBang-bzhi 'phrad-tshad rang-grol-gyi gsang-dbang bde-chen rang-grol-la-sogs-pa'i dbang gong-ma gsum-gyi zab-gsal khyad-par-can*). Volume 1, pp. 93-125.

3) *Libertação natural pela projeção das seis classes de seres rumo a renascimentos superiores: As iniciações [medianas] da libertação natural dos pactos degenerados por meio de reparação e confissão* (*sKong-bshags nyams-chags rang-grol-gyi dbang-bskur gnas-spar 'gro-drug rang-grol*), Volume 1, pp. 127-60.

4) *Iniciação de torma: Contato significativo* (*gTor-dbang reg-pa don-ldan*), composto por Namka Chokyi Gyatso. Volume 1, pp. 161-4.

5) *Libertação natural pela descoberta das quatro iniciações: A flor que elucida as sequências de conclusão* (*dBang-bzhi 'phrad-tshad rang-grol-gyi rjes-kyi rim-pa gsal-ba'i me-tog*). Volume 1, pp. 165-8.

6) *Libertação natural por meio da ligação com a aplicação prática: Adendo à iniciação mediana de maturação chamada libertação natural das seis classes de seres viventes* (*sMin-byed sgo-'byed dbang-bskur 'bring-po 'gro-drug rang-grol-la kha-skong phyag--bzhes-kyis brgyad-pa 'brel-tshad rang-grol*). Volume 2, pp. 145-228.

7) *Anotações menores sobre os ritos e iniciações da vinculação aos nascimentos superiores* (*gNas-lung-gi cho-ga-dang dbang-bskur sogs-la nye-bar mkho-ba'i zur-'debs phran-bu*). Volume 2, pp. 229-38.

ESTÁGIO DE GERAÇÃO DA MEDITAÇÃO (*bskyed-rim*)

1) *Prática espiritual chamada libertação natural das tendências habituais* (*Chos--spyod bag-chags rang-grol*). Volume 1, pp. 169-200. **Ver Capítulo 5.**

2) *Libertação natural da natureza da mente: o yoga de quatro sessões da prática preliminar* (*Chos-spyod thun-bzhi'i rnal-'byor sems-nyid rang-grol*), composto por Nyinda Ozer. Volume 1, pp. 201-16. **Ver Capítulo 1.**

3) *Libertação natural dos pactos degenerados por meio de reparação e confissão: Adendo preliminar ao estágio de geração da purificação ritual* (*[sKang-bshags nyams--chags rang-grol-gyi] Las-byang bskyed-rim sngon-'gro lhan-thabs*), composto por Namka Chokyi Gyatso. Volume 1, pp. 217-32.

4) *Libertação natural dos sentimentos: Rosário principal da purificação ritual segundo a assembleia das Divindades Pacíficas e Furiosas*, em dezoito seções (*Zhi-khro 'dus-pa'i las-byang rtsa-phreng tshor-ba rang-grol spyi-don bco-brgyad-pa*). Volume 1, pp. 233-325.

5) *Libertação natural dos sentimentos: Rosário menor da purificação ritual*, em três seções essenciais (*Las-byang chung-ba tshor-ba rang-grol snying-po spyi-don gsum-pa*). Volume 1, pp. 327-52.

6) *Sequência de meditação nas Divindades Pacíficas e Furiosas chamada cognição pura coemergente* (*Zhi-khro sgom-rim lhan-skyes ye-shes*). Volume 1, pp. 353-67.

7) *Libertação natural da negatividade e do obscurecimento por meio [da realização] da homenagem cêntupla às famílias santas e iluminadas* (*Dam-pa rigs-brgyar phyag--'tshal sdig-sgrib rang-grol*). Volume 1, pp. 369-90. **Ver Capítulo 6.**

8) *Homenagem abreviada às Divindades Pacíficas e Furiosas* (*Zhi-khro'i phyag--'tshal bsdus-pa*). Volume 1, pp. 391-6.

9) *Libertação natural por meio de atos de confissão na presença das Divindades Pacíficas e Furiosas* (*Zhi-khro'i klong-bshags brjod-pa rang-grol*). Volume 1, pp. 397-429. **Ver Capítulo 7.**

10) *Libertação natural dos pactos degenerados por meio de reparação e confissão: a sequência para o cumprimento dos pactos meditativos* (*bsKang-bshags nyams-chag rang-grol-gyi thugs-dam bskang-ba'i rim-pa*), compilado por Namka Chokyi Gyatso. Volume 1, pp. 431-65.

11) *Libertação natural dos pactos degenerados por meio de reparação e confissão: a libertação natural das seis classes de seres viventes por meio da orientação do falecido*

rumo a renascimentos superiores (*bsKang-bshags nyams-chag rang-grol-gyi tshe-'das gnas-spar/ 'dren 'gro-drug rang-grol spyi-don bcu-pa*). Volume 2, pp. 1-50.

12) *Libertação natural pela atividade iluminada: a queima de oferendas da purificação ritual* (*Las-byang sbyin-sreg phrin-las rang-grol*), composto por Namka Chokyi Gyatso. Volume 2, pp. 51-123.

13) *Libertação natural pelo rito de queima de oferendas: a sequência das práticas preliminares* (*sByin-sreg phrin-las rang-grol-gyi sngon-'gro sta-gon-gyi rim-pa*). Volume 2, pp. 123-44.

14) *Notas abreviadas sobre o serviço ritual que esclarecem o sentido da libertação* (*bsNyen-yig mdor-bsdus rnam-grol don-gsal*). Volume 2, pp. 239-53.

ESTÁGIO DE PERFEIÇÃO DA MEDITAÇÃO (*rdzogs-rim*)

1) *Sumário chamado libertação natural das chaves dos capítulos* (*Sa-bcad lde'u-mig rang-grol gsal-bar bkod-pa*), composto por Nyinda. Volume 2, pp. 255-65.

2) *Prece chamada libertação natural na vasta imensidão dos três corpos búdicos* (*gSol-'debs sku-gsum klong-yangs rang-grol*). Volume 2, pp. 267-72.

3) *Uma oração para a união com o mestre espiritual [chamada] libertação natural sem a renúncia aos três venenos* (*sKu-gsum bla-ma'i rnal-'byor-gyi gsol-'debs dug-gsum ma-spangs rang-grol*). Volume 2, pp. 273-6. **Ver Capítulo 2.**

4) *Libertação natural por meio da intenção iluminada: Guia para a experiência dos estados intermediários: Adendo sobre o treinamento da mente nas práticas preliminares* (*Bar-do'i nyams-khrid dgongs-pa rang-grol-gyi sngon-'gro rang-rgyud 'dul-byed-kyi lhan-thabs*), um ensinamento de Choje Lingpa, compilado por Nyinda Ozer e redigido por Namka Chokyi Gyatso. Volume 2, pp. 277-302.

5) *Libertação natural por meio da raiz de todas: um manual de orientação para o estado intermediário desta vida* (*sKyes-gnas bar-do'i khrid-yig kun-gzhi rang-grol*). Volume 2, pp. 303-40.

6) *Libertação natural pela perplexidade: um manual de orientação para o estado intermediário dos sonhos* (*rMi-lam bar-do'i khrid-yig 'khrul-pa rang-grol*). Volume 2, pp. 341-61.

7) *Libertação natural pela consciência pura: um manual de orientação para o estado intermediário de concentração meditativa* (*bSam-gtan bar-do'i khrid-yig rig-pa rang-grol*). Volume 2, pp. 363-77.

8) *Libertação natural pela recordação: um manual de orientação para o estado intermediário do momento da morte* (*'Chi-kha'i bar-do'i khrid-yig dran-pa rang-grol*). Volume 2, pp. 379-400. **Ver Capítulo 10.**

9) *Libertação natural pela visão: um manual de orientação para o estado intermediário de realidade* (*Chos-nyid bar-do'i khrid-yig mthong-ba rang-grol*). Volume 2, pp. 401-17.

10) *Libertação natural pelo renascimento: um manual de orientação para o estado intermediário de renascimento* (*Srid-pa bar-do'i khrid-yig srid-pa rang-grol*). Volume 2, pp. 419-32.

INTRODUÇÕES (*ngo-sprod*)

1) *Prática preliminar para todas as introduções, chamada exortação sobre a impermanência, baseada no ato de acompanhar um cadáver ao cemitério* (*Ngo-sprod thams-cad-kyi sngon-'gro dur-khrod-du bam-ro bskyal-ba-la brten-nas mi-rtag-pa'i bskul-mar ngo-sprod-pa*). Volume 2, pp. 433-42.

2) *Introdução à origem, emergência e presença da consciência, sustentada pelo corpo humano, do ciclo de introduções à grande perfeição* (*rDzogs-pa chen-po ngo-sprod-kyi skor-las khams-pa'i mi-mo-la brten-nas rnam-shes 'byung-'jug-gnas gsum-gyi ngo-sprod*), redigida por Namgyel Zangpo. Volume 2, pp. 443-67.

3) *Introdução à consciência pura: Libertação natural pela percepção nua* (*Rig-pa mngon-sum-du ngo-sprod-pa gcer-mthong rang-grol*). Volume 2, pp. 469-88. **Ver Capítulo 4.**

4) *Introdução aos três corpos búdicos segundo a grande perfeição: Adendo à libertação pela auscultação* (*rDzogs-chen sku-gsum ngo-sprod bar-do thos-grol-gyi cha-lag*). Volume 2, pp. 489-93.

5) *Libertação natural pela pura percepção consciente: Introdução às seis lâmpadas* (*sGron-ma drug-gi ngo-sprod shes-rig rang-grol*). Volume 3, pp. 1-20.

6) *Libertação natural pela visão: Introdução por meio de um cristal* (*Shel-rdo'i ngo-sprod mthong-ba rang-grol*). Volume 3, pp. 21-8.

7) *Adendo à introdução ao esplendor interno da raiz* (*gZhi'i 'od-gsal ngo-sprod-kyi lhan-thabs*), composto por Namka Chokyi Gyatso. Volume 3, pp. 29-36.

8) *Introdução por meio de uma lamparina de manteiga* (*Mar-me'i ngo-sprod*), composta por Namka Chokyi Gyatso. Volume 3, pp. 37-40.

9) *Grande libertação pela auscultação: Elucidando a introdução ao estado intermediário de realidade* (*Chos-nyid bar-do'i ngo-sprod gsal-'debs thos-grol chen-mo*). Volume 3, pp. 41-114. **Ver Capítulo 11, Partes Um e Dois.**

10) *Grande libertação pela auscultação: Elucidando a introdução ao estado intermediário de renascimento* (*Srid-pa bar-do'i ngo-sprod gsal-'debs thos-grol chen-mo*). Volume 3, pp. 115-62. **Ver Capítulo 11, Parte Três.**

11) *Suplemento ao ensinamento que revela a expressão natural da virtude e da negatividade: uma introdução ao estado intermediário de renascimento, chamada gongo de divina melodia* (*Srid-pa bar-do'i ngo-sprod dge-sdig rang-gzugs ston-pa'i lhan-thabs dbyangs-snyan lha'i lhan-thabs*), composto por Namka Chokyi Gyatso. Volume 3, pp. 163-73. **Ver Capítulo 13, Parte Dois.**

12) *Libertação natural por meio do reconhecimento dos sinais e indicações visuais da morte* (*'Chi-ltas mtshan-ma rang-grol*). Volume 3, pp. 175-204. **Ver Capítulo 8.**

13) *Libertação natural do temor por meio do ritual de enganar a morte* (*'Chi-bslu 'jigs-pa rang-grol*). Volume 3, pp. 205-18. **Ver Capítulo 9.**

14) *Desenvolvendo a grandeza dos ensinamentos da libertação pela auscultação durante o estado intermediário dos sonhos* (*rMi-lam bar-do thos-grol chos-kyi che-ba bskyed-byed*), composto por Nyinda Ozer. Volume 3, pp. 219-54.

15) *Libertação pelo uso junto ao corpo: Libertação natural dos agregados psicofísicos, na qual se abrangem as Divindades Pacíficas e Furiosas* (*Zhi-khro 'dus-pa'i btags-grol phung-po rang-grol*). Volume 3, pp. 255-86. **Ver Capítulo 14.**

16) *Um resumo da libertação pelo uso junto ao corpo: Libertação natural dos agregados psicofísicos, chamado núcleo da libertação natural* (*bTags-grol phung-po rang-grol-gyi don-bsdus rang-grol snying-po*). Volume 3, pp. 287-306.

17) *Capítulo sobre os meios de fixar um diagrama que liberta pelo uso junto ao corpo; do Tantra da Grande Perfeição: Libertação natural do saṃsāra e do nirvāṇa* (*rDzogs-chen 'khor-'das rang-grol-gyi rgyud-las btags-grol bcang-thabs-kyi le'u*). Volume 3, pp. 307-13.

18) *Memorando sobre a preparação concreta da grande estampa da libertação pelo uso junto ao corpo* (*bTags-grol 'khor-lo chen-mo'i lag-len zin-bris*). Volume 1, pp. 467-92.

19) *Resumo para a inserção no escrínio* (*Glegs-bam bzhugs-pa'i dkar-chag*). Volume 1, pp. 493-9.

20) *Versos de raiz dos seis estados intermediários* (*Bar-do drug-gi rtsa-tshig*). Volume 3, pp. 316-18. **Ver Capítulo 3.**

21) *Prece de aspiração que resgata dos perigosos caminhos dos estados intermediários* (*Bar-do'i 'phrang-sgrol*). Volume 3, pp. 318-22. **Ver Capítulo 12.**

22) *Prece de aspiração que protege do medo dos estados intermediários* (*Bar-do'i 'jigs-skyobs-kyi smon-lam*). Volume 3, pp. 322-5. **Ver Capítulo 12.**

23) *Libertação natural do medo: Prece de aspiração [que invoca] o auxílio dos budas e bodhisattvas* (*Sangs-rgyas byang-sems-rnams ra-mda' sbran-pa'i smon-lam 'jigs-pa rang-grol*). Volume 3, pp. 325-7. **Ver Capítulo 12.**

CAMINHO DOS MEIOS HÁBEIS (*thabs-lam*)

1) *Libertação natural pelo desejo: a mais profunda quintessência da orientação sobre o supremo gozo ligado às práticas sexuais* (*'Og-sgo bde-ba chen-po'i khrid 'dod-chags rang-grol zhes-bya-ba yang-zab bcud-bsdus*). Volume 3, pp. 329-419.

2) *Método de estabelecer a linhagem pela condução do desejo ao caminho e método de obstruir as entradas para o ventre* (*'Dod-chags lam-khyer rigs-brgyud bzhag-thabs-dang mngal-sgo 'gag-thab khol-du phung-ba*). Volume 3, pp. 421-37.

3) *Libertação natural pelo supremo gozo: um profundo resumo da orientação sobre o supremo gozo alcançado por meio das práticas sexuais* (*'Og-sgo bde-chen 'dod-chags rang-grol-gyi nyams-khrid gud-sbas don-bsdus zab-khrid bde-ba chen-po rang-grol zhes-bya-ba shin-tu zab-pa'i nying-khu*), composto por Nyinda Ozer. Volume 3, pp. 439-81.

RITOS DE PROTEÇÃO (*bstan-srung*)

1) *As sete classes de protetores jurados, associadas às Divindades Pacíficas e Furiosas: Libertação natural das forças malevolentes hostis e venenosas e das obstruções por meio da atividade iluminada* (*Zhi-khro bka'-srung dam-can sde-bdun-gyi phrin-las dgra-bgegs gdug-pa rang-grol*), composto por Nyinda Ozer. Volume 3, pp. 483-90.

2) *As sete classes de protetores jurados, associadas às Divindades Pacíficas e Furiosas: Libertação natural das forças venenosas pela reparação* (*Zhi-khro dam-can sde-bdun-gyi mdangs-bskang gdud-pa rang-grol*), Volume 3, pp. 491-8.

DIVINDADES PACÍFICAS E FURIOSAS DO LÓTUS (*Padma zhi-khro*)

1) *Libertação natural do renascimento: um ensinamento que revela a expressão natural da virtude e da negatividade por meio da introdução ao estado intermediário de renascimento* (*Srid-pa bar-do'i ngo-sprod dge-sdig rang-gzugs ston-pa'i gdams-pa'am me-long srid-pa rang-grol*), contido na edição *offset* da *Grande libertação pela auscultação nos estados intermediários* impressa em Délhi, pp. 499-533. **Ver Capítulo 13, Parte Um.**

APÊNDICE DOIS: O SIMBOLISMO DA MAṆḌALA DAS DIVINDADES PACÍFICAS E FURIOSAS

A maṇḍala representa um estado de perfeição do ser. Suas divindades centrais simbolizam os estados de perfeição do conhecimento, dos agregados psicofísicos, das propriedades elementais e dos processos mentais e sensoriais do próprio meditante. As divindades pacíficas representam a pureza natural e plácida desses componentes fundamentais de nosso ser; as divindades furiosas, por sua vez, representam os aspectos transformadores dessas energias espirituais, que realizam a transformação natural das expressões mais resistentes e profundas de nossos estados de percepção mundanos. Por fim, as divindades exteriores da maṇḍala representam os modos de atividade de um ser iluminado.

O mapeamento exato desse simbolismo varia de acordo com a linhagem e a classe da prática. No mapa apresentado a seguir, as correspondências são baseadas no Capítulo 5 da presente obra, complementado por correspondências tiradas de outros textos pertencentes ao mesmo ciclo de ensinamentos, às quais acrescentamos a indicação de algumas variantes mais comuns.

As Quarenta e Duas Divindades Pacíficas

Os budas primordiais masculino e feminino: a união de Samantabhadra e Samantabhadrī representa a união indivisível de consciência pura e vacuidade

	Posição	Cor	Simbolismo
Samantabhadra *kun-tu bzang-po*	Centro do centro de energia do coração, abraçando Samantabhadrī	Azul-celeste	Simboliza o aspecto de consciência pura do Corpo Búdico de Realidade, a pureza natural da consciência mental, livre da ignorância fundamental.
Samantabhadrī *kun-tu bzang-mo*	Centro do centro de energia do coração, abraçando Samantabhadra	Branco imaculado, semelhante ao cristal	Simboliza o aspecto de vacuidade do Corpo Búdico de Realidade, a pureza natural do espectro de fenômenos sensoriais.

Os cinco budas masculinos: Vairocana, Akṣobhya-Vajrasattva, Ratnasambhava, Amitābha e Amoghasiddhi, que representam as cinco cognições puras e a pureza natural dos cinco agregados psicofísicos

	Posição	Cor	Simbolismo	Família Iluminada
Vairocana *rnam-par snang-mdzad*	Canal central do coração, abraçando Ākāśadhātvīśvarī	Branco como um búzio	Simboliza a cognição pura da imensidão da realidade, a pureza natural do agregado da consciência, livre de ilusão	Buddha

Obs.: Em algumas fontes, nas quais Akṣobhya-Vajrasattva está no centro da maṇḍala e Vairocana está na posição oriental (p. ex., Lochen Dharmaśrī, SDGG, pp. 81-6), Vairocana simbolisa o agregado da forma. A distinção entre essas duas representações está ligada à classe de prática – a primeira corresponde ao Atiyoga e a segunda, a uma interpretação do *Guhyagarbha Tantra* segundo o Mahāyoga.

(Akṣobhya-) Vajrasattva *mi-bskyod rdo-rje sems--dpa'*	Canal subsidiário oriental do coração, abraçando Buddhalocanā	Azul-cerúleo	Simboliza a cognição pura semelhante a um espelho, a pureza natural do agregado da forma, livre de aversão	Vajra
	Obs.: Quando colocado no centro da maṇḍala, (Akṣobhya-)Vajrasattva representa a pureza natural do agregado da consciência. Ver acima.			
Ratnasambhava *rin-chen 'byung-gnas*	Canal subsidiário meridional do coração, abraçando Māmakī	Amarelo-ouro	Simboliza a cognição pura de igualdade, a pureza natural do agregado da sensação, livre de orgulho	Ratna
Amitābha *snang-ba mtha'-yas*	Canal subsidiário ocidental do coração, abraçando Pāṇḍaravāsinī	Vermelho-cobre	Simboliza a cognição pura de discernimento, a pureza natural do agregado das percepções, livre de apego	Padma
Amoghasiddhi *don-yod grub-pa*	Canal subsidiário setentrional do coração, abraçando Samayatārā	Verde-turquesa	Simboliza a cognição pura de realização, a pureza natural do agregado das tendências motivacionais, livre de inveja	Karma

As cinco budas femininas: Ākāśadhātvīśvarī, Buddhalocanā, Māmakī, Pāṇḍaravāsinī e Samayatārā, que representam a pureza natural dos cinco elementos

	Posição	Cor	Simbolismo	Família Iluminada
Ākāśadhātvīśvarī *nam-mkha'i dbyings phyug-ma*	Canal central, dentro do coração, abraçando Vairocana	Branco semelhante à lua	Simboliza a pureza natural do elemento espaço	Buddha
Buddhalocanā *sangs-rgyas spyan-ma*	Canal subsidiário oriental do coração, abraçando Akṣobhya-Vajrasattva	Azul de berilo	Simboliza a pureza natural do elemento terra	Vajra
	Obs.: De modo bastante incomum, no Capítulo 11, Buddhalocanā é identificada com a pureza natural do elemento água, papel geralmente atribuído à buda feminina Māmakī.			

	Posição	Cor	Simbolismo	Família Iluminada
Māmakī *yum mā-ma-kī*	Canal subsidiário meridional do coração, abraçando Ratnasambhava	Laranja de zarcão	Simboliza a pureza natural do elemento água	Ratna
	Obs.: De modo bastante incomum, no Capítulo 11, Māmakī é identificada com a pureza natural do elemento terra, papel geralmente atribuído à buda feminina Buddhalocanā.			
Pāṇḍaravāsinī *yum-mchog gos-dkar-mo*	Canal subsidiário ocidental do coração, abraçando Amitābha	Vermelho de cristal de fogo	Simboliza a pureza natural do elemento fogo	Padma
Samayatārā *yum dam-tshig sgrol-ma*	Canal subsidiário setentrional do coração, abraçando Amoghasiddhi	Verde de safira	Simboliza a pureza natural do elemento ar	Karma

Os oito bodhisattvas masculinos: Kṣitigarbha, Maitreya, Samantabhadra, Ākāśagarbha, Avalokiteśvara, Mañjuśrīkumārabhūta, Nivāraṇaviśkambhin e Vajrapāṇi, que representam as oito classes de consciência

Obs.: Segundo o *Guhyagarbha Tantra*, eles também simbolizam os quatro sentidos e os quatro órgãos correspondentes.

	Posição	Cor	Simbolismo	Família Iluminada
Kṣitigarbha *sa'i snying-po*	Canal subsidiário oriental do coração, à direita de Vajrasattva	Branco de neve das montanhas	Simboliza a pureza natural da consciência visual	Vajra

Maitreya *rgyal-ba byams-pa*	Canal subsidiário oriental do coração, à esquerda de Vajrasattva	Branco de nuvem	Simboliza a pureza natural da consciência auditiva	Vajra
Samantabhadra *byang-sems kun-tu bzang-po*	Canal subsidiário meridional do coração, à direita de Ratnasambhava	Amarelo de âmbar	Simboliza a pureza natural da consciência olfativa	Ratna
Ākāśagarbha *nam-mkha'i snying-po*	Canal subsidiário meridional do coração, à esquerda de Ratnasambhava	Amarelo de ouro brunido	Simboliza a pureza natural da consciência gustativa	Ratna
Avalokiteśvara *spyan-ras gzigs*	Canal subsidiário ocidental do coração, à direita de Amitābha	Vermelho de coral	Simboliza a pureza natural da consciência táctil	Padma
Mañjuśrīkumārabhūta *'jam-dpal [gzhon-nur gyur-pa]*	Canal subsidiário ocidental do coração, à esquerda de Amitābha	Laranja de zarcão	Simboliza a pureza natural da consciência mental	Padma
[Sarva] Nivāraṇaviśkambhin *sgrib-pa rnam-par sel-ba*	Canal subsidiário setentrional do coração, à direita de Amoghasiddhi	Verde como o lótus que floresce durante a noite	Simboliza a pureza natural da consciência "raiz de todas"	Karma
Vajrapāṇi *phyag-na rdo-rje*	Canal subsidiário setentrional do coração, à esquerda de Amoghasiddhi	Verde de esmeralda	Simboliza a pureza natural da consciência maculada	Karma

As oito bodhisattvas femininas: Lāsyā, Puṣpā, Mālyā, Dhūpā, Gītā, Ālokā, Gandhā e Nartī, que representam os quatro objetos dos sentidos e os quatro modos do pensamento conceptual (passado, presente, futuro e indeterminado); alternativamente, simbolizam os oito objetos de consciência

	Posição	Cor	Simbolismo	Família Iluminada
Lāsyā *lāsyā-ma*	Canal subsidiário oriental do coração, em frente a Vajrasattva	Branco de quartzo	Simboliza a pureza natural dos fenômenos visuais	Vajra
Puṣpā *puṣpe-ma*	Canal subsidiário oriental do coração, atrás de Vajrasattva	Branco de pérola	Simboliza a pureza natural dos pensamentos conceptuais passados	Vajra
Mālyā *mālyā-ma*	Canal subsidiário meridional do coração, em frente a Ratnasambhava	Amarelo de açafrão	Simboliza a pureza natural dos pensamentos conceptuais indeterminados	Ratna
Dhūpā *dhūpe-ma*	Canal subsidiário meridional do coração, atrás de Ratnasambhava	Amarelo-ouro	Simboliza a pureza natural dos odores	Ratna
Gītā *ghirti-ma*	Canal subsidiário ocidental do coração, em frente a Amitābha	Cor de rosa de alteia	Simboliza a pureza natural dos sons	Padma
Ālokā *āloka-ma*	Canal subsidiário ocidental do coração, atrás de Amitābha	Cor de rosa de lótus	Simboliza a pureza natural dos pensamentos conceptuais futuros	Padma
Gandhā *ghandhe-ma*	Canal subsidiário setentrional do coração, em frente a Amoghasiddhi	Verde de papoula	Simboliza a pureza natural dos pensamentos conceptuais presentes	Karma
Nartī *nirti-ma*	Canal subsidiário setentrional do coração, atrás de Amoghasiddhi	Verde-mar	Simboliza a pureza natural dos sabores	Karma

Os quatro guardiões dos portais: Trailokyavijaya, Yamāntaka, Hayagrīva e Amṛtakuṇḍalin, que representam a pureza natural das quatro perspectivas extremas e dos quatro aspectos da atividade iluminada

Obs.: Segundo o Capítulo 7, eles representam a pureza natural das quatro aspirações imensuráveis.

	Posição	Cor	Simbolismo	Família Iluminada
Trailokyavijaya *khams-gsum rnam-rgyal*	Canal subsidiário do portal oriental do coração, abraçado a Aṅkuśā	Branco	Simboliza a pureza natural da perspectiva eternalista e dos atos de pacificação	Vajra
Yamāntaka *gshin-rje gshed*	Canal subsidiário do portal meridional do coração, abraçado a Pāśā	Amarelo	Simboliza a pureza natural da perspectiva niilista e dos atos de enriquecimento	Ratna
Hayagrīva *rta-mgrin*	Canal subsidiário do portal ocidental do coração, abraçado a Sphoṭā	Vermelho	Simboliza a pureza natural da perspectiva egoísta e dos atos de sujeição	Padma
Amṛtakuṇḍalin *bdud-rtsi 'khyil-ba*	Canal subsidiário do portal setentrional do coração, abraçado a Gaṇṭhā	Verde	Simboliza a pureza natural da perspectiva substancialista e dos atos de fúria	Karma

As quatro guardiãs dos portais: Aṅkuśā, Pāśā, Sphoṭā e Ghaṇṭā, que representam a pureza natural dos quatro tipos de nascimento e das quatro aspirações imensuráveis

Obs.: Segundo o Capítulo 7, elas representam a pureza natural das quatro perspectivas extremas.

	Posição	Cor	Simbolismo	Família Iluminada
Aṅkuśā *lcags-kyu-ma*	Canal subsidiário do portal oriental do coração, abraçada a Trailokyavijaya	Branca	Simboliza a pureza natural do nascimento milagroso e a aspiração imensurável de compaixão	Vajra
Pāśā *zhags-pa-ma*	Canal subsidiário do portal meridional do coração, abraçada a Yamāntaka	Amarela	Simboliza a pureza natural do nascimento vivíparo e a aspiração imensurável de benignidade	Ratna
Sphoṭā *lcags-sgrogs-ma*	Canal subsidiário do portal ocidental do coração, abraçada a Hayagrīva	Vermelha	Simboliza a pureza natural do nascimento ovíparo e a aspiração imensurável de alegria benevolente	Padma
Ghaṇṭā *dril-bu-ma*	Canal subsidiário do portal setentrional do coração, abraçada a Amṛtakuṇḍalin	Verde	Simboliza a pureza natural do nascimento por meio de calor e umidade e a aspiração imensurável de equanimidade	Karma

Os seis sábios: Indraśakra, Vemacitra, Śākyamuni, Sthirasiṃha, Jvālamukha e Yama Dharmarāja, que representam a pureza natural dos seis estados mentais dissonantes

	Posição	Cor	Simbolismo
Indraśakra *dbang-po brgya-byin*	No canal subsidiário do centro de energia de grande gozo localizado no topo da cabeça	Branco	Simboliza a pureza natural do orgulho
Vemacitra *thag-bzang-ris*	No canal occipital localizado na garganta	Verde	Simboliza a pureza natural da inveja
Śākyamuni *shākya thub-pa*	No canal da "energia vital" localizado no coração	Amarelo	Simboliza a pureza natural do apego
Sthirasiṃha *senge rab-brtan*	No centro de energia localizado no umbigo	Azul	Simboliza a pureza natural da ilusão
Jvālamukha *kha-'bar-ma*	No canal subsidiário do centro secreto de energia que sustenta o gozo	Vermelho	Simboliza a pureza natural da avareza
Yama Dharmarāja *gshin-rje chos-kyi rgyal-po*	No centro de energia localizado nas solas dos pés	Negro	Simboliza a pureza natural da aversão

As Cinquenta e Oito Divindades Furiosas

Os seis budas pacíficos masculinos: Samantabhadra, Vairocana, Akṣobhya-Vajrasattva, Ratnasambhava, Amitābha e Amoghasiddhi são respectivamente, em seus aspectos furiosos: Mahottara Heruka, Buddha Heruka, Vajra Heruka, Ratna Heruka, Padma Heruka e Karma Heruka, que representam a transformação natural dos seis estados mentais dissonantes

	Posição	Cor	Simbolismo	Família Iluminada
Mahottara Heruka *che-mchog he-ru-ka*	Canal subsidiário central do crânio, dentro do cérebro, abraçado a Krodheśvarī	Marrom-escuro	Simboliza a transformação natural da ignorância fundamental em consciência pura	
Buddha Heruka *buddha he-ru-ka*	Canal subsidiário central do crânio, dentro do cérebro, abraçado a Buddhakrodheśvarī	Marrom-escuro	Simboliza a transformação natural da ilusão na cognição pura da imensidão da realidade	Buddha
Vajra Heruka *badzra he-ru-ka*	Canal subsidiário oriental do crânio, dentro do cérebro, abraçado a Vajrakrodheśvarī	Azul-escuro	Simboliza a transformação natural da aversão na cognição pura semelhante a um espelho	Vajra
Ratna Heruka *ratna he-ru-ka*	Canal subsidiário meridional do crânio, dentro do cérebro, abraçado a Ratnakrodheśvarī	Amarelo-escuro	Simboliza a transformação natural do orgulho na cognição pura de igualdade	Ratna
Padma Heruka *padma he-ru-ka*	Canal subsidiário ocidental do crânio, dentro do cérebro, abraçado a Padmakrodheśvarī	Vermelho-escuro	Simboliza a transformação natural do apego na cognição pura de discernimento	Padma

Karma Heruka *ka-rma he-ru-ka*	Canal subsidiário setentrional do crânio, dentro do cérebro, abraçado a Karmakrodheśvarī	Verde-escuro	Simboliza a transformação natural da inveja na cognição pura de realização	Karma

As seis budas pacíficas femininas: Samantabhadrī, Ākāśadhātvīśvarī, Buddhalocanā, Māmakī, Pāṇḍaravāsinī e Samayatārā são respectivamente, em seus aspectos furiosos: Krodheśvarī, Buddhakrodheśvarī, Vajrakrodheśvarī, Ratnakrodheśvarī, Padmakrodheśvarī e Karmakrodheśvarī, que representam a transformação natural dos construtos mentais associados aos seis objetos de consciência

	Posição	Cor	Simbolismo	Família Iluminada
Krodheśvarī *kro-ti-sva-ri*	Canal subsidiário central do crânio, dentro do cérebro, abraçada a Mahottara Heruka	Azul-escura	Simboliza a transformação natural dos construtos mentais associados ao espectro dos fenômenos sensoriais	
Buddhakrodheśvarī *bde-gshegs dbyings--phyug-ma / buddha kro-ti-sva-ri*	Canal subsidiário central do crânio, dentro do cérebro, abraçada a Buddha Heruka	Marrom-avermelhada	Simboliza a transformação natural dos construtos mentais associados aos objetos da visão	Buddha
Vajrakrodheśvarī *yum ba-dzra kro-ti-sva-ri*	Canal subsidiário oriental do crânio, dentro do cérebro, abraçada a Vajra Heruka	Azul-pálida	Simboliza a transformação natural dos construtos mentais associados aos objetos da audição	Vajra
Ratnakrodheśvarī *yum ratna kro-ti-sva-ri*	Canal subsidiário meridional do crânio, dentro do cérebro, abraçada a Ratna Heruka	Amarelo-pálida	Simboliza a transformação natural dos construtos mentais associados aos objetos do olfato	Ratna

	Posição	Cor	Simbolismo	Família Iluminada
Padmakrodheśvarī *yum padma kro-ti-sva-ri*	Canal subsidiário ocidental do crânio, dentro do cérebro, abraçada a Padma Heruka	Vermelho-pálida	Simboliza a transformação natural dos construtos mentais associados aos objetos do paladar	Padma
Karmakrodheśvarī *karma yum kro-ti-sva-ri*	Canal subsidiário setentrional do crânio, dentro do cérebro, abraçada a Karma Heruka	Verde-pálida	Simboliza a transformação natural dos construtos mentais associados aos objetos do tato	Karma

As oito Mātaraḥ: Gaurī, Caurī, Pramohā, Vetālī, Pukkasī, Ghasmarī, Caṇḍālī e Śmaśānī, que representam a transformação natural dos construtos mentais associados às oito classes de consciência

	Posição	Cor	Simbolismo
Gaurī *ke'u-ri*	No canal subsidiário oriental do crânio, dentro do cérebro	Branca	Simboliza a transformação natural dos construtos mentais associados à consciência visual e a ação de destruir o panorama conceptual da existência cíclica
Caurī *tsa'u-ri*	No canal subsidiário meridional do crânio, dentro do cérebro	Amarela	Simboliza a transformação natural dos construtos mentais associados à consciência auditiva e a ação de impulsionar as seis classes de seres sencientes a renascimentos superiores

Pramohā *pra-mo-hā*	No canal subsidiário ocidental do crânio, dentro do cérebro	Vermelha	Simboliza a transformação natural dos construtos mentais associados à consciência olfativa e a ação de resistir às [seduções da] existência cíclica
Vetālī *vetāli*	No canal subsidiário setentrional do crânio, dentro do cérebro	Verde-enegrecida	Simboliza a transformação natural dos construtos mentais associados à consciência gustativa e a ação de [sustentar o reconhecimento da] realidade imutável
Pukkasī *pu-kka-sī*	No canal subsidiário sudeste do crânio, dentro do cérebro	Vermelho-amarelada	Simboliza a transformação natural dos construtos mentais associados à consciência táctil e a ação de libertar [os seres sencientes] dos domínios dissonantes
Ghasmarī *ghasmarī*	No canal subsidiário sudoeste do crânio, dentro do cérebro	Verde-enegrecida	Simboliza a transformação natural dos construtos mentais associados à consciência mental e a ação de consumir [os giros da] existência cíclica
Caṇḍālī *gtum-mo*	No canal subsidiário noroeste do crânio, dentro do cérebro	Amarelo-pálida	Simboliza a transformação natural dos construtos mentais associados à consciência "raiz de todas" e a ação de arrancar os pensamentos errôneos [pela raiz]
Smaśānī *dur-khrod-ma*	No canal subsidiário nordeste do crânio, dentro do cérebro	Azul-enegrecida	Simboliza a transformação natural dos construtos mentais associados à consciência iludida e a ação de romper os fundamentos da existência cíclica

As oito Piśācī: Siṃhamukhī, Vyāghrīmukhī, Śṛgālamukhī, Śvānamukhī, Gṛdhramukhī, Kaṅkamukhī, Kākamukhī e Ulūkamukhī, que representam a transformação natural dos construtos mentais associados aos objetos das oito classes de consciência

	Posição	Cor	Simbolismo
Siṃhamukhī *seng-gdong-ma*	No canal subsidiário oriental exterior do crânio, dentro do cérebro	Marrom-enegrecida	Simboliza a transformação natural dos construtos mentais associados aos objetos da visão e a ação de revolver a existência cíclica até as suas profundezas
Vyāghrīmukhī *stag-gdong-ma*	No canal subsidiário meridional exterior do crânio, dentro do cérebro	Vermelha	Simboliza a transformação natural dos construtos mentais associados aos objetos da audição e a ação de sobrepujar o apego à existência cíclica
Śṛgālamukhī *sri-la gdong-ma*	No canal subsidiário ocidental exterior do crânio, dentro do cérebro	Negra	Simboliza a transformação natural dos construtos mentais associados aos objetos do olfato e a ação de purificar os estados mentais dissonantes em sua natureza fundamental
Śvānamukhī *shva-na gdong-ma*	No canal subsidiário setentrional exterior do crânio, dentro do cérebro	Azul-enegrecida	Simboliza a transformação natural dos construtos mentais associados aos objetos do paladar e a ação de revolver o fosso da existência cíclica
Gṛdhramukhī *rgod-gdong-ma*	No canal subsidiário sudeste exterior do crânio, dentro do cérebro	Branco-amarelada	Simboliza a transformação natural dos construtos mentais associados aos objetos do tato e a ação de arrancar os três venenos de suas raízes
Kaṅkamukhī *kang-ka gdong-ma*	No canal subsidiário sudoeste exterior do crânio, dentro do cérebro	Vermelho-enegrecida	Simboliza a transformação natural dos construtos mentais associados aos objetos da consciência mental e a ação de arrancar [os seres] do fosso da existência cíclica
Kākamukhī *khā-kha gdong-ma*	No canal subsidiário noroeste exterior do crânio, dentro do cérebro	Negra	Simboliza a transformação natural dos construtos mentais associados aos objetos da consciência "raiz de todas" e a ação de consumir e libertar os estados mentais dissonantes

Ulūkamukhī *hu-lu gdong-ma*	No canal subsidiário nordeste exterior do crânio, dentro do cérebro	Azul-escura	Simboliza a transformação natural dos construtos mentais associados aos objetos da consciência iludida e a ação de libertar [os seres] da falsa mentalidade da existência cíclica

As quatro guardiãs dos portais manifestas como Vajratejasī, Vajrāmoghā, Vajralokā e Vajravetalī representam o fechamento das portas para os quatro tipos de nascimento e a força das quatro aspirações imensuráveis

	Posição	Cor	Simbolismo	Família Iluminada
Vajratejasī *[Aṇkuśā]* *lcags-kyu-ma*	Canal subsidiário do portal oriental do crânio, dentro do cérebro	Branca	Simboliza a força da compaixão imensurável e o fechamento da porta para o nascimento milagroso	Vajra
Vajrāmoghā *[Pāśā] zhags-pa-ma*	Canal subsidiário do portal meridional do crânio, dentro do cérebro	Amarela	Simboliza a força da benignidade imensurável e o fechamento da porta para o nascimento vivíparo	Ratna
Vajralokā *[Sphoṭā]* *lcags-sgrogs-ma*	Canal subsidiário do portal ocidental do crânio, dentro do cérebro	Vermelha	Simboliza a força da alegria benevolente imensurável e o fechamento da porta para o nascimento ovíparo	Padma
Vajravetālī *[Ghaṇṭā]* *dril-bu-ma*	Canal subsidiário do portal setentrional do crânio, dentro do cérebro	Verde	Simboliza a força da equanimidade imensurável e o fechamento da porta para o nascimento por meio de calor e umidade	Karma

As vinte e oito Īśvarī representam a purificação dos agregados de construtos mentais perplexos e a realização da atividade iluminada

	Posição	Cor	Simbolismo	Família Iluminada
As seis yoginī do leste:	Nos canais menores do pátio exterior oriental do crânio		Simbolizam as atividades de pacificação	Vajra
Manurākṣasī		Branco-acastanhada		
Brahmāṇī		Branco-amarelada		
Raudrī		Branco-esverdeada		
Vaiṣṇāvī		Branco-azulada		
Kaumārī		Branco-avermelhada		
Indrāṇī		Branca		
As seis yoginī do sul:	Nos canais menores do pátio exterior meridional do crânio		Simbolizam as atividades de enriquecimento	Ratna
Vajrā		Amarela		
Śāntī		Amarelo-avermelhada		
Amṛtā		Amarelo-avermelhada		
Saumī		Amarelo-esbranquiçada		
Daṇḍī		Amarelo-esverdeada		
Rākṣasī		Amarelo-enegrecida		

As seis yoginī do oeste:	Nos canais menores do pátio exterior ocidental do crânio		Simbolizam as atividades de sujeição	Padma
Bhakṣasī		Vermelho-esverdeada		
Ratī		Vermelha		
Rudhiramadī		Vermelho-pálida		
Ekacāriṇī Rākṣasī		Vermelha		
Manohārikā		Vermelha		
Siddhikarī		Vermelho-esverdeada		
As seis yoginī do norte:	Nos canais menores do pátio exterior setentrional do crânio		Simbolizam as atividades de fúria	Karma
Vāyudevī		Verde-azulada		
Agnāyī		Verde-avermelhada		
Varāhī		Verde-enegrecida		
Cāmuṇḍī		Verde-avermelhada		
Bhujanā		Verde-enegrecida		
Varunāṇī		Verde-azulada		
As quatro yoginī guardiãs de portais:	Nos portais [exteriores] do crânio		Simbolizam o fechamento das quatro portas para os quatro tipos de nascimento e a realização dos quatro tipos de atividade iluminada	
Vajrā Mahākālī	portal oriental	Branca		Vajra
Vajrā Mahāchāgalā	portal meridional	Amarela		Ratna
Vajrā Mahākumbhakarṇī	portal ocidental	Vermelha		Padma
Vajrā Lambodarā	portal setentrional	Verde-escura		Karma

LISTA DE ABREVIAÇÕES

Derge Edições xilográficas Derge Parkhang do *Kangyur*, do *Tengyur* e dos *Tantras reunidos dos Nyingmapa* (NGB).

Desc. *gTer-ston*, descobridor de ensinamentos ocultos (*gter-ma*).

DR *Zab-chos zhi-khro dgongs-pa rang-grol*, 3 volumes É a versão mais extensa e mais precisa das revelações de Karma Lingpa (64 textos, 764 fólios). Trata-se de um manuscrito proveniente do mosteiro de Katok e conservado na biblioteca do anterior Dudjom Rinpoche, publicado em fotolito (Délhi: Sherab Lama, 1975--1976) e reproduzido em CD-ROM pela TBRC, Nova York, ref. 2330-2332.

GGFTC G. Dorje, *The Guhyagarbhatattvaviniścayamahātantra and its XIVth Century Tibetan Commentary Phyogs bcu mun sel.* 3 vols. Tese de doutorado não publicada, Universidade de Londres, 1987. Ver também *The Guhyagarbha Tantra: Dispelling the Darkness of the Ten Directions* (no prelo).

MTTWL P. Pfandt, *Mahāyāna Texts Translated into Western Languages*. Colônia: In Komission bei E. J. Brill, 1983.

IN Indisponível, desaparecido.

NGB Edição xilográfica Derge dos *Tantras reunidos dos Nyingmapa* (*rNying-ma'i rgyud-'bum*) em 26 vols.

NK *Ensinamentos reunidos dos Nyingmapa* (*rNying-ma'i bka'-ma*), coligidos em 120 vols. por Khenpo Jamyang, Katok (1999).

NSTB Dudjom Rinpoche, *The Nyingma School of Tibetan Buddhism: its Fundamentals and History*, traduzido por G. Dorje e M. Kapstein, Boston: Wisdom, 1991. O volume contém dois textos: *Gangs-ljongs rgya-bstan yongs-rdzogs-kyi phyi-mo snga-'gyur rdo-rje theg-pa'i bstan-pa rin-po-che ji-ltar byung-ba'i tshul--dag-cing gsal-bar brjod-pa lha-dbang gYul-las rgyal-ba'i rnga-bo-che'i sgra-dbyangs* (título abreviado: *rNying-ma'i chos-'byung*) e o *gSang-sngags snga-'gyur rnying--ma-ba'i bstan-pa'i rnam-gzhag mdo-tsam brjod-pa legs-bshad snang-ba'i dga'-ston* (título abreviado: *bsTan-pa'i rnam-gzhag*).

Redesc. Redescobridor de ensinamentos que foram ocultos por duas vezes (*yang-gter*).

SDGG Lochen Dharmaśrī, *gSang-bdag dgongs-rgyan*, NK, Vol. 76.

T *A Complete Catalog of the Tibetan Buddhist Canons*, org. H. Ui *et al.*, Sendai: Tohoku University, 1934. Trata-se de um catálogo da edição xilográfica Derge do *Kangyur* e do *Tengyur*.

LTB *O livro tibetano dos mortos* (*Bar-do thos-grol chen-mo*).

LTB edição Amdo *Bar-do thos-grol chen-mo*, 303 pp., compilado há pouco tempo por Khenpo Dorje e publicado em Hong Kong como Vol. I da Qinghai Buddhist Text Series (s.d.).

LTB edição Délhi *Bar-do thos-grol chen-mo*, 550 pp., Délhi (1985). Reproduzido, a pedido de SS Dilgo Khyentse Rinpoche, a partir da edição xilográfica feita no mosteiro Rinpung Dzong, no Butão.

LTB edição Varanasi *Bar-do thos-grol chen-mo*, 122 pp., org. Kalsang Lhundup, Varanasi (1969). Reprodução de manuscrito baseado na edição xilográfica de SS Dilgo Khyentse Rinpoche conservada no mosteiro de Engon, no estado indiano de Siquim.

BIBLIOGRAFIA

SEÇÃO UM: TEXTOS CANÔNICOS

a) Antologias

Kangyur (tib. *bKa'-'gyur*; port. *Traduções reunidas dos ensinamentos do Buda*). Existem diversas edições, entre as quais a competente edição xilográfica Derge, em 103 volumes.

rNying-ma'i rgyud-'bum (port. *Tantras reunidos dos Nyingmapa*). Vários manuscritos chegaram a nós, mas há somente uma edição xilográfica: a Derge, em 26 volumes.

b) Sūtras (*mdo-sde*)

Avataṃsakasūtra (tib. *mDo-sde phal-po-che*; port. *Sūtra da grande generosidade dos Budas*). T 44, MTTWL 197, traduzido para o inglês por T. Cleary, *The Flower Ornament Scripture*, 3 vols. Boulder: Shambhala, de 1984 em diante.

Kāraṇḍavyūhasūtra (tib. *mDo-sde za-ma-tog*; port. *Sūtra da cornucópia dos atributos de Avalokiteśvara*), org. P. L. Vaidya, Buddhist Sanskrit Texts, 17 (1961). T 116, MTTWL 90.

Laṅkāvatārasūtra (tib. *mDo-sde laṅkar gshegs-pa*; port. *Sūtra da descida a Laṅkā*), org. P. L. Vaidya, Buddhist Sanskrit Texts, 3 (1963). T 107, traduzido para o inglês por D. T. Suzuki, Londres: Routledge and Kegan Paul, 1932, 1956 etc.

Prajñāpāramitā (tib. *Sher phyin*; port. *Perfeição transcendente da consciência discriminativa*): nome coletivo dado a toda uma classe de sūtras, cujas três versões mais longas têm 100 mil seções (T 8), 25 mil seções (T 9) e 8 mil seções (T 12). Ver respectivamente MTTWL 208, 154 e 222. Amplas seções foram traduzidas por E. Conze.

Ratnakūṭa (tib. *dKon-mchog brtsegs-pa*; port: *Montanha de joias preciosas*). T 45-93, MTTWL 122. Extensas seleções se encontram em G. C. C. Chang, *A Treasury of Mahāyāna Sūtras: Selections from the Mahāratnakūṭa*. Pensilvânia: Pennsylvania State University Press, 1983.

Sandhinirmocanasūtra (tib. *dGongs-pa nges-par 'grel-pa theg-pa chen-po'i mdo*; port. *Sūtra do deslindar da intenção iluminada*). T 106, MTTWL 197. Tradução parcial para o inglês em John Powers, *Jnanagarbha's Commentary on the Sandhinirmocana Sūtra*.

Tathāgatagarbhasūtra (tib. *De-bzhin gshegs-pa'I snying-po'i mdo*; port. *Sūtra do núcleo do Tathāgata*). T 258, MTTWL 231.

Vajracchedikā (tib. *rDo-rje gcod-pa*; port. *O cortador de diamante*), org. P. L. Vaidya, Buddhist Sanskrit Texts 17 (1961), T 16, traduzido e organizado por E. Conze, Serie Orientale Roma 13 (1957). Traduzido novamente em Red Pine, *Diamond Sutra*, Nova York: Counterpoint, 2001.

c) Tantras

Buddhasamāyoga (tib. *Sangs-rgyas mnyam-sbyor-gi rgyud*; port. *Tantra da união em equilíbrio com os Buddhas*). T 366-7, Derge NGB Vols. 11-2.

Guhyagarbha Tantra (tib. *rGyud gsang-ba'i snying-po*; port. *Tantra do núcleo secreto*). T 832, Derge NGB Vol. 9, org. e traduzido para o inglês em G. Dorje, GGFTC, 1987.

Guhyasamāja Tantra (tib. *rGyud gsang-ba 'dus-pa*; port. *Tantra da assembleia secreta*), org. S. Bagchi, Buddhist Sanskrit Texts 9 (1965), org. B. Bhattacharya, Gaekwad's Oriental Series, 53 (1967). T 442-3, Derge NGB Vol. 12. Traduzido para o inglês por F. Fremantle em *A Critical Study of the Guhyasamāja Tantra*, tese de doutorado nº 774 271989, Universidade de Londres, não publicada.

Kun-byed rgyal-po'i rgyud (port. *Tantra do rei que tudo realiza*). T 828, Derge NGB Vol. 5. Traduzido para o inglês em E. K. Neumaier-Dargyay, *Sovereign All-creating Mind*, Albany: Suny (1992).

mDo dgongs-pa 'dus-pa (port. *Sūtra que reúne todas as intenções*). T 829, Derge NGB Vol. 7.

Nyi-zla kha-sbyor (port. *Tantra da união do sol e da lua*). Derge NGB Vol. 4.

rDo-rje sems-dpa' sgyu-'phrul me-long (port. *Tantra do espelho da rede mágica de Vajrasattva*). Derge NGB Vol. 11.

Sarvadurgatipariśodhanatantra (tib. *Ngan-song sbyong-rgyud*; port. *Tantra da purificação dos domínios inferiores*). T 483, 485, org. e traduzido para o inglês por T. Skorupsi em *The Sarvadurgatipariśodhana Tantra: Elimination of All Evil Destinies*, Motilal Banarsidas, 1983.

sKu-gdung 'bar-ba'i rgyud (port. *Tantra da cremação dos cadáveres*). Derge NGB Vol. 3.

SEÇÃO DOIS: COMENTÁRIOS

a) Antologias

rNying-ma'i bka'-ma (port. *Ensinamentos reunidos dos Nyingmapa*). A mais abrangente antologia de comentários da escola Nyingma, organizada em 120 volumes por Khenpo Jamyang em Katok (1999).

Tengyur (tib. *bsTan-'gyur*; port. *Traduções reunidas dos tratados clássicos*). Ainda restam numerosas versões, entre as quais a competente edição xilográfica Derge em 213 volumes.

b) Comentários de origem indiana

Ajitamitragupta, *'Chi slu-ba'i gdams-pa* (port. *Ensinamentos sobre o ritual de enganar a morte*). T 2839.

Maitreya, *Abhisamayālaṃkāra* (tib. *mNgon-rtogs rgyan*; port. *Ornamento da realização emergente*). T 3786, MTTWL 2-5. Sobre esta obra, ver também Trangu Rinpoche, *Ornament of Clear Realization*, Auckland: Zhyisil Chokyi Ghatsal Publications, 2004 e Laty Rinbochay *et al.*, *Meditative States in Tibetan Buddhism*, Londres: Wisdom, 1982.

Nāgārjuna, *Prajñānāmamūlamadhyamakakārikā* (tib. *dBu-ma rtsa-ba'i tshig-le'ur byas-pa shes-rab ces-bya-ba*; port. *Estrofes da raiz do Madhyamaka, chamadas consciência discriminativa*), org. P. L. Vaidya, Buddhist Sanskrit Texts 10 (1960). T 3824, traduzido para o inglês em F. J. Streng, *Emptiness: a Study in Religious Meaning*, Nashville/Nova York: Abingdon, 1967 e por K. Kalupahana, *Mūlamadhyamakakārikās*, Albany: Suny, 1986.

Śāntarakṣita, *Tattvasaṃgraha* (tib. *De-nyid bsdus-pa*; port. *Compêndio de tópicos*). T 4266, org. D. Shastri, Baudha Bharati Series 1-2 (1968), traduzido para o inglês por G. Jha, Gaekwad's Oriental Series 80 (1937), 83 (1939).

_____, *Madhyamakālaṃkāra* (tib. *dBu-ma rgyan*; port. *Ornamento do caminho do meio*). T 3884, org. e tradução para o inglês de Masamichi Ichigo, *Madhyamakālaṃkāra*, Quioto: Kyoto Sangyo University, 1985.

Tathāgatarakṣita, *Mṛtyuṣādhāpaka* (tib. *'Chi-ba bslu-ba*; port. *Ritual de enganar a morte*). T 1702.

Tilopā, *Ṣaḍdharmopadeśa* (tib. *Nāro chos-drug*; port. *As seis doutrinas de Nāropā*). T 2330. Ver H. V. Guenther, *The Life and Teaching of Nāropā*. Oxford: Clarendon Press, 1963.

Vāgīśvarakīrti, *Mṛtyuvañcanopadeśa* (tib. *'Chi-ba bslu-ba* port. *Instruções esotéricas sobre o ritual de enganar a morte*). T 1748.

Vasubandhu, *Abhidharmakośa* (tib. *Chos-mgon pa'i mdzod*; port. *Tesouro do Abhidharma*), org. D. Shastri, Baudha Bharati Series 5-8 (1970-1972). T 4089, tradução francesa de L. de la Valle-Poussin, *L'Abhidharmakośa de Vasubandhu*, 6 volumes, Paris, Paul Geuthner, 1923-1936. Tradução inglesa de L. Pruden, *Abhidharmakośabhāsyaṃ*, 4 volumes, Berkeley: Asian Humanities Press, 1988.

c) Comentários de origem tibetana

Dudjom Rinpoche, *bsTan-pa'i rnam-gzhag* (port. *Fundamentos da Escola Nyingma*). Traduzido para o inglês em NSTB.

Gampopa, *Dvags-po thar-rgyan* (port. *Ornamento de joias da libertação*). Traduzido para o inglês por H. V. Geunther, Berkeley: Shambhala, 1971.

Gendun Gyeltsen, *gTer-ston lung-bstan-dang khungs-bstun-pa bla-ma brgyud-pa'i rim-pa-rnams* (port. *A profecia de Padmasambhava sobre o descobridor de tesouros e a série de mestres autênticos da linhagem*). Contido em DR, Vol. 1, pp. 21-6.

Gyarawa Namka Chokyi Gyeltsen, *rGyud-pa'i lo-rgyus bsdus-pa nor-bu'i phreng-ba* (port. *Guirlanda de joias: uma história resumida da linhagem*). Contido em DR, Vol. 1, pp. 27-48.

Longchen Rabjampa, *Grub-mtha' mdzod* (port. *Tesouro de sistemas espirituais e filosóficos*), org. Dodrup Chen Rinpoche, Gangtok, Sikkim, *c.* 1969.

____, *gNas-lugs mdzod* (port. *Tesouro precioso da via da permanência*), traduzido para o inglês por Richard Barron, Padma, 1987.

Ngari Paṇchen, *sDom-gsum rnam-nges* (port. *Verificação dos três votos*). Contido em NK, Vol. 51. Ver o comentário de Sua Santidade Dudjom Rinpoche em *Perfect Conduct: Ascertaining the Three Vows*, Boston: Wisdom, 1996.

Patrul Rinpoche, *mKhas-pa'i shri rgyal-po mkhas-chos*, em *Collected Works of Patrul Orgyan Jigme Chokyi Wangpo (dPal-sprul gsung-'bum)*, Vol. 5, pp. 206-25. Sobre esse texto, ver Sua Santidade, o Dalai-Lama, "Hitting the Essence in Three Words", em *Dzogchen: the Heart Essence of the Great Perfection*, pp. 61-92, Nova York, Snowlion, 2000; ver também Khenpo Palden Sherab e Khenpo Tsewang Dongyal, *Lion's Gaze*, Sky Dancer Press, 1999.

Tsele Natsok Rangdrol, *Bar-do spyi-don thams-cad rnam-pa gsal-bar byed-pa dran-pa'i me-long* (port. *Espelho da atenção que esclarece todos os aspectos dos estados intermediários*, traduzido para o inglês por Erik Schmidt Pema Kunsang em *The Mirror of Mindfulness*, Katmandu: Rangjung Yeshe, 1987).

d) Doutrinas-Tesouro (*gter-chos*)

Guru Chowang (desc.), *bKa'-brgyad gsang-ba yongs-rdzogs* (port. *Oito preceitos transmitidos: Consumação de todos os segredos*). Contido em *bKa'-brgyad phyogs-bsgrigs*, 4 volumes.

____, *bKa'-brgyad drag-po rang-byung-ba'i zhi-khro na-rag skong-bzhags-gyi cho-ga*, traduzido para o inglês por K. Dowman, "Emptying the Depths of Hell", em *Flight of the Garuda*, pp. 53-61.

Jamgon Kongtrul (redator), *Rin-chen gter-mdzod* (port. *Depósito de tesouros preciosos*), publicado recentemente em Derge em nova edição de 76 volumes.

Jigme Lingpa (desc.), *Klong-chen snying-thig* (port. *Espiritualidade íntima de Longchenpa*), contido em *Collected Works of Jigme Lingpa*, Volumes 7-8, publicado em nova edição em 3 volumes, Nova Délhi: Ngawang Sopa, 1973. Seleções traduzidas por Tulku Thondup, *The Dzogchen Innermost Essence Preliminary Practice* (org. B. Beresford), Dharamsala: Tibetan Library of Works and Archives, 1982; *The Assemblage of the Knowledge-holders*, Shantiniketan, WB, 1980; e em *The Queen of Great Bliss*, Gangtok: Dodrup Chen Rinpoche, 1982.

____, *Rig 'dzin thugs-sgrub dpal-chen 'dus-pa*, contido em *Klong-chen snying-thig*, Vol. 1, pp. 616 ss.

____, *sKu-gsum zhing-khams sbyong-ba'i smon-lam*, contido em *Klong-chen snying-thig*, Vol. 2, pp. 448-52.

Karma Lingpa (desc.), *Zab-chos zhi-khro dgongs-pa rang-grol* (port. *As Divindades Pacíficas e Furiosas: um profundo ensinamento sagrado [chamado] libertação natural por meio [do reconhecimento] da intenção iluminada*). Existem diversas versões. B. J. Cuevas lista dezoito versões manuscritas e impressas de origem tibetana e do sub-Himalaia. Entre estas se inclui DR, a versão mais longa e mais reconhecida. O conteúdo completo dessa versão está listado no Apêndice Um, pp. 331-6.

____, *sKongs-bshags nyams-chags rang-grol [gyi dbang-bskur gnas-spar 'gro-drug rang-grol]* (port. *Libertação natural pela projeção das seis classes de seres rumo a renascimentos superiores: As iniciações [medianas] da libertação natural dos pactos degenerados por meio de reparação e confissão*), contido em DR, Vol. 1, pp. 127-60.

____, *dBang-'bring* (port. *Iniciação mediana*). Ver a referência anterior.

____, *bsKang-bshags nyams-chag rang-grol-gyi tshe-'das gnas-'dren 'gro-drug rang-grol* (port. *Libertação natural dos pactos degenerados por meio de reparação e confissão: a libertação natural das seis classes de seres viventes por meio da orientação do falecido rumo a renascimentos superiores*), contido em DR, Vol. 2, pp. 1-50.

____, *rDzogs-rim bar-do drug-gi khrid-yig* (port. *Seis manuais do estágio de perfeição*), contido em DR, Vol. 2, pp. 303-432. Traduzido por Alan Wallace e Gyatrul Rinpoche em *Natural Liberation*.

____, *Bar-do thos-grol chen-mo* (port. *A grande libertação pela auscultação nos estados intermediários*, isto é, o *Livro tibetano dos mortos*), um resumo das revelações de Karma Lingpa, que existe em várias edições – B. J. Cuevas lista onze versões manuscritas e impressas de origem tibetana e do sub-Himalaia. Entre estas se incluem a edição Amdo, a reimpressão Délhi e a reimpressão Varanasi. O texto completo foi traduzido pela primeira vez na presente obra. Traduções parciais anteriores foram feitas por Kazi Dawa Samdup, em W. Y. Evans-Wentz, org., *Tibetan Book of the Dead*, Londres/Oxford/Nova York: Oxford University Press, 1927; por Francesca Fremantle e Chogyam Trungpa, *Tibetan Book of the Dead*, Berkeley/Londres: Shambala, 1975; por Robert Thurman, *Tibetan Book of the Dead*, Aquarian/Thorsons, 1994; e por Stephen Hodge e Martin Boord, *Illustrated Tibetan Book of the Dead*, Nova York: Godsfield Press, 1999.

____, *Thugs-rje chen-po padma zhi-khro* (port. *O Grande Compassivo: Divindades Pacíficas e Furiosas do Lótus*). IN, mas fragmentos de um tesouro redescoberto (*yang-gter*) de mesmo nome, revelado por Jamyang Khyentse Wangpo, podem ser encontrados no *Rin-chen gter-mdzod*, Vol. 34, pp. 235-432.

Longchen Rabjampa (desc./redesc.), *sNying-thig ya-bzhi* (port. *Espiritualidade íntima de quatro partes*), texto que compreende o *Bla-ma yang-tig*, o *Bi-ma snying-thig*, o *mKha'-'gro yang-tig*, o *mKha'-'gro snying-thig* e o *Zab-mo yang-tig*. Edição xilográfica Derge em 4 volumes, publicada em nova edição em Délhi por Sherab Gyaltsen Lama (1975) em 13 volumes. Catálogo por S. Goodman em "The Klong-chen snying-thig: an Eighteenth-century Tibetan Revelation", Apêndice B.

Orgyan Lingpa (desc.), *Padma bka'-thang shel-brag-ma* (port. *Os ditos de Padma, descobertos na Rocha de Cristal*), Chengdu: Sichuan Nationalities, 1987. Traduzido para o francês em G. C. Toussaint, *Le Dict de Padma*, Bibliothèque de l'Institut de Hautes Études Chinoises, Vol. 3, Paris: Ernest Leroux, 1933; e para o inglês em K. Douglas e G. Bays, *Life and Liberation of Padmasambhava*, 2 volumes, Emeryville, Califórnia: Dharma, 1978.

Prahevajra (desc.), *Tshig-gsum gnad-du brdeg-pa* (port. *Três pontos que penetram o essencial*). Contido em *Bi-ma snying-thig*, Pt. 1, Vol. Ga, pp. 304-18.

SEÇÃO TRÊS: FONTES SECUNDÁRIAS

Basham, A. L., *The Wonder That Was India*, 3ª ed., Londres: Sidgwick & Jackson, 1967.

Beyer, S., *The Cult of Tārā*, Berkeley: University of California Press, 1978.

Blezer, H., *Kar gliṅ zi khro: a Tantric Buddhist Concept*, Leiden: Research School CNWS, 1997.

Chokyi Nyima Rinpoche, *The Bardo Guidebook* (traduzido para o inglês por Eric Schmidt Pema Kunsang), Hong Kong: Rangjung Yeshe, 1991.

Coleman, G. P. (org.), *A Handbook of Tibetan Culture*, Londres: Rider, 1993.

Cuevas, B. J., *The Hidden History of the Tibetan Book of the Dead*, Oxford: Oxford University Press, 2003.

____, "A Textual Survey of the *gter ma* of Karma-gling-pa: *Zab chos zhi khro dgongs pas rang grol* and *Bar do thos grol chen mo*", em *Tibetan Studies: Proceedings of the Eight Seminar of the International Association for Tibetan Studies*, Bloomington: Indiana University Press (no prelo).

Sua Santidade, o Dalai-Lama, *Dzogchen: the Heart Essence of the Great Perfection*, Ithaca, Nova York: Snowlion, 2000.

____, *Advice on Dying and Livind a Better Life*, Londres: Rider, 2002.

Sua Santidade, Dilgo Khyentse Rinpoche, *Pure Appearance* (tradução para o inglês de Ani Jinpa), Halifax: Vajra Vairochana Translation Committee, 1992.

Dorje, G., *The Guhyagarbhatattvaviniścayamahātantra and its XIVth-century Tibetan Commentary Phyogs bcu mun sel*, 3 volumes, tese de doutorado não publicada, Londres, University of London, 1987.

____, "The Nyingma Interpretation of Commitment and Vow", em *The Buddhist Forum*, Vol. 2 (1991), pp. 71-95.

____, *Tibetan Elemental Divination Paintings: Illuminated Manuscripts from The White Beryl of Sangs-rgyas rGya-mtsho, with the Moonbeams treatise of Lo-chen Dharmaśrī*, Londres: Eskenasi and Fogg, 2001.

Dowman, K., *Flight of the Garuda*. Boston: Wisdom, 1994.

Sua Santidade Dudjom Rinpoche, *The Nyingma School of Tibetan Buddhism: its Fundamentals and History*, traduzido para o inglês por G. Dorje e M. Kapstein, Boston: Wisdom, 1991.

____, *Counsels from My Heart* (traduzido para o inglês por Padmakara Translation Committee), Boston: Shambhala, 2001.

Eckel, M. D., *Jñānagarbha's Commentary on the Distinction between the Two Truths*, Albany: Suny, 1987.

Epstein, L., "On the History and Psychology of the 'das-log'", em *Tibet Journal*, 7.4 (1982), pp. 20-85.

Fremantle, F., *Luminous Emptiness: Understanding The Tibetan Book of the Dead*, Boston: Shambhala, 2001.

Germano, D., "Dying, Death, and Other Opportunities", em D. S. Lopez Jr. (org.), *Religions of Tibet in Practice*, Princeton University Press, 1997.

Gethin, R., *The Foundations of Buddhism*, Oxford University Press, 1998.
Kazi, Sonam T. (trad. ingl.), *Kun-zang La-may Zhal-lung*, 2 volumes, Englewood Cliffs, Nova Jersey: Diamond Lotus, 1989.
Kloetzli, R., *Buddhist Cosmology*, Délhi: Motilal Banarsidas, 1983.
Kritzer, R., "Antarābhava in the Vibhāṣā", em *Notom Damu Joshi Daigaku Kirisuto-kyo Bunka Kenkyujo Kiyo [Maranata]*, 3.5 (1997), pp. 69-91.
Lalou, M., "Chemins du mort dans les croyances de haute-asie", em *Revue de l'Histoire des Religions*, 135.1 (1949), pp. 42-8.
Lati Rinpoche e J. Hopkins, *Death, Intermediate State and Rebirth in Tibetan Buddhism*, Ithaca, Nova York: Snowlion, 1979.
Mullin, G., *Death and Dying: The Tibetan Tradition*, Boston: Arkana, 1986.
Namkhai Norbu (traduzido para o inglês por Brian Beresford), *The Dzogchen Ritual Practices*, Londres: Kailash, 1991.
Norbu, T., *The Small Golden Key*, Nova York: Jewel, 1977.
Orofino, G., *Sacred Tibetan Teachings on Death and Liberation*, Dorset: Prism Press, 1990.
Paltrul Rinpoche, *The Words of My Perfect Teacher* (traduzido para o inglês por Padmakara Translation Committee), São Francisco: HarperCollins, 1994.
Parfionovitch, Y., Dorje, G. e Meyer, F., *Tibetan Medical Paintings*, Londres: Serindia, 1992.
Pommaret, F., *Les Revenants de l'au-delà dans le monde tibetain: sources litteraires et tradition vivante*, Paris: Centre National de la Recherche Scientifique, 1989.
Reynolds, J. M., *Self-liberation through Seeing with Naked Awareness*, Nova York, Station Hill Press, 1989.
Sogyal Rinpoche, *The Tibetan Book of Living and Dying*, São Franscisco: Harper--Collins, 1992.
Tenga Rinpoche, *Transition and Liberation* (traduzido para o inglês por Alex Wilding), Osterby: Khampa, 1996.
Tenzin Wangyal, *Wonders of the Natural Mind*, Nova York: Station Hill Press, 1993.
Wallace, A. e Gyatrul Rinpoche, *Natural Liberation: Padmasambhava's Teaching on the Six Bardos*, Boston: Wisdom, 1998.
Wayman, A., *The Buddhist Tantras: New Light on Indo-Tibetan Esotericism*, Londres: Routledge and Kegan Paul, 1973.
Williams, P., *Mahāyāna Buddhism*, Londres/Nova York: Routledge, 1989.
___ *The Reflective Nature of Awareness: a Tibetan Madhyamaka Defense*, Surrey: Curzon, 1998.

GLOSSÁRIO DE TERMOS FUNDAMENTAIS

(As palavras em negrito estão definidas em outras partes do glossário; as palavras em sânscrito e tibetano são dadas em itálico, assim como os títulos de textos. Para uma descrição das divindades de meditação que compõem a maṇḍala das Divindades Pacíficas e Furiosas, ver Apêndice Dois.)

Abhidharma *mngon-pa'i chos*
Termo genérico que designa toda a literatura budista clássica sobre fenomenologia, psicologia, epistemologia e cosmologia.

Abhirati *mngon-par dga'-ba,* scrt. *abhirati*
O domínio búdico oriental de Manifesta Alegria é o **domínio puro** associado ao **buda** masculino *Akṣobhya-**Vajrasattva***.

Ação não virtuosa *mi-dge-ba*, scrt. *akuśala*
Ver **Ação virtuosa**.

Ação virtuosa *dge-ba*, scrt. *kuśala*
Tanto a virtude quanto seu oposto, a não virtude (scrt. *akuśala*, tib. *mi-dge-ba*), são definidas levando-se em conta as motivações e as consequências das ações. Para que uma ação seja definida como virtuosa ou não virtuosa, certas características têm de estar presentes. Essas características são a motivação, a realização mesma do ato e a conclusão. Um ato será não virtuoso quando: 1) motivado por intenções negativas; 2) cometido por um agente são e com pleno conhecimento; e 3) o agente deriva alguma satisfação da realização do ato. As ações podem ser físicas, verbais ou mentais. Em termos gerais, as ações não virtuosas podem ser classificadas nas seguintes dez categorias: matar, furtar, ter conduta sexual imprópria (que são as três categorias de ações físicas); mentir, causar dissenções pela palavra, falar de modo grosseiro ou ofensivo e mexericar (as quatro categorias de ações verbais); e cobiçar, ter a intenção de causar dano e ter crenças ou opiniões distorcidas (as três categorias de ações mentais). Um ato é virtuoso em dois casos: quando envolve a repressão, mesmo que passiva, das dez categorias de ações não virtuosas ou quando, motivado por uma intenção altruísta, causa um benefício para o próximo.

Ações passadas *las*, scrt. *karma*
O termo técnico "*karma*" se refere ao relacionamento dinâmico entre as ações e suas consequências. Em seu aspecto causal, o *karma* inclui tanto os atos (físicos, verbais e mentais) quanto as marcas e tendências psicológicas que esses mesmos atos geram na mente. Depois da realização de um ato qualquer, surge

na mente uma corrente causal que se mantém durante a vida presente e os sucessivos renascimentos depois dela. Esse potencial cármico é ativado ao interagir com as circunstâncias e condições apropriadas, levando assim à consumação de seus efeitos. Essa dinâmica das ações passadas possui duas características principais: 1) não é possível que uma pessoa experimente as consequências de um ato que ela mesma não realizou; e 2) só se pode escapar ao potencial cármico de um ato mediante a aplicação das medidas corretivas apropriadas. É também importante ter em mente que a ideia de "ações passadas" do budismo não pode ser confundida com uma noção de causalidade entendida num sentido estritamente determinista.

Acumulação *tshogs*, scrt. *sambhāra*
A palavra tibetana *tshogs* tem em geral dois sentidos, que correspondem respectivamente a *sambhāra* e *gana* em sânscrito. No primeiro caso, refere-se às acumulações de **mérito** (tib. *bsod-nams-kyi tshogs*, scrt. *puṇyasambhāra*) e de **cognição pura** (tib. *ye-shes-kyi tshogs*, scrt. *jñānasambhāra*), que são realizadas pelos ***bodhisattvas*** em seu caminho para o **estado búdico**. Segundo o **Grande Veículo** (*Mahāyāna*), a realização das "duas acumulações" representa a frutificação de todo o caminho, e elas resultam respectivamente na maturação do **Corpo Búdico de Forma** (*rūpakāya*) e do **Corpo Búdico de Realidade** (*dharmakāya*). Para o segundo sentido de *tshogs*, ver **Oferenda de banquete**.

Acumulação de mérito *bsod-nams-kyi tshogs*, scrt. *puṇyasambhāra*
Ver **Mérito**.

Agregado *phung-po*, scrt. *skandha*
Termo filosófico geral que se refere aos principais componentes psicofísicos que constituem o composto de corpo e mente de um **ser senciente**. A literatura budista enumera cinco desses componentes, tecnicamente chamados de "cinco agregados psicofísicos" (*pañcaskandha*). Os cinco agregados são: o **agregado da forma** (*rūpaskandha*), o **agregado das sensações** (*vedanāskandha*), o **agregado das percepções** (*saṃjñāskandha*), o **agregado das tendências motivacionais** (*saṃskāraskandha*) e o **agregado da consciência** (*vijñānaskandha*). O termo tibetano *phung-po*, assim como seu equivalente em sânscrito, significa literalmente um "amontoado", uma "pilha", uma agregação de muitas partes. Os **seres sencientes** nos **domínios** do **desejo** e da **forma** possuem manifestamente os cinco agregados, enquanto os dos **domínios informais** possuem somente os quatro agregados mentais.

Agregado da consciência *rnam-par shes-pa'i phung-po*, scrt. *vijñānaskandha*
No contexto deste livro, o agregado da **consciência** compreende as chamadas "**oito classes de consciência**" (*rnam-shes tshogs-brgyad*). As oito classes são: 1) a **consciência "raiz de todas"** (*kun-gzhi rnam-par shes-pa*), que é uma cons-

ciência indiferenciada fundamental, subjacente a todos os outros aspectos da consciência e na qual são armazenadas as impressões deixadas pelas experiências passadas; 2) a consciência iludida (*nyon-mong yid-kyi rnam-par shes-pa*), a qual é determinada pela ignorância fundamental e é a responsável por nosso sentido de identidade egoica e pela percepção incorreta e dualista da natureza dos fenômenos; 3) a consciência mental (*yid-kyi rnam-par shes-pa*), que se refere objetivamente a nossos construtos mentais, aos pensamentos e à experiência dos sentidos; 4) a consciência visual (*mig-gi rnam-par shes-pa*); 5) a consciência auditiva (*rna'i rnam-par shes-pa*); 6) a consciência olfativa (*sna'i rnam-par shes-pa*); 7) a consciência gustativa (*lce'i rnam-par shes-pa*); e 8) a consciência táctil (*lus-kyi rnam-par shes-pa*).

Agregado da forma *gzugs-kyi phung-po*, scrt. *rūpaskandha*
O agregado da forma compreende as formas sutis e grosseiras derivadas dos **elementos** e experimentadas pelos cinco sentidos, o que inclui, é claro, nosso corpo e o meio ambiente. Se considera que o agregado da forma tem quinze aspectos, quais sejam: os ligados aos **elementos**, terra, água, fogo e ar; os ligados aos cinco sentidos, ou seja, formas visuais, sons, cheiros, sabores e texturas; os ligados aos cinco órgãos dos sentidos, ou seja, o olho, o ouvido, o nariz, a língua e o conjunto do corpo; e, finalmente, o aspecto ligado às formas imperceptíveis das quais se diz estarem continuamente presentes nos três tempos, passado, presente e futuro.

Agregado das percepções *'du-shes-kyi phung-po*, scrt. *saṃjñāskandha*
É o agregado das percepções que identifica e reconhece as formas e os objetos. Ele diferencia uma forma ou objeto de outros e os nomeia. Esse processo compreende os modos amplo, minucioso e medíocre de percepção objetivante.

Agregado das sensações *tshor-ba'i phung-po*, scrt. *vedanāskandha*
O agregado das sensações compreende todas as sensações, agradáveis, desagradáveis e neutras, que surgem como reação imediata aos objetos dos nossos sentidos.

Agregado das tendências motivacionais *'du-byas-kyi phung-po*, scrt. *saṃskāraskandha*
O agregado das tendências motivacionais, às vezes traduzido como agregado das "formações mentais", se refere à série de padrões específicos de estados mentais que dão origem aos nossos pontos de vista e emoções típicas e que por sua vez condicionam nossas ações. São os impulsos motivadores que estão por trás de nossos pensamentos, palavras e atos e que nos põem em relações diferenciadas com os objetos percebidos. Esse agregado compreende as inúmeras modalidades da mente, tais como os cinquenta e um **fatores mentais** listados nos textos do ***abhidharma***, assim como nossos hábitos e disposições e nossas tendências de conceitualização.

Akaniṣṭha *'og-min*

O **domínio búdico** central de *Akaniṣṭha* (literalmente o "Mais Alto"), também conhecido como domínio da Densa Disposição (*Ghanavyūha*), é o **domínio puro** associado ao **buda** masculino *Vairocana*.

Alakāvatī *lcang-lo-can*

Alakāvatī é o nome da morada do ***bodhisattva Vajrapāṇi***.

Amigo espiritual *dge-ba'i bshes-gsnyen/dge-bshes*, scrt. *kalyānamitra*

A expressão "amigo espiritual" se refere a um **mestre espiritual** (scrt. *guru*) que pode contribuir para o progresso do indivíduo no caminho espiritual em busca da **iluminação** e que age tendo em vista somente o bem-estar de seus discípulos ou discípulas, para isso adotando um estilo de vida de renúncia. No Tibete, durante os séculos XI e XII, a expressão designava os grandes mestres da escola *Kadam*, que adotaram um estilo de vida de escrupulosa renúncia e profunda humildade acompanhadas de grande erudição e determinação meditativa. Nos séculos posteriores, a abreviação tibetana *geshe* veio a ter uma aplicação acadêmica na escola ***Gelug***, onde significa um monge erudito com título de doutor em estudos budistas clássicos, uma aplicação que se assemelha ao uso moderno do termo "*khenpo*" (*mkhan-po*) nas outras tradições de budismo tibetano. Ver também **Preceptor monástico**.

Amor

Ver **Benignidade**.

Ampla imensidão *mkha'-dbyings*

Metáfora para o centro secreto das divindades femininas ou da consorte.

Anuyoga *rjes su rnal-'byor*

De acordo com a escola ***Nyingma*** de budismo tibetano, o *anuyoga* é o oitavo dos **nove veículos** e a segunda das três classes interiores de ***tantra***. O *anuyoga* enfatiza o **estágio de perfeição** da **meditação** (*sampannakrama*).

Apego *'dod-chags*, scrt. *rāga*

Um dos "**três venenos**" (*dug-gsum*) da mente, juntamente com a **ilusão** e a **aversão**. Sua manifestação extrema, na forma de desejo insaciável, caracteriza os mundos dos **espíritos famintos** (*pretaloka*).

Aquele que Alcançou a Beatitude *bde-bar gshegs-pa*, scrt. *sugata*

Um epíteto dos **budas**. A expressão "os que alcançaram a beatitude nos três tempos" (*dus-gsum bde-gshegs*) se refere aos **budas** do passado, do presente e do futuro, exemplificados respectivamente por *Dīpaṃkara*, ***Śākyamuni*** e ***Maitreya***.

Arhat *dgra-bcom-pa*

Um ser que se libertou dos **ciclos de existência** (*saṃsāra*) por meio da eliminação das tendências ***cármicas*** e dos **estados mentais dissonantes**, os quais tornam inelutável a existência no ciclo de mortes e renascimentos. *Arhat*, que significa literalmente "digno", se interpreta como "Destruidor de inimigos", sendo esses inimigos os **estados mentais dissonantes** que estão nas raízes de nossa existência condicionada. A condição de *arhat* é a meta ideal a que aspiram os praticantes do **Pequeno Veículo**. O indivíduo que se torna um *arhat* ainda não é um **buda** plenamente **iluminado**. Isso porque, além da eliminação dos **estados mentais dissonantes**, o **estado búdico** requer a superação completa de todas as tendências habituais que se imprimem no contínuo mental no decorrer de nossa longa associação com os estados iludidos da **mente**. Em outras palavras, a realização da **iluminação** plena exige a superação completa de todas as limitações pessoais, superação que somente pode ser realizada por meio de um caminho que conjugue os **meios hábeis** da **compaixão** universal e da **consciência discriminativa** que percebe diretamente a verdadeira natureza da **realidade** em seu nível mais profundo.

Ascendente e que penetra o âmago *yar-gyi zang-thal*

Segundo o *Atiyoga*, a realização do **Corpo Búdico de Realidade** (*dharmakāya*) se descreve como um movimento "ascendente e que penetra o âmago" (*yar-gyi zang-thal*). Nessa expressão, "ascendente" (*yar-gyi*) se refere ao movimento realizado pela **consciência** através do **canal central** do corpo. "**Que penetra o âmago**" se refere à transformação da consciência em **cognição pura** da **imensidão da realidade** (*dharmadhātujñāna*).

Aspectos mãe e filho da realidade *chos-nyid ma-bu*

Os aspectos "mãe e filho" da realidade são os apectos relacionados respectivamente com o **esplendor interno** da raiz e o **esplendor interno** do caminho. Ver **Esplendor interno**.

Assembleia suprema *tshogs-chen*

Em nosso contexto, assembleia suprema é um sinônimo de **Comunidade monástica**.

Atenção *dran-pa*, scrt. *smṛti*

Atenção é a faculdade que permite à **mente** permanecer voltada para seu objeto, o que conduz a um desenvolvimento da familiaridade com o objeto e à melhor retenção do objeto na memória para futura recordação. Assim como a perspicácia, a atenção é um dos dois fatores mentais indispensáveis para o desenvolvimento da **serenidade inabalável**. É a atenção que contrabalança a tendência ao esquecimento, um dos maiores obstáculos ao cultivo bem-sucedido da **estabilidade meditativa**.

Atividades búdicas *phrin-las*, scrt. *kṛtyakriyā*

Em geral, afirma-se que a principal atividade dos **budas** é propiciar o bem de todos os **seres sencientes**, pois é esse o propósito que inicialmente motivou sua aspiração de alcançar o estado de iluminação plena. Os textos da **Perfeição da Consciência Discriminativa** enumeram oitenta atividades búdicas inexauríveis, enquanto alguns comentários mencionam vinte e uma atividades iluminadas dos **budas**. Do Buda histórico, o ***Buda Śākyamuni***, os textos budistas listam doze feitos principais que exemplificam suas atividades iluminadas. São eles, em ordem cronológica: 1) sua vinda à terra desde o reino celestial de ***Tuṣita***; 2) sua entrada no ventre materno; 3) seu nascimento; 4) sua demonstração de maestria nas artes e habilidades mundanas; 5) sua apreciação das mulheres do harém; 6) sua renúncia ao modo de vida mundano; 7) sua dedicação a severas práticas de ascese; 8) sua meditação sob a árvore da iluminação; 9) sua vitória sobre as forças sedutoras e sobre as **forças malevolentes**; 10) sua evidente obtenção do perfeito **estado búdico**; 11) seu ato de **girar a roda dos ensinamentos sagrados**; e 12) seu ingresso no estado pacífico de ***nirvāṇa* final**. Em relação aos meios hábeis, a atividade búdica pode ser encarada segundo quatro modalidades: pacificação, enriquecimento, sujeição e transformação furiosa. Ver **Quatro aspectos da atividade iluminada**. Os escritos da escola ***Nyingma*** enumeram cinco modos de atividade búdica, incluindo entre eles o modo de atividade espontânea ou natural.

Atiyoga *shin-tu rnal-'byor*

Segundo a escola ***Nyingma*** de budismo tibetano, *Atiyoga* é o nono e o mais elevado dos **nove veículos** e também a terceira das três classes interiores de ***tantra***. É também conhecido como a **Grande Perfeição** (*rdzogs-pa chen-po*). Ver **Grande Perfeição**.

Atributos búdicos *yon-tan*, scrt. *guṇa*

Os atributos de um buda podem ser compreendidos como qualidades do **corpo**, **fala** e **mente búdicos**. Os atributos do **corpo búdico** são os que estão associados com as várias "dimensões" do **Corpo búdico**, descrito neste Glossário; especificamente, esses atributos estão ligados aos **trinta e dois sinais maiores** e aos **oitenta sinais menores**. Os atributos da **fala búdica** são conhecidos como as "sessenta melodias de *Brahmā*', o que significa que a **fala búdica** é pacificante, gentil, firme, audível a grandes distâncias e assim por diante. Os atributos da mente búdica são três: **compaixão**, **onisciência** e **poder**. Além desses três atributos, os ***tantras*** enumeram mais cinco atributos consequentes à iluminação: o puro **domínio búdico**, o **palácio celestial** imensurável, os raios de luz pura e brilhante, os exaltados tronos das divindades e a posse de todos os recursos desejáveis.

Ausência de identidade própria *bdag-med*, scrt. *nairātmya*

Ver **Neipseidade**.

Ausência de sinais *mtshan-ma med-pa*, scrt. *nirlakṣaṇa*
Juntamente com a **vacuidade** (scrt. *śūnyatā*) e a ausência de aspirações (scrt. *nirpraṇidhāna*), a ausência de sinais é uma das três abordagens à **libertação** (*rnam-thar sgo gsum*) que caracterizam os ensinamentos da **Perfeição da Consciência Discriminativa** (scrt. *prajñāpāramitā*). A ausência de sinais é a antítese do ponto de vista **substancialista** (*mtshan-'dzin*) – a perspectiva que afirma a existência intrínseca das coisas por meio de suas características, como cores, formas e outras propriedades.

Autoiniciação *rang-dbang*, scrt. *svādhiṣṭhāna*
Prática espiritual na qual as **quatro iniciações** são recebidas diretamente de um **mestre espiritual** visualizado, como a que é apresentada no Capítulo 2 deste livro. Ver **Iniciação**.

Avalokiteśvara *spyan-ras gzigs dbang-phyug*
Avalokiteśvara é considerado a encarnação do aspecto compassivo da **mente** de todos os **budas**, manifestando-se na forma de uma **divindade de meditação**. É venerado como divindade protetora do Tibete e tem muitas figurações diferentes, sendo as mais populares a branca de quatro braços na posição sentada e a de "mil braços", conhecida como ***Mahākaruṇika***. Nosso texto se refere a *Avalokiteśvara* como um dos oito principais ***bodhisattvas*** masculinos. Ver Apêndice Dois, p. 341.

Aversão *zhe-sdang*, scrt. *dveṣa*
Um dos "**três venenos**" (*dug-gsum*) da mente. Na literatura budista, os termos aversão e ódio são usados muitas vezes de modo intercambiável com ira. Em sua manifestação sutil, afirma-se que a aversão impede que o indivíduo tenha uma percepção correta das formas. Em sua manifestação extrema – na forma de ódio e medo insuperáveis –, a aversão é a característica própria dos **infernos** (*narakaloka*).

Bebedor de sangue [Heruka] *khrag-'thung [he-ru-ka]*, scrt. *heruka*
O sânscrito *heruka* se interpreta como "aquele que se delicia em beber sangue" ou "aquele que segura um crânio cheio de sangue" o que simboliza a furiosa transformação dinâmica dos **estados mentais dissonantes** profundamente enraizados.

Bênção *byin-rlabs*, scrt. *adhiṣṭhāna*
No contexto budista, o termo bênção não deve ser entendido como nas religiões teístas, isto é, como graça. No budismo, a bênção significa uma inspiração recebida de uma fonte externa, inspiração que transforma ou desperta o potencial inerente ao contínuo mental individual. Por isso a palavra tibetana *byin-rlabs* se interpreta como "ser transformado pela grandeza inspiradora".

Benignidade *byams-pa*, scrt. *maitrī*

No contexto budista, a benignidade ou amor é definida como um **fator mental** caracterizado pelo sincero desejo de que os outros gozem de felicidade. De acordo com essa definição, o amor é um dos onze "**fatores mentais** salutares" listados na literatura do ***abhidharma***. Entretanto, em se tratando das **quatro aspirações imensuráveis**, a palavra amor é usada como abreviação de "grande amor" (*byams-pa chen-po*, scrt. *mahāmaitrī*), que significa uma atitude mental altruísta, espontânea e natural dotada de amor sem parcialidade para com todos os seres. Se diz que esse sentimento de amor universal e irrestrito somente pode surgir como resultado de um treinamento meditativo sistemático aliado à compreensão da **vacuidade**.

Bhaiṣajyaguru *sman-bla*

Ver **Vaiḍūryaprabharāja**.

Bodhicitta *byang-chub-kyi sems*

A intenção ou aspiração altruísta de alcançar a plena **iluminação** para o benefício de todos os seres. *Bodhicitta* se cultiva por meio de certas atitudes mentais, das quais a principal é o desenvolvimento do **amor** e de uma grande **compaixão** para com todos os seres igualmente. A tradição tibetana fala de dois sistemas principais de treinamento da **mente** para a geração de *bodhicitta*: o primeiro é o sistema de *Atiśa* dos "sete pontos de causa e efeito", o segundo é o sistema de *Śāntideva* de "igualdade e intercâmbio entre si mesmo e os outros". A verdadeira geração de *bodhicitta* somente se obtém quando a aspiração de alcançar a plena **iluminação** se torna espontânea e já não depende de um esforço deliberado. Nesse estágio o indivíduo se torna um ***bodhisattva***. Literalmente, *bodhi* significa "**iluminação**" e *citta* significa "**mente**". A literatura do **Grande Veículo** fala de dois tipos de *bodhicitta*: a *bodhicitta* comum e a *bodhicitta* suprema. A primeira se refere ao aspecto acima definido de *bodhicitta*, enquanto a *bodhicitta* suprema se refere à **mente da iluminação**, isto é, à consciência discriminativa que realiza diretamente a **vacuidade** e que decorre da aspiração altruísta descrita anteriormente. O cultivo de uma intenção altruísta (*sems-bskyed*, scrt. *cittotpāda*) está incluído nas **práticas preliminares** (*sngon-'gro*), em cujo contexto se diz que a intenção altruísta opera como antídoto para a inveja e para a ambição egoísta. Nos ***tantras***, contudo, o termo *bodhicitta* (*byang-sems*) se refere especificamente às duas **essências geratrizes** do corpo, a branca/masculina e a vermelha/feminina.

Bodhisattva *byang-chub sems-dpa'*

O buscador espiritual que se dedica ao cultivo e completo desenvolvimento da **intenção altruísta de alcançar a iluminação**, e que passa gradativamente pelos cinco **caminhos** (*pañcamārga*) e pelos dez níveis (*daśabhūmi*) dos *bodhisattvas*. Um elemento essencial desse compromisso de viver para os outros é a firme determinação de permanecer na **existência cíclica** em vez de simplesmente buscar a libertação do sofrimento para si mesmo. Em termos filosóficos, se diz que o *bodhisattva* realizou plenamente os dois aspectos da **neipseidade**: o aspecto que se relaciona com os **estados mentais dissonantes** e aquele que se relaciona com a natureza de todos os fenômenos.

Bon

O *Bon* é uma antiga tradição espiritual que alguns estudiosos acreditam ter-se originado do zoroastrismo ou do budismo da Caxemira. Antes da introdução oficial e do estabelecimento do budismo, era amplamente difundida no Tibete, especialmente na região extremo-ocidental de *Zhangzhung*. Conquanto a literatura dessa tradição a distinga claramente tanto do xamanismo ou animismo nativo do Tibete quanto das tradições budistas, no decorrer dos últimos séculos o *Bon* assimilou muitos ensinamentos budistas e desenvolveu uma fundamentação teórica neobudista. A tradição *Bon* é especialmente forte no vale de *Shang* do Tibete ocidental, em *Kongpo*, em *Khyungpo* e na região de *Ngawa*, em *Amdo*.

Buda *sangs-rgyas*, scrt. *buddha*

O termo sânscrito *buddha* significa literalmente "desperto", "realizado" e "iluminado". O equivalente tibetano *sangs-rgyas* é uma combinação de *sangs-pa* ("desperto" ou "purificado") e *rgyas-pa* ("realizado", "plenamente desenvolvido"). Neste contexto, a combinação das duas palavras denota o pleno despertar em relação à **ignorância fundamental** (*avidyā*) – ignorância na forma dos **dois obscurecimentos** (*dvayāvarana*) – e a plena **realização** do verdadeiro conhecimento, isto é, da **cognição pura** (*jñāna*) da **mente búdica**. Um ser plenamente desperto é, portanto, o ser que, como resultado de seu treinamento nos **caminhos** dos ***bodhisattvas***, finalmente realizou todo o seu potencial para a plena **iluminação** (*bodhi*) e eliminou todos os impedimentos ao verdadeiro conhecimento e à **libertação**. Os budas são caracterizados de acordo com os cinco aspectos fruitivos de **corpo búdico** (*kāya*), **fala búdica** (*vāk*), **mente búdica** (*citta*), **atributos búdicos** (*guṇa*) e **atividades búdicas** (*kṛtyakriyā*). Esses cinco aspectos são descritos de modo poético na literatura tibetana como as "cinco rodas de adornos inesgotáveis" (*mi-zad-pa'i rgyan-gyi 'khor-lo lnga*).

Buda Śākyamuni *śākya thub-pa*

O **Buda** histórico, que foi o quarto **Corpo Búdico de Emanação** supremo a se manifestar durante o nosso **éon** (nessa sequência, ***Maitreya*** é contado como o quinto **buda** ou **buda** vindouro). Os historiadores acreditam que o *Buda Śākyamuni* viveu no século VI a.C. Segundo a tradição budista, foi ele o progenitor de todas as linhagens budistas contemporâneas ligadas aos ***sūtras*** e algumas das ligadas aos ***tantras***, tendo sido também o fundador das primeiras **comunidades monásticas** budistas.

Budas anacoretas *rang-rgyal*, scrt. *pratyekabuddha*

Entre os praticantes do **Pequeno Veículo** (*hīnayanā*) se incluem os **piedosos discípulos** (*śrāvaka*) e os budas anacoretas. Os budas anacoretas são os que percorrem o caminho para a **libertação** sem o auxílio de um mestre, seguindo uma predisposição natural para o caminho. Segundo o *Ornamento da realização emergente* de ***Maitreya***, a realização dos budas anacoretas vai além da realização dos **piedosos discípulos**. Isso se dá porque, além de realizar a **vacuidade** da personalidade individual (*pudgala*), os budas anacoretas realizam também a **vacuidade** dos fenômenos externos, que são compostos de átomos. No entanto, ao contrário dos ***bodhisattvas***, os budas anacoretas não realizam a compreensão de que os fenômenos internos da **consciência** também são desprovidos de **existência intrínseca**. A **realização** de um buda anacoreta não se baseia somente na **renúncia** ou disciplina monástica, a qual é praticada igualmente pelos **piedosos discípulos**, mas também em sua compreensão dos **doze elos da originação dependente** e na capacidade de reverter esses elos pelo poder da **meditação**.

Cadeias indestrutíveis do esplendor interno *'od-gsal rdo-rje lu-gu-rgyud*

O aparecimento de cadeias indestrutíveis de luz ou **esplendor interno** ocorre por meio da técnica de meditação conhecida como **Realização Transcendente** (*thod-rgal*), na prática da **Grande Perfeição** (*rdzogs-pa chen-po*). O surgimento dessas cadeias de luz é um indício da **expressão natural** (*rang-bzhin*) da **percepção intrínseca** (*rang-rig*), por meio da qual se torna manifesto o **Corpo Búdico de Riqueza Perfeita**.

Cāmaradvīpa *rnga-yab gling*

Cāmaradvīpa é o subcontinente que a literatura ***Nyingma*** associa especialmente à **Montanha Cor de Cobre** de ***Padmasambhava***. Ver **Quatro continentes e Oito subcontinentes**.

Caminho *lam*, scrt. *mārga*

Caminho é o conjunto dos elementos de prática espiritual (ponto de vista ou concepção, meditação, conduta e assim por diante) por meio dos quais o objetivo resultante de qualquer um dos **nove veículos** pode ser atingido.

Caminho do Meio *dbu-ma'i lam*, scrt. *madhyamapratipad*

Ver **Madhyamaka**.

Caminho dos Mantras Secretos *gsang-sngags[kyi theg-pa]*, scrt. *Guhyamantrayāna*

"Caminho dos ***mantras*** **secretos**" é o mesmo que **Veículo da Realidade Indestrutível** (scrt. *Vajrayāna*).

Campos de atividade sensorial *skye-mched*, scrt. *āyatana*

Os campos operacionais ou contextos em que ocorre a percepção sensorial. A literatura do ***abhidharma*** identifica doze campos de atividade sensorial (scrt.

dvādaśāyana) classificados em seis pares, cada um dos quais compreende um campo externo e um interno. Os seis pares são: campos de atividade dos olhos (*cakṣurāyatana*) e da forma (*rūpāyatana*), campos de atividade dos ouvidos (*śrotrāyatana*) e dos sons (*śabdāyatana*), campos de atividade do nariz (*ghrāṇāyatana*) e dos odores (*gandhāyatana*), campos de atividade da língua (*jihvāyatana*) e dos sabores (*rasāyatana*), campos de atividade do corpo (*kāyāyatana*) e do tato (*spraṣṭāyatana*) e, por fim, campos de atividade da mente (*mana āyanata*) e dos objetos ou fenômenos mentais (*dharmāyatana*).

Canais de energia *rtsa*, scrt. *nāḍī*
Os ***tantras*** e as tradições médicas a eles relacionadas postulam a existência de 72 mil canais semelhantes a veias pelos quais fluem as **energias vitais** ou ventos sutis (*rlung*, scrt. *vāyu*) que sustentam a vida e dão origem aos diversos estados conceptuais da mente individual. Os três canais principais são verticais, indo do topo da cabeça aos órgãos genitais e entrecruzando-se nos cinco **centros de energia** (scrt. *cakra*) localizados na cabeça, na garganta, no coração, no umbigo e nos genitais. Os veios menores emergem desses **centros de energia** em direção a todo o corpo. Dos canais principais, o da esquerda é chamado *rkyang-ma* (scrt. *lalanā*), o da direita é *ro-ma* (scrt. *rasanā*) e o central é conhecido como *dbu-ma* (scrt. *avadhūti*).

Canal central *rtsa dbu-ma*, scrt. *avadhūti*
Ver **Canais de energia**.

Canal de cognição pura *ye-shes-kyi dhūti*
Segundo os ***tantras***, o canal de cognição pura é o **canal central** do corpo. Ver **Energia vital**.

Canal subsidiário *rtsa-'dab*
Segundo os ***tantras*** e as tradições médicas a eles relacionadas, há cinco **centros de energia** dispostos ao longo do **canal central** do corpo e localizados nos pontos focais do topo da cabeça, da garganta, do coração, do umbigo e dos órgãos genitais. Um número específico de canais subsidiários (*rtsa-'dab*) nasce dos centros de energia. Esses canais distribuem a **energia vital** para todo o corpo por meio de uma rede de 72 mil canais menores. Ver **Canais de energia**.

Carma *las*
Ver **Ações passadas**.

Caryātantra *spyod-pa'i rgyud*
Ver **Ubhayatantra**.

Casta brâmane *bram-ze'i rigs*, scrt. *brāhmaṇavarṇa*
Das quatro castas tradicionais da sociedade hindu, a brâmane é a casta sacerdotal.

Causa e efeito *rgyu-'bras*, scrt. *hetuphala*

No contexto da filosofia budista, o termo se refere à lei natural que liga uma causa a seu efeito. Algumas das principais características dessa lei são: 1) nada se desenvolve sem uma causa; 2) nenhuma entidade que não possui um princípio de mudança pode causar qualquer outro evento; e 3) somente as causas que possuem naturezas correspondentes a efeitos específicos podem causar tais efeitos. A expressão "causa e efeito" é frequentemente usada para traduzir o termo sânscrito ***karma***, que significa literalmente "ação". Ver **Ações passadas.**

Cem Famílias Santas e Iluminadas *dam-pa rigs-brgya*

As famílias das quarenta e duas **divindades pacíficas** e das cinquenta e oito **divindades furiosas**. Ver Apêndice Dois.

Centro de energia *rtsa-'khor*, scrt. *cakra*

Segundo os ***tantras*** e as tradições médicas a eles relacionadas, existem cinco centros de energia no **corpo sutil**. Estes centros estão localizados no topo da cabeça, na garganta, no coração, no umbigo e nos órgãos genitais; neles, os canais direito e esquerdo dão uma volta em torno do canal central (*avadhūti*), formando nós (*rtsa-mdud*) que obstruem o fluxo de energia sutil do duto central. Em cada um desses centros há um número diferente de **canais subsidiários** (*rtsa-'dab*), por meio dos quais a energia vital é conduzida por todo o corpo.

Cinco agregados *phung-po lnga*, scrt. *pañcaskandha*

Ver os artigos referentes a cada um dos agregados: **Agregado da consciência**, **Agregado da forma**, **Agregado das sensações**, **Agregado das percepções** e **Agregado das tendências motivacionais**.

Cinco cognições puras *ye-shes lnga*, scrt. *pañcājñāna*

Ver **Cognição pura**.

Cinco corpos búdicos *sku lnga*, scrt. *pañcakāya*

Os cinco corpos búdicos são o **Corpo Búdico de Realidade**, o **Corpo Búdico de Riqueza Perfeita**, o **Corpo Búdico de Emanação**, o Corpo Búdico do Despertar e o Corpo Búdico de Realidade Indestrutível. Ver **Corpo búdico** e os artigos referentes aos diversos corpos búdicos.

Cinco crimes irremissíveis *mtshams-med lnga*, scrt. *pañcānantarīya*

Os cinco crimes irremissíveis, considerados os crimes mais graves e consequentemente os mais difíceis de superar por meio de reparações, são: matricídio (*ma gsod-pa*), arhaticídio (*dgra-bcom-pa gsod-pa*), patricídio (*pha gsod-pa*), criar um cisma na **comunidade monástica** (*dge-'dun-gyi dbyen-byas-ba*) e ferir intencionalmente um **buda** (*de-bzhin gshegs-pa'i sku-la ngan-sems-kyis khrag 'byin-pa*).

Cinco crimes quase equivalentes *nye-ba'i mtshams-med lnga*, scrt. *pañcopāntarīya*
Os cinco crimes que, por sua gravidade, são quase equivalentes aos **cinco crimes irremissíveis** (*mtshams-med lnga*): estuprar uma ***arhat*** (*dgra-bcom-ma-la 'dod-log spyod-pa*), matar alguém que tenha alcançado o grau de um verdadeiro ***bodhisattva*** (*byang-sems nges-gnas gsod-pa*), matar um monge noviço (*slob-pa'i dge-'dun gsod-pa*), apropriar-se indevidamente das rendas de uma **comunidade monástica** (*dge-'dun-gyi 'du-sgo 'phrog-pa*) e destruir um ***stūpa*** (*mchod-rten bshig-pa*).

Cinco degenerações *snyigs-ma lnga*, scrt. *pañcakaṣāya*
As cinco degenerações são: degeneração da duração da vida (*ayuḥkaṣāya*), degeneração dos pontos de vista (*dṛṣṭikaṣāya*), degeneração dos **estados mentais dissonantes** (*kleśakaṣāya*), degeneração dos **seres sencientes** (*sattvakaṣāya*) e degeneração da era presente (*kalpakaṣāya*).

Cinco elementos *'byung-ba lnga / khams lnga*, scrt. *pañcabhūta/pañcadhātu*
Segundo o sistema indo-tibetano, tal como exposto nos ***tantras*** e nos textos médicos e astrológicos, os cinco elementos – terra, água, fogo, vento e espaço – são os componentes fundamentais de nosso meio ambiente, de nossos corpos e, em suas formas sutis, das modalidades da mente. Em seu nível mais sutil, as propriedades elementais existem como naturezas puras representadas pelas cinco **budas** femininas (*Ākāśadhātvīśvarī*, *Buddhalocanā*, *Māmakī*, *Pāṇḍaravāsinī* e *Samayatārā*), que se manifestam como as propriedades físicas da terra (solidez), da água (fluidez), do fogo (calor e luz), do vento ou ar (movimento e energia) e do espaço ou éter – em outras palavras, elas se manifestam como todas as qualidades que constituem as formas físicas que captamos por meio dos sentidos. A adequada compreensão dos elementos e do modo pelo qual suas propriedades permeiam a natureza da mente, do corpo e do ambiente é fundamental para a prática do ***tantra*** budista. Ver Capítulos 8 e 11 e Apêndice Dois.

Cinco faculdades ou órgãos sensoriais *dbang-po rnam-lnga*, scrt. *pañcendriya*
As cinco faculdades sensoriais ou cinco órgãos sensoriais são: olhos (*cakṣurindriya*), ouvidos (*śrotrendriya*), nariz (*ghrāṇendriya*), língua (*jihvendriya*) e corpo (*kāyendriya*).

Cinco famílias iluminadas *rigs lnga*, scrt. *pañcakula*
Ver **Família Buddha**, **Família Vajra**, **Família Ratna**, **Família Padma** e **Família Karma.** Ver também Apêndice Dois.

Cinco membros *yan-lag lnga*, scrt. *pañcāṅga*
A cabeça e os quatro membros.

Cinco substâncias preciosas *rin-chen lnga*
Ouro, prata, turquesa, coral e pérola.

Cinco venenos *dug-lnga*, scrt. *pañcakleśa*
Os cinco venenos compreendem cinco dos **estados mentais dissonantes** (*kleśa*) mais fundamentais – todos os quais estão enraizados na **ignorância fundamental** (*avidyā*). São eles: **ilusão** (*moha*), **apego** (*rāga*), **aversão** (*dveṣa*), orgulho (*abhimāna*) e **inveja** ou ambição egoísta (*īrṣā*).

Cinco vísceras ocas *snod-lnga*
Segundo as tradições da medicina tibetana, as cinco vísceras ocas são o estômago, o intestino grosso, o intestino delgado, a bexiga, a vesícula biliar e o reservatório de fluido reprodutivo (*bsam-se'u*).

Cinco vísceras sólidas *don-lnga*
Segundo as tradições da medicina tibetana, as cinco vísceras sólidas são coração, pulmões, fígado, rins e baço.

Citipati *dur-khrod bdag-po bdag-mo*
Os *Citipati* são um casal de acólitos de ***Yama***, senhor da morte, representados como esqueletos em postura de dança. Representam os ritos funerários.

Cittamātra *sems-tsam-pa*
Uma das quatro escolas maiores de filosofia budista da Índia antiga, também conhecida como *Vijñānavāda* e associada em alguns aspectos à tradição do *Yogācāra*. A escola *Cittamātra* (lit. "apenas a mente"), fundada no século IV pelo mestre indiano *Asaṅga*, propõe uma visão de mundo idealista ou fenomenalista. Sua principal tese é que todos os fenômenos são eventos mentais ou extensões da mente, enquanto a própria mente é considerada uma entidade real e substancial. Além disso, essa escola propõe que não existe um mundo material externo composto de átomos que seja independente de nossas percepções. De acordo com a escola *Cittamātra*, a própria consciência tem oito aspectos e tem como alicerce a **consciência raiz de todas**. Ver **Agregado da consciência**.

Cittamātrin *sems rtsam-pa-po*
Seguidor da escola ***Cittamātra***.

Cīvaṃcīvaka *shang-shang*
Criatura mítica com cabeça, braços e torso humanos e asas e pernas de ave. O trono do **buda** masculino Amoghasiddhi tem a forma de um pássaro *cīvaṃcīvaka*.

Classe das Instruções Esotéricas *man-ngag-gi sde*, scrt. *upadeśavarga*
Ver **Grande Perfeição**.

Cognição pura *ye-shes*, scrt. *jñāna*
O modo de ser da **mente búdica**. Embora todos os seres sencientes tenham a possibilidade de tornar em ato a cognição pura em seu próprio contínuo men-

tal, as confusões psíquicas e tendências à ilusão que contaminam a **mente** obstruem a expressão natural de seu potencial intrínseco, o que faz que este potencial se apresente na forma dos diversos aspectos da **consciência** mundana ou formal (*vijñāna*). A literatura budista menciona cinco tipos de cognição pura, que são os estados quintessenciais de perfeição de nossas próprias faculdades mentais e se identificam com os cinco **budas** masculinos da ***maṇḍala*** das **Divindades Pacíficas e Furiosas**. Ver Apêndice Dois. A cognição pura da **imensidão da realidade** (*dharmadhātujñāna*) é a pureza natural do **agregado da consciência** quando livre da **ilusão**; a cognição pura semelhante a um espelho (*ādarśajñāna*) é a mente para a qual todos os objetos dos cinco sentidos aparecem espontaneamente como num espelho, sendo a pureza natural do **agregado da forma** quando livre da **aversão**; a cognição pura de igualdade (*samatājñāna*) é a mente que vivencia os três tipos de sensações (boas, más e indiferentes) como dotadas todas do mesmo valor, sendo a pureza natural do **agregado das sensações** quando livre do orgulho; a cognição pura de discernimento (*pratyavekṣaṇajñāna*) é a mente que identifica com precisão os nomes e as formas, sendo a pureza natural do **agregado das percepções** quando livre do **apego**; e a cognição pura de realização (*kṛtyupasthānajñāna*) é a mente em concórdia com as atividades iluminadas e com seus propósitos, sendo a pureza natural do **agregado das tendências motivacionais** quando livre da inveja e das ambições mundanas.

Cognição pura coemergente, *lhan-skyes ye-shes*, scrt. *sahajajñāna*
O surgimento natural de **cognição pura** que ocorre durante o **estágio de perfeição** da **meditação**, quando a **energia vital** é absorvida pelo **canal central** do **corpo sutil**.

Cognição pura natural *rang-byung ye-shes*
Essa expressão denota a presença da **percepção intrínseca que é cognição pura** na forma de uma semente não cultivada, da qual se diz que reside de modo atemporal no contínuo mental de todos os seres sencientes. Ver **Percepção intrínseca** e **Cognição pura**.

Compaixão *snying-rje/thugs-rje*, scrt. *karuṇā*
Na literatura budista, o termo "compaixão" é geralmente usado como sinônimo de "grande compaixão" (*mahākaruṇā*), que se refere à mente completamente imparcial que aspira com equanimidade a que todos os **seres sencientes** alcancem a **libertação** do **sofrimento**. Afirma-se que a compaixão somente se torna "grande" quando, por meio do adequado treinamento da **mente**, a aspiração altruísta se torna espontânea e já não depende de nenhum esforço consciente. A medida da realização desse estado é o surgimento de um sentimento espontâneo de proximidade e compaixão para com todos os seres, idêntico, em matéria de comprometimento e intensidade, ao que se sente pelos entes mais que-

ridos. É importante ressaltar que no budismo a compaixão não deve ser entendida no sentido de pena ou dó, pois esta sempre implica um sentimento de superioridade em relação a seu objeto.

Comunidade monástica *dge-'dun*, scrt. *saṅgha*
No sentido budista clássico, o termo se refere principalmente às comunidades espirituais de praticantes ordenados, tanto de monges quanto de monjas (scrt. *bhikṣu / bhikṣuṇī*). O verdadeiro *saṅgha*, aquele que é um dos objetos de **refúgio** no contexto das **Três Joias Preciosas**, é uma "assembleia suprema", de elevado nível de realização espiritual, que reúne todos aqueles que alcançaram uma intuição direta da verdadeira natureza da **realidade** ou **vacuidade**, ou seja, uma comunidade dos que alcançaram o caminho da sabedoria.

Concentração meditativa *bsam-gtan*, scrt. *dhyāna*
A concentração meditativa é definida como o estado da mente que, livre da mácula dos **estados mentais dissonantes** (*kleśa*), repousa sem distrações num único ponto de atenção. É uma forma avançada de **serenidade inabalável**, na qual é bastante comum que esta se apresente em perfeita união com a **intuição penetrante**. Os ***sūtras*** e a literatura do ***abhidharma*** do **Pequeno Veículo** identificam quatro estados de concentração meditativa que conduzem a um renascimento num dos dezessete níveis do **domínio da forma**. Esses quatro estados são caracterizados, em sua ordem própria, por um isolamento temporário em relação a: 1) sensações de dor física; 2) infelicidade mental; 3) excitações mentais ligadas aos prazeres; 4) todas as experiências mundanas de alegria. No contexto do **Grande Veículo**, a concentração meditativa é a quinta das **seis perfeições** (scrt. *ṣaṭpāramitā*).

Confissão de negatividade *sdig-pa'i gshags-pa*, scrt. *pāpadeśanā*
Prática espiritual que envolve a revelação e a purificação das ações negativas acumuladas. Para ser bem-sucedida, a confissão deve ser realizada no contexto dos que se denominam os quatro poderes de antídoto. Para uma explicação do que são esses poderes, ver o texto introdutório do Capítulo 7.

Conquistador *rgyal-ba*, scrt. *jina*
Na literatura budista, esse termo é um epíteto de um **buda**, indicando a vitória deste sobre a **existência cíclica**. No contexto particular deste livro, na ***maṇḍala*** das **Divindades Pacíficas e Furiosas**, o **Corpo Búdico de Riqueza Perfeita** é representado pelas "**cinco famílias iluminadas** dos conquistadores" (*rgyal-ba rigs-lnga*), nas quais os cinco **budas** masculinos, tanto em suas formas pacíficas quanto nas furiosas, são conhecidos como os cinco conquistadores. ***Vajradhara***, um aspecto do **Buda** primordial ***Samantabhadra***, que representa o **Corpo Búdico de Realidade**, é também conhecido como o "sexto conquistador" (*rgyal-ba drug-pa*) ou "senhor da sexta **família iluminada**". De modo mais

geral, em sua forma tibetana, esse epíteto é usado como um título honorífico antes dos nomes de seres altamente venerados, como *Gyalwa Yizhin Norbu* (para Sua Santidade, o ***Dalai-Lama***) ou *Gyalwa Karmapa*, por exemplo.

Consciência *rnam-par shes-pa*, scrt. *vijñāna*
No budismo, a consciência se define como "uma captação cognoscente e luminosa". A consciência não é corpórea e assim não opõe nenhuma resistência à obstrução. Não tem figura nem cor; pode ser experimentada, mas não percebida de fora como um objeto. Em resumo, ela abarca tanto os fenômenos cognitivos conscientes quanto os aspectos subconscientes da mente pelos quais percebemos e conhecemos o mundo, além das emoções. Faz-se uma distinção entre a consciência mundana ou "cognição distintiva" (*vijñāna*) dos **seres sencientes** e a **cognição pura** (*jñāna*) dos **budas**. Ver **Cognição pura** e **Agregado da consciência**.

Consciência discriminativa *shes-rab*, scrt. *prajñā*
O termo sanscrito *prajñā* é definido formalmente como "a consciência discriminativa da essência, das distinções, das características gerais e particulares e das vantagens e desvantagens de qualquer objeto abarcado no campo de percepção da pessoa, de modo que, no fim do processo de percepção, não resta dúvida alguma acerca do objeto". Em outras palavras, *prajñā* é a faculdade intelectiva ou de percepção discriminativa inerente ao contínuo mental de todos os seres vivos, que os torna capazes de examinar as características das coisas e eventos e com isso fazer juízos e deliberações. O termo *prajñā* tem sido muitas vezes traduzido como *wisdom* no inglês e "sabedoria" em português, seguindo-se aí o exemplo de Edward Conze, que traduziu uma volumosa série de textos dedicados à **Perfeição da Consciência Discriminativa** (*Prajñāpāramitā*). Segundo o ***abhidharma*** do **Pequeno Veículo**, *prajñā* é um dos cinco fatores de verificação mental que surgem em qualquer evento mental de natureza verídica. Segundo o **Grande Veículo**, a perfeição dessa faculdade de consciência discriminativa (*prajñāpāramitā*) conduz o ***bodhisattva*** à completa superação de todos os tipos de dúvida e ignorância e à realização da **vacuidade** de todas as coisas. No mesmo contexto, em conjunção com os **meios hábeis** (*upāya*), o termo *prajñopāya* se refere à integração dos dois principais aspectos do caminho que conduz à **iluminação**. Nesse caso, *prajñā*, que é a intuição verdadeira da **vacuidade** de todos os fenômenos, se encontra em perfeita união com os **meios hábeis**. Nas iconografias das tradições tântricas, a união de *prajñopāya* é frequentemente representada pela união das divindades masculinas e femininas; nos acessórios rituais, é representada pela conjunção do ***vajra*** com o sino.

Consciência pura *rig-pa*, scrt. *vidyā*
Como verbo comum, a palavra tibetana *rig-pa* significa "saber" ou "estar cônscio". Quando usada como substantivo, ela tem vários significados distintos e

correlacionados que correspondem aos significados do sânscrito *vidyā*. Esses significados são: 1) um termo geral que significa todos os fenômenos mentais e experiências de consciência; 2) inteligência ou habilidade mental; 3) ciência ou disciplina baseada em conhecimento; 4) pura consciência. Nosso texto geralmente usa a palavra neste último significado, e então ela é sinônima de **percepção intrínseca** (*rang-rig*). Ver **Percepção intrínseca**.*

Consciência raiz de todas *kun-gzhi'i rnam-par shes-pa*, scrt. *ālayavijñāna*
Ver **Agregado da consciência**.

Consumação ou **realização** *dngos-grub*, scrt. *siddhi*, "ato de alcançar o alvo"
A consumação ou realização espiritual pode ser suprema ou comum. A primeira (*mchog-gi dngos-grub*) é a realização da **iluminação** ou **estado búdico**. As consumações ou realizações comuns (*thun-mong-gi dngos-grub*) são os diversos poderes místicos adquiridos por meio das práticas de meditação, baseadas na recitação de ***mantras*** no contexto de rituais específicos.

Consumação espiritual *dngos-grub*, scrt. *siddhi*
Ver **Consumação**.

Contínuo da raiz *gzhi'i rgyud*, scrt. *āśrayatantra*
O contínuo da raiz é identificado à **percepção intrínseca** que está presente de modo primordial e à **verdadeira realidade** ou **vacuidade**, que está em harmonia com os aspectos fruitivos da **natureza búdica**. De acordo com os ***tantras***, o contínuo da raiz (*gzhi'i rgyud*) é a base por meio da qual o **contínuo do caminho** (*lam-gyi rgyud*) se manifesta plenamente como **contínuo do resultado** (*'bras-bu'i rgyud*).

Contínuo do caminho *lam-gyi rgyud*, scrt. *mārgatantra*
Segundo os ***tantras***, o contínuo do caminho é o meio pelo qual o **contínuo da raiz** (*gzhi'i rgyud*) se torna plenamente manifesto como **contínuo do resultado** (*'bras-bu'i rgyud*).

....

* Em inglês, o termo tib. *rig-pa*, scrt. *vidyā*, foi traduzido por *awareness*. Em português, falta-nos uma palavra com a mesma ressonância expressiva desse termo em inglês. Entre as opções à nossa disposição, o uso de "consciência", que seria talvez a solução mais óbvia, implicaria confusão quando essa mesma palavra fosse usada para traduzir o tib. *rnam-par shes-pa*, scrt. *vijñāna*; a solução "percepção", também aventada, implicaria outra confusão, desta vez com o ato comum de percepção mental ou sensorial e com o agregado das percepções. Optamos enfim pela locução "consciência pura" ou (raras vezes, a bem da assonância) "pura consciência", sistematicamente usadas no texto para traduzir o termo aqui glosado. A expressão *intrinsic awareness* (tib. *rang-rig*, scrt. *svasaṃvedana*), porém, a que remete este verbete e que é sinônima dele, foi invariavelmente traduzida por "percepção intrínseca", entre outros motivos para evitar o uso excessivo de "consciência", que tornaria o texto pesado e confuso. Note-se que o tib. *rig-pa* e o scrt. *vidyā* seriam muito bem traduzidos pela palavra latina *scientia*, que abrange todas as variações de sentido mencionadas neste verbete; o derivado português "ciência", porém, é de uso especializado e desnaturaria o texto. (N. do R. da T.)

Contínuo do resultado *'bras-bu'i rgyud*, scrt. *phalatantra*
Segundo os ***tantras***, o contínuo do resultado é a fruição ou conclusão obtidas quando o **contínuo fundamental** (*gzhi'i rgyud*) se torna plenamente manifesto por meio do **contínuo do caminho** (*lam-gyi rgyud*).

Corpo búdico *sku*, scrt. *kāya*
O termo "corpo búdico" não se refere somente ao corpo físico de um buda, mas também às diversas "dimensões" em que se apresenta a encarnação dos atributos plenamente iluminados. Assim, o corpo búdico pode ser compreendido sob diversas categorias, que correspondem aos diferentes níveis do ensinamento budista. Os ***sūtras*** do **Pequeno Veículo** (*hīnayāna*), por exemplo, mencionam o **Corpo Búdico de Realidade** (*dharmakāya*) e o **Corpo Búdico de Forma** (*rūpakāya*), enquanto os ***sūtras*** do **Grande Veículo** (*mahāyāna*) mencionam três corpos búdicos (*trikāya*), distinguindo dois aspectos no Corpo Búdico de Forma: o **Corpo Búdico de Riqueza Perfeita** (*sambhogakāya*) e o **Corpo Búdico de Emanação** (*nirmāṇakāya*), acerca dos quais ver este Glossário. Os ***sūtras*** e os tratados acerca da **natureza búdica** (*tathāgatagarbha*), como o *Supremo contínuo do Grande Veículo* (*Mahayanottaratantraśāstra*), de **Maitreya**, enumeram **quatro corpos búdicos** (*catuḥkāya*). Nesse caso, o Corpo Búdico de Natureza Essencial (*svabhāvikakāya*) é acrescentado aos três corpos búdicos já mencionados para indicar, seja uma distinção entre um aspecto ativo e um passivo no Corpo Búdico de Realidade, seja uma essência indivisível subjacente aos três outros corpos búdicos. Os ***tantras*** da escola ***Nyingma*** enumeram **cinco corpos búdicos** (*pañcakāya*). Nessa enumeração, o Corpo Búdico do Despertar (*abhisambodhikāya*, tib. *mngon-byang-gi sku*) se refere às aparições espirituais dos três corpos búdicos, e o Corpo Búdico de Realidade Indestrutível (*vajrakāya*, tib. *rdo-rje'i sku*), à essência indivisível dos três corpos. Por último, no ***Atiyoga***, quando os corpos búdicos se realizam, o **Corpo Búdico de Realidade** é conhecido como corpo do vaso jovem (*gzhon-nu'i 'bum-pa'i sku*) e o **Corpo Búdico de Forma** é conhecido como corpo da grande transformação (*'pho-ba chen-po'i sku*).

Corpo Búdico de Emanação *sprul-sku*, scrt. *nirmāṇakāya*
O Corpo Búdico de Emanação é a manifestação visível e geralmente física dos seres plenamente iluminados, que surge espontaneamente da infinitude do **Corpo Búdico de Realidade** sempre que essa manifestação é adequada às diversas disposições dos seres sencientes. Os ***sūtras*** se referem a três tipos de corpos de emanação relacionados ao ***Buda Śākyamuni***: (I) nascimento por emanação em ***Tuṣita***; (II) formas de arte de emanação; e (III) emanação suprema como um dos mil **budas** do **éon auspicioso**. Do ponto de vista peculiar da escola ***Nyingma***, contudo, os três tipos de corpo de emanação compreendem: 1) as emanações naturais (*rang-bzhin sprul-sku*), que são os **budas** das **cinco famílias iluminadas** (Vairocana, por exemplo) nas diversas formas por eles

adotadas quando aparecem aos ***bodhisattvas*** de nível mais elevado; 2) as emanações supremas (*mchog-gi sprul-sku*), como o Buda ***Śākyamuni*** e os outros **budas** deste éon que dão início a um novo ensinamento; e 3) as emanações diversificadas (*sna-tshogs sprul-sku*), que incluem os oásis, alimentos, medicamentos e outras manifestações materiais semelhantes, que existem para o benefício dos seres, assim como as formas de arte de emanação (*bzo-bo sprul-sku*) e os nascimentos de emanação (*skye-ba sprul-sku*), como os nascimentos do Buda ***Śākyamuni*** nas vidas anteriores (de que é exemplo seu nascimento como o príncipe Satśvetaketu no reino divino de ***Tuṣita***).

Corpo Búdico de Forma *gzugs-sku*, scrt. *rūpakāya*
De acordo com os escritos do **Pequeno Veículo** (*hīnayāna*), o corpo búdico de forma se refere aos mil **budas** do **éon auspicioso**, entre os quais se inclui o ***Buda Śākyamuni***. No **Grande Veículo**, contudo, o termo abarca tanto o **Corpo Búdico de Riqueza Perfeita** quanto o **Corpo Búdico de Emanação**. Segundo o ***Atiyoga***, quando o Corpo Búdico de Forma é realizado pelas práticas da **Realização Transcendente**, se obtém um **corpo de luz de arco-íris**. Essa realização leva o nome de Corpo Búdico da Grande Transformação (*'pho-ba chen-po'i sku*).

Corpo Búdico de Realidade *chos-sku*, scrt. *dharmakāya*
O Corpo Búdico de Realidade é a natureza ou essência suprema da **mente iluminada**, a qual é incriada (*skye-med*), livre dos limites da elaboração conceptual (*spros-pa'i mtha'-bral*), vazia de existência intrínseca (*rang-bzhin-gyis stong-pa*), naturalmente radiante, além da dualidade e imensa como o céu. Considera-se que o **estado intermediário do momento da morte** (*'chi-kha'i bar-do*) é o tempo mais propício para a realização do Corpo Búdico de Realidade.

Corpo Búdico de Riqueza Perfeita *longs-spyod rdzogs-pa'i sku*, scrt. *sambhogakāya*
O Corpo Búdico de Riqueza Perfeita se refere às formas resplandecentes, imateriais e livres de obstáculos da pura energia da mente iluminada, exemplificadas em nosso texto pela assembleia das quarenta e duas divindades pacíficas e das cinquenta e oito divindades furiosas (ver Apêndice Dois), que se tornam espontaneamente presentes (*lhun-grub*) e naturalmente manifestas (*rang-snang*) nos níveis mais altos de realização, isto é, nos níveis em que a dualidade entre sujeito e objeto se desfaz. Considera-se que o **estado intermediário de realidade** (*chos-nyid bar-do*) é o tempo mais propício para a realização do Corpo Búdico de Riqueza Perfeita.

[Corpo de] Luz de Arco-Íris *'já'-lus*
A manifestação de luz de arco-íris no momento da morte é sinal da maestria do falecido nas práticas da **Grande Perfeição** (*rdzogs-pa chen-po*) ou em algumas outras práticas do **estágio de perfeição**. Na literatura biográfica tibetana

há muitos casos registrados de realização do corpo de luz de arco-íris no momento da morte. Existem casos em que a realização deixa resíduos e o corpo físico do morto diminui extraordinariamente de tamanho ou mesmo desaparece na luz, deixando como vestígios no mundo corpóreo somente os cabelos ou as unhas do realizado. Em outros casos, no entanto, não há nenhum resíduo e todo o corpo desaparece na luz. Nesses casos, o corpo de luz de arco-íris (*'já'-lus*), ou corpo de luz (*'od-kyi sku*), é equivalente à realização do **Corpo Búdico** de Grande Transformação (scrt. *mahāsaṃkrāntikāya*, tib. *'pho-ba chen-po'i sku*). Ver **Corpo búdico**.

Corpo ilusório *sgyu-lus*

O termo "corpo ilusório, que expressa um conceito próprio do ***Vajrayāna***, se refere a uma corporificação excepcional que um ***yogin*** avançado realiza num grau elevado do **estágio de perfeição** do ***Yogatantra*** **Insuperável**. A manifestação do ***yogin*** na forma de corpo ilusório ocorre quando se realiza uma unidade indivisível de corpo, mente e fala búdicos na conclusão dos **estágios de geração** e **de perfeição** da meditação. A realização do corpo ilusório se divide em dois estágios: a realização do corpo ilusório impuro (*ma dag-pa'i sgyu-lus*) e, em seguida, a realização do corpo ilusório puro (*dag-pa'i sgyu-lus*). O primeiro estágio é chamado impuro porque nele o ***yogin*** ainda não está totalmente liberto de todas as **tendências habituais** que obstruem o conhecimento sutil. Quando realiza o corpo ilusório puro, que está em união com o esplendor interno, o ***yogin*** alcança a mais elevada união, o pleno despertar do **estado búdico**, a realização do **Corpo Búdico de Riqueza Perfeita**. No **estágio de perfeição** da meditação, há meditações específicas para se concentrar no corpo ilusório impuro e no corpo ilusório puro. Para se concentrar no corpo ilusório impuro, a meditação atenta para o fato de que todos os fenômenos físicos são ilusórios e semelhantes aos sonhos, desprovidos de **existência intrínseca**. Para se concentrar no corpo ilusório puro, a meditação se volta para a **maṇḍala** de divindades visualizadas segundo as chamadas doze imagens da ilusão (*sgyu-ma'i dpe bcu-gnyis*).

Corpo ilusório puro *dag-pa'i sgyu-lus*

Ver **Corpo ilusório**.

Corpo mental *yid-lus*, scrt. *manokāya*

O corpo mental é a forma assumida durante o **estado intermediário de renascimento**, da qual se diz que é inicialmente semelhante ao corpo físico da vida anterior. Ver Capítulo 11.

Corpo semelhante à ilusão *sgyu-ma'i lta-bu lus*

Ver **Corpo ilusório**.

Corpo sutil *phra-ba'i lus*, scrt. *sūkṣmakāya*

Diferentemente de nosso corpo físico grosseiro, composto de carne, ossos e sangue, o corpo sutil é constituído por uma rede de **canais de energia**, **energias vitais** e **pontos seminais** de energia sutil. Essa forma surge como expressão natural da interação da **mente** sutil com as **energias vitais** sutis das quais ela depende. Ver o "Comentário Introdutório de Sua Santidade, o Dalai-Lama". O nível mais avançado de corpo sutil, conhecido nos ***tantras*** como **corpo ilusório** puro (*sgyu-lus*), só é percebido quando se realiza uma unidade indivisível de **corpo**, **fala** e **mente búdicos** na conclusão dos **estágios de geração** e **de perfeição** da **meditação**. Uma imagem desse mesmo corpo sutil pode ser experimentada durante a prática do **yoga onírico**, quando o nível de consciência é relativamente sutil e profundo devido à cessação temporária dos processos sensoriais ativos. O **corpo mental** (*yid-lus*) que se experimenta durante o **estado intermediário de renascimento** também é uma forma de corpo sutil.

Crânio cheio de sangue *dung-dmar*, scrt. *bhandha/bhāṇḍaka*

Na iconografia tântrica, as **divindades de meditação** são frequentemente representadas segurando crânios cheios de sangue. O crânio humano simboliza a mortalidade e a impermanência, enquanto o sangue representa a transmutação dos **estados mentais dissonantes** em **cognição pura**.

Cruz de fios *mdos*

Em sua forma mais simples, a cruz de fios pode ser feita de duas varetas cruzadas ou de uma moldura de madeira (*nam-mkha'*) em torno da qual se estendem fios coloridos (*rgyang-bu*) na forma de diamante ou de outros padrões mais complexos. As cruzes de fios podem variar quanto ao tamanho e à complexidade, de acordo com o ritual para o qual são construídas. São essencialmente "armadilhas" para forças negativas e malevolentes. A armadilha simboliza, e recebe por meio de consagração, todas as qualidades capazes de atrair as forças malévolas. Assim, a estrutura da cruz de fios pode ser idêntica à de um ***stūpa*** ou de uma ***maṇḍala*** tridimensional, e pode representar a pureza dos **agregados** psicofísicos, das **propriedades elementais**, dos processos sensoriais e mentais etc. Em alguns casos, as cruzes de fios mais complexas chegam a ser estruturas enormes, com muitos metros de altura.

Ḍākinī *mkha'-'gro-ma*

As *ḍākinīs* são aquelas ***yoginīs*** que alcançaram **consumações** (*siddhi*) espirituais mundanas ou supramundanas, sendo estas últimas referentes às realizações do **estado búdico**. Podem ser quer mulheres humanas que alcançaram essas realizações, quer manifestações da atividade iluminada das **divindades de meditação**. O equivalente tibetano *mkha'-'gro-ma* significa literalmente "aquela que viaja pelo espaço", expressão em que "espaço" significa metaforicamente a **vacuidade** e "aquela que viaja" significa um ser imerso na experiência desse estado. As *ḍākinīs* conferem **atividades búdicas** ao meditante, e nisso se distinguem do **mestre espiritual**, que confere **bênçãos**, e da **divindade de meditação**, que confere **consumações** ou **realizações**.

Ḍākinīs das três moradas *gnas-gsum mkha'-'gro*
As *ḍākinīs* das três moradas são as *ḍākinīs* do **corpo búdico**, da **fala búdica** e da **mente búdica**.

Ḍākinīs de cognição pura *ye-shes mkha'-'gro*, scrt. *jñānaḍākinī*
As *ḍākinīs* de cognição pura são as consortes dos principais **detentores de conhecimento** da maturação, do poder sobre a duração da vida, do Grande Selo e da presença espontânea.

Dalai-Lama *rgyal-ba yid-bzhin nor-bu/rin-po-che*
O líder espiritual e temporal do Tibete. O reinado temporal do *Dalai-Lama* começou no século XVII, na época do quinto *Dalai-Lama*. Desde então até a ocupação chinesa na década de 1950, o país foi governado por uma sucessão periódica de *Dalai-Lamas*. Cada novo *Dalai-Lama* é escolhido por meio de um rigoroso processo tradicional de observação e comprovação que começa logo depois da morte do *Dalai-Lama* anterior. O *Dalai-Lama* atual é o décimo quarto na sucessão dessa linhagem. O título *Dalai-Lama* foi dado originariamente a *Sonam Gyatso*, o terceiro *Dalai-Lama*, pelo príncipe mongol *Altan Qan*. A palavra mongol *da-lai* (tib. *rgya-mtsho*) significa "oceano (de sabedoria)".

Ḍāmaru *ḍā-ma-ru*
Um tipo de tambor de mão com couro dos dois lados, frequentemente identificado com as **divindades furiosas** e com as ***ḍākinīs*** e geralmente utilizado como instrumento ritual junto com o sino. Diz-se que o *ḍāmaru* proclama "o som de grande felicidade".

Dedicação de mérito *bsngo-ba*, scrt. *pariṇāma*
Um elemento importante da prática budista, normalmente realizado na forma de recitação de versos de dedicação no final de uma prática espiritual. Em todas as práticas budistas, o estabelecimento da motivação correta logo no início e da dedicação altruísta no final é considerado de grande importância. As intenções mais populares pelas quais a dedicação se faz são o florescimento dos **ensinamentos sagrados** do budismo por todo o universo e a obtenção da plena **iluminação** por todos os **seres sencientes**.

Deleite coemergente *lhan-cig skyes-pa'i dga'-ba*, scrt. *Sahajasukha/sahajānanda*
O deleite coemergente é um dos **quatro deleites** (*dga'-ba bzhi*) experimentados no **estágio de perfeição** (*sampannakrama*) da **meditação**. Ver **Quatro deleites**. O deleite coemergente também é experimentado naturalmente no momento da morte (ver Capítulo 8) e no momento da concepção (ver Capítulo 11).

Densa Disposição *gtug-po bkod-pa*, scrt. *Ghanavyūha*
A Densa Disposição é outro nome do **domínio búdico** central de ***Akaniṣṭha***. Ver **Akaniṣṭha**.

Descobridor de tesouros *gter-ston*
Um **mestre consumado** detentor de uma linhagem autêntica que revela um texto ou objeto sagrado guardado como **tesouro**, cumprindo assim as profecias de ***Padmasambhava*** ou outros ocultadores de **tesouros**. Ver **Tesouros**.

Descrição formal *mngon-rtogs*, scrt. *abhisamaya*
Durante as práticas do **estágio de geração** (*utpattikrama*) da **meditação**, as **divindades** são visualizadas de acordo com sua descrição formal tal como se encontra nos textos dos **meios de realização** (*sgrub-thabs*, scrt. *sādhana*) apropriados. Em outros contextos, o termo "*abhisamaya*" transmite o sentido de "realização emergente ou clara", como no *Ornamento da realização emergente* (*Abhisamayālaṃkāra*) de ***Maitreya***.

Desejo *'dod-chags*, scrt. *rāga*
Ver **Apego**.

Detentor de linhagem *brgyud-pa'i dzin-pa*, scrt. *paraṃparādhara*
Qualquer pessoa que detém uma das seis **linhagens** e assume a responsabilidade de transmiti-la para a próxima geração. Ver **Linhagem**.

Detentores de conhecimento *rig-'dzin*, scrt. *vidyādhara*
Os detentores de conhecimento são encarnações dos grandes **mestres consumados** que alcançaram as mais elevadas **realizações** dos ***tantras***. Entre aqueles cujos feitos são considerados sobrenaturais estão ***Padmasambhava*** e *Vimalamitra*, que transcenderam a duração da vida humana e alcançaram a realização do **corpo de arco-íris** por meio das práticas da **Grande Perfeição**. Distinguem-se de modo especial cinco classes de detentores de conhecimento, cujas realizações se dizem comparáveis às do nível de **buda** e de ***bodhisattva***; são elas: os detentores do conhecimento da maturação, os do poder sobre a duração da vida, os que habitam nos graus, os do Grande Selo e os da presença espontânea.

Deusas subterrâneas *brtan-ma*
Uma importante classe de espíritos nativos do Tibete, em número de doze, que personificam as imponentes cadeias de montanhas daquela região e estão reunidas no cortejo exterior (*phyi-'khor*) das cinquenta e oito **divindades furiosas**. As principais entre elas são *Kongtsun Demo* (associada ao monte *Namchak Barwa*), *Machen Pomra* (associada ao monte *Amnye Machen*), *Dorje Chenchikma* (associada ao monte Everest), *Do-rje Kundrakma* (associada ao monte *Nyenchen Tanglha*) e *Dorje Kuntizang* (associada ao monte *Nojin Gangzang*).

Deuses *lha*, scrt. *deva*
Uma das **seis classes de seres sencientes** (*'gro-ba rigs-drug*). Afirma-se que o modo de ser e a atividades dos deuses são gerados e dominados pela exaltação, o prazer e o orgulho. No sistema de mundo do desejo (*kāmadhātu*), os deuses existem em domínios superiores ao domínio humano, e existem no sistema de mundo da forma (*rūpadhātu*) e no sistema de mundo da não forma (*ārūpyadhātu*). Ver **Três sistemas de mundo**.

Deuses companheiros vitalícios *'go-ba'i lha*
Uma categoria de espíritos que acompanham o indivíduo por toda a sua vida, como uma sombra, protegendo sua vitalidade (*bla*). Identificam-se cinco espécies de deuses companheiros vitalícios (*'go-ba'i lha lnga*): os deuses da essência vital (*srog-gi lha*), os deuses da masculinidade (*pho-lha*), os deuses da feminilidade (*mo-lha*), os deuses rurais (*yul-lha*) e os deuses de força adversária (*dgra-lha*).

Deuses das Dez Direções *phyogs-bcu'i lha*, scrt. *daśadikpāla*
Os deuses que, segundo a tradição, governam as **dez direções** do espaço e são também conhecidos como as divindades protetoras das dez direções. São eles: *Indra*, *Yama*, *Varuṇa*, *Yakṣa*, *Agni*, *Rākṣasa*, *Vāyu*, *Bhūta*, *Brahmā* e *Vanadevī* ou *Sthāvarā*.

Dez direções *phyogs-bcu*, scrt. *daśadik*
Os oito pontos cardeais e colaterais mais o zênite e o nadir.

Dez imagens dos fenômenos ilusórios *shes-bya sgyu-ma'i dpe-bcu*
As dez imagens que ilustram a natureza ilusória de todas as coisas são: ilusão (*sgyu-ma*), miragem (*smig-rgyu*), sonho (*rmi-lam*), imagem refletida (*gzugs-brnyan*), cidade celestial (*dri-za'i grong-khyer*)*, eco (*brag-ca*), reflexo da lua na água (*chu-zla*), bolha de água (*chu-bur*), ilusão de ótica (*mig-yor*) e uma emanação intangível (*sprul-pa*).

Dez oportunidades *'byor-ba bcu*
Ver **Oito liberdades e dez oportunidades**.

Dezoito infernos *dmyal-ba bco-brgyad*, scrt. *aṣṭadaśanaraka*
No ciclo de renascimentos, que é condicionado por nossas **ações passadas**, os dezoito infernos são estados de existência em que a experiência do **sofrimento**, que decorre do ódio, da ira e do medo, é maximamente intensa e prolongada. Os textos do ***Abhidharma*** mencionam dois tipos principais de existência infer-

* Scrt. *gandharvanagara*, "cidade dos gandharvas". Trata-se de uma cidade completa, com todos os seus edifícios e habitantes, que aparece num instante e desaparece depois de um período mais ou menos curto. (N. do R. da T.)

nal, um dos quais é caracterizado pelo frio extremo e o outro, pelo calor abrasador. Esses dois tipos são por sua vez divididos em dezoito subcategorias.

Dhanakośa *dha-na-ko-sa*
Nome de um lago situado na região de ***Oḍḍiyāna***, geralmente identificada pela tradição tibetana como o Vale de Swat, no atual Paquistão, onde muitos ***tantras*** budistas foram disseminados e praticados. Considera-se que esse lago foi o local de nascimento tanto de ***Prahevajra***, que foi o primeiro ser humano **detentor da linhagem** do ***Atiyoga***, quanto de ***Padmasambhava***.

Dharmarāja *chos-rgyal*
Ver **Yama Dharmarāja**.

Disciplinas individuais *so-sor thar-pa*, scrt. *prātimokṣa*
Ver **Prātimokṣa**.

Divindade *yi-dam*, scrt. *iṣṭadevatā*
Ver **Divindade de meditação**.

Divindade de meditação *yi-dam*, scrt. *iṣṭadevatā*
As divindades de meditação são formas ou reverberações do **estado búdico** plenamente manifesto. Suas características são definidas ou reveladas pelas práticas tântricas específicas com base nas quais são visualizadas as divindades. Depois de receber de um **mestre espiritual** autêntico a **iniciação** e a orientação referentes a uma divindade de meditação ou a uma ***maṇḍala*** de divindades, o praticante dos ***tantras*** busca concretamente cultivar a união com as qualidades de **corpo**, **fala** e **mente búdicos** por meio da prática do **estágio de geração** da meditação ligada à sua divindade de meditação ou **maṇḍala** de divindades. É essencial que as divindades de meditação não sejam concebidas como seres independentes ou externos, mas sim como formas ou reverberações da própria **mente búdica**. A união com a divindade de meditação confere ao meditante **consumações** supremas, ao contrário da meditação sobre o mestre espiritual, que confere **bênçãos**, e da meditação sobre a **ḍākinī**, que confere **atividades búdicas** ou iluminadas.

Divindades Furiosas *khro-bo'i lha-tshogs*
Ver Apêndice Dois.

Divindades Pacíficas e Furiosas *zhi-khro*
Ver Apêndice Dois.

Dois extremos *mtha' gnyis*, scrt. *antadvaya*
Os dois extremos de eternalismo e niilismo. Ver **Eternalista** e **Niilista**.

Dominador *rtsad-du gcod-pa*
Na terminologia da escola ***Nyingma***, os seis ***herukas*** da assembleia das cinquenta e oito **divindades furiosas** recebem o título de "dominadores", que se refere a sua atividade de **transformação natural** exercida sobre os **estados mentais dissonantes**. Ver Apêndice Dois.

Domínio búdico *zhings-khams*, scrt. *[buddha]kṣetra*, "campo [búdico]"
Os domínios de operação ou "paraísos" presididos pelo diversos **budas**, que surgem espontaneamente como um resultado de suas aspirações altruístas, são chamados domínios ou campos búdicos. Os domínios búdicos são ambientes totalmente livres de **sofrimento**, tanto físico quanto mental, e transcendem os domínios dos **deuses** mundanos (*devaloka*), que são habitados por **seres sencientes** dos **sistemas de mundo** do desejo, da forma e da não forma. Afirma-se que quando os seres sencientes que ainda não conseguiram se libertar de modo permanente dos grilhões da **existência cíclica** têm uma afinidade com um **buda** em especial, eles conseguem renascer no domínio puro desse mesmo **buda**, onde ficam temporariamente livres tanto dos **sofrimentos** manifestos do corpo e da **mente** quanto dos inescapáveis sofrimentos derivados das condições passadas. Os domínios búdicos ou domínios puros são considerados ambientes otimamente propícios ao cultivo contínuo do caminho para o **estado búdico**.

Domínio da forma e domínio da não forma
Ver **Três sistemas de mundo**.

Domínio puro
Ver **Domínio búdico**.

Domínio puro dos que percorrem os céus *dag-pa'i mkha'-spyod-kyi zhing*, scrt. *khecarīkṣetra*
O domínio ou campo puro dos que percorrem os céus representa o nível no qual habitam os **detentores de conhecimento** (*vidyādhara*).

Doze elos da originação dependente *rten-'brel bco-gnyis*, scrt. *dvādaśāṅga-pratītyasamutpāda*
Ver **Originação dependente**.

Dualismo *gnyis-snang*, scrt. *ubhayābhāsa*
Todo e qualquer nível de percepção de dualidades. O pensamento budista descreve diversas formas de dualismo, cujas principais são: 1) a percepção dualista de sujeito e objeto; 2) todas as aparências de **existência intrínseca**; 3) todas as aparências convencionais; 4) todas as formas de pensamento conceptual. A **realização** direta e autêntica da **vacuidade** é não dual, no sentido de ser livre de todas as formas de dualismo acima descritas.

Duas acumulações *tshogs-gnyis*, scrt. *sambhāradvaya*
Ver **Acumulação**.

Duas verdades *bden-pa gnyis*, scrt. *satyadvaya*
Todas as escolas filosóficas budistas formulam suas ontologias dentro do quadro das duas verdades: a verdade relativa ou convencional (scrt. *samvṛtisatya*, tib. *kun-rdzob bden-pa*) e a verdade absoluta ou suprema (scrt. *paramārthasatya*, tib. *don-dam bden-pa*). Contudo, a definição das duas verdades pode variar segundo as diferentes interpretações epistemológicas. As duas escolas de pensamento do **Grande Veículo** que enfatizam a doutrina das duas verdades, isto é, as escolas ***Cittamātra*** e ***Madhyamaka***, definem a verdade absoluta como **vacuidade**, que é a natureza última de todos os fenômenos, enquanto a verdade relativa é definida como o aspecto empírico da realidade tal como experimentada convencionalmente por nossas percepções. Esse aspecto da realidade somente é verdadeiro dentro do quadro relativo de nossas próprias experiências verídicas. Além disso, cada um dos veículos do ***tantra*** tem um grau diferente de sutileza na interpretação das duas verdades.

Dzogchen *rdzogs-chen*, scrt. *mahāsandhi*
Ver **Grande Perfeição**.

Elaboração conceitual *spros-pa*, scrt. *prapañca*
A elaboração conceitual se refere à presença de processos de pensamento conceitual ou discursivo, cuja ausência (scrt. *niṣprapañca*, tib. *spros-bral*) é característica da realização da **vacuidade** ou **verdadeira realidade**.

Elementos/Propriedades elementais *'byung-ba*, scrt. *bhūta*
Ver **Cinco elementos**.

EMA *e-ma*
O mesmo que *EMAHO*.

EMAHO *e-ma-ho*
Uma exclamação de grande espanto ou deslumbramento.

Energia vital *rlung*, scrt. *vāyu*
Os ***tantras*** e as tradições médicas a eles relacionadas afirmam que existem dez tipos de energias vitais ou ventos sutis que fluem pelos setenta e dois mil **canais de energia** (scrt. *nāḍī*) do corpo. Essas energias vitais sustentam a vida e entre elas se incluem as energias que dão suporte aos diversos estados conceptuais da mente individual. Em seu nível mais puro, a mente sutil e a energia vital são concebidas como uma só entidade. Os dez tipos de energia sutil compreendem: as cinco energias vitais interiores (*nang-gi rlung lnga*), que sus-

tentam os movimentos internos do corpo, e as cinco energias vitais exteriores (*phyi-'i rlung lnga*), que sustentam os movimentos externos do corpo. As cinco primeiras são as energias vitais associadas aos **cinco elementos** (terra, água, fogo, vento e espaço) e às cores correspondentes aos elementos (respectivamente amarelo, branco, vermelho, verde, azul). As cinco energias vitais exteriores são o espírito vital (scrt. *prāṇa*, tib. *srog-'dzin*), o movimento muscular (scrt. *vyāna*), a digestão (scrt. *samāna*), o movimento de significação ou movimento vocal (scrt. *udāna*) e a excreção (scrt. *apāna*). O movimento da energia vital pelos **canais de energia** do **corpo sutil** é refinado no **estágio de perfeição** da meditação. Normalmente, no caso dos indivíduos que não cultivaram as práticas de meditação, tanto a energia vital quanto a mente sutil fluem pelos **canais de energia** direito e esquerdo e por meio deles passam para toda a rede de canais menores do corpo. Essa energia vital dissipada é conhecida como energia vital das ações passadas (*las-kyi rlung*). Esse nome deriva do fato de ela ser ativada pelos **estados mentais dissonantes** e do predomínio da influência das **ações passadas** nesse processo, o que obscurece o **esplendor interno** da mente sutil. Entretanto, quando são aplicadas as práticas do **estágio de perfeição** da meditação, desfazem-se os nós que bloqueiam o movimento combinado da energia vital e da mente sutil pelos **centros de energia** (scrt. *cakra*) localizados no **canal de energia** central, de modo que a energia vital e a mente sutil penetram nesse canal central (scrt. *avadhūti*) e nele permanecem até serem dissolvidas. Então, surge o **esplendor interno** não conceptual e a energia recebe agora o nome de energia vital da **cognição pura** (*ye-shes-kyi rlung*). Segundo a tradição médica tibetana, para manter uma boa saúde, é importante o equilíbrio entre a energia vital, a bíle e a fleuma, sendo as três conhecidas como os três humores.

Energia vital inferior *'og-gi rlung*
A energia vital localizada na extremidade inferior do **canal de energia** central do **corpo sutil**. Ver **Energia vital**.

Enriquecimento *rgyas-pa'i las*, scrt. *puṣṭikriyā*
Ver **Quatro aspectos da atividade iluminada** e **Atividades búdicas**.

Ensinamentos [sagrados] *[dam-pa'i] chos*, scrt. *[sad]dharma*
O termo sânscrito *dharma* tem em si mesmo uma ampla gama de significados, todos eles derivados da raiz verbal *dhṛ*, que significa "sustentar". O equivalente tibetano *chos* significa literalmente "mudança" ou "transformação" e se refere tanto ao processo de transformação espiritual quanto a seu resultado. *Vasubandhu* dá dez definições clássicas de *dharma* em seu *Sistema racional de exposição* (*Vyākhyāyukti*), quais sejam: fenômeno, caminho para a iluminação, realização da iluminação, objeto da consciência, mérito, ser vivo, escritura, objeto material, norma e tradição espiritual. Na tradição espiritual do budismo, o termo se refe-

re especificamente à segunda das **Três Joias Preciosas** (scrt. *triratna*), ou seja, aos ensinamentos sagrados. Ver **Transmissão**.

Ente de cognição pura *ye-shes sems-dpa'*, scrt. *jñānasattva*
Ver **Ente do pacto**.

Ente do pacto *dam-tshig sems-dpa'*, scrt. *samayasattva*
Quando as divindades são visualizadas na **meditação**, a forma da divindade visualizada pelo meditante é chamada de ente do pacto. Essa forma visualizada deve ser distinguida do **ente de cognição pura** (*jñānasattva*, tib. *ye-shes sems-dpa'*), ou seja, da própria **divindade de meditação**, à qual se pede que entre na forma visualizada.

Éon *bskal-pa*, scrt. *kalpa*
O éon é um conceito de importância fundamental no pensamento tradicional indiano e budista sobre o tempo cíclico. De acordo com a literatura do ***Abhidharma***, um grande éon (*mahākalpa*) se divide em oitenta éons menores ou sucessivos. No decorrer de um grande éon, o mundo exterior e suas formas de vida sencientes surgem e desaparecem. Durante os primeiros vinte éons menores, o universo está em processo de criação e expansão (*vivartakalpa*); durante os vinte éons seguintes, o universo permanece estável; durante o terceiro ciclo de vinte éons menores, ele entra em processo de destruição ou contração (*samvartakalpa*); e durante o último quarto do ciclo, permanece no estado de destruição.

Éon auspicioso *bskal-pa bzang-po*, scrt. *bhadrakalpa*
O nome do **éon** atual, durante o qual está predito que mil **budas** manifestar-se-ão sucessivamente. Entre esses mil **budas**, o ***Buda Śākyamuni*** é o quarto e ***Maitreya*** é o quinto.

Éon incalculável *grangs-med bskal-pa*, scrt. *asaṃkhyeyakalpa*
A expressão éon incalculável se refere a um período de tempo equivalente a dez elevado a 59 éons menores.

Equanimidade *btang-snyoms*, scrt. *upekṣā*
A equanimidade é uma das **quatro aspirações imensuráveis**, ao lado da **benignidade**, da **compaixão** e da alegria benevolente, as quais são cultivadas nas **práticas preliminares** e geralmente repetidas no início da prática cotidiana. A equanimidade é um elemento essencial do processo de cultivo da **intenção altruísta de alcançar a iluminação** para o benefício dos outros seres. No contexto desse processo, o praticante cultiva uma atitude imparcial para com todos os **seres sencientes** e os considera como totalmente iguais, superando quaisquer sentimentos de parcialidade para com eles. Normalmente, nossa atitude

para com as outras pessoas, por exemplo, é bastante prejudicada por nossa classificação dos outros em grupos aparentemente incompatíveis de amigos, inimigos e pessoas que nos são indiferentes. Ver também ***Bodhicitta***.

Era degenerada *snyigs-ma'i dus*, scrt. *kaliyuga*
Segundo a principal corrente de interpretação da cosmologia indiana, um período de tempo cósmico ou cíclico (**éon**, scrt. *kalpa*) compreende catorze ciclos secundários (scrt. *manvantara*), cada um dos quais dura 306.720 mil anos. Cada ciclo secundário contém setenta e uma "grandes eras" (scrt. *mahāyuga*) e cada uma destas é subdividida em quatro eras (scrt. *caturyuga*) de duração decrescente, conhecidas respectivamente como era perfeita (*kṛtayuga*), era tripla (*tretāyuga*), era dupla (*dvāparayuga*) e era degenerada ou negra (*kaliyuga*). Uma vez que essa sucessão de eras acarreta um declínio das atividades meritórias, a cada era são associadas certas práticas de meditação e antídotos espirituais próprios. Especificamente, a era perfeita é a mais apropriada para a prática do ***Kriyātantra***; a era tripla, para a prática do ***Caryātantra***; a era dupla, para a prática do ***Yogatantra***; e a atual era degenerada ou negra, para a prática do ***Yogatantra* Insuperável**.

Escolas da Nova e da Antiga Tradução *gsar-ma-dang rnying-ma*
Ver **Nyingma**.

Espectros sensoriais *khmas*, scrt. *dhātu*
Termo bastante amplo que abarca todos os aspectos da percepção sensorial, incluindo o sujeito e o objeto da percepção sensível e suas interações. A literatura do ***abhidharma*** identifica dezoito componentes sensoriais ou espectros psicofísicos distintos (scrt. *aṣṭadaśadhātu*), que são agrupados da seguinte maneira: olho, forma e **consciência** visual; ouvido, som e **consciência** auditiva; nariz, odor e **consciência** olfativa; língua, sabor e **consciência** gustativa; corpo, textura e **consciência** tátil; por fim, mente, fenômenos mentais e **consciência** mental.

Espíritos famintos *yi-dvags*, scrt. *preta*
Entre as **seis classes de seres viventes**, os espíritos famintos caracterizam-se por existir num estado que, em matéria de sofrimento, é intermediário entre os estados animais e os estados **infernais**. Os seres nascem nesse estado em decorrência do predomínio da avareza em suas ações passadas, e sua principal experiência no mundo dos espíritos famintos são os desejos insaciáveis.

Espíritos feiticeiros *'gong-po*
Uma classe de espíritos malignos que frequentam a atmosfera e a terra, muitos dos quais foram obrigados por ***Padmasambhava*** a fazer um voto de aliança ao budismo no século VIII. Seus poderes de gerar obstáculos que põem em risco

a vida, de atacar pessoas enlutadas e outros poderes malignos podem ser vencidos por rituais defensivos.

Espíritos imprecatórios femininos *ma-mo*, scrt. *mātaraḥ*
Estas entidades são geralmente descritas como feias, ferozes, de tez escura e seminuas, com seios flácidos e cabelos sem brilho. Elas invocam maldições e fazem imprecações que infligem pragas (*dal-yams*) sobre os seres vivos. Os espíritos imprecatórios femininos mundanos do Tibete foram subjugados por ***Padmasambhava*** no Monte *Chuwori*; entre os espíritos da categoria supramundana se incluem a protetora *Śrīdevī* (tib. *dpal-ldan lha-mo*) na forma Rematī e as oito *Mātaraḥ* (*ma-mo brgyad*) lideradas por *Gaurī*, que formam uma subcategoria das cinquenta e oito **divindades furiosas**. Ver Apêndice Dois. Uma das oito principais **divindades de meditação** da classe *sādhana* do ***Mahāyoga*** é conhecida como *Mātaraḥ* Imprecatória (*ma-mo rbod-gtong*).

Espíritos marciais obsedantes *btsan*
Uma classe de espíritos ou espectros obsedantes que causam cólicas e desordens intestinais, geralmente representados vestidos de armadura. Os pricipais entre eles são *Tsimara*, o protetor do mosteiro *Samye* e *Yamshu Marpo*. São figurados na arte com tez vermelha, montados em cavalos vermelhos, brandindo uma lança vermelha com uma bandeira vermelha na mão direita e lançando um laço (*btsan-zhags*) vermelho com a mão esquerda.

Espíritos medicinais que habitam os lagos *mtsho-sman/'tsho-sman*
Um grupo de cinco, sete ou nove espíritos femininos da classe *sman-mo* que habitam em lagos; devem ser distinguidos dos espíritos medicinais que habitam os céus (*nam-mkha'i sman-mo*), dos espíritos medicinais que habitam a terra (*sa'i sman-mo*) e dos espíritos medicinais ofídicos híbridos (*klu-sman*). As *sman-mo* constituem, em geral, uma categoria de espíritos nativos do Tibete para os quais se fazem as **oferendas de *torma*** (*sman-gtor*), compostas de medicamentos, néctar e sangue. As principais *sman-mo* são as cinco irmãs longevas (*tshe-ring mched-lnga*), corporificadas nas cinco principais montanhas nevadas da cordilheira do Everest. Afirma-se que ***Padmasambhava*** impôs às mais poderosas desses espíritos medicinais um voto de aliança feito no passo de Silma, em Tsang.

Espíritos ofídicos da água *klu/klu-mo*, scrt. *nāga/nāginī*
Espíritos aquáticos masculinos ou femininos, geralmente representados como meio humanos e meio serpentes, que vivem nos oceanos, rios, lagos e fontes e que são descritos na literatura budista como guardiões ou depositários de **tesouros** materiais ou espirituais submersos. É importante que seu meio ambiente seja conservado limpo e puro; do contrário, a agitação ou poluição pode resultar no surgimento de espíritos aquáticos que causam lepra, tuberculose e doenças diversas da pele.

Espíritos que causam obstáculos *bar-cad-kyi gdon*
As diversas classes de espíritos (*gdon*) que causam obstáculos aos indivíduos e contaminam o ambiente, dos quais se diz que perturbam o corpo físico, as atividades humanas e algumas localidades. Em especial, a tradição médica tibetana enumera dezoito espíritos desse tipo aos quais se atribuem certas doenças pediátricas.

Espíritos senhores do solo *sa-bdag*, scrt. *bhūmipati*
Segundo a arte divinatória elemental sino-tibetana os espíritos senhores do solo são uma classe de forças geomânticas cujas posições se alternam de modo circular. Em alguns casos, as mudanças de posição seguem o ciclo sexagenário do calendário chinês; em outros casos, as forças mudam segundo os meses do ano, os dias do mês e as horas do dia. É importante que as localizações subterrâneas dos espíritos senhoriais sejam conhecidas na hora de construir um edifício ou uma ***maṇḍala*** e antes de iniciar determinadas atividades.

Espíritos-reis *rgyal-po*
Uma classe de espíritos masculinos que se diz terem assumido sua forma específica devido a uma preponderância da ira e do ódio. Suas muitas formas mundanas devem ser distinguidas das cinco formas supramundanas da divindade **protetora** Pehar (*rgyal-po sku-lnga*), conhecidas como rei do corpo, rei da fala, rei da mente, rei dos atributos e rei das atividades.

Esplendor interno *'od-gsal*, scrt. *prabhāsvara*
Para o termo tibetano *'od-gsal*, às vezes traduzido como "clara luz", usamos nesta obra a expressão "esplendor interno". No contexto do **estágio de perfeição** da **meditação** (scrt. *sampannakrama*), o termo se refere ao nível mais sutil da mente, isto é, à natureza fundamental e essencial de todos os nossos atos cognitivos. Ainda que esteja sempre presente em todos os **seres sencientes**, o esplendor interno somente se torna manifesto quando a mente grosseira para de operar. A cessação das operações da mente grosseira é naturalmente experimentada pelos seres comuns na hora da morte, mas essa experiência também pode ser cultivada por meio das práticas do ***Yogatantra*** **Insuperável**. Faz-se uma distinção fundamental entre o esplendor interno da raiz (*gzhi'i 'od-gsal*) e o esplendor interno do caminho (*lam-gyi 'od-gsal*). O primeiro, também conhecido como "esplendor interno mãe" (*'od-gsal ma*), ocorre naturalmente no momento da morte, quando indica a presença do **Corpo Búdico de Realidade** (*dharmakāya*), mas pode não ser acompanhado de uma percepção de sua verdadeira natureza. O segundo, também conhecido como "esplendor interno filho" (*'od-gsal bu*), é uma percepção da natureza suprema da mente cultivada em vida pelo meditante; em outras palavras, é a realização da natureza do "esplendor interno mãe" desenvolvida por meio da meditação. O **estado búdico** é alcançado quando se unem "esplendor interno mãe" e "esplendor interno filho".

Ver Capítulos 8, 10 e 11. O Capítulo 11, em específico, diferencia três fases sucessivas de esplendor interno que são experimentadas no momento da morte e imediatamente depois dela: o esplendor interno primeiro (*bar-do dang-po chos-nyid 'od-gsal*), que é o próprio esplendor interno da raiz; o esplendor interno segundo (*bar-do 'od-gsal gnyis-pa*), que é o mesmo que o esplendor interno do caminho; e o esplendor interno terceiro (*bar-do 'od-gsal gsum-pa*), que se identifica com o surgimento subsequente das **Divindades Pacíficas e Furiosas** durante o **estado intermediário de realidade** (*chos-nyid bar-do*).

Essência, expressão natural e energia compassiva *ngo-bo rang-bzhin thugs-rje*
Na terminologia da **Grande Perfeição**, a essência (*ngo-bo*) é a modalidade do **Corpo Búdico de Realidade**; a expressão natural (*rang-bzhin*) é a modalidade do **Corpo Búdico de Riqueza Perfeita**; e a energia compassiva ou espiritualidade (*thugs-rje*) é a modalidade do **Corpo Búdico de Emanação**. Estas três modalidades podem ser cultivadas por meio das técnicas conhecidas como **Vencendo a Resistência** (*khregs-chod*) e **Realização Transcendente** (*thod-rgal*). O termo **expressão natural** (*rang-bzhin*) tem também outro sentido no contexto deste livro: aquele no qual se refere aos atributos representados pelas vinte e oito *Īśvarī* da assembleia das cinquenta e oito **divindades furiosas**. Ver **Expressão natural**.

Essências geratrizes *byang-sems/thig-le*, scrt. *bodhicitta/bindu*
Nos ***tantras*** e na medicina tibetana, se considera que as essências ou fluidos geradores surgem de um **ponto seminal** supremo (*thig-le chen-po*) localizado no meio do **centro de energia** do coração. Da perspectiva dos ***tantras***, esse **ponto seminal** supremo é a semente do **estado búdico**; do ponto de vista da medicina tibetana, é a raiz da saúde física e mental. Afirma-se que esse **ponto seminal** supremo no coração tem o tamanho de uma pequena ervilha ou de um grande grão de mostarda e incorpora as essências puras (*dvangs-ma*) dos cinco elementos, cuja presença no ponto seminal é indicada por seu reluzir de cinco cores. Do ponto de vista dos ***tantras***, a própria **energia vital** sutil, conhecida como vento ou hálito vital, está sediada nesse **ponto seminal**; na culminação do **estado intermediário do momento da morte**, todas as energias vitais retornam para ele e nele se dissolvem, surgindo então o **esplendor interno** da raiz. Durante a vida, há somente um **ponto seminal** em cada um dos **centros de energia**, e cada ponto seminal é esbranquiçado em cima e avermelhado embaixo. No centro de energia do topo da cabeça o elemento esbranquiçado predomina, enquanto no centro de energia dos órgãos genitais predomina o elemento avermelhado. Segundo a medicina tibetana, os fluidos geradores brancos produzem o tecido ósseo no embrião, e é da medula óssea que se produzem tanto o sêmen quanto o leite materno. Afirma-se que os fluidos geradores vermelhos produzem o sangue, a carne e a pele. Em seus níveis me-

nos sutis, portanto, a essência geratriz branca é identificada com o sêmen e a vermelha, com o sangue menstrual. Ver também **Ponto seminal**.

Estabilidade meditativa *ting-nge-'dzin*, scrt. *samādhi*

O termo sânscrito *samādhi* significa literalmente "união" ou "combinação", e seu equivalente tibetano *ting-nge-'dzin* significa "adesão ao que é profundo e definitivo". Contudo, o termo tem muitos significados diferentes nos diversos contextos em que se apresenta. Por exemplo, nos textos do ***abhidharma*** ele pode significar um dos fatores mentais que está presente em toda cognição verídica; já no contexto da meditação, pode ser sinônimo de **concentração meditativa**. Em muitos casos, *samādhi* se refere a um estado de meditação específico, como a meditação semelhante ao diamante, a meditação da postura do leão majestoso ou qualquer outra mencionada nos ***sūtras*** e nos ***tantras*** do **Grande Veículo**. No contexto dos ***tantras*** do ***Mahāyoga***, em particular, o termo estabilidade meditativa tem um sentido mais específico e se refere às três fases dos **estágios de geração e de perfeição** da meditação. Essas fases são: a estabilidade meditativa da realidade (*de-bzhin nyid-kyi ting-nge-'dzin*), a estabilidade meditativa que ilumina tudo quanto aparece (*kun-tu snang-ba'i ting-nge-'dzin*) e a estabilidade meditativa do fundamento causal (*rgyu'i snang-ba'i ting-nge-'dzin*). Respectivamente e em sucessão, essas fases se concentram na grande **vacuidade**, na grande **compaixão** e nos **selos** das **divindades de meditação**. O ***Yogatantra*** **Insuperável** usa uma terminologia bastante diferente no contexto do **estágio de geração** e no do **estágio de perfeição**. No estágio de geração, a prática dos **meios de realização** se dá primeiro no quadro da estabilidade meditativa inicial (*dang-po sbyor-ba'i ting-nge-'dzin*), depois no da estabilidade meditativa do rito vitorioso da ***maṇḍala*** (*dkyil-'khor rgyal-chog-gi ting-nge-'dzin*) e, finalmente, no da estabilidade meditativa do rito vitorioso da atividade iluminada (*las rgyal-chog-gi ting-nge-'dzin*). No contexto do **estágio de perfeição**, contudo, esses mesmos termos se referem a um elevado nível de realização.

Estado búdico *sangs-rgyas nyid/sangs-rgyas-kyi go-phang*, scrt. *buddhatva/buddhapada*

O estado búdico é aquilo que é realizado por um **buda**, que não somente alcança a libertação total em relação à existência condicionada pelo **carma** e supera todas as tendências impressas na mente em decorrência da longa associação desta com os **estados mentais dissonantes**, como também realiza ou manifesta completamente todos os aspectos de **corpo búdico**, **fala búdica**, **mente búdica**, **atributos búdicos** e **atividades búdicas**.

Estado intermediário *bar-do*, scrt. *antarābhava*

O uso original desse termo na literatura clássica do ***abhidharma*** budista indica que ele se referia exclusivamente ao período compreendido entre a hora da morte e o renascimento. Para as escolas ***Nyingma*** e ***Kagyu***, no entanto, o termo "estado intermediário" se refere aos estágios fundamentais da vida e da morte, que são: **estado intermediário da vida** (*rang-bzhin bar-do*), **estado intermediário de concentração meditativa** (*bsam-gtan bar-do*), **estado intermediário dos sonhos** (*rmi-lam bar-do*), **estado intermediário do momento da morte** (*'chi-kha'i bar-do*), **estado intermediário de realidade** (*chos-nyid bar--do*) e **estado intermediário de renascimento** (*srid-pa'i bar-do*). Em cada uma dessas fases, a experiência consciente do **ser senciente** tem qualidades próprias, e existem técnicas de meditação específicas, que correspondem a cada uma dessas qualidades, para conduzir o ser à realização da natureza suprema da mente e dos fenômenos. Ver Capítulo 3 e os verbetes dos diversos estados intermediários neste Glossário.

Estado intermediário da vida *rang-bzhin bar-do*
O estado intermediário da vida, ou do viver, tem seu início no momento do nascimento e dura até o momento da morte. Ao receber uma forma humana preciosa, dotada da capacidade de compreender nossa verdadeira condição, cada ente humano recebe também a oportunidade de adotar uma forma de vida adequada e se dedicar às práticas que conduzem ao **estado búdico**. Ver Capítulo 3 e também os Capítulos 1, 2, 4, 5, 6 e 7.

Estado intermediário de concentração meditativa *bsam-gtan bar-do*
O estado intermediário de concentração meditativa, no qual se entra durante o estado de vigília, oferece ao praticante a oportunidade de cultivar a **serenidade meditativa** (*samāhita*, tib. *mnyam-bzhag*) e por meio dela estabilizar os **estágios de geração e de perfeição** da **meditação**. Isso, por sua vez, aprofunda uma consciência contínua da natureza suprema da mente e dos fenômenos nas atividades extrameditativas e prepara o praticante para o **estado intermediário do momento da morte**. Ver Capítulo 3 e também os Capítulos 1, 2, 4, 5, 6 e 7.

Estado intermediário de realidade *chos-nyid bar-do*
O estado intermediário de verdadeira realidade se dá depois do **estado intermediário do momento da morte** (*'chi-kha'i bar-do*) e antes do **estado intermediário de renascimento** (*srid-pa'i bar-do*). Nesse estado, com base nas práticas realizadas durante a vida, surge a oportunidade de reconhecer a **pureza natural** e as qualidades de **transformação natural** da natureza suprema da mente na forma de luzes, raios, sons e **divindades de meditação**. Ver Capítulos 3 e 11.

Estado intermediário de renascimento *srid-pa'i bar-do*
O estado intermediário de renascimento começa quando a consciência se manifesta na forma de um **corpo mental** condicionado pela herança individual de **ações passadas**; isso se dá logo depois do **estado intermediário de realidade**. No estado intermediário de renascimento, o ente percebe tanto o lugar

onde morreu quanto o desdobrar de estados de experiência derivados do impulso de suas **ações passadas**. Se o ente não alcança aí a **libertação** da **existência cíclica**, o estado intermediário de renascimento termina no momento de uma nova concepção. Uma vez que as qualidades perceptivas da consciência se intensificam nesse período, os diversos estágios nodais desse estado oferecem a possibilidade de se alcançar a **libertação** ou pelo menos um renascimento favorável. Ver Capítulos 3 e 11.

Estado intermediário do momento da morte *'chi-kha'i bar-do*

O estado intermediário do momento da morte inicia-se quando é evidente que o processo de morte já começou e termina logo antes do começo do **estado intermediário de realidade**. O estado intermediário do momento da morte compreende a dissolução gradual dos cinco elementos e dos modos de consciência a eles associados e culmina com o surgimento do **esplendor interno** da raiz (*gzhi'i 'od-gsal*). Considera-se que o surgimento natural do **esplendor interno** imediatamente após a cessação da respiração é uma oportunidade suprema para a realização do **Corpo Búdico de Realidade**. Ver Capítulos 3, 8, 10 e 11.

Estado intermediário dos sonhos *rmi-lam bar-do*

O estado intermediário dos sonhos começa no momento em que adormecemos e termina quando despertamos. Esse estado intermediário oferece ao praticante a oportunidade de reconhecer a semelhança entre a natureza ilusória dos sonhos e a natureza do estado de vigília. Essa prática é cultivada no contexto do **yoga onírico**, no qual o ***yogin*** desenvolve a capacidade de manter a consciência da natureza suprema da mente e dos fenômenos tanto no sono profundo quanto nos sonhos.

Estados mentais dissonantes *nyon-mongs*, scrt. *kleśa*

A **mente**, cuja natureza é essencialmente pura, é obscurecida e afligida pelas diversas impurezas psicológicas conhecidas como estados mentais dissonantes. A palavra tibetana *nyon-mongs* significa um evento mental cujo surgimento causa aflição psicológica na **mente** e, consequentemente, destrói sua paz e ordem. Segundo os textos do ***abhidharma***, existem seis estados mentais dissonantes primários: **ignorância fundamental**, **apego**, **aversão**, orgulho, dúvida e pontos de vista doentios ou dissonantes; e vinte estados mentais dissonantes secundários (scrt. *upakleśa*), que são: ira, malícia, dissimulação, fúria, inveja, mesquinhez, desonestidade, impostura, arrogância, malignidade, falta de modéstia, indecência, obnubilação, agitação, desconfiança, preguiça, descaso, esquecimento, distração e desatenção. Uma lista ainda mais abrangente é a dos 84 mil estados mentais dissonantes para os quais se diz que os 84 mil aspectos dos **ensinamentos sagrados** fornecem antídotos correspondentes. Na raiz de todas essas aflições psíquicas está a **ignorância fundamental**, que apreende incorretamente a verdadeira natureza da **realidade**.

Estágio de geração *bskyed-rim*, scrt. *utpattikrama*

Segundo as tradições dos ***tantras***, as práticas principais de **meditação** que se seguem à conclusão bem-sucedida das **práticas preliminares** (*sngon-'gro*) se dividem no estágio de geração e no **estágio de perfeição** (scrt. *sampannakrama*). Os dois estágios estão ligados à transformação de nossas experiências mundanas de cada uma das fases da vida e da morte, quais sejam: os **estados intermediários do momento da morte**, **da realidade**, **do renascimento** e **da vida**. O estágio de geração é caracterizado por um processo meditativo no qual o praticante aos poucos se identifica com a forma e a **cognição pura** da **divindade de meditação**; é nesse estágio que a elaborada visualização da divindade é gradativamente gerada e estabilizada, tendo como suporte a recitação do ***mantra***. Conhecido como autogeração, esse processo é uma representação ritual do ato de trazer os três **corpos búdicos** para o caminho, e por isso compreende três aspectos principais: dissolução na **vacuidade** (**Corpo Búdico de Realidade**), surgimento numa forma sutil, como uma **sílaba-semente** ou outro símbolo (**Corpo Búdico de Riqueza Perfeita**), e plena manifestação na forma da divindade (**Corpo Búdico de Emanação**). Ver o "Comentário Introdutório de Sua Santidade, o Dalai-Lama" e **Estágio de perfeição**.

Estágio de perfeição *rdzogs-rim*, scrt. *sampannakrama*

No processo de meditação, em seguida à geração da forma da **divindade de meditação** e de uma participação na **cognição pura** da mesma divindade durante o **estágio de geração** (scrt. *utpattikrama*), vem o estágio de perfeição, que emprega técnicas para o controle dos **canais de energia**, das **energias vitais** e dos **pontos seminais** do corpo transmutado do praticante. O propósito dessas técnicas é tornar manifesto o **esplendor interno** gerado por uma realização cada vez mais profunda dos quatro tipos de **vacuidade** ou "estágios de dissolução" e da **cognição pura coemergente** gerada pelos **quatro deleites**. O fator que marca a transição do **estágio de geração** para o estágio de perfeição é a capacidade do ***yogin*** de recolher as **energias vitais** (scrt. *vāyu*) para o **canal central**. Ver também **Grande Perfeição**.

Eternalista *mu-stegs-pa*, scrt. *tīrthika*

No sentido budista geral, o epíteto "eternalista" se refere às quatro escolas de pensamento da Índia antiga assim chamadas. São elas o *sāṃkhya*, o vaishnavismo, o shaivismo e o jainismo, escolas que postulam a existência de um eu ou alma independente (*ātman*, tib. *bdag*). Contrapondo-se a elas, as escolas budistas identificam o eu com os cinco **agregados** psicofísicos (*pañcaskandha*), rejeitando, portanto, a noção do eu no sentido de uma entidade eterna, imutável e dotada de existência independente. Tanto o eternalismo quanto o **niilismo** são considerados doutrinas extremas, que devem ser evitadas quando se busca intuir a **vacuidade**, a verdadeira natureza da **realidade**, alcançada pelo **Caminho do Meio** (*madhyamapratipad*). Desse ponto de vista, todas as afirmações de **existência intrínseca** constituem um desvio na direção do extremo eternalista, enquanto a negação total da aplicação das leis de **causa e efeito** às vidas passadas e futuras constitui uma queda no **niilismo**.

Evocação *spyan-'dren-pa*, scrt. *upanimantraṇa*
O termo "evocação" se refere ao processo meditativo dos ***tantras*** por meio do qual a **divindade de meditação** ou **ente de cognição pura** (*jñānasattva*, tib. *ye-shes sems-dpa'*) é formalmente conclamada pelo meditante a entrar na forma já visualizada, forma esta conhecida como **ente do pacto** (*samayasattva*, tib. *dam-tshig sems-dpa'*).

Exercícios do yoga *khrul-'khor*, scrt. *yantra*
Uma série de vigorosos exercícios, que inclui saltos de yoga (*'bebs*), realizados em conjunto com visualizações específicas e técnicas respiratórias para desenvolver no meditante a flexibilidade corporal necessária para as práticas sutis do **estágio de perfeição** da **meditação**.

Existência cíclica *'khor-ba*, scrt. *saṃsāra*
A existência cíclica é aquela modalidade de ser condicionada pelos **estados mentais dissonantes** e pelos vestígios das **ações passadas**, caracterizada pelo sofrimento do ciclo de vida, morte e renascimento e na qual circulam as **seis classes de seres sencientes** (*ṣaḍgati*; tib. *'gro-ba rigs-drug*). A existência cíclica nasce da **ignorância fundamental** (*avidyā*) por meio de um processo conhecido como os **doze elos da originação dependente** (*dvādaśānga-pratītya-samutpāda*). Quando é anulada a **ignorância fundamental**, que é a apreensão incorreta da natureza da **verdadeira realidade** (*dharmatā*), a própria existência cíclica é anulada e se alcança o estado do ***nirvāṇa***, que é livre de sofrimento e dos processos de renascimento. Ver **Originação dependente** e **Nirvāṇa**.

Existência intrínseca *rang-ngo-bo-nyid*, scrt. *svabhāvatā*
Afirmar que os fenômenos têm "existência intrínseca" significa atribuir-lhes um *status* ontológico segundo o qual eles existem por si mesmos, em si mesmos, objetivamente e independentemente de quaisquer outros fenômenos, inclusive de nossa atividade de conceituação e classificação, por exemplo. As escolas de pensamento ligadas ao ***Madhyamaka*** refutam essa atribuição e afirmam que nada existe intrinsecamente, pois não há nada que exista de modo completamente independente de nossa atividade de conceituação e classificação. As escolas do ***Madhyamaka*** postulam que as coisas só existem de modo convencional e que, portanto, sua existência só pode ser validada dentro de um quadro relativo de **realidade** convencional. A negação desse *status* ontológico, isto é, a ausência de existência intrínseca em todos os fenômenos, é definida pelas escolas do ***Madhymaka*** e pelos ***tantras*** como a verdadeira natureza da **realidade**, a qual é **vacuidade**.

Existências inferiores *ngan-song*, scrt. *durgati*
Os domínios dos animais, dos **espíritos famintos** e dos **infernos**.

Existências superiores *gnas mtho-ris*, scrt. *svarga*
Os três domínios superiores, em que habitam os **deuses**, os **titãs** e os seres humanos.

Expressão natural *rang-bzhin*, scrt. *svabhāva*
Ainda que na filosofia ***Madhyamaka*** e na literatura baseada nos ***sūtras*** em geral o termo *svabhāva* tenha outros significados, como **identidade própria** e **existência intrínseca**, por exemplo, na terminologia específica da escola ***Nyngma*** e em nosso texto ele é traduzido como "expressão natural" e serve para descrever a dinâmica do **Corpo Búdico de Riqueza Perfeita**. Nesse contexto, ele é contratado à essência e à compaixão – que se referem respectivamente à dinâmica do **Corpo Búdico de Realidade** e do **Corpo Búdico de Emanação**. Afirma-se que o **Corpo Búdico de Riqueza Perfeita** é dotado de sete aspectos de expressão natural: 1) amadurecimento na natureza da **realidade**; 2) **atributos búdicos** espontaneamente presentes; 3) **cognição pura** sem dimensões; 4) manifestação intrínseca e não externa; 5) igualdade total; 6) liberdade em relação a conceitos simples ou múltiplos; e 7) inseparabilidade perpétua. Na presente obra, o termo "expressão natural" também se refere às modalidades das vinte e oito *Īśvarī* furiosas, e é contraposto à "**pureza natural**" (*gnas-dag*) das **divindades pacíficas** e à "**transformação natural**" (*gnas-gyur*) das **divindades furiosas**.

Extremos *mtha'*, scrt. *anta*
Do ponto de vista do **Grande Veículo**, o **Corpo Búdico de Realidade** é livre dos extremos dualistas de criação e cessação (*skie-'gag*), **eternalismo** e **niilismo** (*rtag-chad*), existência e inexistência (*yod-med*) e aparência e **vacuidade** (*snang-stong*).

Faculdades sensoriais *dbang-po*, scrt. *indriya*
Ver **Órgãos dos sentidos**.

Fala búdica *gsung*, scrt. *vāk*
Segundo os escritos da escola ***Nyingma***, a fala dos **Budas** tem cinco aspectos, na medida em que os **budas** podem se comunicar por meio de: 1) sentido incriado (*skye-med don-gi gsung*); 2) **intenção iluminada** e símbolos iluminados (*dgongs-pa brda'i gsung*); 3) palavras expressivas (*brjod-pa tshig-gi gsung*); 4) realidade indivisível (*dbyer-med rdo-rje'i gsung*); e 5) as **bênçãos** da **consciência pura** (*rig-pa byin-labs-kyi gsung*). Ver **Atributos búdicos** e **Mantra**.

Família Buddha *de-bzhin gshegs-pa'i rigs*, scrt. *tathāgatakula*
Uma das cinco **famílias iluminadas** (*pañcakula*) em que se dividem as **divindades de meditação** do **Corpo Búdico de Riqueza Perfeita**. Entre as divindades

da Família *Buddha* incluem-se os aspectos pacíficos Vairocana e Dhātvīśvarī e os aspectos furiosos correspondentes Buddha Heruka e Buddhakrodheśvarī. Ver Apêndice Dois.

Família iluminada *rigs*, scrt. *gotra/kula*
Essa expressão traduz ou o sânscrito *gotra* – e nesse caso é sinônima de **natureza búdica** – ou o sânscrito *kula*, em cujo caso se refere às cinco famílias (scrt. *pañcakula*) em que estão agrupadas as **Divindades Pacíficas e Furiosas**. Ver os verbetes referentes a cada uma das famílias: **Família Buddha**, **Família Vajra**, **Família Ratna**, **Família Padma** e **Família Karma**. Ver também o Apêndice Dois.

Família Karma *las-kyi-rigs*, scrt. *karmakula*
Uma das **cinco famílias iluminadas** (*pañcakula*) em que se dividem as **divindades de meditação** do **Corpo Búdico de Riqueza Perfeita**. Entre as divindades da família *Karma* se incluem os **budas** pacíficos *Amoghasiddhi* e *Samayatārā* e seus correspondentes furiosos *Karma Heruka* e *Karmakrodheśvarī*. Ver Apêndice Dois.

Família Padma *padma'i rigs*, scrt. *padmakula*
Uma das **cinco famílias iluminadas** (*pañcakula*) em que estão distribuídas as **divindades de meditação** do **Corpo Búdico de Riqueza Perfeita**. Entre as divindades da família *Padma* se incluem os **budas** pacíficos *Amitābha* e *Pāṇḍaravāsinī*, assim como os aspectos furiosos correspondentes *Padma Heruka* e *Padmakrodheśvarī*. Ver Apêndice Dois.

Família Ratna *rin-chen rigs*, scrt. *Ratnakula*
Uma das **cinco famílias iluminadas** (*pañcakula*) nas quais estão distribuídas as **divindades de meditação** do **Corpo Búdico de Riqueza Perfeita**. Entre as divindades da família *Ratna* estão incluídos os **budas** pacíficos *Ratnasambhava* e *Māmakī* e seus aspectos furiosos correspondentes *Ratna Heruka* e *Ratnakrodheśvarī*.

Família Sugata *bde-bar gshegs-pa'i rigs*, scrt. *sugatakula*
Sinônimo de **Família *Buddha***. Ver **Família Buddha**.

Família Vajra *rdo-rje'i rigs*, scrt. *vajrakula*
Uma das **cinco famílias iluminadas** (*pañcakula*) nas quais se distribuem as **divindades de meditação** do **Corpo Búdico de Riqueza Perfeita**. Entre as divindades da família *Vajra* se incluem os **budas** pacíficos *Akṣobhya-Vajrasattva* e *Buddhalocanā* e seus respectivos aspectos furiosos *Vajra Heruka* e *Vajrakrodheśvarī*. Ver Apêndice Dois.

Fator mental *sems-byung*, scrt. *caitasika*
Ver **Mente**.

Fluidos geradores
Ver **Essências geratrizes**

Forças elementais *'byung-po*, scrt. *bhūta*
Uma categoria de forças relacionada aos elementos – terra, água, fogo, vento e espaço – que circulam pelo corpo num ciclo mensal e às quais a medicina tibetana atribui algumas doenças e males pediátricos. Tais doenças e males podem ser curados quando essas forças são reequilibradas pela aplicação de antídotos ou pela realização dos rituais prescritos nos ***tantras***, como foi delineado no Capítulo 9.

Forças malevolentes ou sedutoras *bdud*, scrt. *māra*
A literatura budista fala de quatro espécies de influências da ilusão, obstáculos que impedem a transformação espiritual dos indivíduos. São as influências de: nossos **agregados** psicofísicos impuros (*skandha*); nossos **estados mentais dissonantes** (*kleśa*); o filho de deva (*devaputra*), que se refere aos desejos e tentações sensuais; e o senhor da morte (*mṛtyupati*), que se refere à morte comum – na qual, em vez de alcançar-se o **estado búdico**, continua o processo de renascimento na **existência cíclica**. Como está registrado na vida do ***Buda Śakyamuni***, essas forças arquetípicas projetaram imagens de desejo e terror com a finalidade de romper sua **serenidade meditativa** logo antes de ele obter o **estado búdico** manifestamente perfeito em *Bodhgaya*, na Índia.

Forças obstrutivas *bgegs*, scrt. *vighna*
Uma classe de forças que obstruem a prática espiritual, mas cuja atividade pode ser considerada como tendo um efeito catártico do ponto de vista psicológico, pois seu surgimento pode indicar que as **ações passadas** negativas do indivíduo estão amadurencendo e que, portanto, seu impacto negativo está se completando e chegando ao fim. Quando os **meios de realização** são praticados de acordo com os ***tantras***, é comum que se faça uma **oferenda de *torma*** dedicada a essas forças obstrutivas antes de começar o **estágio de geração** da meditação.

Forças sedutoras *bdud*, scrt. *māra*
Ver **Forças malevolentes ou sedutoras**.

Garuḍa *khyung*
Ave mítica normalmente representada com grandes e poderosas asas e bico afiado de coruja, muitas vezes segurando uma serpente. Referências a essa ave também são encontradas na literatura hindu, em que ela é frequentemente mencionada como montaria voadora dos poderosos **deuses** mundanos (*deva*). No budismo, o simbolismo do *garuḍa* é geralmente associado à **cognição pura** (afirma-se que o *garuḍa* já é capaz de voar desde o momento em que sai do

ovo) e à dissolução dos **estados mentais dissonantes** (representados pela serpente aprisionada em seu bico). Ainda no contexto budista, o *garuḍa* também está associado a ***Vajrapāṇi*** e a algumas formas furiosas de ***Padmasambhava***, por causa de seu poder de subjugar serpentes, **espíritos ofídicos da água** e criaturas subterrâneas; além disso, segundo a escola ***Nyingma***, o *garuḍa* é às vezes venerado como um guardião de **tesouros** (*gter-bdag*) ou mesmo como um repositório dos mesmos **tesouros** (*gter-kha*).

Gelug *dge-lugs*
Uma das quatro principais tradições ou escolas do budismo tibetano. Fundada no século XIV pelo grande filósofo *Tsongkhapa* e por seus principais discípulos, essa escola estabeleceu-se rapidamente como a tradição dominante do budismo no Tibete e construiu mosteiros desde o extremo ocidente do país até as regiões de *Chamdo*, *Dartsedo* e *Amdo*, no oriente. Depois da visita do Terceiro ***Dalai-Lama*** à Mongólia, a escola Gelug se tornou religião de estado nesse país e na Buriátia; durante o século XVII, a hierarquia gelug se tornou a força política dominante no Tibete central, sendo o Quinto ***Dalai-Lama*** investido do poder temporal e espiritual com o auxílio de exércitos mongóis. "Gelug" significa literalmente a tradição do caminho virtuoso e recebe esse nome do mosteiro chamado *Geden* ou *Ganden*, fundado por *Tsongkhapa* em 1409.

Gestos das mãos *phyag-rgya*, scrt. *mudrā*
Ver **Selo**.

Giro da roda dos ensinamentos [sagrados] *chos-kyi 'khor-lo bskor-ba*, scrt. *dharmacakrapravartana*
Esta imagem se refere à promulgação dos ensinamentos budistas feita pelo **Buda** e, num sentido metafórico, se aplica também à atividade de ensino das sucessivas gerações de **detentores de linhagens**. Admite-se que o ***Buda Śākyamuni*** "girou a roda" por três vezes. A associação com uma roda deriva da comparação com a "roda das armas afiadas" que um **monarca universal** leva nas mãos. Nessa comparação, os **ensinamentos sagrados** são análogos às diversas partes da roda: a disciplina moral corresponde ao eixo central, a **consciência discriminativa** corresponde aos raios afiados e a **concentração meditativa** corresponde à circunferência que estabiliza a roda. Ver também ***Sūtra***.

Grande gozo *bde-chen*, scrt. *mahāsukha*
No contexto do ***Yogatantra*** **Insuperável**, "grande gozo" se refere aos estados beatíficos experimentados quando o meditante entra em união com um parceiro (seja por visualização, no caso de um iniciante, seja efetivamente, como se dá nos estágios avançados). Em ambos os casos, para que sejam válidas, é necessário que as experiências surjam em decorrência da dissolução da atividade mental conceptual e das energias vitais que servem de suporte aos esta-

dos de conceptualização. Esses estados gozosos da **mente**, quando gerados numa experiência direta da **vacuidade**, livre de apego, se tornam o que é conhecido como união de gozo e **vacuidade**.

Grande Perfeição *rdzogs-pa chen-po*, scrt. *mahāsandhi*

Grande Perfeição é um sinônimo de ***Atiyoga***, que segundo a tradição ***Nyingma*** é o mais elevado dos **nove veículos**. O ***Atiyoga*** é conhecido como a Grande Perfeição porque nele o **estágio de geração** e o **estágio de perfeição** da **meditação** se tornam presentes sem esforço. "Perfeição" (*rdzogs*) significa que os atributos iluminados dos **três corpos búdicos** são realizados sem esforço na estabilização da **percepção intrínseca** (*rang-rig*) do meditante. Na Grande Perfeição, o **Corpo Búdico de Realidade** (*dharmakāya*) é a **essência** ou **vacuidade** (*ngo-bo stong-pa*) da **percepção intrínseca**; o **Corpo Búdico de Riqueza Perfeita** (*sambhogakāya*) é seu resplendor e **expressão natural** (*rang-bzhin gsal-ba*); e o **Corpo Búdico de Emanação** (*nirmāṇakāya*) é sua livre e onipenetrante **energia compassiva** (*ma-'gags thugs-rje*) expressa em forma física. "Grande" (*chen*) significa que essa perfeição é a natureza subjacente de todas as coisas. Os textos ***tântricos*** e as instruções do ***Atiyoga***, contidos nos *Tantras reunidos dos Nyingmapa*, são divididos em três classes: a Classe Mental (*sems-sde*), que enfatiza o esplendor (*gsal-ba'i cha*) da natureza da mente (*sems-nyid*); a Classe Espacial (*klong-sde*), que enfatiza a **vacuidade** (*stong-pa'i cha*) da **imensidão da realidade** (*dharmadhātu*); e a **Classe das Instruções Esotéricas** (*man-ngag-gi sde*), na qual se dá ênfase equilibrada aos dois aspectos mencionados e na qual as técnicas de meditação **Vencendo a Resistência** (*khregs-chod*) e **Realização Transcendente** (*thod-rgal*) conduzem respectivamente à realização do **Corpo Búdico de Realidade** e do **Corpo Búdico de Forma**.

Grande Selo *phyag-rgya chen-po*, scrt. *mahāmudrā*

Segundo a tradição dos ***sūtras***, a expressão "Grande Selo" se refere à compreensão da **vacuidade** como a natureza suprema e oniabarcante da **realidade**. A **vacuidade** é chamada grande selo porque não existe nada que lhe seja extrínseco ou estranho; todos os fenômenos, físicos e mentais, são em última análise vazios de **existência intrínseca**. Segundo a tradição dos ***tantras*** em geral, a prática do Grande Selo é considerada sob os aspectos de raiz, caminho e resultado. Como um "caminho", ela compreende uma sequência de avançadas **meditações** sistemáticas sobre a **vacuidade** e a aparência pura, integrando as técnicas de **serenidade inabalável** e **intuição penetrante**, que se concentram na natureza da **mente** do próprio meditante. Esse tipo de **meditação** é popular nas escolas ***Kagyu*** e ***Gelug*** de budismo tibetano. Como "resultado", a expressão "Grande Selo" se refere ao **estado búdico**, o resultado final ou **realização** espiritual suprema. De acordo com a escola ***Nyingma***, particularmente no contexto do ***Mahāyoga***, a expressão se refere ao grande selo do **corpo búdico** que sustenta a **consciência raiz de todas** (*ālayavijñāna*) como **cognição**

pura semelhante a um espelho. Também se deve distinguir entre a realização suprema do Grande Selo (*phyag-rgya chen-po mchog-gi dngos-grub*), que deve ser alcançada no decurso da vida do meditante, e o Corpo Búdico coalescente do Grande Selo (*zung-'jug phyag-rgya chen-po'i sku*), identificado com o **esplendor interno** do **Corpo Búdico de Realidade**.

Grande Veículo *theg-pa chen-po*, scrt. *mahāyāna*

Quando se classificam os ensinamentos budistas de acordo com seu poder para conduzir os seres a um estado iluminado, faz-se uma distinção entre os ensinamentos do **Pequeno Veículo** (*hīnayāna*) e os do Grande Veículo. Em sua motivação, o praticante do Pequeno Veículo tem como objetivo principal libertar a si mesmo da **existência cíclica**; já o praticante do Grande Veículo enfatiza o altruísmo e tem como objetivo principal a **libertação** de todos os **seres sencientes**. Como está implicado na própria expressão "Grande Veículo", o caminho seguido pelos ***bodhisattvas*** – quando comparado ao veículo menor que conduz o praticante individual – é análogo a uma grande carruagem que transporta um grande número de pessoas para a **libertação**. Quanto à filosofia, as principais escolas filosóficas do Pequeno Veículo são a *Vaibhāṣika* e a *Sautrāntika*, ao passo que as do Grande Veículo são a ***Cittamātra*** e a ***Madhyamaka***. Com relação ao caminho, o Pequeno Veículo enfatiza a completa renúncia aos **estados mentais dissonantes** e a prática das **quatro nobres verdades** e dos **doze elos da originação dependente**, enquanto o Grande Veículo permite que os **estados mentais dissonantes** sejam utilizados como meios no caminho e enfatiza a prática das **seis perfeições**. De acordo com o Grande Veículo, todo o caminho para a obtenção do **estado búdico** se apresenta no contexto de dois sistemas ou **veículos** (*yāna*) principais: o dos ***sūtras*** (*sūtrayāna*) e o dos ***tantras*** (*tantrayāna*). O primeiro, também conhecido como o **veículo** dos ***bodhisattvas*** (*bodhisattvayāna*), implica uma progressão a partir da **ignorância fundamental** rumo à **iluminação**, progressão essa que pode se dar ao longo de um número incalculável de vidas sucessivas. O segundo, também conhecido como **Veículo da Realidade Indestrutível** (*Vajrayāna*) ou **veículo** dos ***mantras*** **secretos** (*guhyamantrayāna*), inclui as **práticas preliminares** e os **estágios** de **geração** e de **perfeição** da meditação, por meio dos quais se afirma que a iluminação pode ser atingida no decurso de uma única vida.

Guhyagarbhatantra *rGyud gsang-ba'i snying-po*

O mais abrangente dos dezoito ***tantras*** do ***Mahāyoga***, que trata especificamente da ***maṇḍala*** das quarenta e duas **divindades pacíficas** e das cinquenta e oito **divindades furiosas**. Existem três versões distintas do *Guhyagarbhatantra*, uma de 82 capítulos, outra de 46 e uma terceira de 22 capítulos, sendo esta última a mais estudada. Todas as três estão incluídas no ciclo geral do *Tantra da rede mágica* (*Māyājālatantra*). Ver o verbete **Rede mágica** e a "Breve história literária" de Gyurme Dorje.

Hayagrīva *rta-mgrin*
Nome de uma divindade furiosa, geralmente de cor vermelha, com uma cabeça e pescoço de cavalo (*rta-mgrin*), de cor verde, erguendo-se do meio de seus cabelos. Os textos e ensinamentos associados com *Hayagrīva* pertencem à classe *sādhana* do ***Mahāyoga***, onde são conhecidos como os ***tantras*** da fala búdica. Nesse aspecto, *Hayagrīva* é considerado como o homólogo furioso de ***Avalokiteśvara***. Num sentido mais geral, como em nosso texto, ele é apresentado como um guardião dos portais de algumas ***maṇḍalas*** e santuários. Ver Apêndice Dois.

Herói *dpa'-bo*, scrt. *vīra*
Ver **Herói espiritual**.

Herói espiritual *dpa'-bo*, scrt. *vīra*
Sinônimo de **detentor de conhecimento** e de *ḍāka*, que é o equivalente masculino da ***ḍākinī***.

Heruka *khrag-'thung/he-ru-ka*
Em geral, o termo *heruka* é um epíteto de todas as **divindades de meditação furiosas** masculinas, mas em alguns contextos pode se referir exclusivamente à **divindade de meditação** *Śrīheruka* e às divindades de meditação a ele relacionadas, como *Cakrasaṃvara*. No contexto da presente obra, o termo se refere somente aos seis **budas** furiosos masculinos: *Mahottara Heruka*, *Buddha Heruka*, *Vajra Heruka*, *Ratna Heruka*, *Padma Heruka* e *Karma Heruka*. Literalmente, o termo pode ser traduzido como "**bebedor de sangue**", "**herói** bebedor de sangue", "aquele que se delicia com sangue" ou "aquele que segura um crânio cheio de sangue". Ver Apêndice Dois.

Identidade própria *rang-bzhin*, scrt. *svabhāva*
A expressão se refere à **existência intrínseca** que as filosofias **eternalistas** do hinduísmo e do jainismo atribuem aos fenômenos. Em outros contextos, o termo sânscrito *ātman* (tib. *bdag*), que se refere à noção de um eu independente ou substancial, também foi às vezes traduzido como "identidade própria".

Ignorância *ma-rig-pa*, scrt. *avidyā*
Ver **Ignorância fundamental**.

Ignorância coemergente *lhan-cig-skyes-pa'i ma-rig-pa*, *sahajāvidya*
Ver **Ignorância fundamental**.

Ignorância fundamental *ma-rig-pa*, scrt. *avidyā*
A ignorância fundamental é uma falha primordial na percepção da natureza da **verdadeira realidade**; é a fonte de todos os **estados mentais dissonantes** e

dos **doze elos da originação dependente**. Os pensadores budistas têm concepções divergentes acerca da natureza e das características próprias da ignorância fundamental. Por exemplo, *Asaṅga*, um mestre budista do século IV, concebe a ignorância fundamental como um estado de desconhecimento, que simplesmente ignora a verdadeira natureza da **realidade**. Para mestres como ***Nāgārjuna*** e especialmente *Dharmakīrti*, a ignorância fundamental é um estado ativo de ilusão ou falsa apreensão: isto é, por causa dela concebemos nossa existência e a existência do mundo de modo fundamentalmente distorcido. Os textos clássicos do budismo indiano identificam duas formas principais de ignorância fundamental: (i) ignorância a respeito da verdadeira natureza da **realidade** e (ii) ignorância a respeito da lei de **causa e efeito**. O mestre ***Nyingma*** *Dudjom Rinpoche* explica a evolução da **perplexidade** a partir da ignorância fundamental em três etapas: a primeira e mais fundamental ignorância está em não perceber que é falsa a noção de possuir uma **identidade própria** (*bdag-nyid gcid-pu'i ma-rig-pa*); em segundo lugar, a **ignorância coemergente** (*lhan-skyes ma-rig-pa*) garante que a consciência de **identidade própria** coincida com a ausência de reconhecimento da **verdadeira realidade**; por fim, a ignorância fundamental do imaginário (*kun-btags ma-rig-pa*) gera a **perplexidade**, por meio da qual as **percepções desconcertantes** e confusas são apreendidas nos termos da dicotomia de sujeito e objeto, o que dá origem a todos os **sofrimentos** da **existência cíclica**.

Iluminação *byang-chub*, scrt. *bodhi*

No contexto budista, "iluminação" se refere ao despertar do indivíduo para a verdadeira natureza da mente. O correspondente tibetano *byang-chub* inclui em sua significação a **purificação** (*byang*) dos **obscurecimentos** e a perfeição (*chub*) de **onisciência**. O processo de obtenção da iluminação, portanto, evolui em conjunto com a eliminação dos **estados mentais dissonantes** que obscurecem a percepção da **verdadeira realidade**. No caminho dos ***bodhisattvas***, trinta e sete aspectos da iluminação são cultivados em sequência. Um ser plenamente iluminado é um **buda**: isto é, um ser completamente livre de todos os obstáculos ao verdadeiro conhecimento e ao estado de **libertação** e que por isso é **onisciente** em seu conhecimento da **realidade**.

Ilusão *gti-mug*, scrt. *moha*

Um dos **três venenos** (*dug-gsum*), juntamente com a **aversão** e o **apego**, ou um dos **cinco venenos** (*dug-lnga*), juntamente com a **aversão**, o **apego**, o orgulho e a inveja, que perpetuam os **sofrimentos** da **existência cíclica**. A ilusão é o fator mental obnubilante que impede o indivíduo de gerar conhecimento ou intuição, e afirma-se que é a principal característica do reino animal em geral.

Imagens de terracota *tsha-tsha*

Pequenas imagens votivas moldadas em barro na forma de ***stūpas*** em miniatura ou de baixos relevos de **divindades de meditação**. Essas imagens normalmente são consagradas por meio de rituais apropriados e são frequentemente enterradas em ***stūpas*** ou conservadas pelos devotos como objetos de veneração.

Imensidão da [verdadeira] realidade *chos-dbyings*, scrt. *dharmadhātu*
A imensidão da verdadeira realidade é um sinônimo da imensidão da **vacuidade**. Assim, o termo indica tanto a dimensão do **Corpo Búdico de Realidade** quanto a **cognição pura** da **imensidão da realidade** (*dharmadhātujñāna*).

Imensidão da realidade *chos-dbyings*, scrt. *dharmadhātu*
Ver **Imensidão da [verdadeira] realidade**.

Imensidão indestrutível *rdo-rje'i dbyings*, scrt. *vajradhātu*
Geralmente, o termo imensidão indestrutível é sinônimo de **imensidão da realidade** (scrt. *dharmadhātu*) ou de **vacuidade**. Em alguns contextos, a imensidão indestrutível também se refere ao nome das figuras centrais da ***maṇḍala*** de *Vajradhātu*, dos ***Yogatantras***.

Impermanência *mi-rtag-pa*, scrt. *anitya*
O budismo considera que a impermanência é uma das três marcas dos fenômenos condicionados por causas extrínsecas, sendo as duas outras marcas o **sofrimento** e a ausência de **identidade própria**. Embora a literatura budista mencione diversos graus de impermanência, esta pode ser definida como a tendência que todas as coisas têm de mudar de momento a momento. Nada perdura sem mudar, e esse processo de mudança é dinâmico e não tem fim, o que reflete a natureza de fluxo e fluidez da existência condicionada. Essa qualidade fundamental de impermanência se estende tanto ao mundo exterior quanto à **mente** que o percebe.

Inferno *na-rag dmyal-ba'i gnas/dmyal-ba*, scrt. *naraka*
Ver **Dezoito infernos**.

Inferno indestrutível *rdo-rje dmyal-ba*, scrt. *vajranaraka*
Um dos nomes do inferno do supremo tormento (scrt. *Avīci*), no qual renascem os que violam os **pactos** assumidos no **Veículo da Realidade Indestrutível**. Ver **Dezoito infernos**.

Iniciação *dbang-bskur*, scrt. *abhiṣeka**
Uma cerimônia ritual executada por **mestres espirituais** consumados e **detentores de linhagens** para conferir aos neófitos os dons espirituais necessá-

* O scrt. *abhiṣeka* significa literalmente "lustração" ou "unção", ao passo que o tib. *dbang-bskur* significa "transmissão de poder", além de poder ser entendido num sentido idêntico ao do termo scrt. Ambos os termos designam aspectos do processo pelo qual o mestre habilita os discípulos, interior e exteriormente, para a prática de determinado método espiritual. A trad. ingl. emprega o termo *empowerment*, que é tradução lite-

rios para os diversos veículos e as práticas específicas dos ***tantras***. Os processos meditativos do ritual de iniciação têm a finalidade de ativar os potenciais inerentes ao corpo, à fala e à mente do iniciando; em outras palavras, despertar a semente da habilidade natural de se dedicar à prática. As cerimônias de iniciação são um pré-requisito essencial para a prática do ***tantra*** na tradição budista. Ver também **Quatro iniciações**.

Intenção altruísta de alcançar a iluminação *sems-bskyed*, scrt. *cittotpāda*
Ver ***Bodhicitta***.

Intenção iluminada *dgongs-pa*, scrt. *abhyprāya*
Em nosso texto, intenção iluminada significa a intenção compassiva, livre e não conceitual dos **budas**, seja ela claramente discernida por um observador ou não.

Introdução *ngo-sprod*
Gênero essencial de instruções no qual um **mestre espiritual** qualificado comunica formalmente ao discípulo o ensinamento acerca da natureza da **verdadeira realidade** ou **percepção intrínseca** (*rig-pa'i ngo-sprod*) de maneira clara e imediata. Ver Capítulo 4.

Intuição penetrante *lhag-mthong*, scrt. *vipaśyanā*
Intuição penetrante é um estado meditativo analítico que penetra a natureza, as características e as funções do objeto escolhido de **meditação**. Esse estado é acompanhado por uma flexibilidade física e mental e gerado com base na tranquilidade mental ou **serenidade inabalável**. O objeto da intuição pode ser mundano, como a **impermanência** ou o sofrimento, ou supramundano, como a **vacuidade** ou natureza suprema da **realidade**. A "intuição penetrante" somente pode ser alcançada em união com a **serenidade inabalável**, e muitos manuais de **meditação** afirmam que a realização da "**serenidade inabalável**" é um pré-requisito essencial para o cultivo da "intuição penetrante". Todavia, no ***Yogatantra* Insuperável** existem técnicas avançadas que permitem aos praticantes alcançar simultaneamente a "**serenidade inabalável**" e a "intuição penetrante".

Inveja *phrag-dog*, scrt. *īrṣā*
A inveja, que inclui todas as diversas formas de ambição egoísta, é um dos **cinco venenos** da mente (*dug-lnga*), juntamente com a **aversão**, a **ilusão**, o orgulho e o **apego**. Em sua manifestação extrema, de competitividade hostil e obstinada, se diz que a inveja caracteriza os mundos dos **titãs** (*asuraloka*).

....

ral do tibetano. Uma vez que não cogitamos usar o barbarismo "empoderamento" e preferimos, por economia, evitar a forma composta "transmissão de poder", achamos por bem conservar o tradicional "iniciação", que, embora não seja tradução literal, designa igualmente os ritos de que se trata, bem como os efeitos destes. (N. do R. da T.)

Irmãos e irmãs vajra *rdo-rje ming-sring*
Os mais íntimos dos irmãos espirituais (*mched-grogs*), que são os que partilham **iniciações** e **pactos**. Ver **Irmãos espirituais**.

Irmãos espirituais *mched-grogs/rdo-rje spun-sring*
Os ***tantras*** identificam seis tipos de irmãos espirituais: 1) irmãos espirituais universais, isto é, todos os seres sencientes que desde tempos imemoriais foram nossos pais e mães; 2) irmãos espirituais que compartilham dos ensinamentos budistas; 3) irmãos espirituais em harmonia, que são semelhantes em pontos de vista e conduta; 4) irmãos espirituais queridos, que são os que têm o mesmo **mestre espiritual**; 5) irmãos espirituais próximos, que são os que juntos recebem ensinamentos espirituais; e 6) irmãos espirituais íntimos, que são os que juntos recebem a **iniciação**.

Jambudvīpa *'dzam-bu gling*
Ver **Quatro continentes e oito subcontinentes**.

Joias Preciosas *dkon-mchog*, scrt. *ratna*
Ver **Três Joias Preciosas**.

Kagyu *bka'-brgyud*
Uma das quatro principais tradições ou escolas do budismo tibetano. A linhagem da tradição *Kagyu* tem sua origem nos grandes **mestres consumados** (*mahāsiddha*) da Índia, como *Tilopa*, *Naropa* e *Maitripa* até *Khyungpo Neljor*, que fundou a linhagem *Shangpa Kagyu*, e *Marpa Lotsāwa*, que fundou a linhagem *Dagpo Kagyu*. Esta última compreende quatro subescolas maiores, a saber: *Karmapa*, *Tshalpa*, *Barompa* e *Phagmodrupa*, sendo esta última ainda subdividida nos ramos *Drigungpa*, *Taglungpa*, *Drukpa*, *Yazang*, *Trophu*, *Shugseb*, *Yelpa* e *Martshang*. Essas tradições integram práticas derivadas tanto dos ***sūtras*** quanto dos ***tantras***. Dão ênfase especial ao sistema de práticas do **Grande Selo** e a determinadas práticas do **estágio de perfeição**, como os Seis Yogas de *Naropa*.

Kāmarupā *ka-ma ru-pa*
Nome tradicional da região que corresponde ao atual *Assam*, no nordeste da Índia, e da região adjacente de *Sylhet*, em Bangladesh.

Kangyur e Tengyur *bka'-bsam rnam-gnyis*
O *Kangyur* é o cânone budista tibetano que contém os ***sūtras*** e ***tantras*** originais traduzidos das fontes indianas. O *Kangyur* tal como o conhecemos foi formalizado como coletânea completa por *Buton Rinchendrub*, grande estudioso e enciclopedista tibetano do século XIV. *Buton* também teve papel fundamental na compilação do *Tengyur*, a coletânea canônica que contém as traduções dos comentários dos grandes estudiosos indianos. No decorrer dos séculos foram

preparados muitos manuscritos dessas duas coletâneas, e importantes edições xilográficas foram publicadas em *Narthang, Derge, Lhasa, Litang, Cho-ne* e *Beijing*. "*Kangyur*" (*bka'-'gyur*) significa literalmente "tradução das palavras sagradas" ou dos preceitos transmitidos pelos **budas**, e "*Tengyur*" (*bstan-'gyur*) significa "tradução dos comentários".

Kaṅkaṇīdhāraṇī *kaṅ-ka-ṇī gzungs*
Nome de um texto de encantamentos associado com *Akṣobhya-Vajrasattva*, por meio do qual são feitas oferendas em benefício dos mortos.

Karma Lingpa *karma gling-pa*
Karma Lingpa (que atuou ao longo do século XIV) é o **descobridor de tesouros** que tirou do monte *Gampodar* em *Dakpo* o ciclo de ensinamentos conhecido como *As Divindades Pacíficas e Furiosas: um profundo ensinamento sagrado [chamado] libertação natural por meio [do reconhecimento] da intenção iluminada* (*Zhi-khro dgongs-pa rang-grol*), ciclo ao qual pertence a presente obra. Ver a "Breve história literária" de Gyurme Dorje.

Karmaprasiddhi *byang-phyogs las-rab brtsegs-pa'i zhing-khams*
O **domínio búdico** do norte, conhecido como "Colina das Atividades Excelentes" (*Karmaprakūṭa*) ou "Matriz das Atividades Iluminadas" (tib. *las-rab grub-pa*, scrt. *karmaprasiddhi*), é o paraíso presidido pelo **buda** masculino *Amoghasiddhi*. Ver Apêndice Dois.

Kāya *sku*
Ver **Corpo búdico**.

Khaṭvāṅga *khaṭ-vāṅga*
O *khaṭvāṅga*, palavra que significa literalmente "pé de cama", é um cajado tântrico formado por um longo bastão octogonal de madeira de sândalo branco selado por um meio ***vajra*** na extremidade inferior e um ***vajra*** cruzado na extremidade superior, repleto de fitas e flâmulas e encimado por crânios e cabeças humanas sobrepostas que representam os centros de energia de corpo, fala e mente do **corpo sutil**. Em geral, o *khaṭvāṅga* simboliza a união do grande gozo com a vacuidade.

Kriyātantra *bya-ba'i rgyud*
Segundo a escola ***Nyingma*** de budismo tibetano, a primeira das três classes exteriores de ***tantra*** (que constituem uma subcategoria das seis classes de ***tantra***) e o quarto dos **nove veículos**. O *Kriyātantra* enfatiza as práticas rituais exteriores, como as oferendas, prostrações e louvores dirigidos à **divindade de meditação** visualizada em frente ao praticante.

KYE HO *kye-ho*

Uma exclamação de deslumbramento ou espanto.

Libação de água *chu-gtor*

Uma oferenda de água para purificação cujos ritos chegaram ao Tibete trazidos da Índia por *Atiśa* no século XI.

Libertação *grol-ba/sgrol-ba*, scrt. *mokṣa*

No contexto budista, o termo libertação se refere especificamente ao libertar-se da **existência cíclica**, do ciclo de mortes e renascimentos condicionados pelas **ações passadas**; significa, por isso mesmo, o libertar-se de todas as formas de **sofrimento** físico e mental. Essa libertação somente pode ser alcançada por meio da eliminação completa da **ignorância fundamental** e dos **estados mentais dissonantes**, entre os quais se incluem o **apego** e a **aversão**, que afligem a mente e perpetuam os ciclos de existência condicionada.

Libertação natural *rang-grol*

Na terminologia da escola ***Nyngma*** e no título do nosso texto – *As Divindades Pacíficas e Furiosas: Libertação natural por meio [do reconhecimento] da intenção iluminada* (*Zhi-khro dgongs-pa rang-grol*), a expressão "libertação natural" se refere a um processo natural de reconhecimento da verdadeira natureza do objeto, livre de qualquer forma de renúncia ou antídoto espiritual. *Dudjom Rinpoche* explica que a expressão "libertação natural" (*rang-grol*) significa que o reconhecimento ou consciência "não está condicionado a nenhum antídoto espiritual e que tudo quanto surge é libertado sem qualquer referência a outras atividades causadoras de libertação". Essa realização é uma marca distintiva dos **veículos** resultantes, como o ***Atiyoga***, e contrasta com os **veículos** causais, nos quais se requer a aplicação de antídotos e de **renúncia**.

Linhagem *brgyud-pa*, scrt. *paraṃparā*

Uma sucessão ininterrupta de mestres por meio da qual são transmitidos os ensinamentos budistas. A tradição ***Nyingma*** enumera seis formas de linhagem: 1) a **linhagem da intenção dos conquistadores** (*rgyal-ba'i dgongs-brgyud*), por meio da qual o **Corpo Búdico de Realidade** comunica os ensinamentos ao **Corpo Búdico de Riqueza Perfeita**; 2) a **linhagem simbólica dos detentores de conhecimento** (*rig-'dzin brda'i brgyud-pa*), por meio da qual os **detentores de conhecimento** humanos e não humanos dotados das mais elevadas **consumações espirituais** recebem simbolicamente os ensinamentos dos ***bodhisattvas*** do décimo nível; 3) a **linhagem auricular de autoridade** (*gang-zag snyan-khung-gi brgyud-pa*), por meio da qual os **mestres consumados** transmitem oralmente os ensinamentos de uma geração para a seguinte; 4) a linhagem iniciada por inspiração iluminada (*smon-lam dbang-bskur-gyi brgyud-pa*), por meio da qual um **descobridor de tesouros** de textos ocultos é identificado por meio de uma declaração solene daquele que ocultou o tesouro; 5) a linhagem de sucessão espiritual profetizada (*bka'-babs lung-bstan-gyi brgyud-pa*), por meio da qual um **descobridor de tesouros** de textos ocultos é identificado por uma profecia autêntica de ***Padmasambhava***; e 6) a linhagem do selo de outorga das ***ḍākinīs*** (*mkha'-'gro gtad-rgya'i brgyud-pa*), pela qual os senhores do **tesouro**, cumprindo a aspiração daquele que o ocultou, entregam a um **descobridor de tesouros** os ensinamentos codificados.

Linhagem auricular de autoridade *gang-zag snyan-brgyud*
Uma das **seis linhagens** por meio das quais os ensinamentos budistas são transmitidos. A linhagem auricular de autoridade se refere à sucessão histórica de **mestres consumados** responsáveis pela transmissão oral dos ensinamentos budistas no decorrer das sucessivas gerações.

Linhagem da intenção dos conquistadores *rgyal-ba dgongs-pa'i brgyud-pa*
Segundo a escola ***Nyingma***, os ensinamentos budistas foram transmitidos por seis **linhagens** (*brgyud-pa drug*). A primeira dessas linhagens, conhecida como "linhagem da intenção dos conquistadores", se refere à **intenção iluminada** (*dgongs-pa*) de ***Samantabhadra***, que confere aos **budas** masculinos e femininos do **Corpo Búdico de Riqueza Perfeita** a bênção da realização do atemporal **Corpo Búdico de Realidade**.

Linhagem simbólica dos detentores de conhecimento *rig-'dzin brda'i brgyud-pa*
A linhagem por meio da qual os **detentores de conhecimento** humanos e não humanos dotados das mais elevadas **consumações espirituais** recebem simbolicamente os ensinamentos de ***bodhisattvas*** do décimo nível. Mais especificamente, a expressão se refere à **transmissão** feita por elevados ***bodhisattvas***, como ***Mañjuśrī***, ***Avalokiteśvara*** e ***Vajrapāṇi***, que se comunicaram respectivamente com os **deuses**, os **espíritos ofídicos da água** e os ***yakṣas*** ou espíritos de florestas e montanhas (seus respectivos discípulos) não por meio de palavras, mas de gestos simbólicos. A expressão também se refere ao modo pelo qual os primeiros detentores humanos da **linhagem** do ***Atiyoga*** receberam e transmitiram seus ensinamentos mais elevados.

Longchen Rabjampa *klong-chen rab-'byams-pa*
Prolífico escritor, considerado um dos maiores mestres da escola ***Nyingma***, *Longchen Rabjampa* (1308-1363) é famoso por seus comentários sistemáticos sobre os **nove veículos**, a perspectiva do ***Atiyoga*** e sua revelação dos textos e práticas contidos nas *Quatro partes da espiritualidade íntima* (*sNying-thig ya-bzhi*). Seu comentário ao **Guhyagarbhatantra**, intitulado *Dissipando as trevas das dez direções* (*Phyogs-bcu'i mun-sel*), é uma fonte importante, que elucida a ***maṇḍala*** das quarenta e duas **divindades pacíficas** e cinquenta e oito **divindades furiosas** do ponto de vista da **raiz**, do **caminho** e do resultado.

Lótus *padma*

Nas artes visuais e na poesias budistas, o lótus, especialmente a variedade que cresce na água, é frequentemente usado como um símbolo da pureza. O lótus cresce sobre o lodo sujo, mas permanece limpo e impoluto pela lama que o cerca. É possível encontrar o lótus representado como o trono ou coxim de muitas **divindades de meditação** na iconografia **tântrica** budista. Das **cinco famílias iluminadas**, a família ***Padma*** ou família do lótus (*padma'i rigs*) é a do **buda** *Amitābha*.

Madhyamaka *dbu-ma*

O *Madhyamaka* (*dbu-ma*) – cujo nome é derivado da expressão em sânscrito *madhyamapratipad*, que significa "Caminho do Meio", isto é, a via média entre os extremos do **eternalismo** e **niilismo** e que foi exposto pelo ***Buda Śākyamuni*** nos primeiros ***sūtras*** – é uma das mais influentes das quatro escolas clássicas de filosofia do Budismo indiano. No contexto da escola *Madhyamaka*, o Caminho do Meio significa a doutrina segundo a qual a **vacuidade** (*śūnyatā*) é a natureza suprema de todas as coisas. De acordo com essa doutrina, nenhum fenômeno, seja físico ou mental, possui uma natureza independente e autossuficiente. A existência e a identidade de qualquer fenômeno dependem de um contexto relativo determinado por convenções mundanas. Essa escola também postula que, além de a existência dos fenômenos ser dependente de causas e condições, sua identidade é dependente de conceitos e classificações mentais. Entretanto, o *Madhyamaka* afirma que os fenômenos não são fantasias da imaginação, como os unicórnios; os fenômenos existem dentro do seu contexto de relatividade e sua estrutura ontológica tem de ser aceita como válida. Essa posição em metafísica é chamada o "Caminho do Meio", pois é um meio-termo entre os extremos do **niilismo**, que nega completamente a **realidade**, e do **eternalismo**, que afirma a existência independente e absoluta das coisas. Fundada por ***Nāgārjuna*** no século II, a escola *Madhyamaka* posteriormente se dividiu em dois ramos: *Prāsaṅgika* e *Svātantrika*, baseadas respectivamente nas interpretações de *Buddhapālita* (posteriormente elucidada por *Candrakīrti*) e *Bhavaviveka*. Ainda que reconheça a importante contribuição de *Bhavaviveka* para a lógica e filosofia budista, a tradição tibetana considera a técnica de *reductio ad absurdum* da escola *Prāsaṅgika* como o mais refinado método lógico do budismo para o estabelecimento da doutrina da **vacuidade**. A característica distintiva da escola *Prāsaṅgika* é sua completa rejeição de uma ontologia que implique atribuir **existência intrínseca** aos fenômenos exteriores ou à **consciência** subjetiva. Há também, segundo algumas interpretações tibetanas, a tradição conhecida como Grande *Madhyamaka*, que, no desenvolvimento da intuição pela meditação, faz distinção entre a **vacuidade** intrínseca dos fenômenos (*rang-stong*) e a **vacuidade** extrínseca dos puros **atributos búdicos** (*gzhan-stong*).

Magon Chamdrel *ma-mgon lcam-dral*
Epíteto da protetora *Ekajaṭī* e de *Dorje Lekpa*, os quais, segundo a tradição ***Atiyoga*** da escola **Nyingma**, são as principais divindades **protetoras** supramundanas.

Mahākāla *mgon-po nag-po*
A divindade **protetora** supramundana *Mahākāla* é uma manifestação **furiosa** de ***Avalokiteśvara***. As práticas de meditação associadas a esse protetor são populares em todas as quatro tradições de budismo tibetano.

Mahākaruṇika *thugs-rje chen-po*
A forma de mil braços de ***Avalokiteśvara***. Ver ***Avalokiteśvara***.

Mahāyāna *theg-pa chen-po*
Ver **Grande Veículo**.

Mahāyoga *rnal-'byor chen-po'i rgyud*
Segundo a escola **Nyingma**, o *Mahāyoga* é o sétimo dos **nove veículos** e a primeira das três classes interiores de ***tantras***. O *Mahāyoga* enfatiza o **estágio de geração** da meditação (*utpattikrama*) e a gradual visualização de elaboradas ***maṇḍalas*** de divindades. Compreende dezoito ***tantras*** básicos, como o ***Guhyagarbha***, o *Guhyasamāja* e o *Buddhasamāyoga*, assim como um vasto número de textos tântricos associados às assim chamadas oito classes de **meios de realização** (*sgrub-pa bka'-brgyad*), que giram respectivamente em torno das divindades *Yamāntaka*, *Hayagrīva*, *Śrīheruka*, *Vajrāmṛta*, *Vajrakīla*, *Mātarah*, *Lokastotrapūja* (*'jig-rten mchod-bstod*) e *Vajramantrabhīru* (*rmod-pa drag-sngags*). Todos esses textos estão contidos nos *Tantras reunidos dos Nyingmapa* (*rNying-ma'i rgyud-'bum*), e uma seleção deles, pequena mas importante, se encontra no ***Kangyur***.

Maitreya *rgyal-ba byams-pa*
Maitreya é a encarnação da grande **benignidade** (*mahāmaitrī*) de todos os **budas** visualizada na forma de **divindade de meditação**. Assim, *Maitreya* representa o estado de perfeição da faculdade de **amor e benignidade** inerente ao contínuo mental de cada indivíduo. Além disso, *Maitreya* também é venerado como uma eminente figura histórica, um ***bodhisattva*** que foi um dos oito principais discípulos ***bodhisattvas*** do ***Buda Śākyamuni***. É a ele que são atribuídas as *Cinco obras de Maitreya* (*Byams-chos sde-lnga*). Segundo a literatura dos ***sūtras*** clássicos, o ***bodhisattva*** *Maitreya* é o **buda** que está por vir, o quinto na linhagem de mil **Budas** que descem a este mundo durante o **éon auspicioso** (**Śakyamuni** é o quarto). Atualmente, ele reside no domínio divino de ***Tuṣita***. É também um dos quatro ***bodhisattvas*** masculinos exteriores das quarenta e duas **divindades pacíficas**. Ver Apêndice Dois.

Maṇḍala *dkyil-'khor*

A palavra sânscrita "***maṇḍala***" transmite um conjunto de significados – círculo, roda, circunferência, totalidade, assembleia, corpo literário. No contexto do ***Anuyoga*** e do ***Atiyoga***, a expressão "três *maṇḍalas*" se refere especificamente a **corpo**, **fala** e **mente búdicos**. Num sentido mais geral, o termo indica as divindades centrais (*dkyil*) e periféricas (*'khor*) descritas nos textos **tântricos**. Essas divindades residem num palácio celestial (*vimāṇa*) que, em geral, tem uma arquitetura perfeitamente simétrica – com quatro portais e quatro muralhas principais compostas de cinco camadas de cores diferentes. Cada uma dessas características corresponde a um aspecto particular da **cognição** pura e da pureza de percepção da divindade principal e, logo, do meditante. A *maṇḍala* representa portanto um estado perfeito de ser e de percepção que abarca todos os fenômenos. O próprio palácio celestial e as divindades que nele habitam simbolizam estados de perfeição da **pura consciência**, dos **agregados** psicofísicos, das propriedades elementais e dos processos sensoriais e mentais do meditante. Quando essas *maṇḍalas* são representadas artisticamente, podem tomar a forma de imagem bidimensional pintada em tecido, de imagens feitas de areia colorida ou mesmo construídas como uma estrutura tridimensional esculpida em madeira ou outros materiais. A visualização de *maṇḍalas* em sua forma tridimensional tem um papel crucial no **estágio de geração** da meditação. Nele, as "moradas da divindade" nunca são percebidas como universos que existem de modo independente, mas sim como manifestações da **cognição pura** da principal **divindade de meditação** na qual se concentra o meditante. O simbolismo da *maṇḍala* de quarenta e duas **divindades pacíficas** e cinquenta e oito **divindades furiosas**, na medida em que se relaciona com nosso texto, é dado no Apêndice Dois.

Maṇḍala de oferendas *mchod-pa'i maṇḍal*

A *maṇḍala* de oferendas (ou "oferenda de *maṇḍala*") é uma das **práticas preliminares** (*sngon-'gro*) na qual as oferendas são visualizadas e oferecidas ao **mestre espiritual**, à **divindade de meditação** ou às **Três Joias Preciosas**. De modo geral, existem oferendas de *maṇḍala* exteriores, interiores e secretas, que correspondem aos **três corpos búdicos**, de **emanação**, de **riqueza perfeita** e de **verdadeira realidade**. Nas oferendas do primeiro tipo, é oferecido o universo exterior inteiro, simbolizado pelo **Monte *Sumeru*** e os **quatro continentes**, geralmente se usando uma bandeja de metal na qual são arranjados alguns montículos de arroz; o segundo tipo, a *maṇḍala* interior de oferendas, compreende o **corpo sutil** completo, com seus **canais de energia**, suas correntes de **energia vital** e **pontos seminais**; o terceiro tipo, a *maṇḍala* secreta de oferendas, é a *maṇḍala* da **verdadeira realidade** ou natureza última da **mente**. Nas **práticas preliminares**, todas essas *maṇḍalas* são oferecidas cem mil vezes como antídoto para o **apego**.

Manifestação visionária *snang-ba*

Segundo a terminologia da **Grande Perfeição**, há quatro manifestações visionárias sucessivas experimentadas durante a prática da **Realização Transcendente** (*thod-rgal*). As quatro manifestações são: a manifestação visionária da percepção direta da **realidade** (*chos-nyid mngon-sum-gyi snang-ba*), a manifestação visionária da crescente experiência contemplativa (*nyams gong-'phel-ba'i snang-ba*), a manifestação visionária de alcançar os limites da **consciência pura** (*rig-pa tshad-phebs-kyi snang-ba*) e a manifestação visionária da cessação do apego à realidade (*chos-nyid-du 'dzin-pa zad-pa'i snang-ba*).

Mañjuśrī *'jam-dpal*

Mañjuśrī é a encarnação da **consciência discriminativa** de todos os **budas** manifesta na forma de **divindade de meditação**. É normalmente representado sentado, segurando uma espada na mão direita (que representa o discernimento ou **consciência discriminativa**) e um texto sagrado na mão esquerda (que simboliza sua maestria em todas as formas de conhecimento). *Mañjuśrī* é também venerado como uma eminente figura histórica, um dos oito principais discípulos ***bodhisattvas*** do ***Buda***; é ainda um dos quatro ***bodhisattvas*** masculinos exteriores das quarenta e duas **divindades pacíficas**. Ver Apêndice Dois.

Mantra *sngags*

O termo sânscrito *mantra* é uma abreviação das sílabas *mana* e *traya*, que significam respectivamente "mente" e "proteção". Portanto, "*mantra*" se refere literalmente à "proteção da mente". A indicação fundamental aqui é a de proteger a mente da influência esmagadora das percepções e concepções comuns, as quais dão origem aos estados de existência iludida e assim inibem a plena expressão da **natureza búdica**. Num sentido mais específico, *mantra* significa o som puro que é a fala perfeita de um ser **iluminado**. O escopo das práticas do **estágio de geração** é o cultivo do modo de ser da **divindade de meditação**, isto é, a transformação de corpo, fala e mente mundanos em **corpo**, **fala** e **mente búdicos**. Na prática ritual, essa transformação é amparada pela realização de gestos com as mãos ou **selos** (*mudrā*), que são uma reverberação do **corpo búdico**; pela recitação de *mantras*, que são uma reverberação da **fala búdica**; e pela visualização, que é uma reverberação da **mente búdica**. Em geral, se diferenciam três tipos de *mantra*: os *mantras* de retenção (scrt. *dhāraṇī*, tib. *gzungs-sngags*), os *mantras* gnósticos (scrt. *vidyāmantra*, tib. *rig-sngags*) e os *mantras* secretos (scrt. *guhyamantra*, tib. *gsang-sngags*). Desses três tipos, o primeiro compreende os *mantras* associados com os ***sūtras*** que têm por finalidade intensificar a **consciência discriminativa**; o segundo tipo é o dos *mantras* associados a divindades específicas dos ***tantras*** exteriores e visa intensificar os **meios hábeis**; já o terceiro tipo é o dos *mantras* associados aos ***tantras*** interiores, que têm por finalidade intensificar o **estágio de geração** da meditação.

A expressão "*mantra* secreto" também é usada para significar o **Veículo da Realidade Indestrutível** (*Vajrayāna*).

Mantra das Cem Sílabas *yig-brgya*
O ***mantra*** de cem sílabas de ***Vajrasattva*** pode ser interpretado desta maneira: "OṂ Vajrasattva! Protege meus pactos! Vajrasattva! Torna-os firmes! Torna-me perseverante! Torna-me contente! Alimenta-me! Torna-me amado! Confere--me todas as consumações! No que se refere a todas as minhas ações passadas, torna virtuosa minha mente! HŪṂ (sílaba semente da mente búdica)! HA (quatro imensuráveis)! HA (quatro iniciações)! HA (quatro deleites)! HA (quatro corpos búdicos)! HOḤ (alegre gargalhada)! Ó Transcendente! Ó Indestrutível Realidade de todos os Tathāgatas! Não me abandones! Torna-me na realidade indestrutível! Grande Ente do Pacto! ĀḤ (união não dual)." A recitação desse ***mantra***, juntamente com a visualização de ***Vajrasattva*** e a confissão de negatividade, é um elemento essencial das **práticas preliminares** (*sngon-'gro*). Ver Capítulo 1 e **Vajrasatvva**.

Mantra das seis sílabas *yi-ge drug-pa*, scrt. *ṣaḍakṣara*
O ***mantra das seis*** sílabas (OṂ MAṆI PADME HŪṂ) é o ***mantra*** de ***Avalokiteśvara***.

Mantra do coração *snying-po*, scrt. *hṛdaya*
Ver **Mantra**.

Mantra do coração da originação dependente *rten-'brel snying-po*, scrt. *pratītya-samutpādahṛdaya*
O mantra do coração da **originação dependente** – YE DHARMĀ HETUPRABHAVĀ HETUN TEṢĀṂ TATHĀGATO HY AVADAT TEṢĀṂ CA YO NIRODHO EVAṂ VĀDĪ MAHĀŚRAMAṆAḤ – pode ser traduzido assim: "Todo evento nasce de uma causa; o Tathāgata expôs essa causa, e o grande e virtuoso asceta ensinou igualmente a cessação da causa." Ver **Mantra** e **Originação dependente**.

Mantra secreto *gsang-sngags*, scrt. *guhyamantra*
Ver **Mantra**.

Mantrin *sngags-pa*
Qualquer adepto do veículo do ***mantra*** secreto (*mantrayāna*). Contudo, a palavra *ngakpa* (*sngags-pa*) é usada em sentido popular para designar os praticantes do ***tantra*** que preferem constituir família e transmitir seus ensinamentos por meio de uma linhagem de sucessão familiar, diferentemente da vida celibatária dos monges e monjas.

Māra *bdud*
Ver **Forças malevolentes ou sedutoras**.

Meditação *sgom*, scrt. *bhāvana*

A meditação é definida como um processo mental disciplinado por meio do qual uma pessoa cultiva a familiaridade com um objeto de sua escolha, seja ele um objeto externo, como uma imagem ou mesmo um simples cascalho, ou um objeto interno, como a mente ou a identidade pessoal do meditante. De acordo com os ***sūtras***, existem dois tipos principais de meditação: uma enfatiza a estabilidade e a concentração da mente num único ponto, a outra põe ênfase na análise e no discernimento. O primeiro desses tipos de meditação é absorvente e produz uma qualidade de repouso e tranquilidade da mente conhecida como **serenidade inabalável**. O segundo tipo, conhecido como **intuição penetrante**, gera uma intuição mais profunda do mistério do objeto escolhido para a meditação. No contexto dos ***tantras***, a meditação inclui também as técnicas dos **estágios de geração e de perfeição**, além das técnicas da **Grande Perfeição**.

Meios de realização *sgrub-thabs*, scrt. *sādhana*

A literatura tântrica budista é dividida em textos ***tântricos*** e manuais sobre os meios de realização. Os ***tantras*** são exposições gerais sobre os **contínuos da raiz, do caminho e do resultado** associados com uma ***maṇḍala*** de divindades particular, enquanto os manuais são exposições detalhadas, derivadas dos ***tantras***, acerca dos meios de realizar uma ***maṇḍala*** particular por meio da meditação. As práticas ensinadas nos manuais têm quatro etapas, geralmente conhecidas como os **quatro aspectos do serviço ritual e dos meios de realização** (*bsnyen-sgrub yan-lag bzhi*).

Meios hábeis *thabs*, scrt. *upāya*

O conceito de meios hábeis é fundamental para a compreensão das ações iluminadas do **Buda**, entre as quais se inclui a de ensinar diversas escrituras. Desde os seus primórdios, o budismo desenvolveu a hermenêutica de interpretar muitas das escrituras atribuídas ao **Buda** do ponto de vista dos meios hábeis, isto é, partindo da ideia de que as verdades reveladas em ensinamentos específicos podem ser dependentes das necessidades, interesses e disposições mentais de determinadas categorias de indivíduos. Esse conceito também foi aplicado às ações altruístas dos ***bodhisattvas***, especialmente no contexto de suas ações voltadas para o benefício dos outros, como a transmissão de ensinamentos, por exemplo. De acordo com o **Grande Veículo**, o cultivo de meios hábeis (scrt. *upāyakauśalya*, tib. *thabs-la mkhas-pa*) se refere às primeiras cinco das seis **perfeições**: generosidade, disciplina, paciência, perseverança e **concentração meditativa**, que, quando integradas com a sexta perfeição, a **consciência discriminativa**, constituem a união de **consciência discriminativa** e meios (scrt. *prajñopāya*). A perfeição em meios hábeis também é contada dentre as dez perfeições, onde indica o valor inestimável do resultado adquirido quando o **mérito** de nossas ações virtuosas, por pequenas que sejam, é dedicado ao benefício de todos os seres sencientes em geral e à grande e inigualável **iluminação** em particular. Nos ***tantras***, a expressão técnica "caminho dos meios hábeis" (*thabs-lam*) se refere às práticas por meio das quais o **yoga sexual** interno (*sbyor-ba*) dos **canais de energia**, **energias vitais** e **pontos seminais** é refinado no **corpo sutil**. Além disso, as três **classes interiores de *tantra*** da escola ***Nyingma*** são às vezes chamadas de "veículos dos meios irresistíveis" (*thabs dbang-bsgyur-ba'i theg-pa-rnams*), pois trazem para o caminho todos os **estados mentais dissonantes** aos quais é necessário renunciar nos caminhos inferiores.

Mente *sems*, scrt. *citta*

No budismo, a mente é definida como um processo dinâmico, como a simples consciência de um objeto ou evento. No uso mais técnico, o termo mente é posto em contraste com os cinquenta e um **fatores mentais** enumerados na literatura do ***abhidharma***. Nesse sistema, a "mente" tem a função primária de estar consciente do objeto como um todo, enquanto as modalidades de percepção de aspectos específicos do objeto são definidas como **fatores mentais**. É importante entender que no budismo a mente não deve ser concebida como uma coisa estática ou como uma espécie de substância espiritual. Ainda que algumas escolas filosóficas budistas identifiquem a mente com a essência do ser ou da identidade pessoal, a noção de eu ou de pessoa não é um elemento essencial do conceito budista de mente. A doutrina da **Grande Perfeição** faz uma importante distinção entre os termos tibetanos "*sems*" e "*rig-pa*". Segundo essa distinção, nossa "mente comum" (*sems*) é a **consciência** (*rnam-shes*) grosseira e dualista, enquanto a **consciência pura** (*rig-pa*) é livre das percepções dualistas de sujeito e objeto. Ver **Consciência pura**, **Percepção intrínseca** e **Consciência**.

Mente búdica *thugs*, scrt. *citta*

O termo mente búdica é sinônimo de **cognição pura** (*jñāna*), na qual se distinguem cinco modos. Ver **Cognição pura**. Nos escritos específicos da escola ***Nyingma***, esses cinco modos são conhecidos como: iluminação manifesta (*mngon-byang-gi thugs*), realidade indivisível e indestrutível (*mi-phyed rdo-rje'i thugs*), grande igualdade (*mnyam-pa chen-po'i thugs*), grande mente não discursiva (*mi-rtog chen-po'i thugs*) e libertadora dos seres sencientes (*'gro-ba'i sgrol-ba'i thugs*).

Mente da iluminação *byang-chub sems*

Ver ***Bodhicitta***.

Mérito *bsod-nams*, scrt. *puṇya*

O mérito se refere às tendências salutares impressas na mente como resultado de pensamentos, palavras e ações positivas e bem realizadas. São esses pensamentos, palavras e ações que amadurecem na forma de felicidade e bem--estar. De acordo com o **Grande Veículo**, é importante que o indivíduo dedique o mérito de seus pensamentos, palavras e ações ao benefício de todos os **seres sencientes**, de modo que propicie que os outros seres também experimentem os resultados das ações positivas.

Mestre consumado *grub-thob*, scrt. *siddha*
Um mestre consumado é aquele que desenvolveu completamente as **consumações** espirituais comuns e supremas.

Mestre espiritual *bla-ma*, scrt. *guru*
A palavra *guru* em sânscrito significa literalmente "grave" ou "pesado", e, por extensão, "mestre venerável". O equivalente tibetano "*bla-ma*" (que se pronuncia *lama*) significa "inigualável" ou "supremo", o que indica que o *guru* é inigualável na sua qualidade de objeto perfeito para o qual se podem dirigir as ações meritórias. Contudo, é importante notar que são necessárias qualificações específicas para que alguém possa ser considerado um mestre espiritual. Essas qualificações variam de acordo com o nível de prática para o qual se adota um mestre. No contexto dos ***tantras***, afirma-se que o mestre espiritual confere **bênçãos** ao praticante, enquanto a **divindade de meditação** confere **consumações** e a ***ḍākinī*** confere **atividades búdicas** ou iluminadas. Em última análise, o *guru* é nossa própria **natureza búdica**.

Mestre-vajra *rdo-rje slob-dpon*, scrt. *vajrācārya*
O "mestre de realidade indestrutível" que preside os ritos de **iniciação** e as danças rituais dos grandes **meios de realização** (scrt. *mahāsādhana*, tib. *sgrub-chen*) e representa a **divindade de meditação** central da ***maṇḍala***.

Monarca universal *khor-lo bsgyur-ba*, scrt. *cakravartin*
No contexto do budismo indo-tibetano, o conceito do monarca universal benevolente, que governa de acordo com a lei dos **ensinamentos sagrados** do budismo, permeia a literatura budista desde o tempo de *Aśoka*. Seu surgimento no mundo é considerado um evento tão raro e singular quanto o surgimento de um **buda**.

Montanha Cor de Cobre *zangs-mdog dpal-ri*, scrt. *Tāmraśīparvata*
Morada sagrada localizada no subcontinente ***Cāmaradvīpa*** (*rnga-yab gling*), na qual se diz que ***Padmasambhava*** reside atualmente numa impressionante forma de luz de arco-íris.

Monte Gampodar *sgam-po-gdar-gyi ri-bo*
O monte *Gampodar* em *Dakpo* é o sítio de **tesouros** (*gter-kha*) onde ***Karma Lingpa*** encontrou o **tesouro** (*gter-ma*) do ciclo de ensinamentos chamado *As*

Divindades Pacíficas e Furiosas: Libertação natural por meio [do reconhecimento] da intenção iluminada (*Zhi-khro dgongs-pa rang-grol*) no século XIV. Ver a "Breve história literária" de Gyurme Dorje.

Monte Potālaka *ri-bo po-ta-ka-la*
Segundo a tradição do budismo indiano clássico, o monte *Potālaka*, onde habita ***Avalokiteśvara***, é identificado com uma montanha localizada no estado de Karnataka, na região sul da Índia. Entretanto, segundo a tradição do budismo chinês, o mesmo monte é identificado como a ilha oriental de *Putuo Shan*, na baía de *Hangzhou*.

Monte Sumeru *ri-rab*
Na cosmologia indiana, o monte *Sumeru* é o *axis mundi*, o eixo central do mundo. As tradições de peregrinação do hinduísmo, do jainismo, do budismo e da religião bon o identificam com a montanha sagrada de *Kailash*, no extremo ocidental do Tibete. Ver **Quatro continentes e oito subcontinentes**.

Nāgārjuna *klu-sgrub*
Eminente mestre indiano do século II e fundador da escola filosófica budista ***Madhyamaka***.

Naturalmente manifesto *rang-snang*
Na terminologia da escola ***Nyingma***, a expressão "naturalmente manisfesto" ou "intrinsecamente manifesto" (*rang-snang*) se refere ao modo não dual no qual o esplendor natural (*rang-gsal*) da **cognição pura** (*ye-shes*) surge como **percepção intrínseca** (*rang-rig*). Ver **Percepção intrínseca**. Faz-se também uma importante distinção entre o **Corpo Búdico de Riqueza Perfeita**, que se manifesta naturalmente ou de modo intrínseco, e o **Corpo Búdico de Emanação**, que se manifesta externamente (*gzhan-snang*) para o benefício dos seres sencientes.

Natureza búdica *rigs*, scrt. *gotra*
A semente de **iluminação** inerente ao contínuo mental de todos os **seres sencientes**. É esse potencial que torna possível a qualquer indivíduo realizar a natureza suprema, desde que se apliquem os métodos apropriados. A noção de natureza búdica está intimamente ligada ao conceito budista de natureza essencial da **mente**, que o budismo considera ser pura, cognoscente e luminosa. Os **estados mentais dissonantes** – como o **apego**, a **aversão** e o ciúme, que perpetuamente afligem nossa mente e dão origem ao **sofrimento** – não são os elementos essenciais da **mente**; são, ao contrário, tendências extrínsecas e condicionadas. Além disso, todos esses estados dissonantes têm sua origem no estado mental de ignorância que não apreende a verdadeira natureza da **realidade**. Logo, por meio da obtenção de intuições autênticas acerca da verdadeira nature-

za da **realidade**, os enganos podem ser eliminados, arrancando todos os nossos **estados mentais dissonantes** pela raiz e permitindo que a natureza búdica íntima se manifeste. A expressão "**núcleo do *tathāgata***" (*tathāgatagarbha*) é um sinônimo desta essência do **estado búdico**.

Natureza permanente da realidade *gnas-lugs*
A "natureza permanente da realidade" é idêntica à **vacuidade**, assim como à **imensidão da verdadeira realidade** (*dharmadhātu*).

Natureza singular da mente *sems gcig-po*
No Capítulo 4 deste livro, a expressão "natureza singular da mente" é um sinônimo de natureza suprema da mente (*sems-nyid*) ou **verdadeira realidade** da mente.

Negatividade *sdig-pa*, scrt. *pāpa*
Negatividade é a característica decorrente da realização de **ações não virtuosas**, que, juntamente com os **obscurecimentos** (*sgrib*) e as **tendências habituais** (*bag-chag*), têm sua origem em **ilusão**, **apego** e **aversão**. A negatividade, portanto, gera um impulso na direção de um nascimento desfavorável dentro da **existência cíclica**.

Neipseidade *bdag-med*, scrt. *nairātmya*
Na filosofia budista, neipseidade é o conceito que implica a negação da **existência intrínseca** à personalidade individual e aos fenômenos físicos e mentais. As escolas do **Pequeno Veículo**, como a *Vaibhāṣika* e a *Sautrāntika*, expõem a doutrina da neipseidade somente em relação à personalidade individual. Propõem que a neipseidade se refere à inexistência de um "eu" independente e enfatizam que o eu não é nem substancial nem autossuficiente. Não se pode encontrar um ser substancial ou subsistente em nenhum dos agregados de que é composta a pessoa, nem no conjunto desses agregados, nem em sua continuidade temporal. Os objetos materiais não são senão um conjunto de partículas atômicas e a consciência não é nada além de uma série de momentos. Entretanto, as escolas ***Cittamātra*** e ***Madhyamaka*** ampliam essa noção de neipseidade de modo que abarque com ela todos os fenômenos físicos e mentais. Todos os fenômenos são identificados com a **vacuidade** (*śūnyatā*) e, por isso, essas escolas filosóficas do **Grande Veículo** falam da neipseidade da pessoa (*pudgalanairātmya*) e da neipseidade dos fenômenos (*dharmanairātmya*). Ainda assim, existem importantes diferenças filosóficas entre as duas escolas do **Grande Veículo** acerca de em que consiste aquilo que é negado pela doutrina da **vacuidade**.

Niilista *chad-lta-ba/mur-stug-pa*, scrt. *naiṣṭhika*
De acordo com o pensamento budista, o niilismo e o **eternalismo** são as duas posições extremas que devem ser transcendidas para se alcançar uma posição

filosófica bem fundamentada. O niilismo se refere à posição que nega a existência dos objetos, das leis de causa e efeito e do princípio de **originação dependente**. Todavia, o critério que determina o que é realmente uma negação da existência dos fenômenos e da lei de **causa e efeito** pode variar em razão das diversas posições metafísicas com respeito à natureza da **realidade**. Na Índia antiga, a posição niilista era característica das escolas materialistas *Carvāka* e *Bārhaspatya*. Ver **Eternalista** e **Madhyamaka**.

Nirvāṇa *myang-'das*
Nirvāṇa (literalmente "estado além da tristeza") significa a cessação permanente de todo e qualquer **sofrimento**, de todos os **estados mentais dissonantes** que causam e perpetuam o sofrimento e de todo engano acerca da natureza da **vacuidade** (scrt. *śūnyatā*). Portanto, *nirvāṇa* é a antítese da **existência cíclica** (scrt. *saṃsāra*). Uma vez que é de nossa percepção incorreta da natureza da **verdadeira realidade** (scrt. *dharmatā*) que derivam nossos estados conscientes de ilusão, a eliminação total dos **estados mentais dissonantes** só pode ser efetuada por meio de uma clara intuição da natureza autêntica da **verdadeira realidade**. Todos os **caminhos** dos ***bodhisattvas*** expostos nos ***sūtras*** e todos os aspectos do **contínuo do caminho** expostos nos ***tantras*** são considerados meios pelos quais se pode alcançar o *nirvāṇa*. A literatura budista clássica menciona três tipos de *nirvāṇa*: 1) o *nirvāṇa* com resíduo, isto é, o estado inicial de *nirvāṇa* em que o indivíduo ainda é dependente de seus **agregados** psicofísicos (*skandha*) condicionados pelo ***karma***; 2) o *nirvāṇa* sem resíduo, isto é, um estado avançado de *nirvāṇa* em que os agregados mencionados acima já foram consumidos pela vacuidade; e 3) o *nirvāṇa* não subsistente, um estado que transcende as diferenças entre a **existência cíclica** condicionada e a paz solitária do *nirvāṇa*.

Nirvāṇa final *yongs-su mya-ngan-las 'das*, scrt. *parinirvāṇa*
A expressão "*nirvāṇa* final" designa especificamente o falecimento dos **budas**, como ***Śākyamuni***, e é considerada a última das doze obras principais dos budas, exemplificada pela morte de ***Śākyamuni*** em *Kuśinagara*. Ver também **Nirvāṇa** e **Atividades búdicas**.

Nove sequências do veículo *theg-pa'i rim-pa dgu*
Ver **Nove veículos**.

Nove veículos *theg-pa dgu*, scrt. *navayāna*
Na escola ***Nyingma***, os ensinamentos budistas são classificados segundo um sistema de nove veículos divididos em: três **veículos** exteriores ou causais (o dos **piedosos discípulos**, o dos **budas anacoretas** e o dos ***bodhisattvas***), três classes de ***tantra*** exterior (***Kriyātantra***, ***Ubhayatantra*** e ***Yogatantra***) e três classes de ***tantra*** interior (***Mahāyoga***, ***Anuyoga*** e ***Atiyoga***). Ver os verbetes referentes a cada um desses veículos.

Núcleo do Sugata / Núcleo do Tathāgata *bde-gshegs snying-po / de-gshegs snying-po*, scrt. *sugatagarbha/tathāgatagarbha*

Tanto *Sugata* (Aquele que Alcançou a Beatitude) quanto *Tathāgata* (Aquele que Assim Foi) são epítetos do **Buda**. No entanto, as expressões "núcleo do *sugata*" e "núcleo do *tathāgata*" se referem à semente de **natureza búdica** não cultivada presente no contínuo mental de todos os seres sencientes, sem a qual seria impossível alcançar a **iluminação** ou **estado búdico**. Ver **Natureza búdica**.

Nyinda Choje *nyin-zla chos-rje*

Nome do filho de ***Karma Lingpa***. Ver a "Breve história literária" de Gyurme Dorje.

Nyinda Ozer *nyin-zla 'od-zer*

O nome do segundo detentor da linhagem de ***Karma Lingpa***. Ver a "Breve história literária" de Gyurme Dorje.

Nyingma *rnying-ma*

A mais antiga escola de budismo tibetano, baseada nas tradições de ensino e nos textos introduzidos no Tibete durante a fase inicial de propagação do budismo, que coincide com os reinados dos reis budistas da dinastia *Yarlung* nos séculos VIII e IX. Essas tradições foram trazidas da Índia por ***Padmasambhava***, *Vimalamitra* e outros e foram preservadas no Tibete pelos vinte e cinco discípulos de ***Padmasambhava***. A distinção entre a escola antiga de budismo tibetano e as escolas novas se faz com base no período intermediário que se seguiu à perseguição contra o budismo no século IX e terminou com a segunda fase de propagação budista, quando um novo *corpus* de literatura budista foi introduzido da Índia por *Marpa*, *Drokmi Lotsāwa*, *Atiśa*, *Rinchen Zangpo* e outros, durante o século XI. As linhagens derivadas da primeira fase e as obras traduzidas antes do período intermediário são conhecidas como *Nyingma* ou "Escola da Antiga Tradução"; já os ensinamentos que surgiram depois do mesmo período são conhecidos como *Sarma* ou "Escolas da Nova Tradução".

Nyingthig *snying-thig*

Os ensinamentos conhecidos como "Espiritualidade Íntima" ou "Essência do Coração" (*snying-thig*) são as instruções mais importantes e fundamentais da Classe das Instruções Esotéricas (*upadeśavarga*) do **Atiyoga** e incluem as técnicas chamadas **Vencendo a Resistência** e **Realização Transcendente**. Da Índia, foram introduzidas duas linhagens distintas desses ensinamentos, uma por ***Padmasambhava*** e a outra por *Vimalamitra*. Essas linhagens foram transmitidas sob estrito sigilo no Tibete até a época de ***Longchen Rabjampa*** (século XIV), que foi quem as integrou em seu *As quatro partes da espiritualidade íntima* (*sNying-thig ya-bzhi*); a partir dessa época, tais ensinamentos foram amplamente disseminados e praticados por muitos. Diversas tradições de *Nyingthig* são praticadas nas tradições de **tesouro** da escola **Nyingma**. A mais influente dessas tradições nos tempos mais recentes é a *Espiritualidade íntima de Longchenpa* (*Klong-chen snying-thig*), revelada durante o século XVIII para *Rigdzin Jigme Lingpa* por meio de suas visões inspiradas de *Longchen Rabjampa*. Desde então, essa tradição se tornou a versão mais popular dos ensinamentos *Nyingthig* em todo o Tibete.

O que percorre os céus *mkha'-spyod-ma*, scrt. *khecarī*
Ver **Domínio puro dos que percorrem os céus**.

Obscurecimento *sgrib-pa*, scrt. *āvaraṇa*
Existem duas categorias principais de obscurecimentos (*sgrib-pa*): os **estados mentais dissonantes** (*nyon-sgrib*, scrt. *kleśavaraṇa*), que são os obscurecimentos em relação à **libertação**, e as predisposições sutis a esses estados mentais e à **ignorância fundamental**, que constituem obscurecimentos em relação à **onisciência** (*shes-sgrib*, scrt. *jñeyā-varaṇa*). Como indicam esses próprios termos, os obscurecimentos da primeira categoria são obstáculos que impedem o indivíduo de alcançar a plena libertação em relação à **existência cíclica** condicionada pelo ***carma***, enquanto os da segunda categoria são obstruções que impedem a realização do conhecimento direto e supramental de todos os aspectos da **realidade**. Os obscurecimentos em relação à **libertação** incluem não somente os estados conscientes de nossa **mente iludida** – desejo, ódio, inveja, malevolência etc. – como também as **tendências habituais** que são impressas na mente por esses estados e que servem de sementes para sua perpetuação e recorrência cíclica. A segunda categoria de obscurecimentos se refere às "predisposições ao modo de percepção dualista e desconcertante" (*gnyis--snang khrul-pa'i bag-chags*), que são as disposições sutis e tendências latentes profundamente enraizadas na psique individual e que dão origem a nossa percepção **dualista** do mundo fenomênico e de nossa própria consciência. A completa superação das duas categorias de obscurecimentos (tib. *sgrib-gnyis*) é marca da obtenção do **estado búdico**.

Oḍḍyāna *o-rgyan*
Oḍḍyāna, local de nascimento de ***Padmasambhava***, é o nome de um antigo reino, provavelmente localizado no noroeste remoto do subcontinente indiano, no qual se diz que um grande *corpus* de literatura tântrica foi propagado ao mundo humano pela primeira vez. A terra de *Oḍḍyāna* é associada a um grande número de **mestres consumados** (*siddha*), entre os quais se incluem especialmente ***Padmasambhava***, *Kambalapāda* e *Līlāvajra*. Com base nos relatos tradicionais de peregrinações tibetanas, tal como o escrito por *Orgyenpa Rinchenpel*, os autores modernos identificam *Oḍḍyāna* com a região do Vale de Swat, no Paquistão. A forma tibetana de *Oḍḍyāna*, *Orgyen*, é também por extensão um nome aplicado ao próprio ***Padmasambhava***.

Ódio *zhe-sdang*, scrt. *dveṣa*
Ver **Aversão**.

Oferenda *mchod-pa*, scrt. *pūjā*
No contexto budista, essa palavra se refere às oferendas feitas à **divindade de meditação**, ao **mestre espiritual** ou a outros objetos próprios para veneração. De modo geral, há oferendas associadas a corpo, fala e mente. Assim, uma oferenda pode ser feita usando substâncias materiais, tais como flores, água perfumada ou alimentos; usando a palavra, pela recitação de cânticos de louvor, por exemplo; ou usando a mente, oferecendo os potenciais positivos acumulados como resultado de se ter dedicado a obras salutares em benefício dos outros. De modo mais específico, os ***tantras*** identificam quatro tipos de oferendas a serem realizadas: oferendas exteriores, interiores, secretas e definitivas. As oito oferendas exteriores de júbilo (*phyi nyer-spyod-kyi mchod-pa*), associadas às oito deusas das oferendas, são especificamente as oferendas de água para a boca, água para os pés, flores, incenso, luz, perfume, alimento e som, assim como as oferendas de cânticos, danças e meditações. As oferendas interiores de compromisso (*nang dam-rdzas-kyi mchod-pa*) são as oferendas das essências puras de sêmen, sangue e carne, transformadas por meio do *yoga* dos **canais de energia**, das correntes de energia e dos **pontos seminais** do **corpo sutil**. As oferendas secretas são as de união sexual e "libertação" (*gsang-ba sbyor-sgrol-gyi mchod-pa*) relacionadas às práticas e ritos esotéricos que transformam os **cinco venenos** nas cinco **cognições puras**. As oferendas definitivas são as oferendas da grande igualdade (*de-kho-na-nyid mnyam-pa chen-po'i mchod-pa*), isto é, da união de gozo e **vacuidade**.

Oferenda de banquete *tshogs [kyi 'khor-lo]*, scrt. *gaṇacakra*
A palavra tibetana *tshogs* tem em geral dois significados, que correspondem aos termos sânscritos *sambhāra* e *gaṇacakra*. No segundo caso, refere-se às oferendas de banquetes que constituem um singular método tântrico para conferir **consumações** e pacificar obstáculos. Geralmente, as oferendas de banquete são realizadas para comemorar eventos importantes no calendário budista, como a oferenda de banquete do décimo dia, dedicada a ***Padmasambhava***. A finalidade principal das oferendas de banquete é distribuir **méritos** e **cognição pura** no contexto de um rito **tântrico** específico. Ver também **Acumulação**.

Oferenda de *maṇḍala*
Ver **Maṇḍala de oferendas**.

Oferenda de torma *gtor-ma*, scrt. *naivedya/bali*
As oferendas de *torma* são bolos, geralmente feitos de massa de farinha e frequentemente decorados com coloridas esculturas de manteiga. Às vezes são encarnações de **divindades de meditação** associadas a práticas rituais especí-

ficas e outras vezes são oferendas de alimentos apresentadas a diversas divindades ou **protetores** visualizados na meditação. Além disso, as *tormas* podem servir de símbolos sensíveis que por meio de práticas rituais absorvem, transformam e eliminam os diversos aspectos de negatividade.

Oferendas chang-bu *chang-bu*, scrt. *piṇḍa*
Tiras de massa de farinha amassada com os dedos, ofertadas para pacificar os **espíritos famintos** e apaziguar forças negativas.

Oficiante do ritual *las-mkhan*, scrt. *karmācārya*
O oficiante do ritual é a pessoa que conduz os aspirantes à presença do **mestre espiritual** na ocasião em que este transmite a **iniciação**, cobrindo os olhos de cada aspirante com uma venda vermelha e colocando uma flor e um ***vajra*** em suas mãos.

Oitenta e quatro mil aspectos dos ensinamentos [sagrados] *chos-sgo brgyad-khri bzhi stong*
Quando classificados em relação aos males para os quais são antídotos, afirma-se que os ensinamentos do **Buda** têm oitenta e quatro mil aspectos ou compreende igual número de pontos de vista. Postulam-se oitenta e quatro mil **estados mentais dissonantes**, correspondentes aos vinte e um mil aspectos de cada um dos três venenos – **apego** (*rāga*), **aversão** (*dveśa*) e **ilusão** (*moha*) – mais os vinte e um mil aspectos de suas combinações. Os ensinamentos do **Buda** compreendem um antídoto para cada um desses **estados mentais dissonantes**.

Oitenta sinais menores *dpe-byad brgyad-cu*, scrt. *asītyanuvyañjana*
Ver **Sinais maiores e menores**.

Oito cemitérios *dur-khrod brgyad*
Os oito grandes cemitérios da Índia antiga, considerados locais propícios à prática da meditação. Em tibetano, os nomes dos oito cemitérios são: Tumdrak (*gtum-drag*), Tsangtsing Trikpa (*tshang-tshing 'khrigs-pa*), Bar Trikpa (*'bar 'khrigs-pa*), Kengruchen (*keng-rus-can*), Silbutsel (*bsil-bu-tshal*, scrt. *Śītavana*), Munpa Nagpo (*mun-pa nag-po*), Kili Kilir Dradrokpa (*ki-li ki-lir sgra-sgrog-pa*) e Haha Godpa (*ha-ha rgod-pa*).

Oito classes de consciência *rnam-shes tshogs/gnas-brgyad*
Ver **Agregado da consciência**.

Oito classes de espíritos *sde-brgyad*
Uma classificação das forças malignas que podem ser apaziguadas por oferendas e rituais específicos. Diversas enumerações dessas forças malignas foram feitas por *Nubchen Sangye Yeshe*. Assim, existe um grupo exterior (*phyi-yi sde brgyad*), um

grupo interior (*nang-gi sde brgyad*), um grupo secreto (*gsang-ba'i sde brgyad*), um grupo supremo (*mchog-gi sde brgyad*), um grupo da emanação (*sprul-pa'i sde brgyad*) e um grupo fenomênico (*snang-srid sde brgyad*), cada um dos quais com oito classes de espíritos.

Oito extremos *mtha'-brgyad*, scrt. *aṣṭānta*
Os oito extremos dos quais está liberta a **percepção intrínseca** e que foram enumerados por ***Nāgārjuna*** nas *Estrofes da raiz do Madhyamaka, chamadas consciência discriminativa* (*Prajñānāma mūlamadhyamakakārikā*, T 3824). Os oito extremos ou oito limites são: cessação (*'gag-pa*), criação ou produção (*skye-ba*), **niilismo** (*chad-pa*), **eternalismo** (*rtag-pa*), vir (*'ong-ba*), ir (*'gro-ba*), diversidade (*tha-dad-pa*) e singularidade (*gcig-pa*).

Oito [grandes] medos *'jigs-pa brgyad*, scrt. *aṣṭabhaya*
Há diversas listagens diferentes dos oito grandes medos, mas os mais mencionados são: afogamento, incêndios, ladrões, prisão, leões, cobras, elefantes e espíritos.

Oito grandes projetoras *spor-byed chen-mo brgyad*
As oito grandes projetoras são divindades femininas que representam forças que projetam ou impulsionam as diversas classes de **seres sencientes** para nascimentos auspiciosos durante o **estado intermediário de realidade**. Ver Capítulo 6.

Oito liberdades e dez oportunidades *dal-ba brgyad dang 'byor-ba bcu*
O nascimento como um ser humano, que tem a liberdade e a oportunidade de seguir o caminho budista, é difícil de obter e é considerado uma situação preciosa. As **práticas preliminares** do caminho do ***tantra***, para desenvolver a correta apreciação da importância do nascimento humano, tomam como foco de meditação o fato de o ente humano ser livre dos oito nascimentos desfavoráveis e ter as dez oportunidades favoráveis. As oito liberdades decorrem de se haver escapado do nascimento nos seguintes estados: nascimento nos **infernos**, nascimento como um **espírito faminto**, nascimento como um animal, nascimento como uma pessoa selvagem ou incivilizada, nascimento como um **deus** dotado de longevidade, nascimento numa sociedade que tem crenças errôneas, nascimento numa era que desconhece o budismo e nascimento com faculdades deficientes. Das dez oportunidades favoráveis, cinco são adquiridas pela própria pessoa e cinco são dependentes de fatores externos e contingentes. As cinco adquiridas pela pessoa são: nascimento humano, nascimento em uma sociedade civilizada, com faculdades sensoriais plenas, não estar comprometido com um estilo de vida adverso ao caminho e ter confiança no budismo. As oportunidades favoráveis que dependem de fatores externos são: nas-

cimento num **éon** em que houve o aparecimento de um **buda**, numa época em que os ensinamentos sagrados já foram proclamados, em que eles ainda são praticados, num momento em que a própria pessoa se dedica à prática desses ensinamentos e em que encontra um **amigo espiritual** qualificado (*kalyāṇa-mitra*). Ver Capítulo 1.

Oito objetos [de consciência] *[rnam-shes-kyi] yul brgyad*
São os objetos das oito classes de consciência, respectivamente: as **tendências habituais** profundamente enraizadas (objeto da consciência raiz de todas), os **estados mentais dissonantes** (objeto da consciência iludida), os pensamentos (objeto da consciência mental), as formas e cores (objeto da consciência visual), os sabores (objeto da consciência gustativa), os sons (objeto da consciência auditiva), os odores (objeto da consciência olfativa) e os corpos (objeto da consciência tátil). Ver **Agregado da consciência**.

Oito objetos sensoriais *yul brgyad*
Ver **Oito objetos [de consciência]**.

Onisciência *thams-cad mkhyen-pa-nyid*, scrt. *sarvajñatā*
No contexto budista, essa palavra é usada exclusivamente para significar a **cognição pura** onipenetrante dos **budas**. Muito embora os termos originais sânscrito e tibetano, assim como seu correspondente em português, tenham em si mesmos a conotação literal de saber ou conhecer tudo, o sentido principal do termo no budismo é o de uma percepção direta e simultânea dos dois aspectos da **realidade**, que são o aspecto fenomênico (válido somente dentro do quadro relativo de nossas percepções comuns) e a natureza suprema dos mesmos fenômenos ou **vacuidade**. Em outras palavras, o termo se refere principalmente a uma percepção simultânea e não conceitual das **duas verdades** num único ato mental.

Onze veículos *theg-pa bcu-gcig*
Ver **Veículo**.

Órgãos dos sentidos *dbang-po*, scrt. *indriya*
Segundo a análise do ***abhidharma***, os órgãos dos sentidos são: os olhos (*cakṣu-rindriya*), os ouvidos (*śrotrendriya*), o nariz (*ghrāṇendriya*), a língua (*jihvendriya*) e o corpo físico (*kāyendriya*). Os termos designam também as faculdades sensoriais correspondentes a esses órgãos.

Originação dependente *rten-'brel*, scrt. *pratītyasamutpāda*
Pode-se afirmar que a originação dependente é a doutrina metafísica fundamental do pensamento budista, e está intimamente ligada à noção budista de

causalidade. O princípio da originação dependente afirma que nada existe independentemente de outros fatores; a razão disso é o fato de os seres e eventos virem à existência em dependência da agregação de múltiplas causas e condições. De modo geral, afirma-se que os processos da **existência cíclica** – pelos quais o mundo exterior e os **seres sencientes** que nele residem seguem um ciclo contínuo de **sofrimento**, impelidos pelas **propensões** das **ações passadas** e por sua interação com os **estados mentais dissonantes** – dependem da originação consecutiva e interdependente de doze elos sucessivos, conhecidos como os **doze elos da originação dependente** (*dvādaśāṅga-pratītyasamutpāda*). Esses doze elos são: 1) **ignorância fundamental**; 2) **tendências motivacionais**; 3) **consciência**; 4) nome e forma; 5) **campos de atividade sensorial**; 6) contato; 7) **sensação**; 8) **desejo**; 9) apego; 10) processo de renascimento; 11) nascimento; 12) envelhecimento e morte. Embora não se possa dizer que o contínuo da **mente** tenha um começo absoluto, se pode falar de um começo relativo para uma instância singular de renascimento na **existência cíclica**. Cada instância de nascimento na **existência cíclica** tem de ter uma causa e, em última análise, essas causas têm sua raiz na **ignorância fundamental**, que apreende incorretamente a natureza da **verdadeira realidade**. Para um **ser senciente** comum, todos os doze elos estão interligados e cada elemento da cadeia contribui para a perpetuação do ciclo. Somente por meio de uma reversão voluntária e deliberada da **ignorância fundamental** é possível pôr fim ao ciclo como um todo. A **ignorância fundamental** (*avidyā*) dá origem aos condicionamentos ou tendências (*saṃskāra*) que são armazenados no substrato ou **consciência raiz de todas** (*ālayavijñāna*). Logo em seguida à concepção de um ser senciente, essa herança das **ações passadas** de uma vida anterior dá origem ao composto de nome e forma (*nāmarūpa*), isto é, aos cinco **agregados** psicofísicos (*pañcaskandha*), que são produtos daquela consciência dualista. Em seguida, os campos de atividade sensorial (*āyatana*) fornecem o enquadramento objetivo e subjetivo para a atividade sensorial em seus estágios iniciais de desenvolvimento; o contato (*sparśa*) se refere à maturação da percepção sensorial que se dá quando o feto desenvolve uma sensitividade a seu ambiente ainda dentro do ventre. Depois desse estágio, a sensação (*vedanā*), o desejo (*tṛṣṇā*), o apego (*ādāna*)*, o processo de renascimento (*bhava*) e o nascimento propriamente dito (*jāti*) indicam em seu conjunto o surgimento do ser senciente no mundo dos vivos; e, por sua vez, conduzem inevitavelmente ao envelhecimento e à morte (*jarāmaraṇa*).

Pacificação *zhi-ba'i las*, scrt. *śāntikriyā*
Ver **Quatro aspectos da atividade iluminada**.

* Devem-se distinguir o "desejo" (*tṛṣṇā*, "sede") e o "apego" (*ādāna*, "retenção", ou *upādanā*, "captura, apropriação"), mencionados no contexto da originação dependente, dos mesmos termos em port. quando utilizados para traduzir o scrt. *rāga* ("paixão"), que é um dos três venenos. Por hábito, como também por falta de um vocabulário tão rico quanto o do sânscrito, termos idênticos são usados para designar conceitos diferentes tanto no português quanto no inglês. (N. do R. da T.)

Pacto *dam-tshig*, scrt. *samaya*
Pacto ou juramento sagrado assumido pelo aspirante como pré-requisito para a prática dos ***tantras***. O tibetano "*dam-tshig*" significa literalmente "palavra que liga", indicando que a pessoa fica vinculada por um juramento solene. Cada classe de ***tantra*** tem seu conjunto próprio de pactos fundamentais e auxiliares, que complementam os votos de ***prātimokṣa*** para os que seguem a tradição ***vinaya*** ou os votos de ***bodhisattva*** para os que seguem a tradição ***sūtra***, sendo ambas tradições do **Grande Veículo**. Ver **Votos**. O *samaya* pode implicar a observância de preceitos comuns a todos os que praticam uma determinada classe de ***tantra*** ou de preceitos individuais ligados a uma **divindade de meditação** particular. Quando esses pactos são rompidos, é necessário restaurá-los por meio de práticas rituais tântricas apropriadas, pois a degeneração dos pactos pode causar sérios obstáculos ao progresso no caminho. Ver Capítulo 7.

Pactos auxiliares *yan-lag-gi dam-tshig*
Ver **Pacto**.

Pactos da realidade indestrutível *rdo-rje dam-tshig*, scrt. *vajrasamaya*
Designação geral dos **pactos** assumidos no contexto do **Veículo da Realidade Indestrutível** (*Vajrayāna*).

Pactos fundamentais *rtsa-ba'i dam-tshig*, scrt. *mūlasamaya*
Ver **Pacto**.

Pactos referentes à natureza da realidade *de-kho-na-nyid-kyi dam-tshig*
Os quatro pactos específicos da prática do ***Atiyoga***. Ver Capítulo 10, nota 30.

Padmākara *padma'i 'byung-gnas*
Ver **Padmasambhava**.

Padmasambhava *padma sam-bha-va*
Padmasambhava, também conhecido como *Guru Rinpoche* e *Padmākara*, é venerado como o mestre de ***Oḍḍyāna*** que, juntamente com ***Śāntarakṣita*** e o rei ***Trisong Detsen***, estabeleceu formalmente o budismo no Tibete durante o século VIII. É especialmente conhecido por ter subjugado e convertido os espíritos malevolentes e as forças hostis não budistas, assim como por ter introduzido no Tibete muitos textos e tradições orais do ***Mahāyoga*** e do ***Atiyoga***, entre os quais se incluem os ensinamentos contidos neste livro, o *Divindades Pacíficas e Furiosas: Libertação natural por meio [do reconhecimento] da intenção iluminada* (*Zhi-khro dgongs-pa rang-grol*). Pelos praticantes da escola **Nyingma** e por todos os que seguem as práticas das **linhagens *Nyingma***, ele é venerado como um "segundo **Buda**", e existem muitos sistemas de meditação baseados na visualização de sua forma semelhante ao arco-íris. A literatura tibetana contém um bom

número de relatos biográficos de ***Padmasambhava***, que descrevem sua vida na forma de oito ou doze manifestações diferentes. Ver a "Breve história literária" de Gyurme Dorje.

Palácio *pho-brang/gzhal-yas-khang*, scrt. *vimāna*
Ver **Maṇḍala**.

Palácio celestial *gzhal-yas-khang*, scrt. *vimāna*
Ver **Maṇḍala**.

Palácio da Luz do Lótus *padma 'od-kyi pho-brang*
O palácio ou campo de operação de ***Padmasambhava***. Ver **Maṇḍala**.

Paraíso *zhings-khams*, scrt. *buddhakṣetra*
Ver **Domínio búdico**.

Pequeno Veículo *theg-dman*, scrt. *hīnayāna*
Ver **Grande Veículo**, **Budas anacoretas** e **Piedosos discípulos**.

Percepção *'du-shes*, scrt. *saṃjñā*
Ver **Agregado das percepções**.

Percepção intrínseca* *rang-rig*, scrt. *svasaṃvitti/svasaṃvedana*
Na epistemologia do budismo indiano, especialmente nos escritos dos grandes mestres de lógica *Dignāga* e *Dharmakīrti*, o termo *svasaṃvedana* se refere à faculdade de apercepção ou faculdade reflexiva da consciência; por essa razão o termo é às vezes traduzido como "consciência reflexiva" ou "consciência aperceptiva". Entretanto, na perspectiva da **Grande Perfeição** (*rdzogs-pa chen-po*) e no contexto da presente obra, o mesmo termo se refere à mente fundamental inata em seu estado natural de espontaneidade e pureza, acima da alternância dos estados de movimento e repouso e da dicotomia de sujeito e objeto. Por isso ele é aqui traduzido como "percepção intrínseca". Por sua própria natureza, a percepção intrínseca dá ao meditante acesso à **cognição pura** ou à própria **mente búdica** e contrapõe-se diretamente à **ignorância fundamental** (*avidyā*), que é a causa primeira do renascimento na **existência cíclica**. A **introdução** direta à percepção intrínseca é uma característica distintiva do ensinamento da escola ***Nyingma*** e constitui o tema principal do Capítulo 4. Essa prática é um elemento central da **Classe das Instruções Esotéricas** (*upadeśa*) do ***Atiyoga***, em que é conhecida como **Vencendo a Resistência** (*khregs-chod*). Ver também **Consciência pura** e **Mente**.

* Ver a N. do R. da T. ao verbete "Consciência pura", neste Glossário. (N. do R. da T.)

Percepção intrínseca que é cognição pura *rang-rig-pa'i ye-shes*

Este termo geralmente se refere à **cognição pura** que surge da realização direta da **vacuidade** por parte de um **ser sublime** (*ārya*, tib. *'phags-pa*) num contexto de profunda **serenidade meditativa**. Esse estado é assim chamado porque a natureza e as qualidades dessa experiência não podem ser transmitidas plenamente por meio da linguagem e das palavras, mas permanecem absolutamente evidentes para o próprio *yogin*. Entretanto, no contexto da **Grande Perfeição**, exemplificado em nosso texto, a fusão da **percepção intrínseca** do meditante com a **cognição pura** da **mente búdica** indica não somente que a percepção intrínseca dá acesso à **mente búdica**, mas também que a identidade das duas foi plenamente realizada. Ver também **Percepção intrínseca** e **Cognição pura**.

Percepção perplexa *'khrul-snang*

Percepções ilusórias geradas pela dicotomia de sujeito e objeto.

Percepção pura

Ver **Visão ou percepção pura**.

Percepções desconcertantes

Ver **Percepção perplexa.**

Perfeição da consciência discriminativa *sher-phyin*, scrt. *prajñāpāramitā*

Frequentemente traduzido por "perfeição da sabedoria", o termo sânscrito *prajñāpāramitā* se refere à sexta das **seis perfeições** (scrt. *ṣatpāramitā*) cultivadas pelos ***bodhisattvas***. A expressão "perfeição da consciência discriminativa" tem três aplicações diferentes. Em primeiro lugar, ela se refere a um resultado espiritual, à consciência discriminativa perfeita (*'bras-bu sher-phyin*) de um **buda**, consciência que é completamente não dual, livre de todos os **obscurecimentos** e que espontaneamente percebe num único ato mental os dois aspectos de todos os fenômenos. Ver **Duas verdades**. Em segundo lugar, a expressão pode se referir aos ***caminhos dos bodhisattvas*** que conduzem à perfeição da consciência discriminativa (*lam sher-phyin*) descrita acima e que, no seu nível mais profundo, conduzem à união da consciência discriminativa da **vacuidade** (*śūnyatā*) com os **meios hábeis** da grande **compaixão** (*mahākaruṇā*). Em terceiro lugar, perfeição da consciência discriminativa pode significar o conjunto de textos *Prajñāpāramitā* dentre os ***sūtras*** do **Grande Veículo**, literatura essa que delineia os aspectos essenciais dos caminhos que conduzem àquela perfeição e de seus resultados (*gzhung sher-phyin*). Na iconografia, *Prajñāpāramitā* é representada na forma de **divindade de meditação** feminina e os próprios ***sūtras*** em sânscrito são invariavelmente intitulados *Divina senhora que é a perfeição da consciência discriminativa* (*Bhagavatīprajñāpāramitā*). Ver também **Consciência discriminativa**.

Perfeições *pha-rol-du phyin-pa*
Ver **Seis Perfeições**.

Perplexidade *'khrul-pa*, scrt. *bhrānti*
A perplexidade é a confusão gerada pela dicotomia de sujeito e objeto e pela **ignorância fundamental**, com base nas quais se perpetua o renascimento na ***existência cíclica***.

Piedoso discípulo *nyan-thos*, scrt. *śrāvaka*
Entre os praticantes do **Pequeno Veículo** (*hīnayāna*) se incluem tanto os piedosos discípulos quanto os **budas anacoretas** (scrt. *pratyekabuddha*). As principais diferenças entre essas duas categorias de praticantes são o foco e as modalidades de sua prática no caminho para a **libertação** em relação à **existência cíclica**. Os piedosos discípulos dão mais ênfase à dissipação da crença errônea em uma identidade pessoal (*pudgala*) por meio da superação dos **estados mentais dissonantes** primários e secundários, enquanto os **Budas anacoretas** acrescentam a isso a realização do conhecimento de que os fenômenos objetivos são desprovidos de **existência intrínseca**. É característico dos piedosos discípulos o depender de instruções orais tanto ao receber quanto ao dar ensinamentos e orientação acerca do caminho. Ver **Budas anacoretas**.

Poder *stobs*, scrt. *bala*
Em geral, ao lado da **consciência discriminativa** e da **compaixão**, o poder espiritual é classificado como um dos três principais atributos a serem cultivados pelos ***bodhisattvas***; o atributo do poder é representado em especial pela forma do ***Bodhisattva Vajrapāṇi***. Em específico, os ***bodhisattvas*** cultivam dez poderes espirituais (*daśabala*) que se relacionam com suas reflexões, aspirações elevadas, prática, **consciência discriminativa**, preces de aspiração, **veículos**, modos de conduta, capacidades de emanação, **iluminação** e ensino da doutrina sagrada. Distinguem-se desses poderes os chamados dez poderes dos **budas** (*daśatathāgatabala*), que estão todos incluídos nas categorias dos **atributos búdicos**. Afirma-se que os **budas** são dotados de poder espiritual porque têm: (i) o poder de conhecer as contingências negativas e positivas de todas as coisas; (ii) o poder de conhecer a maturação das **ações passadas**; (iii) o poder de conhecer as diversas volições; (iv) o poder de conhecer os diversos **espectros sensoriais**; (v) o poder de saber quem é dotado de capacidades supremas e quem não é; (vi) o poder de conhecer todos os caminhos espirituais, aonde quer que esses caminhos conduzam; (vii) o poder de **onisciência** acerca da **concentração meditativa**, da **libertação**, da **estabilidade meditativa**, da **serenidade meditativa** e da purificação dos **estados mentais dissonantes**; (viii) o poder de recordar suas vidas passadas; (ix) o poder de saber para onde se transfere a consciência no momento da morte e

do renascimento; e (x) o poder de saber quando o fluxo das **ações passadas** malignas cessou por completo.

Poderes cognitivos supranormais *mngon-shes*, scrt. *abhijñā*
Os poderes cognitivos supranormais são considerados efeitos secundários da **meditação** avançada, mas imagens desses poderes surgem durante o **estado intermediário de renascimento** (*srid-pa'i bar-do*). Seis poderes são enumerados em particular: clarividência (*lha'i mig-gi mngon-shes*, scrt. *divyacakṣurabhijñā*); clariaudição (*lha'i rna-ba'i mngon-shes*, scrt. *divyaśrotrābhijñā*); conhecimento das mentes de outros (*gzhan-sems shes-pa'i mngon-shes*, scrt. *paracittābhijñā*); habilidades miraculosas (*rdzu-'phrul-gyi shes-pa'i mngon-shes*, scrt. *ṛddhyabhijñā*); conhecimento das vidas passadas (*sngon-gnas rjes-su dran-pa'i mngon-shes*, scrt. *pūrvanivāsānusmṛtyabhijñā*); e conhecimento da cessação de todo o influxo das **ações passadas** negativas (*zag-pa zad-pa'i mngon-shes*, scrt. *āsravakṣayābhijñā*). Entre eles, os cinco primeiro são poderes mundanos, enquanto o sexto só é possuído pelos **budas**.

Ponto seminal *thig-le*, scrt. *bindu*
O termo tibetano *thig-le* leva em si uma ampla gama de significados. O termo pode: 1) significar as puras **essências geratrizes** masculina (branca) e feminina (vermelha) do corpo, as quais, segundo os ***tantras*** e as tradições médicas a eles ligadas, e juntamente com os **canais de energia** e as **energias vitais** que fluem por esses canais, formam um importante aspecto da fisiologia humana; 2) ser usado como um sinônimo de **Corpo Búdico de Realidade** (*dharmakāya*), conhecido como o "ponto seminal único" (*thig-le nyag-gcig*); e 3) significar os pontos seminais de luz que se manifestam durante as práticas de **Realização Transcendente** da **Grande Perfeição** (***Atiyoga***) e durante o **estado intermediário de realidade**. Ver Capítulo 11, Parte Um.

Ponto seminal único *thig-le nyag-gcig*
Segundo o ***Atiyoga***, essa expressão é um sinônimo de **Corpo Búdico de Realidade**. Quanto à plena gama de significados do termo tibetano *thig-le*, ver **Ponto seminal**.

Pontos de vista substancialistas *mtshan-'dzin*, scrt. *lakṣaṇagrahaṇa*
A conclusão errônea de que a forma, as cores e as outras características de uma entidade particular qualquer possuem **existência intrínseca**.

Postura de sete pontos de Vairocana *rnam-snang chos-bdun*
É o protótipo da postura ideal recomendada para a meditação. Nela, as pernas estão cruzadas na "**postura do vajra**" (*vajrāsana*), a coluna está reta, as mãos formam o gesto de **serenidade meditativa**, os olhos estão voltados para a

ponta do nariz, o queixo está bem encaixado, os lábios e dentes são deixados em suas posições naturais e a ponta da língua toca o palato.

Postura do leão *seng-ge'i 'dug-stangs*, scrt. *siṃhāsana*
A postura do leão é a que o ***Buda Śākyamuni*** adotou na hora de sua morte, apoiando o corpo sobre o lado direito com o braço direito flexionado e a palma direita apoiando a cabeça.

Postura do repouso majestático *rgyal-chen rol-pa'i skyil-krung*, scrt. *mahārājalīlāsana*
Ver **Postura dos bodhisattvas**.

Postura do vajra *rdo-rje'i skyil-krung*, scrt. *vajrāsana*
Tanto a postura do vajra (cujo nome se traduz por postura "indestrutível") quanto a postura do lótus (scrt. *padmāsana*) são formadas cruzando-se as pernas com as solas dos pés voltadas para cima e os pés sobre as coxas. A diferença é que na postura do vajra a perna direita é cruzada por cima da esquerda, enquanto na postura do lótus a perna esquerda passa sobre a direita. A postura do vajra é uma das posturas mais recomendadas para a meditação e faz parte da **Postura de sete pontos de *Vairocana***.

Postura dos bodhisattvas *sems-dpa'i skyil-krung*, scrt. *sattvaparyaṅka*
Também conhecida como postura do repouso majestático (*mahārājalīlāsana*), a postura dos *bodhisattvas* é a postura sentada em que os ***bodhisattvas*** masculinos e femininos são representados na iconografia ou visualizados na meditação: com a perna direita estendida e a esquerda flexionada na direção do corpo. A perna e o pé direitos estendidos simbolizam o abandono de todos os defeitos, enquanto a perna esquerda flexionada simboliza que a divindade compreende e cultiva todos os atributos positivos. Ao representar a pureza combinada dos **meios hábeis** compassivos (perna direita estendida) e da **consciência discriminativa** (perna esquerda flexionada) da divindade, essa postura também representa o abandono dos dois extremos que são a **existência cíclica** e o ***nirvāṇa***.

Prahevajra *dga'-rab rdo-rje*
Mais conhecido pelo nome tibetano *Garab Dorje*, *Prahevajra* é considerado o primeiro **detentor de linhagem** humano do ***Atiyoga***.

Prāsaṅgika *thal-'gyur-ba*
Ver **Madhyamaka**.

Prática de sete ramos *yan-lag bdun-pa*
Uma **prática preliminar** geralmente realizada como preparação para o **estágio de geração** da meditação. O conjunto dos sete ramos constitui uma prática

completa para a purificação dos potenciais negativos e a acumulação de **mérito**, fornecendo uma base estável para uma sessão de meditação bem-sucedida. Os sete ramos em sua ordem correta são: 1) prestar homenagem com **prostrações**; 2) fazer **oferendas**; 3) purificar os hábitos não **virtuosos**; 4) regozijar-se nas ações salutares próprias e alheias; 5) pedir aos **budas** seu ensinamento; 6) pedir aos **budas** que não entrem no ***nirvāṇa***; e 7) fazer a **dedicação de mérito**. O Capítulo 5 deste livro acrescenta mais três ramos aos listados.

Práticas preliminares *sngon-'gro*

As práticas preliminares são as realizadas pelos aspirantes à pratica dos ***tantras***, antes de se dedicarem às práticas principais dos **estágios de geração e perfeição** da **meditação**. Existem práticas preliminares exteriores ou comuns e práticas preliminares interiores ou incomuns. As práticas exteriores são as quatro meditações analíticas que afastam a mente do praticante das distrações mundanas e a voltam para os **ensinamentos sagrados**. Essas meditações têm como foco: a natureza das oportunidades preciosas oferecidas pelo nascimento humano; a morte e a **impermanência** (*anitya*); a dinâmica das **ações passadas** (*karma*) e de suas consequências; e os **sofrimentos** dos seres na **existência cíclica** (*saṃsāra*). As práticas interiores são as cinco práticas purificadoras, cada uma das quais é realizada cem mil vezes. São elas: a tomada de **refúgio** nas **Três Joias Preciosas** em conjunção com a realização de **prostrações** (o que purifica do orgulho); o cultivo da intenção altruísta de alcançar a iluminação para o benefício dos outros, em conjunção com a recitação dos versos apropriados (o que purifica da inveja e das ambições mundanas); a recitação do **Mantra das Cem Sílabas de *Vajrasattva*** (que purifica da **aversão**); a **oferenda** da ***maṇḍala*** (que purifica do **apego**); e o cultivo da união com os atributos iluminados do **mestre espiritual** (*guruyoga*), feito conjuntamente com a recitação dos ***mantras*** apropriados (que purifica da **ilusão**). Ver Capítulos 1 e 2.

Prātimokṣa *so-sor thar-pa*

Prática individual de disciplina ética que serve de firme alicerce para os esforços espirituais do aspirante no caminho de busca pela **libertação** em relação à **existência cíclica**. Há oito tipos de voto de *prātimokṣa*: 1) **voto de um dia** (scrt. *upavāsa/upavāsī*), voto de abstinência praticado por leigos que consiste em não matar, não se dedicar à conduta sexual imprópria, não furtar, não mentir, não ingerir substâncias inebriantes, não se dedicar a atividades frívolas, não comer depois do almoço e não repousar em assentos ou camas elevados por um período de vinte e quatro horas; 2-3) os cinco votos do homem e da mulher leigos (scrt. *upāsaka/upāsikā*) de não matar, não mentir, não furtar, não se embriagar e não se entregar à conduta sexual imprópria; 4-5) os votos dos monges e monjas noviços (scrt. *śrāmaṇera/śrāmaṇerikā*); 6) os votos das monjas postulantes (scrt. *śiksamāṇa*); 7) os 253 votos dos monjes ordenados (scrt. *bhikṣu*); e 8) os 364 votos das monjas ordenadas (scrt. *bhiksuṇī*). *Prātimokṣa* significa literalmente "**libertação** individual", isto é, o estágio inicial de libertação em relação à força impulsiva dos hábitos não **virtuosos**. "*Prāti*" significa "individualmente" ou "primeiro" e "*mokṣa*" significa "desprender", "liberdade" ou "**libertação**". Ver também **Votos**.

Preceitos transmitidos *bka'-ma*, scrt. *pravacana*
Na escola ***Nyingma***, as escrituras e os ensinamentos orais do budismo foram transmitidos de dois modos distintos: por meio da longa linhagem oral de preceitos transmitidos (*ring-brgyud bka'-ma*), que foram passados de geração em geração, de um mestre consumado para outro, desde os primórdios do budismo; e por meio da linhagem íntima de ensinamentos revelados ou **tesouros** (*nye-brgyud gter-ma*), cuja origem histórica é mais recente.

Preceptor *mkhan-po*, scrt. *upādhyāya*
Ver **Preceptor monástico**.

Preceptor monástico *mkhan-po*, scrt. *upādhyāya*
O termo preceptor monástico se refere especificamente à pessoa que preside a cerimônia de ordenação de novos monges. Contudo, em algumas tradições de budismo tibetano, a palavra "*khenpo*" (*mkhan-po*) indica um professor ordenado de filosofia budista; nesse caso, a palavra é equivalente ao uso recente do termo *geshe* (*dge-shes*). Ver **Amigo espiritual**. O mesmo termo também pode ser usado para indicar o abade de um mosteiro, e nesse caso frequentemente toma a forma honorífica *mkhan rin-po-che*, o precioso abade.

Presença espontânea *lhun-grub*, scrt. *anābhoga*
Na Classe das Instruções Esotéricas da **Grande Perfeição** (***Atiyoga***), a expressão pureza primordial (*ka-dag*) se refere à essência suprema do **estado búdico**, o **Corpo Búdico de Realidade**, cuja realização se alcança por meio das práticas de **Vencendo a Resistência** (*khregs-chod*), como se descreve no Capítulo 4. A presença espontânea se refere à natureza expressiva do **Corpo Búdico de Realidade** na qualidade de **Corpo Búdico de Forma**, cuja realização se alcança por meio das práticas da **Realização Transcendente** (*thod-rgal*) e é indicada pelo surgimento das luminosidades descritas no Capítulo 11. Num sentido mais geral, a expressão "presença espontânea" se refere à atividade espontânea ou sem esforço, que é a quinta das cinco categorias de **atividade búdica** segundo os textos do ***Mahāyoga***.

Propensões *bag-chags*, scrt. *vāsanā*
Ver **Tendências habituais**.

Prostração *phyag-'tshal-ba*
Um gesto de reverência comum na prática do budismo tibetano. Durante as **práticas preliminares** (*sngon-'gro*) dos ***tantras***, o ato de prestar homenagem

por meio de prostrações é realizado conjuntamente com a recitação da prece de **refúgio**. Esse ato tem por finalidade diminuir e por fim eliminar o **orgulho**.

Protetores dos ensinamentos [sagrados] *chos-skyong/srung-ma*, scrt. *dharmapāla*
Existem duas categorias principais de protetores: 1) protetores supramundanos, como ***Mahākāla***, *Ekajaṭī*, *Dorje Lekpa* e *Rāhula*, que são manifestações **furiosas** de seres **iluminados**; e 2) protetores mundanos, muitos dos quais eram originariamente **forças malevolentes** que foram subjugadas por **mestres consumados** como ***Padmasambhava*** e então designadas para proteger de obstáculos os **ensinamentos sagrados** e seus praticantes sinceros.

Protetores jurados *dam-can*
Uma classe de protetores dos **ensinamentos sagrados** constituída por certos espíritos aborígines do Tibete, ligados por um juramento de fidelidade ao budismo por ***Padmasambhava*** no século VIII.

Pureza natural *gnas-su dag-pa/rnam-par dag-pa*
Segundo a terminologia da escola ***Nyingma*** e no contexto da presente obra, a expressão "pureza natural" se refere à pureza fundamental naturalmente presente nos **agregados** psicofísicos, nas **propriedades elementais** e nos processos mentais e sensoriais representados pelas quarenta e duas **divindades pacíficas** da ***maṇḍala***. "Pureza natural" indica a presença do panteão das divindades pacíficas no **contínuo da raiz**. Ver Apêndice Dois.

Pureza primordial *ka-dag*
Ver **Presença espontânea**.

Purificação *sbyong-ba*, scrt. *śodhana*
O verbo "purificar" tem dois sentidos diferentes no contexto budista. Primeiro, pode se referir simplesmente à purificação dos hábitos não **virtuosos**, dos **estados mentais dissonantes** etc., processos em que aquilo de que se purifica o contínuo mental é totalmente erradicado sem nenhuma restrição. No segundo sentido, que aparece mais no contexto do ***tantra***, o termo "purificação" tem implicações bastante diferentes. Nesse caso, a palavra é entendida no sentido de uma transmutação a partir de um estado impuro, poluto, para um estado purificado ou imaculado. Esse processo é exemplificado pelas práticas ligadas ao *Trazendo os três corpos búdicos ao caminho* (*sKu-gsum lam-'khyer*). Nesse contexto, as bases da purificação são as etapas morte, **estado intermediário** e renascimento quando vivenciadas independentemente da escolha e como resultado das próprias **ações passadas** da pessoa. As meditações sobre os **três corpos búdicos** são as vias de purificação e as realizações do **Corpo Búdico de Realidade**, do **Corpo Búdico de Riqueza Perfeita** e do **Corpo Búdico de Emanação** são os resultados puros do processo.

Purificação dos domínios inferiores *ngan-song sbyong-ba*, scrt. *durgatipariśodhana*
É o *Tantra da purificação dos domínios inferiores* (*Sarvadurgatipariśodhanatantra*), recitado para auxiliar um morto a escapar das armadilhas do renascimento como ser senciente numa das três **existências inferiores**.

Quatro absorções meditativas na não forma *gzugs-med snyoms-'jug bzhi*, scrt. *catuḥ-samāpatti*
As quatro absorções meditativas na não forma – que conduzem ao nascimento no sistema de mundo da não forma, no cume da **existência cíclica** – são as absorções conhecidas como: "infinita como o espaço" (*ākāśānantyāyatana*), "consciência infinita" (*vijñānānantyāyatana*), "nada de nada" (*akiṃcanyāyatana*) e "nem percepção nem não percepção" (*naivasaṃjñānasaṃjñāyatana*). Ver **Três sistemas de mundo**.

Quatro aspectos da atividade iluminada *las-bzhi* , scrt. *catuṣkarman*
Os quatro aspectos da atividade iluminada são as funções rituais especificamente baseadas nos modos dinâmicos da atividade de um **buda**, quais sejam: pacificação (*śāntikriyā*, tib. *zhi-ba'i las*), que compreende a pacificação dos obstáculos à prática espiritual, das doenças e das causas de ameaças à sociedade e ao ambiente; enriquecimento (*puṣṭikriyā*, tib. *rgyas-pa'i las*), que compreende o aumento da duração da vida e da prosperidade; sujeição (*vaṣitakriyā*, tib. *dbang-gi las*), que compreende o domínio e o controle das forças negativas e hostis; e fúria ou transformação (*maraṇakriyā*, tib. *drag-po'i las*), que compreende a eliminação das **forças malevolentes**. A realização desses quatro ritos é geralmente levada a cabo no contexto de um ritual de **queima de oferendas** (*homa*).

Quatro aspectos do contato sensorial *reg-bzhi*
Os quatro aspectos são o próprio contato sensorial, seu sujeito, seu objeto e a sensação propriamente dita.

Quatro aspectos do serviço ritual e dos meios de realização *bsnyen-sgrub yan-lag bzhi*, scrt. *caturāṅgasevāsādhana*
Qualquer que seja a ocasião em que se pratica um **meio de realização** (scrt. *sādhana*), este compreenderá os "quatro aspectos do serviço ritual e dos meios de realização". Esses quatro aspectos ou "membros" (scrt. *anga*) são: serviço ritual (*sevā*), serviço ritual ulterior (*upasevā*), meio de realização (*sādhana*) e grande meio de realização (*mahāsādhana*), os quais compreendem respectivamente: 1) recitação de ***mantras*** e visualização unipontual da **divindade de meditação**, 2) orações para que a **bênção** da divindade desça a fim de transformar o corpo, a fala e a mente mundanos em **corpo**, **fala** e **mente búdicos**, 3) absorção das **consumações** da divindade real pela divindade visualizada e, desta, pelo praticante e 4) realização da **pureza primordial** experimentada quando o corpo, a fala e a mente do praticante se identificam aos da divindade.

Quatro aspirações imensuráveis *tshad-med bzhi*, scrt. *catvāryapramāṇāni*
Compaixão, **benignidade**, alegria benevolente e **equanimidade** imensuráveis. O cultivo das quatro aspirações imensuráveis, normalmente acompanhado pela recitação de uma breve oração (ver Capítulo 1), é uma preliminar comum para a prática diária. Essa contemplação estabelece a motivação correta e dá forte impulso ao cultivo da **intenção altruísta de alcançar a iluminação** para o benefício de todos os **seres sencientes**.

Quatro classes de ḍākinīs *mkha'-'gro sde-bzhi*
As quatro classes de ***ḍākinīs*** são: as nascidas em domínios sagrados ou terras puras (*zhing-skyes mkha'-'gro*), as nascidas em consequência da recitação de ***mantras*** (*sngags-skyes mkha'-'gro*), as que nascem naturalmente (*lhan-skyes mkha'-'gro*) e as nascidas da **cognição pura** (*ye-shes mkha'-'gro*).

Quatro continentes e oito subcontinentes *gling bzhi-dang gling-phran brgyad*
Segundo a cosmologia tradicional do budismo indiano, o mundo tem em seu eixo central o **Monte *Sumeru***, que é circundado por sete oceanos concêntricos, separados uns dos outros por sete cadeias circulares de montanhas douradas: *Yugandhara*, *Īṣadhāra*, *Khadirika*, *Sudarśana*, *Aṣvakarna*, *Vinataka* e *Nimindhara*. O mundo inteiro é circundado por um perímetro de montanhas de ferro conhecidas como *Cakravāla*. Em cada uma das direções cardeais a partir do **Monte *Sumeru*** está localizado um continente, juntamente com dois continentes-satélites ou subcontinentes. O continente oriental *Viratdeha* (*lus-'phags*; "de corpo sublime") é semicircular e seus dois subcontinentes são *Deha* (*lus*) e *Videha* (*lus-'phags*). O continente meridional *Jambudvīpa* (*'dzam-bu gling*; "continente do jambo-rosa") é triangular e seus dois subcontinentes são ***Cāmaradvīpa*** (*rnga-yab gling*) e *Aparacāmara* (*rnga-yab gzhan*). O continente ocidental *Aparagodanīya* (*ba-lang spyod*; "rico em gado") é circular e seus dois subcontinentes são *Śāṭhā* (*gYo-ldan*) e *Uttaramantriṇa* (*lam-mchog 'gro*). Finalmente, o continente setentrional *Uttarakuru* (*sgra-mi-snyan*; "som desagradável") é quadrado e seus subcontinentes são *Kurava* (*sgra-mi-snyan*) e *Kaurava* (*sgra mi-snyan-gyi zla*). Dentre os quatro continentes, *Jambudvīpa* se destaca por ser aquele em que florescem os **ensinamentos sagrados** dos **budas**. Acerca das instruções para escolher um local de nascimento, ver Capítulo 11, Parte Três; acerca da visualização da ***maṇḍala*** das **oferendas**, ver Capítulo 1.

Quatro corpos búdicos *sku-bzhi*, scrt. *catuḥkāya*
Ver **Corpo búdico**.

Quatro deleites *dga'-ba bzhi*
No **estágio de perfeição** (*sampannakrama*) da **meditação**, quando se aplicam as práticas de yoga sexual (*sbyor-ba*) para promover a fusão de gozo e **vacuidade**, a

essência geratriz (*thig-le*) do corpo desce pelo **canal central** e os quatro deleites são experimentados sucessivamente. Quando a essência desce do **centro de energia** do topo da cabeça para o centro da garganta, se experimenta a **cognição pura** do deleite (*dga'-ba*). Quando ela desce do centro da garganta para o centro do coração, se experimenta a **cognição pura** do deleite supremo (*mchog-dga'*). Quando desce do centro do coração para o centro do umbigo, se experimenta a **cognição pura** da ausência de deleite (*dga'-bral*). E, quando a mesma essência desce do centro do umbigo para o centro dos genitais, se experimenta o **deleite coemergente** (*lhan-skyes dga'-ba*). Depois disso, a **essência geratriz** fica retida dentro do corpo e sobe pelo canal central, permeando sucessivamente cada um dos **centros de energia** com gozo e **cognição pura** não conceptual incessantes. Ver **Deleite coemergente**.

Quatro elementos *'byung-ba bzhi*, scrt. *caturbhūta*
Terra, água, fogo e ar. Ver **Cinco elementos**.

Quatro forças malevolentes *bdud-bzhi*, scrt. *caturmāra*
Ver **Forças malevolentes ou sedutoras**.

Quatro iniciações *dbang-bskur bzhi*, scrt. *caturabhiṣekha*
As quatro iniciações dos ***tantras*** do ***Yogatantra* Insuperável**, entre os quais se inclui o ***Mahāyoga***, são: a iniciação do vaso (*bum-dbang*), que purifica o corpo comum e seus **canais de energia** e os transforma no **Corpo Búdico de Emanação** (*nirmāṇakāya*); a iniciação secreta (*gsang-bdang*), que purifica a fala comum e sua **energia vital** e as transforma no **Corpo Búdico de Riqueza Perfeita** (*sambhogakāya*); a iniciação da **cognição pura** discriminativa (*shes-rab ye-shes-kyi dbang*), que purifica a mente comum e seu **ponto seminal** (*bindu*) e os transforma no **Corpo Búdico de Realidade** (*dharmakāya*); e a iniciação da palavra e do sentido (*tshig-don-gi dbang*), que purifica corpo, fala e mente e os transforma no Corpo Búdico de Essencialidade (*svabhāvikakāya*). Ver também **Iniciação**.

Quatro modos de libertação *grol-lugs bzhi*
Segundo o Atiyoga, são estes os quatro modos de libertação: libertação primordial (*ye-grol*), **libertação natural** (*rang-grol*), libertação direta (*cer-grol*) e libertação ulterior (*yang-grol*) ou libertação dos extremos (*mtha'-grol*). Essas libertações são atingidas no contexto do **estágio intermediário de concentração meditativa** (*bsam-gtan bar-do*).

Quatro nobres verdades *bden-pa bzhi*, scrt. *caturāryasatya*
O ensinamento acerca das quatro nobres verdades constitui a base da primeira promulgação do budismo, pois está contido no primeiro discurso formal feito por ***Śākyamuni*** em *Sarnath* depois de ter atingido o **estado búdico** em

Bodh Gaya. As quatro nobres verdades são a verdade do sofrimento, a verdade das causas do sofrimento, a verdade da cessação do sofrimento e a verdade do caminho que conduz à cessação do sofrimento. A doutrina das quatro nobres verdades estabelece o alicerce sobre o qual se constrói toda a estrutura do caminho para o **estado búdico**, e o entendimento dessas verdades é portanto uma base indispensável para a prática bem-sucedida do caminho budista. As duas primeiras verdades constituem uma relação de **causa e efeito**; as duas últimas verdades formam outra relação do mesmo tipo. Sem uma percepção adequada da primeira relação de causa e efeito, não haverá aspiração genuína para buscar a libertação em relação à **existência cíclica**. Do mesmo modo, sem o correto entendimento da segunda relação, não se poderá alcançar a real libertação das cadeias da existência condicionada pelo ***carma***.

Quatro pontos de vista extremos *mu-bzhi*
No contexto da presente obra, os quatro pontos de vista extremos são os de permanência, deterioração, eu e **substancialismo**.

Quatro preliminares
Ver **Práticas preliminares**.

Quatro tempos *dus-bzhi*
Os tempos passado, presente, futuro e indefinido. Em alguns contextos, a expressão quatro tempos se refere às diversas fases do pensamento conceptual; nesses casos, os quatro tempos são enumerados como pensamentos passados, pensamentos presentes, pensamentos futuros e pensamentos indeterminados (*so-sor rtog-pa*).

Que penetra o âmago *zang-thal*
Ver **Ascendente e que penetra o âmago**.

Quedas *ltung-ba*, scrt. *āpatti*
Ver **Transgressões**.

Queima de oferendas *sbyin-sreg*, scrt. *homa*
Um ritual **tântrico** no qual diversas substâncias, como trigo, gergelim, mostarda etc. são queimadas como oferendas num forno especificamente designado para esse fim. Há diferentes tipos de rituais de queima de oferendas, os quais correspondem à realização dos quatro ritos ligados aos **quatro aspectos da atividade iluminada**: pacificação, enriquecimento, sujeição e fúria.

Quietude *zhi-ba*, scrt. *śānti*
Quietude é um sinônimo para o pacífico estado de ***nirvāṇa***, no qual todos os **estados mentais dissonantes** e todas as concepções errôneas acerca da **ver-**

dadeira realidade chegam ao fim e o renascimento na **existência cíclica** já não ocorre. Assim, a quietude é a antítese do processo de renascimento (*srid-pa*). Ver também ***Nirvāṇa***.

Quiliocosmo *stong dang-po 'jig-rten-gyi khams*, scrt. *sahasralokadhātu*
Segundo a cosmologia tradicional do budismo indiano, o quiliocosmo de mundos paralelos (*stong dang-po*) é formado pela multiplicação por mil do mundo dos **quatro continentes** que envolve o **Monte *Sumeru***. Quando o quiliocosmo é ele mesmo multiplicado por mil, forma um *diquiliocosmo* maior (*stong gnyis-pa*), que por sua vez forma um triquiliocosmo (*stong gsum-pa*) ainda maior quando é novamente multiplicado por mil. Essa sucessão de mundos cada vez maiores se desenvolve exponencialmente até que se alcance um número incalculavelmente grande de mundos, nos quais se diz que um único **Corpo Búdico de Emanação** supremo opera simultaneamente.

Raiz *gzhi*
Ver **Contínuo da raiz**.

Raiz de todas *kun-gzhi*, scrt. *ālaya*
No contexto da **Grande Perfeição**, a raiz de todas é identificada com o **contínuo da raiz**. Sob esse ponto de vista, portanto, ela contrasta com a **consciência raiz de todas** (scrt. *ālayavijñāna*). Ver **Agregado da consciência**.

Realidade *chos-nyid*, scrt. *dharmatā*
Em nosso texto, o termo "realidade" é usado de modo intercambiável com "verdadeira realidade". Ver **Verdadeira realidade**.

Realidade aparente *chos-can*, scrt. *dharmin*
Segundo o **Grande Veículo**, a realidade aparente dos fenômenos se refere ao mundo da verdade convencional caracterizada pela dualidade, pela relação de causa e efeito e pela multiplicidade. Ela contrasta com a **verdadeira realidade**, que é a natureza fundamental dos fenômenos. Ver **Duas verdades**.

Realidade Indestrutível *rdo-rje*, scrt. *vajra*
O **corpo**, **fala** e **mente búdicos** plenamente iluminados são descritos como realidade indestrutível. Isso significa que os atributos fruitivos do **estado búdico** são indivisíveis e adamantinos, pois são invulneráveis a toda e qualquer espécie de mácula, seja corpórea, verbal ou mental.

Realização *rtogs-pa*, scrt. *adhigama*
Realização se refere às experiências espirituais que o praticante conquista por meio da intuição e da transformação do seu contínuo mental no caminho para

a **iluminação** e para seus resultados consequentes de **libertação** e obtenção do **estado búdico**.

Realização Transcendente *thod-rgal*, scrt. *vyutkrāntaka*
Ver **Vencendo a resistência**.

Recolhimento meditativo *thugs-dam*
O período de recolhimento meditativo é aquele em que o indivíduo se entrega firmemente à **serenidade meditativa** e aos **pactos** a ela relacionados. Note-se que a mesma expressão é também usada como um equivalente honorífico de *yi-dam* (divindade de meditação).

Rede mágica *sgyu-'phrul drva-ba*, scrt. *Māyājāla*
A *Rede mágica* é o mais abrangente ciclo de textos dos dezoito ***tantras*** do ***Mahāyoga***, centrando-se especialmente na ***maṇḍala*** das quarenta e duas **divindades pacíficas** e cinquenta e oito **divindades furiosas**; além disso, inclui em seu *corpus* o ***Guhyagarbhatantra***. É, assim, a base para todas as exposições subsequentes dessa ***maṇḍala*** em particular, entre as quais este livro. Ver a "Breve história literária" de Gyurme Dorje.

Refúgio *skyabs-'gro*, scrt. *śaraṇagamana*
No uso budista, o termo refúgio significa o ato de confiar o próprio crescimento espiritual e bem-estar às **Três Joias Preciosas**. As **Três Joias Preciosas** são os objetos nos quais o budista se refugia, mas a natureza do refúgio que se busca é diferente em cada uma das três joias. No **Buda**, o mestre plenamente **iluminado**, se busca orientação acerca do caminho correto a seguir para a obtenção do **estado búdico**; nos **ensinamentos sagrados** se buscam as **realizações** do caminho; na **comunidade monástica** ou **suprema** (*saṅgha*) se busca a companhia perfeita para seguir o caminho da **iluminação**. Para que a tomada de refúgio seja bem-sucedida são necessárias duas condições: a) verdadeira preocupação em face do potencial para **sofrimentos** futuros e b) verdadeira confiança na capacidade das **Três Joias Precisas** de oferecer proteção contra esses **sofrimentos**. Em nosso texto, o ato de buscar refúgio constitui a primeira das cinco **práticas preliminares** incomuns (*thun-min sngon-'gro*). Nesse contexto, são reconhecidos três níveis de refúgio: o refúgio exterior (*phyi'i skyabs-'gro*), refúgio buscado no **Buda**, nos **ensinamentos sagrados** e na **comunidade monástica**; o refúgio interior (*nang-gi skyabs-'gro*), buscado no **mestre espiritual**, na **divindade de meditação** e na *ḍākinī*; e o refúgio secreto (*gsang-ba'i skyabs--'gro*), que se busca no **Corpo Búdico de Realidade**, no **Corpo Búdico de Riqueza Perfeita** e no **Corpo Búdico de Emanação**.

Reino do desejo, scrt. *kāmadhātu*
Ver **Três sistemas de mundo**.

Relíquias *gdung/ring-srel*
Ver **Relíquias ósseas**.

Relíquias ósseas *gdung/ring-srel*
Na tradição da **Grande Perfeição** (*rdzogs-pa chen-po*), afirma-se que quatro espécies de relíquias permanecem depois da morte de um **mestre consumado**. São elas: relíquias do **Corpo Búdico de Realidade** (*chos-sku'i ring-srel*); relíquias na forma de ossos maiores e menores (*sku-gdung ring-srel*); relíquias na forma de vestimentas (*sku-bal ring-srel*); e relíquias em miniatura (*nyung-ngu lta-bu'i ring-srel*). As relíquias ósseas maiores (*gdung*) e menores (*ring-srel*) são retiradas da pira funerária. As biografias indicam que a veneração de tais relíquias tem sido continuamente observada no budismo desde o tempo do Buda ***Śākyamuni***, cujas relíquias ósseas foram inumadas em oito ***stūpas***. Cinco classes de relíquias ósseas maiores são especificamente enumeradas. Ver Capítulo 14.

Renúncia *nges-'byung/spang-ba*, scrt. *naiṣkramya/prahāṇa*
A palavra "renúncia" é usada aqui para traduzir dois termos tibetanos, *nges-'byung* e *spang-ba*. No primeiro sentido, a palavra se refere à renúncia da vida em família, feita pelo ***Buda Śakyamuni***. Essa renúncia é definida como uma atitude mental livre da inclinação compulsiva a todos os bens mundanos, como sucesso, fama, posição social e a expectativa de um renascimento favorável numa vida futura. Somente com base em tal atitude é possível ao praticante manifestar espontaneamente o desejo genuíno de estar livre da **existência cíclica**. Por isso o verdadeiro significado da renúncia não está em simplesmente separar-se dos objetos de desejo, mas principalmente numa qualidade de **libertação** mental que não está marcada pelo desejo das coisas mundanas nem mesmo no menor grau que se possa conceber. O termo tibetano *nges-s'byung* significa literalmente "ruptura final", o que indica uma ruptura definitiva dos laços de nossos apegos às coisas e prazeres mundanos. Já o segundo termo (*spang-ba* scrt. *prahāṇa*) traduzido por renúncia se refere às quatro preparações corretas incluídas entre os trinta e sete aspectos do caminho para a iluminação (*bodhipakṣidharma*), preparações que devem ser cultivadas por aqueles que aspiram à iluminação. As quatro preparações são: 1) não realizar **ações não virtuosas** que ainda não foram realizadas; 2) renunciar às ações não virtuosas já realizadas; 3) realizar **ações virtuosas** que ainda não foram realizadas; e 4) não renunciar às ações virtuosas já realizadas.

Rinpoche *rin-po-che*
A expressão significa literalmente "de alto valor" ou "de alta estima" e na linguagem comum se refere a uma joia preciosa. Por extensão, no budismo tibetano o termo passou a designar os mestres encarnados, que são "de elevado valor" ou

"muito preciosos". Consequentemente, o título "*Rinpoche*" é amplamente usado pelos tibetanos ao se referir a um **mestre espiritual** encarnado. Ver ***Tulku***.

Rito de afirmação dos votos *'bogs-chog*
O rito de afirmação dos votos é aquele usado para transmitir a capacidade de cumprir e restaurar os **pactos** assumidos no contexto do ***tantra***.

Ritos de enriquecimento, pacificação, sujeição e transformação furiosa *zhi rgyas dbang drag-gi las*
Ver **Quatro aspectos da atividade iluminada**.

Ritos de "libertação" *sgrol-ba*
Os ritos de "libertação", que somente podem ser aplicados por **mestres consumados** no yoga de **transferência de consciência**, são as práticas que dão fim à vida de um ser hostil cujo único propósito é se dedicar a atividades negativas e malignas. A consciência desse ser hostil é compassivamente transferida para um renascimento num domínio superior, o que o liberta das consequências inevitáveis de suas **ações passadas** e futuras.

Rosário *phreng-ba*, scrt. *mālā*
O rosário tibetano geralmente tem cento e oito contas e é usado para contar as recitações dos ***mantras***.

Rudra *ru-dra*
Como se pode verificar, por exemplo, no *Sūtra que reúne todas as intenções* (*mDo dgongs-pa 'dus-pa*) e mesmo em posteriores revelações de **tesouros** (*gter-ma*), *Rudra* é a encarnação da egoidade desenfreada, um ser que, por aplicar mal a prática dos ***tantras*** numa vida anterior, assumiu uma poderosa forma malevolente e foi consequentemente subjugado pelos meios **furiosos** dos **budas *Hayagrīva*** ou ***Mahottara Heruka***. Esse simbolismo ilustra as origens dos atributos exteriores das **divindades furiosas**, que em essência são as **divindades pacíficas**, mas que adotaram as terríveis características exteriores do próprio *Rudra* para confrontar ativamente a egoidade profundamente enraizada. O símbolo indica que as **divindades furiosas** representam o processo espontâneo de transformação do estado de ilusão exterior em sua natureza verdadeira ou iluminada.

Sakya *sa-skya*
Uma das quatro escolas principais de budismo tibetano, que deve seu nome a um mosteiro fundado por *Khon Konchok Gyalpo* no oeste do Tibete durante o século XI. O local da fundação tem um solo de pedras esbranquiçadas e *Sakya* significa literalmente "terra clara". A ampla influência dos primeiros mestres *Sakya* logo cresceu o bastante para formar uma nova escola de bu-

dismo tibetano, escola que alcançou sua maturidade plena na época dos *Sachen Gongma Nga*, os cinco grandes fundadores da *Sakya*, em especial por causa da influência daquele que foi talvez o maior dos mestres fundadores, *Sakya Paṇḍita Kunga Gyaltsen*. A essência dos ensinamentos e práticas da escola *Sakya* está contida no conjunto de instruções chamado "o caminho e seu fruto" (*lam-'bras*).

Śākyasiṃha *śākya senge*
Um epíteto do ***Buda Śākyamuni***.

Sal *shing sā-la*
Nome de uma espécie de árvore bastante alta (*Vatica robusta*), de copa ampla e grossa folhagem, nativa do subcontinente indiano.

Saltos de yoga *'bebs*
Ver **Exercícios do yoga**.

Samantabhadra *kun-tu bzang-po*
O **buda** masculino *Samantabhadra* é a figura principal no panteão das quarenta e duas **divindades pacíficas**. É importante distinguir o **buda** masculino *Samantabhadra* do ***bodhisattva*** masculino de mesmo nome. Ver o artigo abaixo e o Apêndice Dois.

Samantabhadra (bodhisattva) *byang-sems kun-tu bzang-po*
O ***bodhisattva*** masculino *Samantabhadra* é um dos quatro ***bodhisattvas*** masculinos exteriores das quarenta e duas **divindades pacíficas**. Ver Apêndice Dois.

SAMAYA ***rgya rgya rgya***
Alguns capítulos da presente obra terminam com essas palavras de advertência, cujo sentido é afirmar que o **selo** do **pacto** (*samayamudrā*), pelo qual se assegura a **mente búdica**, deve ser resolutamente aplicado por aqueles que recebem o ensinamento. Ver **Selo** e **Pacto**.

Saṃsāra *'khor-ba*
Ver **Existência cíclica**.

Śāntarakṣita *zhi-ba'i 'tsho/mkhan-po bo-dhi-sattva*
Um **preceptor monástico** e expoente da filosofia ***Madhyamaka***, nascido em *Zahor*, que ensinou na Universidade Monástica de *Nālandā*, na Índia, antes de viajar ao Tibete a convite do rei ***Trisong Detsen*** no século VIII. No Tibete, juntamente com o rei ***Trisong Detsen*** e ***Padmasambhava***, foi responsável pela construção de *Samye*, o primeiro mosteiro budista a ser construído no Tibete.

Juntos, o rei ***Trisong Detsen***, ***Padmasambhava*** e *Śāntarakṣita* estabeleceram o budismo como religião oficial do país. *Śāntarakṣita* é o autor de uma enciclopédia das filosofias indianas, de grande influência, intitulada *Tattvasaṃgraha*, e de um breve porém influente tratado sobre a filosofia ***Madhyamaka*** chamado *O ornamento do caminho do meio* (*Madhyamakālaṃkāra*).

Seis classes de seres sencientes ou viventes *'gro-ba rigs-drug*, scrt. *ṣaḍgati*

O nascimento na **existência cíclica** se caracteriza por poder ocorrer em qualquer uma das seis classes de seres viventes, dependendo para tanto somente da natureza e da maturidade do ***carma*** individual. As seis classes são: 1) **deuses** (*deva*), seres celestiais mundanos cujo principal estado mental é o orgulho ou altivez; 2) **titãs** (*asura*), que são predominantemente hostis e invejosos; 3) seres humanos, que são influenciados por todos os cinco **estados mentais dissonantes**; 4) animais, que estão sob o domínio do instinto e da obnubilação; 5) **espíritos famintos** (*preta*), que são dominados pelo influxo do **apego** e dos desejos insatisfeitos; e 6) habitantes dos **infernos** (*naraka*), que estão subjugados pelo ódio, ira e medo. Uma vez que todos os cinco estados mentais dissonantes têm sua influência sobre os seres humanos, não é descabido entender as outras condições como hipertrofias ou extrapolações dos estados psicológicos humanos. Em nosso texto, as causas principais de renascimento em cada uma dessas seis classes são identificadas respectivamente como o orgulho, a inveja, o **apego**, a **ilusão**, a avareza e o ódio.

Seis cognições puras *ye-shes drug*

No contexto das cinquenta e oito **divindades furiosas** (ver Apêndice Dois), os seis braços dos ***herukas*** simbolizam as seis **cognições puras**. Estas compreendem a lista comum das cinco **cognições puras** mais a **cognição pura** da pura imensidão (*dag-pa'i dbyings-kyi ye-shes*). Ver **Cognição pura**.

Seis domínios

Ver **Seis classes de seres sencientes ou viventes**.

Seis estados intermediários *bar-do drug*

Ver **Estado intermediário**.

Seis estados mentais dissonantes *nyon-mongs drug*, scrt. *ṣaṭkleśa*

Em algumas passagens deste livro, quando o contexto se liga ao renascimento nas seis classes de seres, esta enumeração não deve ser confundida com as famosas categorias dos seis principais **estados mentais dissonantes** do ***abhidharma***: **ignorância fundamental**, **apego**, **aversão**, orgulho, dúvida e pontos de vista dissonantes ou aflitivos. A lista que então aparece é a dos seis venenos (*dug-drug*) que respectivamente causam o nascimento em cada uma das seis classes de seres vivos, a saber: orgulho, inveja, **apego**, **ilusão**, avareza e ódio.

Seis linhagens *brgyud-pa drug*
Ver **Linhagem**.

Seis mantras e seis gestos *sngags-drug-dang phyag-rgya drug*
Uma série de ***mantras*** e gestos usados para consagrar os "substitutos"* e as oferendas feitas a forças hostis ou causadoras de obstáculos. O processo de consagração se efetua por meio dos seguintes seis **gestos das mãos** (*phyag-rgya drug*) juntamente com os seis ***mantras*** correspondentes: 1) O **gesto de mão** da **imensidão da realidade** e a recitação do ***mantra*** OṂ SVABHĀVA ŚUDDĀḤ SARVA DHARMĀḤ SVABHĀVA ŚUDDHO 'HAṂ purificam o objeto ritual. 2) O **gesto de mão** do escrínio cravejado de joias e a recitação do ***mantra*** NAMAḤ SARVA TATHĀGATEBHYO VIŚVA MUKHEBHYAḤ SARVATHĀ KHAṂ UDGATE SPHARAṆA IMAṂ GAGANA KHAṂ SVĀHĀ expandem a efígie de modo que preencha todo o espaço. 3) O **gesto de mão** do torvelinho de néctar e a recitação do ***mantra*** OṂ VAJRA AMṚTA KUṆḌALI HANA HANA HŪṂ PHAṬ transformam a efígie num vaso cheio de néctares. 4) O **gesto de mão** da vasta potência e a recitação do ***mantra*** NAMAḤ SARVATATHĀGATA AVALOKITE OṂ SAMBHARA SAMBHARA HŪṂ dão à efígie o poder de gratificar todos os sentidos. 5) O **gesto de mão** do cometa do conhecimento e da distribuição de dádivas e o ***mantra*** OM JÑĀNA AVALOKITE SAMANTA SPHARAṆA RAŚMIBHAVA SAMAYA MAHĀMAṆI DURU DURU HṚDAYA JVALANI HŪṂ dão à efígie o poder de atender às esperanças de todos, sem conflito. 6) Por último, o **gesto de mão** do monarca universal e a recitação do ***mantra*** NAMAḤ SAMANTA BUDDHĀNĀṂ GRAHEŚVARA PRABHĀ JYOTENA MAHĀSAMAYE SVĀHĀ asseguram que a efígie será capaz de pacificar, subjugar ou transformar todas as forças hostis e garantem o resultado feliz do ritual como um todo.

Seis perfeições *pha-rol-tu phyin-pa drug*, scrt. *ṣaṭpāramitā*
No caminho dos ***sūtras*** para o **estado búdico**, todo o estilo de vida e conduta do ***bodhisattva*** é baseado na prática de seis perfeições. Estas são: generosidade (*dāna*), disciplina moral (*śīla*), paciência (*kṣānti*), perseverança ou esforço com boa vontade (*vīrya*), **concentração meditativa** (*dhyāna*) e **consciência discriminativa** (*prajñā*). Para que essas práticas sejam "perfeições" são necessárias algumas condições. Por exemplo, para que a prática da generosidade seja uma perfeição é preciso que ela seja: 1) motivada pela **intenção altruísta de alcançar a iluminação** para o benefício de todos os seres; 2) realizada em sêxtupla harmonia com todas as outras perfeições; e 3) realizada com a consciência da **vacuidade** (*śūnyatā*) do agente, do ato e do objeto em questão. Como aspiração, a palavra *pāramitā* é usada para significar um meio para alcançar a perfeição; mas quando usada para designar o resultado perfeito, próprio do **estado búdico**, ela significa a "perfeição transcendente", o que está de acordo com seu sentido literal: "o que foi além".

* Sobre os substitutos, ver Capítulo 9. (N. do R. da T.)

Seis sábios *sprul-sku thub-drug*

Os seis sábios são os aspectos do **Corpo Búdico de Emanação** (*nirmāḥakāya*) que se manifestam nos domínios das **seis classes de seres viventes**. São eles: *Indraśakra*, o sábio dos **deuses** (*lha'i thub-pa dbang-po brgya-byin*); *Vermacitra*, o sábio dos **titãs** (*lha ma-yin-gyi thub-pa thag-bzang-ris*); ***Śākyasiṃha*** ou ***Śākyamuni***, o sábio dos seres humanos (*mi'i thub-pa shākya seng-ge*); *Sthirasiṃha*, o sábio dos animais (*byal-song thub-pa seng-ge rab-brtan*); *Jvālamukha*, o sábio dos **espíritos famintos** (*yi-dvags-kyi thub-pa kha-'bar-ma*); e ***Yama Dharmarāja***, o sábio dos **infernos** (*dmyal-ba'i thub-pa chos-kyi rgyal-po*). Ver Apêndice Dois.

Seis sábios [de emanação] *sprul-sku thub-drug*

Ver **Seis sábios**.

Seis tipos de ornamentos de osso *rus-pa'i rgyan drug*

Os seis tipos de ornamentos de osso usados pelas **divindades furiosas** e que simbolizam a transcendência da morte e dos **estados mentais dissonantes**. Os seis tipos são: colares (*mgul-rgyan*), braceletes (*gdu-bu*), brincos (*rna-cha*), coroas (*dbu-rgyan*), talabartes (*mchod phyir-thogs*) e cinzas humanas (*thal-chen*).

Selo *phyag-rgya*, scrt. *mudrā*

De acordo com os ***sūtras***, a palavra "selo" significa uma firme **realização** da **vacuidade**. Nos ***tantras***, a palavra se refere aos diversos gestos das mãos que acompanham a recitação de ***mantras*** e se aplica por extensão aos artefatos simbólicos (*phyag-mtshan*) portados pela **divindade de meditação** – como o ***vajra***, o sino etc. Nesse contexto, portanto, os selos são reverberações do **corpo búdico**. Além disso, nos ***Yogatantras*** em particular existem quatro selos que ligam firmemente os aspectos da **consciência** mundana (*vijñāna*) a seus aspectos correspondentes de **cognição pura** (*jñāna*): entre eles, o **grande selo** (*mahāmudrā*) do **corpo búdico** liga a **consciência raiz de todas** (*ālayavijñāna*) à **cognição pura** semelhante a um espelho (*ādarśajñāna*); o selo dos **ensinamentos sagrados** (*dharmamudrā*) da **fala búdica** liga a consciência mental (*manovijñāna*) à **cognição pura** de discernimento (*pratyavekṣaṇajñāna*); o selo do pacto (*samayamudrā*) da **mente búdica** liga a consciência iludida (*kliṣṭamanovijñāna*) à **cognição pura** de igualdade (*samatājñāna*); e o selo de ação (*karmamudrā*) da **atividade búdica** liga as cinco consciências sensórias (*pañcadvāravijñāna*) à **cognição pura** de realização (*kṛtyupasthānajñāna*). Já segundo o ***Mahāyoga***, quando, no **estágio de perfeição** da meditação, se aplicam as práticas de yoga sexual (*sbyor-ba*) para realizar a união entre o **grande gozo** (*mahāsukha*) e a **vacuidade**, o termo "selo de ação" (*karmamudrā*) significa um parceiro sexual humano, enquanto a expressão "selo de cognição pura" (*jñānamudrā*) significa, ao contrário, um consorte visualizado pela mente. Para uma descrição da tradição de meditação conhecida como *Mahāmudrā*, ver **Grande Selo**.

Senhor Transcendente *bcom-ldan-'das*, scrt. *bhagavān*

O título honorífico sânscrito "*bhagavān*", frequentemente traduzido como "Senhor Bendito", significa na interpretação tibetana um **buda** que: 1) "destruiu" (*bcom*) as quatro **forças malevolentes ou sedutoras** (*caturmāra*) que põem em ato a influência dos **agregados** psicofísicos (*skandha*), dos **estados mentais dissonantes** (*kleśa*), das tentações sensuais e da morte; 2) alcançou a "posse" (*ldan*) das seis excelências (*ṣaḍguṇa*) de senhorio, forma, glória, fama, **cognição pura** e perseverança; e 3) "transcendeu" (*'das*) os **sofrimentos** da **existência cíclica**.

Ṣentido definitivo *nges-don*, scrt. *nītārtha*

Os ***sūtras*** de ensinamentos dos **budas** se classificam como ***sūtras*** de sentido definitivo e ***sūtras*** de sentido provisório (*neyārtha*), dependendo de o ***sūtra*** em questão exigir ou não a posterior explicação de seu conteúdo. Em geral, os ***sūtras*** de sentido provisório declaram a natureza da **existência cíclica** e de seus antídotos, como foi exposto pelo ***Buda Śākyamuni*** no primeiro **giro da roda dos ensinamentos sagrados**. Em contraposição, os ***sūtras*** de sentido definitivo ou expõem a natureza da **vacuidade**, como no segundo **giro da roda dos ensinamentos sagrados**, ou elucidam a **natureza búdica** e os **atributos búdicos**, como no terceiro **giro da roda dos ensinamentos sagrados**. Há visões divergentes nas diversas escolas de budismo tibetano sobre quais dos ***sūtras*** do segundo e do terceiro giros devem ser considerados definitivos ou provisórios.

Sentido provisório *drang-don*, scrt. *neyārtha*

Ver o artigo **Sentido definitivo**.

Ser senciente *sems-can/'gro-ba*, scrt. *sattva/gati*

No contexto budista, a expressão "ser senciente" tem um sentido técnico que a põe em contraste com o conceito de "**buda**". A expressão se refere aos seres na **existência cíclica** e àqueles que, embora já tenham alcançado a **libertação**, não alcançaram o ***nirvāṇa*** não subsistente do **estado búdico** plenamente manifesto. O termo sânscrito *gati* (tib. *'gro-ba*) significa literalmente "aquele que vai" e *sattva* significa "vivente". O equivalente tibetano deste último termo, *sems-can*, quer dizer literalmente "senciente" ou "um ser dotado de **mente**", assim como a expressão usada na tradução em português. Ver **Seis classes de seres sencientes ou viventes**.

Ser sublime *'phags-pa*, scrt. *ārya*

Um ser sublime é aquele que alcançou a realização direta da verdadeira natureza da realidade ou, em outras palavras, que realizou a ausência do atributo de **identidade própria** tanto em si mesmo quanto nos fenômenos. O nível de experiência de um *ārya* é estratificado de acordo com o estágio resultante do **veículo** que ele segue.

Serenidade inabalável *zhi-gnas*, scrt. *śamatha*

Serenidade inabalável é uma técnica meditativa comum a toda a tradição budista, caracterizada pela estabilização da atenção na observação de um objeto interno conjugada com o serenar das distrações externas que chegam à mente. A serenidade inabalável é um fundamento essencial para o treinamento da mente na geração da **intuição penetrante** (*vipaśyana*), que é uma verdadeira percepção analítica profunda dos aspectos do objeto escolhido para meditação, como a sua **vacuidade** ou natureza suprema.

Serenidade meditativa *mnyam-par bzhag-pa*, scrt. *samāhita*

A serenidade meditativa é o repouso concentrado da mente num tema ou objeto de meditação, como a **neipseidade** da personalidade individual (scrt. *pudgalanairātmya*) ou a **neipseidade** dos fenômenos (scrt. *dharmanairātmya*). A serenidade meditativa ocorre invariavelmente num contexto de prolongada **estabilidade meditativa** (scrt. *samādhi*). Ela contrasta com o período posterior à meditação (scrt. *pṛṣtalabdha*, tib. *rjes-thob*), no qual o meditante desperta da serenidade meditativa e se envolve com o ambiente que o circunda.

Serviço ritual *bsnyen-pa*, scrt. *sevā*

Ver **Quatro aspectos do serviço ritual e dos meios de realização**.

Sessenta Divindades Furiosas *kho-bo drug-cu*

Nome coletivo para o panteão das cinquenta e oito **divindades furiosas** somadas aos dois aspectos que representam o **Corpo Búdico de Realidade**: *Mahottara Heruka* e *Krodhéśvarī*, que são os correspondentes furiosos de ***Samantabhadra*** e *Samantabhadrī*, respectivamente. Ver Apêndice Dois.

Sete cadeias de montanhas de ouro *gser-gyi ri-bo bdun*

Ver **Quatro continentes e oito subcontinentes**.

Sete oceanos de emanação *rol-pa'i rgya-mtsho bdun*

Ver **Quatro continentes e oito subcontinentes**.

Si mesmo *bdag-nyid*, scrt. *ātman*

Para uma introdução ao conceito de "si mesmo" tal como é usado em nosso texto, ver o "Comentário Introdutório de Sua Santidade, o Dalai-Lama". Ver também **Neipseidade**.

Sílaba-semente *yig-'bru*, scrt. *bījākṣara*

Em geral, a expressão sílaba-semente se refere às sílabas ou letras do sânscrito visualizadas como base quintessencial de onde surgem as formas das **divindades de meditação** nas práticas do **Veículo da Realidade Indestrutível**. Geralmente, essas letras ou sílabas são constituídas pela primeira letra dos nomes das próprias divindades ou por sílabas ou letras associadas à **família iluminada** a que pertence a divindade em questão. Assim, por exemplo, muitas das divindades da **família *Vajra*** de *Akṣobhya* são visualizadas surgindo da sílaba HŪṂ, enquanto para as divindades da **família *Padma*** geralmente se utiliza a sílaba ĀḤ, e assim por diante para cada divindade ou família.

Sinais maiores e menores *mtshan-dpe*, scrt. *lakṣaṇānuvyañjana*
O **Corpo Búdico de Emanação Suprema** se caracteriza por trinta e dois sinais maiores (scrt. *dvātriṃśan-mahāpuruṣalakṣaṇa*) e oitenta sinais menores (scrt. *asītyanuvyañjana*), ambos os conjuntos enumerados no *Ornamento da realização emergente* de **Maitreya** (*Abhisamayālaṃkāra*, T 3786, vv. 13-17 e 21-32). Os sinais compreendem um conjunto de características perfeitas de corpo e fala que, segundo os comentários, são os resultados específicos dos diversos aspectos da conduta dos **budas**.

Sistema de mundo *'jig-rten-gyi khams*, scrt. *lokadhātu*
Ver **Três sistemas de mundo**.

Sofrimento *sdug-bsngal*, scrt. *duḥkhatā*
No contexto budista, o termo "sofrimento" é usado num sentido amplo e inclui não somente as sensações físicas como também as experiências mentais. Isso quer dizer que o conceito abarca todas as experiências essencialmente insatisfatórias da vida na **existência cíclica**. As diversas formas de sofrimento podem ser classificadas em três categorias: 1) o sofrimento do sofrimento (*duḥkhaduḥkhatā*), 2) o sofrimento da mudança (*vipariṇāmaduḥkhatā*) e 3) o sofrimento do condicionamento universal (*saṃskāraduḥkhatā*). A primeira categoria se refere a todas as sensações físicas e experiências mentais que evidentemente se apresentam como sofrimento para nós e em relação às quais surgem espontâneos sentimentos de aversão. A segunda categoria compreende todas as experiências normalmente reconhecidas como prazerosas e desejáveis, mas que na verdade são sofrimento porque seu cultivo persistente resulta inevitavelmente nos sentimentos contrários de insatisfação, fastio e tédio. A natureza insatisfatória dessa segunda categoria de experiências só pode ser compreendida por meio da reflexão. A terceira categoria se refere ao nível fundamental de sofrimento que é subjacente ao ciclo de nascimento, doença, envelhecimento e morte. Esse sofrimento opera como causa de nossas experiências das outras duas categorias de sofrimento. É chamado universal porque se aplica a todas as formas de vida da **existência cíclica**, independentemente de elas possuírem ou não um corpo físico. O sofrimento é a primeira das **quatro nobres verdades** (scrt. *caturāryasatya*) ensinadas pelo ***Buda Śākyamuni*** no seu primeiro sermão. Todo o caminho budista, com todos os seus **veículos** (*yāna*), pode ser visto como meio de eliminar o sofrimento, pondo fim, desse modo, à própria **existência cíclica**.

Śrī Siṃha *shri sing-ha*
Nome de um dos primeiros expoentes dos ensinamentos do ***Atiyoga***, nativo de *Shokyam*, na Ásia Central.

Srīmat *dpal-dang ldan-pa'i zhing-khams*, scrt. *Śrīmat*
O **domínio búdico** do sul, chamado "O Glorioso", é o domínio puro presidido pelo **buda** masculino *Ratnasambhava*.

Stūpa *mchod-rten*
Um objeto sagrado que representa a **mente búdica**. Em sua origem, os *stūpas* eram símbolos do **Corpo Búdico de Realidade**, construídos na forma de domo para guardar as relíquias do corpo do ***Buda Śākyamuni***. A veneração de *stūpas* está intimamente ligada às primeiras fases do **Grande Veículo** na Índia antiga, onde se desenvolveu a arquitetura original dos *stūpas* dentro do salão central da assembleia monástica (scrt. *caitya*). Os *stūpas* comumente vistos nas regiões onde predomina a cultura tibetana são construídos segundo um projeto arquitetônico específico, normalmente em forma de cúpula sustentada sobre uma base quadrada com vários níveis e coroada por um pináculo também com vários níveis. Nos mosteiros e locais sagrados, é comum se construir uma série de oito *stūpas*, que simbolizam eventos diversos da vida do ***Buda Śākyamuni***. Alguns *stūpas* são extraordinariamente grandes, como os de *Baudharāth* e *Svayambhū*, ambos no Nepal, o de *Sanchi*, na Índia, e o de *Borabudor*, na Indonésia. Alguns abrigam ***maṇḍalas*** inteiras de divindades, como o *Pelkhor Chode* de *Gyantse*, em *Tsang*, e o *Chorten* Memorial em *Thimphu*, no Butão. O simbolismo dos *stūpas* é complexo e pode representar o progresso na direção do **estado búdico**, os **cinco elementos**, as cinco **cognições puras** e assim por diante. É bastante comum que se construam *stūpas* menores para abrigar as relíquias de importantes **mestres espirituais**, geralmente como santuários para suas cinzas sagradas ou restos mortais embalsamados.

Substâncias sagradas *rdzas*, scrt. *dravya*
Segundo os ***tantras***, os objetos ou substâncias rituais são empregados para simbolizar o elo entre o praticante e a **divindade de meditação** e em alguns casos simbolizam as próprias **divindades de meditação** ou seus atributos. Nos ritos de **iniciação**, os artefatos simbólicos, como o ***vajra*** e o sino, o diadema, o vaso e assim por diante são conhecidos como substâncias sagradas de iniciação (*dbang-rdzas*).

Sujeição *dbang-gi las*, scrt. *vaṣitakriyā*
Ver **Quatro aspectos da atividade iluminada**.

Sukhāvatī *bde-ba-can-gyi zhing-khams*
O domínio búdico ocidental chamado "Bem-aventurança" é o domínio puro governado pelo **buda** *Amitābha*.

Supremo Yoga Tantra *bla-med rgyud*, scrt. *yoganiruttaratantra*
Ver ***Yogatantra* Insuperável**.

Sūtra *mdo*
Os sermões originais que o ***Buda Śākyamuni*** proferiu publicamente a seus discípulos depois de realizar o **estado búdico**. Em cada um dos **três giros da roda dos ensinamentos sagrados**, o **Buda** expôs respectivamente: 1) os sermões sobre a doutrina das **quatro nobres verdades** (scrt. *caturāryasatya*); 2) a **Perfeição da Consciência Discriminativa** (*Prajñāpāramitā*), o *Ratnakūṭa* e os demais *sūtras* que põem em evidência a **ausência de sinais**, a ausência de aspirações e a **vacuidade**; e 3) o *Núcleo do Tathāgata* (*Tathāgatagarbha*) e os *sūtras* a ele relacionados, assim como o *Sūtra do deslindar da intenção iluminada* (*Sandhinirmocana-sūtra*), que tratam da **natureza búdica** e fazem uma profunda análise dos **atributos búdicos**. Dos ensinamentos contidos nos três giros, os do primeiro constituem o *corpus* dos *sūtras* do **Pequeno Veículo**, ao passo que os dos outros dois constituem os *sūtras* do **Grande Veículo**. As **transmissões** escriturais dos **ensinamentos sagrados** do budismo compreendem os *sūtras* canônicos e os ***tantras***, assim como seus comentários.

Sūtrayāna *mdo-sde'i theg-pa*
Termo que se refere coletivamente aos três primeiros dos **nove veículos** para diferenciá-los dos seis veículos dos ***tantras***. Ver também **Grande Veículo**.

Tantra *rgyud*
O sânscrito *tantra* e seu correspondente tibetano *rgyud* significam literalmente um "contínuo" ou "manancial ininterrupto" que flui desde a **ignorância fundamental** até a **iluminação**. A palavra *tantra* tem basicamente dois significados no budismo – significa os **contínuos da raiz, do caminho e do resultado** e significa também a literatura tântrica ou os textos que tratam desses contínuos no contexto das diversas classes de *tantra* (ver a seguir). O primeiro desses significados é o verdadeiro sentido de *tantra*. Por meio do **contínuo do caminho** (*lam-gyi rgyud*), o **contínuo da raiz** (*gzhi'i rgyud*) eternamente presente é realizado ou plenamente manifestado como **contínuo do resultado** (*'bras-bu'i rgyud*). Por incluir técnicas complexas que permitem que os estados mentais dissonantes (como o desejo ou **apego** e o ódio ou **aversão**) sejam transmutados em estados de **realização** sem renúncia ou rejeição, o *tantra*, ao contrário do caminho dos ***sūtras***, dá ao praticante os meios para cultivar um contínuo ininterrupto entre sua mente comum inicial, a avançada mente do caminho e a resultante **mente búdica** plenamente **iluminada**. Na escola ***Nyingma***, a literatura que expõe essa dinâmica é dividida numa classificação senária de três *tantras* exteriores (***Kriyātantra***, ***Ubhayatantra*** e ***Yogatantra***) e três *tantras* interiores (***Mahāyoga***, ***Anuyoga*** e ***Atiyoga***). Essas seis classes representam estágios que põem cada vez menos ênfase no ritual externo e demandam cada vez mais su-

tileza do processo interno de **meditação**, acompanhada de um refinamento progressivo dos **estados mentais dissonantes**, em especial do **apego**, que podem ser transformados numa experiência de supremo gozo unida à **realização** da verdadeira natureza da **realidade**. Afirma-se que, com base no cumprimento dos **estágios de geração** e **perfeição** dos três *tantras* interiores, o **estado búdico** plenamente manifesto pode ser alcançado em uma única vida.

Tantras Interiores dos Meios Hábeis *nang thabs-kyi rgyud*
Designação coletiva dos ***tantras*** do ***Mahāyoga***, do ***Anuyoga*** e do ***Atiyoga***. Ver também **Veículo**.

Tathāgata *de-bzhin gshegs-pa*
Um sinônimo de **buda**, usado com frequência nos ***sūtras***, que significa literalmente "O que Assim se Foi". A expressão é interpretada de diferentes maneiras correspondentes às diversas classes de ***sūtras*** e ***tantras***, mas de modo geral significa "aquele que partiu no rastro dos **budas** do passado" ou "aquele que manifestou a suprema **iluminação** ligada à **realidade** que não se apoia nos extremos de existência e **quietude**".

Tendências habituais *bag-chags*, scrt. *vāsanā*
As tendências habituais e inclinações profundamente enraizadas decorrentes de nossas **ações passadas**. O conceito de tendências habituais é fundamental para o entendimento budista da dinâmica causal das ações cármicas, assim como para a compreensão do processo de condicionamento. Por exemplo, quando uma pessoa realiza uma ação, como a ação negativa de matar, a ação em si não é duradoura. Assim, o que liga essa ação à experiência de suas consequências no futuro, em alguns casos numa vida futura, é a tendência habitual que a ação imprime sobre a psique do indivíduo. De modo análogo, quando surge uma emoção forte – como um intenso sentimento de ódio –, ainda que a emoção desapareça depois de um curto lapso de tempo, a experiência deixa uma marca, uma impressão que continuará a ter impacto sobre as atitudes, as emoções e o comportamento da pessoa. É o conjunto das inúmeras tendências habituais impressas na psique pelos **estados mentais dissonantes** que constitui o obscurecimento causado pelas concepções errôneas a respeito da gama dos fenômenos conhecidos (scrt. *jñeyāvaraṇa*), cuja erradicação total somente ocorre quando se alcança a plena iluminação ou **estado búdico**. Ver **Obscurecimento**.

Tendências motivacionais *'du-byas*, scrt. *saṃskāra*
Ver **Agregado das tendências motivacionais**.

Terceira iniciação *dbang gsum-pa*
A terceira das quatro iniciações. Ver **Quatro iniciações**.

Tesouros *gter-ma*, scrt. *nidhi*
O sânscrito *nidhi* (tib. *gter-ma*), traduzido para o português como "tesouro" ou "ensinamento revelado" (*gter-chos*), se refere aos textos e objetos sagrados budistas que foram ocultados no passado a fim de serem protegidos e depois revelados para o benefício da posteridade. A noção de revelação de textos que estavam ocultos como tesouros é muito antiga na Índia e na China. No budismo indiano, é fato bem conhecido que os ***sūtras*** da **Perfeição da Consciência Discriminativa** (*Prajñāpāramitā*) foram revelados quando ***Nāgārjuna*** os recebeu na forma de tesouro dos **espíritos ofídicos da água** (*nāga*). Uma coleção de ***tantras*** do ***Mahāyoga*** da classe *sādhana*, classificados como *gter-chos* pelos doxógrafos da escola ***Nyingma***, também foi revelada para oito grandes mestres, entre os quais o próprio ***Nāgārjuna*** no cemitério de *Śītavana*, perto de *Vajrāsana*. No Tibete, a tradição dos tesouros foi introduzida por ***Padmasambhava*** e seus discípulos, que ocultaram textos e objetos sagrados em locais privilegiados do ponto de vista da geomancia e confiaram sua proteção a guardiões ou senhores de tesouros (*gter-bdag*) ou a determinadas ***ḍākinīs***. Além disso, eles predisseram que esses tesouros seriam descobertos no futuro por um **descobridor de tesouros** (*gter-ston*). Por isso crê-se que os discípulos de ***Padmasambhava*** continuaram a se manifestar na forma de **descobridores de tesouros** nos séculos que se seguiram para revelar esses ensinamentos. Também existem ensinamentos-tesouro que são revelados diretamente pela **intenção iluminada** da **mente búdica** por meios espirituais (*dgongs-gter*) ou em visões místicas autênticas (*dag-snang*). Muitas dessas linhagens existem até hoje, e entre elas se inclui a linhagem deste livro. A maioria dessas linhagens – mas não sua totalidade – é preservada na escola ***Nyingma***.

Titãs *lha-ma-yin*, scrt. *asura*
Uma das **seis classes de seres viventes** (*'gro-ba rigs-drug*). O modo de ser e a atividade dos titãs são gerados e dominados pela inveja, pela ambição egoísta e pela hostilidade. Para descrevê-los, usa-se uma metáfora segundo a qual os titãs estão em constante disputa com os **deuses** (scrt. *deva* ou *sura*) em torno da posse de uma árvore mágica.

Tradição
Ver **Transmissão**.

Transferência de consciência *'pho-ba*, scrt. *saṃkrānti*
Prática tântrica singular que se realiza para transferir a **consciência** na hora da morte. Idealmente, essa transferência se faz para o estado incondicionado da realização do **Corpo Búdico de Realidade** ou para um domínio de existência com migração favorável, dos quais o ideal é o **domínio puro** de uma **divindade de meditação**. Ver Capítulo 10.

Transformação furiosa *drag-po'i las*, scrt. *maraṇakriyā*

Um dos **quatro aspectos da atividade iluminada**. O conceito tântrico de transformação furiosa ou ira búdica não pode ser comparado ou associado nem sequer aos modos mais sutis de violência e agressividade egoísta. A ira búdica se refere ao processo de transformação natural da **mente búdica**, isto é, a **transformação natural** e incisiva dos condicionamentos profundos subjacentes à consciência mundana iludida e dos **agregados** psicofísicos, **propriedades elementais** e processos sensoriais e mentais concomitantes a essa consciência. Ver **Quatro aspectos da atividade iluminada** e Apêndice Dois.

Transformação natural *gnas gyur-pa*

Correlato à expressão "**pureza natural**" é o termo composto "transformação natural", que se refere às energias transformadoras das cinquenta e oito **divindades furiosas** da ***maṇḍala***. Essas energias operam a transformação espiritual dos **agregados** psicofísicos, **propriedades elementais** e processos mentais e sensoriais condicionados. "Transformação natural" indica a presença do panteão das **divindades furiosas** no **contínuo da raiz**. Ver Apêndice Dois.

Transgressões *nyes-byas*, scrt. *duṣkṛta*

Entre os votos feitos por monges e monjas budistas estão os de evitar as quedas primárias (scrt. *āpatti*) e as transgressões secundárias. O termo transgressão (*nyes-byas*) é usado num sentido técnico que se refere à violação de qualquer dos preceitos secundários que devem ser cumpridos no contexto dos **votos monásticos** de libertação individual (***prātimokṣa***) ou ainda nos contextos dos votos de ***bodhisattva*** ou dos votos tântricos. A lista dessas transgressões varia de acordo com o contexto. Ver **Pacto**, **Prātimokṣa** e **Votos**.

Transmissão *lung*, scrt. *āgama*

Os **ensinamentos sagrados** budistas (scrt. *saddharma*) compreendem tanto as **realizações** (*adhigama*, tib. *rtogs-pa*) quanto as transmissões autorizadas. Estas últimas incluem os ensinamentos orais e as escrituras (scrt. *pravacana*, tib. *gsung-rab*), tanto os dados diretamente pelos **budas** quanto os **tratados** ou comentários a eles associados (scrt. *śāstra*, tib. *bstan-bcos*), desde que tenham sido transmitidos por uma sucessão ou **linhagem** que não tenha sido interrompida desde os primórdios do budismo. No budismo tibetano, quando se deseja cultivar qualquer experiência espiritual relevante, é essencial que a transmissão dos textos e dos ensinamentos orais seja feita de modo formal por um **detentor de linhagem** autorizado, pois a mera compreensão teórica desses ensinamentos jamais será suficiente.

Tratado *bstan-bcos*, scrt. *śāstra*

No contexto budista, o termo tratado (*śāstra*) geralmente se refere a textos autorizados escritos por **mestres consumados** para elucidar o significado profundo das escrituras do **Buda** (*pravacana*). Os tratados se distinguem das escrituras (***sūtras*** e ***tantras***) pelo fato de estas serem atribuídas ao **Buda**. Ver **Kangyur** e **Tengyur**.

Três corpos búdicos *sku-gsum*, scrt. *trikāya*
Os três corpos búdicos são o **Corpo Búdico de Realidade**, o **Corpo Búdico de Riqueza Perfeita** e o **Corpo Búdico de Emanação**. Juntos, eles formam o objeto do **refúgio** secreto. Ver os artigos referentes a cada um dos três corpos e o verbete **Refúgio**.

Três existências inferiores *ngan-song gsum*, scrt. *tridurgati*
Ver **Existências inferiores**.

Três Joias Preciosas *dkon-mchog gsum*, scrt. *triratna*
As Três Joias Preciosas são o **Buda** (*sangs-rgyas*), os **ensinamentos sagrados** (scrt. *saddharma*, tib. *dam-pa'i chos*) e a **comunidade monástica** (scrt. *saṅgha*, tib. *dge-'dun*). Juntas, elas constituem os objetos exteriores de **refúgio** (ver Capítulo 1). As três são consideradas os objetos perfeitos em que se pode buscar **refúgio** contra a natureza insatisfatória da vida na **existência cíclica** em geral e especialmente contra o potencial de **sofrimento** nas vidas futuras. São chamadas "joias preciosas" numa referência às joias místicas mencionadas na literatura clássica indiana, que atendem aos desejos de seus portadores. Assim como estas, as joias do *triratna* têm a capacidade de proteger dos perigos da **existência cíclica**. Ver os artigos referentes a cada uma das joias e o verbete **Refúgio**.

Três níveis da existência *srid-pa gsum*, scrt. *tribhava*
São os níveis de existência dos seres celestiais, terrestres e subterrâneos.

Três raízes *rtsa-ba gsum*, scrt. *trimūla*
De acordo com os ***tantras*** (ver Capítulo 1), as três raízes reunidas formam o objeto interior de **refúgio**. Elas são o **mestre espiritual** (scrt. *guru*, tib. *bla-ma*), que confere **bênçãos** (scrt. *adhiṣṭhāna*); a **divindade de meditação** (scrt. *iṣṭadevatā*, tib. *yi-dam lha*), que confere **consumações** (scrt. *siddhi*); e a ***ḍākinī*** (tib. *mkha'-'gro*), que confere a realização das **atividades búdicas** (scrt. *kṛtyakriyā*). Ver os artigos referentes a cada uma das três raízes e o verbete **Refúgio**.

Três sistemas de mundo *'jig-rten-gyi khams gsum*, scrt. *tridhātu*
De acordo com o budismo, a **existência cíclica** compreende três sistemas de mundo, que são: o sistema de mundo do desejo (scrt. *kāmadhātu*), o sistema de mundo da forma (scrt. *rūpadhātu*) e o sistema de mundo da não forma (scrt. *ārūpyadhātu*). Desses sistemas, o sistema de mundo do desejo é um estado de existência marcado pelas experiências sensíveis e pelas sensações de sofrimen-

to e prazer. É habitado por todas as **seis classes de seres sencientes**, incluindo os seres humanos e seis categorias de **deuses** (*kāmadevaṣaṭkula*). O sistema de mundo da forma, no qual os seres têm um nível de consciência reativamente mais sutil e temporariamente livre das sensações mais grosseiras de dor e prazer, é um estado para além da existência humana comum e é habitado somente por deuses. O nascimento nesse sistema requer a realização de uma ou mais das quatro **concentrações meditativas** (scrt. *caturdhyāna*) em alguma das vidas passadas. A literatura do ***abhidharma*** menciona doze domínios comuns da forma e cinco "moradas puras" (*pañcaśuddhanivāsa*) superiores em que podem renascer os que realizam as quatro concentrações. Por último, o sistema de mundo da não forma é o mais elevado nível de renascimento na **existência cíclica**, sendo um estado no qual as faculdades corporais do indivíduo somente existem em potência e as funções individuais somente operam no nível da consciência. Esse sistema é habitado por aqueles que realizaram as **quatro absorções meditativas na não forma** (scrt. *catursamāpatti*).

Três tempos *dus-gsum*
Os três tempos são o passado, o presente e o futuro.

Três veículos *theg-pa gsum*, scrt. *triyāna*
Ver **Veículo**.

Três venenos *dug-gsum*
Os três venenos são o **apego**, a **aversão** e a **ilusão**. Ver os verbetes para cada um deles.

Trinta e dois sinais maiores *mtshan sum-cu-so-gnyis*, scrt. *dvātriṃśanmahā-puruṣalakṣaṇa*
Ver **Sinais maiores e menores**.

Triquiliocosmo *stong-gsum 'jig-rten-gyi khams*, scrt. *trisahasralokadhātu*
Ver **Quiliocosmo**.

Trisong Detsen *khri-srong lde'u btsan*
O trigésimo oitavo rei do Tibete e filho do rei *Tride Tsukten*. Apesar de ter subido ao trono em tenra idade e da oposição de ministros simpatizantes do ***Bon***, o rei *Trisong Detsen* estabeleceu o budismo como religião oficial do Tibete. Chamou ***Śāntarakṣita*** e ***Padmasambhava*** para construir o primeiro mosteiro budista do Tibete e para transmitir as diversas linhagens indianas do ***vinaya***, dos ***sūtras*** e dos ***tantras***. Sob a orientação de ***Padmasambhava***, tornou-se ele próprio um praticante consumado dos ***tantras*** e patrocinou a educação e os projetos de suas bem organizadas equipes de tradução. Segundo os relatos tradicionais, foi o rei *Trisong Detsen* que pediu a ***Padmasambhava*** para

transmitir os ensinamentos apresentados em nosso texto. Ver a "Breve história literária" de Gyurme Dorje.

Tulku *sprul-sku*, scrt. *nirmāḥakāya*

Em seu uso filosófico e clássico, o termo se refere ao **Corpo Búdico de Emanação**. Contudo, baseado no conceito de emanação, se desenvolveu no Tibete um uso diferente do mesmo termo em consequência de uma tradição que admite expressamente as reencarnações de grandes mestres espirituais depois da morte. O primeiro *tulku* a ser reconhecido de modo formal foi *Karma Pakshi* e o segundo, *Karmapa* (1204-83). Posteriormente surgiram outras instituições de *tulkus*, como a do ***Dalai-Lama*** e a do *Panchen-Lama*; e o sistema de reconhecimento formal de gerações sucessivas de *tulkus* se tornou amplamente estabelecido em todo o Tibete e na região do Himalaia.

Tuṣita *dga'-ldan*

Tuṣita é o nome do quarto dos seis domínios dos **deuses**, que fazem parte do **sistema de mundo** do desejo (scrt. *kāmadhātu*). *Tuṣita* é a atual morada do futuro **buda *Maitreya***.

Ubhayatantra *gnyis-ka'i rgyud*

Segundo a escola ***Nyingma*** de budismo tibetano, o *Ubhayatantra*, também conhecido como *Caryātantra*, é a segunda das três classes exteriores de ***tantra*** (que constituem uma subcategoria das seis classes de ***tantra***) e o quinto dos **nove veículos**. O *Ubhayatantra* dá igual ênfase aos rituais exteriores e à meditação interior.

Uṣṇīṣavijayā *gtsug-gtor mam-rgyal-ma*

Uma das três principais divindades de meditação associadas às práticas de longevidade e sujeito de cinco grandes encarnações ***dhāraṇī***, *Uṣṇīṣavijayā* geralmente assume forma ligeiramente furiosa, com três faces (uma branca, uma amarela e uma azul-clara) e oito braços que seguram diferentes artefatos simbólicos. Apresenta-se sentada, com as pernas flexionadas na **postura do vajra**.

Vacuidade *stong-pa-nyid*, scrt. *śūnyatā*

A vacuidade é a natureza suprema da **realidade**. Segundo a escola ***Madhyamaka***, ela é a total ausência de **existência intrínseca** e **identidade própria** que caracteriza todos os fenômenos. Entre seus sinônimos estão **verdade suprema** (scrt. *paramārthasatya*), **verdadeira realidade** (scrt. *dharmatā*) e "a qualidade 'disto'" (scrt. *tathatā**). Embora já esteja presente tanto nas escritu-

* Ingl. *suchness*. A tradução habitual "quididade" é errônea porque este termo, derivado da escolástica cristã, designa exatamente a qualidade ou identidade própria de uma coisa particular, qualidade essa cuja *ausência* caracteriza a vacuidade. O scrt. *tathatā* tem como raiz *tat*, "isto"; o termo *tat*, por ser eminentemente indeterminado, é empregado como um dos nomes do estado supremo, e é à qualidade universal desse estado, e não à qualidade particular de uma coisa qualquer, que se refere a palavra *tathatā*. (N. do R. da T.)

ras do **Pequeno Veículo** quanto nas do **Grande Veículo**, a teoria da vacuidade foi desenvolvida de modo mais sistemático nos escritos de ***Nāgārjuna***, pensador budista do século II e fundador da escola ***Madhyamaka***. Segundo essa escola, nenhuma coisa ou evento, tanto externo quanto interno, tem sua essência constituída por uma realidade independente ou intrínseca. De nenhuma coisa ou evento se pode dizer que existe independentemente da complexa rede de fatores que causam sua originação, tampouco se pode afirmar que os fenômenos são independentes dos processos cognitivos e das designações conceituais (construtos mentais) que formam o enquadramento convencional no qual se afirma sua identidade e existência. É somente a nossa tendência profundamente enraizada de conceber as coisas como existentes materialmente e por si mesmas que nos condiciona e compele a adotar a ideia de uma realidade substancial das coisas e de nossa própria existência. Mas, afirma ***Nāgārjuna***, quando todos os níveis de conceptualização são dissolvidos e todos os tipos de tendências dicotomizantes são destruídos por meio de um processo de meditação deliberada, a natureza suprema da realidade – a vacuidade – finalmente se torna manifesta. Muito embora o termo vacuidade esteja também presente na literatura do **Pequeno Veículo**, é nos princípios filosóficos da escola ***Madhyamaka*** que as diversas interpretações da vacuidade foram amplamente elaboradas. Ver **Madhyamaka**.

Vaiḍūryaprabharāja *sang-rgyas sman-bla*

O **Buda** da Medicina, figura principal nos ***tantras*** médicos budistas, considerado progenitor dos *Quatro tantras de medicina* (*rGyud-bzhi*). De acordo com algumas fontes tradicionais, o ***Buda Śākyamuni*** assumia uma forma específica para ensinar os ***tantras*** médicos; esse aspecto do **Buda** é chamado *Vaiḍūryaprabharāja*, o "Rei da Luz de Berílio Azul". Na iconografia, ele é normalmente representado com a pele azul e segurando na mão esquerda uma tigela de esmolas cheia dos frutos de uma planta medicinal, o mirobálano. Segundo a linhagem dos ***tantras*** médicos, o **Buda** da Medicina tem oito aspectos diferentes, dos quais *Vaiḍūryaprabharāja* é o principal.

Vajra *rdo-rje*

No sentido de *rdo-rje pha-lam* (que se pronuncia "*dorje phalam*"), esse termo significa literalmente "o soberano de todas as gemas" e se refere ao diamante. No budismo, porém, *rdo-rje* indica a realidade indestrutível do **estado búdico**, definido como imperecível (*mi-gshigs*) e indivisível (*ma-phyed*). O emblema simbólico dessa realidade indestrutível também é conhecido como *rdo-rje* ou *vajra*. Trata-se de um objeto ritual *tântrico* semelhante a um cetro e que é levado na mão direita, geralmente quando se toca um sino ritual. O cetro simboliza os **meios hábeis** e o sino, a **consciência discriminativa**. O ato de segurá-los com as duas mãos simboliza a perfeita união de **consciência discriminativa** e **meios hábeis**. *Vajrā*, também conhecida como *Piṅgalā* (*dmar-mo*), é o nome dado à primeira das seis ***yoginī*** do sul, uma subcategoria das vinte e oito *Īśvarī*. Ver Apêndice Dois.

Vajradhara *rdo-rje 'chang*

Vajradhara (literalmente "detentor do vajra") é uma expressão do **Corpo Búdico de Realidade** que surge da irradiação pura do **esplendor interno** numa forma completa com todas as características do **Corpo Búdico de Riqueza Perfeita**. Por isso *Vajradhara* é considerado a raiz das **cinco famílias iluminadas** e é consequentemente conhecido como senhor da sexta **família iluminada**. Muitos textos e **linhagens** do ***tantra*** atribuem sua origem diretamente ao **Corpo Búdico de Realidade** representado quer por ***Samantabhadra***, quer por *Vajradhara*. Outros textos e **linhagens** tântricas afirmam que *Vajradhara* é a forma assumida pelo ***Buda Śākyamuni*** quando dava ensinamentos esotéricos sobre os ***tantras***. *Vajradhara* se torna manifesto quando se superam todas as concepções dualistas e se realiza o **estado búdico**. É normalmente representado em posição sentada e segurando um ***vajra*** e um sino nas mãos cruzadas.

Vajrakīla *rdo-rje phur-ba*

Segundo a classe dos "**meios de realização**" do ***Mahāyoga***, *Vajrakīla* é uma das oito principais **divindades de meditação**. *Vajrakīla* tem a tez azul-escura, três faces e seis braços e o par de mãos central segura uma adaga ritual (scrt. *kīla*). Frequentemente, a parte inferior de seu corpo é visualizada na forma de adaga ritual, as três facetas de cuja lâmina piramidal representam a transformação da **ilusão**, do **apego** e da **aversão**. *Vajrakīla* é símbolo da expressão natural da **atividade búdica**.

Vajrakumāra *rdo-rje gzhon-nu*

Um aspecto da **divindade de meditação *Vajrakīla***. Ver **Vajrakīla**.

Vajrapāṇi *phyag-na rdo-rje*

Vajrapāṇi é a encarnação do **poder** espiritual (*bala*) e dos **meios hábeis** de todos os **budas** quando visualizados na forma de uma **divindade de meditação**. É geralmente representado em forma **furiosa**, segurando um ***vajra*** na mão direita erguida e uma taça feita de crânio na mão esquerda. Na forma pacífica, *Vajrapāṇi* é também um dos oito ***bodhisattvas*** masculinos das quarenta e duas **divindades pacíficas**. Ver Apêndice Dois.

Vajrasattva *rdo-rje sems-dpa'*

Vajrasattva, que em tradução literal significa "herói espiritual de realidade indestrutível", tem duas formas principais. Na primeira, apresentada no ***Guhyagarbha tantra*** e nos textos a ele relacionados, *Vajrasattva* é identificado ao **buda** pacífico masculino *Akṣobhya-Vajrasattva*. Ver Apêndice Dois. Na segunda forma, apresentada no contexto das **práticas preliminares** de **meditação** (*sngon-'gro*), a recitação do **Mantra das Cem Sílabas** de *Vajrasattva* (*yig-brgya*) purifica das **negatividades**, **obscurecimentos**, **transgressões** e **quedas** (ver Capítulo 1). Nesse mesmo contexto, *Vajrasattva* é visualizado com a tez branca, vestido com as roupas e ornamentos de seda dos ***bodhisattvas*** e segurando um ***vajra*** na mão direita junto ao coração e um sino na esquerda junto ao lado esquerdo do quadril. Em alguns casos, as duas formas de *Vajrasattva* são integradas numa mesma prática, como no Capítulo 5 deste livro, em que os praticantes visualizam a forma branca de *Vajrasattva* logo antes de visualizar em seu coração as quarenta e duas **divindades de meditação**, entre as quais se inclui *Akṣobhya-Vajrasattva*. Como **detentor de linhagem**, credita-se a *Vajrasattva* a transmissão do ***Atiyoga*** ao mundo humano, ao aparecer numa visão diante de ***Prahevajra*** (*dga'-rab rdo-rje*) na forma do *deva Adhicitta* (*lhag-sems-can*). No contexto da **Grande Perfeição**, o nome *Vajrasattva* é às vezes usado como sinônimo do **Corpo Búdico de Realidade**, e nesse caso é idêntico a ***Samantabhadra***.

Vajrayāna *rdo-rje'i theg-pa*
Ver **Veículo da Realidade Indestrutível**.

Veículo *theg-pa*, scrt. *yāna*
O termo veículo indica um impulso dinâmico que conduz à realização do ***nirvāṇa***. Ainda que de certo ponto de vista possa haver tantos veículos quantos são os pensamentos que surgem na mente, os **ensinamentos sagrados** são classificados em veículos distintos de acordo com sua potência. Assim, a expressão "dois veículos" se refere à distinção entre o **Pequeno Veículo** e o **Grande Veículo**; a expressão "**três veículos**" ou "três veículos causais" se refere aos veículos dos **piedosos discípulos**, dos **budas anacoretas** e dos ***bodhisattvas***. A divisão em "**nove veículos**", que é uma classificação ***Nyingma***, inclui os três veículos causais dos **piedosos discípulos**, **budas anacoretas** e ***bodhisattvas*** e os seis veículos resultantes, que são: ***Kryātantra***, ***Ubhayatantra***, ***Yogatantra***, ***Mahāyoga***, ***Anuyoga*** (*rjes-su rnal-'byor-gyi theg-pa*) e ***Atiyoga*** (*shin-tu rnal-'byor-gyi theg-pa*).

Veículo da Realidade Indestrutível *rdo-rje'i theg-pa*, scrt. *Vajrayāna*
Na classificação ***Nyingma***, o Veículo da Realidade Indestrutível compreende os seis veículos resultantes dos ***tantras***, que são chamados resultantes porque neles as realidades indestrutíveis e imperecíveis de **corpo**, **mente** e **fala búdicos** são plenamente realizadas e manifestas quando o **contínuo da raiz** é transformado em **contínuo do resultado** por meio do **contínuo do caminho**. Ver **Tantra**. O Veículo da Realidade Indestrutível também é conhecido como Veículo dos ***Mantras*** **Secretos** (scrt. *Guhyamantrayāna*) porque o ingresso nesse caminho garante a proteção da mente contra as percepções e concepções dualistas. Ver ***Mantra***.

Veículos causais *rgyu mtshan-nyid-kyi theg-pa*
Ver **Veículo**.

Vencendo a Resistência *khregs-chod*
De acordo com as intruções essenciais ou esotéricas (*man-ngag-gi sde*) da **Grande Perfeição** (*Atiyoga*), existem duas técnicas de meditação que devem ser aplicadas sucessivamente. A primeira, Vencendo a Resistência (*khregs--chod*), é centrada no reconhecimento da **pureza primordial** (*ka-dag*), a natureza da **consciência pura** (*rig-pa*), por meio da qual se alcança o **Corpo Búdico de Realidade**. A segunda, a **Realização Transcendente** (*thod-rgal*), é centrada no reconhecimento da **presença espontânea** (*lhun-grub*), que atrai e identifica os esplendores da **cognição pura** e a pureza de nossos **elementos** e **agregados** psicofísicos; por meio desta técnica se realiza o **Corpo Búdico de Forma**, semelhante ao arco-íris. Na prática da **Realização Transcendente**, uma vez atingida uma realização estável da natureza da **consciência pura** por meio da técnica Vencendo a Resistência, todas as aparências fenomênicas são iluminadas por uma realização espontânea de sua modalidade essencial de **esplendor interno**. Vencendo a Resistência é o assunto do Capítulo 4 deste livro. A introdução ao **estado intermediário de realidade**, no Capítulo 11 do nosso texto, é um bom exemplo das instruções esotéricas acerca da **Realização Transcendente**, que é o ápice das práticas de meditação segundo a escola *Nyingma*.

Vento *rlung*, scrt. *vāyu*
Ver **Energia vital**.

Verdade relativa *kun-rdzob bden-pa*, scrt. *samvṛtisatya*
Ver **Duas verdades**.

Verdade suprema *don-dam bden-pa*, scrt. *paramārthasatya*
Ver **Duas verdades**.

Verdadeira realidade *chos-nyid*, scrt. *dharmatā*
Segundo o budismo do **Grande Veículo** ou *Mahāyāna*, a verdadeira realidade é idêntica à **vacuidade** (*śūnyatā*), a qual se refere à natureza fundamental da **realidade**. Ver também **Realidade aparente**.

Vidyādhara *rig-'dzin*
Ver **Detentores de conhecimento**.

Vinaya *'dul-ba*
O termo sânscrito *vinaya*, que significa literalmente "disciplina", se refere à disciplina monástica praticada pelos membros da comunidade budista e com-

preende os códigos morais que regem as vidas dos monges e monjas ordenados, monges e monjas postulantes, noviços e noviças, assim como dos leigos e leigas. A coleção de sermões do ***Buda Śākyamuni*** que definem e esclarecem os princípios desses códigos de conduta (inclusive as diretrizes administrativas que devem ser usadas para governar os mosteiros) é conhecida como *vinayapiṭaka*, uma das três coleções de sermões que compoem o cânone budista (scrt. *tripiṭaka*). Com base nas diferentes interpretações dos pontos mais sutis dos sermões do **Buda** sobre o *vinaya*, surgiram na Índia antiga várias escolas diferentes de *vinaya*, entre as quais a *Sthaviravāda*, a *Sarvāstivāda*, a *Mahāsaṅghika* e a *Sammitīya*. A tradição de *vinaya* que se tornou predominante no Tibete é a dos *Sarvāstivādins*. Ver **Votos** e ***Prātimokṣa***.

Vingadores que "libertam" *sgrol-ging*
O nome de uma classe de espíritos masculinos espadachins, conhecidos coletivamente como *skyes-bu ging-chen*, que são invocados para realizar os furiosos **ritos de "libertação"**.

Vinte e quatro locais de poder *yul nyi-shu rtsa-bzhi*, scrt. *caturviṃśatmahāsthāna*
Os vinte e quatro locais de poder, associados aos ***tantras*** das classes *Cakrasaṃvara* e ***Heruka***, são as seguintes regiões do subcontinente indiano: *Jālandhara*, *Oḍḍiyāna*, *Paurṇagiri*, *Kāmarūpa*, *Mālava*, *Sindhu*, *Nagara*, *Munmuni*, *Kāruṇyapāṭaka*, *Devīkoṭa*, *Karmārapāṭaka*, *Kulatā*, *Arbuda*, *Godāvarī*, *Himādrī*, *Harikela*, *Lampāka*, *Kāñcī*, *Saurāṣṭra*, *Kaliṅga*, *Kokaṇa*, *Caritra*, *Kośala* e *Vindhyākaumārapaurikā*.

Visão ou percepção pura *dag-pa'i snang-ba*
Na terminologia da escola ***Nyingma***, a expressão "visão pura" frequentemente se refere a um tipo de revelação por meio da qual as **divindades de meditação** ou os **mestres consumados** do passado aparecem em visões para transmitir seus ensinamentos. Esse modo de visão pura, portanto, tem certa afinidade com as revelações dos **tesouros** (*gter-ma*). Num sentido mais geral, "visão pura" significa a pureza de percepção das **divindades de meditação**, cada uma das quais é representada por sua própria ***maṇḍala***, que é usada no **estágio de geração** da meditação para o cultivo da mesma pureza de percepção. Contudo, a expressão tibetana *dag-pa'i snang-ba* é também usada de modo coloquial para significar uma "perspectiva positiva" ou uma "concepção positiva" de vida.

Votos [budistas] *sdom-pa*, scrt. *saṃvara*
Conjuntos de preceitos ou proibições adotados voluntariamente no decurso das práticas budistas para facilitar o progresso do indivíduo no caminho para a **iluminação**. Entre eles se incluem os votos temporários, como os votos de um dia; os votos vitalícios, como os votos monásticos dos monges e monjas ordenados; e os votos perpétuos ligados ao **Grande Veículo**, que vigoram por

uma sucessão de vidas. Todos os votos se incluem em três categorias: os votos monásticos de ***prātimokṣa***, os votos especiais dos ***bodhisattvas*** e os **pactos** (scrt. *samaya*) especiais assumidos pelos praticantes dos ***tantras***. Ver ***Prātimokṣa*** e **Pacto**. Os votos especiais dos ***bodhisattvas***, exemplificados no *Sūtra de Ākāśagarbha*, obrigam os ***bodhisattvas*** a tomar o cuidado de manter seus votos altruístas, que estão expressos nos versos das **quatro aspirações imensuráveis**, e de evitar as dezenove **quedas** fundamentais (scrt. *mūlāpatti*) e as quarenta e seis **transgressões** (scrt. *duṣkṛta*). Em todas as escolas de budismo tibetano, os votos de ***prātimokṣa***, os dos **bodhisattvas** e os **pactos** dos ***tantras*** estão integrados.

Votos de bodhisattva *byang-chub sems-dpa'i sdom-pa*, scrt. *bodhisattvasaṃvara*
Ver **Votos**.

Votos de um dia *bsnyen-gnas-kyi sdom-pa*, scrt. *upavāsasaṃvara*
Ver **Prātimokṣa** e **Votos**.

Votos dos leigos *dge-bsnyen-gyi sdom-pa*, scrt. *upāsakavrata*
Ver **Prātimokṣa** e **Votos**.

Votos dos leigos budistas *dge-bsnyen-gyi sdom-pa*
Ver **Prātimokṣa**.

Votos monásticos *sdom-pa*, scrt. *saṃvara*
Ver **Votos**.

Yakṣa *gnod-sbyin*
Uma classe de espíritos de origem indiana que assumem formas masculinas (*yakṣa*) e femininas (*yakṣiṇī*). Frequentemente representados portando machadinhas, cutelos e espadas, afirma-se que esses espíritos vivem nos bosques e regiões montanhosas. Quando propiciados no contexto de um dos **meios de realização** (scrt. *sādhana*), eles podem conferir a **consumação** comum da rapidez de movimentos. O equivalente tibetano *gnod-sbyin* significa literalmente "que traz malefício", pondo em evidência os atributos mais malignos desses espíritos.

Yama *gshin-rje*
Ver **Yama Dharmarāja**.

Yama Dharmarāja *gshin-rje chos-kyi rgyal-po*
Yama Dharmarāja é a encarnação das forças da **impermanência** e das inexoráveis leis de **causa e efeito**. Na iconografia, sua forma terrível é representada segurando na boca a roda da vida e dos renascimentos, o que significa que a

totalidade da **existência cíclica** está submetida à **impermanência** e às leis de **causa e efeito**. No **estado intermediário de renascimento** (*srid-pa'i bar-do*), *Yama Dharmarāja* personifica a avaliação feita depois da morte sobre as ações da vida anterior e o consequente "julgamento" – baseado nas leis de **causa e efeito** – que determina o resultado dessas **ações passadas**. Ver a "Introdução" e os Capítulos 11 e 13. *Yama Dharmarāja* é também o sexto dos **seis sábios** (*thub-pa drug*), que juntos formam uma subcategoria no panteão das quarenta e duas **divindades pacíficas**. Ver Apêndice Dois.

Yeshe Tsogyal *ye-shes mtsho-rgyal*
Yeshe Tsogyal é a consorte mais íntima de ***Padmasambhava*** e atingiu a realização da ***maṇḍala*** de ***Vajrakīla***. Ela compilou muitos ensinamentos orais de ***Padmasambhava*** e ocultou-os por todo o Tibete na forma de **tesouros** (*gter-ma*) para que fossem descobertos pelas gerações posteriores.

Yoga *rnal-'byor*
O sânscrito *yoga*, que significa literalmente "união", é interpretado na tradição tibetana como "união com a natureza fundamental da **realidade**". No budismo, portanto, o termo *yoga* se refere aos métodos por meio dos quais o meditante se une aos atributos da **divindade de meditação** no **estágio de geração** da meditação e com a natureza fundamental da **realidade** no **estágio de perfeição** da meditação. Neste último estágio, o *yoga* inclui práticas físicas e mentais que refinam os **canais de energia** e aperfeiçoam o controle das **energias vitais** e **pontos seminais** do **corpo sutil**. Essas práticas cultivam a **consciência discriminativa** e a união da **vacuidade** com os **quatro deleites**, o **esplendor interno** e a não conceitualização.

Yoga onírico *rmi-lam*
Técnicas de meditação que visam utilizar e transformar a consciência no estado de sonho, aplicadas no contexto da prática do ***Yogatantra*** **Insuperável**. Sob o aspecto geral, o yoga onírico compreende: técnicas de meditação para manter desperta a consciência durante o estado de sonho; ampliação e transformação dos conteúdos dos sonhos e reconhecimento de sua verdadeira natureza; e eliminação dos obstáculos que impedem a preservação da consciência no estado de sonho.

Yoga sexual *sbyor-ba*
Ver **Quatro deleites**.

Yogatantra *rnal-'byor-gi rgyud*
O *Yogatantra* é a terceira das três classes de ***tantra*** exterior, que segundo a escola ***Nyingma*** de budismo tibetano constituem uma subcategoria das seis classes de ***tantra***; é também o sexto dos **nove veículos**. O *Yogatantra* enfatiza mais

a meditação que os rituais exteriores e nele o meditante aperfeiçoa gradativamente sua identificação com a **divindade de meditação**.

***Yogatantra* Insuperável** *bla-med rgyud*, scrt. *Yoganiruttaratantra*
A mais elevada das quatro classes de ***tantra***, das quais as outras são ***Kriyā***, *Caryā* e ***Yoga tantra***. As diferenças entre as quatro classes de ***tantra*** correspondem a estágios de ênfase cada vez menor nos rituais exteriores e cada vez maior na **meditação** interior. *Niruttara* significa "insuperável" ou "supremo", e é nos *Yoganiruttara* ***tantras*** que as técnicas de meditação para realizar os **três corpos búdicos** são mais sutis e refinadas. A disseminação do *Yogatantra* Insuperável no Tibete se deu em dois estágios distintos, que se refletem em dois modos diferentes de classificar esses ***tantras***. Segundo a escola **Nyingma**, que pertence ao primeiro estágio de divulgação, os ***tantras*** do *Yogatantra* Insuperável são classificados em ***Mahāyoga***, ***Anuyoga*** e ***Atiyoga***, enquanto as escolas posteriores os classificam em ***tantras*** Pai, Mãe e Não Dual ou Indivisível.

Yogin *rnal-'byor-pa*
Segundo a definição tibetana, um *yogin* é "aquele que busca a união com a natureza fundamental da **realidade**". Em outras palavras, é *yogin* quem segue intensamente os caminhos espirituais delineados nos **estágios de geração** e **de perfeição** da **meditação**, bem como na **Grande Perfeição**.

Yoginī *rnal-'byor-ma*
Um **yogin** do sexo feminino. No contexto da presente obra, o termo frequentemente se refere às vinte e oito *Īśvarī*, que formam uma subcategoria das cinquenta e oito **divindades furiosas**. Ver Apêndice Dois.

ÍNDICE TEMÁTICO POR CAPÍTULOS

Capítulo Um
Libertação natural da natureza da mente: O yoga de quatro sessões da prática preliminar 5-20
PRÁTICA PRELIMINAR COMUM 7-10
Meditação sobre os quatro temas que voltam à mente para a busca da libertação 7-10
PRÁTICA PRELIMINAR INCOMUM 10-20
Refúgio 10-2
Refúgio exterior 10-1
Refúgio interior 11
Refúgio secreto 11-2
A geração de uma intenção altruísta 12-4
Recitação do Mantra das Cem Sílabas de Vajrasattva 14-5
A oferenda de maṇḍala 15-7
Oração aos mestres da linhagem 17-9
Recebendo as quatro iniciações 19-20

Capítulo Dois
Uma oração para a união com o mestre espiritual [chamada] libertação natural sem a renúncia aos três venenos 21-6
ORAÇÃO PARA A UNIÃO 23-5
Com o Corpo Búdico de Realidade 23
Com o Corpo Búdico de Riqueza Perfeita 23
Com o Corpo Búdico de Emanação 24
Com os três corpos búdicos unidos 24
DESEJOS DE ASPIRAÇÃO 24-5

Capítulo Três
Versos de raiz dos seis estados intermediários 27-31
Estado intermediário da vida 29
Estado intermediário dos sonhos 29
Estado intermediário de concentração meditativa 29
Estado intermediário do momento da morte 30
Estado intermediário de realidade 30
Estado intermediário de renascimento 30-1

Capítulo Quatro
A introdução à consciência pura: Libertação natural pela percepção nua 33-52
A IMPORTÂNCIA DA INTRODUÇÃO À CONSCIÊNCIA PURA 35-6
A INTRODUÇÃO PROPRIAMENTE DITA À CONSCIÊNCIA PURA 36-8
SINÔNIMOS DA MENTE 38-9
AS TRÊS CONSIDERAÇÕES 39-40
CONSEQUÊNCIAS DA INTRODUÇÃO À CONSCIÊNCIA PURA 40-1
OBSERVAÇÕES LIGADAS AO EXAME DA NATUREZA DA MENTE 41-3
A PERCEPÇÃO INTRÍNSECA COMO PONTO DE VISTA, MEDITAÇÃO, CONDUTA E RESULTADO 43-7
Os quatro grandes meios 43-4
Os quatro grandes cravos 44
A unidade dos três tempos 44-5
O esgotamento das seis concepções extremas 45-7
SINÔNIMOS DA CONSCIÊNCIA PURA 47-9
A NATUREZA DAS APARÊNCIAS 49-51
CONCLUSÃO 51-2

Capítulo Cinco
A prática espiritual chamada libertação natural das tendências habituais 53-82

A ORAÇÃO DE DEZ RAMOS PARA A ACUMULAÇÃO [DE MÉRITO] 55-7
O ramo da tomada de refúgio 55
O ramo da evocação 56
O ramo do pedir [às divindades] que se assentem 56
O ramo do prestar homenagem 56
O ramo do fazer oferendas 56
O ramo da confissão de negatividade 56-7
O ramo do regozijo benevolente 57
O ramo do girar a roda dos ensinamentos [sagrados] 57
O ramo do rogar [aos budas] que não entrem no nirvāṇa 57
O ramo da dedicação [de mérito] ao inigualável Grande Veículo 57
PURIFICAÇÃO 58-9
Visualização de Vajrasattva 58
Recitação do Mantra das Cem Sílabas de Vajrasattva 58
PRÁTICA PRINCIPAL 59-80
Visualização, prostração, oferendas, refúgio e oração às divindades pacíficas 59-69
Samantabhadra e Samantabhadrī 60
Vairocana e Dhātvīśvarī 60
Vajrasattva e Buddhalocanā, rodeados por Kṣitigarbha, Maitreya, Lāsyā e Puṣpā 60-1
Ratnasambhava e Māmakī, rodeados por Samantabhadra, Ākāśagarbha, Mālyā e Dhūpā 61-2
Amitābha e Pāṇḍaravāsinī, rodeados por Avalokiteśvara, Mañjuśrī, Gītā e Ālokā 62
Amoghasiddhi e Samayatārā, rodeados por Sarvanivāraṇaviśkambhin, Vajrapāṇi, Gandhā e Nartī 62-3
Os oito guardiões e guardiãs dos portais 63-4
Os seis sábios 64-6
As quarenta e duas divindades pacíficas reunidas 66-7
Visualização, prostração, oferendas, refúgio e oração à assembleia dos detentores de conhecimento 67-9
Visualização, prostração, oferendas, refúgio e oração às doze principais divindades furiosas 69-71
Mahottara Heruka e Krodheśvarī 70
Buddha Heruka e Buddhakrodheśvarī 70
Vajra Heruka e Vajrakrodheśvarī 70
Ratna Heruka e Ratnakrodheśvarī 71
Padma Heruka e Padmakrodheśvarī 71
Karma Heruka e Karmakrodheśvarī 71
Visualização, prostração, oferendas, refúgio e oração às divindades furiosas periféricas 71
As Oito Mātaraḥ 72-3
As Oito Piśācī 74
As Quatro Guardiãs dos Portais 74-5
As vinte e Oito Īśvarī 75-7
Oração à assembleia das sessenta divindades furiosas 78
Preces de aspiração 79-80
CONCLUSÃO 80-2

Capítulo Seis

Libertação natural da negatividade e do obscurecimento por meio [da realização] da homenagem cêntupla às famílias santas e iluminadas 83-100
Homenagem a Samantabhadra e Samantabhadrī 85-6

Homenagem aos cinco budas masculinos pacíficos 86
Homenagem às cinco budas femininas pacíficas 86-7
Homenagem aos oito bodhisattvas masculinos 87-8
Homenagem às oito bodhisattvas femininas 88-9
Homenagem aos quatro guardiões dos portais 89-90
Homenagem às quatro guardiãs dos portais 90
Homenagem aos seis sábios 91
Homenagem aos seis herukas 91-2
Homenagem às seis krodheśvarī 92-3
Homenagem às Oito Mātaraḥ 93-4
Homenagem às Oito Piśācī 94-5
Homenagem às quatro guardiãs dos portais 95
Homenagem às oito projetoras 96-7
Homenagem às vinte e oito Īśvarī 97-9

Capítulo Sete

Libertação natural por meio de atos de confissão 101-131
PRELIMINARES 103-5
Evocação e pedido para que [o campo confessional] esteja presente 103
Homenagem aos três corpos búdicos, que compõem as Divindades Pacíficas e Furiosas 103-4
A tríplice oferenda de fenômenos [exteriores], nuvens [interiores] e [substâncias] secretas 104
A oferenda secreta de suprema beatitude 104
A afirmação dos votos na modalidade do ponto de vista 104
Invocando a atenção da assembleia das Divindades Pacíficas e Furiosas 104-5
CONFISSÃO [NA PRESENÇA] DA VERDADE INEFÁVEL 105-8
CONFISSÃO NA PRESENÇA DAS DIVINDADES PACÍFICAS, ENCARNAÇÃO DA [NATUREZA SERENA DA] REALIDADE 108-114
A Samantabhadra e Samantabhadrī 108
Aos cinco budas masculinos 108-9
Às cinco budas femininas 109
Aos oito bodhisattvas masculinos 109
Às oito bodhisattvas femininas 124-5
Aos seis sábios 110
Aos quatro guardiões dos portais 110
Às quatro guardiãs dos portais 110
A toda a assembleia das divindades pacíficas 110-3
Nova confissão cheia de remorso às divindades pacíficas 113-4
CONFISSÃO NA PRESENÇA DAS DIVINDADES FURIOSAS 114-121
Confissão da incapacidade de alcançar a estabilidade meditativa na realidade 114
Confissão da incapacidade de alcançar a estabilidade meditativa que ilumina tudo o que se manifesta 115
Confissão [da incapacidade de alcançar] a estabilidade meditativa do fundamento causal 115
Confissão aos cinco herukas 115
Às cinco krodheśvarī 115
Às Oito Mātaraḥ 116
Às Oito Piśācī 116
Às quatro guardiãs dos portais 116
Às vinte e oito Īśvarī 116
Aos detentores de conhecimento 117
Confissão da nossa sempiterna violação dos pactos 117
Confissão para a maṇḍala completa das divindades furiosas e pedido de perdão 117-8

Orações confessionais específicas para a maṇḍala das divindades furiosas 118-121
CONFISSÃO LASTIMOSA DA EGOIDADE DESENFREADA 121-4
CONFISSÃO NA PRESENÇA DA CONCEPÇÃO 125-8
CONFISSÃO NA PRESENÇA DOS QUE ALCANÇARAM A BEATITUDE 128-31
Confissão das infrações e degenerações dos pactos 128-30
Recitação do Mantra das Cem Sílabas de Vajrasattva 130

Capítulo Oito

Libertação natural por meio do reconhecimento dos sinais e indicações visuais da morte 133-159
INTRODUÇÃO 135-6
SINAIS EXTERNOS DA MORTE 136-9
SINAIS INTERNOS DA MORTE 139-41
Exame do sopro vital 139
Exame dos sinais da morte que ocorrem nos sonhos 140-1
SINAIS SECRETOS DA MORTE 141-2
SINAIS DE MORTE DISTANTE 142-6
Análise da imagem refletida no céu 142-6
SINAIS DE MORTE PRÓXIMA 146-50
DIVERSOS SINAIS DE MORTE 150-1
SINAIS DE MORTE MUITÍSSIMO PRÓXIMA 152-5
Dissolução das cinco faculdades sensoriais e dos cinco elementos 152-4
Movimentação das essências geratrizes 154-5
Despontar do esplendor interno 155
SINAIS QUE INDICAM O LOCAL DO RENASCIMENTO SUBSEQUENTE 155-7
CONCLUSÃO 158-9

Capítulo Nove

Libertação natural do temor por meio do ritual de enganar a morte 161-71
RITO GERAL CONSOLIDADO PARA EVITAR A MORTE 163-6
RITOS ESPECÍFICOS PARA EVITAR A MORTE 166-71
Ritual para reverter os sinais de morte próxima 166-8
Ritual para reverter os sinais de morte distante 168-70
Ritual para reverter outros sinais de morte próxima 170-1
CONCLUSÃO 171

Capítulo Dez

Transferência de consciência: Libertação natural pela recordação 173-89
INTRODUÇÃO 175-6
O TREINAMENTO PARA A TRANSFERÊNCIA DE CONSCIÊNCIA 176-9
A APLICAÇÃO PROPRIAMENTE DITA DA TRANSFERÊNCIA DE CONSCIÊNCIA NO MOMENTO DA MORTE 179-89
Tempo e contexto adequados 179-82
Transferência de consciência para o Corpo Búdico de Realidade 182-3
Transferência de consciência para o Corpo Búdico de Riqueza Perfeita 183-4
Transferência de consciência para o Corpo Búdico de Emanação 185-6
Transferência de consciência imediata 186-7
Transferência de consciência dos seres comuns 188-9
CONCLUSÃO 189

Capítulo Onze

A grande libertação pela auscultação 191-264

PARTE UM: UMA ELUCIDAÇÃO DO ESTADO INTERMEDIÁRIO DO MOMENTO DA MORTE E DA MANIFESTAÇÃO DAS DIVINDADES PACÍFICAS NO ESTADO INTERMEDIÁRIO DE REALIDADE 197-224

INTRODUÇÃO 197-9

INTRODUÇÃO AO ESPLENDOR INTERNO NO ESTADO INTERMEDIÁRIO DO MOMENTO DA MORTE 200-6

Introdução ao esplendor interno da raiz 200-4

Introdução ao esplendor interno do caminho 204-6

INTRODUÇÃO AO ESTADO INTERMEDIÁRIO DE REALIDADE 206-24

Introdução à manifestação de sons, luzes e raios 207-8

Manifestação das divindades pacíficas 208-24

Vairocana e Ākāśadhātvīśvarī, brancos, manifestam-se dentro de uma luminosidade azul 209-10

Akṣobhya-Vajrasattva e Buddhalocanā, azuis, manifestam-se dentro de uma luminosidade branca, rodeados pelos bodhisattvas Kṣitigarbha, Maitreya, Lāsyā e Puṣpā 211-2

Ratnasambhava e Māmakī, amarelos, manifestam-se dentro de uma luminosidade amarela, rodeados pelos bodhisattvas Ākāśagarbha, Samantabhadra, Mālyā e Dhūpā 212-3

Amitābha e Pāṇḍaravāsinī, vermelhos, manifestam-se dentro de uma luminosidade vermelha, rodeados pelos bodhisattvas Avalokiteśvara, Mañjuśrī, Gītā eĀlokā 214-5

Amoghasiddhi e Samayatārā, verdes, manifestam-se dentro de uma luminosidade verde, rodeados pelos bodhisattvas Vajrapāṇi, Nivāraṇaviṣkhambhin, Gandhā e Nartī 215-6

Toda a assembleia pacífica das cinco famílias iluminadas se manifesta junto com a visão das quatro cognições puras combinadas 217-21

A divina assembleia dos detentores de conhecimento e das ḍākinīs se manifesta dentro de uma luminosidade de cinco cores 221-3

PARTE DOIS: UMA ELUCIDAÇÃO DA MANIFESTAÇÃO DAS DIVINDADES FURIOSAS NO ESTADO INTERMEDIÁRIO DE REALIDADE 225-39

INTRODUÇÃO 225-8

Surgimento do estado intermediário das divindades furiosas 228-38

Buddha Heruka e Buddhakrodheśvarī 228-9

Vajra Heruka e Vajrakrodheśvarī 229

Ratna Heruka e Ratnakrodheśvarī 230

Padma Heruka e Padmakrodheśvarī 230-1

Karma Heruka e Karmakrodheśvarī 231

As oito Gaurī, as oito Piśācī, as quatro guardiãs dos portais e as vinte e oito Īśvarī 232-6

Consequências do reconhecimento e da falta do mesmo 236-7
Preces de aspiração 237-8
CONCLUSÃO DA INTRODUÇÃO AO ESTADO INTERMEDIÁRIO DO MOMENTO DA MORTE E AO ESTADO INTERMEDIÁRIO DE REALIDADE 238-9
PARTE TRÊS: UMA ELUCIDAÇÃO DO ESTADO INTERMEDIÁRIO DE RENASCIMENTO 240-64
INTRODUÇÃO AO CORPO MENTAL 240-50
Características do corpo mental 241-4
Características do estado intermediário de renascimento 244-5
O encontro com Yama Dharmarāja, que incorpora as infalíveis leis de causa e efeito 245-6
O poder das percepções 247-9
Oração a Mahākāruṇika 249-50
OBSTRUÇÃO DAS ENTRADAS PARA O VENTRE 250-7
A ESCOLHA DE UMA ENTRADA PARA O VENTRE 257-62
Transferência de consciência para os puros domínios búdicos 260
Escolha de uma entrada para o ventre na impura existência cíclica 260-2
CONCLUSÃO 262-4

Capítulo Doze
Preces de aspiração 265-75
Prece de aspiração que invoca o auxílio dos budas e bodhisattvas 267-8
Prece de aspiração que resgata dos perigosos caminhos dos estados intermediários 269-72
Prece de aspiração que protege do medo dos estados intermediários 273-5

Capítulo Treze
O teatro de máscaras do renascimento 277-97
PARTE UM: *LIBERTAÇÃO NATURAL DO ESTADO INTERMEDIÁRIO DE RENASCIMENTO: UM ENSINAMENTO QUE REVELA A EXPRESSÃO NATURAL DA VIRTUDE E DA NEGATIVIDADE NO ESTADO INTERMEDIÁRIO DE RENASCIMENTO* 279-91
A CENA 280-1
Primeiro ato: O encontro do malfeitor Lakṣanāraka com Yama Dharmarāja 281-7
Segundo ato: O encontro do virtuoso pai de família Śrījāta com Yama Dharmarāja 287-91
PARTE DOIS: *SUPLEMENTO AO ENSINAMENTO QUE REVELA A EXPRESSÃO NATURAL DA VIRTUDE E DA NEGATIVIDADE NO ESTADO INTERMEDIÁRIO DE RENASCIMENTO, CHAMADO GONGO DE DIVINA MELODIA* 292-7
A CENA 292
Primeiro ato: Exortação da divindade que representa a boa consciência após a entrada do malfeitor Lakṣanāraka nos infernos 292-5
Segundo ato: Discurso comemorativo da divindade que representa a boa consciência enquanto o virtuoso pai de família Śrījāta parte para os domínios dos renascimentos superiores 295-7

Capítulo Catorze

A libertação pelo uso junto ao corpo: Libertação natural dos agregados psicofísicos 299-330
INTRODUÇÃO 302
PARTE UM
Mantra essencial e supremo de vinte e seis linhas de Samantabhadra 303
Mantra essencial e supremo de vinte e nove linhas de Samantabhadrī 303-4
Vinte e cinco mantras que revertem o apego 304-9
PARTE DOIS: SÍLABAS-SEMENTE E MANTRAS DAS DIVINDADES PACÍFICAS E FURIOSAS 309-25
Quarenta e Duas Divindades Pacíficas 309
Cinco budas masculinos e cinco budas femininas 309-12
Oito bodhisattvas masculinos 312-3
Oito bodhisattvas femininas 313-4
Seis sábios 314-5
Oito guardiões e guardiãs dos portais 315-7
Sessenta Divindades Furiosas 317
Doze principais herukas e krodheśvarī 318-20
Oito Mātaraḥ 320-1
Oito Piśācī 321-2
Quatro guardiãs dos portais 322-3
Vinte e oito Īśvarī 323-4
Quatro grandes guardiões furiosos dos portais 324-5
PARTE TRÊS
Seis sílabas das seis classes de seres sencientes 326
Mantra das Cem Sílabas de Vajrasattva 326
Sílabas das dezesseis vogais e das trinta e quatro consoantes 327
Mantra do coração da originação dependente 327
Mantras dos quatro aspectos da atividade iluminada 327-8
CONCLUSÃO 328-30

Esta belíssima obra-prima
apresenta a concepção budista
tibetana de nossa jornada de
desenvolvimento interior,
dando orientação àqueles que
pretendem projetar seu pensamento
para além do ciclo de uma única
existência a fim de alcançar
um estado de ser imensamente
mais vasto e mais elevado.

1. A assembleia das Quarenta e Duas Divindades Pacíficas (*zhi-ba'i lha-tshogs*).

2. (*em cima*) Os budas primordiais masculino e feminino, Samantabhadra e Samantabhadrī, em união. (*embaixo*) As Divindades Pacíficas da Família Buddha: o buda masculino Vairocana em união com a buda feminina Ākāśadhātvīśvarī.

3. As Divindades Pacíficas da Família Vajra: (*no meio*) o buda masculino Aksobhya-Vajrasattva em união com a buda feminina Buddhalocanā; (*à esquerda*) o bodhisattva masculino Ksitigarbha; (*à direita*) o bodhisattva masculino Maitreya; (*em cima*) a bodhisattva feminina Puspā; (*embaixo*) a bodhisattva feminina Lāsyā.

4. As Divindades Pacíficas da Família Ratna: (*no meio*) o buda masculino Ratnasambhava em união com a buda feminina Māmakī; (*à esquerda*) o bodhisattva masculino Samantabhadra; (*à direita*) o bodhisattva masculino Ākāśagarbha; (*em cima*) a bodhisattva feminina Dhūpā; (*embaixo*) a bodhisattva feminina Mālyā.

5. As Divindades Pacíficas da Família Padma: (*no meio*) o buda masculino Amitābha em união com a buda feminina Pāṇḍaravāsinī; (*à esquerda*) o bodhisattva masculino Avalokiteśvara; (*à direita*) o bodhisattva masculino Mañjuśrīkumārabhūta; (*em cima*) a bodhisattva feminina Ālokā; (*embaixo*) a bodhisattva feminina Gītā.

6. As Divindades Pacíficas da Família Karma: (*no meio*) o buda masculino Amoghasiddhi em união com a buda feminina Samayatārā; (*à esquerda*) o bodhisattva masculino Nivāraṇaviśkambhin; (*à direita*) o bodhisattva masculino Vajrapāṇi; (*em cima*) a bodhisattva feminina Nartī; (*embaixo*) a bodhisattva feminina Gandhā.

7. Os Seis Sábios: (*em cima, à esquerda*) Indraśakra; (*em cima, à direita*) Śākyamuni; (*no meio, à esquerda*) Vemacitra; (*no meio, à direita*) Sthirasiṃha; (*embaixo, à esquerda*) Jvālamukha; (*embaixo, à direita*) Yama Dharmarāja.

8. Os Oito Guardiões dos Portais: (*em cima, à esquerda*) Yamāntaka em união com Pāśā; (*em cima, à direita*) Hayagrīva em união com Sphoṭā; (*embaixo, à esquerda*) Trailokyavijaya em união com Ankuśā; (*embaixo, à direita*) Amṛtakuṇḍalin em união com Ghaṇṭā.

9. A assembleia das Cinquenta e Oito Divindades Furiosas (*khro-bo'i lha-tshogs*).

10. Os budas primordiais masculino e feminino, Mahottara Heruka e Krodheśvarī, em união.

11. As Divindades Furiosas da Família Buddha: Buddha Heruka em união com Buddhakrodheśvarī.

12. As Divindades Furiosas da Família Vajra: (*em cima*) Vajra Heruka em união com Vajrakrodheśvarī; (*no meio*) as seis yoginī do leste: Manurākṣasī, Brahmāṇī, Raudrī, Vaiṣṇāvī, Kaumārī e Indrāṇī; (*embaixo*) a furiosa guardiã de portal Vajratejasī ao lado da yoginī guardiã de portal Vajrā [Mahākālī].

13. As Divindades Furiosas da Família Ratna: (*em cima*) a furiosa guardiã de portal Vajrāmoghā ao lado da yoginī guardiã de portal Vajrā [Mahāchāgalā]; (*no meio*) Ratna Heruka em união com Ratnakrodheśvarī; (*embaixo*) as seis yoginī do sul: Vajrā, Śāntī, Amṛtā, Saumī, Daṇḍī e Rakṣasī.

14. As Divindades Furiosas da Família Padma: (*em cima*) a furiosa guardiã de portal Vajralokā ao lado da yoginī guardiã de portal Vajrā [Mahākumbhakarṇī]; (*no meio*) Padma Heruka em união com Padmakrodheśvarī; (*embaixo*) as seis yoginī do oeste: Bhakṣasī, Ratī, Rudhiramadī, Ekacāriṇī, Manohārikā e Siddhikarī.

15. As Divindades Furiosas da Família Karma: (*em cima*) Karma Heruka em união com Karmakrodheśvarī; (*no meio*) as seis yoginī do norte: Vāyudevī, Agnāyī, Varāhī, Cāmuṇḍī, Bhujanā e Varunāṇī; (*embaixo*) a furiosa guardiã de portal Vajravetālī ao lado da yoginī guardiã de portal Vajrā [Lambodarā].

16. Os grupos das oito Mātaraḥ e das oito Piśācī: (*em cima, à esquerda*) as quatro Piśācī das direções cardeais: Siṃhamukhī, Vyāghrīmukhī, Śṛgālamukhī e Svānamukhī; (*embaixo, à esquerda*) as quatro Mātaraḥ das direções cardeais: Gaurī, Caurī, Pramohā e Vetālī; (*em cima, à direita*) as quatro Piśācī das direções colaterais: Gṛdhramukhī, Kankamukhī, Kākamukhī e Ulūkamukhī; (*embaixo, à direita*) as quatro Mātaraḥ das direções colaterais: Pukkasī, Ghasmarī, Caṇḍālī e Śmaśānī.